路基连续压实控制
动力学原理与工程应用

徐光辉　著

科学出版社

北京

内 容 简 介

本书主要介绍连续压实控制动力学方法的理论体系、测试技术和工程应用等,全书共7章。其中,第1章论述路基结构的基本特征,分析连续压实控制方法的特点;第2、3章为动力学方法的理论基础,从评定和控制指标体系、压路机与路基相互作用的动力学原理等方面进行论述;第4章阐述相关的测试技术;第5章介绍压实过程的模拟试验成果,这是对一些结论的试验验证;第6章论述连续压实控制的基本原理,这是现场实施的技术基础;第7章介绍一些典型工程应用实例,这是对控制原理的试验验证。为了方便工程技术人员学习,本书最后给出问答形式的附录,其中一些问题是现场技术人员与作者之间展开的问答实录。

本书可供高等院校有关公路、铁路、机场、市政、建筑、水工等专业的高年级本科生及研究生阅读,也可供土木工程和工程机械等领域相关技术人员阅读参考。

图书在版编目(CIP)数据

路基连续压实控制动力学原理与工程应用 / 徐光辉著 . —北京:科学出版社,2016

ISBN 978-7-03-049023-0

Ⅰ.①路… Ⅱ.①徐… Ⅲ.①路基工况-压实施工法-研究 Ⅳ.①U416.1

中国版本图书馆 CIP 数据核字(2016)第 141819 号

责任编辑:陈 婕 高慧元 / 责任校对:桂伟利
责任印制:张 倩 / 封面设计:卓辰传媒

科 学 出 版 社 出版

北京东黄城根北街 16 号
邮政编码:100717
http://www.sciencep.com

北京通州皇家印刷厂 印刷
科学出版社发行 各地新华书店经销

*

2016 年 6 月第 一 版 开本:720×1000 1/16
2016 年 6 月第一次印刷 印张:30 1/4
字数:590 000

定价:168.00 元
(如有印装质量问题,我社负责调换)

前　言

　　填筑工程是指由建筑材料(岩土、水泥、沥青等)按照一定要求堆积碾压而成的土工结构物的统称,覆盖到铁路、公路、机场、大坝、市政等诸多领域。其中,公路和铁路路基在填筑工程中占有主导地位。决定填筑工程质量的关键因素是填料和碾压,目前的焦点主要集中在碾压控制方面。加强填筑工程质量控制,特别是碾压全过程的控制已成为本领域的重中之重。

　　鉴于传统碾压质量控制方法的局限性,作者自1993年起参加了有关碎石土路基施工质量控制课题的研究工作,从一些资料中了解到国外有一种称为"压实计"的方法可以进行碾压面的连续检测,但经过研究和实践发现,该方法问题较多,特别是在粗颗粒填料中,因此只好另寻蹊径,从压路机与路基相互作用的动力学原理出发,开始了自主研发的艰辛历程。经过理论研究与工程实践,作者于1998年提出了连续压实控制的动力学方法,并以此为基础研发了第一代"压实过程监控系统"(CPMS1.0)且获得国家专利。自1993年起,作者结合东北三省和交通部等多个科研课题,在公路路基、基层和面层的压实质量控制中进行了试验性应用,取得了很好的效果,这为制定相关技术标准奠定了基础。

　　随着我国高速铁路建设的快速发展,对铁路路基结构性能提出了更高的要求,同时铁路路基填筑质量也越来越受到重视,因此将连续压实控制技术引入铁路建设中的时机开始成熟。2007年,哈尔滨工业大学和中铁二院工程集团有限责任公司合作,承担了第一个铁路领域的连续压实控制技术应用的研究课题。2008年,西南交通大学、哈尔滨工业大学等单位共同承担了铁道部"高速铁路路基连续压实检验控制技术与装备研究"科研任务,从理论体系、测试技术和工程应用等方面进一步完善了这项技术。随后,这项技术在多条铁路建设工程中进行了大量的对比试验和工程应用。2011年,作者主持编写了我国首部连续压实控制技术方面的行业标准——《铁路路基填筑工程连续压实控制技术规程》(TB 10108—2011)。该标准为连续压实控制技术在国内相关领域开展工程应用提供了依据和技术保障。2015年,作者又主持编写了中国铁路总公司企业标准——《铁路路基填筑工程连续压实控制技术规程》(Q/CR 9210—2015)。目前这项技术已经在铁路建设中开始普及应用,对提高路基压实质量起到了促进作用。2015年,作者还主持编写了《公路路基填筑工程连续压实控制系统技术条件》,这是首部对连续压实控制系统(产品)作出技术规定的国家行业标准。

　　动力学方法在控制指标方面提出了采用路基结构抵抗力(进一步可以得到模

量)的思路,在控制内容方面提出了在碾压过程中同时控制压实程度、压实均匀性和压实稳定性的技术方案。该方法既避开了既有评定指标的局限性,又避免了需要配置专用压路机的问题。以该方法为核心,形成了一套具有自主知识产权的技术体系。本书基于作者承担完成的东北三省、原交通部、原铁道部和国家自然科学基金委员会等多个部门的十余项科研课题的研究成果,对作者二十余年从事连续压实控制动力学方法研究的技术进行了总结,是首部系统论述连续压实控制技术方面的书籍。初稿始于 2006 年,以作者的博士论文为基础进行撰写,其后,随着近年来工程应用的增多和研究的深入,又进行了修订完善,以确保所有资料都处于最新状态。尽管如此,仍然感觉还有许多不满意的地方,只能有待于今后的补充完善了。

本书研究的实质是散粒体碾压成形中的动力学控制问题。虽然是以路基为对象进行的论述,但对于所有填筑工程都是适用的,对于振动压路机的设计也有借鉴意义。为适应不同读者的需求,尽量将涉及的有关理论进行较为详细的阐述,以方便读者阅读。

作者从事连续压实控制方面的研究二十余载,虽历经千辛万苦,但也自娱自乐,非几句话所能表达。在这些年的研究过程中,先后得到了东北三省交通界、交通运输部、原铁道部、哈尔滨工业大学、西南交通大学等单位的众多领导、老师、朋友和同学的大力支持,在此一并致以衷心的感谢! 同时,也感谢家人的支持与陪伴,成绩的背后也有她们付出的汗水! 此外,感谢国家自然科学基金项目(编号:51178405)对本书的资助。

限于作者水平,本书虽经反复修改,但不妥之处仍在所难免,恳请读者批评指正。反馈意见请发至 highx@163.com。

目　　录

第1章 引 论

在道路与铁道工程中,路基作为一种带状土工结构物是上部结构——路面和轨道的基础,其位置位于线路的地基之上,其根本任务是为行车提供稳定而安全的运行环境。因此,对路基结构的性能要有一定的要求,即满足安全行车。路堑和路堤是路基结构的两种主要形式,一般都是由岩土填料构成的。其中,路堑是经过开挖形成的,其性能主要取决于原地基的性状;而路堤则是由土石材料填筑而成的,其性能主要取决于填料的性质和压实的好坏。本书的主要研究对象为颗粒填料的路堤路基(填方路基)的压实质量控制问题,其实质是如何控制散粒体在一定外力作用下形成一个满足一定要求的结构体问题,也可以说是散体碾压成型动力学监控问题。

为了进行路基压实质量的控制,首先需要了解路基结构应该具有哪些技术特征。只有对路基结构性能有了一个清晰的了解,才有可能提出控制路基填筑体达到这些技术要求的方法和途径。

1.1 路基结构特征

研究路基填筑体的压实质量控制问题,必须首先确定控制目标,也就是压实应使路基填筑体达到何种状态,该状态下路基结构性能应该达到什么样的规定要求。由于路基结构性能在很大程度上取决于其结构特征,因此有必要了解路基结构的一些技术特征。这些特征主要包括路基填筑体的结构性能要求、变形特征、外部作用特征以及表征路基结构的指标特征等。

1.1.1 路基结构性能要求

路基结构由散体填料构成,具有带状特征,其中填方路基是经过填筑、压实而成的。作为交通基础设施,要为上部结构以及行车提供安全保障,其性能要求是依据上部结构与行车特征而提出的。不同的上部结构和行车要求,对路基结构性能的要求也不尽相同。下面按照公路与铁路工程的各自特点分别进行阐述。

1. 公路路基结构

公路路基是路面的基础,主要承受道路面层和基层结构恒载以及经结构层传递下来的行车荷载作用。按照路面刚度的不同,路面分为刚性路面和柔性路面两种类型,因此路基也可分为刚性路面路基和柔性路面路基两种,其各自的性能要求也不完全相同,但具有足够的抵抗变形能力是其根本要求。多年的工程实践表明,无论是柔性路面还是刚性路面,其损坏、特别是早期损坏,很多都与路基结构性能的变异有密切关系,典型的案例就是路基结构的不均匀变形(沉陷)而造成的路面损坏[1]。

1)柔性路面对路基结构性能要求

柔性路面就是通常所说的沥青路面(俗称黑色路面)。由于柔性路面的刚度明显低于刚性路面的刚度,因而得名柔性路面。一般来讲,柔性路面的路基结构应具有足够的整体稳定性和均匀一致的强度和刚度(抵抗变形能力),这是最基本的要求。目前许多沥青路面的早期损坏都与路基结构性能变异有关,最明显的例子就是由于压实不好而出现的路基结构局部变形过大而引起的路面开裂问题。

2)刚性路面对路基结构性能要求

刚性路面就是通常所说的水泥混凝土路面(俗称白色路面)。水泥混凝土路面的路基结构除了要满足基本要求外,更要满足均匀支承的要求。如果路基结构出现局部不均匀沉降(变形),该处就会失去对水泥混凝土板的支承,在行车荷载长期、反复作用下,混凝土板就会因疲劳而开裂和断裂。这是最典型的刚性路面问题,路基结构性能在其中起到了关键作用,详见后面的分析。

2. 铁路路基结构

铁路路基作为轨道的基础,是铁路线的重要组成部分。与公路路基相比,有其独特之处,其区别主要在于受到的上部荷载形式不同以及上部结构的差异。因而对路基结构提出的性能要求也就不尽相同。对于铁路路基而言,为了保证行车安全,路基结构必须具有足够的刚度、强度和稳定性,以便承受上部结构传递下来的列车荷载作用,同时也要具有抵抗自然因素作用的能力。

与公路路基一样,铁路路基结构特征与其上部结构类型是密不可分的。从轨道结构方面来讲,总体上可以分为有砟轨道和无砟轨道两种结构形式。由于各自的特点不同,因而对其下部基础——路基结构性能的要求也不完全相同[2]。

1)有砟轨道对路基结构性能要求

有砟轨道主要由钢轨、轨枕、道床等部分组成。其中道床是轨枕的基础,主要由碎石等散体填料构成(散体道床),其下便是同样由散体填料构成的路基结构。这是整个结构中最薄弱、最不稳定的环节,是轨道产生变形的主要来源。

对于有砟轨道,路基表面为碎石道床,这是一种散粒体结构,实际是一层应力吸收层——起到分散应力的作用,同时也是一个变形调节层——调解路基变形所带来的轨道不平顺。通过调整碎石道床(养护)便可以将路基产生的一些问题化解掉。因此有砟轨道下路基结构变形(沉降)的变化对其影响一般是不显著的,可以允许达到 5～10cm。尽管有砟轨道路基的沉降变形可以通过起道调整，但是会增加运营期的养护维修成本(图 1-1)。因此，在考虑路基结构性能要求时，其维修模式、维修周期和维修费用是必须要考虑的，也应该满足刚度、强度和稳定性三方面的要求。

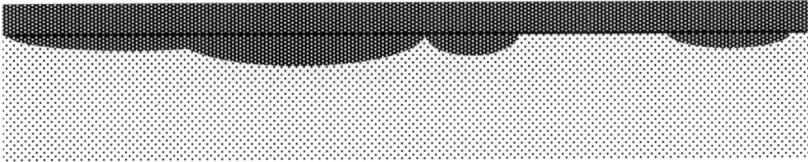

图 1-1　普通铁路路基不均匀变形引起的道床变化

目前，普通铁路一般均为有砟轨道结构，其路基结构是按强度设计的，它考虑的主要问题是强度问题，要求路基结构的强度必须满足要求，不能产生破坏。随着认识的提高，加强有砟轨道结构路基结构的质量控制的呼声也越来越高。

2)无砟轨道对路基结构性能要求

无砟轨道主要由钢轨、轨道板、混凝土层等组成。由于无砟轨道没有散体道床部分而变成了一种整体结构，因此它实际上是一种板式构造。混凝土层下面为路基结构，其中顶层一般为一定厚度的级配碎石层。由混凝土板和路基组成的结构，在形式上与公路中的混凝土路面(刚性路面)有许多相似之处，如图 1-2 所示。

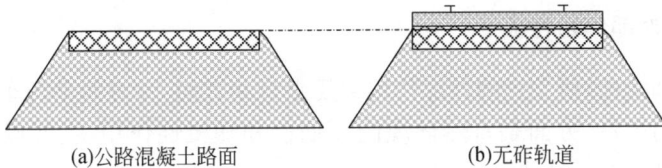

(a)公路混凝土路面　　　　　　　(b)无砟轨道

图 1-2　公路混凝土路面与无砟轨道

混凝土路面的混凝土板下面为基层(一般为半刚性结构)，然后为路基的基床部分，这与现行的轨道结构中的路基与混凝土板的结构是非常相似的，因此可以借助混凝土路面的损坏现象来说明路基结构性能是如何对混凝土板产生影响的。

在公路领域，对于水泥混凝土路面，大量的实际调查数据表明，混凝土板的断裂原因之一就是路基过量的塑性变形致使板底脱空而失去支承。而路基结构过量的塑性变形并非是一次荷载造成的，是汽车荷载的重复作用引起的。在重复荷载作用下，如果路基弹性变形过大，会使混凝土板产生疲劳开裂的问题；如果路基塑性变形过大，则会使混凝土板产生断裂(图 1-3)。这些损害都在局部产生，说明路基局部存在过大的弹性变形或塑性变形，而这正是路基结构性能不均匀的表现。因此对于混凝土路面，提高路基抗变形能力(弹性与塑性)是防止路面发生断裂或开裂的主要措施之一。

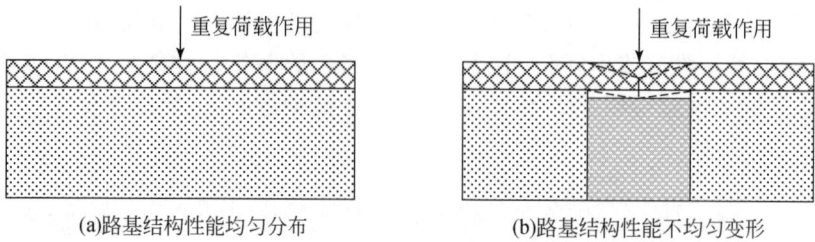

图 1-3　路基结构性能变异对混凝土底座的影响

与上述相仿,对于无砟轨道,路基结构性能的不均匀对上部混凝土板的影响也存在疲劳开裂和断裂问题。这种损坏通过混凝土底座的传递,进而又会对轨道板以及行车带来影响,因此控制路基结构性能的均匀性是非常重要的。与有砟轨道不同,无砟轨道由于只能通过扣件调整,所以工后沉降的控制值十分严格。因此,变形控制、特别是不均匀变形控制是无砟轨道面临的主要问题。

从线路结构的角度看,目前高速铁路已突破了传统的轨道/道砟/路基这种结构,既有传统的有砟轨道,也有新的无砟轨道。对于高速铁路,路基是影响列车高速、安全以及舒适性的关键要素。与一般铁路路基相比,在基床结构、填料要求等方面要求更高,作为轨道结构的基础是不允许有任何病害发生的。国外的实践证明:高速铁路安全而平稳运行的关键之一便是路基结构性能非常良好(所谓成也路基、败也路基)。

1.1.2　路基外部作用特征

对于路基结构,所受到的外部作用主要来自两方面:一方面是行车荷载传递下来的重复作用;另一方面是自然环境的周期性和随机性作用,主要以水和温度为主。下面分别简述其主要特征。

1. 交通荷载特征及引起的主要问题

行车荷载即交通荷载,是铁道与道路所受到的主要外荷载。无论轨道上行驶的列车还是路面上行驶的汽车,都是一种典型的移动动荷载,即荷载的作用点不但随时间(位置)而变化,其大小也随时间而变化,如图 1-4 所示。这类荷载的一个最主要特征就是长期的重复作用。

由于路基结构具有一定的孔隙,在外荷载反复作用下会出现进一步的压缩变形。因此对于路基结构来讲,重复荷载作用下的主要问题是塑性变形的累积问题,或者称为永久变形问题(即沉降问题的一部分),这类问题的实质是一种疲劳破坏问题。

2. 自然环境特征及引起的主要问题

由岩土填料构成的路基结构长期处于自然环境之中,不可避免地会受到自然

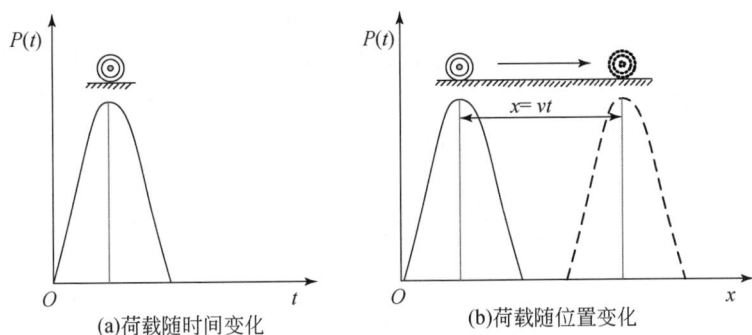

(a)荷载随时间变化　　　　　　　　　(b)荷载随位置变化

图 1-4　交通荷载特征

环境的影响。如地理条件——地形地貌，地质条件——岩土种类、风化及裂隙程度、滑坡及泥石流，水文条件——地表水、地下水，气候条件——温度变化、降水，以及地震等因素，都会对路基结构性能产生影响。在这些影响因素中，比较典型的是温度和水，特别是二者的耦合作用。

路基的各种病害或变形的产生都与地表水和地下水的浸湿和冲刷等破坏作用有关。水的作用主要表现在路基结构含水量的变化上，也就是湿度的变化上。一般来讲，由岩土填料构成的结构对水是非常敏感的，路基也是如此，特别是细粒料路基。如果路基结构内部含水量过大，就会使路基结构的物理力学性质明显下降，抵抗外部作用的能力下降，当超过容许范围后，就会发生病害。可以说，铁路和公路上发生的许多病害，有相当一部分都与水有直接或间接的关系；温度的影响主要表现在路基结构内部温度场的变化上，特别是细粒料路基，低温可能会引起的路基结构收缩裂缝、冻胀和翻浆等病害问题，这又与路基结构内部含水量的变化和多少密切相关。

此外，交通荷载和自然因素的联合作用，更将加剧路基结构性能的劣化乃至破坏。因此，为了保证路基结构具有一定的抵御能力，在路基结构的形成阶段——压实阶段就必须采取有力措施，增加这种抵御能力。而加强路基结构在形成过程中的质量控制是其最重要的手段之一。

1.1.3　路基结构变形特征

对于填方路基结构，由于是由岩土材料经压实而构成的，所以路基结构出现损伤的主要形式就是沉降问题——永久变形（当然还有边坡问题）。因此，路基结构的变形及控制问题是我们关心的重点。

路基结构的变形主要发生在两个阶段，如图 1-5 所示。第一阶段是在建造期，主要由施工机械的压实作用产生的塑性变形积累（永久变形），这是我们希望发生的变形；第二阶段是在运营期，主要是由交通荷载作用和路基本体及地基的再压密所产生(可以称为工后沉降)的塑性变形和弹性变形,其大小将影响到铁路轨道和公路面层的平顺与否以及行车的舒适性,这是我们不希望发生的变形,因此需要进行一定量的控制。一般来讲,在建造期对路基填筑体压实质量标准要求越高、控制越好,在运营期所产生的变形也就越小。

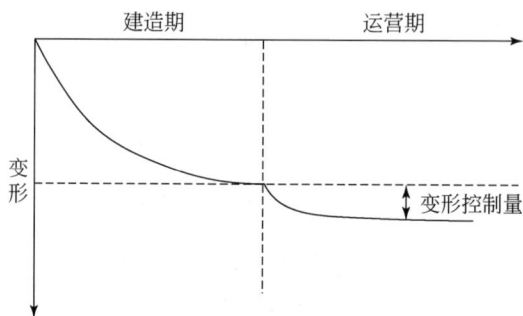

图 1-5　路基结构不同阶段的变形

目前,公路路基的变形指标主要是弯沉(一定荷载下的竖向变形),路基结构顶面的弯沉是作为设计时的控制指标使用的。而铁路路基对变形有更多的具体要求,下面主要阐述铁路路基情况。

1. 运营期的永久变形

如前所述,运营期路基结构的变形主要包括塑性(永久)变形和弹性变形两部分。对于填方路基结构而言,路基面上的永久变形主要由地基的压密变形和填筑体本身的压密变形两部分组成(列车荷载作用与路基本体自重所产生)。如果从轨道面上观察,永久变形还应包括道床部分的变形(列车荷载作用产生)。这些永久变形最终都会反映到轨道面上,当永久变形达到一定程度后就有可能造成轨道的不平顺,影响行车安全和舒适度。因此,必须对路基结构进行变形控制。如何控制路基结构变形的大小,则是由轨道结构的技术要求所决定的。

对于有砟轨道,由于路基结构的沉降变形可以通过起道来进行调整,所以对变形量的控制并不是十分严格,一般控制在 5~10cm 即可,这也是基于维修模式、维修周期和维修费用方面提出的要求;对于无砟轨道,受板式结构的限制,变形只能通过扣件进行调整,但调整量是非常有限的,因此对变形量的要求较高,一般控制在 15mm,可见与有砟轨道相比是非常严格的。永久变形即沉降如果过大,就会对上部结构失去支承作用,在行车荷载重复作用下上部结构就会开裂。从目前调查情况看,这种现象正在发生,会产生十分巨大的维修费用。

2. 运营期的弹性变形

运营期路基结构的弹性变形是由路基结构的刚度所决定的,这种变形主要对轨道结构的变形会产生一定影响。轨道面上的弹性变形主要由道床的弹性变形和路基结构的弹性变形组成。路基结构弹性变形的控制由基床表层的要求所决定，在制定控制值时主要考虑以下三方面的因素：

　　(1)要满足高速行车的舒适性和安全性的要求；

　　(2)要满足基床表层不发生结构破坏的要求；

　　(3)要满足养护维修模式和费用的要求。

　　基于上述这些要求，经过综合考虑，对于高速铁路，我国目前对路基结构的弹性变形控制量为 3.5mm，不允许超过这个控制值。如何达到这个要求呢？主要依靠在建造期对于填筑体的压实作用和控制予以实现和保证，这就需要提高压实质量控制的技术要求。

　　从这里也可以看出，普通铁路和高速铁路对路基结构性能的要求是明显不同的，具体体现在对变形量的控制要求上。从路基结构性能的角度看，控制变形量最终要体现在如何控制其性能指标上，通过控制路基结构的性能指标及其大小来实现对变形量的控制。因此，有必要对路基结构的性能指标有一个全面的了解。

1.1.4　路基结构性能指标

　　路基结构的主要作用是为上部结构提供坚实而稳定的基础，因此，对路基结构的性能有一定的要求，需要通过压实及质量控制的方式予以实现和保证。一般来讲，路基结构的力学指标是最关键的，因为它的主要功能毕竟是承受荷载作用。表征路基结构性能的力学指标主要有三个，即强度、刚度和稳定性。此外，还有一些表征物理性质的指标，如密度、孔隙度等，这些指标也可以说是为了保证其力学性能及其稳定性而提出来的。这里主要阐述强度、刚度和稳定性这三个指标的含义，这是在整个压实控制过程中始终贯穿的三个最重要的概念[3]！

1. 强度

　　路基结构强度是指路基结构抵抗外荷载作用、防止产生破坏（破裂或过大塑性变形）的能力。这是一个衡量路基结构发生破坏时的指标，其实质就是路基结构抵抗外部破坏作用的能力。

　　那么，在什么情况下需要考虑强度问题呢？一般地，当路基结构的应变级别达到 10^{-4} 以上时归结为大变形问题，这时考虑的主要问题应该就是强度问题。由于压实过程正是路基填筑体发生大变形的过程，因此压实过程是一个结构强度不断变化的过程（一般都是由小到大地变化），属于结构强度构成问题。

　　在路基结构中，一般认为发生的破坏为剪切破坏。因此，路基结构强度也就往往指的是抗剪强度（也可以定义成克服路基结构抵抗力所需的剪应力），其指标以黏聚力和内摩擦角的组合来表征（称为库仑强度理论）：

$$\tau = c + \sigma\tan\varphi$$

式中，c 表示组成路基结构的填料的黏聚力，取决于细粒之间的黏性；φ 表示填料的内摩擦角，取决于粗粒之间的相互作用。对于细粒料而言，其抗剪强度主要受黏聚力的影响，因此 $c \neq 0$；而对于粗粒料，则取决于颗粒间的内摩擦角，而黏聚力一般都非常小，可以认为 $c = 0$。

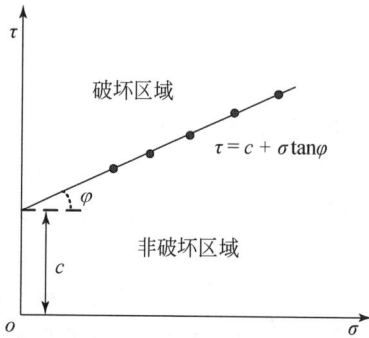

图 1-6　路基结构抗剪强度构成图示

抗剪强度获取的手段主要为实验室内的直接剪切试验或三轴剪切试验。将多次试验中得到的正应力和剪应力进行相应组合，取得不同的 (σ_i, τ_i)，便可得到图 1-6 所示的强度线，确定出黏聚力和内摩擦角。

若路基结构体内的某一点的剪应力大于其抗剪强度值，则该点便发生破坏，否则是安全的。对于已经碾压成型的路基结构，则要求路基结构体内的剪应力不应大于其抗剪强度；而对于正在碾压的路基填筑体而言，则要求压路机的压实力大于其抗剪强度，这样才能破坏掉低应力水平的路基结构，产生一个适应于高应力水平的路基结构，具有更高的强度，使其更稳定。

这里应注意区分填料本身的强度和所构成结构的强度之间的区别与联系。一般，填料颗粒本身强度应大于结构强度，否则在压实过程中容易将填料颗粒压碎。例如，现在流行的大吨位压路机（20t 以上），就非常容易将填料颗粒本身压碎，导致填料级配发生变异，影响到所形成结构的性能。

需要强调的是，对于已经成型的路基结构，它的强度是其本身固有的特性，并不随外部作用的改变而变化，强度特征只有在结构发生变化时才表现出来，这是因为正常工作状态时，外部作用要小于强度要求。但在碾压过程中，正是破坏旧结构、产生新结构的过程，故强度（抵抗破坏的抗力）是在不断变化的。另外，所谓过大的塑性变形，指的是超过容许值的永久变形（也可以称为沉降），实际上也是路基结构发生破坏的一种表现形式。

上述对路基结构强度的定义是基于静力学角度进行的。由于路基结构受到交通荷载的作用，这是一种动荷载，并且具有长期重复作用的特点，因此本质上这是一个动力学问题，且是一个疲劳问题，涉及动应力的大小（疲劳强度）和作用次数（疲劳寿命），情况将更为复杂，可能还需要引入动强度的概念。

2. 刚度

路基结构的刚度是指路基结构抵抗外荷载产生的弹性变形的能力。这是一个衡量路基结构产生弹性变形大小的指标。在同样荷载作用下，刚度大的路基结构发生的弹性变形较小,如图 1-7 所示。

在铁道工程中,当考察列车-轨道-路基的动力学问题时,通常指路基面处的弹性变形,这与定义梁的刚度时指跨中处的挠度相仿。但是在路基专业中,没有给出确切的定义,一般按照一种笼统的、不严格的概念,理解为抵抗变形的能力,而不去明确是否是弹性变形。高速铁路路基表面在列车动荷载作用下的应变级一般为 $10^{-4}\sim10^{-3}$,基本上处于弹性变形阶段。

刚度的表征指标主要有压缩系数、压缩模量、变形模量、弹性模量等。它的获取手段主要有实验室内的单向压缩试验、三轴压缩试验或现场平板载荷试验等。这里也应注意区分填料本身的刚度和所构成的结构的刚度之间的区别与联系,通常前者的刚度大于后者的刚度。

图 1-7　刚度与变形关系示意图

刚度的大小反映了路基结构一种弹性变形的性质,其实质就是抵抗弹性变形的抗力的大小,通过应力-应变关系来体现。一般都用弹性模量来表征——单位面积上抵抗单位弹性变形的力,其值越大,则在相同应力作用下产生的弹性变形就越小(图 1-7)。刚度是路基结构的一个重要力学参数,由填料颗粒之间的联结方式所决定。当颗粒之间的联结得到加强时,路基结构抵抗变形的能力也随之增强,刚度也就越大,反之亦然。刚度是衡量路基结构变形大小的一个尺度,控制好刚度,在一定程度上也就控制住了弹性变形。

目前在道路工程中,路基结构的(回弹)模量只是在做力学验算时用到,而在设计时只要根据路基结构的潮湿类型控制好最小值就可以了。而在铁道工程中,随着高速铁路的兴起,已经将控制刚度作为一个重要问题来考虑了。

3. 稳定性

路基结构的稳定性一般指路基结构在外力和自然因素(降水与温度)作用下能够保持原有平衡状态的能力,即路基结构抵抗偏离平衡状态的能力。路基结构之所以具有稳定性,是因为其结构内部具有负反馈机制(详见第 2 章的分析)。

稳定的路基结构是我们追求的目标。在路基结构形成期,其稳定性可以用一组状态变量如强度、刚度、干密度的变化来表征,进一步也可以用路基结构抵抗力变化的大小来表征。稳定的路基结构应该具有在外部作用下保持其性能不变的能力。

如何评价路基结构的稳定性是一个比较复杂的问题。原则上应该采用疲劳试验的方式进行,如道路工程中的大型原位重复加载试验。但是这种试验比较费时

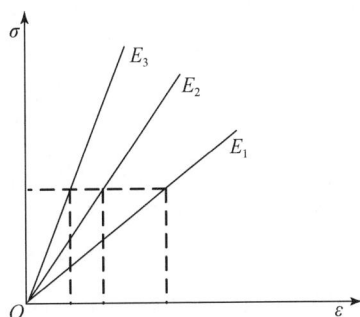

费力,其试验设备也非常昂贵,一般多用于科研,在施工过程中普及应用难度太大。在采用变形模量控制路基压实质量时,对一次变形模量 E_{v1} 与二次变形模量 E_{v2} 比值进行控制,实际上就是一种对稳定性控制的想法。从这个意义上讲,在路基压实质量控制时,变形模量比地基系数指标更好,其不足之处主要是试验时间较长。

以上对路基结构的三大力学指标进行了阐述。路基结构具有足够的强度、刚度和稳定性是上部结构对它的基本要求。在铁道工程中,无论重载还是高速,都把控制路基的变形(特别是不均匀变形)问题看做路基工程最主要的任务之一。

此外,无论铁道还是道路,所受到的荷载均为行车荷载,是一种典型的长期重复作用。因此,对于路基结构而言,可能最重要的是疲劳破坏问题,而不是一次荷载作用下的破坏问题。路基结构在重复荷载作用下的稳定性问题尤为重要,检测这种稳定性的方法最好是采用动力学方法,以便与交通荷载的特征相一致。

值得注意的是,尽管上述几个性能指标能够将路基结构的性状表达清楚,但是在实际中,这几个指标的获取并非易事,一般在现场是很难直接获取的。因而人们开始研究这几个指标的替代方案,于是便引出了实际工作中用以表达路基结构性状的多个指标,有的是从物理性质方面,有的是从力学性质方面,如压实度、孔隙率、回弹模量、变形模量、地基反力系数、弯沉(竖向位移)等。尽管指标诸多,但都毫无例外地来试图表征路基结构的刚度、强度和稳定性这三大性质。

1.1.5　性能指标的复杂性

我们知道,构成路基结构的填料为岩土材料。由于岩土材料自身的特点,表征路基结构性状的这些力学指标都是相对于某一状态而提出的。这些指标会随外部作用(如荷载、温度和湿度等)的变化而发生较为复杂的变化,并非是常量。因此这些指标的提出都具有条件性,在应用时、特别是在压实质量评定与控制时应该引起足够的重视。

对于岩土介质力学性质的复杂性,已有多个学科进行过研究,且大都以室内试验研究为主。根据路基工程特点,其性能指标的复杂性可以从以下方面来理解。

1. 非线性

路基结构性能的复杂性首先表现在非线性方面。线性与非线性之间具有本质的差异,线性只有一种——直线关系,而非线性有多种。当今科学技术的水平基本上还处于在线性范畴内来思考和处理问题,但实际世界却是非线性的。对于路基结构,现在的设计和计算都是按照线性(确切地说是线弹性)问题来考虑的,轮轨动力学理论也是把路基结构看成线性的。但实际情况并非如此,否则也就不会出现那么多的问题了。

路基结构按线性问题考虑,实际上就是按照线弹性力学理论去处理问题,著名的弹性半空间理论就是如此。但是实际上路基结构很少有完全符合线弹性理论的,即使是弹性,也有可能是非线性的。典型的例子就是变形模量和回弹模量这两个指标。二者都是采用平板载荷试验取得的,但是从试验过程和数据处理方式便可看出,路基结构实际上是非线性的,从中还可以看到塑性变形的存在(非弹性也是非线性的一种),情况比较复杂,如图1-8所示。

如果路基结构是弹性体,那么在进行平板载荷试验时就不会出现塑性变形问题,而塑性变形是典型的非线性。大量的试验证明:路基结构的本构关系(应力-应变关系)具有非线性和非弹性的特征,如图1-9所示。

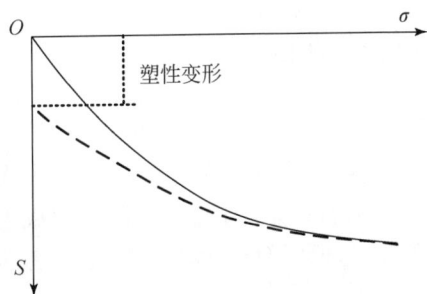

图 1-8　平板载荷试验曲线　　　　　　　　图 1-9　路基结构的本构关系

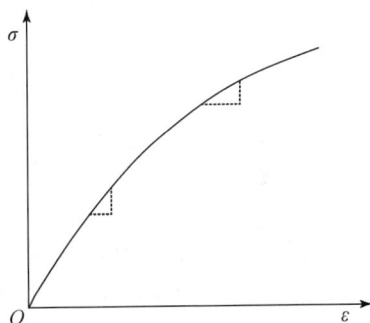

路基结构的非线性对其性能指标的影响较大,使一些指标都变得具有了条件性,会随着试验方式和加载方式的变化而变化,可见路基结构性能是复杂的。现以平板载荷试验为例进一步说明。

路基结构的理论基础是弹性半空间理论(详见第 3 章)。平板载荷试验的测试和数据处理基础也都是依据弹性半空间理论的[4]。由弹性半空间理论可知,刚性承载板下的力与位移的关系为

$$\frac{\sigma}{S} = \frac{2E}{\pi r(1-\mu^2)}$$

当路基结构为弹性体时,根据上述公式,弹性模量 E 应该是一个常量,不会随力和变形的变化而变化。但是大量实践表明,不同的试验方法和同种试验的不同加载方式所得到的指标都是不相同的。例如,同样采用平板载荷试验方式,由于加载要求不同,就会得到不同的模量值(回弹模量、一次变形模量、二次变形模量等),可见是复杂和非线性的。

路基结构的非线性实质就是岩土结构问题的非线性。对于填方路基,其非线性程度与压实质量密切相关,一般而言,结构越密实,其线性程度也就越好(但也并非绝对)。

2. 时效性

路基结构性能的复杂性还表现在性能参数随时间而发生变化方面,这就是性能的时效性。路基结构性能会随着时间而发生变化,典型的例子就是路基模量、含水量等参数会随季节的变化而变化。此外,在路基碾压后,马上进行平板载荷试验得到的结果与相隔几天后做试验得到的结果往往不一样(一般后者大于前者),这也是时效性的一种表现。

路基结构性能参数具有非线性和时效性,由于填料本身的复杂性(内因)和外部作用的多变性(外因),给质量控制增加了难度。

1.2 压实与路基结构性能

1.1节对路基结构的一些特征进行了分析。为了满足行车荷载和自然环境的要求,路基填筑体必须是一种性能优良的土工结构物。那么如何才能达到这个要求呢?其答案就是选择优良填料和充分压实。在填料一定的情况下,压实便成为主要控制因素。同样的填料,选择不同的压实方式,所得到的路基结构也会有所不同。

所谓压实,就是采用某种外部加载方式,使散体填料聚集成一个紧密结构体(强度与刚度增加)的过程,也可以称为压密实过程,有时也把压路机在填筑体上的行走过程称为碾压。严格地讲,压实和碾压是有区别的,前者强调的是碾压的结果要密实,后者则泛指通过外力施加"压"的过程,但一般不作详细区分。

一个松散堆积体,从开始碾压到完全压实需要一个变化过程,所形成的结构体性能也会发生显著变化。随着压实程度的提高,散体由松散向密实过渡,所形成的结构体的刚度和强度也是逐渐变大的,如图 1-10 所示。

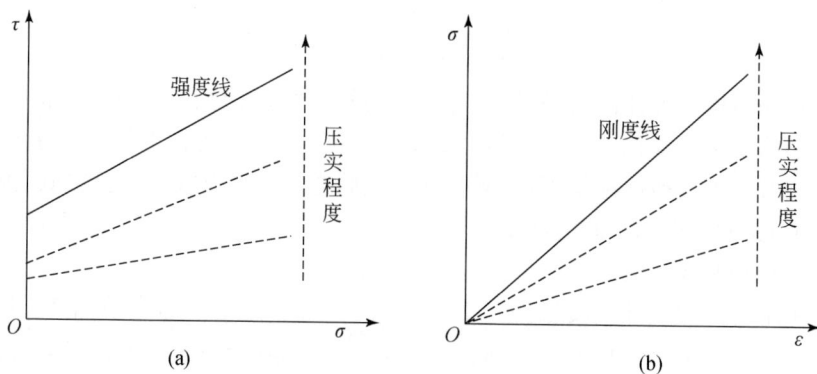

图 1-10　路基结构压实程度与其性能关系示意图

　　压实是使填方路基达到应有性能的主要技术手段。对路基结构的性能有什么样的要求就会有什么样的压实手段。从最早的人工夯实到机械压实,经历了相当长的一段时间。压实手段的进步,除了是科技发展的原因外,对路基性能要求的提高也是一个非常重要的因素。

　　上部结构对路基结构支承的要求首先表现在路基结构的抗变形能力上。在实际工作中,一般都把控制路基结构的变形量作为一项重要的设计指标来予以考虑。而选用优质填料和充分压实是路基结构形成足够的抗变形能力、为上部结构提供良好的支承的关键。在填料选定的情况下,控制路基填筑体抗变形能力的关键便是压实。压实是路基结构形成的最后一道工序,也是最重要的工序。压实的目的就是为了预先消除路基结构在行车荷载及自然因素作用下可能出现的过量变形。一般来讲,压实程度越高,可能出现的变形量也就越小。

1.2.1　压实方式及其特点

　　对于填筑体(即被压填料),填料颗粒之间关联程度的强弱决定了所形成结构性能的好坏,而颗粒之间的关联程度主要取决于填料的组成和外力的压实作用。所谓压实,就是通过对松散的填筑体施加某种形式的外力,从而使填筑体的体积减小,密实度增加、形成一定结构的过程,这一过程也可以称为碾压。传统的压实技术主要应用在道路与铁道工程领域,因此早期也称为"筑路技术"。

　　对于路基填筑体,填料颗粒之间的关联方式主要有咬合、嵌挤和摩擦等。只要填料一定,其关联方式也就确定下来了,而关联程度的大小主要受压实方式和压实能量的影响。压实作用是填筑体与外作用之间进行的一种能量交换,可以改变颗粒之间的相互位置关系,起到加强颗粒之间联系的作用。理论研究和实践都证明,不同的压实方式和能量,对于形成的路基结构性能是不一样的。

　　随着社会和科技的进步,对填筑体的压实方式也由古老的人工夯实转变为机械压实,如图 1-11 所示。这种改变是筑路技术的一种革命。一般将人工夯实转变为机械静力压实称为筑路技术的"第一次革命",而将机械振动压实称为"第二次革命"。

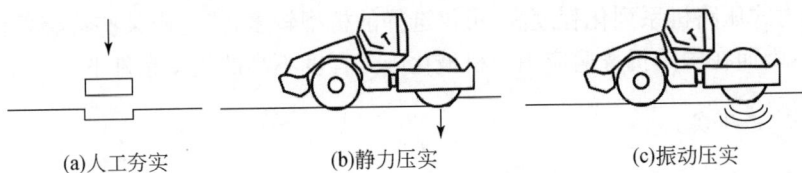

(a)人工夯实　　　　　(b)静力压实　　　　　(c)振动压实

图 1-11　压实方式的转变

　　通过外力对填筑体进行压实是路基结构形成过程中的主要能量来源,这可以从不同角度来看待这一过程。从力学的角度看,当一种松散填料被施加以一种外力时,由于松散填料的强度较低(注意不是填料本身而是松散体的),抵抗变形的能力较差,施加的外力可以克服填料颗粒间的摩擦力和黏着力,产生较大的变形,这种变形是一种永久的残留变形,最后这种变形将逐渐减小到零。从空间结构的角度看,压实的过程是一种被压填料所占的空间减小的过程,填料颗粒将发生重新排列。在外力的作用下,颗粒互相靠拢,各自寻找自己的最佳位置来达到一种新的平衡状态,是从一种空间结构变化到另一种空间结构。当外部作用发生变化时,则有可能使这种结构再一次发生变化。也就是说,可能存在多个较稳定的结构状态。不同形式的压实方式对应着不同的空间结构状态,并且一种压实方式对于不同被压填料,其作用和影响也是不同的(详见后面有关压实标准的讨论)。

目前,压实方式根据路基填筑体所受外力性质的不同,主要分为三种,即静力压实、冲击压实和振动压实,三种方式各有优点。在路基填筑碾压过程中,目前主要采用振动压实方式。

1. 静力压实

静力压实也称为滚轮压实,就是依靠碾压轮的自重,慢速滚过被压填料,用静压力使填料压实到一定程度的方法。当碾压轮质量一定时,它所能提供的静压力也就一定,只能使被压填料的变形减小到一定程度。若想进一步提高压实程度,则只能采用质量更大的碾压轮来滚压。静力压实按照碾压轮的不同又可分为光轮压实、胶轮压实和羊足轮压实三种方式。

尽管上述三种压实方式的压实过程不尽相同,但它们有着共同特点:用静压方法,有一个极限压实效果(有一个滚动阻力系数达到一定的问题),无限地增加静压力有时也不一定得到较高的压实程度,反而会使被压填料所形成的结构发生破坏,即所谓的"过压"或"压松"。因此,静力压实主要用于填筑初期的稳压以及碾压末期的整平。

与振动压路机相比,静力式压路机的压实功能具有一定的局限性,压实厚度也受到一定限制,一般不超过 $200\sim250\mathrm{mm}$,而且光面静力式压路机在压实过程中容易产生"虚"压实现象。但是,由于静力式压路机结构简单,使用和维修方便,而且国产静力式压路机系列化程度高,可供选择的机型较多,能适应某些特定条件的压实工作,因而在国内仍普遍应用于机械化施工程度不高的施工条件下。

2. 冲击压实

冲击压实也称为夯实,是一种利用物体从某一高度自由下落时所产生的冲击力来将填料压实的方法。一般冲击力所产生的压力波传入被压填料中后,其影响程度要比静压力的要大,并且可以使填料颗粒产生运动,加速其重新排列,因此,冲击压实的压实效果要比静力压实的好一些,但由于其现场操作较困难,大面积推广使用还有一定困难。

近年来发展起来的冲击式压路机是一种较好的工具,特别是对于黏性土和失陷性黄土,压实效果很好。

3. 振动压实

振动压实就是在填筑体的表面施以一个周期性的振动荷载,在被压填料内部产生一个快速的、连续的应力波,填料颗粒由静止状态进入到运动状态,颗粒发生受迫振动。由于结构的松散性,其抵抗变形的抗力较低,在外部作用下,颗粒将发生位移,最终达到一个稳定位置,使填料颗粒之间相互嵌挤,从而达到比较密实稳定的状态,使颗粒之间关联作用得到加强。振动压实由于其压实效率高、使用范围广而得到广泛应用,是目前主要的压实方式。

关于振动压实的机理,目前主要有以下几种理论学说:①共振学说主要从共振的角度去说明压实的过程,当激励频率与被压填料的固有频率一致时,振动压实是最为有效的;②内部摩擦减小学说主要从被压填料内部摩擦变化的角度去说明压实的过程,当填料受到动荷载作用时,将破坏填料原有的内摩擦,使其剪切强度降低,导致抗压阻力变小,因而在重力的作用下易于压实;③反复荷载学说则主要强调了周期性压缩运动的作用,认为随着运动时间的推移,被压填料逐渐达到了密实状态。

经过实际测试与理论研究,发现可以将压实机具与被压填料看成一个整体,采用系统科学的思想进行分析,归纳如下。

(1)振动压实对填料的压实作用体现在被压填料上的作用荷载上。作用力并不是单一的频率成分,而是具有几个频谱成分的荷载,因此它是一种荷载谱。不同频率成分荷载的组合是压实效果好的主要原因,即多频作用力的压实效果更好。

(2)填料颗粒在荷载谱作用下,发生了受迫振动,由于颗粒的大小和形状以及所处的位置及边界条件各不相同,所以每个颗粒的受力状态是不尽相同的,并且每个颗粒的固有频率也并不是都相同的。因此说,每个颗粒的运动也不尽相同,多频作用正好与之对应。

(3)荷载谱的作用使颗粒之间的静摩擦力减小,颗粒运动起来并试图找到各自的最佳位置,由于其各自的固有频率不同,有的颗粒将产生近似的共振现象,加剧了它的位移。这也说明了不同的填料应该选择不同压实频率的道理。

振动压路机是利用其自身的重力和振动力来压实各种建筑和筑路材料的。在公路与铁路建设中,振动压路机最适宜压实各种非黏性土壤、碎石、碎石混合料以及各种沥青混凝土,因而被广泛应用。但是,由于振动压路机的振动作用,给周围环境及人体带来了一定危害,因而限制了振动压路机的使用范围。在人口密集地区、危房区、靠近装有精密仪器的建筑物,以及公路桥梁的桥面等都不宜使用振动压路机进行压实作业。另外,由于振动对人体健康的影响,减振效果不好的振动压路机也是不受欢迎的。目前有一种振荡式压路机,它具有揉搓作用,可以使压实更均匀。

值得注意的是,目前振动压路机吨位有越来越大的趋势,这源于人们一种错误的直觉——认为压路机吨位越大碾压得越密实。正如前面所论述的,每一种结构、每一种填料,其强度都有一个极限值,过大的外作用只能破坏已经形成的结构,或者破坏填料本身,这早已在工程实践中得到验证。因此,压路机吨位应与被压填料粒径以及填厚匹配,并不是吨位越大碾压得一定越好。

1.2.2 填筑质量控制要素

从一般产品制造角度来看,路基也是一种人工合成的产品——采用岩土材料填筑而成的土工结构物。路基填筑质量控制与一般的产品质量控制原理是一样的,包括对原材料的控制、生产工程和工序的控制。那种只注重结果而不重视过程的控制是存在诸多弊端的,其中一个主要问题就是发现问题不能及时乃至无法解决,最终要进行返工才能得到解决。

广义地讲,对于路基填筑工程,其结构的形成过程包含选择填料和碾压的全部过程,其控制要素包含填料与碾压这两方面的内容。因此确切地说,控制填筑工程质量应该动态地监控路基结构形成过程的全过程——选择填料与压实质量,这也是一种质量动态控制与管理的手段和方式。

1. 填料的控制

对于路基这种产品来讲,填料就是岩土材料,它的品质好坏直接决定路基的最终质量。如果原材料(填料)存在问题,那么后续无论如何进行生产和质量控制,也都很难解决根本问题。例如,在北方采用膨胀土填料修筑路基,无论怎样碾压,所形成的路基结构也都会产生翻浆冒泥等病害。因此,填料控制是根本。通常情况下,填料控制主要从以下几个方面进行。

(1)填料本身特性控制。这主要体现在细粒料上,如膨胀土、失陷性黄土等特殊土必须进行处理,需要认真对待。

(2)填料级配控制。这主要体现在粗粒料上。即使同一种填料,如果颗粒粒径不同、含量不同,所形成的结构也会有天壤之别。因此在有关路基规范中都要求"填料级配良好",但是除了级配碎石有明确的级配曲线外,其余都没有级配曲线和范围(只有最大粒径要求)的具体要求,这给现场"如何控制填料级配良好"带来极大的困惑。

(3)含水量控制。对于对水敏感的填料(黏性类细粒土),控制其含水量保持在最优含水量附近是头等大事,过高的含水量会使填料变成"弹簧土"而难于压实,而含水量过低则造成填料处于"松散、起皮"状态,也是难于压实的。

(4)填料厚度控制。路基是分层填筑的,每一层都有厚度要求,一般填厚都要求是 30~40cm。这种厚度实际上是早期基于小吨位压路机而制定的(12~14t)。由于目前的压路机都普遍高于 18t,因此,适当增大填厚应该是可行的,但是不能超厚填筑。有些施工现场按照每层 80~100cm 进行,就会造成压实质量存在严重的先天不足。

2. 压实的控制

在填料一定的情况下,碾压就成为形成合格"产品"的关键环节了。碾压是对原材料的再生产过程,是形成产品的阶段。如同一般工业生产一样,需要在生产过程中进行严格的质量控制,只有这样才有可能生产出合格的产品。原则上,一般的质量控制方法在碾压过程中同样是适用的。对于填料碾压的控制,按照前面对路基结构性能指标的要求,概括起来应从以下几个方面进行。

(1)压实程度控制,主要是指控制路基填筑体碾压质量达到规定强度和刚度的多少,相当于通常所说的"压实度"或"压实系数"的概念。这是基本的控制要素,也是人们最关心的问题。

(2)压实稳定性控制,主要是指控制路基填筑体性能参数随碾压遍数变化的性质。这是一个相对比较新的概念。当压实稳定性达到一定要求后,所形成的路基结构是比较稳定的,能够抵御外部行车荷载的重复作用。

(3)压实均匀性控制,主要是指路基填筑体性能参数在水平方向上分布一致的性质。均匀性对于刚性路面结构和无砟轨道结构,尤为重要。

(4)压实工艺控制,主要包括压实机具的工艺参数(吨位、振动质量、激振力、频率、振幅,行走速度等)、碾压遍数、碾压厚度等的控制以及碾压长度、宽度、时间等的管理,这些参数对于施工过程和工序管理也是非常必要的。

填料压实成型过程就是路基结构的形成过程,这是一种典型的非线性动力学演化过程,其变化规律较为复杂,它决定着路基结构工程质量的好坏。为了得到一个高质量的路基结构,就必须重视其形成过程相关要素的控制。从力学的角度看,这是一种由松散体变化到紧密体的动力学过程,目前对这一成型过程进行专门的研究还较少。

1.3　压实质量控制方法

由 1.2 节可知,除了控制填料因素外,加强路基填筑过程中的压实质量控制是提高其工程质量的主要途径。压实质量控制的好坏在一定程度上决定了路基结构成型后性能的好坏。可以说,没有对碾压过程中压实质量的有效控制,就不会得到一个高质量的路基结构体。

质量控制方法可以从不同角度进行分类,大致分为以下几类:过程控制与结果控制、实时控制与事后控制、静态控制与动态控制、离散控制与连续控制、抽样控制与全面控制。从目前质量控制趋势来看,各行各业都在加强生产过程中的控制,将问题消灭在产品的生产(形成)阶段,那种只注重最后结果的控制,往往是事倍功半的。过程控制已成为质量控制领域中非常重要的环节,会起到事半功倍的效果。

目前路基填筑质量控制主要采用抽样检验方式进行,即在碾压完成的路基上,在一定碾压面积或碾压长度范围内对若干个点进行压实效果检验,以此来判定该段路基的压实质量。这是一种典型的事后点式控制方式,属于结果控制。本书主要研究的是碾压过程中的全面控制方法,显然属于过程控制范畴。

1.3.1　控制方法分类

压实质量控制方法按其评定指标(有时也称为控制指标,下同)主要分为两类,即指标控制法和工艺控制法。其中,指标控制法属于有测试技术的试验法,而工艺控制法属于尚无测试技术的经验法。对于所有的填筑工程而言,其压实质量的控制方法基本都是相通的,只是不同领域的侧重点不同而已。

表 1-1 列出了一些已有的压实质量控制方法。由表 1-1 可见,以评定指标为控制量的点式抽样控制方法占据主导地位,它们都属于结果控制,其中又可分为物理指标控制(压实度或压实系数)和力学指标控制两种。铁路路基以力学指标控制为主,而公路路基则以物理指标控制为主。

表 1-1　既有压实质量控制方法一览表

方式	试验方法	控制量	特点
点式控制	压实度法	干密度	指标为比值,费时费力,粒径有要求
	弯沉法	竖向位移	指标为实测,测试速度稍快,费时费力
	平板载荷法	模量	指标为计算,比较费时费力,有时效性
		地基反力系数	指标为计算,比较费时费力,有时效性
		动反力系数	指标为计算,测试速度快,有时效性
	核子密度法	干密度	指标为换算,方便省时,有放射性
	应力波法	波速/动模量	实测与计算,方便省时,有离散性
	高程测量法	表面沉降量	指标为实测,人工量测,精度较差
工艺控制	遍数控制法	碾压遍数	指标为遍数,依试验路和经验而定
	轮迹控制法	碾压痕迹	指标为轮迹,无法定量,依经验而定
面式控制	连续压实控制法	谐波比	计算指标,碾压过程中连续测试,方便省时,属过程控制,存在适用的局限性
		振动模量	

表 1-1 中的工艺控制法主要是针对粗颗粒填料不能进行常规试验而提出的,是一类不得已而为之的经验方法。尽管是经验法,但也隐含了力学意义在内,其实

质是对压实稳定性的判定。而面式控制是针对点式控制而提出的,属于过程控制,是一类连续控制方法,已有的面式控制方法以国外的为主,但有的方法的适用范围有其局限性,后面将有详细的论述。

1.3.2　点式控制方法

点式控制目前在路基填筑压实质量控制中占据主导地位,这是一类传统方法,主要依靠常规试验进行,如压实度(干密度)测试——灌砂法、环刀法、核子密度仪法;弯沉测试——贝克曼梁法、动态弯沉仪法;模量(变形模量与回弹模量)测试——平板载荷法等,并依据这些试验结果进行压实质量控制。

1. 公路路基

压实质量控制方法受评定指标的制约,而其评定指标又决定了检测和试验方法。对于公路路基工程而言,目前从规范要求的角度看,在公路工程质量检验评定标准中需要评定和控制的对象主要为细粒料。对于土石混填路基等,在该评定标准中并没有提及,而在《公路路基施工技术规范》中对三种路基填料的压实质量检验控制进行了如下规定:

(1)土质路基——压实度与弯沉。

(2)填石路基——以 18t 以上振动压路机碾压无轮迹时作为结束压实的标志,此时的压实状态判断为密实状态(属于工艺控制)。

(3)土石路基——压实度与弯沉,但粗粒径的土石路基对压实度无明确规定。

从施工验收标准看,对于细粒料路基而言,除了不能进行连续的、面的控制外,其他的质量控制体系已比较完善,如果在实际施工中真正能够贯彻执行,应该说是可以得到一个较高质量路基结构的,关键在于执行的力度。但是对于粗粒料路基,由于试验方法跟不上,对于质量验收,目前也规定得不够严格和细致,导致人为因素增大,实际中操作起来问题也较多。

对压实质量采用哪种指标进行评定,是关系到测试技术的根本。长期以来,公路界以压实度(铁路称为压实系数)作为评定指标进行质量控制。因此,现在所有的测试方法都是围绕压实度来进行的,这些方法都毫无例外地试图与压实度发生某种联系,以实测数据来率定压实度。由于灌砂法和贝克曼梁法是获得压实度和弯沉的直接方法,因此规范中规定了用这两种方法进行质量控制和验收。其他方法都是评定压实质量的辅助方法。

对于细粒料路基,这些控制方法无疑对提高压实质量起到了推进作用。尽管用于实时监控还有困难,但在很大程度上还是保证了施工质量。对于粗粒料路基的压实质量控制,很多方法都是很难适应的。例如,灌砂法要扩大试坑的体积,但劳动强度太大,并且回填处理也较困难。实际上,用灌砂法得出的干密度,理论上是准确的,但在实际操作时达到很高的精度也是一件不容易的事情;而弯沉测量值普遍反映较小,很容易就满足规范要求,其原因可能有两个:其一是标准太低,量测时施加的荷载不够大,没有达到应有的变形状态;其二是可能存在一个尺寸效应问题。其他方法的指标都是间接指标,并且大部分是力学指标。用力学指标去率定物理指标(密度),从目前技术的发展水平来讲,只能是经验的,需花费大量的人力和物力,而结果往往又没有普遍意义。

对于松散填料的压实问题用何种方法和指标进行快速评定,一直是国内外人士所共同关心的问题,也做了大量的研究工作。总体来说,大部分的研究工作还是把如何检测压实度作为主要目标的,进行的都是事后的、点的控制。近年来,一种基于落锤式动态弯沉仪(简称 FWD)测试原理的小型落锤式动态弯沉仪(也称为手持式落锤仪或小 FWD,也有称为动态变形模量测试仪或动态平板载荷试验仪,目前名目繁多)比较流行,它用动地基反力系数来评定压实质量,突破了压实度指标的局限性,值得注意;但它在检测粗粒料路基时激发能量太小,很难令人信服(FWD 设备的价格又过于昂贵),并且也是点的控制。

综上所述,目前公路路基对压实质量的评定指标以压实度和弯沉为主,进行点的检验控制,其他一些方法有的尽管突破了压实度体系的限制,但也是点的控制,是非连续的测试,很难做到在碾压过程中进行面的、实时测试与监控。

2. 铁路路基

铁路,特别是高速铁路,对路基结构在刚度、强度和稳定性方面提出了更高的要求。而保证路基结构达到应有性能的技术措施主要依靠压实来实现,因此控制路基的压实质量是路基工程中一项非常重要的任务。为了对路基压实质量进行控制,在铁路有关标准规范中规定了评定与控制指标和相应的检验方法,对于提高路基填筑体的压实质量起到了重要作用。

从我国高速铁路的有关技术标准来看,目前规范规定的路基压实质量评定与控制指标主要有地基系数 K_{30}、动态变形模量 E_{vd}、变形模量 E_{v2}、孔隙率 n 和压实系数 K。其中变形模量由于考虑了二次变形影响,其控制效果要比地基系数好一些,但目前在新规范中又将变形模量取消了(可能是由于试验要比地基系数费时费力)。这些指标的取得主要依靠现场"抽样"试验进行。其中 K_{30}、E_{vd} 和 E_{v2} 由平板载荷试验确定,要求填料的粒径最大尺寸不大于承载板直径的 $1/4$(即 7.5cm);n 和 K 主要依靠密度试验确定,要求填料的最大粒径小于 6.0 cm。

压实系数一般适用于黏性细粒料,而对于砂类、细砾、碎石和粗砾等填料,主要采用 K_{30}、E_{vd}、E_{v2} 和 n 来控制。

在规范规定的这些控制指标中,地基系数 K_{30}、动态变形模量 E_{vd} 和变形模量 E_{v2} 反映了路基结构的抗变形能力,而孔隙率 n 和压实系数 K 反映了路基结构的稳定性。可以看出,其评定与控制指标是分别从力学角度和物理性质的角度提出的,因而比较全面地反映了路基结构的性状情况。根据这些控制指标来控制路基压实质量是有保证的,比公路路基单纯控制压实系数和弯沉有很大的进步。

无论是公路还是铁路,点式检验控制法是目前压实质量控制的主要方法,虽取得了较好的效果,但仍然存在诸多的不足之处,归纳起来有以下几点:

(1)都是在碾压结束后进行的,属于结果控制,发现问题很难在碾压过程中进行控制。

(2)都是依靠抽样试验进行的,得到的是"抽样点"的值,没有对碾压面的每一点都进行检验,很难控制路基压实的均匀性,并且试验较花费时间,占用重型设备加载,给施工过程带来明显的干扰。

(3)如果发现个别检验点的数据不满足规范要求,很难界定重新碾压的范围,若全部碾压,则有可能造成其他合格区域的"过压"现象。

(4)抽样检验比较适合样本总体均匀的情况,当填料存在不均匀性时,抽样点是否具有代表性值得怀疑。

如上所述,当填料存在不均匀性时,采取点式抽样方式进行压实质量控制,其检验结果能否真正具有代表性,确实是值得研究和探讨的。点式抽样方式实际上是借鉴了一般工业生产中抽样检验的想法,但需要一定的适用条件作为支撑。

例如,生产一批直径 10mm、长度 20cm 的杆件。判定这批杆件是否符合要求,最好的办法当然是对每一个杆件都进行量测,但这样做比较费时费力。经过统计分析,人们找到了一种简单的方法——抽样检验。只需按照要求抽取一定数量的杆件进行测量,便可以得到这批杆件的合格率,以此进行控制,如图 1-12 所示。

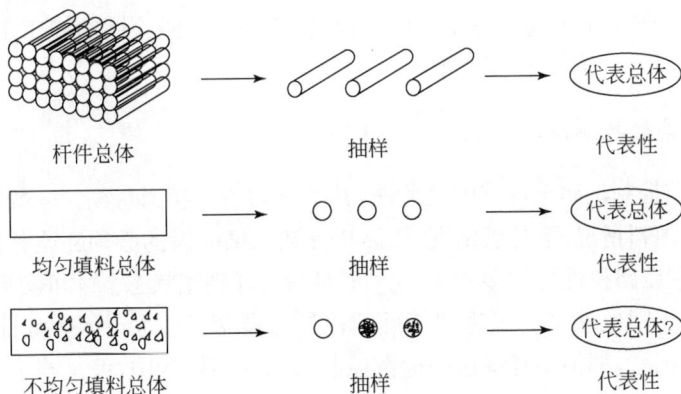

图 1-12　抽样检验的代表性

上述抽样检验方法是基于一个前提条件——这批杆件的尺寸波动或误差符合正态分布。如果没有这个前提条件作为保证,那么进行的抽验检验就不一定具有代表性。与上述例子类似,在路基填筑中,如果填料比较均匀一致,那么其物理力学性质是符合正态分布的,此时按照规定进行抽样检验,其结果具有一定的代表性。反之,如果填料存在较大的不均匀性(变异性),其抽样结果就不一定具有代表性。这可以从填料总体分布特性方面来理解。当填料不均匀时,总体并不服从正态分布,但可以把不均匀填料分解为多个"小总体"(与信号处理理论中将复杂信号分解为多个正弦信号类似),而每个小总体都分别符合相应的正态分布,问题是随机抽样不一定恰好抽到每个小总体上,因此抽样就不一定能够全面反映这种填料的性能,图 1-12 就形象地说明了这一点。如果能够对每一点都进行抽样检验,无疑对控制质量是最好的,而面的控制就是这样一种思路,与点式控制相比,不但全面而且检测速度也快。

点式控制除了在不均匀性填料压实时遇到问题外,在其他方面如试验时间、物力及数量等方面也存在诸多问题,这已在前面进行了阐述。这些问题的解决仅依靠传统的检测和控制方法较难进行,应该采取"过程控制+结果控制"的双重手段进行。如果能快速获取整个碾压面每个点的压实质量信息,则会解决上述问题。可见最好的办法是实现连续的检测,获取碾压面上每个点的压实质量信息。

1.3.3 工艺控制方法

点式控制依靠现场试验进行,但这些试验受填料粒径限制,都存在一个尺寸效应问题,这就给这类方法带来一些局限性。点式控制通常适用于颗粒较细的填料,而对于粗颗粒填料很难采用,或者必须加大试坑或承载板尺寸才能采用,但会更加费时费力。

针对粗颗粒填料压实质量难于控制的问题,目前大都采用了经验法——通过控制碾压遍数或碾压轮迹进行压实质量控制,它们属于经验性的施工工艺控制法,属宏观控制,谈不上什么控制精度。

1. 碾压遍数控制法

碾压遍数控制法属于纯粹的经验法,其要求的条件相当苛刻。一般要求碾压段的填筑厚度、填料情况、下卧层情况、压路机参数与试验段的必须完全相同。由于岩土的复杂性和压路机性能的多样性,这些条件只有在理想状态下才可实现,实际上是很难做到的,否则也就不会出现智能反馈控制的概念了。也正因为如此,到目前为止,无论哪个国家,都很少有将这种遍数控制法纳入到规范中,仅是施工单位进行自我控制的一种手段而已。一般来讲,碾压遍数不是一个定数,是需要优化的。

2. 碾压轮迹控制法

与碾压遍数控制法相比,尽管碾压轮迹控制法也属于经验法,但比碾压遍数控制法要科学一些,其控制的实质是塑性变形的变化情况。我国公路路基规范中规定了对于大颗粒填料的碾压质量以"18t 振动压路机碾压无轮迹"作为压实结束的标志,这就意味着不再发生塑性变形,压实是稳定的。但何时达到"无碾压轮迹"只能依靠驾驶员的经验而定,无法客观、定量地判定。

无论碾压遍数控制法还是碾压轮迹控制法,除了上述缺点外,更为致命的弱点是不能对整个碾压面进行全面的实时定量控制,更谈不上控制碾压的均匀性了。在没有其他控制方法的情况下,施工单位可以采用这类方法进行自行控制,但很难作为最后验收检验的依据。

1.3.4 面式控制方法

点式控制很难用于整个碾压面的碾压过程监控。因为过程监控意味着必须连续、全面地进行跟踪测试压实质量的变化信息。围绕着如何评定和控制路基压实质量问题,国内外开展了大量的研究工作,取得了许多的研究成果,其中面式控制方法是一类比较好的方法,如图 1-13 所示。

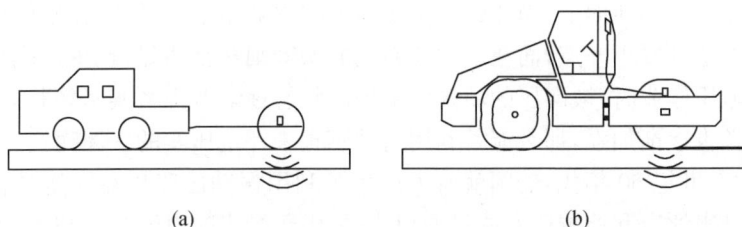

图 1-13 面式控制方式

面式控制目前主要有两种方式:滚轮独立式[图 1-13(a)]和压路机连带式[图 1-13(b)],二者各有其特点,但能对整个碾压面进行连续检测是其共同特征。

滚轮独立式控制是由一个相对独立的轮滚对碾压面进行的连续动力测试,一般是在碾压完成的碾压面上进行,在碾压过程中使用会对施工有一些干扰;压路机连带式控制则是利用振动压路机在碾压过程中产生振动而进行的连续测试,适合于在碾压过程中使用,又称为连续压实控制,详见下面的论述。

1.4 连续压实控制

连续压实控制(continuous compaction control,CCC)是指在填筑体填筑碾压过程中,根据土体与振动压路机相互动态作用原理,通过连续量测振动压路机振动轮竖向振动响应信号,建立检测评定与反馈控制体系,实现对整个碾压面压实质量的实时动态监测与控制。连续压实控制是面式控制的主要方式,也是这一类方法的统称,存在多种具体方法。

从以上对连续压实控制的定义可以知道,这种方法是利用振动压路机在碾压过程中的振动反应进行碾压控制的,以边碾压、边量测、边显示、边控制的方式进行连续的压实质量控制,是填筑工程领域较新的一项压实质量控制技术,属于过程控制类。

1.4.1 发展历程

任何一项新技术都有一个从提出、发展到完善、提高的过程。连续压实控制技术也同样遵循了这样一条发展轨迹。了解连续压实控制技术的发展历程,有助于我们正确理解这种思想和技术原理,同时对于我们进行技术研发、创新具有借鉴意义[5-15]。

1. 萌芽期——利用压路机振动反应的想法

驾驶过或坐过振动压路机的人都知道这样一个常识,振动压路机行驶在松软的地面上和坚硬的地面上,坐在驾驶室里的人的感觉是不一样的:在松软地面上颠簸(振动)的感觉要小一点,而在坚硬地面上的颠簸则非常明显,也更加剧烈。振动压路机在碾压作业时,被碾压的填筑体由松散状态逐渐变为密实坚硬状态,压路机的振动感觉也逐渐加强,那么能否利用这种感觉来评定压实的好坏呢?

早在20世纪60年代,美国就有人产生了利用振动压路机在碾压过程中的振动反应信息来评定和检测压实质量的想法,但由于受当时电子量测技术的限制,想法一直没能得到实现。尽管没有实现想法,但这种思路激发了人们探索新技术的愿望。

2. 初始期——压实计方法的提出

20世纪70年代,瑞典人将利用振动压路机的振动特征来评定和控制压实质量的想法变成了现实。1975年,瑞典的GEODYNAMIK公司与DYNAPAC公司联合开发了一种压实计的产品,初步实现了连续压实检测与控制的愿望。

压实计由振动传感器、数据处理装置和显示装置等组成。传感器置于振动压路机的振动轮上,其他装置放在振动压路机的驾驶室内。通过判别振动轮动态响应信号的畸变程度来评定被压填料的压实质量,而信号畸变程度是通过振动响应信号的基频与一次谐波(很多书中称为二次谐波,而把基频称为一次谐波)的比值来给出的,因为他们认为影响信号畸变程度的主要因素是一次谐波分量。初期一直试图在比值与压实度之间建立联系,直到20世纪90年代后期才逐渐放弃这种做法。目前国内还有人在研究以谐波比原理为主的各类压实计方法,但技术原理决定了其固有的局限性,没有太大的普遍使用价值。

由于该方法是对振动压路机在碾压过程中进行的测试,所以这是一种连续的测试方法,并且由于与碾压过程联系起来,可以在施工过程中对压实质量进行连续的控制,尽管后来证明压实计方法存在许多的局限性,但利用振动压路机碾压过程进行测试,应该说是一种思维方式的转变,其思想是先进的。

3. 发展期——连续压实控制思想的提出

通过装配在工作中的振动压路机上的装置进行测试,这种思想利用了行走中的压路机可以逐点压实的特点。因此通过数据采集技术可以做到逐点采集压实数据,能够全面反映压实信息。随着微电子技术的发展和研究的深入,瑞典的 GEO-DYNAMIK 公司和德国的 BOMAG 公司在此基础上都于 20 世纪 90 年代初期提出了连续压实控制的思想,并应用在许多压实工作中,但其核心技术仍然是压实计原理。

随着电子量测技术的进步,压实计方法也由开始的"表针式"变成了具有"液晶显示"的方式,压实计方法的工作过程如图 1-14 所示。

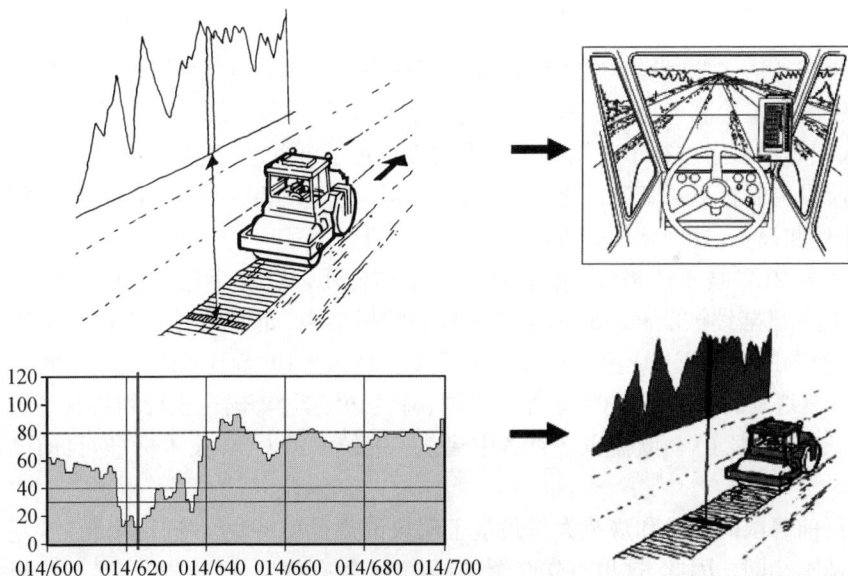

图 1-14　压实计法工作示意图

压实计方法自 1975 年研制完成以来,经过不断地完善,现已在北欧等一些国家得到推广使用,并纳入有关的规范中。该方法之所以得到推广,主要是基于以下几个原因:其一是由于现代机械化施工速度快,传统压实控制方法很难满足工程需求和指导施工;其二是由于填料的各种性质都有较大的变异性,用常规方法只能进行点的抽样检查,很难控制变异性;其三是由于随着填料颗粒尺寸的增大,常规试验方法已不再适用。

在使用压实计时,驾驶员在碾压过程中,可以通过监视屏幕随时了解所压区域的压实情况。同时,为了便于控制压实质量,在压完所有轮迹一遍后,还可以显示出某一遍数下的压实质量平面图。驾驶员根据分布图上的信息,进行补充碾压。压实结果经过与上位计算机的数据通信,可以生成压实报告,如图 1-15 所示。通过该图可以清楚地看到压实情况,这是常规试验方法所不能比拟的。

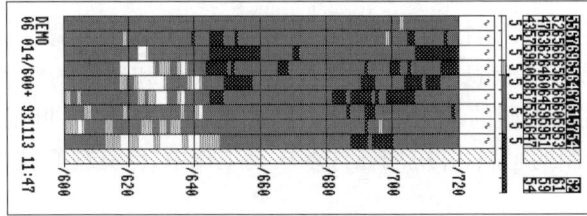

图 1-15　碾压面压实质量图

4. 应用期——相关标准的提出

压实计法在 20 世纪 80 年代就曾用于瑞典的 Jaktan 水电站建筑、巴黎—里昂高速铁路路基检测等重大工程的质量控制,后来在许多填筑工程如公路、铁路、机场、水坝等项目中进行了应用。它最大的优点在于可以进行连续逐点测试,为进行面的质量控制打下了基础。进入 20 世纪 80 年代后,北欧一些国家对 CCC 技术从原理、量测设备、处理软件等方面进行了广泛研究。

随着 CCC 技术的相对成熟和在工程中的应用,从 20 世纪 90 年代初期开始,CCC 技术已陆续被欧洲一些国家纳入有关的标准中,如瑞典的 BYA92、ATB Väg 2004;德国的 ZTVE-StB-93(94、95、2007、2009)、TP BF-StB E2 94;芬兰的 Tielai-tos91;奥地利的 RVS 8S. 02. 6 等。法国、荷兰、爱尔兰等国也正计划将其纳入国家标准。另外,据了解,欧盟也一直考虑建立一套统一的 CCC 技术标准,目前已接近完成。

目前各国的标准和规范大都是基于瑞典的规范(1994 年)进行编制的,其主要内容基本相同。因此,这里首先介绍瑞典 1994 版有关规范的一些情况。该规范主要规定了这项技术在验收检验、碾压过程控制中如何使用,以及如何与常规检验结果建立对比关系,现将主要内容摘录如下(摘自规范的英文版)。

1)验收检验

根据瑞典公路建设 94 号法规:与传统的点式检验相结合的面积平均式压实作业控制方法(即连续压实控制方法)可以作为施工验收时的检验方法。

在与传统的点式检验相结合时,用安装在压路机上的测量设备进行面式控制的方法是可以作为验收检验工作一部分的。压路机测量值此时指出检验对象范围内的两个最薄弱的单元。在这两个单元上,将使用传统的点式检验方法来进行验收检验。

作为验收检验时,压实作业前的校验并不是必要的过程。压路机所载测量设备在验收检验中只是用来指出两处最弱的区域。这些区域应该具有 $10m^2$ 的面积。所谓最弱区域是指压路机测量值最小的两个区域。在这两个区域,将实施传统的逐点检测方法来进行验收检验。在区域的中心将取一个检测点来评定这个区域。两个测控点上的平均值将与所要求的下限值进行比较。

2)碾压过程控制

装在压路机上的测量装置是控制压实作业过程的一个好的辅助手段,因为这种方法已经整合为压实作业的一个部分。它可以用于所有的土方填料,并可指出进一步的压实循环是否能导致压缩量的增加。一个例外是碾压机开始出现双击的情况,这会导致碾压机测量值下降或者与先前的数值无法比较。

由于它的优势,面积平均式的压实作业控制能够作为自检手段来控制作业过程。通过采集面积平均式的压实过程信息,在把压路机测量值与压实度或者变形模量校准后,就可以减少某个品质控制对象在工程验收时被拒收的风险。除此之外,压路机的驾驶员还可以获得以下有关信息:压实作业何时已经确信达到了所有要求,或者进一步的碾压何时不再改善压实效果。

3)校准(标定)

如果要用一个压路机测量值来预测压实程度的结果,那么就需要采用线性回归方式进行二者关系的确定,为此需要进行对比试验,以便校准(标定)二者的相关程度,以相关系数 r 的大小判定。

通常的规律是,找到压路机测量值和变形模量(E_{v2})之间的相互关系比找出压路机测量值和压缩量的最终值(压实度)的关系要简单些。

如果 $r<0.60$,则表示两个独立变量之间的线性关系太弱以至于不能用来找出压路机测量值的最小值。此时必须改善校准工作,方法是增加进一步的测量或把整个校准过程重新来过 。

如果相关系数 r 仍然不能达到 0.60 以上,那么这种方法就不适合于用来在目前的土方上进行压实控制。

上述校准的区域应该反映实际的测控区域。这就是说,实际测控区域内的填料成分、土方填料的密实度以及填料的含水量必须在很大程度上都要能在校准区域内找到。

关于相关系数 r 规定的说明。瑞典规范的制定是以压实计法为技术支撑和背景的,但由于压实计采用的评定控制指标具有较大的局限性(详见后面的分析),因此将相关系数 r 的适用条件适当降低,而德国规范规定相关系数 r 要不小于 0.70 方可采用。

以上是瑞典早期提出的标准。德国后来居上,目前处于先进水平,其相应的标准已经进行了多次修订,在多个规范标准中列入连续压实控制方法(德国将其称为FDVK)的相关规定和技术要求,目前已经更新至 2010 版。

(1)在《道路建设岩土技术试验规程》(TP BF-StB E2 部分,1994 年版)中规定了连续压实控制技术方法(德国也将其称为表面动态压实控制方法 FDVK),对这项技术的使用进行详细规定,与瑞典的规定相似,但是相关系数却规定为不小于 0.70。

不要小看相关系数由 0.60 提高到 0.70 的 0.10 差异。$r=0.70$(即 $r^2=0.50$)是强相关和弱相关发分界点。如同压实系数由 0.80 提高到 0.90 一样,尽管相差0.10,但其内在的含义差异是很大的。

(2)在公路规范《道路建设土方工程的附加合同技术条件和指南》(ZTVE-ST1994 年版)中的 14.1 检测——土壤压实试验方法中规定了三种压实检测控制方法。其中 M1 法为传统的基于统计学的抽样检测控制法;M2 法为连续压实检测控制法;M3 法为施工工艺监控(检测)法。如果采用 M2 法,通常可以减少常规检测数量。

(3)在《交通区域土方工程补充合同技术条款和规范》第 14 部分——检测中也对 M2 法进行了规定。

此外,德国在铁路规范 Ril 836 中要求尽可能优先采用连续压实控制技术来控制路基压实的均匀性。同时,在相关校验符合要求的情况下(即满足相关性要求)的前提下,可以采用这项技术控制路基的填筑质量。因此,正是有了这些规定,使连续压实控制技术在德国高速铁路无砟轨道路基填筑碾压质量控制和验收中得到了应用。德国铁路路基在采用连续压实控制技术之后,同时进行了少量的点式检验,其数量是 M3 法常规检测数量的 20% 左右。

5. 扩展期

进入 21 世纪以来,随着 CCC 在欧洲一些工程中的应用,特别是在相关技术标准制定以后,美国有关部门(主要为联邦公路局等)也开始关注这项技术。从 2000年起开始有使用这项技术的相关报道。

2001 年,美国的 Amman 公司首先将 CCC 技术应用在罗利地区(美国北卡罗来纳州的首府)的沥青路面压实中。采用这项技术优化了碾压过程,不必过压就可以达到所要求的压实标准。另外一项应用是在一个道路的拓宽工程中。此外,北卡罗来纳州的运输部门(NCDOT)独立地对这项技术进行了测试,以检查方法的可靠性,其结果被美国运输部(DOT)所采纳。随后,美国的许多州都开展了这项技术的应用工作。

2003 年 12 月,美国得克萨斯州 A&M 大学给出了 CCC 技术的综述报告。该报告系统地总结了 CCC 技术的现状,指出 CCC 技术已被很好地建立,并预测美国将会大力发展这种智能压实技术。同时也指出,CCC 在欧洲应用较为普及的主要原因在于各国制定了相应的技术标准,并在工程合同中予以规定。

2004 年 12 月,美国联邦公路局公布了一个"FHWA 智能压实战略计划",主要是通过利用计算机、模型和革新软件,将土和沥青的压实设备智能化,以改善工序、使路面性能更均匀、减少试验人员、提供一个长期的压实质量记录等。这个计划将建立一套系统的方法,鼓励工业和交通部门发展智能压实技术,更新有关建筑标准等。

2005 年 3 月,美国明尼苏达州的交通研究部门和联邦公路局(FHWA)根据工程实践中的具体应用情况,并经过独立的测试,给出了 CCC 技术的论证报告。该报告指出:"自 2000 年以来,美国的北卡罗来纳州、威斯康星州和路易斯安那州的交通部门以欧洲的 CCC 技术为基础,启动了国家资金项目,旨在为美国的建筑业建立连续压实控制技术的有关标准。"美国的发展目标是利用 CCC 技术推动智能压路机的进步。

6. 关于智能压实

连续压实控制是智能压实(控制)的基础,这项技术与压路机的进一步结合促进了智能压实概念的提出。自从 20 世纪瑞典提出压实计法以来,北欧其他一些国家也按照这一思路展开了研究。随着研究和应用的深入,连续压实控制技术由开始单一仿制压实计,逐渐出现了几种具体方法(主要是控制指标的差异),其中德国 BOMAG 公司的研究后来居上,也是智能压实概念的最初提出者。

1982 年,德国 BOMAG 公司仿瑞典压实计法提出了自己的压实计产品(据了解其指标是压实计值 CMV 的 10 倍),将测量系统引入振动压路机。1992 年在 BAUMA 会议展出了"智能压实机(ICM)"的首个雏形,安装位移传感器,可以根据碾压面压实状态的不同来反馈控制压路机的行走速度,这使得振动压路机第一次有了一些"智能"的含义;1996 年出现了具有自动变幅的双钢轮振动压路机,在碾压沥青面上进行了尝试;1998 年具有自动变幅的单钢轮振动压路机在岩土填料的碾压中进行了尝试。

随着研究和工程应用的深入,连续压实控制指标是否能真实反映填筑体的压实质量已成为关注的焦点,这也是影响智能反馈控制的关键技术之一。BOMAG 公司在 2000 年后提出连续压实控制的振动模量指标,为研究具有自动反馈控制的"智能"压路机提供了基础,随后出现了所谓"宝马智多星"压路机。2004 年,美国联邦公路局公布了一个"FHWA 智能压实战略计划"。美国把智能压实的概念进行了扩展,但其结果也导致了这一概念被盲目使用,有鱼目混珠的倾向。

7. 中国情况

我国水利部门在 20 世纪 80 年代曾仿照瑞典压实计法开发过类似的产品用于

碾压混凝土大坝的质量控制。例如，中国水利水电科学研究院在 20 世纪 90 年代初的产品 YS-1 型压实计(曾被列为国家重大科技成果并获奖)，曾在国内外的混凝土大坝和土石坝施工中用于压实质量的控制，但没有得到推广应用。究其原因，可能还是压实计的评定指标与常规检测指标之间没有较好的相关性所致。此外，一些高校及科研部门的电子、工程机械行业等专业人士以瑞典压实计为工具进行过一些研究，其成果主要发表在各类期刊杂志上，在工程上实际应用的报道很少。近年来，一些单位还就工程应用进行了一些科研课题的研究，但绝大部分都是采用的压实计的谐波比原理进行的，但效果好的也不多。除了上述情况外，还有很多人错误地认为连续压实控制就是压实计，导致对这类方法产生疑虑，在一定程度上也推迟了这类技术在我国的推广应用。

1993 年，作者及所在科研团队以黑龙江省公路碎石土路基课题为基础，率先在中国公路界开展了公路路基连续压实质量控制方法的研究，这是第一次在公路领域以省部级科研课题的形式进行的专项研究。在研究了压实计方法的机理以及经过实际测试后，发现存在问题较多，于是走上了独立自主研发的道路。在借鉴了压实计的连续测试思想的基础上，根据弹塑性理论和振动理论，于 1998 年独立提出了路基连续压实控制的动力学方法，以此为基础研发了第一代"压实过程监控系统(CPMS1.0)"并获国家专利。在评定和控制指标方面提出了采用路基结构抵抗力的思路，在控制内容方面提出了在碾压过程中同时控制压实程度、压实均匀性和压实稳定性的技术方案。动力学方法既避开了瑞典压实计谐波比(CMV)指标的局限性，又避免了德国求取模量(E_{vib})等所需较多参数和计算的问题，适用范围较宽，初步形成具有自主知识产权的应用技术体系。2000～2008 年，结合交通部、黑龙江省、辽宁省以及吉林省多个有关连续压实质量控制科研课题，在高等级公路路基、基层和面层的压实质量控制中进行了试验性应用，取得了很好的效果，为我国制定相关技术标准奠定了雄厚的技术基础。此外，2005 年有三项成果被交通部主编的《公路建设新技术、新填料、新设备应用手册》收录。

随着我国高速铁路建设的发展，高速铁路的无砟轨道结构对铁路路基性能提出了更高的要求，其施工填筑技术的质量控制也引起越来越广泛的重视。2007年，哈尔滨工业大学与中铁二院工程集团有限责任公司(简称中铁二院)合作，完成了第一个铁路领域的连续压实控制技术应用的研究课题。2008 年，西南交通大学、哈尔滨工业大学以及中铁二院共同承担了铁道部"高速铁路路基连续压实检验控制技术与装备研究"科研任务，从理论体系、检测设备(CPMS3.0)和工程应用等方面进一步完善了这套技术，在哈大客专、京沪高铁和成灌铁路工程中进行了近千组的对比试验和工程应用。2010 年，这套技术在兰新铁路甘青段的 70km 路基施工中进行了生产性的工程应用，取得了很好的效果，同时也进一步为行业标准的编制奠定了基础。2011 年，作者主持编写了我国首部连续压实控制技术方面的行业标准——《铁路路基填筑工程连续压实控制技术规程》(TB 10108—2011、J 1335—2011),为在国内相关领域开展工程应用提供了依据和技术保障。2015 年 6 月,由作者主持编写的中国铁路总公司企业标准——《铁路路基填筑工程连续压实控制技术规程》(Q/CR 9210—2015)颁布实施。2015 年作者主持编写了《公路路基填筑工程连续压实控制系统技术条件》,这是首部对连续压实控制系统(产品)作出技术规定的国家交通行业标准。

纵观连续压实控制技术的发展历程不难看出,利用振动压路机进行连续测试是这类技术具有的共性,但随着评定指标与具体控制内容的不同,各国走上了各自不同的发展道路。目前各国连续压实控制技术的主要区别体现在评定指标的选取问题和控制内容方面。随着科技的进步,近年来欧洲一些国家对此项技术进行了进一步的研究,在评定指标、显示方式等方面进行了一些改进和发展,形成了具有各自特点的连续压实控制技术。

目前,国外在连续压实质量控制方面研究做得比较好的主要有瑞典的 GEO-DYNAMIK、德国的 BOMAG 和瑞士的 AMMANN 等。其连续测量的都是压路机振动轮的动态响应信号,但随着各自的技术原理(主要为力学原理与信号处理原理两类)和后续处理方式的不同,形成了几种评定指标,对应着几种具体方法,各自也有着不同的适用条件和范围,如图 1-16 所示。此外,日本在 20 世纪 90 年代也开发过类似以谐波比原理为主的产品,如 CDS 压实文件系统等,但数据处理方式与北欧国家的略有不同,由于指标的局限性等原因没有得到较好应用。

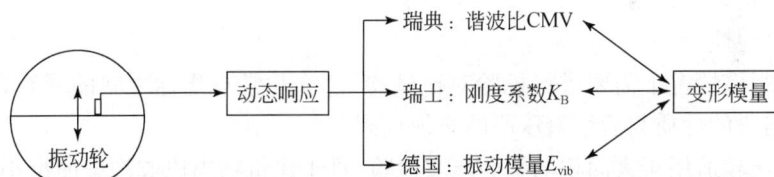

图 1-16　国外连续压实控制的主要方法与评定指标

在我国,由于价格、技术以及方法的局限性等诸多原因,国外这类方法应用的还不多。另外一个原因则是前些年在国内比较流行仿制"压实计",乃至一些地方的县级电子厂都生产压实计,而使用者又不了解压实计的局限性和适用范围,导致频频出错,给很多人留下了这类方法不好用的印象,在一定程度上也影响了连续压实控制技术在我国的研究和推进进度。

需要指出的是,由于上述评定指标的使用都需要依靠常规控制指标(欧美国家主要采用变形模量 E_{v2})的辅助,需要与常规指标(变形模量和压实度)建立联系,因此采用这些指标进行压实质量控制,仍然有间接采用常规指标进行控制的含义。根据统计回归方程可以由连续压实量测结果来预测常规检测结果,或者由已知的常规指标控制值来预测压实连续指标的合格值。但是,连续压实控制的控制内容却更加丰富,更重要的是强调了过程控制思想。

现在研究的重点已转移到如何进行智能压实问题——压路机自动调频调幅,适应土体的变化。将 CCC 技术与压路机振动工艺参数调节功能结合起来又称为"智能压实"(IC),是 CCC 技术与压路机械进一步结合的产物,被欧美誉为筑路技术的"第三次革命"。例如,BOMAG 公司的"智多星"压路机就是 IC 技术的雏形,尽管还存在诸多局限性,但其思想是先进的,初步实现了根据需要自动进行调幅调频,以适应填筑体的变化情况。

8. 技术特点

连续压实控制技术发展至今,具有与常规点式检验方法不同的特点,既有许多独到之处,也存在一些不足。

1)优点

(1)连续检验覆盖了整个碾压面,不再是点的抽样检验,现场检验结果可以形成图形方式的检验报告,作为相应的质量证明。

(2)连续检验实现了施工过程的全面监控,与施工同步,检验结果实现了实时的反馈控制,指导现场施工。

(3)根据压实质量分布图可以有针对性地确定常规检验点位,避免了随机抽样所带来的盲目性。

(4)利用压路机的碾压过程进行的连续测试,效率高不干扰施工,并且可以提高压实的均匀性。

2)局限性

(1)很多情况下需要进行校验对比试验,建立与常规指标之间的联系,并且要求试验路段的性质与后续碾压段的必须相同。

(2)比较适用于大面积的平面压实检验,对于建筑物周边或沟渠的窄小填方地段则很难采用。

1.4.2　瑞典方法

瑞典是最早开展连续压实控制技术研究的国家。瑞典方法是采用压路机振动轮动态(振动)响应信号的畸变程度来评定压实程度的,实际上是一种信号分析方法。这种方法认为振动压路机在松软的地面上和坚硬的地面上进行振动碾压时,其振动轮动态响应信号会发生畸变,将这种畸变大小进行定量化处理,便得到相应的评定指标,进而进行质量控制。这种方法对振动压路机响应信号的处理方式是从信号形态处理的角度进行的,其指标是一个无量纲的相对值,这也决定了它的适用范围。

1. 压实计(谐波比)原理

压实计法的技术原理主要基于以下观点。当填筑体的填料比较松散时,测得的动态信号基本上为振动压路机激发的正弦信号,频率中只有基频成分;随着碾压遍数的增加,填料被逐渐压密,其物理、力学性质也得到加强,对振动轮的反作用也在加强,使得实测信号的波形形态发生畸变,频率中除了基频信号 A_0 外,还出现了其他频率成分的信号,其中一次谐波成分 A_1 是主要影响因素,其他成分不予考虑。畸变程度与填筑体密实程度之间存在一定的关系,由此可以评定压实质量。图 1-17 为振动轮响应信号的波形变化情况,其中横轴为时间,纵轴为振幅。

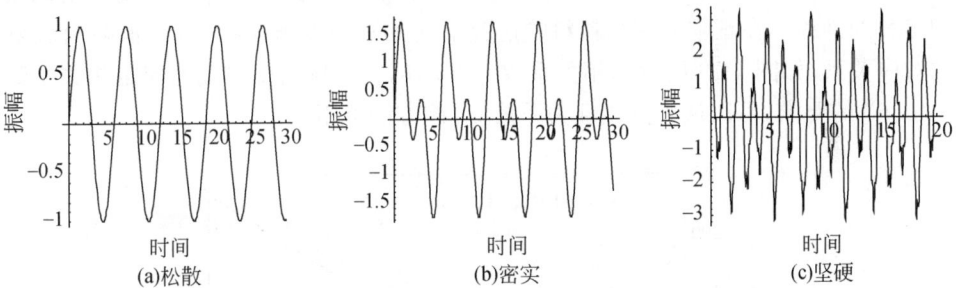

图 1-17　不同压实状态时振动轮响应信号波形变化示意图

在时域内,只能看到这些信号的形状(波形)变化。如果对上述信号应用快速傅里叶(FFT)分析技术进行频谱分析,可以得到各自信号的频谱图,可以看出频率成分的变化,比波形时域更明显一些,如图 1-18 所示。图中横轴为频率,纵轴为振幅。

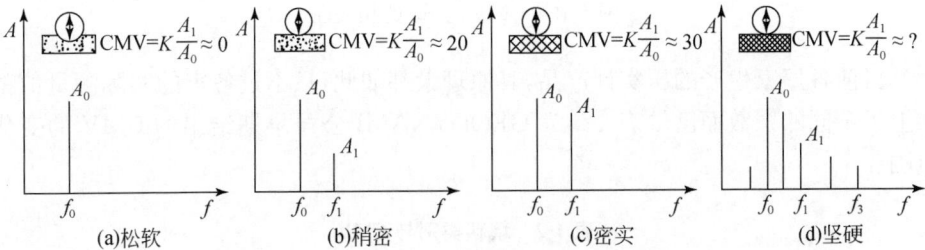

图 1-18　不同压实状态时振动轮响应信号频谱特征

从波形变化上看,随着填筑体密实程度的增加,波形形状确实发生了畸变,但如何评定波形的这种畸变程度是需要解决的一个问题。通过频谱分析,瑞典方法认为波形畸变是由于出现一次谐波分量所致(实践证明,这种理解是片面的、局限性的,图 1-18(d)中的谐波就比较复杂),因此为了定量分析压路机动态信号的这种畸变程度,瑞典人定义了一个评定波形畸变程度的指标 CMV,即压实计值(compaction meter value)：

$$CMV \propto \frac{A_1(f_1)}{A_0(f_0)}$$

由图 1-18 可以看出，随着碾压遍数的增加，被压填料的状态由松散向密实过渡，同时 CMV 也随之增大，反映了密实程度的变化情况。压实计法根据 CMV 的大小，利用常规检测结果进行率定，得到 CMV 与密度、模量等的关系，并认为它们都呈线性关系。所以根据 CMV 的大小就可得到填筑体压实质量的信息——密度、模量等。因此，根据连续测量的结果就可得到连续的压实密度、模量等，起到连续控制的目的。

CMV 是一个无量纲的比值，其大小不但与填筑体的性状有关，还受压路机振动参数的制约。在正常碾压细粒料的情况下，CMV 与变形模量 E_{v2} 之间具有较好的对应关系，如图 1-19 所示的相关系数 $r=0.73$，符合瑞典相关规范规定相关系数 $r \geqslant 0.60$ 的要求，可以认为其线性关系成立，该方法可用。

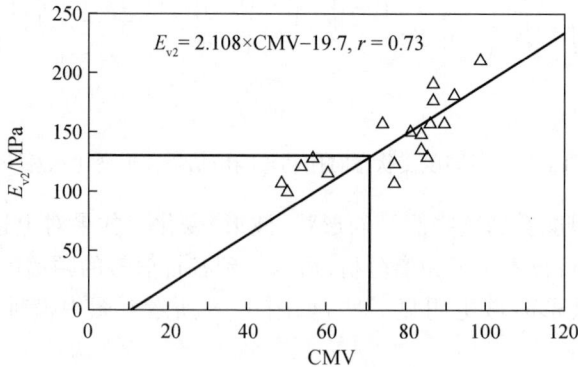

图 1-19　CMV 与 E_{v2} 的相关性

目前各厂家生产的压实计产品，其原理大都如此，只不过各家的实际测量值都乘上了不同的系数而已。表 1-2 为 GEODYNAMI 公司早期给出的 CMV 的变化范围。

表 1-2　填料类别与 CMV

填料类型	CMV
填石	60~100
砾石	30~80
砂	20~50
黏土及粉砂	5~30

需要指出的是，这里给出的 CMV 是针对特定的振动压路机、特定的振动压实

工艺而给出的经验值,并没有普遍意义。CMV 会随着压路机类型和压实工艺的变化而发生变化。正因为如此,现在已经抛弃了这种做法。

2. 压实计的局限性

瑞典压实计法自出现后,其评定指标 CMV 就一直存在争议。国内外(中国、日本、美国等)的工程实践表明:CMV 在很多情况下并不能正确反映填筑体的压实质量,存在 CMV 大的区域的压实质量未必就好的现象(反之亦然),与常规检测结果不符,给现场的实际控制带来诸多不便,也容易造成误判,这也是国际上许多国家放弃 CMV 这个指标的主要原因。

压实计法的主要观点是根据响应信号的畸变程度来评定压实质量,而影响波形畸变的主要因素是一次谐波分量,即只考虑一次谐波的影响(为什么采用谐波之比就能反映压实状态,一直没有很好的理论支撑)。然而,这样考虑是有一定局限性的,不但我们在 20 世纪 90 年代的工程实践中发现了响应信号频谱成分的复杂性,同时,日本的有关科研人员也发现了同样的问题。下面就有关问题进行分析,以便看到压实计方法存在局限性的根本原因。

1)谐波的来源

由振动理论可知,振动压路机在理想状态下(无约束时)其振动形态为简谐振动,响应信号呈规则的正弦波形。当压路机位于填筑体上时,受到来自填料的反作用力,压路机的受力状态发生了变化,其振动形态必然发生变化,并且这种变化在碾压过程中是一直进行的,由此导致其振动不再是简单的简谐振动,而呈现出一种较复杂的振动形态,频率成分也必然随之改变,这就是产生谐波的根源。即压路机与填筑体相互作用的强弱决定了其响应信号的频谱成分。

那么,什么情况下会出现多次谐波呢? 主要有两类情况值得注意。首先,由于压路机与填筑体之间是非耦合接触的,因此压路机振动轮的实际振动为非线性振动。根据压路机与填筑体之间相互作用的强弱,可分为弱非线性振动(近似按线性振动考虑)和强非线性振动两种情况。根据振动理论,两种振动形式的不同,将导致产生不同的谐波成分(详见后面有关分析)。非线性振动在频域上的一个特点就是频谱的复杂性,可能出现各种频率成分;而线性振动一般只出现简单的倍频成分。因此,压实计方法的观点实际上仅适用于线性振动时的情况,这主要决定于振动压路机与填筑体的相互作用程度。一些既有资料表明,这种情况一般在碾压细粒料时较多出现。其次,很多填筑体的本构关系并非是线性的,而是非线性的。在进行振动压路机与填筑体相互作用分析时便可知道(参见 3.4.3 节),如果将填筑体假设为非线性弹簧模型(图 3-25),那么经过数值模拟便可以发现其中含有多种频率成分,这与振动的强弱并没有直接关联,即使是振动很弱,振动轮不发生弹跳,其响应信号中也会出现各种谐波成分!

　　响应信号形态是压路机与填筑体之间相互作用的结果,它到底呈线性还是非线性振动,受填料的性质、激振力的大小、振动频率的高低、压路机的吨位等诸多因素影响,实际上很难事先判定,只有通过实测才能真正了解。

　　2)振动压路机动态响应信号的频谱分析

　　振动压路机动态响应信号的频谱结构决定了应用压实计法的效果。20世纪90年代,作者对振动压路机与填筑体相互作用问题进行了较为深入系统的研究。曾经采用通用的振动试验测试系统对室内振动压实试验和现场振动压路机的动态响应信号进行了大量的测试和分析工作,得到了许多实测分析结果。

　　经过对振动压路机在不同填料上、不同振动工艺下碾压时振动轮的测试,发现在许多情况下的实测结果并非如压实计法所说的那样简单,响应信号呈现复杂的频谱结构,这表明在很多情况下应用压实计法可能存在问题。图1-20为对压路机动态响应信号进行频谱分析的一些结果。

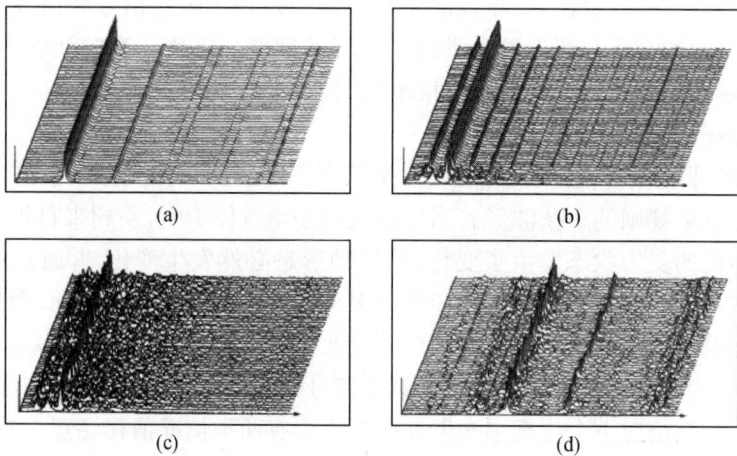

(a)　　　　　　　　　　　　　(b)

(c)　　　　　　　　　　　　　(d)

图1-20　实测碾压不同填料时压路机响应信号的频谱特征

　　图1-20中,图(a)为在砂性土上的测试结果,可见基频和一次谐波成分;图(b)为在二灰碎石上的测试结果,可见基频、一次、二次、三次谐波,此外还出现了1/2次谐波成分;而图(c)、(d)都是在碎石土上的测试结果,(c)图碎石的含量更高一些,可见除了能见到基频外,已经很难区分其他的谐波成分了。

　　从以上各图可以看到,在很多情况下除一次谐波之外,还有其他频率成分,并且谐波的强度还是比较大的,呈现出非整数倍的关系,显示了非线性振动的特点。如果采用压实计方法进行计算CMV,除了图(a)情况外,其他情况下都很难得到比较正确的结论。在碾压粗粒料时,振动压路机响应信号的频谱结构大部分如此,可见应用压实计法评定强非线性振动以及填筑体为非线性本构关系的压实时是一个值得研究的问题。

　　日本建设省土木研究所在 20 世纪 80 年代也曾对压实计方法进行过较为细致的研究。分别对夹粉土砾、夹黏土砾和堆石料三种填料进行了振动碾压测试。结果表明,对于夹粉土砾和夹黏土砾两种填料的碾压测试结果来看,考虑和不考虑二次以上谐波成分的影响对 CMV 的变化趋势影响不大,只是数值大小不同而已,与核子密度仪测定的密度和平板载荷试验测定的地基反力系数(K_{30})大致都呈线性关系(严格地说都是非线性关系)。但是对于堆石料的碾压测试结果分析却令人失望,其 CMV 与碾压遍数之间看不出有什么关系,也就是说 CMV 的变化无规律可循,如图 1-21 所示。

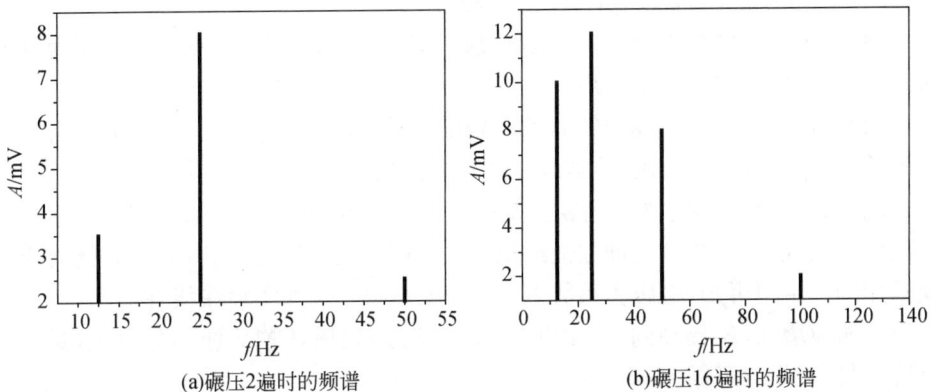

图 1-21　(日本)碾压堆石料时压路机响应信号的频谱成分

　　因此日本的研究结论是,压实计方法对含有较多细颗粒的填料在某种程度上是有效的,而对于堆石料等粗粒坚硬填料,用其进行压实质量控制和管理尚存在一些问题。这一结论与作者的结论基本上是相同的,同样表明该方法具有局限性。

　　美国也对以谐波比原理为主的方法进行过验证性的研究。2006 年,美国明尼苏达州运输部门发表了"Intelligent Compaction and In-Situ Testing at Mn/DOT TH53 MN/RC-2006-13"研究报告。该报告专门对瑞典的压实计法的适用性进行了试验论证。试验采用不同的填料和 Caterpillar 压路机进行,主要是论证 CMV 与常规试验结果之间的相关性。常规试验主要采用 GeoGauge(一种稳态振动试验)、LWD(类似于动态平板载荷试验)和 DCP(一种灌入式动态试验)试验进行,将取得的模量与相应的 CMV 进行对比,建立二者之间的关系。结果表明,CMV 与 E_{Geo}、E_{LWD} 和 E_{DCP} 之间的相关性均比较弱甚至没有。在 11 组(每组 22 个对比试验数据)对比试验中,只有 1 组(占 9.09%)的相关系数 $r = 0.63$,勉强满足瑞典规范要求,但不满足德国、美国、中国等规范中关于相关系数不小于 0.70 的要求(即 $r^2 \geqslant 0.50$),其余 90.9% 试验的相关系数 $r = 0.0$。

　　2010 年,美国国家科学院交通运输研究委员会(Transportation Research Board of the National Academies)发表 NCHRP REPORT 676 研究报告。这是一

份公路智能压实研究项目报告,对目前连续压实控制技术以及智能压实(IC)进行了分析。同时对各国的压实评定指标进行了总结性分析,其中对瑞典压实计谐波比指标 CMV 分析如下:

(1)当土体刚度较软时,CMV 几乎不随刚度发生变化,不能用来评定压实效果,这是压路机振动轮响应信号的频率成分不发生变化的表现(图 1-18)。

(2)当土体刚度变大后,压路机振动轮响应信号中出现一次谐波分量,这时 CMV 可以用来评定压实效果,这是土体密实的表现。

(3)当土体刚度继续变大,则压路机振动轮响应出现各种谐波成分的分量,此时 CMV 出现异常,不能用来评定压实效果。

(4)当土体刚度变得很大时,压路机振动轮会发生弹跳,此时 CMV 变为 0 或者很小,不能用来评定压实效果。

由此可见,压实计在控制较弱和较硬的填筑体时均不适用。而正确控制填筑体的软弱区和合格区(较硬)是连续压实控制的根本任务之一,例如下列工程实例。

图 1-22 是中国西北地区高铁路基中的对比试验,图(a)是 CMV 与压实系数 K 之间的关系,由此可知是一种黏性细粒土。按照压实计给出的使用原则,此时应该是适用的。由图可知,当压实系数 K 在 $0.87 \sim 0.92$ 时确实存在线性关系,但是随着碾压遍数增加,K 提高到 0.94 以上(坚硬状态)之后,CMV 便不再变化,甚至有下降趋势,无规律可循。

同样,对于地基系数 K_{30},当 K_{30} 在 $90 \sim 120$MPa/m(较硬状态)时,与 CMV 大致上呈线性关系,但随着碾压遍数增加,当 K_{30} 在 $120 \sim 160$MPa(坚硬状态)时,CMV 几乎不随 K_{30} 而发生太大的变化,没有任何对应性,也就无法判定压实质量的好坏了,这与美国科学院的结论是一致的。

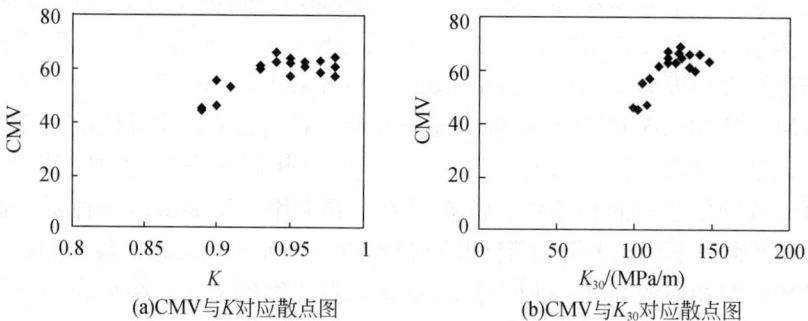

(a)CMV与K对应散点图　　　　(b)CMV与K_{30}对应散点图

图 1-22　CMV 与 K 和 K_{30} 相关关系图

至于何时压路机振动轮响应信号中出现一次谐波分量,事先无法确定,现场人员更无法判别。此外,该报告还指出,尽管压实计方法起初是专为瑞典 Dynapac 压路机厂商开发的,但是直到目前,该厂商并没使用基于谐波比原理的技术进行智能反馈控制。

一般而言,有两种情况可能导致 CMV 不能很好地评定压实质量。其一,在碾压粗粒料时,由于振动轮与粗粒料之间作用较为强烈,其动态响应信号中往往包含多个谐波成分,因此只考虑一次谐波将是不全面的;其二,当被压填料较硬、振动轮发生弹跳时,将导致 CMV 下降,此时不能反映出下面填料强度大的特点。这也说明瑞典 CMV 并非适用于所有类型的振动压路机,只适用与被压填料之间能够产生线性振动的振动压路机。但如何判定这一点目前没有理论上的依据可循,只能根据实测数据进行判定。

由于压实计法具有连续的、面的压实控制的特点,围绕着存在的问题,许多国家都沿着这种测试思想做了大量的研究工作。如日本建设省土木研究所等,对响应信号畸变程度的描述采用了考虑多次谐波成分的方法加以改进,其改进的指标有 RMV、CCV 等,但都局限在信号形态处理这个圈子内,没有跳出来去寻找其他方法。其局限性仍然存在,不能适应普遍情况。至今还没有从理论上证明为什么可以采用谐波比来反映信号形态变化。因此,这类方法应该归属于经验方法。

综合上述,目前压实计方法应用在某些细颗粒填料的压实控制中还是可行的,并在一些国家得到了一些应用。但该方法仍存在很大的局限性,特别是应用在粗粒料填料的压实控制中。

1.4.3　德国方法

除瑞典外,德国和瑞士也对连续压实控制技术进行了深入研究。德国对这项技术的研究早于瑞士,但二者的思路基本相同。从公开的一些资料看,初期也是采用谐波比 CMV 的方法,只不过所乘系数不同而已。后来又提出一个基于能量概念的 BTM 指标(也称为 OMEGA),以“表针式”显示,无量纲,实际上也是与 CMV 类似的。目前中国有些进口压路机上仍有此设备,可以提示压路机驾驶员当前碾压轮迹的大致情况,用于碾压过程的监测,属于早期产品。基于无量纲值的压实仪表主要向压路机操作员提供了压实程度相对大小的相关信息,但压实信息不能进行存储,只能实时观看。

近年来,根据公开的资料显示,其相关研究开始由谐波比指标向具有力学意义的指标(如刚度系数和弹性模量)转化。主要是根据振动压路机与填筑体之间的相互作用,采用有关力学理论进行推导和计算,从而得到填筑体刚度系数 K(即瑞士的 K_B)和振动模量 E(即德国的 E_{vib}),以此作为评定指标进行压实质量控制,属于力学分析方法,原理更可靠。

1. 基本原理

目前德国方法采用振动模量作为评定指标。那么如何能得到振动模量呢,这是问题的焦点,也决定了这个指标的适用条件和范围。他们的指标是在进行了一定的假设基础上、经过大量复杂的推导而得到的。由于德国和瑞士的推导过程基本上是一致的，只不过在最后阶段所采用的指标不同而已，它们之间可以进行相互转化，因此这里主要对德国所谓的模量指标 E_{vib} 进行一些分析。

1）基本假设

为了在压路机碾压程中得到填筑体的模量，首先要进行相应的力学推导。实际上这种方法主要利用了振动轮的平衡方程和在弹性半空间的解的相关结果，在测量结果和理论推导相结合的条件下可以计算出填筑体的模量。为了进行相关推导，需要首先假设和确定以下条件。

（1）在研究压路机与填筑体的相互作用时采用"质量-弹簧-阻尼"模型来模拟，填筑体对振动轮的作用以弹性力和阻尼力来表征，且阻尼假设为已知。

（2）在研究振动轮对填筑体作用、求取填筑体应力时，假设填筑体为线弹性、小变形，符合弹性半空间体模型，且泊松比已知。

（3）振动压路机的振动轮与填筑体之间接触紧密、无弹跳（这一点很重要）。

（4）振动压路机振动参数，如偏心块质量、振动轮质量、振动轮的振动频率、振动加速度和速度等为已知。

（5）振动轮的几何尺寸等参数已知。

确定上述这些假设条件，实际上是为建立模型和计算而进行的铺垫。如采用"质量-弹簧-阻尼"模型，实际上就是认为可以采用线性振动理论；而认为填筑体符合"弹性半空间体"模型则为采用相应的土力学理论创造了条件；要求"振动轮与填筑体之间接触紧密、无弹跳"也是为了采用线性振动理论，并且填筑体变形和振动轮位移是协调一致的，可以根据振动轮位移来推测填筑体位移。如果振动轮弹跳，与土体分离，此时位移与填筑体位移差距很大，计算得到的模量不正确。可见若没有这些条件，是无法进行以下的计算和分析的。

2）力学计算

按照上述要求，图 1-23 就是所采用的模型之一。表面看是双自由度体系的力学模型，但实际在进行分析时是按照单自由度模型考虑的，只不过将上部机架的质量与振动轮的质量合在一起考虑而已。

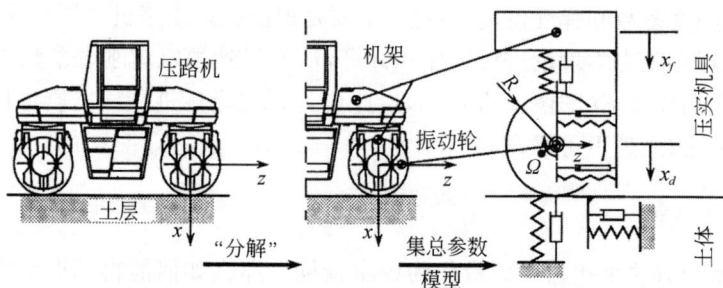

图 1-23　压路机与土体相互作用分析模型

在图 1-23 基础上可以建立振动轮的动力学方程,其具体形式就是"质量-弹簧-阻尼"模型中所描述的振动方程,一般在振动力学书中皆可查到,本书后面也要详细介绍,此处不再赘述。其中振动方程中的刚度系数 K 被定义为 K_B(就是瑞士采用的评定指标)。根据振动方程,该指标实际上是由压路机相关参数和土体相关参数共同决定的,具体如下:

$$K_B: K_B(M, f, P, C, x, \dot{x}, \ddot{x})$$

为了得到填筑体的模量,需要进一步进行计算。这里主要利用了接触力学中 Hertz 和 Lundberg 关于的圆滚上的荷载和圆滚在一个弹性半空间上所产生的压印面积之间的关系(详见第 3 章),其计算模型如图 1-24 所示。

Hertz 在 1895 年给出了滚轮上的外力 F 和其长度 L、半径 R、与地面的接触宽度 b 以及土体的泊松比 μ 和弹性模量 E 之间的关系,可以看到接触宽度 b 由 F、L、R、μ 和 E 共同决定:

$$b: b(F, L, R, \mu, E)$$

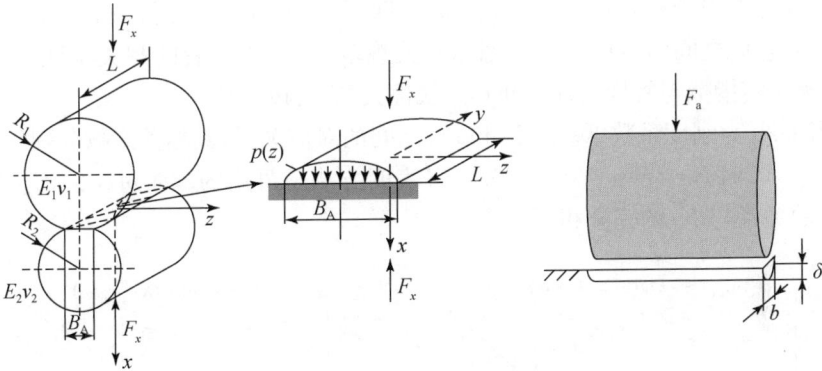

图 1-24　弹性半空间体上的圆形轮滚模型

Lundberg 在 1939 年给出了滚轮在地面上发生的弹性变形 δ 与滚轮上的外力 F 和其长度 L、与地面的接触宽度 b 以及土体的泊松比 μ 和弹性模量 E 之间的关系,可以看到弹性变形 δ 由 F、L、b、μ 和 E 共同决定:

$$\delta: \delta(F, L, b, \mu, E)$$

在上述条件已知的情况下,如果将相同的外力分别施加在弹簧-阻尼模型的土体和弹性半空间体模型的土体上,然后再利用等价关系建立起模量与刚度系数之间的联系,经过复杂推导便可得到模量,如图 1-25 所示,其中土体阻尼假定为已知的常量(实际随压实程度不同是变化的)。

将同一弹性土体分别假设为弹簧-阻尼模型和弹性半空间体模型是根据刚度系数推导出弹性模量的关键之一,由此沟通 K_B 和 E_{vib} 之间的相互关系,即有

$$E: E(K_B, \mu, M, L, R)$$

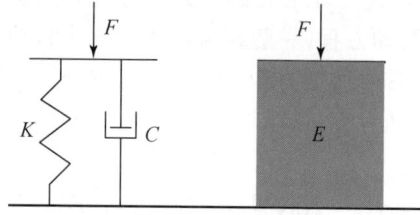

图 1-25　弹簧-阻尼模型与弹性半空间体模型上应力的等效

这个结果可以用于找出刚度系数 K_B 和压路机作用下的路基结构的模量 E 之间的关系。在已知 K_B 的情况下,可以通过公式求出 E(即德国定义的 E_{vib})。

国外的许多试验结果表明,对于同一台压路机,模量与刚度系数之间存在一个较为固定的关系:$E(MN/m^2) = \beta K(MN/m)$。因此由同一台压路机测定的模量和刚度系数之间存在一个固定的换算系数,可以说这两个指标实质是一样的。

尽管能得到刚度系数 K_B 和弹性模量 E_{vib},但在进行质量检验时,仍然需要将这两个指标与常规指标(如 E_{v1} 或 E_{v2})进行联系(试验方法不同,得到的模量也不同),建立它们之间的对应关系。德国有关规范规定:当二者的相关系数 $r \geqslant 0.70$ 时,连续压实指标与常规指标之间具有线性关系,可以采用。

图 1-26 为刚度系数 K_B 与 E_{v1} 和 E_{v2} 之间的对应关系,其相关系数分别为 $r_1^2 = 0.83(r_1 = 0.91)$,$r_2^2 = 0.79(r_2 = 0.89)$,表明方法是可用的。而对应的 E_{vib} 与 E_{v1} 和 E_{v2} 的关系与 K_B 的完全相同。

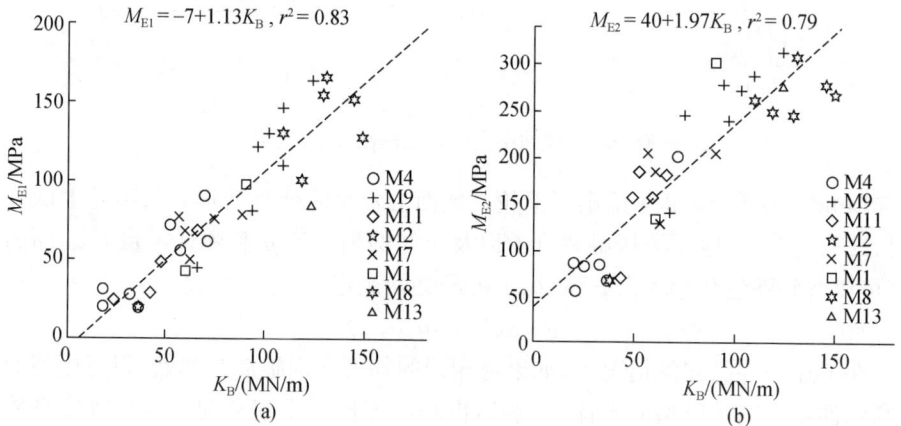

图 1-26　刚度系数与变形模量之间的对应关系

2. 适用范围与局限性

由以上分析可以看出,无论是刚度系数还是弹性模量的推导,都采用了离散和连续的线弹性模型,这也决定了该指标适用于填筑体为线弹性体时的情况,并且压路机与填筑体必须是紧密接触的。综合起来,E_{vib}指标具有如下特点,这也是它存在的一些局限性。

(1)确定刚度系数和模量指标需要较多参数的支撑,除了加速度是直接量测得到之外,其速度和位移都是根据加速度积分得到的,而其他一些机械性能参数等都需事先确定,这对于普通振动压路机很难适用,必须配备性能参数均为已知的专用振动压路机才能实现。

(2)从理论推导过程可以看出,要求填筑体应为线弹性体,这实际上对于碾压合格的路基才是适用的,同时要求压路机与填筑体之间必须紧密接触,无弹跳现象发生。

(3)压路机给出的模量是一个条件性参量,与某个应力水平、应变水平、荷载频率、循环次数和含水量相关,与平板载荷试验测定的模量在数值上并不相等,但存在一定统计意义下的对应关系。

(4)由于计算该指标需要的参数大都需要事先确定,因此该指标需要特定的专用配套振动压路机方可实现,具有捆绑销售之嫌,并且价格昂贵。

研究表明,尽管在建立连续指标与常规指标对应关系时存在一些不适用的土体(主要是细粒料,含水量所致),但是这并不表明连续压实控制技术就不适用了,只是表明不适合建立对应关系而已。在对应关系较弱的情况下,连续指标仍能指出被压土体力学性能的相对强弱,只不过不能预测 E_{v2} 而已。

从以上分析可以看出,尽管由压路机给出的也是一个"模量"指标,但由于与平板载荷试验的试验方式不同,其加载方式不精确,并且只能直接测量到振动轮加速度、速度、位移等,其他指标都是在一定假设条件下推导或计算得出的,所以这个指标是比较"粗糙"的,通过计算得到的指标不应该作为验收指标使用,只能作为过程控制指标使用。既然作为过程控制使用,也就没有必要通过复杂的假设和计算而求取指标了,人为地将这项技术限制在一些指定的压路机上了。因此有必要研究通用的连续压实评定与控制的指标体系,使之适应各种型号的振动压路机。

1.4.4　动力学方法

不可否认,连续压实控制的动力学方法也是受到了瑞典压实计法的启示而进行研发的。但从研究开始就避开了通过响应信号畸变程度来判别压实状态的思路,而是直接从弹塑性动力学基本原理出发,考虑碾压过程中出现的弹性与塑性变形,结合现代控制理论和自动测试技术,得到与填筑体结构抗力相关的评定体系,同时可以评定和控制填筑体结构的强度、刚度和稳定性三方面的压实质量,突破了压实计方法的局限性,并给出了一套较为完整的压实数据应用与管理体系,实现了全方位的监控,这是压实计法所不具备的或不完善的地方。

1. 基本原理

连续压实控制的动力学基本原理是将填筑体的振动碾压过程看做一种动态试验过程(振动压实试验),振动压路机为动态加载设备。在碾压过程中,振动轮同时受到来自机械本身的激振力和填筑体的抵抗力(反力)作用,二者的共同作用引起振动轮的振动响应。根据动力学和系统识别原理,可以通过对振动轮动态响应的实时量测与处理,得到与填筑体结构抗力有关的指标(如振动压实值 VCV),从而进行相应的压实质量控制,如图 1-27 所示。

动力学方法是以振动轮为研究对象的(可以看做一种冲击模型分析方法)。其好处是,无论什么填料,填筑体对振动轮的作用总是可以用其抵抗力来表征。在振动轮参数和激振力已知的条件下,实测的振动响应信息包含了填筑体抵抗力的相关信息。也正是由于提取相关信息以及如何反映抵抗力的方法不同,才出现了多种具体的评定体系,使其各有其适用条件和范围。

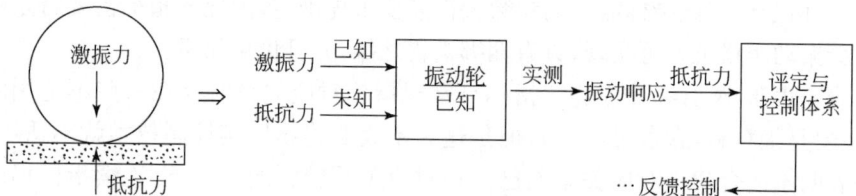

图 1-27　动力学原理

动力学方法是通过填筑体结构抗力指标体系来评定和控制碾压质量的(当然也可以进一步得到模量和刚度系数等指标,它们都属于抵抗变形的力学指标)。其技术原理原则上与平板载荷试验相似。大量试验表明,连续评定指标与常规指标地基系数 K_{30}、变形模量 E_{v2} 和压实度 K 之间具有统计学意义下的正相关性,这也正是这项技术得到广泛承认和应用的主要原因之一。

2. 连续压实控制系统

与动力学方法对应的连续压实控制系统为"压实过程监控系统"(CPMS)。该系统由振动传感器、数据采集与记录器、现场数据处理软件以及后台数据处理与管理软件等组成。实践经验证明,对于一般的压路机驾驶人员,只要经过短期的培训和适当的实践便可掌握操作程序。而压实结果的判定则无须人为干扰,计算机会自动根据设置好的程序给出相应的压实结果,并以图形的方式显示在驾驶室的液晶屏幕上,供有关人员随时掌握压实情况,针对压实质量平面分布图来决定是否采取工程措施。

3. 控制内容与适用范围

动力学方法目前主要用于填筑体碾压质量的"过程控制"和"验收检验"。其目的是加强碾压过程的控制,以提高填筑体整体质量以及验收的质量。其动态控制的主要内容如下:

(1)过程控制之一——施工管理控制。可以实时监控与记录碾压时间、遍数、层数、长度等与施工管理密切相关的诸多参数,有效地杜绝各类弄虚作假行为的发生。

(2)过程控制之二——压实工艺监控。目前普遍存在一个隐蔽性问题——有些驾驶员为了减少机械损伤和颠簸,往往将油门开得很低,造成激振力急剧下降和明显波动,影响压实效果和均匀压实。本方法具有监控压路机振动性能是否平稳并提供相应预警的功能。

(3)过程控制之三——压实程度控制。压实程度的高低是填筑体施工质量最重要的控制要素之一。本方法主要通过对填筑体结构抗力指标体系 VCV 来评定和控制压实程度。按照设定的 VCV 目标值,可以实时连续监控压实程度,给出压实质量平面分布图。

(4)过程控制之四——压实稳定性控制。碾压遍数不是一个定数,随压实工艺参数和填料等发生变化。通过相邻两遍 VCV 的变化情况来判定压实功是否发挥到最大、压实是否稳定。其主要目的在于优化压实遍数,避免"过压"和"欠压"现象的发生。

(5)过程控制之五——压实均匀性控制。填筑体性状的不均匀有可能导致将来发生不均匀的沉降变形,造成上部结构的开裂,此外如果存在较多的薄弱区域,那么该区域的最后抽样检查就存在验收不合格的风险,因此应进行填筑体性状的均匀性控制。

(6)验收检验——最小风险验收控制。在很多情况下,传统的检验点不一定正好选在压实质量薄弱区域上,可能会造成"漏检"现象,增加了碾压质量潜在不合格的风险。鉴于此,提出验收检验的"最小风险控制法"。其核心是按照连续压实质量平面分布图来选取压实薄弱区域进行验收检验,这样就提高了验收的准确性,避免了盲目性,最大限度地降低填筑体压实质量存在问题的风险。

动力学方法既避开了瑞典方法的局限性,又避免了德国方法求取模量 E_{vib} 所需较多参数和需要专用振动压路机的问题,可以装配在所有性能稳定的振动压路机上,广泛应用于铁路路基、公路路基和基层以及面层、机场、大坝、工业厂房地基、填海造地等诸多填筑工程领域的压实质量控制方面。

本书主要将对连续压实控制的动力学方法进行系统阐述,按照基础理论、自动测试和工程应用三个层次对这种方法进行论述。

1.5　几个问题

本书主要研究建筑填料在压路机碾压作用下如何形成物理力学性能符合技术要求的结构体问题,关注的是碾压成型过程中如何进行有效的控制,从而使结构体达到规定的性能要求。其中,填筑体(路基)与压实机具(压路机)之间的相互作用是问题的关键所在,这是一类复杂问题。如果将路基与压实机具看做系统(系统的概念详见第 2 章,可以将它们分别看做系统,也可将它们看做一个综合大系统),那么对于系统问题,可以按照系统理论所提供的方法进行研究。这样就能在宏观上把握住研究方向,不至于使研究走进死胡同。

首先来认识一下有关系统问题的分类。根据系统理论,一个系统与其激励和响应的关系可以用图 1-28 的形式来表示。

输入　　　　　　　　　　　输出
(激励)　　　[系统]　　　(响应)

图 1-28　系统、激励与响应

若已知系统、激励、响应三者之中的任意二者,则可以按照一定的理论求取另一者。因此总体来讲,对于一个系统,共有如下四大类问题:

(1)系统分析——已知激励和系统特性求响应;

(2)系统设计——已知激励来设计合理的系统参数以满足对响应的要求;

(3)系统识别——已知激励和响应求系统的特性参数,属于反问题;

(4)系统控制——已知响应和系统求激励,以判别环境特性,也属于反问题。

采用系统理论可以对所涉及的研究对象属于哪类问题有一个清晰的了解。如路基,一般都是已知路基的激励(交通荷载)和路基的变形(响应)要求来设计路基结构,这就是典型的系统设计问题,可以采用系统设计方法进行。但问题变为采取何种手段来达到路基设计要求时,则对研究的对象实际上发生了一些变化,需要重新定位。因而实际问题错综复杂,可能同时包含识别、分析和控制等问题。填筑体碾压过程中的压实控制问题就属于综合性问题——路基与压路机两个系统各自特性及相互作用问题。

1.5.1　路基系统问题

同一般系统一样,路基作为一个系统来考虑时,也同样有四类主要问题,这四类问题及其组合基本上就构成了路基工程的全部。

(1)如果已知路基系统的参数和外荷载的作用,则根据有关力学理论可以求得路基结构的应力、应变以及位移,这就是系统分析工作,可以了解路基工作时的性状,一般在路基成型以后进行,即在终态时进行分析。

(2)路基系统的设计工作则是在已知荷载作用情况下,通过对结构参数的合理设计,以达到满足承担上部结构荷载的要求,这是要在规划设计阶段进行的主要任务。

(3)在已知荷载输入和响应输出的条件下如何求取路基结构的参数,如模量、密度等则属于系统识别或参数识别的内容,主要利用现代控制理论中的识别技术进行,它与测试技术密不可分,一般也是在路基成型以后进行。

(4)路基系统的控制问题,实质是根据已知的路基特性和允许的输出,反过来控制它的输入类型和大小,如公路运输中的控制超载就属于这类问题。

本书的主要任务是监控已经设计好的路基结构如何达到这一设计要求,属于产品生产阶段,因此是质量动态控制问题。质量好的路基结构应该满足系统分析的要求,并且可以应用已有的理论进行系统特性或参数的识别工作。后面将就此问题进行一些讨论分析,为后续工作奠定必要的基础。

如果将路基与压实机具(压路机)看成两个子系统,则它们可以构成一个更大的"压路机-路基"复杂系统。这个系统达到最佳工作状态就是压路机能充分发挥出其性能、而路基填筑体达到最佳的压实状态。因此这实际上是一个优化问题,既有路基结构设计优化问题也有施工工艺与组织优化问题。达到最优状态的前提就是要对二者的相互作用有深入的了解,掌握其系统演变与变化的规律。而对压实质量实施的动态实时监控,其实质就是对这种系统演化进行的监测与控制。

对于碾压过程,路基系统的输入是压路机的压实作用力,而压路机系统的输入除了有自身的激振力之外,还有路基系统对它的抵抗力。按照力学的基本观点,抵抗力与压实作用力是一对方向相反、作用在不同对象上的力,如图 1-29 所示。二者具有如下关系。

(1)路基结构处于比较松散状态时(初态),作用力大于其结构的固有抵抗力,这样路基结构才能产生塑性变形,压实才会有效果。

(2)路基结构处于弹性状态时(终态),如果压路机不发生弹跳离耦现象,则作用力小于结构的固有抵抗力。

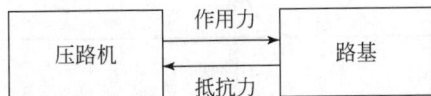

图 1-29　压路机与路基之间的相互作用

压实机具与路基之间的相互作用是两个系统之间的相互作用,其目的是要使路基压实,产生一个高质量的结构。一旦压实结束,二者将相互独立,不再发生联系。有关问题详见第 2 章的分析。

对于路基系统,直接定量地研究它的形成过程属于时变力学的范畴,目前还没有成熟的理论。一般来讲,路基填筑体在充分压实成型以后,其应变处于 $10^{-4} \sim 10^{-3}$,属于小应变范围,可以认为处于弹性状态。因此我们主要对成型以后的路基结构体进行一些研究。由于成型以后的路基系统可以看做一个均质、弹性的半空间体系,这样就可以应用弹性理论建立其力学模型、并利用各种数学手段进行处理和解答了。此外还可以运用系统识别理论对路基结构系统的参数如弹性模量和密度等进行反分析识别,根据路基结构参数来评定压实质量。

1.5.2　压实机具系统问题

原则上讲,压实机具即压路机也包含一般系统所涉及的四类问题。一般而言,目前对压实机具进行研究的多为压路机设计生产部门,主要目的是设计更合理的压路机以满足提高压实效果的要求,因此主要问题是属于系统设计问题,但这并不是我们要研究的主要内容。我们关心的是压路机在碾压过程中的动态响应问题,因为这种响应包含了来自被压填料的相关信息,属于系统分析问题。当然更高级的是所谓"智能压路机"问题,显然属于系统控制类问题。

我们要研究的问题是根据已知的压路机性能参数和被压填料的相关信息,求取压路机的动态响应。通过分析这种响应的变化规律,为实现利用压路机作为加载(激振)工具进行碾压过程中的实时动态测试寻找相关依据。

对于压路机而言,可以借鉴工程机械的研究方法,利用振动理论对压路机进行建立模型和求解工作,并可以利用数值仿真技术进行动态仿真分析,探求压路机与被压填料相互作用时各种响应的规律性。

1.5.3　振动压实的动力学试验系统

对于路基填筑体的振动碾压过程控制,参与者主要有振动压路机、量测设备和填筑体这三部分,它们组成了一个完整的动力学试验系统。其中,路基填筑体为试验对象,振动压路机为加载设备,如图 1-30 所示。

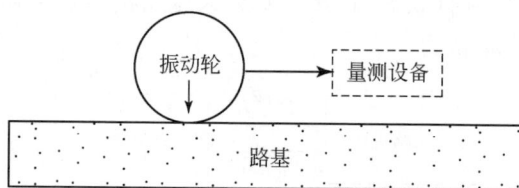

图 1-30　振动压实的动力学试验系统

当把振动压实过程控制看做动力学试验系统后,就可以按照动力学试验要求对待压实问题了,过程控制中的许多要求也就不难理解了,有关详细情况请参阅本书后面章节。

参 考 文 献

[1]邓学均.路基路面工程.北京:人民交通出版社,2005.

[2]郝赢. 铁道工程. 北京:中国铁道出版社,2000.

[3]徐光辉. 路基系统形成过程动态监控技术. 成都:西南交通大学博士学位论文,2005.

[4]刘成宇. 土力学. 北京:中国铁道出版社,2000.

[5]Thurner H,Sandström Å. Continuous compaction control,CCC. European Workshop Compaction of Soils and Granular Materials,Paris,2000.

[6]Noorany I. Variability in compaction control. Journal of Geotechnical Engineering,1990,116(7):1132-1136.

[7]von Böden V. Durch Dynamische Walzen Mit Unterschiedlichen Anregungsarten(continuous compaction control(CCC)During Compaction of Soils by Means of Dynamic Rollers with Different Kinds of Excitation. Vienna:Technical University of Vienna,1999.

[8]Mooney M A,Gorman P B,Gonzalez J N. Vibration based health monitoring during earthwork construction. Journal of Structural Health Monitoring,2005,2(4):137-152.

[9]Hoffman O,Guzina B,Drescher A. Stiffness estimates using portable deflectometers. Transportation Research Board,2004,1869(1):59-66.

[10]Briaud J L. Intelligent Compaction:Overview and Research Needs. College Station:Texas A&M University,2003.

[11]van Susante P J,Mooney M A. Capturing nonlinear vibratory roller compactor behavior through lumped parameter modeling. Journal of Engineering Mechanics,2008,134(8):684-693.

[12]Mooney M A,Rinehart R R. Field monitoring of roller vibration during compaction of subgrade soil. Journal of Geotech. & Geoenviron Engineering,ASCE,2007,133(2):257-265.

[13]Mooney M A,Rinehart R V. In situ soil response to vibratory loading and its relationship to roller-measured soil stiffness. Journal of Geotechnical and Geoenvironmental Engineering,2009,135(8):1022-1031.

[14]胡一峰,李怒放. 动力连续同步检测技术(CCC)在无砟轨道路基填筑质量控制、验收中的应用. 铁道标准设计,2009,(4):1-8.

[15]胡一峰,李怒放. 高速铁路无砟轨道路基设计原理. 北京:中国铁道出版社,2010.

第 2 章　压实状态与评定指标

第 1 章对路基结构体的基本性能要求进行了阐述,并对在路基形成阶段如何达到这种要求进行了分析,由此引入本书的主题——路基填筑体碾压过程的质量控制问题,并对各种控制方法的特点进行了分析。从本章开始,将就连续压实控制动力学方法的理论基础、测试技术和工程应用等内容进行详细的论述。由于压实质量控制的评定指标(或称控制指标)是连续压实控制技术的核心之一,关系到如何建立测试技术体系以及如何控制碾压过程中的关键要素等环节,因此本章从路基结构的压实状态入手,探讨其评定指标问题。

路基是在给定填料、经碾压作用而形成的三维条状结构物,其性能的变化主要表现在结构状态的变化上,而这种变化需要建立一套指标体系来衡量(如第 1 章的刚度、强度等指标)。因此,从路基填筑体的压实状态分析出发研究评定指标问题是一条正确的研究途径。

如果把路基结构体看做一个系统,那么许多系统科学的概念和分析方法都可以借鉴。从系统科学的角度看待压实问题,则另有一番景象,可以引导我们从大系统的整体观角度研究路基填筑体碾压的质量控制问题。因此,本章将结合压实状态问题就系统观下的路基有关问题进行探讨。

2.1　路基系统与状态

所谓压实状态(compaction state),是指路基填筑碾压过程中,路基结构在压路机作用下所呈现出的物理力学性状。为了研究路基填筑体的压实状态,有必要引入系统的概念。由于路基是在给定填料、经碾压作用而形成的三维条状结构物,具有整体的功能——为上部结构提供足够的支撑能力以及抵抗过量的变形和破坏。因此根据系统科学理论,这是一个系统,可以按照系统理论中的方法进行研究[1,2]。

2.1.1　基本特征

路基系统是路基结构系统的简称。将其看做一个系统时,就应该采用系统科学的思想来考虑问题。系统科学是一门新兴的横断性科学,整体性、相互联系和演化发展的观念是其最基本的含义,将其应用到路基工程中是一种新的尝试。

第 1 章对路基结构的一些性能特征进行了论述,现在用系统的观点对路基结构的一些特征进行完整的描述,目的在于从全局的角度将施工期与运营期有机地联系起来,以便在研究压实质量控制时进行综合考虑。

1. 路基结构系统的基本特征

系统的定义目前有多种表述,但含义是一致的。一般将其表述为:系统是由若干相互联系并与环境发生关系的组成要素(元素)结合而成,具有特定结构和功能的有机整体。这是一个普遍存在的基本概念。

按照系统科学的观点,路基是一个结构系统,并且是一个与外部环境进行能量交换的开放系统。当路基结构作为一个系统来考虑时,它也具备一般系统所具有的一些特点和属性。了解这些特征,对于分析路基结构系统的形成和演化是十分必要的。

1)路基系统构成

一般将不再细分的组成成分称为系统的要素或元素。路基是由各种填料组成的,显然路基系统的元素就是各种尺寸规格的散粒体颗粒以及水分。这些元素以特有的方式相互联系在一起,构成路基结构系统。因此,系统=〈组成要素,关联方式〉,也可以表示成如下形式:

$$S = \langle A, R \rangle \tag{2-1}$$

式中,A 表示组成路基系统元素的集合,$A =$ {各种尺寸规格颗粒}$\cup${水};R 表示各元素之间相互联系(关联)的方式集合,$R =$ {咬合}$\cup${嵌锁}$\cup${摩擦}$\cup${黏结}。

式(2-1)是用集合论形式表达的,具有一定的代数结构。它清楚地表明,路基系统是由组成要素(填料)集合和要素间的关联方式集合共同决定的(图 2-1)。在碾压过程中,元素(填料颗粒)间的关联方式是在外部环境(压路机)作用下完成的。这也再一次说明填料和压实是决定路基系统质量的两大关键因素,对其进行各种监控是控制路基系统性能好坏的关键。

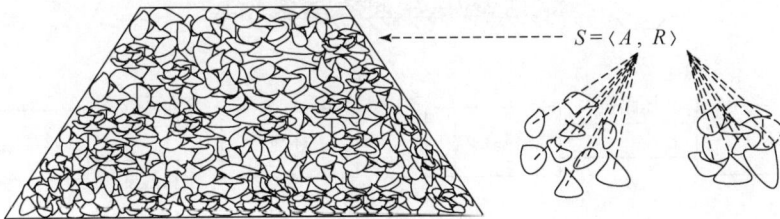

图 2-1　路基结构系统构成

2)路基系统结构

路基系统的结构是指其内部各要素相互联系、相互作用方式或秩序的总和。也就是各要素之间的具体联系和作用的形式(关联方式)。在其组成成分性质不变的情况,一般将其关联方式称为结构,式(2-1)中的 R 实际上就是结构的数学表达。

一般来讲,颗粒填料之间的关联方式总体来讲有三种形式,即咬合、嵌锁和摩擦。颗粒靠这些连接方式有机地组合在一起,形成一个整体的路基结构。然而,组成路基系统的颗粒元素不会自发地关联在一起形成稳定的结构,必须靠系统的环境作用给予足够的能量才能有机地结合在一起,这就是压实问题。

3)路基系统环境

路基系统以外的一切与之相关联的事物构成的集合,称为路基系统的环境。环境对其系统的作用称为系统的输入,系统对环境的作用称为系统的输出。这里所说的环境并非指"自然环境"。所谓相互关联是指系统与环境之间发生的物质和能量交换。

任何一个系统都是在一定的环境中产生出来的,又在一定的环境中运行、延续和演化的。系统的特性依赖于环境。同样的要素在不同的环境中按不同方式整合,可以形成不同的结构,其性质也会随着环境的变化而变化。

路基系统的形成过程是在施工期完成的,这个阶段的环境就是施工机械和自然因素(水),其环境的主体就是压路机,它就是路基系统的输入,是形成结构体的动力。因此施工期的环境问题主要就是压实问题。而在运营期,环境就是行车荷载及自然因素(水与温度),是路基结构损坏的动力。可见环境与系统结构之间的相互关系在不同时期有不同的表现,如图 2-2 所示。

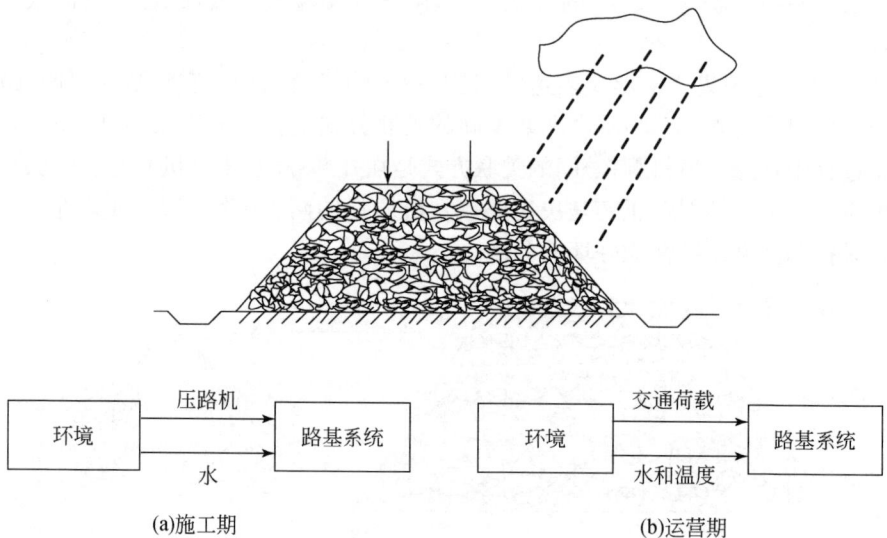

图 2-2　路基结构系统与相应环境的关系

4)路基系统行为

路基系统相对于它的环境(如施工期的压路机、运营期的交通荷载)所表现出来的任何变化,称为系统的行为。它是属于路基系统自身的变化,是路基自身特性的表现,但又与环境有关,反映了外部对路基的作用信息。在路基系统的形成(压实)过程中,对于不同类型的压路机作用,它所表现出来的行为也是不同的,如何评定这种行为的变化,正是动力学方法所要解决的问题。

5)路基系统功能与性能

路基系统所能发挥的作用或效能称为系统的功能。它是由路基系统行为所引起的,有利于环境存续和发展的作用。而性能则是指路基系统内部要素相互关联中所表现出来的特性和能力,是系统本身固有的,性能的外化就是功能。

为上部结构以及安全行车提供足够的承载能力是路基系统的基本功能,而路基结构的物理力学性质则是它的性能,如强度、刚度、稳定性等(图 2-3)。优良的性能是发挥应有功能的前提。功能是路基系统的一种整体特性,只要将元素整合为系统,就具有了元素所没有的功能。功能只能在行为过程中表现出来,在路基系统作用于功能对象(压路机、交通荷载)的过程中进行观测和评定。

图 2-3　路基系统环境与功能模式图

路基系统内部元素关系的表现形式是多种多样的,也就是填料颗粒之间的组合方式和应力关系是多种多样的。但是对于压实而言,最终都体现在路基系统把接收的环境作用(压路机的输入)转换为路基对压路机的输出作用。填料与压路机之间的相互作用就是一种输入与输出关系。路基结构的物理力学性能最终体现在路基系统的功能上。利用这种关系,就可应用系统识别原理来识别路基系统的性能了。

6)路基系统整体性

路基系统的整体性是指组成路基系统的内部元素(填料)之间相互联系、相互制约、共同构成的一个有机体。整体性强调的是整体效应,在分析路基系统压实机理时也应该从整体上把握。整体性可以表达为"整体不等于部分之和",即

$$W \neq \sum P_i \tag{2-2}$$

式中,W 为系统整体;P_i 为系统的第 i 部分,且 $i \geqslant 2$。

整体性是系统思想最核心的观点,是指系统要素具有的集合特性和构成一个有机整体的性质。同样的要素,一旦构成系统,就具有了该要素没有的整体性质,并且整体往往大于部分之和("1+1>2"原理)。所谓"团结就是力量""人心齐泰山移""三个臭皮匠顶个诸葛亮",说明的正是这种整体性。认识路基结构系统的整体性应该从以下几个方面来考虑。

(1)路基系统中每一个元素(每一种填料颗粒)都担负着特有的作用,都是路基

结构中不可缺少的作用。例如,在路基的压实过程中,细料过少,就有可能压不实,影响其整体性,这就是要求填料级配优良的原因所在。

(2)路基系统中各种粒径填料之间的相互联系是整体性形成的唯一原因。一堆散料摊铺开,自然形成不了一个整体性的路基结构,必须吸收一定方式的能量,颗粒之间发生相互作用和联系,才能形成整体性。各元素的性质、各元素的含量和系统的结构共同决定了系统的整体性和功能。

(3)路基系统的性质、功能和运动规律不同于其组成颗粒的性质、功能和运动规律。同时,作为系统整体中的要素具有颗粒自身所没有的整体性,与它们各自独立存在时有质的区别。

同时也应该看到,散体填料形成整体路基结构后,并不一定意味着整体性能就一定好,这就有一个路基系统的稳定性问题。

7)路基系统稳定性

系统的稳定性是指系统在一定的内外干扰下保持其原来结构恒定性、有序性的能力。对于路基结构系统而言,其稳定性应该是最重要的问题了。路基系统的稳定性主要是指在长期行车荷载及自然因素作用下,路基结构的物理、力学性质不随时间而显著改变的能力,如水稳定性、强度稳定性、刚度稳定性等。因此,路基系统的稳定性包括了物理性质的稳定性和力学性质的稳定性两方面内容。

一个稳定的路基结构隐含了其强度和刚度的变化都应限制在容许的范围内,这样路基系统的性能才不会有显著的变化。将路基的变形控制在容许范围内,实际上就是要保持路基系统的稳定性。一个系统的稳定性不仅与其组成、结构和功能有关,而且还与内外干扰的强度有关。

按照控制理论观点,路基系统之所以具有稳定性,是因为路基结构内部存在着一系列负反馈机制或自我调节机制。反馈是指系统的输出反过来能够控制系统输入的现象或过程。具体可分为负反馈和正反馈两种方式。所谓负反馈是指反馈的信息与输入的信息方向相反,抑制系统按原来方向发展的趋势;正反馈是指反馈的信息与输入的信息方向相同,系统向原来的发展方向进一步发展。由此可见,负反馈抑制系统偏离原来的状态,保持系统的稳定性;正反馈则使系统更加偏离原来的状态,出现不稳定性。对于路基系统,在压实成型阶段希望是正反馈,要不断偏离原来的状态,向更稳定的状态发展;而在运营期希望是负反馈,要保持原来的稳定状态,使之消除或减缓路基病害的发生。

路基系统的反馈机制是由路基系统内部产生的附加应力场造成的,其实质还是由填料颗粒之间的关联方式所决定,它是使路基系统具有反馈机制的根本原因。在微观层次上是颗粒间的定向排列、相互嵌挤咬合,产生了足够的咬合、嵌挤和摩擦力造成的;在宏观层次上则表现在路基系统的抵抗力上,实际上也就是足够的强度和刚度给路基系统提供了反馈机制,来维持路基系统的稳定性。

　　路基系统的自我调节能力(反馈作用)是有一定的限度的。如果路基受到的外部作用(输入)超过系统的自我调节能力,也就是超过结构刚度和强度的一定阈值时,原来的稳定性就会遭到破坏,系统的整体功能将发生重大的变化,变化会使路基系统向两个方向变化(演化),即进化和退化。进化将使路基机构系统向更高级的方向演化,其结构和功能得到进一步的加强,如施工期有效的压实作用;退化将使路基的结构性能降低,功能下降,如运营期的路基损坏。

　　如果系统不能适应新的环境,则系统将向退化的方向演化,直至系统被破坏。具体对压实而言,填料颗粒间的关联方式与其外部环境——压路机必须相适应。如果用轻型压路机碾压或者碾压的遍数较少,则被压填料吸收的能量就较少,形成不了稳定的路基结构,若用大吨位的重型压路机或碾压遍数过多,则其吸收的能量过大,超过了路基系统本身的自我调节能力,其稳定性就遭到破坏,而整体性就会发生重大变化——系统性能退化。因此,在选择压路机和碾压遍数时,一定要与路基系统的自我调节能力(主要是填料性质)相适应,这也是指导压实工艺的原则。

　　路基系统状态与其稳定性之间的关系如图 2-4 所示。施工期路基的稳定性较低,路基系统的状态处于初期,压实的目的就是要提高其稳定性;施工完毕到达运营期后,其稳定性和状态都达到最佳;随着路基系统状态的变化,其稳定性逐渐下降,进入养护维修期,使其稳定性恢复到一定程度。

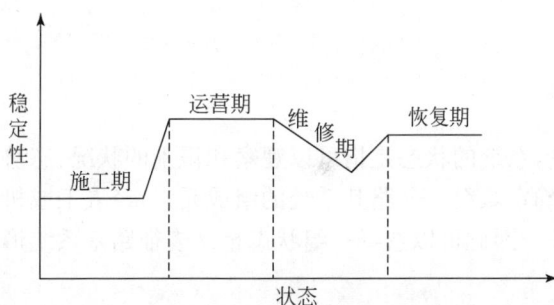

图 2-4　路基系统稳定性变化图

8)路基系统均匀性

　　均匀性是相对于不均匀性而提出的。由于各种原因,路基在修筑过程中存在摊铺和压实的不均匀性,表现在整个路基系统结构上(碾压面上)可以划分为多个并列的分系统,每个分系统在结构、性能、功能上都是不尽相同的——不均匀,可以表示成如下形式:

$$S = \bigcup S_i$$
$$S_i = \langle A_i, R_i \rangle \tag{2-3}$$

式中,S_i 表示第 i 个分系统;$\bigcup$ 表示并集;A_i 表示第 i 个分系统的元素集合;R_i 表示第 i 个分系统的结构集合。

根据实践经验,路基系统的不均匀性一般是由填料的变异性和碾压的不均匀引起的,并导致在结构上的差异,可能会进一步引起性能和功能上的变异。不均匀性是造成上部结构损坏的一个重要原因,评定路基系统的均匀性是质量监控的一个重要内容。不均匀性的分布如图 2-5 所示,其中图(a)为实测图,图(b)为模型图。

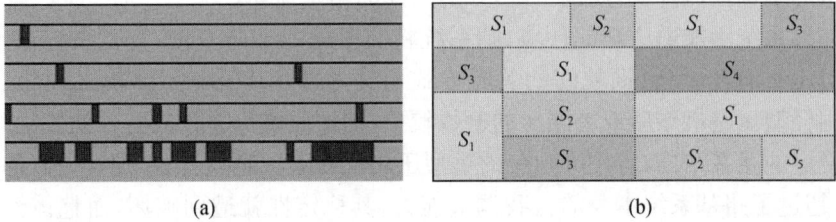

图 2-5　路基系统均匀性分布图

以上介绍了路基系统的基本特征。从中可以发现,填料是路基系统的组成要素(元素),压实是系统与外部环境(压实机具)的相互作用。路基结构系统组成元素——颗粒的合理匹配组合是结构性能形成好坏的先决条件,压实则是实现其性能优良的手段,而动态监控是保证工程质量达到要求的有效措施。

2.1.2　系统状态

1. 状态的表达

根据系统理论,系统的状态是指可以观察和识别的状况、态势和特征等。在修筑路基时,首先要确定填料——路基系统的组成元素,经人工或机械的摊铺形成路基系统的初始状态。因此可以选择一组状态量来表征路基系统形成过程中的属性特征。

对于路基系统而言,其状态是由物理、力学性质所决定的。因此,状态量就可分成两类。

$$路基系统状态量 = \{物理状态量\} \cup \{力学状态量\}$$
$$物理状态量 = \{密度,含水量,孔隙率\}$$
$$力学状态量 = \{变形指标,强度指标\}$$

由于状态量可以取值不同,因此是状态变量。状态变量的选择视具体研究问题而定。对于颗粒填料,可以选取密度 ρ、模量 E、抗剪强度指标 φ 作为路基系统的状态变量,由它们构成路基系统的状态空间 $X(i)$,即有

$$X(i) = \{x_1(i), x_2(i), x_3(i)\} = \{E(i), \rho(i), \varphi(i)\} \tag{2-4}$$

式中,i 表示所处状态的序号。之所以选定 ρ、E、φ 为状态变量,是因为它们在路基形成(压实)过程中均是变量,随外部作用的大小和方式而呈非线性变化。压实是

路基系统的形成期,因此路基系统形成期状态的实质就是压实状态,而当路基结构形成以后进入到运营期时,一般认为 ρ、E、φ 是常数,$X(i)$ 则蜕变为参量空间。故在运营期分析路基性能时,可选定应力、应变等作为新的状态变量,反映的是应力状态和应变状态。

2. 压实状态特征

如上诉述,在压实过程中,路基结构的状态一直是在变化着的,可以用状态空间来表征。其状态量 ρ、E、φ 的变化用我们肉眼是无法观测到的,只能采用一定的试验方法才能观测(参见表 1-1)。那么在施工碾压现场除了检测 ρ、E、φ 外,还有没有办法观察压实状态的变化呢,这需要我们进行细致的分析,其实质也就是能否另外找到可观测的指标问题。

经过对路基填筑体碾压过程的观察可以发现,在宏观上我们用肉眼可以观察到的变化就是压密变化——填筑体变形的改变,因此也可以采用填筑体变形的变化来表征其压实状态的改变。路基填筑体在压路机荷载作用下之所以要发生变形,是因为其内部具有孔隙、散体颗粒之间联系较弱,为体积的进一步压缩提供了空间。一般而言,路基填筑体在压实过程中所发生的变形既有弹性变形又有塑性变形,即有

$$u = u^e + u^p$$
$$\varepsilon = \varepsilon^e + \varepsilon^p$$

(2-5)

式中,u 代表总变形;ε 代表总应变;u^e 和 ε^e 代表相应的弹性部分,u^p 和 ε^p 代表相应的塑性部分。散粒体的弹塑性问题比其他材料如金属的要复杂得多,许多问题并未得到很好的解决。但是从弹性塑性理论的基本概念出发,定性地解释路基结构在形成(压实)过程中的一些基本规律还是可能的。路基填筑体在碾压初期和终了时所发生的现象是不完全一样的。

如图 2-6 所示,在碾压初期,填筑体在形成初始路基结构后,其状态为 $X(0)$,此时路基结构抵抗变形的能力较小,变形以塑性变形 u^p 为主,弹性变形 u^e 很小甚至没有。为了提高它的强度、刚度和稳定性,必须进行充分的碾压,使它产生足够的塑性变形,颗粒之间的关联才能更紧密。在碾压终期,路基结构的变形以一定的弹性变形 u^e 为主(弹性体),这是由于其抵抗变形的能力较大而不再发生塑性变形。在压实结束时,原则上要求 $u^p = 0$,u^e 小于容许值。只有这样,路基结构才能处于一个稳定的工作状态 $X(n)$。这里 $u^p = 0$ 也是在一定应力水平下的提出的要求,即压实工艺一定时对塑性变形的要求。如果提高应力水平,塑性变形可能还会发生,因此要根据交通荷载的水平来确定压实工艺的水平。总之,在碾压过程中,路基结构总变形 u^e 和 u^p 所占的比例是随碾压的遍数和工艺的变化而在不断变化的。

根据弹塑性理论的分析结果,路基系统在塑性变形阶段,除了有塑性变形之

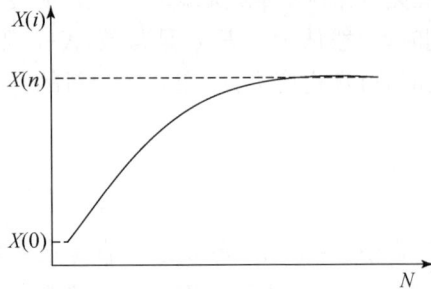

图 2-6　路基系统状态随碾压遍数变化

外,还有弹性变形的存在,这是因为偏应力是始终存在的,它不但引起塑性变形,同时也引起弹性变形,但是在压密阶段,u^p 所占的比例较大。因此,评定压实程度的实质是要判断 u^p 的变化情况。同时,与传统塑性力学不同的是,球应力将引起体积塑性变形,体积塑性变形意味着变形前后的密度发生变化。引起这种变化的原因就是填筑体结构中存在孔隙,而在金属力学中忽略了孔隙,变形前后的体积不出现塑性变形。因此,在压密阶段,路基系统总的变型规律为,开始时 u^p 占的比例较大,随着碾压遍数和压实工艺的提高,u^p 所占的比例越来越小,u^e 所占的比例变大,这就意味着提高了路基结构的屈服条件,出现强化或硬化现象。但由于填筑体颗粒间相互作用的复杂性,在压实过程中,不但会出现路基结构的强化现象,有时也会出现软化现象,即屈服条件降低。因此,在路基填筑体的碾压过程中,其屈服面是变化的,或者说存在多个屈服面。从这个意义上说,压实的目的也就在于使路基结构的屈服面处于一个稳定的状态上,使之与相应的外部荷载相适应。

对于一定结构的路基,决定路基结构是否屈服的条件是作用力的大小和方式,这里就是指压路机的压实工艺。路基结构的屈服函数可表示为

$$f(\sigma_{ij}, H) = 0 \tag{2-6}$$

式中,σ_{ij} 为应力张量;H 为反映塑性变形的大小及其历史的参数。路基结构的屈服面是随着荷载的增加和塑性变形的增大而不断变化的,其极限状态就是破坏面。从使用的角度来讲,希望路基结构的屈服面尽量外延一些,这样在外荷载的作用下,路基内部的 σ_{ij} 不至于到达屈服面上,保证路基有一个稳定的结构。因此,在压实期间,就应该把要发生的塑性变形尽量发生到最大程度。这也是当前路基施工中普遍采取重型振动机的一个重要因素,即外部环境作用要大于路基结构形成过程中本身的固有抵抗能力。在制定压实标准时也应该考虑到行车荷载传递到路基中的应力的大小。

由于压实的目的在于预先清除路基在交通荷载和自然因素作用下可能出现的过量变形,提高路基结构的抗变形能力,因此压实程度越高,可能出现的变形量就越小。如前所述,路基的稳定性与其外部环境(输入)之间应达到平衡协调,这样路

基系统在使用寿命期之内才能保持较稳定的状态,抗变形能力不出现较大的波动。但是,任何一种结构都有一个极限抵抗变形和破坏的能力,也就是前面所说的屈服面和破坏面的概念。因此,从这个角度出发,压实的目的就是提高屈服面的等级问题。

2.2　路基系统状态演化

大量试验和理论分析表明,路基系统压实状态的变化与其变形的变化具有对应关系。因此,尽管对路基填筑体压实过程的一些状态量如密度和模量等的量测是比较麻烦的,但是通过对路基填筑体在压实过程中变形,特别是塑性变形的观测,还是可以了解压实状态的变化情况的。常用的标高量测法就是利用观测到的塑性变形的大小来控制压实质量的。根据理论推导,压实度的实质也是变形的相对大小问题,只不过是换了一个表达方式而已(详见后面的分析)。因此对填筑体压实状态的把握,其关键就是对其变形的了解和掌控。

2.2.1　状态变化

任何一个系统的状态都不是一成不变的,会随着时间和外部环境的变化而变化,这种变化可细分为进化和退化两种情况。施工期间是路基结构系统的形成阶段,通过压路机对其压实(输入),使路基系统的属性特征如结构、功能、稳定性等向着更高级的方向发展。因此,我们关心的是进化问题。而在运营期间,其输入是由上部传递下来的交通荷载和自然因素的作用,我们关心的是退化问题,不希望路基系统的属性特征出现退化,希望系统的自我调节能力能够抑制退化——负反馈问题。因此,路基系统向哪个方向发展,在施工期和运营期的期望值是不一样的,这就是路基系统的演化问题。

1. 施工期

施工期是路基结构系统的形成期,其物理力学性质是变化的,荷载主要为压路机作用荷载,可用压实工艺 U 来表示,自然因素主要为水的影响,可用含水量 ω 表示,路基系统的状态用 $X(i) = \{\rho_i, E_i, \varphi_i\}$ 表示。因此,路基结构的形成过程可表示为

$$U_i \rightarrow S_i\langle A_i, R_i \rangle \rightarrow X(i)$$

上述关系式简单地说就是,将压实工艺 U_i 作用到路基系统 S_i 上,使系统 S_i 达到 $X(i)$ 状态。随着压实工艺 U_i 的不断作用(压实),系统 S_i 达到稳定状态 $X(i)$。颗粒之间的关联方式 R_i 也得到加强。这里关键之处就是路基系统的状态向何种方向演化,当然压实是希望状态向更稳定的状态发展。随着压实的结束,路基系统

的状态最后变为终态 $X(\infty)$,此时其物理力学性质也都达到一定的要求,并且稳定下来。为承担支撑上部结构以及行车荷载作好了准备。

2. 运营期

路基系统在施工期的终态 $X(\infty)$,此时变成了运营期的初始状态。这种状态原则上在交通荷载和水温等自然因素作用下应该保持稳定不变,进行正常的工作。但由于多种原因,路基系统的状态在运营期仍然是变化的,只是变化的幅度大小不同而已。如果在施工期路基结构形成的状态就不佳(质量控制的不好),那么在运营期就可能给正常工作带来不良的后果——破坏或沉陷。

无论在施工期还是运营期,对路基结构状态的分析和把握都是十分重要的。路基结构的稳定状态与两类因素有关:其一是路基系统的内部因素,主要散粒体颗粒之间经压实所形成的联结方式,它是路基结构形成强度、刚度和稳定性的关键所在;其二是外部环境(荷载与水温状态)的作用,任何系统的稳定性都不能脱离环境而独立存在,外部环境的改变将引起系统状态的变化。

系统状态变化的实质是由其结构变化引起的。路基结构系统的形成过程,是散粒体在外部荷载作用下,颗粒由松散向紧密状态靠拢的过程,在宏观上所发生的是填筑体的弹塑性变形的过程。实践和理论分析都表明,路基结构在外部作用下的形成过程是一个复杂的非线性过程,并不像线性变化那样简单,特别是粗颗粒填料形成的路基结构,从初始不稳定状态到稳定状态的演化是非线性的,与一般复杂系统的演化发展规律有很多的相似之处。

2.2.2　压实影响

施工期路基系统的演化向着进化方向进行,这是由于外部的压实作用迫使路基填筑体内部颗粒相互紧密靠拢,从而导致路基系统结构性能变好。可见压实在其中起着非常重要的作用。如前所述,决定路基结构性能好坏的主要因素是其组成要素——填料和环境作用——压实,其中填料是内因,压实是外因。由于路基结构是由不同粒径的填料颗粒经压实作用而构成的,所以填料颗粒之间的关联程度与其压实方法是密不可分的,同时还有一个不同粒径之间的组合匹配问题。只有颗粒要素之间的组合方式达到最佳匹配的条件下,经过合适的压实作用,才可能演化形成一个性能优良的路基结构系统。

填料颗粒之间关联程度的强弱决定了所形成的路基结构性能的好坏,而关联程度受关联方式和环境作用——压实作用的制约。根据前面的分析,颗粒之间的相互作用方式即关联方式主要有咬合、嵌挤和摩擦等。对于路基系统,当填料摊铺完后,压实方式和压实能量是影响颗粒间关联程度的主要因素,也就是说采用何种压路机以及采用什么样压实工艺参数,将决定所形成的路基结构性能。从系统的角度看,压实作用决定着路基系统的演化程度。

1. 压实方式的影响

如前所述,所谓压实(碾压)就是通过对松散的填料施加某种形式的外力,从而迫使填料颗粒之间接触更紧密,所形成的填筑体的体积不断减小、密实程度不断增加的过程。压实是路基结构形成过程中的主要能量来源。1.2.1 节分别从力学分析角度和空间结构角度对压实过程进行了分析。但是不管从哪个角度分析,不同形式的压实方式对应着不同的路基结构性能。在填料一定的情况下,压实方式决定着路基结构性能的优劣。

根据填料所受外力性质的不同,其压实方式可分为静力压实、冲击压实和振动压实三种形式,各有其特点,这已经在第 1 章进行了阐述。不同的压实方式所对应的压实标准是不同的。对于以颗粒状填料为主的路基填筑碾压,目前主要采用振动压实的方式进行。

2. 压实标准大小的影响

压实促进路基系统结构的变化,填料碾压到什么程度才算合格,这涉及压实标准问题。颗粒之间关联程度的强弱决定了所形成结构状态的好坏。关联的实质就是颗粒之间的相互作用和紧密程度问题,在宏观上对应着压实状态和压实程度。一般来讲,压实状态越好,其压实程度越高,关联作用也就越强,对应着结构性能也就越好。那么颗粒之间的关联达到什么程度才算是好的? 为了回答这个问题,人们在室内进行了压实试验,并将结果做各种力学性能试验,以取得性能优良时对应的压实状态和程度,并统一以某一个物理力学指标(如干密度、模量、地基系数)作为衡量的标准,这就是所谓的压实标准,也是压实质量的控制指标。

路基压实标准的制定一般考虑以下两个因素:其一,要考虑路基实际承受交通动荷载和自然因素的影响程度,据此来评定可能会出现的变形程度;其二,上部结构的性能和功能对路基变形量的要求,即容许的变形量问题。此外,压实标准的制定也应考虑到实际的施工水平和压实机具状况,过高的压实标准可能会造成施工上的困难。路基的压实标准也是随着交通量和交通荷载的大小而逐渐提高的,并与施工机械设备相适应。具体有以下几种。

1)击实法

击实法是公路路基确定压实标准的主要方法,常用于黏性细粒料路基,主要分为轻型击实标准和重型击实标准两种。其中,轻型击实标准相当于 6～8t 压路机的压实效果,主要适用于三、四级公路路基;重型击实标准相当于 12～16t 压路机的压实效果,主要适用于高速、一、二级公路路基,但要求的具体数值不一样(压实度不一样)。此外,铁路路基的细粒料压实标准也是采用击实法确定的。

对于黏性细粒料,由于其物理力学性质受含水量的影响比较大,所以有一个最优含水量问题。一般来讲,最优含水量所对应的干密度是最大的,这就是压实标准(标准干密度)。此时的状态是最稳定的——浸水后的力学指标(如模量)最高,水稳定性也最好。但需要注意,最优含水量下的力学性能有可能不是最优的。在很多情况下,当含水量小于最优含水量时的力学性能可能会更高一些,但是一旦遇水后就不稳定,其力学性能会降低,这就是为什么要控制土体在最优含水量下碾压的根本原因。

2)振动法

对于粗粒料路基,由于填料颗粒的粒径比较大,导致击实法受颗粒尺寸限制,只能对其中较细填料进行。即使这种情况,所确定的压实标准也存在问题。有时干密度达到了要求,但是在动荷载作用可能还会产生较大的变形,因此对于粗粒料往往采用振动压实标准。振动法主要是利用周期性动荷载的振动效果进行压实成型的,目前主要分振动台式和振动压实式。振动台式的激振设备置于试样的底部,我国水利部门用得较多;振动压实式的激振设备置于试样的上部,在我国公路有关规范中已有介绍,但实际用得不多。虽然两种振动成型的方法有许多相似之处,但是从力学角度看,其作用方式并不是完全一样的。

经过对比试验的研究和工程实践的证明,上述几种方法所确定的压实标准按高低顺序可排列为

振动压实法>振动台法>重型击实法>轻型击实法

当前在我国公路路基的施工中,18t 以上重型振动压路机已经普遍采用,为提高压实标准打下了基础,因此采用与之配套的振动压实标准也势在必行,这样才能与相应的施工设备相互配合使用。但是,从目前掌握的情况看,有关振动压实法设备标准化问题仍存在许多问题,尚需进一步研究。

根据塑性理论,任何一种结构的性能都有一个极限,路基结构也不例外。随着压实标准的提高,路基结构的屈服面也在向它的极限——破坏面方向发展。尽管对路基结构中的应力的要求应小于屈服应力,但是由于交通荷载具有随机性,并且公路运输中还有超载现象,因此很难保证路基中的应力始终处于安全状态。此外,由于交通荷载是动荷载,路基结构的各种损伤问题(如疲劳等)也是路基产生病害的重要因素,它们与压实标准之间的关系也是值得深入研究的。所以,为适应重载交通的要求,单凭提高压实标准是不行的,应该在路基结构的形式上想办法。例如,采用何种结构形式使其与上部结构在各种性能上如强度、刚度、疲劳特性等相匹配,匹配原则是什么等,这些都是值得深入研究的课题。

2.2.3 演化方程

施工期是路基结构系统的形成阶段,在压路机的压实作用下,其密度、模量和

抗剪强度都会随时间(碾压遍数)而改变,因此都可以看成时间的函数。从动力学的角度看,这是一个非线性动力学系统,因此可以对其进行一些定性的研究和分析,探讨它们的演化过程。

根据系统科学对演化的定义,一般把系统的结构、状态、性能和功能等随时间的推移而发生的变化称为演化。由于路基结构系统在碾压成型阶段即形成阶段的状态量都是随时间(碾压遍数)而不断变化的,因此这是一个系统演化问题,演化是缘于外部的压实作用。

根据非线性动力学理论,根据式(2-4),路基结构系统在形成阶段的动力学方程可以表示成如下形式:

$$\begin{cases} \dfrac{\mathrm{d}\rho}{\mathrm{d}t} = f_1(\rho, E, \varphi; \lambda) \\[2mm] \dfrac{\mathrm{d}E}{\mathrm{d}t} = f_2(\rho, E, \varphi; \lambda) \\[2mm] \dfrac{\mathrm{d}\varphi}{\mathrm{d}t} = f_3(\rho, E, \varphi; \lambda) \end{cases} \tag{2-7}$$

式中,λ 表示为系统控制参量,即可以看成压路机的压实输入作用。式(2-7)就是路基结构系统在形成过程中的演化方程,也称为发展方程。

该式表明路基结构在形成过程中,密度、模量和抗剪强度都不是孤立存在的,都已纳入整个系统,任何一个量的变化都将引起其他量和整个系统的变化,其演化过程受控制参量——振动压路机的制约。按照协同学的观点,系统性态的改变是由于系统要素之间合作的结果,要素之间的关联作用在宏观上产生相应的组织结构。而控制参量(压路机)的改变将引起关联运动的改变,将产生不同的结构,即演化结果压实质量是不同的。

由于式(2-7)为非线性方程,一般很难得到它的具体解析形式,但可以进行一些定性分析,以掌握填筑体压实状态发展变化的基本规律。为简单计,只考虑如下一个变量时的情况:

$$\frac{\mathrm{d}x}{\mathrm{d}t} = f(x) \tag{2-8}$$

式中,以 x 代表上述方程中的任意一个变量,如密度、模量或强度。利用泰勒公式展开,保留其两项,可得

$$\dot{x} = a_1 x + a_2 x^2$$

上式即为一个非线性动力方程,代表一个状态变量在最简单情况下的关系。根据微分方程理论,可得解答为

$$x = \frac{a_1 c e^{a_1 t}}{1 - a_2 c e^{a_1 t}} = \frac{a_1 c}{\mathrm{e}^{-a_1 t} - a_2 c} \tag{2-9}$$

式中,c 为常数;a_1 和 a_2 均为正值。可以看出,即使在最简单的情况下,状态变量的

变化也是很复杂的。在控制参量 λ(压路机的压实输入作用)一定的情况下,随着时间的增加,状态量趋于一个定值状态,代表了压实工艺一定,产生的效果是一定的。当改变压实工艺时,将趋于一个新的定态,如图 2-7 所示。由此可以得到一个启示,即一定的压实工艺只能产生一定的压实效果。

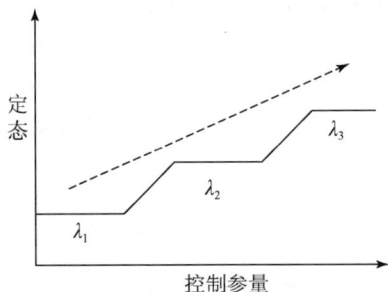

图 2-7　路基系统状态的演化

　　上述结果在一定程度上反映了状态变量的演化过程。实际上,我们在做力学实验时,许多情况都具有这种特征。平板载荷(承载板)试验过程与压实过程非常相似,如图 2-8 所示。

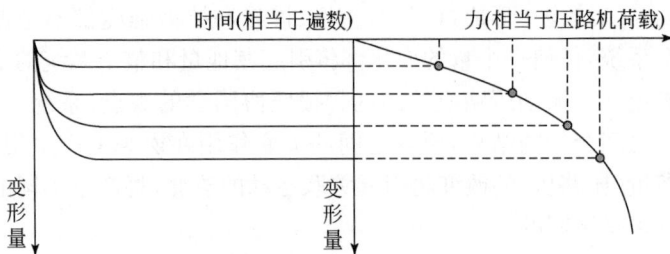

图 2-8　平板载荷试验过程与压实过程的相似性

　　每一级荷载相当于一个压实工艺,作用时间相当于压实遍数。每一级荷载下其变形都有一个稳定值,只有增大作用的荷载,克服抵抗力,变形才能继续发展。这种变形的演化发展与路基结构碾压成型过程中的情况具有很大的相似性。

　　图 2-9 为室内振动压实试验时的实测位移曲线,可见在压实工艺一定的情况下,随着作用时间的增加,变形趋于一个定值,压实状态趋于稳定(是一个定态)。只有改变工艺才可能产生新的变形,这对于指导压实工艺具有重要的实际意义,是现场调整压实工艺的重要依据之一。

　　观察图 2-9 的实测振动压实位移曲线可以发现,位移曲线随时间的变化过程类似于指数函数的变化规律。从这个曲线的变化规律中可以得到启示,其位移变化过程可以用一个负指数函数来进行模拟,即

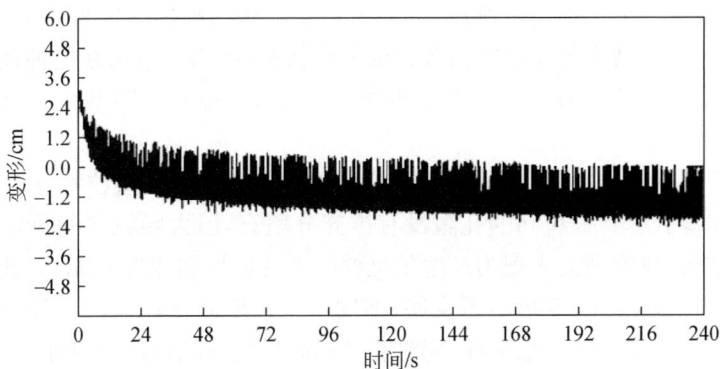

图 2-9 振动压实过程的位移曲线

$$x(t) = 1 - \mathrm{e}^{-t/T} \tag{2-10}$$

式中，T 为时间常数，是系统响应特性的参数，在这里就是压实成型时间。上述结果实际上是控制理论中一阶系统的阶跃响应，常用来模拟某些事物的发展变化规律，具有较大的用途。图 2-10 就是利用式(2-10)进行模拟的结果。

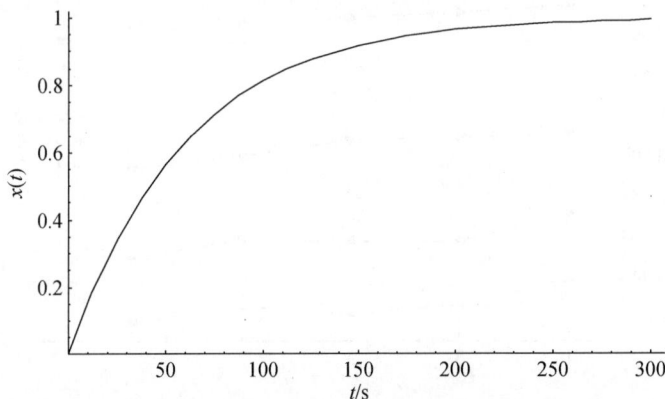

图 2-10 振动压实过程的模拟曲线

2.2.4 实测结果

路基填筑体压实状态的改变意味着其结构发生了某种变化，而塑性变形则是其结构变化的宏观表现之一。因此路基系统在碾压阶段的演化，宏观上重要体现在其变形特征上。实际上，利用压路机进行的碾压作业，类似于平板载荷试验。碾压遍数就是加载过程，改变压实工艺，相当于改变了加载的荷载的大小及作用方式(图 2-8)。一般的观点是，当作用的荷载和作用方式一定时，为了使与路基结构作用的荷载达到平衡状态，必须增加结构内部抵抗变形的能力，其表现方式就是首先产生较大的塑性变形(压密)，以使颗粒之间的联系更紧密，增加了抵抗破坏和变形的能力,也就是增加了强度和刚度,提高了路基结构的整体稳定性。因此,在作用一段时间后,路基结构与作用的荷载达到平衡状态,即路基结构在这种荷载作用下是稳定的,此时塑性变形 $u^p = 0$,弹性变形 u^e 一定,对应着的路基系统抵抗能力也为一定值。

由粗粒料构成的路基结构有着与细粒料不同的特点。粗粒料在被压实过程中,在某一时刻,尽管颗粒间的孔隙没有被充分填充,但大颗粒之间可能已经形成某种嵌挤结构,在宏观上表现为产生了足够的抵抗破坏和变形的能力,使屈服不再发展,抵抗力不再变化,变形不再发展,即发生了短期硬化现象。这种短期的硬化现象将影响到路基压实的稳定性,同时在利用高程法或轮迹法判别压实程度时,有时会误认为已经达到最佳压实状态,压实应该结束。图 2-11 就是实测的粗粒料路基结构的碾压层标高与压实遍数之间的变化情况[3]。

图 2-11 为对 $A \sim F$ 六点进行的标高跟踪测量结果。这里所指的遍数 N 是量测标高时的碾压遍数。一般在静压以后才开始进行标高测量,其大变形阶段已经基本结束。

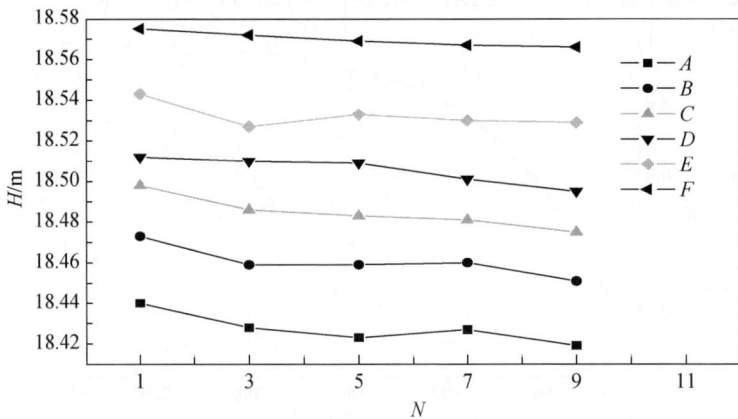

图 2-11　石渣路基碾压遍数与高程变化之间的关系

从图 2-11 中可以看到,$A \sim F$ 六点的标高随着压实遍数在变化着,但是规律性并不是很好,有增有减,依据这个规律判别压实是否结束,可能会导致误判。造成此现象的原因除了测量外,与粗粒料的特性有密切关系,并且在多个试验路段都有此现象发生,说明问题具有普遍性。主要原因之一可能就是压路机的水平力造成的颗粒翻转而导致的。

如果将上述亚稳定状态判断为压实状态,到了运营期,在大小不等的交通荷载(随机动荷载)的作用下,路基结构的变形可能还要继续发展。所以在压实阶段,必须设法消除路基结构的这种短期硬化现象。而消除的办法不外乎有两种方式:一是利用动荷载作用;二是增大作用荷载的级别。实际工作中将两种方式结合起来就是重型振动压路机了。振动压实能很快消除路基结构这种短期的硬化现象，使之发生软化现象，然后在进入新的硬化阶段，这就相当于提高了屈服条件。因此在压实阶段，路基结构的屈服面是一直在复杂变化的。

图 2-12 为石渣填料室内振动压实过程中实测的动态响应（代表抵抗力）曲线的变化情况。由于室内模拟试验是在刚性试桶进行的振动压实（详见第 5 章），周边受刚性约束，因此只能发生剪缩现象，而不能发生剪胀现象，并且随着压实时间（次数）的增加，其抵抗能力也随之增加。其塑性大变形阶段发生在振动开始的初期，以后主要以颗粒之间调整位置和充填为主。因此，尽管响应值有时略有下降，但总体是上升的，呈螺旋式上升是普遍存在的现象，响应值的下降说明了此时可能正在发生塑性变形。

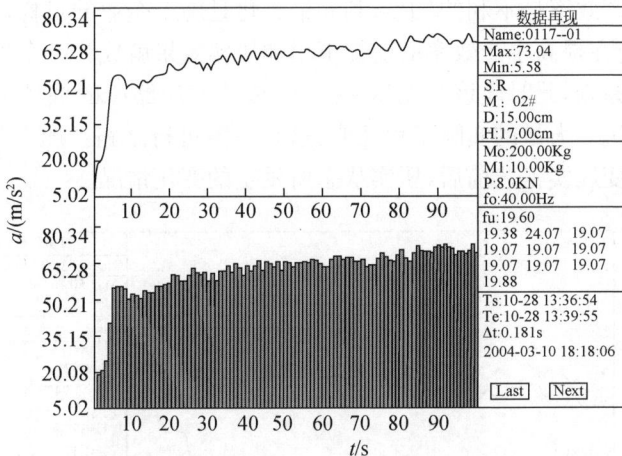

图 2-12　石渣填料室内振动压实过程的响应曲线

无论理论分析还是验证试验都证明，在路基填筑体碾压过程中，外部施加的作用力和方式（压实工艺）一定时，路基结构只能产生一定量的塑性变形（压实度也只能增加一定的程度或孔隙比减小）。增加碾压遍数相当于增加了作用时间，但产生的变形是非常小的，只有改变作用力的大小和作用方式才有可能使路基结构的变形进入到下一阶段。因此，仅仅依靠增加碾压遍数（时间），有时很难达到较好的压实效果，必须考虑改变压实工艺。

如前所述，压实过程类似于平板载荷试验。在每一级应力作用下，其变形达到稳定值，而孔隙比也达到一定；当施加下一级荷载后，将产生新的变形和孔隙比，直到达到规定的要求为止，如图 2-13 所示。

改变压实工艺可以提高压实程度，产生新的塑性变形。这一点在指导现场压实作业时是非常重要的。因为在碾压到一定程度之后，若想再提高压实程度，单靠增加碾压遍数一般都很难达到效果，即使达到要求的效果，也需要进行多次碾压，

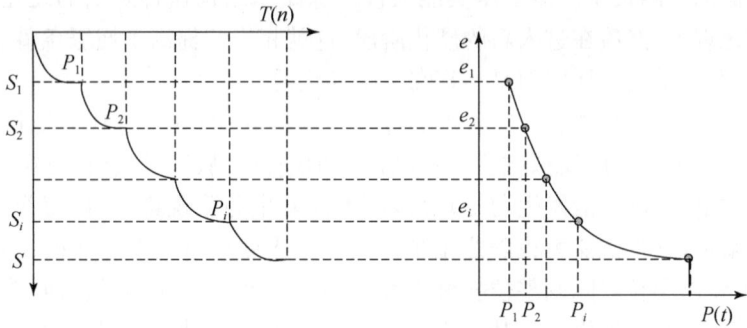

图 2-13　压实遍数与工艺和变形及孔隙比之间关系示意图

这对于提高生产效率是不利的(追求利润最大化是施工企业的目标,这是无可非议的)。所以如何在提高生产效率的前提下增加压实效果就成为一个焦点。

　　按照上述原则,此时应该改变压实工艺,或改变压路机的振动参数,或者更换更合适的压路机。大量的实际工程证明,这是一条可行之路。图 2-14 即为实测的石渣路基在改变压实工艺前后,压实状态所发生的变化情况。

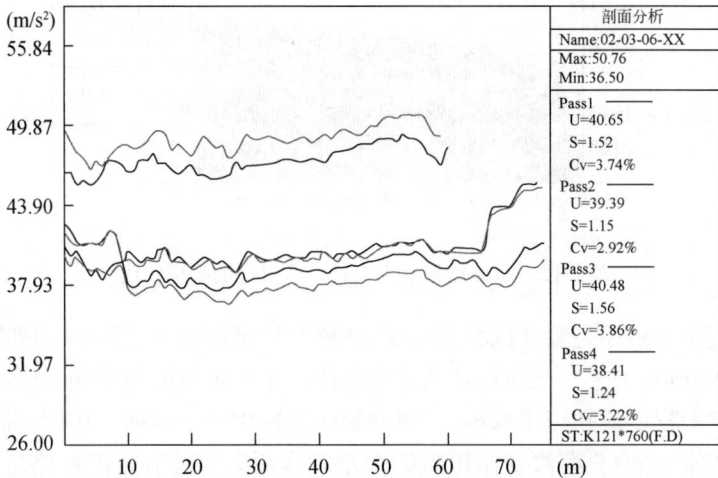

图 2-14　石渣路基强夯前后的动态响应变化情况

　　该图为石渣路基一个轮迹的碾压情况,其位置靠近既有路一侧新旧结合部。由于靠近既有路,受地形影响,机械压实较困难,造成路基结构抵抗力相对较低。尽管压实质量随压实遍数的增加也有所增加,但增加幅度不大。经过强夯处理之后,石渣路基结构的抵抗能力明显变大,得到的抵抗力指标平均提高 20% 左右。可见随着压实工艺水平的提高,压实状态也随之提高,抵抗能力也得到加强,反映了填料的压实状态。

从目前的施工技术水平来看,无论公路还是铁路,基本上以重型振动压路机振动压实为主。在周期性振动荷载作用下,各种粒径的颗粒都处于运动状态,都试图找到自己的最佳位置。这样,较小的颗粒就容易被挤入较大颗粒间的孔隙之中(填充作用),较粗颗粒之间容易形成一种骨架结构,当骨架之间的孔隙被充分填充之后,就容易形成较密实的路基结构,形成足够的强度、刚度和稳定性,起到支承上部结构和荷载的作用。但是,各种粒径的颗粒在外力的作用下调整自己的位置时,不是一下就能移动到比较稳定的位置上的,由于棱角颗粒之间的嵌挤,可能首先会形成一种亚稳定状态。这种亚稳定状态在宏观上表现为:当以一种固定的荷载作用(一定吨位和激振力的压路机)时,在碾压到一定遍数时,其反应(动态响应和变形值)也是不变化的。但如果继续增大作用荷载,其变形和抵抗能力还会继续变化,最后稳定在另外一种更稳定的状态上,上边的几个实例就说明了这一点。

对密实状态的判定必须考虑到目前的施工水平和生产效率及经济上的代价。对于粗粒料并不是说越密实其性质就一定越好,有些情况还会由于过度密实而导致路基结构寿命衰减得过快。所以路基结构的状态必须同当时的交通量的大小、重载及超载的多少联系起来,同运营期的维修周期和费用联系起来,进行综合的分析,给出一个适合我国当前经济发展水平的合适、合理的技术要求。对于公路而言,交通量的大小和重载的多少同路基路面结构寿命的长短是一对矛盾,必须将其控制在一个合理的范围之内。如果将路基路面与交通量看做一个大系统,则这是一个综合系统,应该将系统总体控制在一个稳定状态上。

2.2.5　一般规律

从系统科学的角度看,路基结构的形成过程是一个典型的系统演化动力学问题。同一般系统的演化一样,也具有类似的规律性。

如前所述,当填料摊铺完之后,就形成了路基系统的初始状态 $X(0)$。在压路机的作用下,$X(0)$ 开始发生变化,路基填筑体的各种属性也开始发生变化,并且这种变化是非线性过程。因此,施工期的路基系统是一个动态的非线性系统。路基结构的形成,从状态空间(控制理论又称为相空间)的角度看,是从一种状态向另一种状态转移的过程,由此形成一条相轨道。在不同压路机的压实作用下,路基系统状态演化的轨道是不完全相同的,可以形成轨道集,它代表着不同的压实工艺。

路基系统的形成演化受两方面因素的控制。其一是系统内部各元素(颗粒)之间相互作用的性质,其二是与环境之间的相互作用(环境的作用又称为控制参量)。因此,填料之间的作用方式不同,压路机压实工艺不同,路基结构的形成过程也就不相同,这一点已被大量的试验所证实。但是,在填料选定的条件下,无论采用何种碾压工艺压实,最终都应该达到规定的压实标准,否则说明压实工艺有问题。而这个压实标准在一定程度上说,就是系统科学中的吸引子的概念。所谓吸引子,就是在一定的状态空间(也称相空间)范围内,无论初始值如何,系统状态的演化都朝着某个点或某个有限区域逼近,这些点和有限区域就称为非线性动力学系统的吸引子。吸引子是系统状态演化的最终目标。同样,填筑体达到规定压实标准也是压实工作的终极目标,同时也是路基结构系统在施工期演化的终极目标。

对于具体的路基系统,吸引子就是压实标准,它应是一个有限的范围,而不是一个点。如果压实不足,达不到要求的标准,则在运营阶段,路基系统将继续向吸引子靠拢,会以继续变形(沉降)的方式出现。如果压实标准制定得过低,也会产生这种现象,继续变形以达到与环境的平衡。

综上所述,结合系统科学与路基工程实际,可以得到路基结构系统在施工期的一些普遍规律,对于指导压实质量判定与控制是很有帮助的。

1)路基系统演化具有多个稳态,受环境控制参量的制约

这里所指的环境控制参量就是压路机的压实工艺U,包括压路机的吨位、振动质量、激振力和激振频率等,可以有不同的组合。控制参量的集合可以组成参量空间λ:

$$\lambda = \{U_1, U_2, U_3, \cdots\}$$

控制参量的变化将改变碾压过程中路基结构系统的力学特性,将导致不同的稳定性(或者说定态)的出现,如图2-15所示。

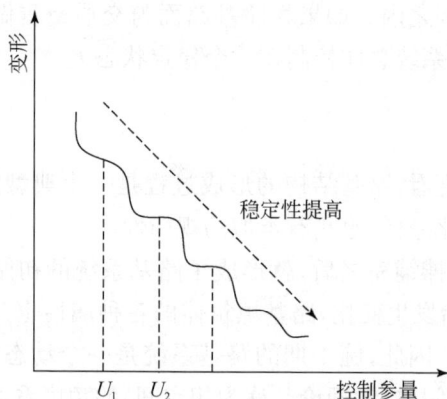

图2-15　路基系统的稳定性与控制参量及状态的关系

随着压实工艺的变化,路基系统的稳定性也随之变化,以达到与之相应的应力水平的平衡。这就是路基填筑体碾压过程中要进行工艺控制的原因所在。

2)路基系统在进化过程中可能会出现短期的退化现象

路基填筑体在碾压过程中会出现短期的退化现象,意味着其稳定性也会相应降低,这实际上是稳定性较弱造成的。路基结构如果适应不了某一级压路机荷载的作用,就会导致此时的稳定性遭到破坏,产生较大的塑性变形。相应地,这一过

程中路基结构的力学性能也会降低,这一点在试验中已多次得到验证,即填筑体的物理力学性能并不是随着碾压遍数的增加而一直在增加的,有时会出现降低的现象,特别是粗颗粒填料的情况下,更容易出现这种情况,如图 2-16 所示。对这种现象的理解有助于我们在现场进行正确的压实质量判定工作。

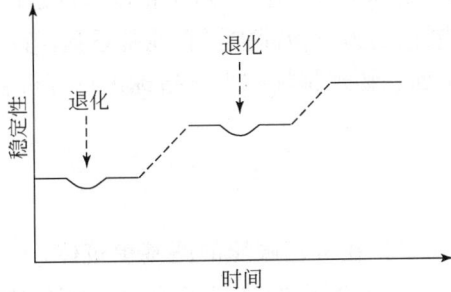

图 2-16　路基系统稳定性的退化现象

3)打破低级稳定,建立高级稳定,促进系统的进化

对路基填筑体进行压实的目的,就是要在施工期破坏掉处于低级稳定的路基结构,消除塑性变形或控制塑性变形在容许的范围内,建立路基结构的高级稳定状态,以消除在运营阶段可能带来的不稳定因素。而如何打破低级稳定状态、建立路基结构系统的高级稳定状态,这正是路基填筑体在碾压过程中需要解决的问题,除了填料外,一般需要对控制参量——压实工艺进行控制。另外,在控制压实质量时,需要识别出路基结构所处的状态是何种稳定状态,是否需要继续压实等,这些都是需要我们解决的实际问题。

由于粗粒料路基在形成过程中的复杂性,路基填筑体与压路机之间作用的非线性,导致目前还无法完全定量地研究压实问题。上述分析结果有利于正确认识压实过程中发生的各种现象,为实现利用动力学原理进行压实质量的实时监控奠定基础。

总之,路基结构系统在成型过程中的演化规律也同一般系统一样,具有类似的规律性,是一种动力学的演化问题。关注它的目的是启发我们在研究路基问题时,从系统科学的观点出发,应用其基本原理来指导具体的科研工作是非常重要的。后面还将对该问题进行具体的讨论。

2.3　压实状态评定指标

所谓压实状态就是路基系统形成过程中的物理力学性质分布状况。它表征了路基结构在形成过程中的性状。对压实质量的监控,实际上就是监控它的压实状态的变化,使其达到规定的技术标准。如前所述,路基填筑体的压实状态随碾压遍数和压实工艺而变化,其压实质量也不断变化着。在某种程度上可以说,压实状态与压实质量是同一问题的不同表述,前者从系统科学的角度表述,后者从工程学的角度表述。

　　总体来讲,对于压实状态或压实质量的评定可以分为两类指标——物理指标与力学指标。其中,物理指标主要为压实度(干密度),这是目前公路界在质量评定与控制时采用的主要指标;而力学指标主要有地基系数、弯沉、各种模量、CBR 等,主要用于铁路工程。下面就物理指标和力学指标进行分析和比较,寻找它们之间的内在联系和适用条件。

2.3.1　物理指标

　　根据前面的研究,对于正在进行碾压的路基填筑体,可以选取密度 ρ、模量 E 和抗剪强度指标 φ 作为碾压过程中的状态变量,由它们构成的状态空间随着碾压遍数和工艺而发生变化。在路基结构形成过程中,ρ、E、φ 作为状态变量,均随外部作用的大小和方式而呈非线性变化。其中,密度表示颗粒之间的紧密程度,模量表示颗粒所形成的结构的抵抗变形的能力(刚度),内摩擦角则表示抵抗破坏的能力(抗剪强度)。从前面的分析中可知,这三个量并非是孤立存在的,它们之间存在着非线性作用关系。一般而言,随着压实密度的增大,其强度得到提高,刚度也随之变大。由于密度指标相对刚度或强度指标而言更容易检测,所以才把密度作为评定压实状态的一个指标。

　　但是,由于填料,特别是粗颗粒填料是一类比较复杂的混合填料,其性质与颗粒大小、形状和级配组成等密切相关,并且具有较大的变异性,这就给采用密度指标评定压实质量带来诸多不便。密度的增大能否使刚度和强度等力学指标也随之变大,尚需具体情况具体分析。

　　由式(2-4)可知,密度作为一个表征路基结构物理性质的指标,是压实状态空间中的一个组成元素,由于其测试方法相对较为简单方便,因此长期在路基压实质量评定方面处于主导地位。许多压实问题的研究工作都是围绕着这个指标而展开的。

　　实际在使用密度指标时,都将其转化为相对量来表达,这就是压实度或压实系数的概念。按照压实度的公式,它的表达式为

$$K = \frac{\rho_d}{\rho_0} \times 100\% \tag{2-11}$$

式中,K 为所求的压实度;ρ_0 为室内按照标准方法确定的标准干密度;ρ_d 为现场实际测得的干密度。

　　可以看出,确定压实度的关键是确定标准干密度和实际干密度。其关键因素就是密度。密度是从填料的物理状态方面进行描述其属性的,属于物理指标而非

力学指标。一般认为,当一种填料达到最大干密度时,其力学性能也达到最优(并不是绝对的),并且从常规试验角度看,现场的密度测试一般比力学性能测试要简单可行,所以一般都是采用密度大小或相对大小来表征力学性能的,这是使用密度指标的根本原因之一。

另外,需要注意压实度与密实度的区别。目前实际工作中常常将二者混淆。密实度是表示填料颗粒之间密实程度的物理量,常用体积率或孔隙率来表征;而压实度则是比值,是压实程度的标志,是一个相对量。

在使用式(2-11)时还有一个根本性的问题,那就是确定标准干密度的填料与现场填料在性质上是否完全一致? 如果不一样,填料性质存在变异,那么得到的结论还是可信的吗? 下面分别以细粒料和粗粒料为对象,就这个问题进行分析讨论。

1. 细粒料

对于由细粒料(指土而非砂,下同)填料构成的路基结构,除了含水量控制问题之外,基本上没有颗粒形状和级配问题。相对于粗粒料而言,可以看成一种比较均质的填料。因此,室内确定压实标准的填料与现场的填料可以保持一致,具有代表性,这样就为采用密度指标铺平了道路。

在最优含水量状态下,随着干密度的增大,土体的黏聚力和内摩阻力也随之增大,所形成结构的强度和刚度及稳定性也随之增大。路基填筑体所形成的结构的性质基本上是均匀一致的,这已为大量试验所证实。所以在细粒料中用密度指标来评定其物理力学性质是可行的,并且试验也比力学试验简单易行,常用的有环刀法、灌砂法等。因此,只要控制好含水量,用合适的压实机具就可以较容易地压实填料,并且也基本上不存在变异性问题,完全可以用压实度指标来控制它的压实质量。细粒料最重要的控制要素之一就是对含水量的控制,务必引起重视。

在细粒料中采用密度指标,除了不能进行连续实时的压实控制外,其他方面还是比较方便的。因为对于一个物理指标来讲,只能靠直接量取才能获得直接结果。其他试验取得的数据一般都是间接的,如核子密度仪方法等,都需要事先做对比试验来率定密度才能使用。

2. 粗粒料

粗粒料是一种混合料。评定由这类填料构成的路基结构性质时要考虑到颗粒形状、尺寸和级配等因素的影响,因此较细粒料要复杂得多。当采用密度指标评定压实状态时,一定要保证填料的均匀性,也就是确定压实标准的填料和现场的填料在性质上要一样,或者说室内试验的填料可以代表现场的填料,否则就要产生问题。下面分别就级配变异和材质变异所发生的问题进行分析。

1)级配变异

在材质不变的情况下,决定粗粒料性质的关键就是粗粒的含量(详见第 5 章有关验证试验部分),因此级配变异主要是指不同尺寸的颗粒含量的变异。当填料沿路基的纵向发生粒料含量分布不均匀时,就会产生物理力学性质在空间分布上的变异。这种填料级配变异不但导致压实度难以准确确定,还会导致变形和强度发生变异,不同点可能会相差很大。这是从客观上进行的分析,填料变异性的存在是客观事实。

从主观上看,采用密度指标进行评定压实质量时,必须要事先确定压实标准。但是如何准确确定粗粒料的压实标准还是比较困难的。实践证明,随着颗粒尺寸的增加,干密度的量测精度会急剧下降。如前所述,确定压实标准有击实法和振动法。击实法受尺寸限制,对较粗粒径填料并不适用,而振动法目前尚无统一标准的振动工艺参数。因此,即使填料均匀,用不同方法或工艺确定的压实标准也可能是不一样的。对于不均匀粗粒料,一般都会存在多个压实标准,但是对于一段填筑体而言,不可能同时确定多个压实标准,否则现场无法操作,如下例所示。

假设路基填料为石渣,其中粗粒含量波动范围为 $20\%\sim75\%$,其空间分布情况如图 2-17 所示,图中数字表示粗粒含量,由此在碾压面上形成了一种不均匀分布。如果在相同压实工艺下进行压实,其结果肯定是不均匀的,其物理力学性质的分布也将是不均匀的。这就是级配变异所引起的现象,实际工程中这种现象相当普遍。

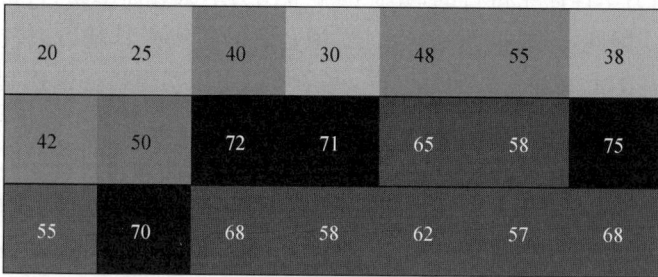

20	25	40	30	48	55	38
42	50	72	71	65	58	75
55	70	68	58	62	57	68

图 2-17　粗粒含量不同形成的不均匀示意图

根据试验结果,随着粗粒含量的变化,路基结构密度的波动范围为 $1.938\sim2.195\mathrm{g/cm^3}$。如果是这种情况,就会出现一个问题——采用哪种级配做标准呢?假设取粗粒 60% 时的干密度作为标准干密度,即 $\rho_d = 2.153\mathrm{g/cm^3}$。下面看看会出现什么现象。

将石渣中粗粒含量为 20%、30%、40%、60%、70% 时所对应的干密度分别与标准密度($\rho_d = 2.153\mathrm{g/cm^3}$)进行比较。这里取理想情况——假设每一个点都得到了充分压实,已经达到了各自的压实标准。分别按给定的标准密度和实际的标准密度进行压实度的计算,其结果如表 2-1 和图 2-18 所示。

表 2-1　不同标准下石渣填料的压实度

项目	$D=20\%$	$D=30\%$	$D=40\%$	$D=60\%$	$D=70\%$	备注
密度/(g/cm³)	1.938	2.097	2.102	2.153	2.195	$\rho_d=2.153$
计算压实度/%	90.0	97.4	97.6	100	102	规定标准
实际压实度/%	100	100	100	100	100	实际标准

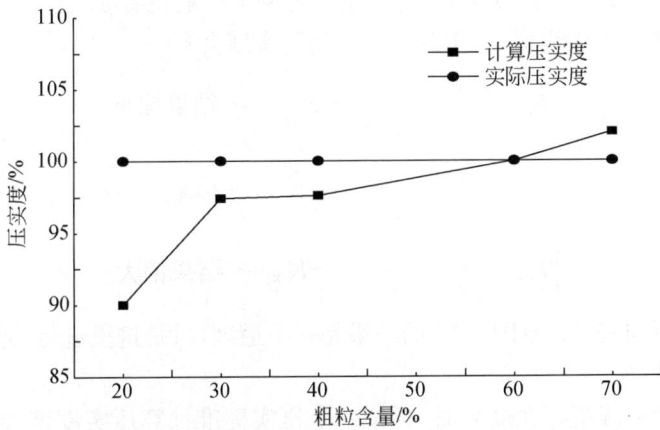

图 2-18　不同压实标准与压实度

可以看出,当实际各点都达到了各自的标准时,如果用各自的压实标准值进行计算求取压实度,得到的压实度应该都是 100％。但是由于只能取一个压实标准(这里取粗粒含量 60％时作为标准值),就会人为地造成压实度的波动,容易引起对压实质量的误判。将已经碾压合格的区域人为地判定为不合格,而不合格区域也有可能误认为是合格的。这里还只是考虑都达到充分压实的情况,实际情况可能会更复杂。

同时也应该看到,即使各点都达到了各自的标准,还有一个力学性能的不均匀问题。因为粗粒含量的不同意味着其结构组成就不相同,或者说这是由多个结构类型所组成的复合结构体,各自性质不一样也是理所当然的。

上述情况可以归纳为一般形式。如表 2-2 所示,存在三类区域 A、B、C,各自级配不一样,都有各自的压实标准。而实际操作时按照区域 B 的填料作为压实标准,便可以得到如下结论。

表 2-2　填料级配变异的划分

区域 A	区域 B	区域 C
实测 ρ_A	实测 ρ_B	实测 ρ_C
实际压实标准 ρ_{0A}	实际压实标准 ρ_{0B}	实际压实标准 ρ_{0C}
$\rho_{0A} < \rho_0$	$\rho_{0B} = \rho_0$	$\rho_{0C} > \rho_0$
实际压实度 SK_{0A}	实际压实度 SK_{0B}	实际压实度 SK_{0C}
计算压实度 K_{0A}	计算压实度 K_{0B}	计算压实度 K_{0C}

ρ_0 为室内确定的压实标准，按照区域 B 的填料制定

在相同压实条件下压实后，各区域的实测密度一般也有 $\rho_A < \rho_B = \rho_0 < \rho_C$ 存在。但由于都以 ρ_0 作为标准，主观上计算的压实度会有

$$
\begin{cases}
K_{0A} = \dfrac{\rho_A}{\rho_0} < \dfrac{\rho_A}{\rho_{0A}} = SK_{0A} \rightarrow 结果偏小 \\[3mm]
K_{0B} = \dfrac{\rho_B}{\rho_0} = \dfrac{\rho_B}{\rho_{0B}} = SK_{0B} \rightarrow 结果一样 \\[3mm]
K_{0C} = \dfrac{\rho_C}{\rho_0} > \dfrac{\rho_C}{\rho_{0C}} = SK_{0C} \rightarrow 结果偏大
\end{cases}
$$

上述分析与表 2-1 及图 2-18 的结果是一个道理，只是这里进行的是公式推导，更具有一般意义。

可见当填料级配存在变异时，再按一个压实标准计算压实度已经变得意义不大了。计算压实度不能反映实际的压实情况，造成施工控制和管理上的混乱。现场经常发生的压实度达到 110% 还没有碾压好、而有时达到 90% 时就碾压好了的现象，实际上就是由填料变异性造成的。这种情况即使在级配要求严格的沥青路面中也是较普遍存在的，可见填料级配变异的普遍性。填料级配的变异不但影响所形成结构的物理性质，同时也影响到所形成结构的力学性能。

2）材质变异

上述是在材质不变的情况下进行的分析，也就是同为一种填料，只是颗粒粒径上存在差异。但由于现场填料来源复杂，有时会有其他成分的颗粒混入，这就形成了材质上的变异。为了分析这种变异对压实度评定的影响，特设计了如下试验。

在室内利用自行研制的振动压实试验系统（详见第 5 章），采用相同的振动成型工艺，在颗粒棱角比较圆滑的砂砾填料中加入棱角比较明显的石渣，分别加入 10%、20%、30% 的石渣，这样就形成了三种材质上存在差异的混合料 A、B、C。在同一条件下（压实工艺相同）对其进行压实成型，同时进行动态跟踪测试，测量所形成结构的动态响应（以 X 表示，能反映力学性质的相对大小，详见后面的分析），以了解其力学性能。其结果如表 2-3 和图 2-19 所示。

表 2-3　材质变异的振动压实结果

	材料	密度/(g/cm³)	差值	响应	差值
A	砂砾＋10％石渣	1.727	—	18.40	—
B	砂砾＋20％石渣	1.836	0.109	41.60	23.20
C	砂砾＋30％石渣	1.841	0.005	57.70	16.10

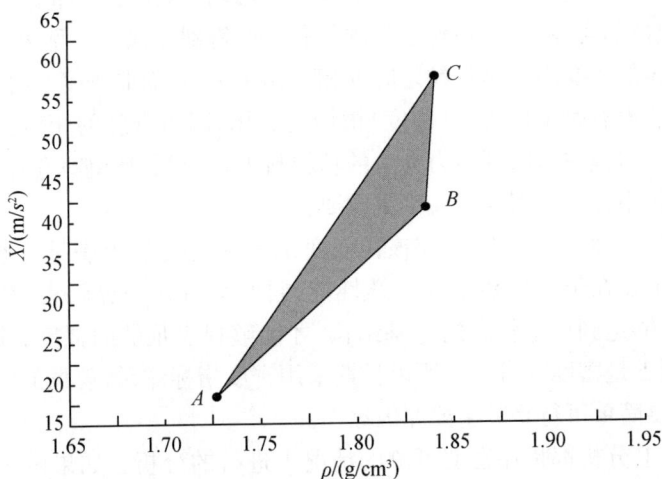

图 2-19　动态响应与密度之间的关系

从结果看,随着石渣含量的提高,其密度和响应也都在变大,也就是压实标准在提高,即有

$$\rho_A < \rho_B < \rho_C$$
$$X_A < X_B < X_C$$

根据理论与试验结果,若振动工艺相同,则响应的大小可以表示其力学性质的相对强弱(具体见后面结果)。因此其力学性能的大小为 $A<B<C$,并且密度的变化方向与响应的变化方向是一致的。但是,两者增加的幅度却有较大的不同。

(1) $A \rightarrow B$：石渣含量：10％→20％,$\Delta=10\%$

　　　　　密　度：1.727→1.836,$\Delta=0.109$

　　　　　响　应：18.40→41.60,$\Delta=23.20$

(2) $A \rightarrow C$：石渣含量：10％→30％,$\Delta=20\%$

　　　　　石　渣：1.727→1.841,$\Delta=0.114$

　　　　　响　应：18.40→57.70,$\Delta=39.30$

(3) $B \rightarrow C$：石渣含量：20％→30％,$\Delta=10\%$

　　　　　密　度：1.836→1.841,$\Delta=0.005$

响　应：41.60→57.70，Δ＝16.10

由以上及图 2-19 可知，AB、AC、BC 的斜率关系为 $k_{AB} < k_{AC} < k_{BC}$，说明各量的变化幅度，其中以 $B \to C$ 的幅度最大。这意味着石渣含量与密度和抵抗力之间不是线性关系，而是一种复杂的非线性关系，这正是粗粒料复杂性的另一种表现，密度的增量不能表达抵抗力的增量。如果将这三种料作为路基填料，就会出现明显的不均匀性，其密度的分析与级配变异的分析相同，不再赘述。

试验结果以填料 C（＋30％石渣）的效果最好。这是由于随着石渣含量的增加，有棱角颗粒的含量增大，颗粒之间的关联程度得到加强。可见决定填筑体结构力学性能好坏的主要因素是颗粒之间的相互作用关系，而非密度本身。

这里当然没有否定压实度（密度）指标的意思，因为密度的相对大小也表示了其紧密程度。但是在以内摩阻力为主的粗粒料中，特别是当填料存在不均匀性时，颗粒之间的作用方式比密度的大小更重要。

路基作为一种土工结构物，应该在强度、刚度和稳定性上满足技术要求。压实填料的目的主要在于形成稳定的力学性能结构，只有在外界因素（荷载与自然因素）作用下能够达到稳定状态的路基结构，才能够提供足够的强度、并且不产生有害的变形，而不是密度本身。之所以长期采用密度指标体系，现场的密度测试比力学性能测试要简单可行是其主要原因之一。

此外，以上分析都是在密度可测的情况下进行的分析。如果由于颗粒尺寸原因而导致密度量测失败或误差过大，则无论是否存在变异，密度指标都会变得没有什么意义，必须另寻其他指标。

2.3.2　力学指标

从 2.3.1 节的分析可知，压实度（密度）指标对于细粒料是可行的，但对于粗粒料却存在较多问题。如何对粗粒料的压实质量进行评定属于世界性的难题，其原因主要有两个：其一在于粒径较大，密度量测费时费力、精度难于控制；其二在于填料不均匀性造成的压实标准很难正确使用。如果使用密度指标，就必须首先解决这两个问题。但是鉴于目前的技术水平，如何解决上述两个难题仍然没有好的办法。因此有必要寻求易于量测的其他指标。由于力学试验的方法比较多，所以对于粗粒料的压实评定指标有必要向力学指标靠拢，铁路路基就是这样做的。

1. 指标分类

由压实状态空间表达式（2-1）可知，表征路基结构系统压实状态除了有密度指标外，还有刚度和强度指标。但在实际应用时，出现了很多表征刚度和强度的具体指标，如地基系数、各种模量、弯沉以及 CBR 等，它们都对应着不同试验方法。为分析方便，有必要将它们进行必要的分类，这样能使指标的物理意义更加明了。

　　如果仔细观察上述指标,能够发现大致可以分为两类:一是与刚度有关的指标;二是与强度有关的指标。

　　1)刚度类指标

　　刚度反映的是路基结构抵抗弹性变形的性质。因此凡是与弹性变形有关的试验都可归结为刚度类试验范畴,相应的指标即为刚度类指标。目前在铁路与公路有关试验中,有以下试验可以归结为此类。

　　(1)平板载荷试验:以作用力和弹性变形的比值求取地基反力系数(K_{30})。

　　(2)平板载荷试验:以作用力和弹性变形及泊松比来求取回弹模量(E、E_{v2})。

　　(3)弯沉试验:规定作用力下(100kN)的竖向回弹变形(L)。

　　此外,还有一些动态试验,如落锤式弯沉仪(简称 FWD),是将规定的作用力(一般为 50kN)下的竖向弹性变形作为指标;另外一种就是小 FWD,求取的是一个称为 E_{vd} 的指标,类似于动态地基反力系数。

　　2)强度类指标

　　强度反映的是路基结构抵抗破坏或过大塑性变形的性质。因此凡是与塑性变形有关的试验都归结为强度类试验范畴,相应的指标即为强度类指标。这类试验主要以各种贯入性试验为主。因为贯入,所以产生了一定量的塑性变形。

　　目前在公路上比较常用的就是 CBR 试验,它根据压头达到规定的贯入量(2.5mm)时测得所需的作用力,再将其与一个标准值进行比较而得到 CBR 值。此外,在评定地基的工程性质时常用的静力触探试验、圆锥动力触探试验、标准贯入试验等,都属于有塑性变形的试验。

　　通过以上分类可知,无论刚度类还是强度类,都与力和变形有关,只是变形分成弹性变形和塑性变形而已。根据牛顿定律,力是使物体产生变形的根本原因,所以核心问题是物体受到的力。根据受力的大小、方式和时间来决定变形的性质。因此为了评定路基结构在形成(压实)过程中性质的变化,就应该研究路基结构在形成过程中的力——包括外部作用力与内部抵抗力的变化情况。

　　2. 力学指标与密度指标的关系

　　由于密度指标的普遍应用,所以有必要对密度指标和力学指标的内在联系进行分析,弄清楚密度的实质和发生变化的原因,与力学指标建立内在的联系。因此这里以推导密度的表达式入手进行分析。

　　大家都知道,无论室内压实试验还是现场施工碾压,对于填料的压实都是使其体积发生变化,并且这种变化是不可逆的,即发生的是塑性变形。现以现场填料压实为例进行分析(图 2-20)。室内压实成型的分析与之相同。

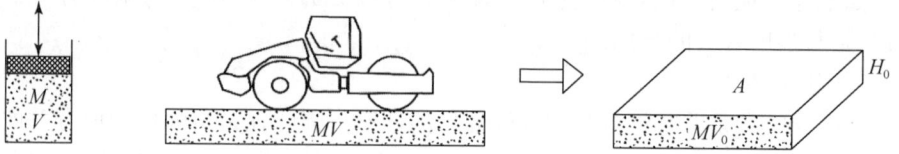

图 2-20　室内与现场的碾压

在现场,对于某一填筑层而言,当摊铺完毕后,其填料的质量就一定了(不考虑含水量的影响),这样形成了填筑体结构的初始密度。压实是使其密度向着增大的方向进行。根据密度公式有

$$\rho_{d0} = \frac{M}{V_0} = \frac{M}{AH_0}$$

$$K_0 = \frac{\rho_{d0}}{\rho_0} \times 100\%$$

(2-12)

式中,ρ_{d0} 为碾压层的初始密度,随着碾压遍数而变化;ρ_0 为规定的压实标准;K_0 为初始压实度;M 为碾压层的质量,不随碾压遍数而变化;V_0 为碾压层的初始体积,随着碾压遍数而变化;A 为碾压层的面积,一般不随碾压遍数而变化;H_0 为碾压层的初始层厚(松铺厚度),随着碾压遍数而变化。

为了增大密度或压实度,必须使其体积减小,采取的措施就是压实。如果填料在压路机的作用下,经过 n 遍碾压后,其沉降量即塑性变形为 S_n,则有

$$\rho_n = \frac{M}{V_n} = \frac{M}{AH_n} = \frac{M}{A(H_0 - S_n)}$$

(2-13)

根据 $H_n = H_0 - S_n$ 可知,在碾压过程中,其填筑体密度的变化是由沉降量的变化所决定的,而这里的沉降量正是路基结构的塑性变形。所以控制密度的实质就是控制路基结构的沉降量,也就是它的塑性变形。

如果令 $\varepsilon_n = S_n/H_0$ 表示碾压 n 遍后的沉降率也就是塑性变形率,则填筑体在碾压 n 遍后的密度为

$$\rho_n = \frac{M}{A(H_0 - S_n)} = \frac{M}{AH_0(1 - \varepsilon_n)} = \frac{\rho_{d0}}{(1 - \varepsilon_n)}$$

(2-14)

由式(2-14)可知,如果初始密度 ρ_{d0} 已知,则可根据沉降量 S_n 或沉降率 ε_n 就可以确定碾压 n 遍后的密度。因此,在粗粒料路基压实控制中,有采用控制沉降率大小的方法,其理由就在于此。如果用 T_n 表示 n 遍后密度的增长率,则有

$$T_n = \frac{\rho_n - \rho_{d0}}{\rho_{d0}} = \frac{\rho_n}{\rho_{d0}} - 1$$

根据数学级数理论可知,式(2-14)中的分母可以看做一个无穷递减等比级数的公比。由无穷递减等比级数的和:

$$\sum_{n=1}^{\infty} a_1 q^{n-1} = \frac{a_1}{1-q}, \quad |q| < 1$$

可以得到如下表达式:

$$\frac{1}{1-\varepsilon} = 1 + \varepsilon + \varepsilon^2 + \varepsilon^3 + \varepsilon^4 + L, \quad 0 < \varepsilon < 1$$

对于填筑体的沉降率 ε,除了碾压前一两遍的值较大外,随着碾压遍数的增加,ε 是很小的,故有

$$\rho_n = \frac{\rho_{d0}}{(1-\varepsilon_n)} = \rho_0(1 + \varepsilon_n + \varepsilon_n^2 + \varepsilon_n^3 + \varepsilon_n^4 + L) \approx \rho_{d0}(1 + \varepsilon_n) \quad (2\text{-}15)$$

将其分别代入密度增长率表达式和压实度表达式,可得到填筑体在碾压 n 遍后的密度增长率和压实度如下:

$$T_n = \frac{\rho_n}{\rho_{d0}} - 1 \approx \varepsilon_n$$

$$K_n = \frac{\rho_n}{\rho_0} = K_0(1 + \varepsilon_n) \quad\quad\quad (2\text{-}16)$$

通过以上分析可知,无论密度、密度增长率还是压实度,都取决于塑性变形的大小和快慢,密度或压实度的实质就是塑性变形的相对大小,没有塑性变形就不可能有密度的变化。可见塑性变形和塑性变形率是关键因素。

塑性变形的大小与填料颗粒之间的相互作用密切相关。微观上组成要素(颗粒)之间的关联作用决定了宏观上塑性变形的大小和快慢,颗粒之间的关联力是一种抵抗力,与其塑性变形之间呈反向关系。若想让填筑体发生塑性变形,就必须打破这种关联作用,而这正需要外力的输入。可见填筑体发生变化的原因正是力的作用。力与变形是一对因果关系,由外力导致填筑体的变形,再导致其密度发生变化才是根本。填筑体结构的抵抗力是关键要素。

2.3.3 路基结构抵抗变形能力特征

路基压实的主要目的在于消除其塑性变形,增加路基结构抵抗变形的能力,满足行车荷载的要求。在压实过程中路基结构性状即压实状态的变化在宏观上表现为变形的变化上,而变形是由力引起的,因此通过掌控路基结构形成过程中抵抗力的变化就可以了解其压实状况的变化。

路基结构系统的抵抗力,简称抗力,有时也称为反力,是路基结构内部颗粒之间相互作用的结果,是路基系统对环境作用的响应,其实质就是路基系统抵抗变形和破坏的能力。它综合考虑了路基结构的强度和刚度问题,因此可以用抵抗力来表征路基结构变化时的性状。

实际上根据路基工程理论,在压实阶段,路基结构抵抗力的强弱代表了其强度的相对大小(抵抗塑性变形的能力),而在形成稳定结构之后,抵抗力则代表了刚度的相对大小(抵抗弹性变形的能力)。需要注意的是,材料(填料)本身的抵抗力和所形成结构的抵抗力不是一回事,二者不要混淆。

路基结构形成过程中的主要问题是塑性变形问题。前面对密度与塑性变形的关系进行了分析,得到了密度指标的实质就是塑性变形的相对大小的结论,而引起这种变化的原因就是力的作用。抵抗力与塑性变形的关系是我们比较关心的一个问题,有必要进行分析,为此首先需要明确一些基本概念。

1. 几个基本概念

任何一种方法或一种理论,基本概念的建立都是首先要解决的问题,也是其比较核心的问题。对于动力学方法,路基结构的抵抗力较为重要,因此这里先对在后面的讨论中用到的几个与抵抗力相关的基本概念作一简要说明。

(1)关联力:路基结构系统内部组成颗粒(要素)之间关联作用的大小。

(2)内摩阻力:由于路基结构系统内部颗粒间的摩擦、咬合等产生的力。

(3)固有内力:由于路基结构系统内部机制而具有的抵抗力。

(4)附加内力:路基结构系统由于受到外力作用而在内部引起的相互作用力。

这里的关联力、固有内力和内摩阻力实际上是同一个力,只是从不同角度进行的表述而已,实质就是强度的概念。可以用固有抵抗力$[F]$来表示(定义见下面内容),它是路基系统的固有属性。对于一个稳定的路基系统而言,不因外力的改变而改变。如果外力能改变系统的$[F]$,则说明这个系统是不稳定的,在外力作用下遭受到了破坏。后面还将对这个问题作进一步的分析讨论。

所谓附加内力就是通常所说的内力,是由外力引起的,随外力的变化而变化。例如,在弹性半空间体理论中的 Boussinesq 公式中,垂向内应力 $\sigma_z = kP/z^2$,k 为系数,z 为距外力作用点的垂向距离,P 为外力(相当于压路机的压实作用力 F_z),其内应力的大小与外力密切相关。可见在路基结构系统稳定的前提下,内力的大小依赖于外力。但是如果外力的作用过大、而使内力大于结构固有内力时,结构就会发生塑性变形或破坏,而压实过程正是这样。

2. 规律性

连续压实控制实际上控制的就是路基结构压实状态的变化。根据 2.3.2 节的分析,可以根据碾压过程中路基结构变形的变化来掌控路基结构压实状态的变化。但是如何能够连续地评定和控制路基结构的变形仍然是一个技术难点。因为从目前测试技术水平来讲,连续测量路基结构的变形,特别是连续测量塑性变形是非常困难的,必须另辟蹊径。

根据牛顿定律,力是使物体产生变形的根本原因。所以变形的核心问题仍然是物体的受力问题。根据受力的大小、方式和时间来决定变形的性质。因此,为了评定和控制路基结构在形成过程中状态的变化,应该研究该结构在形成过程中的力——包括外部作用力与内部抵抗力的变化情况,以及力与变形之间的关系。

　　路基结构系统在形成过程中所发生的现象可以从力学的功能原理来进行分析。根据功能原理,路基结构在形成过程中是一个储能元件,其能量依靠压路机的输入。在一定的压实工艺下,振动压路机输出的功是一定的,压路机把这个能量传递给路基结构系统,路基系统吸收输入的能量,使其颗粒之间的联系更为紧密。如果压路机不发生弹跳,则它的能量将全部传递给路基系统。路基系统通过发生变形而吸收这些能量,由此形成稳定的结构。因此在压路机和路基结构系统之间存在着能量的交换,即

$$W = \int \sigma_{ij}\, \mathrm{d}\varepsilon_{ij}$$

　　根据弹性力学原理,路基结构系统内力做功在边界上就是其结构抵抗力的做功,可以写成如下形式:

$$W = \int F(u)\,\mathrm{d}u = \int F(u)\,\mathrm{d}u^e + \int F(u)\,\mathrm{d}u^p \tag{2-17}$$

式(2-17)表明,在某一时间间隔内,外力所做的功在数值上等于路基结构内力所做的功,而符号相反。内力所做的功包括弹性部分和塑性部分。当路基结构抵抗力较小时,为了使功能平衡,必然要产生较大的塑性变形 u^p 来维持能量的平衡;而路基结构抵抗力较大时,会以较小的变形就能维持能量的平衡。路基结构抵抗力与其塑性变形是反向关系。可见从功能原理出发,仍可以得到抵抗力和变形之间的定性关系。

　　如果路基结构系统抵抗力大到一定程度,就会导致压路机的弹跳,使压路机与被压路基填筑体之间离耦,压路机的反弹将使振动系统的弹性位移增大;反之,如果抵抗力很小,压路机随着被压填料的塑性变形一直下降,使振动位移变小。

　　对于施工期的压实阶段,路基结构的状态随着压实工艺和遍数的变化而变化,特别是粗粒料路基的这种变化更是非常复杂。但是无论如何复杂,只要在宏观上能把握住,就能达到质量过程控制的目的。这种宏观的变化主要表现在路基结构抵抗变形和破坏的抵抗力上。因此,追踪路基填筑体在压实过程中所形成结构的抵抗力的变化信息,基本上就可以在总体上掌握路基结构系统的状态变化情况了。而如何取得路基结构的抵抗力信息,则是我们下面要研究的主要问题。

　　根据式(2-17),在整个施工碾压阶段,路基结构抵抗力实际上包含了抵抗塑性变形能力和抵抗弹性变形能力两部分。如果在碾压过程中 W 一定,那么变形 u 的变化率 $\mathrm{d}u$ 与抵抗力 $F(u)$ 之间在压实过程中是呈反向关系的,即有

$$u \rightarrow u^p \downarrow \rightarrow u^e \uparrow \rightarrow F(u) \uparrow$$
$$u \rightarrow u^p \uparrow \rightarrow u^e \downarrow \rightarrow F(u) \downarrow$$

　　由于路基填筑体的抵抗力与塑性变形之间的关系非常重要,涉及今后采用动力学方法进行压实过程监控时对压实状态的如何判别问题,所以这里对这个问题作进一步的分析。

实际上,内力就是系统在受到外部作用所能发挥出来的抵抗力,起抵抗外界的作用,它在结构内部的分布需要用有关理论进行计算。在边界上则与外部作用力是一对作用力与反作用力的关系。

3. 压实作用力与路基结构固有抵抗力

同强度的概念一样,路基结构固有抵抗力也是路基结构本身固有的一种属性,并不依赖于外部,但只有通过外部作用才能表现出来。例如,平板载荷试验,就是通过向路基结构施加一定的荷载作用,而使路基结构产生一个与之相应的抵抗力(路基结构本身的属性),可见路基结构抵抗变形能力是通过外部施加给它的作用才能反映出来的,但并不依赖于外力。若路基结构本身的属性不足以抵抗外部作用,则会发生破坏。

一般来讲,压路机的压实作用力与路基系统内部产生的抵抗力是相平衡的。但是路基结构的抵抗力有一个极限值,超过这个极限路基结构就要破坏,所以将这个极限值定义为路基结构系统的固有抵抗力。如果令外部作用为 F_z(任意给定),路基结构固有抵抗力为$[F]$,反作用力为 F(路基结构在外力作用下发挥出来的抵抗力),则有

$$\forall F_z: \lim_{t(n) \to \infty} F = [F]$$

当路基结构一定时(压密之后),其固有抵抗力不随外部作用的变化而变化,但可以通过外部作用而显现所发挥出的那部分抵抗力的变化信息。如同在路基上进行平板载荷试验一样,在弹性范围内,施加的外荷载越大,路基结构的抵抗力即反力也就越大,此时的抵抗力随外荷载的变化而变化(但小于固有抵抗力)。但是若施加的外荷载超过路基的固有抵抗能力,则会发生塑性变形。由此可见,所谓路基结构固有抵抗力,实际上就是强度的概念,只不过量纲不同而已。强度的实质就是单位化的抵抗力。

压实作用力 F_z 与路基固有抵抗力$[F]$之间的关系实际上就是物体受力与其强度之间的关系。对路基填筑体施加压实力就是一个加载过程,其填筑体的变形和抵抗力随着时间的推移而逐渐稳定,形成一个初级稳定状态(可称为亚稳定状态);再增加压实力,则又会产生新的稳定状态;如此重复而向高级稳定状态进化。也就是说,开始碾压时路基填筑体是一个以塑性变形的结构体,此时是压密作用,如图2-21(a)所示,而结束碾压时,路基结构则是一个弹性结构体,如图 2-21(b)所示。

分析路基结构的压实作用力 F_z 与其固有抵抗力$[F]$之间的对应关系,实际上也是分析路基结构强度的构成问题。

(1)路基形成阶段:$F_z > [F]$,原有结构遭到破坏,形成新的结构,产生更大的固有抵抗力,此时为塑性压密状态。

(2)路基成型以后:$F_z \leqslant [F]$,维持原有结构,发挥出来的抵抗力随外部作用的

变化而变化,即 $F = F_z$,此时为运营状态(弹性稳定状态)。

外部作用力与路基结构固有抵抗力及发挥出来的抵抗力之间的相互关系可以表示为图 2-21(c)、(d)所示的形式。

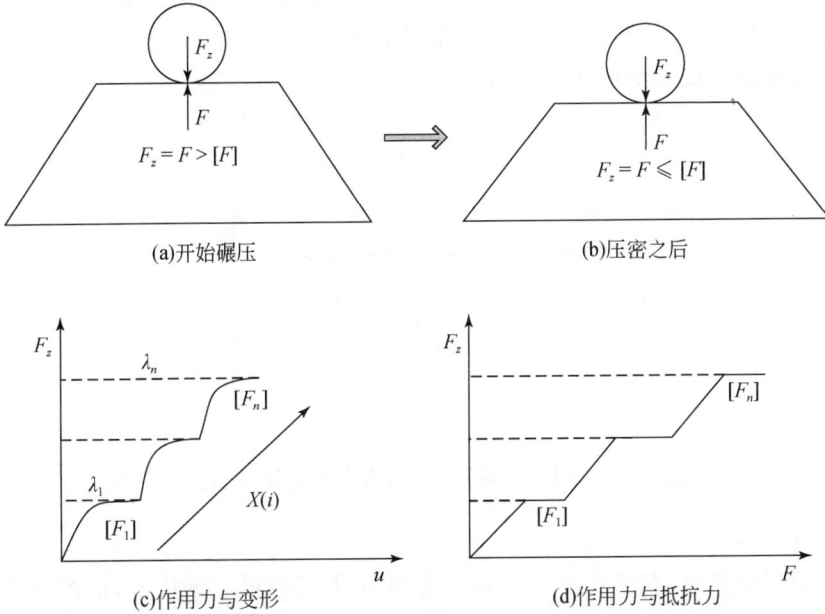

(a)开始碾压　　　　　　　　　　　　　　(b)压密之后

(c)作用力与变形　　　　　　　　　　　(d)作用力与抵抗力

图 2-21　路基结构抵抗力与压实作用之间的关系

4. 压实作用增强路基结构固有抵抗力

从系统科学的角度看,对于一个正在形成稳定结构的路基系统而言,由于其组成要素(填料)是一定的,能变的只有关联方式(R),而这种关联方式的改变主要通过外部作用来实现。在外部荷载——压路机压实力(前面提到的外部环境,其压实工艺为 U_i)作用下,填料颗粒之间的关联方式逐渐得到加强,其固有抵抗力 $[F_i]$(实际就是强度概念)也就随之得到提高。系统在经历了各个定态(亚稳态)的演化后,最后趋于稳定达到抵抗力 $[F_\infty]$ 和状态 $X(\infty)$。即有

$$U_0 < U_1 < \cdots < U_n$$

$$F_0 < F_1 < \cdots < F_n \to F_\infty$$

$$[F_0] < [F_1] < \cdots < [F_n] \to [F_\infty]$$

$$X(0) < X(1) < \cdots < X(n) \to X(\infty)$$

压实使路基结构系统的抵抗力(强度)变大,是由于路基系统内部关联方式得到加强,伴随着发生的是塑性变形,由大变形到小变形,不断地变化着,这实际上就是路基结构系统强度的形成过程,也是其状态的演化过程(结构变化过程),属于散

粒体力学问题。图 2-22 为这种变化的示意图。

下面再对图 2-22 所发生的一些现象进行分析,弄清楚在压实过程中路基结构的强度(固有抵抗力)是如何形成的,变形和状态是如何变化的。这些对于压实质量控制,特别是过程控制而言是非常重要的,涉及许多工程质量判定以及如何反馈控制处理等问题。另外,也应该清楚,在路基结构强度形成过程中,其刚度和稳定性也是伴随着强度的形成而形成的。

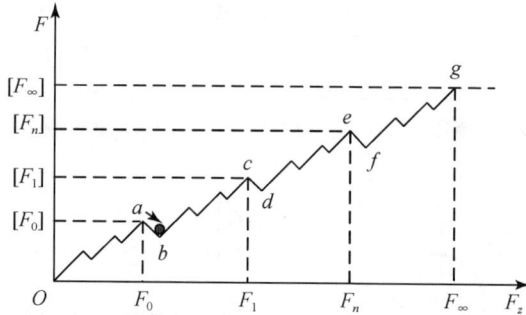

图 2-22　路基结构碾压成型过程中抵抗力的变化情况

1)$O \to a$

当填料铺筑后,在压实力 $F_z < [F_0]$ 的作用下填料被逐渐压密,而抵抗力逐渐增大,塑性变形则由大到小(结构抵抗力与其塑性变形呈反向关系)。此时为第一阶段的初态,路基系统在振动压实工艺 U_0 作用下所能达到的固有抵抗力为 $[F_0]$。

但是,路基填筑体塑性变形和抵抗力的变化不是呈直线式的,而是呈阶梯式变化的(图 2-22),这正是粗粒料的一个特点——颗粒之间的关联不是一下子就达到最优的,而是有一个过程。振动压实与静力压实根本不同在于振动压实力随压实程度变化而静压实力不变化。

(1)如果在压实过程中填筑体的抵抗力出现下降趋势(增量 $\Delta F < 0$),则说明此时正在发生塑性变形($\Delta u^p > 0$),压实是有效果的,或者已经"过压",造成了"原结构"的破坏(一般在碾压后期发生)。

(2)如果在压实过程中填筑体的抵抗力出现增大(增量 $\Delta F > 0$),则说明此时结构内部在进行微调正,无塑性变形或者很小(增量 $\Delta u^p \approx 0$),而弹性变形将减小,刚度变大。

(3)如果抵抗力稳定(增量 $\Delta F = 0$),则说明塑性变形已经停止($\Delta u^p = 0$),而只发生弹性变形,并且是一定的,路基处于弹性状态。

当 $\Delta F = 0$ 时,从压实的角度看应该是没有明显压实效果的,路基结构产生的抵抗力 $F(x)$ 随外力 F_z 的变化而变化。当 $F = F_z = [F_0]$ 后,则表明路基结构已经处于压实工艺 U_0 下的极限状态,即 $X(a)$ 是一个临界状态。一般而言,这种临界状态

是压实工艺 U_0 下的稳定状态,不再发生新的塑性变形,$\Delta u^p = 0$,$\Delta F = 0$,$u^e \neq 0$。此时如果再利用压实工艺 U_0 进行压实作业,一般不会再有压实效果。但是如果长时间进行碾压,则有可能出现两种情况:其一是表层被压松;其二是疲劳破坏。因为路基结构是有孔隙的,可以认为是一种微损伤或微裂隙,在周期性荷载作用下容易出现疲劳破坏。

如果这种稳定状态满足工程标准(如此时满足三、四级公路的技术要求),就可以结束压实,在小于 $[F_0]$ 的作用力范围内路基结构是稳定的。如果达不到要求,就要改变压实工艺、增大压实力继续压实,进入下一个阶段。

2) $a \rightarrow b$

通过改变压实工艺,在工艺 U_1 的作用下($F_z > [F_0]$),此时由临界状态进入不稳定状态(暂态),处于旧结构被破坏、新结构将产生的阶段,压实状态将由低级向高级演化。从压实的角度看是有效果的。此时路基结构产生的抵抗力 $F(u)$ 将超过原有的抵抗力极限 $[F_0]$,旧的结构只能依靠发生塑性变形来适应这种变化。这样,原有结构被破坏后,其抵抗力变小,$\Delta F < 0$,而 $\Delta u^p > 0$,直到达到 b 点,形成一个新的定态 $X(b)$。

3) $b \rightarrow c$

此时为第二阶段的初始状态,路基结构系统在压实工艺 U_1 作用下能达到的固有抵抗力为 $[F_1]$。在动压实力 $F_z > [F_0]$ 的作用下填料被继续压密,而抵抗力逐渐增大,塑性变形则由大到小……此过程与第一阶段的相同。最后形成一个新的固有抵抗力 $[F_1]$。

4) $f \rightarrow g$

路基结构经过多次压实机具不同工艺(即不同压实作用力)的碾压,最后路基系统的状态 $X(g) = X(\infty)$,$\Delta F = 0$,$\Delta u^p = 0$,$u^e \neq 0$。表征路基结构强度的固有抵抗力为 $[F_\infty]$。此时压实结束,路基系统处于稳定的弹性状态。当进入运营期后,若不超载,当外力(此时为行车荷载)$F_z \leqslant [F_\infty]$ 时,则路基结构系统能保持稳定的工作状态;如果超载,则有可能使 $F_z > [F_\infty]$,导致路基结构遭到破坏。此原理在评定和控制压实稳定性时有用。

如果将不同工艺下的压实情况与每种工艺下的压实情况进行比较(见图 2-22 中抵抗力的变化趋势),可以发现一个很有意思的现象:抵抗力总的变化趋势与每个工艺下的变化趋势是非常相似的。这就是非线性科学中的分形结构,有关分形问题已经超出本书范围,不再详述。

综上所述,路基结构系统的抵抗力是路基结构力学性能的综合表现,它的变化反映了路基系统形成过程中状态的变化。在压密(非稳定)阶段表现为强度,在弹性(稳定)阶段表现为刚度。可以根据它的变化趋势来判别是塑性变形还是弹性变形。在某种意义上讲,它的变化程度也代表了路基结构稳定性的变化情况。

由于压实的主要目的在于消除填筑体的塑性变形、增加抵抗变形的能力以及满足行车荷载的要求,所以根据前面的分析结果,统一以填筑体结构抵抗力作为表征指标。在压实阶段,抵抗力代表了强度的相对大小(抵抗塑性变形的能力),而在形成稳定结构之后,抵抗力则代表了刚度的相对大小(抵抗弹性变形的能力),因此研究重点变成了如何量取和分析填筑体抵抗力的相关信息问题。如何连续获取路基填筑体结构抵抗力信息是动力学控制方法的核心问题之一。

参 考 文 献

[1]徐光辉. 路基系统形成过程动态监控技术. 成都:西南交通大学博士学位论文,2005.

[2]许国志. 系统科学. 上海:上海科技教育出版社,2000.

[3]课题研究报告. 沈大高速公路改扩建工程路基压实质量过程控制技术的研究. 沈阳:辽宁省交通厅,2004.

第3章 路基与压实机具相互作用

第2章研究了路基结构系统的压实状态与评定指标问题。路基结构压实状态的改变最后可以归结为路基结构抵抗力的改变,因此研究控制压实状态或质量的焦点就归结为如何识别和掌控在碾压过程中路基结构抵抗力的信息问题。路基填筑体的碾压是利用压实机具来完成的,这里所谓压实机具是指振动压路机或激振设备,它是路基系统在形成过程中的外部环境。由于路基结构系统的形成是在压路机的作用下完成的,在碾压过程中,其结构抵抗力是与压实机具的作用密切联系在一起的。因此,有必要对路基填筑体与压实机具即振动压路机之间的相互作用问题进行深入细致的研究,这无论对压实质量控制还是压路机本身设计,都具有较重要的指导意义。

研究路基与压实机具之间的相互作用,首先必须解决研究的理论基础问题。对于路基结构而言,其力学基础主要是连续体力学,这里我们主要关心的是力学试验问题,因此,弹性半空间理论便成为主要依据;对于振动压路机,其力学基础主要为动力学,确切地说是振动力学部分;路基与压实机具的相互作用则涉及振动力学以及接触力学的有关理论。因此,本章首先论述涉及的这些理论基础,在此基础上研究路基与压实机具的相互作用,由此引出如何识别路基结构抵抗力相关信息问题。

3.1 静力学基础

静力学部分主要包括弹性半空间理论和接触力学理论两部分,二者实际上都是基于弹性力学理论的。因此,弹性力学是其共同的基础。弹性半空间理论主要用于路基结构的力学分析,而接触力学理论主要用于压实机具与路基的相互作用分析。

3.1.1 弹性半空间理论

所谓半空间是相对于全空间而言的。根据研究对象(介质)属性,可以进行相对划分,例如,宇宙是全空间,那么地球表面以下就是半空间。典型半空间就是地面,可以看成向地下无限延伸。如果建立三维坐标系,就可以清晰地表征全空间与半空间的不同,如图3-1所示。从坐标上看,主要差异在于竖向坐标的取值范围不同,具体如下:

$$全空间：\begin{cases} x: -\infty \rightarrow +\infty \\ y: -\infty \rightarrow +\infty \\ z: -\infty \rightarrow +\infty \end{cases}, \quad 半空间：\begin{cases} x: -\infty \rightarrow +\infty \\ y: -\infty \rightarrow +\infty \\ z: 0 \rightarrow +\infty \end{cases}$$

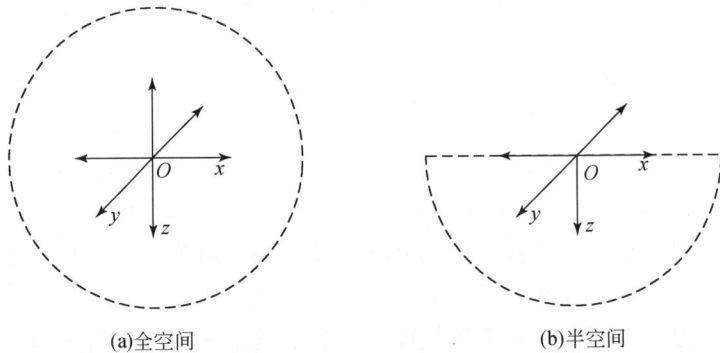

(a)全空间　　　　　　　　　　　(b)半空间

图 3-1　空间的划分

　　人们一般认为弹性半空间理论属于土力学范畴。实际上并非如此，学过弹性力学的都知道，弹性半空间理论只是弹性力学中的一个课题，目前已成为一道大习题而已。真正的土力学基石主要在于孔隙压力这方面，有其自己独特的假设。其他内容基本上都是弹性力学的应用而已。

　　与结构力学理论研究杆件系统即离散系统问题相对应，弹性力学理论主要研究的是连续介质（连续体，如路基、地基等）系统即连续系统问题。描述这两种理论的数学工具不完全相同。弹性力学理论主要使用偏微分方程理论，这正是研究连续介质力学问题的普遍特征。

　　同其他一些学科一样，弹性（半空间）理论对研究对象（介质体）也是有其基本假设的。正是有了这些假设条件，才使实际问题得以简化，方便建立数学模型。下面结合弹性理论和弹性半空间特征，首先给出对介质体的一些基本假设，看看前人是如何建立连续体的弹性基本理论的[1,2]。

1. 基本假设

（1）介质体是连续的——组成物体的介质充满所占空间，无任何间隙；

（2）介质体性质是均匀的——物体内每一点的力学性质都相同；

（3）介质体是各向同性的——物体内每一点在各个方向上的力学性质都相同；

（4）介质体是完全弹性的——物体变形后可以完全恢复，无任何残余变形；

（5）介质体变形为小变形——物体受力后产生的位移远小于物体原来尺寸；

（6）介质体无初始应力——物体受力前体内无应力，受力出现的应力为附加应力。

对研究对象进行假设的主要原因还是建模与分析的需要。如果完全从实际出发,尽管所反映的情况是真实的,但是以目前的科技水平是很难进行定量分析的。因此,抓住主要矛盾、化繁为简是必要的。上述假设首先是建立数学模型的需要,其次是进行力学分析的需要。建模采用的数学工具主要是连续数学理论或者说微积分理论,基本假设中的许多规定都是为了给采用微积分方法提供便利条件,这可以从下面的论述中得到体现。

2. 应力表达

一般而言,介质体受力后,体内的应力应变等都是位置的函数(即不同位置的应力应变值不同),并且没有具体的表达形式,这就给建模带来了困难。如何表达是关键,有了具体表达形式,才可以研究建模问题。如何表示没有表达式的应力应变呢? 这就需要用到数学理论。在数学上有一种方法——函数展开法,可以将一个未知函数在某点附近按照级数形式展开,得到一个表达式。下面首先介绍泰勒公式,这是最常用的方法。可以说,掌握了泰勒公式的含义,对弹性理论的建模以及公式推导过程中的许多概念都会得到较好的理解。

1)泰勒公式

(1)单变量函数情况

一个抽象的单变量函数总可以表示成 $f(x)$。如果 $f(x)$ 在某一点 x_0 附近(数学上称为邻域)存在(数学上称为连续、有定义)(图 3-2),并且存在多阶导数,那么 $f(x)$ 在 x_0 附近可以表示成下面形式:

$$f(x) = f(x_0) + f'(x_0)(x - x_0) + \frac{1}{2!}f''(x_0)(x - x_0)^2 + \cdots + \frac{1}{n!}f^{(n)}(x_0)(x - x_0)^n + \cdots$$

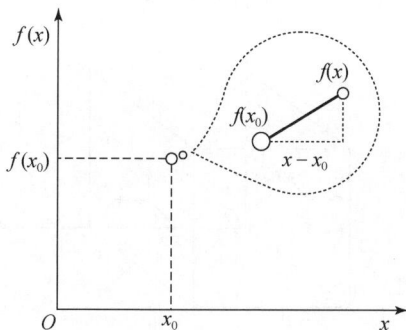

图 3-2　函数在点 x_0 附近存在示意图

上式是一个复杂的非线性的表达式。在满足一定精度要求的前提下,可以将上式简化为一阶表达式,即

$$f(x) = f(x_0) + f'(x_0)(x - x_0)$$

可以看出,这个式子是一个线性表达式。在工程领域中,上式一般都能满足精

度要求，因此在很多领域都得到了广泛应用。它是将非线性近似成线性、无具体表达式变成有表达式的利器。由于我们研究的连续介质体的应力应变为三维位置坐标的函数，所以下面再给出多变量函数的泰勒公式。

（2）多变量函数情况

如果一个多变量函数 $f(x,y,z)$ 在 (x_0,y_0,z_0) 附近存在，并且存在多阶导数，那么 $f(x,y,z)$ 在 (x_0,y_0,z_0) 附近也可以表示成与单变量函数类似的形式。下面直接给出其一阶表达式：

$$f(x,y,z) = f(x_0,y_0,z_0) + \left[(x-x_0)\frac{\partial}{\partial x} + (y-y_0)\frac{\partial}{\partial y} + (z-z_0)\frac{\partial}{\partial z} \right] f(x_0,y_0,z_0)$$

2）应力的数学表征

一个连续介质体受到力的作用后，体内会产生附加应力。由于没有具体的公式描述，因此只能采取抽象函数的形式来表征。根据前面基本假设条件，如果介质体是连续的，那么就可以用连续函数进行表达，即 $\sigma(x,y,z)$，$\tau(x,y,z)$，$\varepsilon(x,y,z)$。在小变形的情况下可以对其进行一阶近似表达，满足工程精度要求。从这里就可以看出为什么要有连续性与小变形的假设了。

在进行建模时，一般要对应力进行分解，将其投影到各个坐标方向上，或者投影到作用面的法线和切线方向上，而后者更常用。连续介质体内某一点（记为 M 点）的应力状态可以用过该点的微小正方体（微元体）六个面上的应力分量组合来描述（实际就是用张量描述），每一方向上有两个面，一正一负，其上应力分量大小相等，方向相反，故独立的只有三个面，如图 3-3 所示。为简便计算，图中只给出了一对面上的分力情况。

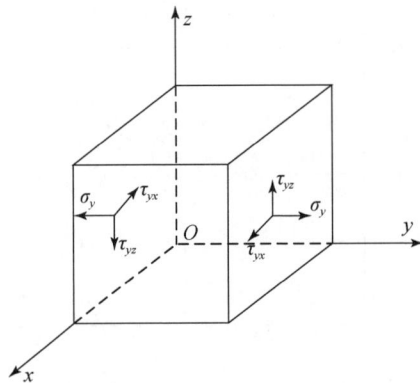

图 3-3　M 点应力状态表示

三个独立面的每个面上都有一个正应力和两个剪应力，共有九个量，可以完整地描述一点的应力状态，即

$$\sigma_{ij} = \begin{bmatrix} \sigma_{xx} & \tau_{xy} & \tau_{xz} \\ \tau_{yx} & \sigma_{yy} & \tau_{yz} \\ \tau_{zx} & \tau_{zy} & \sigma_{zz} \end{bmatrix}$$

其分量为如下形式:

$$\sigma_{xx} = \sigma_x = \sigma_x(x,y,z), \cdots \tau_{xy} = \tau_{xy}(x,y,x) \cdots$$

上述是连续体内某一点的应力状态描述。现在研究如何利用 M 点的抽象表达式来表征该点附近某一点(可记为 N 点)的应力表达式,这就需要用到泰勒公式。由于是小变形,在工程上精确到一阶就可以满足要求,因此,这里按照多变量函数泰勒公式的一阶表达式进行表征。可以看出,给出的表达式都是线性的,这就是线弹性力学的由来(对应的有非线性弹性力学)。

在 M 点附近另取一 N 点,做微小长度的正方体(注意与 M 点微元体的区别)。该微元体靠近坐标原点的三个面代表 M 点,而另外三个面代表该点的附近点 N,与 M 点相距 $\mathrm{d}x$、$\mathrm{d}y$、$\mathrm{d}z$,如图 3-4 所示。

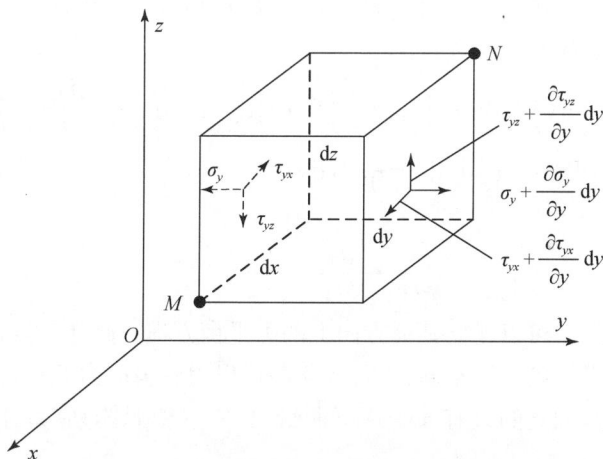

图 3-4　M 点附近点 N 的应力状态表示

现以沿 y 轴方向的应力情况为例进行展开。如前所述,由于连续,所以应力都是位置坐标的连续函数。当位置发生微小变化(即变化 $\mathrm{d}y$)时,是可以满足泰勒公式要求的,参照多变量函数泰勒公式的一阶表达式,该点(M 点)附近点(N 点)的应力可以表示为如下形式:

$$\sigma_y + \frac{\partial \sigma_y}{\partial y}\mathrm{d}y, \quad \tau_{yx} + \frac{\partial \tau_{yx}}{\partial y}\mathrm{d}y, \quad \tau_{yz} + \frac{\partial \tau_{yz}}{\partial y}\mathrm{d}y$$

可以看出,上式都由两项构成,其中第二项实际上就是应力沿 y 轴方向上的增量(变化率×长度)。同理可以对其他方向上的应力进行展开。有了上述应力的表达形式,便可以进行受力分析,按照牛顿定律建立平衡方程了。只要具有中学力学知识就可以建立力学平衡关系。其实很简单,很多人被偏微分符号给吓住了,认为很复杂。

需要特别注意的是,连续介质体受力后若是产生大变形,则一般要表示为二阶近似,为非线性表达式,也就是非线性问题。另外,应变以及位移表达式的推导方法与应力的类似,此处不再赘述。

3. 简单推导

有了上述应力的表达形式,就可以对微元体进行受力分析、推导平衡方程了。此外,为了求解的需要,还需建立微元体的几何方程和本构方程。下面首先建立微元体的平衡方程,这里不考虑体积力的影响。

1)平衡方程

微元体的平衡需要满足 6 个力平衡方程。现以 y 轴方向为例,给出 y 轴方向的力平衡方程,其余可以此类推。

根据力学知识,在每一个面上都有 y 轴方向的力存在,其力的大小都是其应力与其面积的乘积,故有

$$\left(\sigma_y + \frac{\partial \sigma_y}{\partial y}dy\right)dxdz + \left(\tau_{zx} + \frac{\partial \tau_{xz}}{\partial x}dx\right)dydz + \left(\tau_{zy} + \frac{\partial \tau_{zy}}{\partial z}dz\right)dxdy$$

$$-\sigma_y dxdz - \tau_{zx} dydx - \tau_{zy} dxdy = 0$$

化简得

$$\frac{\partial \tau_{xy}}{\partial x} + \frac{\partial \sigma_y}{\partial y} + \frac{\partial \tau_{zy}}{\partial z} = 0$$

根据上述做法,可以建立其他方向上的力平衡方程。此外,再考虑微元体的力矩平衡关系,可以得到力矩平衡方程,经化简可以得到剪应力互等定理。因此一点的 9 个应力分量,独立的只有 6 个。下面给出一点(微元体)应力分量所要满足的平衡方程:

$$\begin{cases} \dfrac{\partial \sigma_x}{\partial x} + \dfrac{\partial \tau_{yx}}{\partial y} + \dfrac{\partial \tau_{zx}}{\partial z} = 0 \\[2mm] \dfrac{\partial \tau_{xy}}{\partial x} + \dfrac{\partial \sigma_y}{\partial y} + \dfrac{\partial \tau_{zy}}{\partial z} = 0 \\[2mm] \dfrac{\partial \tau_{xz}}{\partial x} + \dfrac{\partial \tau_{yz}}{\partial y} + \dfrac{\partial \sigma_z}{\partial z} = 0 \end{cases}$$

上述偏微分方程只有 3 个,而变量却有 6 个,因此属于超静定问题,还要从其他方面寻找补充方程,一般是从几何和物性两个方面进行。

2)几何方程

几何方程主要是利用物体的位移和应变来描述其运动或变形。由于有了前面的小变形假设,因此位移和应变都按照泰勒公式一阶近似(线性关系)予以考虑:

$$\varepsilon_x = \frac{\partial u}{\partial x}, \quad \varepsilon_y = \frac{\partial v}{\partial y}, \quad \varepsilon_z = \frac{\partial w}{\partial z}$$

$$\gamma_{xy} = \frac{\partial v}{\partial x} + \frac{\partial u}{\partial y}, \quad \gamma_{yz} = \frac{\partial w}{\partial y} + \frac{\partial v}{\partial z}, \quad \gamma_{zx} = \frac{\partial u}{\partial z} + \frac{\partial w}{\partial x}$$

3）本构方程

上述平衡方程和几何方程对于任何连续介质都是适用的,只有本构方程才考虑了介质本身的特性,表达了应力和应变之间的关系。不同介质的本构方程一般都是不同的(但平衡方程和几何方程都是相同的),这也是区别不同介质的主要特征。对于各向同性的线弹性连续介质体(基本假设),可以根据广义胡克定律得到其本构方程,具体如下:

$$\varepsilon_x = \frac{1}{E}[\sigma_x - \mu(\sigma_y + \sigma_z)], \quad \gamma_{xy} = \frac{1}{G}\tau_{xy}$$

$$\varepsilon_y = \frac{1}{E}[\sigma_y - \mu(\sigma_z + \sigma_x)], \quad \gamma_{yz} = \frac{1}{G}\tau_{yz}$$

$$\varepsilon_z = \frac{1}{E}[\sigma_z - \mu(\sigma_x + \sigma_y)], \quad \gamma_{zx} = \frac{1}{G}\tau_{zx}$$

式中,E 为介质的弹性模量;μ 为介质的泊松比;G 为介质的剪切模量。这三者之间有如下关系存在,即

$$G = \frac{E}{2(1+\mu)}$$

可以看出,模量和泊松比反映了介质本身的特性,是特征参数,也是物性的反映。在建立了上述方程之后,便可以利用各种数学工具对其进行解答了。可以看出,除了对应力应变等利用泰勒公式进行表示外,其余的都是一般的力学平衡或几何关系等,建立起来并不十分困难。实践证明,弹性理论的难点不在于如何建立模型方程,而在于如何进行解答。

4. 弹性半空间体(路基结构系统)的基本解答

在路基工程中,一般将路基结构系统进行简化处理,假设为弹性半空间体,这样就可以采用弹性理论进行解答。实践证明,这种假设是满足工程实际需求的。

为了研究路基结构系统的力学问题,除了满足弹性理论的基本假设条件外,还要具有路基工程本身所特有的一些假设,概括起来主要有以下几个方面。

(1)路基结构系统由均质、各向同性的线弹性介质构成,可以用弹性模量 E、泊松比 μ 和密度 ρ 等参数来表征其特征。

(2)满足连续性和小变形的要求(可以用连续数学和线性理论进行分析)。

(3)在水平方向和垂直方向无限深处的应力和应变均等于零(边界条件)。

(4)路基结构系统的初始状态为零,为物理可实现系统。

(5)路基结构系统几何形状、约束条件以及外荷载等都对称于某一轴(空间轴

对称课题)。

对于弹性半空间体,可以建立如下的坐标系,如图 3-5 所示,其中图(b)所示坐标系更适用于轴对称课题。这里主要考虑集中荷载作用下的解答,也就是通常所说的 Boussinesq 课题,是由 Boussinesq 在 1885 年首次提出的。其他荷载形式都可以在此基础上进行推导。

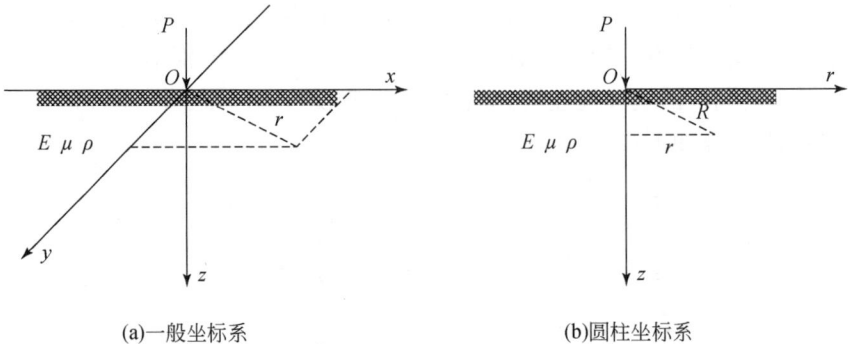

(a)一般坐标系　　　　　　　　　　　　　(b)圆柱坐标系

图 3-5　路基结构系统坐标系

工程上压路机对路基的作用一般可以简化为压路机轮宽范围内的线荷载。在得到集中力的解答后,对其沿长度方向积分(线性叠加)便可得到线荷载的解答,因此求解集中荷载作用下的响应便是最重要和最基本的工作了。具体求解过程涉及一些复杂的特殊函数知识,有兴趣的读者可以参考弹性理论或土力学或路基路面工程等书籍,此处不再赘述。

经过较为复杂的求解,可以得到弹性半空间体的所有应力与位移的解答。对于一般读者而言,只要能正确理解求解公式的物理意义,在使用时只要会查阅相关参考书籍即可。此处仅给出与本书密切相关的一个解答——路基顶面处受垂直集中力作用时,其表面某一点所产生的垂直位移(工程上常采用 w 表示)表达式:

$$w(r,0) = w = \frac{(1-\mu^2)P}{\pi Er}, \quad z=0; r \neq 0 \tag{3-1}$$

式中,E 为路基结构的弹性模量;μ 为路基结构的泊松比;P 为集中力;r 为路基表面某点距原点的距离。

5. 刚性承载板下的响应——力学试验基础

我们知道,对填筑体性能进行评定有多种方式,但进行各种力学试验是一类非常重要的技术手段。无论公路还是铁路,在现场所进行的力学试验,一般都是各种样式的平板载荷试验。其基本原理就是在填筑体表面采用一个承载荷载的圆盘进行加载,然后通过其力学响应求出模量等参数。试验用的承载板一般都为刚性圆盘,直径为 30cm,如图 3-6 所示。因此,研究刚性承载板下的力学响应具有很大的工程实际意义。

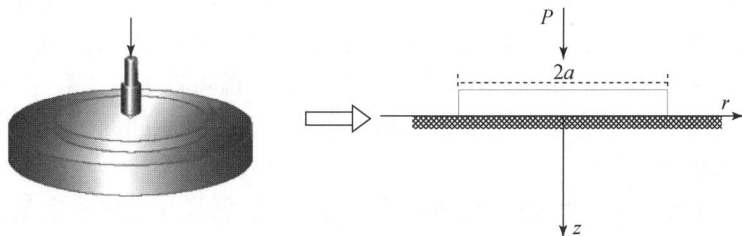

图 3-6 承载板与简化模型

一个刚性圆盘位于弹性半空间体表面,受到荷载作用后的力学响应问题是弹性理论中的经典问题,其解答非常成熟。这里需要注意刚性板这个条件(与此对应的有柔性板问题),其特点是刚性承载板下各点的垂直位移都相等,但基底各点的接触应力是不同的(柔性承载板与此相反,板下各点应力相等而位移不等),呈"U"形分布,其表达式如下:

$$q(r) = \begin{cases} \dfrac{q}{2} \dfrac{1}{\sqrt{1 - r^2/a^2}}, & r < a \\ 0, & r > a \end{cases}$$

式中,a 为刚性圆盘的半径;$q = P/(\pi a^2)$ 为换算的均布荷载。

对刚性承载板问题的求解仍然需要一些特殊函数知识,此处只给出最终的推导结果,有兴趣的读者可以查阅弹性力学书籍进一步了解。在路基填筑体表面($z = 0$)承载板中心处的垂直位移和垂直应力分别如下:

$$\begin{cases} w(0,0) = \dfrac{2qa(1-\mu^2)}{E} \times \dfrac{\pi}{4}, & z = 0; r = 0 \\ \sigma_z(0,0) = -\dfrac{q}{2}, & z = 0; r = 0 \end{cases} \tag{3-2}$$

式中,符号意义同前。上述位移公式非常重要,是各种力学试验的基础,如回弹模量 E、变形模量 E_{v2} 以及动态模量 E_{vd} 等都是根据这个式子进行的一些变换,有关情况详见后面相关章节。

3.1.2 接触力学理论

顾名思义,接触力学是研究有关物体间相互接触时所发生的力学问题的理论。起源于 1882 年 Hertz 发表的经典论文《论弹性固体的接触》。例如,列车与轨道接触、汽车与路面接触、压路机的碾压等都属于此类。目前典型的接触力学主要为 Hertz 接触理论和非 Hertz 接触理论、非弹性体接触、滑动接触、滚动接触、碾压与润滑等[3]。

接触力学源于弹性力学,严格地它仍然是弹性力学的一种应用。实际上前面的承载板问题也可以归结为接触问题。对于物体之间接触的力学问题,其建模方法也是采用弹性力学方法进行,但复杂在物体间相互接触面积的如何确定上。此外,接触力学解答工作也是比较复杂的,涉及许多数学知识,详细介绍起来篇幅较长,好在我们重点在于应用,理解其物理意义、会使用就可以了。本着这一原则,与前面一样,只结论性地介绍与本书密切相关的部分。对接触问题感兴趣的读者可以查阅给出的参考书籍。

在压路机碾压过程中,碾压轮和填筑体表面的接触尺寸如何确定就是一个典型接触力学问题。接触力学理论把这个问题描述为圆柱体与弹性体接触尺寸如何确定问题,需要一个接触理论来预测接触区尺寸,以及它们的尺寸如何随荷载的变化而变化。

Hertz 于 1895 年解决了这个问题;Lundberg 于 1939 年对此作出了进一步的发展。Hertz 和 Lundberg 给出了圆柱体上的荷载和圆柱体在一个弹性半空间上接触时的尺寸之间的关系。

下面规定推导所需的各种参数。对于弹性半空间体,E 为弹性模量,μ 为泊松比;对于圆柱体,L 为长度,R 为半径。另外,F 为圆柱体对弹性半空间体的作用力,b 为圆柱体与弹性半空间体接触宽度,h 为压入的弹性变形(深度),如图 3-7 所示。通过复杂推导,可以得到如下表达式:

$$\begin{cases} b^2 = \dfrac{16R(1-\mu^2)}{\pi EL}F \\ h = \dfrac{2(1-\mu^2)}{\pi EL}\left(\ln \dfrac{L}{b} + 1.8864\right)F \end{cases}$$

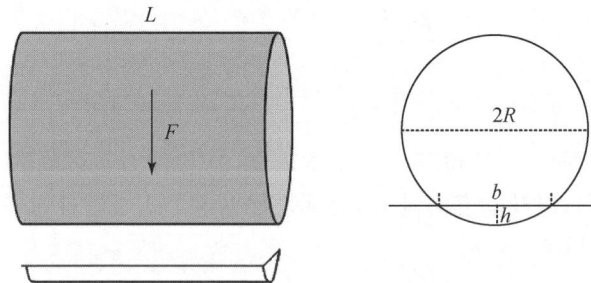

图 3-7　圆柱体与弹性半空间体的相互作用

上述关系还给我们一个重要启示:在弹性半空间体的条件下,作用力 F 与垂向变形 h 之间具有正向关系,如图 3-8 所示,其中泊松比为 0.25。这里作用力 F 应是圆柱体自重与外作用力的总和,而作用力 F 与弹性半空间体的抵抗力是大小相等、方向相反的一对力。可见抵抗力与变形的关系是很明确的,从接触力学的角度再一次说明了前面的有关结论。

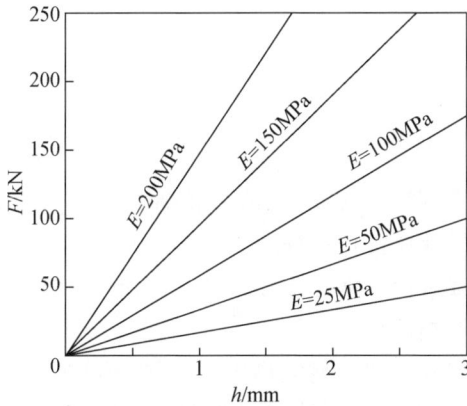

图 3-8　弹性半空间体中的圆柱体作用力与垂向变形

　　如果不是弹性半空间体,而是弹塑性体(如正在碾压的路基结构),尽管还没有完整的关系式,但是实践证明,也存在与上述大致一样的对应关系。

　　上述关系为静力学关系,这对于静力压路机分析是合适的,而对于振动压路机原则上并不适用。现在国外一些人将这种静力学关系用于动力学中,尽管也会得到一些结论(所谓的振动模量、刚度系数等),但从根本上讲是说不通的。例如,前面提到的德国 E_{vib} 的推导过程中就是利用了这种静力学关系。寻求动力学解答仍将是一项具有挑战性的工作。

3.2　动力学基础

　　对于路基结构而言,一般都将其假定为弹性连续介质,根据需要,还可以假定为黏弹性介质,实际也可能为黏、弹、塑性介质混合体。但不管怎样,它都属于连续介质(连续系统)。连续介质的一个特点就是个质点单元之间是相互有联系的,一个质点位置发生变化,必然波及其相邻质点位置的变化。因此,连续介质动力学问题必然涉及振动和波动的概念。振动与波动是连续介质动力学中最基本的概念,应该掌握。

　　对于压实机具,一般碾压路基用的都是振动压路机,涉及振动问题是必然的。相对于静力压路机,振动压路机的出现,曾被誉为"筑路技术的第二次革命",可见振动是其核心技术。既然是振动压路机,必然涉及"振动",也是应该掌握的。

　　当振动压路机碾压路基填筑体时,实际上是压路机系统与路基系统之间的接触动力学问题。压路机的振动传导至路基,引起路基表面接触点的振动,由于波动而引起路基填筑体内部各质点的振动,最后导致路基填筑体的振动压密。因此,对于本书所研究的内容,动力学(特别是其中的振动力学理论)是核心和灵魂,有必要精细掌握。

3.2.1　几个概念

1. 静力荷载与动力荷载

从力学的角度看,所谓静力(静态)荷载和动力(动态)荷载是按照物体受到荷载作用后所表现出来的性质进行划分的。

(1)静力荷载:加载过程非常缓慢,以致物体由此产生的加速度很小,从而惯性效应可以忽略不计的那类荷载。

(2)动力荷载:在加载过程中能使物体产生显著的加速度,且由加速度所引起的惯性力对物体的变形和运动有着显著影响的那类荷载。

另外,所谓动力学问题还是一个广义的概念,包括狭义上(指力学意义上)的动力学和一般意义上的动态过程。按照系统科学的思想,可以统称为动力学系统或动态系统,如交通系统、经济系统、社会系统等都是动态系统,具有特定的动力学属性。对于所有动态系统,一般都具有以下两个重要特征。

(1)系统的行为均与时间有关,随时间而发生变化;

(2)系统在随时间的演化过程中,系统的状态是不断变化的。

2. 动力荷载分类

对于工程动力学问题,特别是振动问题,一般是根据加载的性质而进行划分的。对于一般的工程问题,常见的典型动力荷载主要包括以下几种形式。

1)周期性动荷载

周期性动荷载是工程上常用的一类荷载,是稳态类荷载。具体可以分为简谐荷载和非简谐荷载两类,如机械基础振动、振动压路机的振动等。这类荷载的显著特征就是波形具有周期性,这一点从频谱图上可以明显看出,其中简谐荷载的频率只有一个,而非简谐荷载的频率会有多个,但一般呈倍数关系,如图 3-9 所示。

2)非周期性动荷载

非周期性动荷载也是工程上常用的荷载,主要有冲击荷载和随机荷载两类,如打桩作用(冲击)、汽车在公路上行驶而对路面产生的作用(随机)等。这类荷载的显著特点就是其频率比较丰富,这从其频谱上看更明显一些,如图 3-10 所示。可见无论冲击荷载还是随机荷载,这类荷载的频谱特征与周期性荷载的频谱特征具有明显的不同,看不到离散频谱结构,而是呈现出连续分布的频谱结构,说明这类荷载的频率成分是非常丰富和复杂的。

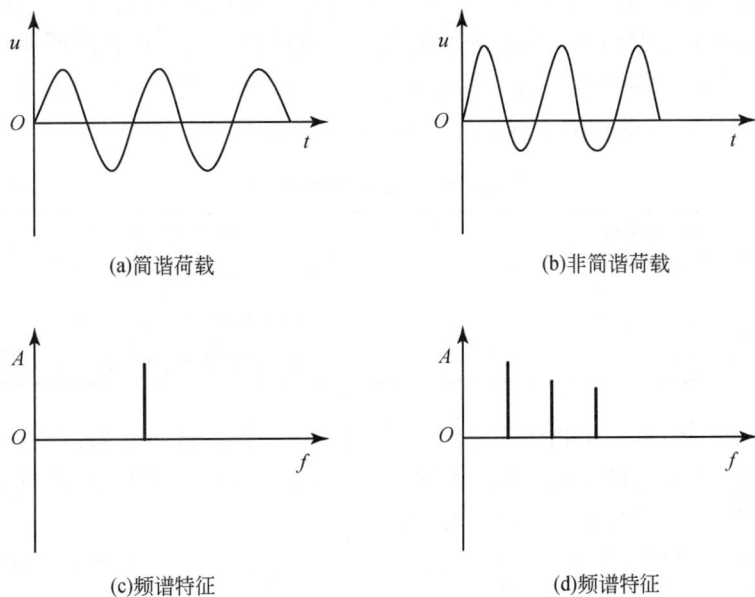

(a)简谐荷载

(b)非简谐荷载

(c)频谱特征

(d)频谱特征

图 3-9　周期荷载及频谱特征

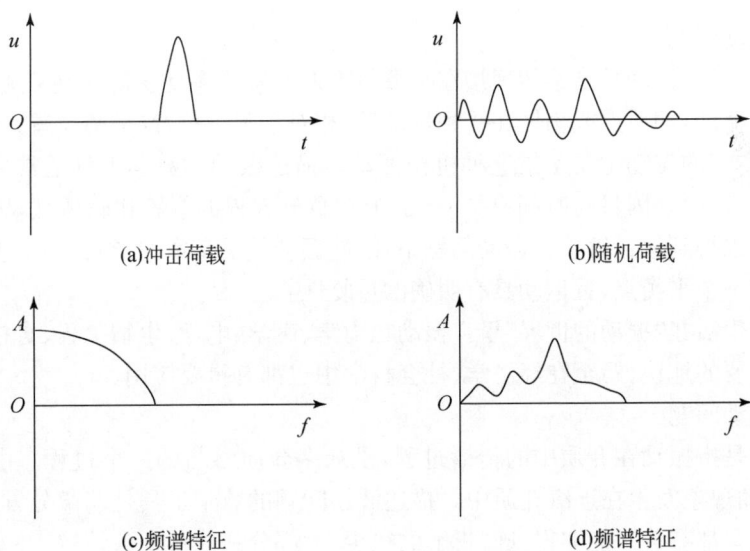

(a)冲击荷载

(b)随机荷载

(c)频谱特征

(d)频谱特征

图 3-10　非周期荷载及频谱特征

3. 应变级别的划分

在实际问题中,不同物体在受到动荷载作用后,所发生的变形一般都是不相同的,有的变形很大,有的变形很小。在力学上对于不同程度的变形,其处理方法是不相同的,有大变形和小变形之分。那么一个物体在受力后到底按哪种状态考虑呢,这就涉及对物体变形的划分问题,也称为应变(变形)的大小问题。在工程上,一般以物体中产生的动应变幅值的大小来区分其变形状态,具体见表3-1。

表 3-1　应变大小的划分

动应变幅值	物体状态与应变关系
$\varepsilon < 10^{-4}$	介质处于弹性状态,属于小应变
$\varepsilon = 10^{-4} \sim 10^{-2}$	介质处于塑性状态,属于大应变
$\varepsilon > 10^{-2}$	介质处于破坏性变形状态

　　在实际工程中,一个物体受力后,发生的是大变形还是小变形,不但所对应的处理方法不同,考虑的重点也有所不同。一般而言,小变形问题主要研究动弹性模量、阻尼等,而大变形问题主要研究动强度和动变形,包括振动压密问题。填筑体的碾压过程就是明显的大变形问题,其理论研究难度较大(大变形不是线性关系,数学上也不易表达),一般以实践为主进行一些研究。

4. 振动与波动

1)振动问题

　　广义地讲,振动是指某物理量在某数值附近所做的往复变化。狭义地讲,振动是指机械振动,即质点或物体在受到扰动后,相对于某一位置(平衡位置)所做的往复运动,本书的振动主要是指这种机械振动。描述振动的数学工具是常微分方程或常微分方程组(因只与时间有关)。由于常微分方程的解答比较成熟,因此很多情况下可以得到解析解。在振动问题中,线性振动是最基本的形式,一个重要特征就是具有一个平衡点,且运动具有明确的重复性。

　　人类生活在"振动的世界"里。振动在力学、声学、电学、生物工程、自控等领域都占有重要的地位,乃至在经济学、社会科学中也都有重要应用。

2)波动问题

　　波动是指振动在介质中的传播过程,是众多介质参与的一个过程。由此可以看出,波动现象发生在连续介质中。描述波动问题的数学工具是偏微分方程(因与时间和位置都有关),能够得到解析解的很少,大部分只能得到数值解。一般来讲,波动问题比振动问题更复杂、更难处理。

3)区别与联系

　　在弹性连续介质中,当任何一个质点(微元)受到扰动而离开它的平衡位置后,就会产生一个使它回到平衡位置的弹性恢复力(因为介质连续),于是这个质点就在其平衡位置振动起来。同时,由于是连续介质,质点之间是有相互作用力的(关联力),在未受到扰动之前,都处于平衡位置状态,扰动后,质点如果向左移动,就会给左邻质点一个附加压力,给右质点一个附加拉力,使它们也运动起来——这就是波动产生的原因。

因此,振动是研究质点在原位的来回运动,波动是研究介质中质点"接力式"的运动(借助质点间的连续力而传播),振动是因,波动是果。广义地讲,波动现象存在于各类系统中,如社会系统、经济系统、交通系统等。社会中比较典型的例子就是股票的趋势图。

如果令 $u(x,t)$ 表示连续介质体中一个位移场,x 表示某个质点的平衡位置,那么所谓振动与波动问题(图 3-11)就可以表示为如下形式。

(1)如果固定 $x = x_0$,变化 t,则 $u(x_0,t)$ 表示一个质点振动情况;

(2)如果变化 x 和 t,则 $u(x,t)$ 表示多个质点的波动情况。

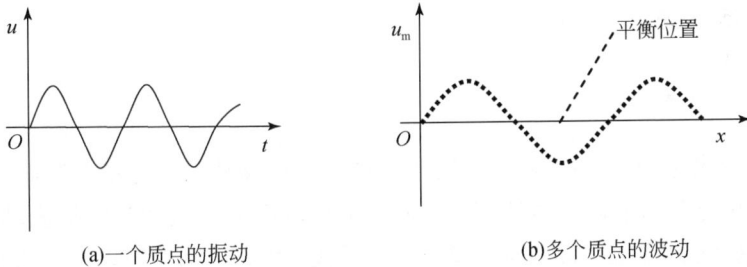

(a)一个质点的振动　　　　　　(b)多个质点的波动

图 3-11　振动与波动

由于振动是波动的根源,因此掌握并理清振动的一些基本特征是非常必要的。一般而言,各类振动传感器接收的都是与传感器接触点的振动信号,即波动现象传递到传感器接触点(质点)的振动。此外振动传感器如加速度计、位移计的工作原理也都与振动有关。振动问题是波动问题的基础,掌握这一部分,对于理解动力学问题是有诸多益处的,可以说是基本功。

4)波在不同介质中的称谓与特征

关于波的称谓,与其所在的介质有密切关系,由于振动介质不同,产生的波也不同。下面介绍几个常用的概念。

(1)在流体中:弹性波动在流体中的传播称为声波,如在空气、水中。

(2)在固体中:在弹性介质中的传播称为弹性波,也称为应力波;在塑性介质中的传播称为塑性波;在黏弹性介质中的传播称为黏弹性波。

从力的角度看,应力波形成的原因在于介质受到外界扰动,其内部产生的压缩、膨胀和剪切变形必然伴生应力,这种伴随扰动而传播应力就形成了应力波。这实际上与前面所说的振动的传播是一回事,只是叙述的语言不同而已。

在波动力学中,习惯称 $\sigma_{ij}(x,y,z,t)$ 为应力波,其范围称为应力场;$u_{ij}(x,y,z,t)$ 称为位移波,其范围称为位移场。有时也将它们称为波函数。

另外，一个需要理清的概念就是波速与质点速度的区别。波速是波在介质中的传播速度，而质点速度则是质点的振动速度，二者具有明显的不同。一般而言，质点振动的传播速度（波速）远远大于质点振动速度本身，二者不在一个数量级别上。

波传播的关键是靠质点间的相互作用力（关联力）完成的，所以波动问题必然存在于连续介质中，而对于非连续的离散介质，一般只有振动问题。振动压实问题是一个散粒体压密问题，除了在碾压面上直接收到来自振动压路机的作用外，其内部颗粒的运动主要依靠振动的传播即波动来完成，也是一个应力波传播问题。

此外，关于刚体与弹性体的振动，二者还是有一定区别的。刚体的振动类似于质点振动，整个刚体是同步进行振荡的，实际上可以简化为质点振动问题。而对于一个有界的弹性物体来讲，由于扰动在其边界上来回运动，从而整个物体呈现出在其平衡位置附近的一种周期性振荡现象，称为弹性体的振动。

3.2.2 振动要素与基本形式

1. 基本要素——三元件

如前所述，振动问题一般与离散系统挂钩。对离散系统的动力问题有多种分类。按规律分为简谐振动、周期振动、非简谐（包括冲击）振动和随机振动；按原因分为自由振动、受迫振动和阻尼振动。但是无论怎么分，构成振动系统的基本元素是不变的，这就是惯性、恢复性和阻尼，也称为振动问题的三元件[4]。它们的不同组合就构成了各种形式的振动问题。

1）惯性

惯性是指能使物体当前运动持续下去的性质，是保持动能的元件，是承载运动的实体。惯性的大小一般用质量来表示。对于质点或刚体的振动而言，质量是其基本元件，表示了力与加速度（位移的二次微分）之间的关系。如果令 $u = u(t)$ 为物体距离其平衡点的位移，则有

$$F = m\ddot{u}$$

式中，m 表示惯性。但是对于连续介质，由于质量是连续分布的，不好再用质量表示惯性，一般改用加速度的大小来表示惯性更方便一些。

2）恢复性

恢复性是指能使物体位置恢复到平衡状态的性质，是储存势能的元件。一般用不计质量的弹簧模型来表示，对应的就是弹性力：

$$F_s = F_s(u)$$

当 $F_s(u)$ 为线性函数时，$F_s(u) = Ku$，其中，K 为刚度系数（N/m），表示了力与位移之间的关系。一般把弹性力与变形成正比的弹簧称为线性弹簧，这是最常见的形式。

注意:用弹簧模型表示恢复性,并不是说在物体内真的有弹簧存在,只是一种形象的说法而已,真正起恢复性作用的还是介质内部各"微元"之间的相互作用力。当物体与其他物体相连接时,其连接处可以有弹簧存在。

3)阻尼

阻尼是指阻碍物体运动的性质,是使能量散逸的元件(耗散能量元件)。通常阻尼表示成如下形式:

$$F_d = c\dot{u}$$

式中,c 为阻尼系数(N·s/m),表示力与速度之间的关系,这种阻尼一般称为黏性阻尼。与线性弹簧一样,一般把阻尼力与速度(位移的一次微分)成正比的弹簧称为线性阻尼器。与弹簧一样,阻尼器也是一种形象说法。

质量、弹簧和阻尼构成了机械振动系统物理模型的三个基本元件,振动理论所建立的模型正是利用了这三个基本元件。相对于连续系统的动力学问题(波动),离散系统的动力学问题(振动)要简单一些。从数学角度来看也是这样的,因为常微分方程(表示振动问题)要比偏微分方程(表示波动问题)的求解相对要简单一些。

2. 连续介质与弹簧模型

由于波动问题的复杂,有时在工程上也将连续介质的波动问题简化为离散介质的振动问题。比较典型的就是在进行"车辆-轨道-路基系统"动力学分析时,原本连续体的路基结构被简化为弹簧模型(离散介质)——由许许多多的弹簧并联而成。这样对于计算确实简化了不少,同时对于分析车辆等也是可行的。但是,如果采用这样的模型分析路基结构则是非常困难的,原因在于弹簧模型无法真正代表路基结构,做不到应力应变分析。因此,在研究路基结构本身动力学问题时,还是要以连续模型(波动问题)为主,如何建模与求解仍然是需要深入研究的。

3. 基本振动形式——简谐振动

在振动理论中,简谐振动是一种按照正弦或余弦函数规律运动的形式,是最基本的振动模式。简谐振动既是最简单的、但同时也是最重要的振动,存在于许多物理现象中。一般来讲,复杂的振动(对于线性问题)都可以分解为一些简谐振动的叠加,这一点在对其进行频谱分析后看得更明显。这就是为什么学习振动力学都要首先从简谐振动学起的一个主要原因。简谐振动可以采用多种形式来表示。

1)三角函数表示法

由于最基本的振动——简谐振动是按照正弦或余弦函数规律运动的,所以自然就想到了三角函数,其位移可以采用三角函数形式来表征:

$$u = u(t) = A\sin(\omega t + \varphi)$$

式中，A 为振幅；φ 为初相角；ω 为圆频率（也简称频率），$\omega = 2\pi/T = 2\pi f$。振幅、初相角和频率是简谐振动最重要的三个特征量，如图 3-12 所示。

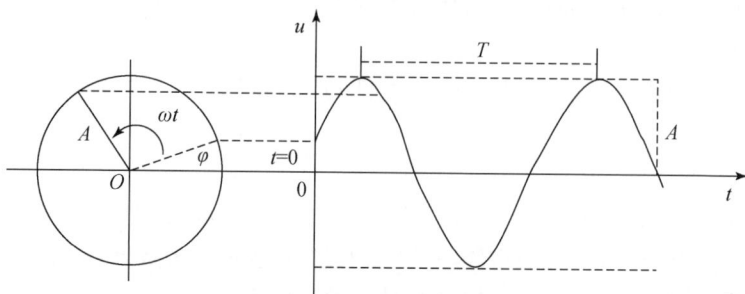

图 3-12　简谐振动图示

上式是采用正弦形式表示的，当然也可以采用余弦形式表示。通过对上式进行求导，可以得到振动位移、振动速度和振动加速度之间具有如下关系（图 3-13）：

$$u = A\sin(\omega t + \varphi)$$

$$v = \dot{u} = \omega A\cos(\omega t + \varphi) = \omega A\sin(\omega t + \varphi + \pi/2)$$

$$a = \ddot{u} = -\omega^2 A\sin(\omega t + \varphi) = \omega^2 A\sin(\omega t + \varphi + \pi)$$

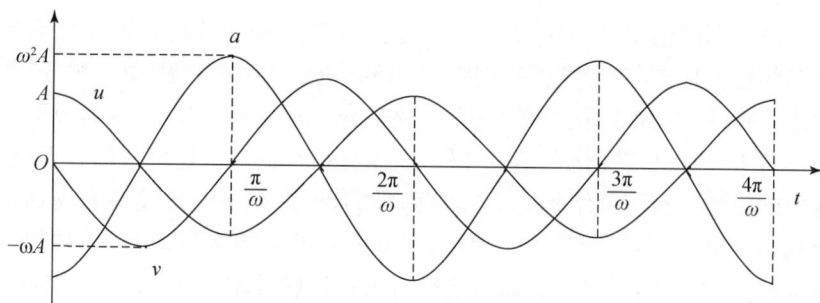

图 3-13　位移、速度、加速度三者之间的关系

可见，若物体的振动位移为简谐函数，则其振动速度和加速度也为简谐函数，并且振动频率相同。此外还可以推出另一个重要关系：$\ddot{u} = -\omega^2 u$。在振动分析和实际工作中会经常用到这个关系。

2）复数表示法

在振动分析时，有时采用复数法更方便一些。因此，这里将复数法一并给出，详细情况可查阅相关振动理论书籍。根据欧拉公式：

$$e^{i\omega t} = \cos\omega t + i\sin\omega t$$

在图 3-14 中，令

$$z = Ae^{i(\omega t + \varphi)} = A\cos(\omega t + \varphi) + iA\sin(\omega t + \varphi)$$

则有

$$\begin{cases} \mathrm{Re}z = A\cos(\omega t + \varphi) \\ \mathrm{Im}z = A\sin(\omega t + \varphi) \end{cases}$$

可以看出,上式中复数的虚部正是我们前面提到的简谐振动的表达式,因此有

$$\begin{cases} u = \mathrm{Im}[A\mathrm{e}^{\mathrm{i}(\omega t + \varphi)}] \\ v = \dot{u} = \mathrm{Im}[\mathrm{i}\omega A\mathrm{e}^{\mathrm{i}(\omega t + \varphi)}] = \mathrm{Im}[\omega A\mathrm{e}^{\mathrm{i}(\omega t + \varphi + \pi/2)}] \\ a = \ddot{u} = \mathrm{Im}[-\omega^2 A\mathrm{e}^{\mathrm{i}(\omega t + \varphi)}] = \mathrm{Im}[\omega^2 A\mathrm{e}^{\mathrm{i}(\omega t + \varphi + \pi)}] \end{cases}$$

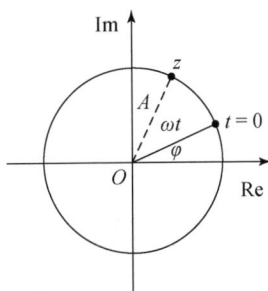

图 3-14 复数表示的简谐振动

在实际进行振动分析时,很多情况下用复数表示会给公式推导和运算带来很大的方便,这也是在振动分析时常用的主要原因。在使用时一般经常用到如下关系:

$$(\mathrm{e}^{\mathrm{i}\omega t})' = \mathrm{i}\omega\mathrm{e}^{\mathrm{i}\omega t}$$

上式的特点就是:每乘一次 i,就相当于有一个 π/2 的初始角,乘二次 i,相当于有 π 的初始角。

4. 周期振动的表现形式

在动力学中,除了简谐振动之外,更普通的振动形式是周期振动。对于一般的周期振动,其形式可以用一个周期函数来表征。根据周期函数的定义,如果振动位移满足 $u(t) = u(t + nT)$,则称 $u(t)$ 为一个基本周期为 T 的周期函数,如图 3-15 所示。

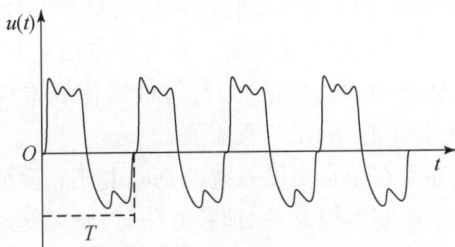

图 3-15 周期振动示意图

根据高等数学知识,对于一个周期函数,可以按傅里叶级数展开成如下形式:

$$u(t) = \frac{a_0}{2} + \sum_{n=1}^{\infty}(a_n\cos n\omega t + b_n\sin n\omega t) \tag{3-3}$$

式中,$\omega = 2\pi/T$ 称为基频;其他系数由下列关系式求出:

$$\begin{cases} a_0 = \dfrac{2}{T}\displaystyle\int_0^T u(t)\,\mathrm{d}t \\[2ex] a_n = \dfrac{2}{T}\displaystyle\int_0^T u(t)\cos n\omega t\,\mathrm{d}t \\[2ex] b_n = \dfrac{2}{T}\displaystyle\int_0^T u(t)\sin \omega t\,\mathrm{d}t \end{cases}$$

对于任意给定的 n，则有

$$a_n\cos n\omega t + b_n\sin n\omega t = A_n\sin(n\omega t + \varphi_n)$$

$$A_n = \sqrt{a_n^2 + b_n^2}$$

$$\varphi_n = \arctan\frac{a_n}{b_n}$$

$$\omega_n = n\omega$$

由此可以得到

$$u(t) = \frac{a_0}{2} + \sum_{n=1}^{\infty} A_n\sin(n\omega t + \varphi_n) \tag{3-4}$$

式(3-4)的物理意义就是，周期振动可以看成几个简谐振动之和，其中第 n 个简谐振动的振幅为 A_n，频率为 ω_n，初相角为 φ_n。此外，一般将第一项 $a_0/2$ 称为直流分量。

式(3-4)更深层次的意义在于：对于一些复杂事物，可以将其分解成多个简单事物分别处理。这正是线性系统理论的主要特征，已在前面章节中进行了阐述。

3.2.3　单自由度振动特征

按照从简单到复杂的学习方法，我们首先来研究单自由度系统的振动特征。一个质点或刚体都可以看做单自由度系统。研究单自由度系统具有如下意义：

(1)许多工程系统从振动学的角度看，都可以简化成单自由度系统，采用单自由度系统就可以抓住主要矛盾，满足工程需要。

(2)许多复杂系统都是在单自由度系统的基础上建立模型的，研究这种最简单的振动系统，可以阐明一些基本概念、原理和方法，为研究复杂振动打好基础。

现在采用一个质量块(可以看成一个质点)、一个弹簧器和一个阻尼器这三个基本元件来组建一个基本振动系统，如图 3-16 所示。尽管这个系统比较简单，但却是所有振动系统的基础，特别是对于线性振动系统，所有复杂系统都是由这个系统的某种组合而演变出来的。

对于一个系统，常将确定其位置所需的独立坐标数称为该系统的自由度。按照该定义，现在考察我们研究的这个系统。该系统的质量块(质点)的位置是一定的，其振动是绕着它的平衡位置展开的，所以只需要一个坐标即可(图 3-16)，可以用一个独立坐标 u 来描述。因此这是一个单自由度系统。通常，单自由度系统研究的是一个质点的运动情况。

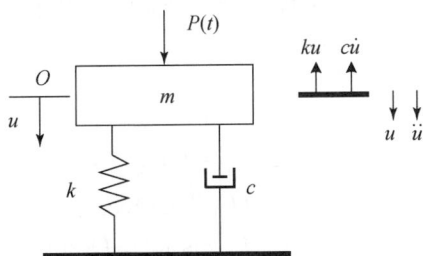

图 3-16　单自由度系统模型

如图 3-16 所示,考虑一般情况,选择平衡位置 O 为坐标原点。系统外力为 $P(t)$,作用在质量块上(注意外力作用位置,若不作用在质量块上,其结果是不同的,详见后面的振动传感器原理小节),系统抵抗力可以表示为 $F(u) = F_s + F_d$。现在考虑线性情况,即系统抗力 $F(u) = c\dot{u} + ku$。根据牛顿第二定律,可以建立如下的关于质量块 m(质点)的力学平衡方程:

$$m\ddot{u} + F(u) = P(t) \Rightarrow m\ddot{u} + c\dot{u} + ku = P(t) \tag{3-5}$$

式中,各量的含义前面已述。将式(3-5)称为单自由度系统振动的运动方程,在控制理论中又称为二阶系统。下面根据系统所受到的外力形式、弹簧和阻尼的组合形式等,分成几种情况讨论其振动特征。

1. 无阻尼自由振动

在无外力的情况下,系统能够运动起来,一定是受到一个初始扰动——或者是有初始位移,或者有初始速度,而弹簧(力)的存在是维持运动能够继续下去的原因。因此,无阻尼自由振动对应着 $c = 0$,$P(t) = 0$。此时式(3-5)变为如下形式:

$$m\ddot{u} + ku = 0$$

$$\Rightarrow \ddot{u} + \frac{k}{m}u = 0$$

令 $\omega_0 = \sqrt{k/m}$,称为无阻尼固有圆频率,$f = \omega_0/(2\pi)$ 为频率,则上述方程变为如下形式:

$$\ddot{u} + \omega_0^2 u = 0$$

上式是一个典型的二阶常微分方程,其解法非常成熟。由常微分方程理论可以得到解答为 $u(t) = Ce^{\lambda t}$,将其代入上式便得到如下表达式:

$$(\lambda^2 + \omega_0^2)Ce^{\lambda t} = 0$$

分析上式成立条件,其中 $e^{\lambda t} \neq 0$,而 $C = 0$ 为平凡解,可以略去。由此得到一个非常重要的方程:

$$\lambda^2 + \omega_0^2 = 0 \tag{3-6}$$

　　这是个代数方程，称为振动系统的本征方程，也称为特征方程或频率方程。由此得到振动系统的两个本征值（也称为特征值或固有值）$\lambda_1 = \mathrm{i}\omega_0$，$\lambda_2 = -\mathrm{i}\omega_0$。由此得到振动方程的两个特解为 $u_1(t) = C_1 \mathrm{e}^{\mathrm{i}\omega_0 t}$，$u_2(t) = C_2 \mathrm{e}^{\mathrm{i}\omega_0 t}$。采用叠加原理便可以得到方程的通解为

$$
\begin{aligned}
u(t) &= u_1(t) + u_2(t) \\
&= C_1 \mathrm{e}^{\mathrm{i}\omega_0 t} + C_2 \mathrm{e}^{\mathrm{i}\omega_0 t} \\
&= (C_1 + C_2)\cos\omega_0 t + \mathrm{i}(C_1 - C_2)\sin\omega_0 t \\
&= D_1 \cos\omega_0 t + D_2 \sin\omega_0 t
\end{aligned}
$$

　　根据三角函数知识，上式可以表示成 $u(t) = A\sin(\omega_0 t + \varphi)$ 的形式，这就单自由度系统的位移响应。其中 $A = \sqrt{D_1^2 + D_2^2}$ 为振幅，$\varphi = \arctan(D_1/D_2)$ 为初相角。

　　关于振幅表达式中两个参数的确定。如果振动是由初位移 u_0 引起，则 $D_1 = u_0$；如果振动是由初速度 $\dot{u}_0$ 引起，则 $D_2 = \dot{u}_0$。

　　从以上分析可以得到一个重要启示：由原来的运动方程经过变化得到其本征方程，这是一种分析问题的方法，值得深入思考。

　　无阻尼自由振动就是我们前面介绍的振动基本形式。观察上述方程，可以得到这样一个结论：无阻尼自由振动是等幅的自由振动，一经激发永不停止。实际上这是一种理想状态，真正的振动还是有阻尼的。

2. 有阻尼自由振动

　　无阻尼自由振动一直会持续下去，但实际振动不可能永远下去，总会渐渐停止的，为了模拟这种现象而引入了阻尼系数 c。有阻尼自由振动对应着 $P(t)=0$，则式(3-5)变为如下形式：

$$
m\ddot{u} + c\dot{u} + ku = 0
$$

　　这个方程的解答与前面的解答方法是一样的。首先令 $u(t) = B\mathrm{e}^{\lambda t}$，按照前面的方法，可以先确定有阻尼自由振动系统的本征方程为

$$
m\lambda^2 + c\lambda + k = 0 \tag{3-7}
$$

求解本征值为 $\lambda_{1,2} = -\dfrac{c}{2m} \pm \sqrt{\left(\dfrac{c}{2m}\right)^2 - \dfrac{k}{m}}$。

　　有阻尼振动是实际工程中最常见的振动形式。为了今后讨论问题的方便，现定义几个常用的参数。

　　(1)临界阻尼系数：

$$
c_0 = 2\sqrt{mk} = 2m\omega_0
$$

其简单推导过程如下：

　　根据本征值表达式，若 $\left(\dfrac{c}{2m}\right)^2 - \dfrac{k}{m} = 0$，则本征方程有两个重根，即 $\lambda_{1,2} =$

$-\dfrac{c}{2m}$，并有 $\dfrac{c}{2m} = \sqrt{\dfrac{k}{m}} = \omega_0$，$c = 2m\omega_0 = 2\sqrt{mk}$，定义此时为"临界阻尼状态"，相应的阻尼系数即为临界阻尼系数。

(2)阻尼比：

$$\zeta = \frac{c}{c_0} = \frac{c}{2\sqrt{mk}} = \frac{c}{2m\omega_0}$$

以上两个参数在今后的讨论中使用较多。根据上述定义的参数，将它们代入本征值表达式，则本征值可以改写成如下形式：

$$\lambda_{1,2} = -\frac{c}{c_0}\omega_0 \pm \omega_0\sqrt{\left(\frac{c}{c_0}\right)^2 - 1} = (-\zeta \pm \sqrt{\zeta^2 - 1})\omega_0$$

其位移响应为

$$u(t) = B_1 e^{\lambda_1 t} + B_2 e^{\lambda_2 t} \tag{3-8}$$

有阻尼振动所表现出的内容是很丰富的，随着参数的不同，其振动形式也有很大的不同，下面分几种情况进行讨论。

1)过阻尼系统——$\zeta > 1$（或 $c > c_0$）

由于 $\sqrt{\zeta^2 - 1} < \zeta$，所以两个本征值均为负实数，故根据式(3-8)，系统的运动是两个按指数衰减的运动之和，运动是非振荡的。如图 3-17 所示，其运动不会持续很久，很快就会停下来。

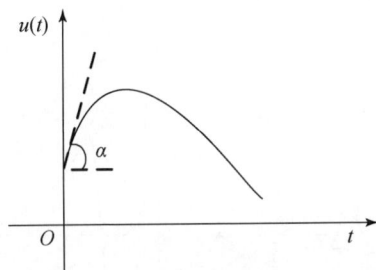

图 3-17 过阻尼系统的运动形态

无论什么样的系统（工程系统、交通系统、经济系统、社会系统等），如果系统阻尼太大，那么系统的运动（发展）不会持续很久。若想发展，就不能有过大的阻力（阻尼），否则终会失败，关键是需要什么样的发展。

2)临界阻尼系统——$\zeta = 1$（或 $c = c_0$）

此时本征值 $\lambda = -\omega_0$。系统的运动形态与"过阻尼系统"相似，也不发生振荡。但面临即将发生振动的状态，故称为"临界阻尼状态"。这是一个时间的线性函数与一个按指数衰减的函数之积，尽管运动是衰减的，但却处于一种"临界状态"，处于事物发生质变的关键阶段。

3)欠阻尼系统——$\zeta < 1$（或 $c < c_0$）

此时系统的本征值为一对共轭复数 $\lambda_{1,2} = (-\zeta \pm i\sqrt{1-\zeta^2})\omega_0$。其位移响应为

$$u(t) = B_1 e^{(-\zeta + i\sqrt{1-\zeta^2})\omega_0 t} + B_2 e^{(-\zeta - i\sqrt{1-\zeta^2})\omega_0 t}$$
$$= A e^{-\zeta\omega_0 t}\sin(\omega_d t + \alpha)$$

式中，$\omega_d = \sqrt{1-\zeta^2}\,\omega_0$ 称为有阻尼固有频率。此时系统发生振荡，$u(t)$ 为一个具有振幅随时间按指数衰减的简谐函数，称为"欠阻尼函数"，其运动形态如图 3-18 所示。仔细观察发现，上式由两部分构成，一部分为衰减的指数函数；另一部分为正弦函数。由于含有正弦函数，因此系统具有某种周期性振动特征；又由于含有衰减的指数函数，系统的振动会逐渐消失。因此，二者的合成运动就是一种衰减振动。当有阻尼固有频率为 0 时，振动退化为无阻尼简谐振动。

此外，还可以推导出这种衰减振动的周期为 $T_d = 2\pi/\omega_d = 2\pi/(\omega_0\sqrt{1-\xi^2})$。对上述三种情况进行总结如下，如图 3-19 所示。

（1）过阻尼系统，即 $\zeta > 1$，$c > c_0$，$T_d < 0$，不产生振荡；

（2）临界阻尼系统，即 $\zeta = 1$，$c = c_0$，$T_d \to \infty$，不产生振荡；

（3）欠阻尼系统，即 $\zeta < 1$，$c < c_0$，T_d 为有限值，产生振荡，经过一段时间会停下。

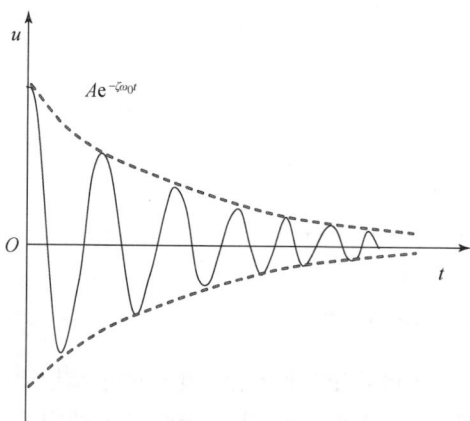

图 3-18　欠阻尼系统的运动形态　　　　图 3-19　三种阻尼振动比较示意图

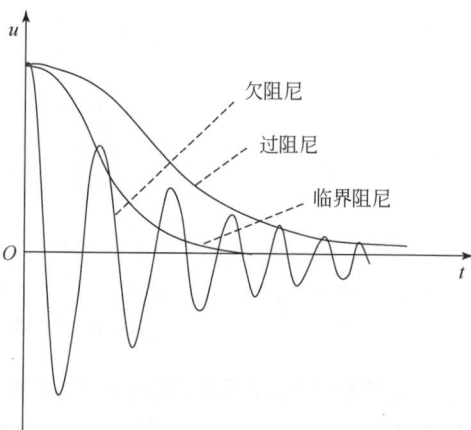

上述结果可以广泛应用于各种系统，包括非工程系统，如社会系统。可以延伸到其他领域，在各种动态现象中，关于对事情的发展趋势的预测、解释等都可以采用，这正是动力学方法的魅力所在。

尽管上述单自由度系统会发生运动或振荡，但是这种现象并不会长久，原因在于受能量守恒定律的制约，没有外力作用，得不到能量的补充。若想系统能够持续

地运动下去,必须有外界提供相应的能量补充。下面的强迫振动就是一种依靠外力作用来补充能量的运动。振动压路机在振动碾压工作时就是这种振动模式。

3. 简谐激励下的强迫振动

在具有阻尼的振动系统中,若要维持振动,外界必须施加一个周期性的强迫力(也称为策动力),一般以简谐激励居多,振动压路机的振动轮就是在简谐激励下工作的。下面就来分析这种振动。

令振动系统受到的简谐荷载为 $P(t) = P\sin\omega t$,则根据式(3-5),系统的运动方程为如下形式:

$$m\ddot{u} + c\dot{u} + ku = P\sin\omega t \tag{3-9}$$

1)动态响应求解

式(3-9)是一个二阶线性非齐次常微分方程,其解法非常成熟。根据微分方程理论,非齐次方程的通解由两部分构成,即齐次方程的通解和非齐次方程的特解。下面考虑一般情况(欠阻尼、产生振动),直接给出结果。

(1)齐次方程($m\ddot{u} + c\dot{u} + ku = 0$)的通解:

$$u_h(t) = Ae^{-\zeta\omega_0 t}\sin(\omega_d t + \varphi)$$

上式就是前面的欠阻尼振动的解答。其中,φ 为初相角,ω_0 和 ω_d 分别为无阻尼和有阻尼情况下系统的固有频率。接下来再求出特解。

(2)非齐次方程的特解。关于非齐次方程的特解,一般采用复数方法求解更方便一些。因此这里用 $Pe^{i\omega t}$ 来替换 $P\sin\omega t$,其结果取虚部便可得到原解:

$$m\ddot{u} + c\dot{u} + ku = Pe^{i\omega t}$$

按照复数方法,如果令特解为 $u_s(t) = \bar{U}e^{i\omega t}$,$\bar{U}$ 为复振幅,将其代入原方程便可以得到复振幅的表达式如下:

$$\bar{U} = \frac{P}{k - m\omega^2 + i\omega c} = |\bar{U}|\ e^{-i\varphi}$$

再根据 $a + ib = Ae^{-i\varphi}$,得到振幅的表达式如下:

$$A = |\bar{U}| = \frac{P}{\sqrt{(k - m\omega^2)^2 + c^2\omega^2}}$$

根据上式可以求出激振力与质量块位移之间的相位角为 $\varphi = \arctan[\omega c/(k - m\omega^2)]$,这是一个很重要的参量,后面还会讨论。根据上式可以得到特解 $u_s(t) = Ae^{i(\omega t - \varphi)}$ 。由于 $P\sin\omega t = \mathrm{Im}[Pe^{i\omega t}]$,故将特解也取其虚部,因此真正的特解表达式如下:

$$u_s(t) = \frac{P}{\sqrt{(k - \omega^2 m)^2 + \omega^2 c^2}}\sin(\omega t - \varphi)$$

由微分方程理论,综合以上通解和特解两部分内容,很容易得到振动系统的位移响应如下：

$$u(t) = u_h(t) + u_s(t)$$

$$= A_h e^{-\xi\omega_0 t}\sin(\omega_d t - \varphi) + \frac{P}{\sqrt{(k - \omega^2 m)^2 + \omega^2 c^2}}\sin(\omega t - \varphi) \tag{3-10}$$

这里需要注意三个频率的区别：ω_0 为单自由度无阻尼固有频率；ω_d 为单自由度有阻尼固有频率；ω 为简谐荷载的激振频率。根据上式可以得到如下结论：

（1）系统发生的运动是频率为 ω_d 的简谐振动（逐渐衰减）和频率为 ω 的简谐振动（不衰减）之和；

（2）由于存在阻尼，经过一段时间后，衰减的简谐振动将停止，称其为"瞬态振动"；

（3）系统的持续振动为 $u_s(t)$，只与外部激振力有关，称其为"稳态振动"。

这里需要注意，瞬态振动与稳态振动是两个重要概念。汽车施加给路面的荷载是瞬态，振动压路机加载施加给碾压面的荷载是稳态。一般强迫振动都是指稳态响应，这是最重要的部分，可以统一表示为如下形式：

$$u(t) = A\sin(\omega t - \varphi) \tag{3-11}$$

式（3-11）就是在激励 $P\sin\omega t$ 作用下系统的稳态响应。其频率与激励频率相同，但振动滞后一个相位角 φ（由于存在阻尼），这是线性振动理论的重要结论。对于振动压路机而言，激振力与振动轮动态响应之间就存在一个相位角，在进行有关解答时需要知道。

2）振动特征

根据以上的分析，可以得到简谐激励下系统强迫振动（稳态振动）的振动幅值（这里指位移幅值）表达式如下：

$$A = \frac{P}{\sqrt{(k - \omega^2 m)^2 + \omega^2 c^2}} \tag{3-12}$$

由上可见，系统的强迫振动的振幅与初始条件无关，仅与系统的三要素（m, k, c）和激振力的特征（P, f）有关。为了讨论问题，这里再定义几个比较重要的参数：$A_0 = P/k$，$r = \omega/\omega_0$，$\beta = A/A_0 = 1/\sqrt{(1 - r^2)^2 + (2\zeta r)^2}$，它们分别被称为等效静位移、频率比、位移振幅放大因子。下面讨论几种情况（图 3-20）。

（1）当 $r \to 0$ 时，当频率比很小时，意味着激振频率远小于系统的固有频率，激振频率接近于 0，而放大因子 $\beta \to 1$，此时系统的运动与阻尼无关，振幅与静位移相近，相当于静力作用。

（2）当 $r \to \infty$ 时，当频率比很大时，意味着激振频率远大于系统的固有频率，激振频率很高时的振幅会趋于 0，此时 $\beta \to 0$，系统运动也与阻尼无关，这意味着质量块的振动步伐跟不上力的快速变化，系统将停留在平衡位置不动，也就是俗称的"振不起来"。

（3）当 $r=1$ 时，此时的激振频率与系统固有频率一致，称为"共振频率"。系统会发生"共振"现象。当 $\zeta=0$ 时，$\beta\to\infty$，即振幅将趋于无穷大。但实际上由于系统总是存在阻尼的，所以振幅总是有限的，只是很大而已，并且共振频率略小于系统固有频率。另外，"共振"现象既有有利的一面，也有不利的一面，关键在于如何利用。一般在设计振动压路机时，都尽量将压路机激振频率靠近被碾压体的固有频率，以便在振动碾压时取得最好的压实效果，这是有利的一面。对于不利的一面，典型的例子就是士兵步伐一致过桥而导致的桥梁垮塌。

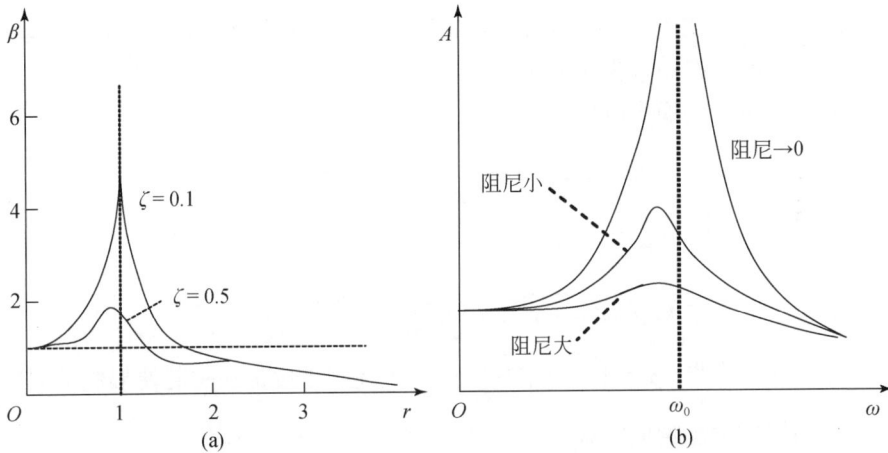

图 3-20　阻尼比、频率比、放大倍数、振幅之间的关系示意图

如前所述，强迫振动的动态响应与激振力之间存在一定的相位差，这是一个重要的参量，涉及很多求解问题（见后面有关章节），这里再进行一些讨论。

$$\varphi=\arctan\frac{\omega c}{k-\omega^2 m}=\arctan\frac{2\zeta r}{1-r^2}$$

由上式可知，激振力与系统动态响应之间的相位角与频率比和阻尼比都有关。对于不同的阻尼情况，相位角在 $0\sim180°$ 变化。

（1）阻尼比 $\zeta=0$，即无阻尼情况。若 $r=\omega/\omega_0<1$，则 $\varphi=0$，激振与响应的相位相同；若 $r=\omega/\omega_0>1$，则 $\varphi=\pi$，激振与响应的相位相反；若 $r=\omega/\omega_0=1$，则 $\varphi=\pi/2$。

（2）阻尼比 $\zeta>0$，即有阻尼情况。若 $r=\omega/\omega_0\ll1$，则 $\varphi\approx0$；若 $r=\omega/\omega_0\gg1$，则 $\varphi=\pi$，响应趋于零；若 $r=\omega/\omega_0=1$，则 $\varphi=\pi/2$，发生共振现象，振幅很大。

4. 周期荷载激励下的强迫振动

一般周期荷载可以表示成 $P(t+T)=P(t)$ 的形式，其中 T 为周期。由前面知识可知，对于周期荷载可以按照傅里叶级数展开，展成一系列的不同频率的简谐荷载之和。由于所要讨论的系统为线性系统,根据线性系统的叠加原理,周期荷载作用所引起的系统稳态响应为各简谐荷载单独作用时引起的系统各稳态响应之和。

因此,周期荷载的处理方法为:将 $P(t)$ 化成傅里叶级数,把级数中的每一项视为一个简谐荷载激励,确定其稳态响应,再把所有简谐稳态响应相加起来,便得到系统总响应:

$$m\ddot{u} + c\dot{u} + ku = \frac{a_0}{2} + \sum_{n=1}^{\infty}(a_n\cos n\omega t + b_n\sin n\omega t) \tag{3-13}$$

式中,$\omega = 2\pi/T$ 为激励力的基频;$n\omega$ 称为第 n 阶谐波分量。下面分别求其响应。

(1) $a_0/2$ 的稳态响应为 $a_0/2k$。

(2) $a_n\cos n\omega t$ 的稳态响应为

$$\frac{a_n}{k\sqrt{(1-r_n^2)^2 + (2\xi r_n)^2}}\cos(n\omega t - \varphi_n)$$

(3) $b_n\sin n\omega t$ 的稳态响应为

$$\frac{b_n}{k\sqrt{(1-r_n^2)^2 + (2\xi r_n)^2}}\sin(n\omega t - \varphi_n)$$

式中,$r_n = nr = \dfrac{n\omega}{\omega_n}$,$\varphi = \arctan\dfrac{2\xi r_n}{1-r_n}$。将上述三项叠加在一起便形成了周期荷载作用下系统的动态响应解答:

$$u(t) = \frac{a_0}{2k} + \sum_{1}^{\infty}\frac{a_n}{k\sqrt{(1-r_n^2)^2 + (2\xi r_n)^2}}\cos(n\omega t - \varphi_n)$$
$$+ \sum_{1}^{\infty}\frac{a_n}{k\sqrt{(1-r_n^2)^2 + (2\xi r_n)^2}}\sin(n\omega t - \varphi_n) \tag{3-14}$$

可以看出,周期荷载作用下的系统响应并没多少新鲜知识,只是前面知识的简单结合而已。周期荷载激励下的单自由度有阻尼系统的动态响应具有如下特征:

(1)尽管系统的稳态响应为一无穷级数,但在实际工程中,一般计算有限项即可满足要求;

(2)系统稳态响应也为周期振动,其周期等于激振力周期 T;

(3)系统稳态响应有激振力各次谐波分量分别作用下的稳态响应叠加而成;

(4)在系统稳态响应中,与系统固有频率相近的谐波分量最大,占主要成分;而远离固有频率的谐波成分引起的响应占次要成分。

5. 振动传感器原理——自由度系统受基础激励模型

由于连续压实控制的数据是采用动力学测试方法获取的,其中涉及振动传感器问题。因此,这里有必要从动力学角度对振动传感器的基本原理进行一些介绍,这实际上就是单自由度系统的工程应用问题。

振动传感器有三种基本形式:加速度计、速度计、位移计。其测试原理相同,主要是基于基础运动引起系统振动的原理,其基本构造示意图如图 3-21 所示。当然现在的传感器内部还有电路部分,结构比较复杂,但基本原理不变。

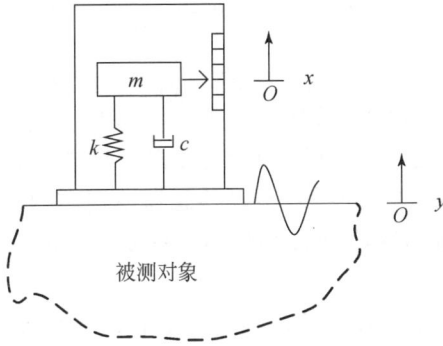

图 3-21　振动传感器工作原理图

从事过动态测试工作的都知道,在测量一个物体的振动特性时,一般都是将振动传感器与被测物体紧密耦合在一起,形成一个整体(这个物体便可以看成传感器的基础或者机座),这样被测物体的运动就会传递给传感器,传感器内部由于该物体的运动而产生一个相对运动。通过对传感器内部振动三元件的不同组合设计,其动态响应便可以反映被测物体位移、速度和加速度等,从而感知该物体的运动信息,实现量测的目的。

由以上论述可知,采用传感器测量时,外部作用并没有直接作用在传感器内部的质量块上(这与前面所研究的外力作用在质量块上的情况是不同的),其运动是由基础传给传感器内部的弹簧和阻尼、再传递给质量块而产生的,其响应与前面的单自由度响应会有所不同,这就是所谓的自由度系统受基础激励模型。振动传感器就是基于这种模型的。下面分析这种模型的动态响应。

为方便计,现在假设由于某种扰动,被测对象(传感器的基础或者机座)发生了振动,连接在一起的传感器也随之产生振动。设 $x(t)$ 为传感器质量块 m 的运动, $y(t)$ 为被测对象(机座)的运动,采用牛顿第二定律可以建立如下关系式:

$$m\ddot{x} = -c(\dot{x} - \dot{y}) - k(x - y)$$

由于振动传感器记录的是质量块 m 与被测对象(机座)之间的相对运动,所以可以令 $u = x - y$,则有

$$m\ddot{u} + c\dot{u} + ku = -m\ddot{y}$$

在质量块 m 做相对运动过程中,它的激励(输入)就是传感器外壳(实际就是被测物体)运动引起的惯性力(如上式中右边项),而输出则是质量块 m 的相对位移等。如果令被测对象(机座)的运动为 $y(t) = Y\sin\omega t$,则有

$$m\ddot{u} + c\dot{u} + ku = mY\omega^2\sin\omega t \tag{3-15}$$

式中，u 是传感器记录下的相对运动(位移)。

根据前面的知识很容易求解上述方程。经过解答，上述方程的动态响应(输出)以及相关参数如下：

$$u(t) = A\sin(\omega t - \varphi) , \quad A = \frac{mY\omega^2}{\sqrt{(k - \omega^2 m)^2 + \omega^2 c^2}}$$

$$\frac{A}{Y} = \frac{r^2}{\sqrt{(1 - r^2)^2 + (2\xi r)^2}} , \quad \tan\varphi = \frac{\omega c}{k - \omega^2 m} = \frac{2\xi r}{1 - r^2}$$

根据上述这几个表达式，按照前面给出的相关振动特征，通过设计便可以实现量测不同物理量的需求，这就是设计振动传感器所遵循的基本依据。下面分别给出位移传感器、速度传感器和加速度传感器的具体工作原理。

1)位移传感器

如果被测物体的频率 ω 比传感器的固有频率 ω_0 要大得多，即 $r = \omega/\omega_0 \gg 1$，则有如下关系式存在：

$$\frac{A}{Y} \to 1, \quad A \sim Y$$

可见传感器的位移与物体的位移是一致的。因此，对位移传感器来讲，要求 $r \gg 1$，即传感器的固有频率与被测物体频率相比，越小越精确。一般情况下，ω_0 至少比 ω 小两倍，实际测试时有可能 $r \to 10$。

2)速度传感器

如果被测物体的振动频率 ω 与传感器的固有频率 ω_0 相等，即 $r = 1$，则有 $A/Y = 1/(2\xi)$。由于 $\dot{y} = \omega Y$，所以有如下关系式存在：

$$A = \frac{\omega}{2\xi} , \quad \dot{y} = \frac{m}{c}\dot{y}, \quad A \sim \dot{Y}$$

上式表明，传感器的位移与物体的速度是一致的，相对位移将正比于被测物体的运动速度，并且应使阻尼 c 大一点为好。

3)加速度传感器

为了得到传感器中质量块的响应与被测物体加速度之间的关系，现变换振幅 A 的表达式如下：

$$\frac{A}{\omega^2 Y} = \frac{A}{\dot{Y}} = \frac{1}{\omega_0^2 \sqrt{(1 - r^2)^2 + (2\xi r)^2}}$$

分析上式可知，如果 $r = 1$，即被测物体的频率 ω 比传感器的固有频率 ω_0 小许多时，则有如下关系式存在：

$$A = \frac{\ddot{Y}}{\omega_0^2} \to A \sim \ddot{Y}$$

可见测得的相对位移将接近被测物运动的加速度，它们之间呈正比关系。加速度传感器是固有频率很高的传感器，要求至少比测试对象频率要高 2 倍以上。

以上阐述了振动传感器的工作原理。从中可以看出，通过改变传感器内部质量块、弹簧和阻尼的相对大小，便可以得到不同类型的传感器。例如，改变质量和弹簧，就可以形成不同固有频率的传感器（ $\omega_0 = \sqrt{k/m}$ ），量测不同的指标。

3.2.4　双自由度振动特征

如前所述，单自由度系统可以用一个独立坐标来描述，而多自由度系统则是指用多于一个独立坐标来描述运动的系统。最简单的多自由度系统就是双自由度系统，需要用两个独立坐标来描述。

从一个自由度变成两个自由度，虽然只增加了一个自由度，但却是最少的多自由度系统，会带来一些新的物理概念，引起一些性质上的变化，并具有单自由度系统所没有的多自由度系统的基本特征和规律。由于双自由度系统是所有多自由度系统的基础，因此研究双自由度系统，不仅对自身，而且对多自由度系统的振动问题也是有益的，原来的许多概念、原理都可以继续使用。此外，对于振动压路机，其中振动分析的模型也是双自由度系统。

考虑一般情况，双自由度系统由两个质量块以及连接它们的弹簧和阻尼构成，如图 3-22 所示。按照牛顿第二定律建立动力学平衡方程如下：

$$P_1(t) - k_1 u_1 - k_2(u_1 - u_2) - c_1 \dot{u}_1 - c_2(\dot{u}_1 - \dot{u}_2) = m_1 \ddot{u}_1$$
$$P_2(t) - k_2(u_2 - u_1) - k_3 u_2 - c_2(\dot{u}_2 - \dot{u}_1) - c_3 \dot{u}_2 = m_2 \ddot{u}_2$$

整理得

$$m_1 \ddot{u}_1 + (c_1 + c_2)\dot{u}_1 - c_2 \dot{u}_2 + (k_1 + k_2)u_1 - k_2 u_2 = P_1(t)$$
$$m_2 \ddot{u}_2 - c_2 \dot{u}_1 + (c_2 + c_3)\dot{u}_2 - k_2 u_1 + (k_2 + k_3)u_2 = P_2(t)$$

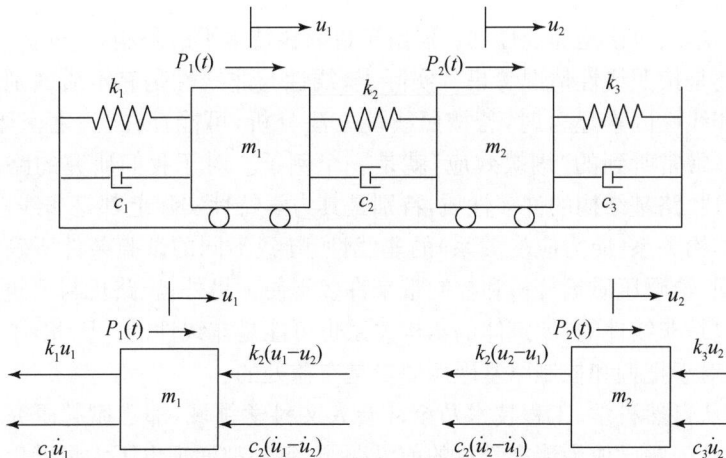

图 3-22　二自由度系统模型及受力分析图

为了更清晰地表达上述方程,现将它们改写成矩阵形式:

$$\begin{bmatrix} m_1 & 0 \\ 0 & m_2 \end{bmatrix} \begin{bmatrix} \ddot{u}_1 \\ \ddot{u}_2 \end{bmatrix} + \begin{bmatrix} c_1+c_2 & -c_2 \\ -c_2 & c_2+c_3 \end{bmatrix} \begin{bmatrix} \dot{u}_1 \\ \dot{u}_2 \end{bmatrix} + \begin{bmatrix} k_1+k_2 & -k_2 \\ -k_2 & k_2+k_3 \end{bmatrix} \begin{bmatrix} u_1 \\ u_2 \end{bmatrix} = \begin{bmatrix} P_1(t) \\ P_2(t) \end{bmatrix}$$

写成向量形式为

$$\boldsymbol{M}\ddot{\boldsymbol{u}} + \boldsymbol{C}\dot{\boldsymbol{u}} + \boldsymbol{K}\boldsymbol{u} = \boldsymbol{P}(t) \tag{3-16}$$

式中

$$\boldsymbol{M} = \begin{bmatrix} m_1 & 0 \\ 0 & m_2 \end{bmatrix}, \quad \boldsymbol{C} = \begin{bmatrix} c_1+c_2 & -c_2 \\ -c_2 & c_2+c_3 \end{bmatrix}, \quad \boldsymbol{K} = \begin{bmatrix} k_1+k_2 & -k_2 \\ -k_2 & k_2+k_3 \end{bmatrix}$$

$$\ddot{\boldsymbol{u}} = \begin{bmatrix} \ddot{u}_1 \\ \ddot{u}_2 \end{bmatrix}, \quad \dot{\boldsymbol{u}} = \begin{bmatrix} \dot{u}_1 \\ \dot{u}_2 \end{bmatrix}, \quad \boldsymbol{u} = \begin{bmatrix} u_1 \\ u_2 \end{bmatrix}, \quad \boldsymbol{P}(t) = \begin{bmatrix} P_1(t) \\ P_2(t) \end{bmatrix}$$

考虑到我们研究的对象之一——振动压路机的振动模式为双自由度简谐振动,因此将激振力向量写成如下形式:

$$\boldsymbol{P}(t) = \begin{bmatrix} P \\ 0 \end{bmatrix} \sin\omega t$$

其解法与单自由度简谐振动的解法类似。可令 $u_1(t) = A_1 \mathrm{e}^{i\omega t}$,$u_2(t) = A_2 \mathrm{e}^{i\omega t}$。代入上述方程,经过化简整理,可以得到解答为

$$\boldsymbol{u} = \begin{bmatrix} u_1(t) \\ u_2(t) \end{bmatrix} = \begin{bmatrix} A_1 \sin(\omega t - \varphi_1) \\ A_2 \sin(\omega t - \varphi_2) \end{bmatrix}$$

式中,A_1、A_2 为振幅,其具体表达式待以后对振动压实机进行动态响应解答和分析时再一并给出。

3.2.5 非线性初步

世界的本质应该是非线性的。但由于目前科技水平的限制,在分析问题时,大部分情况还是按照线性情况考虑。实际上,线性与非线性是有本质区别的。当一个问题的非线性因素显著时,若按照线性方法分析,可能存在"失之毫厘,谬以千里"的现象,常常听到的"蝴蝶效应"就是一个例子。对于我们研究的路基碾压问题,如前所述,路基结构的许多性质,特别是其力学特性实际上都是非线性的,典型的就是其本构关系(应力应变关系)的非线性,导致不同的试验条件所确定的参数都不尽相同,给碾压质量分析和控制带来许多不便。另外,压路机与填筑体之间的相互作用也是非线性的,填筑体的本构关系也可能是非线性的。因此,了解一些非线性知识,对于把握和控制路基碾压质量是有益处的。

当前,从自然科学、工程技术乃至社会人文科学领域,都已掀起研究非线性的热潮,非线性问题已成为诸多学科的前沿课题,每年都涌现出了大量的以非线性问题为核心的文章。在研究非线性科学的队伍中,美国的圣菲研究所最具有代表性,那里集中了一批各学科的优秀人才,进行着跨学科的深入研究。有兴趣的读者可

在网上查看他们的研究成果和动态。

1. 线性与非线性区别

线性与非线性的概念在中学数学中就已经学过,主要用于区分某一函数对自变量的依赖关系。简单地说,线性就是变量之间为一次方的关系,非线性则是二次方及以上的关系,在图像上分别为直线和曲线,如下式所示:

$$y = f(x) = \begin{cases} ax, & \text{线性（直线）} \\ ax^2, & \text{非线性（曲线）} \end{cases}$$

式中,a 为常数(以下同)。上式是最简单的线性与非线性关系,但即使这样,其内涵也是非常丰富的。下面进行简单的分析,以便看到其丰富的一面。

设有两个动态系统,其模型结构分别如图 3-23 所示,图(a)为线性结构,图(b)为非线性结构。现在分别输入相同的信号,看看其输出信号会发生什么样的变化。

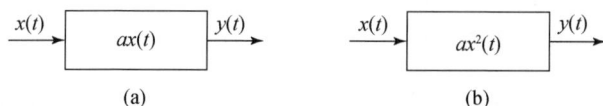

图 3-23　线性与非线性模型

令输入信号为 $x(t) = \cos\omega t$,则两个系统的输出分别如下。

(1)线性系统的输出:

$$y(t) = a\cos\omega t$$

(2)非线性系统的输出:

$$y(t) = ax^2(t) = a\cos^2\omega t = \frac{a}{2} + \frac{a}{2}\cos2\omega t$$

可见,对线性系统来讲,输入信号的频率结构和输出信号的频率结构是一样的,因此线性系统对输入信号的频率结构不产生影响,系统具有保持其输入和输出信号频率一致的特性(幅值上的变化可通过标定来解决)。而非线性系统则不同,输出信号的频率结构与输入信号的相比发生了明显改变,出现了频率为零的"直流分量"和频率为 2ω 的"倍频分量"。这正是线性与非线性的区别。可见非线性对输出结果的影响是显而易见的——无法还原输入信号!

线性系统对输入信号的频率成分保持不变的性质也是其基本特征(可由叠加原理推出),这一点在实际工作是非常有用的。

当我们遇到一个实际系统而不知道它的性质时,可以把它看做一个"黑箱系统"。将一个已知频率成分的信号输入给它,然后测其输出,分析输出信号的频率成分,如频率成分无变化而只有强弱的改变则为线性系统,否则为非线性系统,这就是系统识别中的模型辨识。当然,更复杂的方法要用到非线性动力学或混沌动力学的理论,感兴趣的读者可以阅读相关文献。

2. 非线性振动的简单模型

非线性问题丰富多彩。非线性振动与线性振动相比，遇到的各种问题都非常复杂，归纳起来，非线性振动具有如下特征：

（1）解答不满足线性系统解的叠加原理，并且没有通用解法；

（2）一般很少得到解析解答，以数值解居多，同时存在多解问题；

（3）系统动态响应中出现多频现象，频率中既有分频也有倍频等成分；

（4）系统动态响应存在混沌和分叉现象。

鉴于非线性问题的复杂性，这里仅就简单易于理解的情况进行阐述，在 3.4 节还将给出一种有用的求解方法。下面结合简单情况，介绍一些基本概念。

由式（3-5）可知，在建立单自由度系统振动方程时，是假设质量块受到的抵抗力为弹簧力与阻尼力的线性组合。如果系统抗力的表达形式未知或者是非线性的，那么情况就比较复杂了。现在统一将系统抗力写成 $F(u)$ 的形式（如图 3-24 所示），并建立统一的振动方程[5]：

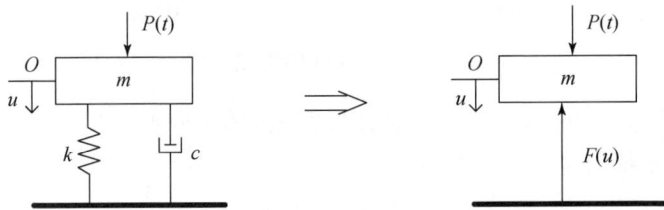

图 3-24　由具体的线性到抽象的非线性模型

$$m\ddot{u} + F(u) = P(t) \tag{3-17}$$

在研究非线性问题时，一般都将上述方程进行归一化处理，即取单位质量块进行研究。将各项都除以 m，得到研究非线性振动的一般表达形式：

$$\ddot{u} + f(u) = p(t) \tag{3-18}$$

式中，$f(u) = F(u)/m$，$p(t) = P(t)/m$。式（3-18）为非线性振动方程的通式，一般在作定性分析时经常用到。随着系统抵抗力的具体形式不同，可以形成多个具体振动形式。当 $F(u) = c\dot{u} + ku$（$f(u) = (c/m)\dot{u} + \omega^2 u$）时即为前面的线性振动情况。

为了理解非线性振动的复杂性，这里只对最简单情况，即单自由度无阻尼，弹簧为非线性弹簧，$f(u) = \omega^2(u + \varepsilon u^3)$ 进行分析。考虑简谐振动情况，则式（3-18）变为

$$\ddot{u} + \omega^2(u + \varepsilon u^3) = p(t)\sin\omega t$$

上述表达形式是研究非线性振动问题时最常用的一种形式，而对其解答的研究也比较成熟，所以为了讨论问题的方便，也采用了这个模式。其主要目的在于揭

示非线性振动特性。同时,对于路基结构而言,上述非线性方程在一定程度上也可以模拟路基结构的非线性问题。

另外,在上述方程中,参数 $\varepsilon = 1$。引入这个小参数的目的是用来表示振动幅值的大小,它是求解非线性振动方程时一种常用的技术手段,其大小与弹簧性质密切相关。

这里不考虑阻尼力也是由于粗粒料构成的路基结构的阻尼较小,主要为弹性力。弹性力的性质一般可以按照所对应的弹簧性质进行划分。弹簧的形式一般分为三种情况,如图 3-25 所示。

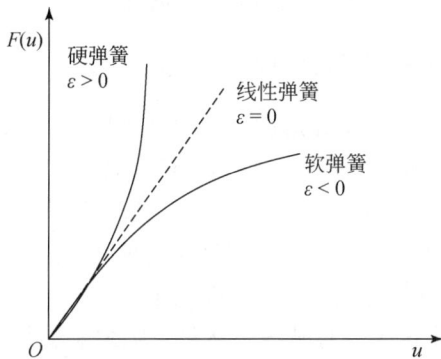

图 3-25　非线性弹簧的弹性力与位移关系

(1)软弹簧,其刚度系数随变形的增大而变小。

(2)硬弹簧,其刚度系数随变形的增大而变大。

(3)线性弹簧,其刚度系数不随变形的变化而变化,为常数。

软弹簧相当于路基结构系统形成过程中结构抵抗力较小时的情况。当压实作用力与路基系统固有抗力相比较大时,就会出现输入能量大到一定程度时路基系统将失稳的现象,此时旧的结构被破坏、新的稳定结构将产生。软弹簧对应的解答比较复杂,只有当系统能量较小时才有周期解。硬弹簧相当于路基结构系统的固有抵抗力较大时的情况,此时压实作用力可能小于系统抵抗力,压实机具有可能产生弹跳现象。硬弹簧对应着的解答都是周期解。显然填筑体碾压过程一般都可以采用硬弹簧模型来模拟。

为什么要考虑硬弹簧这种情况呢?其主要原因在于这样就可以求出振动响应的周期解,以便能看到响应信号中频率结构的复杂性,这是我们讨论的主要目的。后面将给出详细解法。

3.3　传统模型与动力分析

路基与压实机具的相互作用问题在很早就开始研究了。所使用的工具就是前面介绍的弹性力学与线性振动力学理论等。尽管有了许多的解答,但是从工程应用角度看,还是显得比较复杂,需要确定的参数也较多,因此较少在工程实践中得到应用。同时所建立的模型也是比较理想化的,主要以弹性模型为主,这与我们研究路基填筑体碾压成型过程中的塑性模型有很大的差异。但是弹性模型可以在碾压结束、路基结构达到设计要求时考虑使用。因为按照技术要求,此时路基填筑体应该处于弹性状态。此外,随着科学技术的发展进步,也许将来会出现更好的适用模型,但也一定是克服了现有模型不足的基础上发展起来的。因此,无论从哪个角度看,知道和理解这些传统模型及其响应都是必要的。

3.3.1 理想状态下路基系统动态响应

根据前面的研究,路基结构在形成过程中主要是受到振动压路机的压实作用,这是一个时变的非线性动力学系统。目前对压实过程的研究还比较少,主要是由于没有成熟的理论和方法,仍以实践为主。但是按照压实质量要求,路基系统在振动压路机的作用下,由初始的松散状态演化成比较紧密的稳定状态,最终将形成一个弹性体,这时就可以将其看做一个弹性系统了。

建立数学模型的目的在于对其进行求解,为系统分析和参数识别打下基础。理想的路基结构符合弹性半空间体的假设,其动力问题早在 20 世纪 50 年代就进行了解答工作,进入 90 年代后又发展了有限元、边界元和离散元等计算技术。应该说其求解工作已经变得很成熟了。因此不再对其求解过程进行详细的讨论,仅给出一些有用的结论,了解一下对我们有什么启迪和帮助。

根据基本假设,按照弹性理论可以建立路基系统的数学模型,包括运动方程、几何方程和本构方程。其中应力、应变和位移均是空间和时间的连续函数。另外,这种模型除了运动方程外,其余的与静力学的完全相同。

运动方程表示介质中任意一点的应力和加速度之间的一种关系。如果弹性介质的密度为 ρ,在不计体力的情况下,路基系统的运动方程可以表示成如下形式:

$$\begin{cases} \dfrac{\partial \sigma_x}{\partial x} + \dfrac{\partial \tau_{xy}}{\partial y} + \dfrac{\partial \tau_{zx}}{\partial z} = \rho \dfrac{\partial^2 u}{\partial t^2} \\[2mm] \dfrac{\partial \sigma_y}{\partial y} + \dfrac{\partial \tau_{xy}}{\partial x} + \dfrac{\partial \tau_{zy}}{\partial z} = \rho \dfrac{\partial^2 v}{\partial t^2} \\[2mm] \dfrac{\partial \sigma_z}{\partial z} + \dfrac{\partial \tau_{xz}}{\partial x} + \dfrac{\partial \tau_{yz}}{\partial y} = \rho \dfrac{\partial^2 w}{\partial t^2} \end{cases}$$

路基系统与振动压路机(压实机具)的相互作用,实际上是压路机振动轮受到自身激振力(简谐荷载)的作用,再通过轮体传递给路基结构。可见作用在路基结构表面上的力(即压实力)并不是压路机的激振力,这一点务必要弄清楚,如图 3-26 所示。

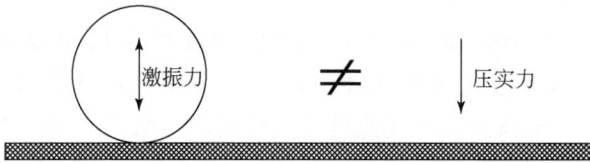

图 3-26　压路机激振力不直接作用在路基面上

理论和实践都证明，路基系统在振动压路机作用下，其表面受到的是一种条状周期荷载作用，而压路机的激振力只是其中的一个组成单元而已（详见后面的分析）。根据前面介绍的知识，周期荷载可以看成由若干个简谐荷载的线性叠加组合而成的。因此，简谐荷载作用下的路基系统响应仍然是其基础。下面就给出集中简谐荷载作用下的解答，在此基础上进行叠加便可得到条状简谐荷载作用下的响应解答。

如果把路基结构作为弹性半空间体来考虑，当其表面受集中简谐荷载的作用时，响应也是简谐的，只是在相位上有所差异而已。仿照前面复数解法，路基表面作用一集中简谐荷载时，可以将其表示成复数的形式，这样便于求解：

$$P(t) = Pe^{i\omega t}$$

对于路基检测来讲，比较有用的是路基结构表面的垂向位移 $w(r, 0, t)$，因为这种位移响应可以较容易地量测到。通过理论解答与实测数据的对比，进而可以得到与路基结构性能相关的一些参数。当 $z = 0$ 时，可以得到垂向位移的表达式如下：

$$w(r, t) = \frac{\chi P}{2G} K \sqrt{\frac{2}{\pi \chi r}} e^{i(\omega t - \chi r - \pi/4)} \tag{3-19}$$

式中

$$K = -\frac{2k^2 \alpha_1 (2\chi^2 - k^2)^2}{F'(\chi) f(\chi)}, \quad f(\chi) = 8\alpha_1 \beta_1 \chi, \quad F(\zeta) = (2\zeta^2 - k^2)^2 - 4\zeta^2 \alpha \beta,$$

$$\alpha_1 = \sqrt{\chi^2 - h^2}, \quad \beta_1 = \sqrt{\chi^2 - k^2}, \quad h = \frac{\omega}{c_p}, \quad k = \frac{\omega}{c_s},$$

$$c_p = \sqrt{\frac{1 - \mu}{(1 + \mu)(1 - 2\mu)} \cdot \frac{E}{\rho}}, \quad c_s = \sqrt{\frac{1}{2(1 + \mu)} \cdot \frac{E}{\rho}},$$

$$\alpha^2 = \zeta^2 - h^2, \quad \beta^2 = \zeta^2 - k^2$$

此外，Lamb 于 1904 年以及 Miller 和 Pursey 于 1954 年给出了 $z = 0$ 时的另一种形式的解答，如下式所示：

$$w(r, t) = \frac{F_z}{G} \sqrt{\frac{k}{2\pi r}} F(\mu) \sin(\omega t - kr - \pi/4) \tag{3-20}$$

式中，$k = \omega/c_R$，$c_R = \lambda c_s$，λ 由下列方程确定：

$$(2-\lambda^2)^4 = 16(1-\lambda^2)(1-\lambda^2 c_s^2/c_p^2)$$

当 $\mu = 0.25$, $\lambda = 0.919$, $F(\mu) = 0.183$ 时 ,可以得到具体的表达式。

需要指出的是,上述给出的两种形式的解答对于力源处都是不适用的(见图 3-5 的 O 点, $r=0$),即在力作用点处无法应用。一般当 r 比应力波的波长大时上述两式的解答才适用。

可以看出,这两种解答结果都是简谐式的,而在相位上较输入荷载的相位有一个相位差,产生的原因正是路基结构系统阻尼的存在。

路基结构表面的垂向位移除了与外力、距离、时间有关外,还与路基结构参数模量、密度以及泊松比有关,这正是进行参数(模量与密度)识别的根据。由第 1 章可知,根据输入和输出,反求路基结构的模量与密度属于反问题,是一项富有挑战性的研究工作。

此外,路基结构在振动压路机作用下,实际上是受到了一种移动周期荷载的作用,其建模和求解将会更加复杂,到目前为止在力学领域还没有理想的研究结果。

3.3.2　振动压路机动态响应与仿真分析

上面对路基结构系统处于弹性工作状态的响应问题进行了解答。这里再对振动压路机在已经压实好的路基面上进行振动时的动态响应问题进行一些分析。其主要目的在于寻找振动轮动态响应的一些规律,为连续测试模式研究打下基础。

压实机具是对振动压实工具的统称,这里主要指振动压路机。其特点已在第 1 章进行了介绍。由于在连续压实控制系统中,振动压路机是作为加载(激振)工具看待的,因此有必要再对其性能、特别是振动特性作一些阐述。

1. 振动压路机工作原理与振动压实工艺

振动压路机能够产生振动,是由于振动轮内有若干组偏心块相对旋转而产生偏心力。偏心块一般都是成对出现的,并且要相对旋转,其目的主要是要消除偏心力的水平分力的影响,而只保留竖向分力即激振力,如图 3-27 所示。

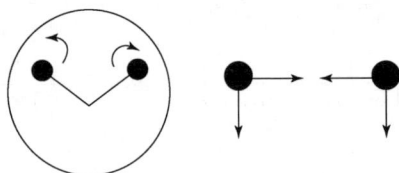

图 3-27　偏心块旋转产生激振力

令 P 为激振力幅值,根据力学理论, $P = me\omega^2$,其中 m 和 e 分别为偏心质量和偏心距, ω 为振动圆频率, $\omega = 2\pi f$, M 为振动质量。现定义有关参数如下:

(1)名义加速度(加速度幅值):

$$a = \frac{me\omega^2}{M} = \frac{P}{M}$$

（2）名义速度（速度幅值）：

$$v = \frac{me\omega}{M} = \frac{P}{M\omega} = \frac{P}{2M\pi f}$$

（3）名义振幅（位移幅值）：

$$x = \frac{me}{M} = \frac{P}{M\omega^2} = \frac{P}{4M\pi^2 f^2}$$

上述定义是根据振动轮的动力学方程（详见 3.4.1 节）$M\ddot{u} + F(u) = P\sin\omega t$ 而得到的。其推导过程非常简单，当 $F(u) = 0$，即压路机处于悬空状态时，$M\ddot{u} = P\sin\omega t$，由此可以推导出加速度幅值，再由速度和位移与加速度的关系推导出速度和位移幅值。这里 $F(u) = 0$ 表示系统抗力为零，相当于把振动轮支撑起来，悬在空中时测得各参数，是一种理想状态，因此都是"名义"上的，主要在设计压路机时使用。而在压路机工作时，上述各参数分别称为工作振幅、工作速度和加速度，需要实测才能得到。

振动压路机的工作振幅是影响压实效果的一个重要参数，振幅越大，压实效果越明显，但是过大的振幅不但会对压路机性能造成影响，还容易造成对填筑体的"过压"问题。一般情况下，工作振幅比名义振幅要大 1～2 倍。对于路基而言，一般名义振幅为 1.4～2.0mm。

振动压路机的名义或工作加速度的大小则反映了对填筑体冲击力的大小。过小则造成填筑体难于振动压实，而与静力压实效果相仿的后果；如果加速度过大，则容易造成填料的离析，产生分层现象，使小颗粒跑到表面上来。一般振动碾压路基时，振动压路机的振动加速度为 $5g$～$10g$ 为好。

由于各指标的表达最后都只与 P、f、M 三个参数有关，其他参数的定义最后也都可用这三个参数的某种组合表示出来。因此将这三个参数的组合称为振动压实工艺，可以表达成如下形式：

$$U = U(P, f, M)$$

只要振动质量 M、激振力 P、激振频率 f 三个参数的组合方式固定下来，其他有关参数也就确定了。由于不同的压实工艺将产生不同的压实效果，其实质就是颗粒之间关联方式和程度的不同，因此压实工艺与压实状态是对应的。

需要注意的是，在上述振动压实工艺的表示中，其中的激振力实际上是受偏心质量 m、偏心距 e 和激振频率 f 制约的，这可以从其表达式中看出。因此，对振动压实工艺比较完善的表述应为 $U = U(m, e, f, M)$，这几个参数才是各自独立的。但由于前面的表达式 $U = U(P, f, M)$ 非常适合工程上使用，因此后面还是采用这种描述方式。当然，实际的工艺还应包括行走速度在内，即 $U = U(P, f, M, v)$。

从以上定义中可以看出，各个参数之间是相互关联的。例如，固定偏心质量和偏心距时,通过改变整个参振质量可以调整加速度、速度和振幅的大小;而改变偏心质量和偏心距可以调整激振力。只有这些参数之间达到最佳匹配关系、整体最优时,整个激振系统的性能才能发挥出来。寻找参数之间的匹配关系是一项非常复杂的工作,只能通过理论分析与实际测试相结合的方式进行,最终形成针对各种压实材料的最佳压实工艺方案。与静力压路机相比,振动压路机具有以下优点:

(1)振动压路机比静力压路机的压实效果更好,所得到的压实度更高,稳定性更好。

(2)振动压路机的生产效率比较高,达到相同压实度时的压实遍数较少。

(3)连续压实控制系统在振动压路机上的应用,可以使驾驶员及时发现碾压中的薄弱区,便于及时采取补救措施,减少质量隐患。

(4)压实沥青混凝土面层时,由于振动作用,可使面层的沥青材料能与其他骨料充分渗透、揉合,使路面的耐久性好,使用寿命较长。

(5)可以压实静力压路机难以压实的大粒径填料(如块石)。

(6)由于其振动作用,可以压实干硬性水泥混凝土。

(7)当压实效果相同时,振动压路机在质量上可比静力压路机轻1倍,效率更高。

2. 数学模型的选取

振动压路机在碾压过程中与路基填筑体可以看成一个整体,即可以将振动压路机与路基看成一个复合振动系统。如果完全按照实际情况建立数学分析模型,将是非常复杂的,其求解也将带来数学上的困难。因此必须进行合理的简化,选取切实可行的模型进行分析。

实际中不同类型的振动压路机在结构上是存在差异的,因此在建立描述它的数学模型时也就有多种形式。例如,单轮振动的串联压路机一般有 6 个以上自由度;而双轮振动的串联压路机和轮胎驱动的振动压路机一般有 6~7 个自由度。可见按此推理,应建立 6 个以上自由度系统的数学模型来分析压路机-路基复合系统的振动问题。这看起来好像是提高了精度,但实际上由于路基填筑体的不确定性和数学处理上的问题,以及各参数的选取问题等,致使理论上精度较高的多自由度模型失去实际意义,其精度并不会得到多少提高,反而会使计算工作变得非常复杂。实际上,真正的难点在于对路基结构体的数学描述。综合以上分析,在选取振动压路机的数学模型时应考以下原则:

(1)应尽量使建立的模型符合实际情况;

(2)模型要尽量简化,在数学处理上要简单。

综上所述,对于单钢轮振动压路机,可以选取双自由度模型作为研究对象,如图 3-28 所示。大量实例证明,这种模型对于揭示振动压路机的动态响应规律已经够用,同时这也是压路机设计时所依据的主要模型。但是在进行连续压实测试时,此模型还是显得有些复杂,需要进一步简化,详见后面的有关分析。

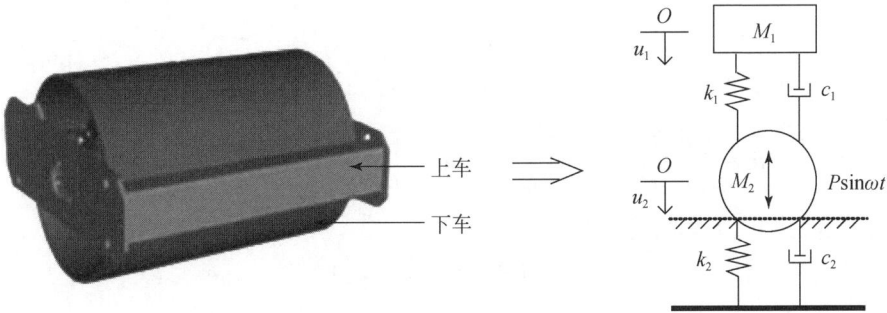

图 3-28　振动压路机-路基振动系统双自由度模型

3. 基本假设与振动方程响应

双自由度模型在一定程度上考虑了压路机的振动部分与非振动部分之间以及振动轮与路基结构之间的相互联系。现在按照以下假设建立数学模型:

(1)振动压路机的振动轮为下车,其他部分为上车,均为刚体,它们之间用一定的刚度和阻尼相连;

(2)路基结构为弹性半空间体,对振动轮的作用简化为用刚度和阻尼组合来表征;

(3)在任何一个瞬间,振动轮都保持与路基面的紧密接触,不发生弹跳。

根据以上假设,按照前面介绍的振动理论可以建立振动压路机在弹性路基上的振动模型如下:

$$\begin{cases} M_1\ddot{u}_1 + c_1(\dot{u}_1 - \dot{u}_2) + k_1(u_1 - u_2) = 0 \\ M_2\ddot{u}_2 + (c_1 + c_2)\dot{u}_2 - c_1\dot{u}_1 + (k_1 + k_2)u_2 - k_1u_1 = P\sin\omega t \end{cases} \tag{3-21}$$

式中,M_1 为上车质量;M_2 为下车质量,即振动轮质量(严格地讲,还应包括部分填筑体的质量,如图 3-28 中的虚线以下部分);k_1 为减振器刚度;c_1 为减振器阻尼;k_2 为填筑体刚度;c_2 为填筑体阻尼;P 为激振力的幅值;ω 为压路机的振动频率。

上述方程即为振动压路机在弹性体上振动时的模型,一般在进行压路机设计时所采用的就是这个模型。通过对这个模型进行求解,便可以分析其各种响应的变化规律。

这里需要说明的是,在振动质量中,除了上、下车质量外,还应该包括一部分路基填筑体的参振质量,如图 3-28 中的虚线以下部分,但由于界限不好确定,并且随着碾压的加强,土体参振质量也在变化着,所以一般省略了。

根据振动理论,可以对上述方程进行求解。由于系统是受强迫振动,所以其解

也是简谐形式的,其解法比较成熟,此处主要给出结论。将上式改写成矩阵形式:

$$M\ddot{u} + ku + c\dot{u} = P$$

式中

$$M = \begin{bmatrix} M_1 & 0 \\ 0 & M_2 \end{bmatrix}, \quad k = \begin{bmatrix} k_1 & -k_2 \\ -k_1 & k_1 + k_2 \end{bmatrix}, \quad c = \begin{bmatrix} c_1 & -c_1 \\ -c_1 & c_1 + c_2 \end{bmatrix}$$

$$\ddot{u} = \begin{bmatrix} \ddot{u}_1 \\ \ddot{u}_2 \end{bmatrix}, \quad \dot{u} = \begin{bmatrix} \dot{u}_1 \\ \dot{u}_2 \end{bmatrix}, \quad u = \begin{bmatrix} u_1 \\ u_2 \end{bmatrix}, \quad P = \begin{bmatrix} 0 \\ P\sin\omega t \end{bmatrix}$$

经过求解,其上、下车的位移为

$$u = \begin{bmatrix} A_1 \sin(\omega t - \varphi_1) \\ A_2 \sin(\omega t - \varphi_2) \end{bmatrix}$$

其中位移幅值为

$$A_1 = P\sqrt{\frac{k_1^2 + c_1^2\omega^2}{A^2 + B^2}}$$

$$A_2 = P\sqrt{\frac{(k_1 - M_1\omega^2)^2 + c_1^2\omega^2}{A^2 + B^2}}$$

式中,φ_1 和 φ_2 分别为上、下车位移相对于激振力的滞后相角。之所以有相位差,是因为阻尼的存在。参数 A、B 由以下两式给出:

$$A = M_1 M_2 \omega^4 - (M_2 k_1 + M_1 k_2 + M_1 k_1 + c_1 c_2)\omega^2 + k_1 k_2$$

$$B = (k_1 c_2 + k_2 c_1)\omega - (M_1 c_2 + M_2 c_1 + M_1 c_1)\omega^3$$

振动系统的固有频率为无阻尼状态下系统的第一、二阶固有频率。经过求解,可以得到解答,如下式所示:

$$\omega_1 = \left[\frac{M_1 k_2 + M_2 k_1 + M_1 k_1 - \sqrt{(M_1 k_2 + M_2 k_1 + M_1 k_1)^2 - 4(M_1 M_2 k_1 k_2)}}{2M_1 M_2}\right]^{\frac{1}{2}}$$

$$\omega_2 = \left[\frac{M_1 k_2 + M_2 k_1 + M_1 k_1 + \sqrt{(M_1 k_2 + M_2 k_1 + M_1 k_1)^2 - 4(M_1 M_2 k_1 k_2)}}{2M_1 M_2}\right]^{\frac{1}{2}}$$

根据振动理论,可以求得路基结构对振动压路机的作用力——路基系统的抵抗力 $F(u)$ 的幅值。根据牛顿第三定律,振动压路机下车(振动轮)对路基填筑体的动态压实作用力与路基结构的抵抗力是一对作用力与反作用力,因此压路机的作用力也可求得。压实作用力为弹性力与阻尼力的矢量和,故压实作用力的大小(幅值)如下:

$$F_z = \sqrt{(k_2 A_2)^2 + (c_2 \omega A_2)^2}$$

式中,位移幅值 A 的表达式已在前面给出;ωA_2 为速度幅值。将它们代入上式即有

$$F_z = P\sqrt{\frac{(k_1 - M_1\omega^2)^2 + c_1^2\omega^2}{A^2 + B^2}}\,\sqrt{(k_2)^2 + (c_2\omega)^2}$$

$$= F(P,\omega,M_1,M_2,k_1,c_1,k_2,c_2) \tag{3-22}$$

根据式(3-22)可知,激振力只不过是振动压路机压实作用力中的一个组成单元而已。可见压实作用力的大小与激振力、上下车的质量及阻尼、填筑体结构的刚度和阻尼等都有关系。因此,那种用"激振力+自重"作为振动压路机压实作用力,并以此评定压路机性能的做法显然是错误的。目前在一些文献中仍然有人在使用该做法来评定振动压路机的压实性能。实际上,美国早在 20 世纪 70 年代就废除了采用这个指标对振动压路机压实性能进行评定的做法,而是采用压实功效的方法进行评定。

压路机的动态作用力是压路机与路基结构相互作用的结果,它是随着路基结构抗力的变化而变化的,在第 4 章将对此进行详细的讨论。振动压路机之所以具有较好的压实效果,其主要原因在于动力学效果,而动力学与静力学的根本区别在于是否考虑惯性效果——惯性力。根据牛顿定律,产生惯性力的根本原因在于振动系统具有加速度。路基土的压实是由各种粒径颗粒得到了能量,产生了加速度效应,这种加速度效应是由于振动压路机产生的加速度效应造成的。

4. 数值仿真分析

根据有关给定的资料,利用前面推导出的动力学模型及其解答,可以对振动压路机的作用力和激振力进行数值仿真分析。仿真中所需的参数是根据既有资料给出的[6],各种参数如表 3-2 所示。

表 3-2　给定的模型参数表

参数名称	参数代号	单位	数值
下车质量	M_2	kg	2903
上车质量	M_1	kg	1814
减振器刚度	k_1	kN/cm	52.5
减振器阻尼	c_1	N·s/cm	52.5
路基土刚度	k_2	kN/cm	140.1
路基土阻尼	c_2	N·s/cm	700.5

数值仿真的目的是更好地对振动压路机的动态响应规律进行分析。由于本书的主要目的在于对路基填筑体的压实质量进行动态监控,因此最有用的指标是振动压路机对填筑体的作用力,或者说是填筑体结构所发挥出来的抵抗力。所以本书重点对压实作用力和激振力进行仿真分析,找到二者的区别与联系,为利用填筑体抵抗力进行压实质量监控打下基础。

图 3-29 为对压实作用力和激振力的仿真结果。其中,横坐标以转速表示,实

际上就是激振力激振频率的另一种表达方式,转速与频率之间的关系为 $f = n/60$,纵坐标表示力的大小。

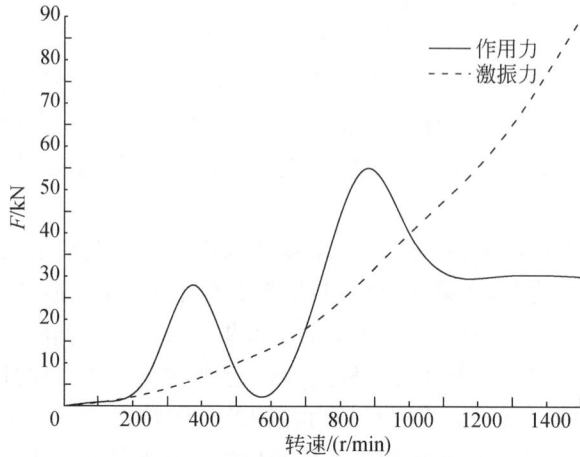

图 3-29   压路机响应的数值仿真结果

从图 3-29 的仿真结果可以看出,"压路机-路基填筑体"振动系统有两个固有频率。当压路机工作在这两个频率处时,整个系统处于共振状态,可以产生较好的压实效果。其中一阶频率主要与压路机上车的参数有关,二阶频率主要与下车参数及填筑体的性质有关。

振动压路机的激振力与其频率呈抛物线关系($P = me\omega^2$),而压实作用力的规律则与激振力的有很大的不同。压实作用力随着振动压路机工作频率的变化而变化,其极值出现在振动系统的两阶固有频率处,其中出现在二阶频率处的值最大。这个结论也是振动压路机设计参数时的一个重要依据,同时也是我们重点以下车——振动轮为研究对象的一个依据。

如果振动压路机的工作频率高于"压路机-路基填筑体"振动系统的固有频率,则压实作用力呈下降趋势,这也是我们在选择振动工艺时需要考虑的问题。应尽量将压路机的工作频率选定在填筑体的固有频率附近,以达到最好的压实效果。但是不同填料构成的填筑体的固有频率显然是不同的,振动压路机如何适应仍然是一个难点。

总之,通过对振动压路机动态响应的仿真分析,使我们明确了压实作用力才是影响压实效果的主要因素,而它的大小随着填筑体性质的不同而在不断地变化着,这正反映了路基结构系统抵抗力的变化情况。压实作用力必须大于路基结构系统本身的固有抵抗力,这样才能破坏旧的结构,产生新的路基结构,起到较好的压实作用。如果能将这种变化识别出来,就可以据此来评定压实效果了。

3.4　连续测试模型与动力分析

通过对上面所建模型的动力分析发现,采用这样方法进行碾压过程质量控制还是存在许多问题的。例如,碾压过程中路基结构不是弹性体问题、压路机参数不易确定准确问题、计算过于复杂问题等。为了实现路基填筑体碾压过程中压实质量的连续监控,必须建立一种简单易行、便于量测的实用模型。

3.4.1　模型选择

为了能够对路基填筑体的碾压过程实施连续的质量监控,如何连续地掌握路基在碾压过程中压实状态的变化信息是其前提条件,这就涉及如何选择和建立测试与分析模型问题。在选择模型前,选取何种试验测试方法是首先要明确的关键问题[7]。

1. 常规试验方法分析

通过第 2 章的研究可知,对压实状态评定存在多个可行的指标。对于细粒填料,这些指标都是可行的,只是评定的角度不同。但是根据所对应的试验方法,这些指标的取得都是采用原位试验进行的,都是对局部抽样点的操作,尚不能进行连续试验。而对于粗粒填料,即使能够进行原位试验,也存在诸多未彻底解决的问题。

1)粒径尺寸造成试验误差较大

粗粒料的粒径较大、范围较宽是客观实际,对于这样的填料进行传统的常规试验,从经济上看是比较费时费力的,从技术上看则主要是误差或精度问题。

(1)密度试验。

目前对粗粒料进行密度测定,除了增大取样试坑尺寸之外,尚无其他替代方法。然而,即使增大试坑的尺寸,由于颗粒尺寸较大,将体积准确量测出来也是非常困难的,由此造成的试验误差就会比较大。此外,确定标准干密度(压实标准)是在室内进行的,必须增大试验尺寸,如水利界有采用直径为 1m 的振动成型设备进行确定干密度的,但在公路和铁路领域目前还做不到,也缺乏相应的试验标准。

(2)力学试验。

在现场进行原位力学试验的压头尺寸一般都不超过 30cm,如承载板试验、CBR 试验、K_{30} 试验等采用的大都是直径 30cm 的刚性圆形承载板。受尺寸效应限制,填料粒径最大只能是承载板直径的 1/4,即 0.75cm。如果试验时碰到较大粒径就很难得到正确的数据,试验结果可能是填料本身性质的体现,而非是结构体的性质,这在现场试验时是经常遇到的情况,这时的结果就不是简单的误差问题了,而是试验对象问题了。

2)填料不均匀使压实度结果失控

如果填料粒径能够严格控制在规定范围内,是能够进行原位试验的。但如前所述,由于实际施工时对粗粒料级配的控制并不是十分严格,会造成空间分布上的不均匀(变异)。根据前面的研究结果,对于不均匀的填料,采用压实度指标进行评定压实质量是很难进行的,其结果会失控。

可见无论对于细粒料还是粗粒料,目前一般只能按照常规试验方法进行质量检测,而粗粒料连常规试验都比较困难,因此必须另寻试验方法。

2. 连续试验方法——选择振动压路机作为试验工具的理由

如前所述,常规的试验方法只能做到局部点的检测和评定,并且费时费力,精度也较差,达不到实时控制的目的。所以寻求连续的、快速的连续检测与控制方法已经成为国内外众多部门的研究课题了。

根据前面的分析,如果采用力学指标来连续评定各类填料(特别是粗粒料)的压实状态,需要解决两个问题。首先要解决的问题就是尺寸效应问题,试验必须在足够大的尺寸范围内进行;其次要解决快速测定问题,这样才能适应实时监控的要求。因此要寻求新的试验方法和工具,以达到解决上述问题的目的。

围绕这一目的,人们自然把目光转移到动态测试方法上。动态测试的一个特点就是快速,但若想满足连续测试的要求,则必须是可移动的。因此选择具有足够尺寸、同时又可移动的试验工具便成为问题的关键。而振动压路机正好满足这两个条件,同时在前面对振动压路机的动态响应进行了分析,也为采用这种工具创造了条件。

一般振动压路机的轮宽都在 2m 以上,而填料粒径范围大都在几毫米到十几厘米之间,因此完全可以不考虑尺寸效应问题。所以我们可以将振动压路机作为一个激励源(加载),将碾压过程看做一种动态试验,这样通过量测它的试验输出结果就有可能评定路基填筑体的压实情况。

同时粗粒料碾压控制的轮迹法也带给我们一定的思考。轮迹法通过对压路机与被压填料之间相互作用结果——塑性变形的观测来控制塑性变形的大小,进而来控制压实状态、达到控制压实质量的目的。由此可以得到一个启示,能否利用压路机的行走过程进行定量地评定压实质量呢?答案是肯定的,瑞典早在 20 世纪 70年代就想到了,这就是压实计法。而我们正是在此基础上进行的研究。其目的之一就是要取代轮迹法,以定量指标——填筑体结构抵抗变形能力变化的大小来代替。

既然可以选定振动压路机作为激励源,将其作为一个移动式动态试验的设备,那么如何通过振动压路机来求取和分析路基结构抵抗变形能力的变化信息就成为我们研究的重点和关键的技术了。

如果利用振动压路机作为动态试验的加载和测试工具,则必须建立一个便于使用的模型,但怎么建立是需要研究的。前面已经建立了压路机与路基填筑体相互作用的力学模型并进行了分析,但该模型不便于实际应用。因为对于振动压路机的双自由度模型,若求解和分析它的响应,必须事先知道其解答表达式中的相关各种参数。然而若想精确地确定这些参数并不是一件容易的事情,特别是路基结构的刚度系数和阻尼系数如何确定是比较困难的。此外,由于路基结构的不均匀性,其物理力学性质是处于不断变化之中的,如何确定变化的参数更是一个大问题。从另一个角度看,路基结构参数正是在碾压过程中需要识别的,若已经确定了,也就等于掌握了路基结构力学性能,也就不需要检测了。

除了上述这些情况外,严格地讲,在图 3-28 所示的模型中还应该考虑路基结构的参振质量(压路机与路基填筑体必须紧密接触,此模型才成立),但是如何确定路基结构的参振质量是不容易的,并且在压路机的行走过程中确定更是一个难题。此外,原则上讲该模型只适合于弹性路基,并不适用于路基碾压过程。因为碾压过程中伴随着塑性变形,其振动的平衡点是不断变化的,类似于非平衡态动力学问题,目前这种线性模型方法不可行。

所有这些都表明,以振动压路机的双自由度模型为基础进行质量控制目前还不成熟,无法达到实时监控的目的。必须另建模型。建模的原则应该是便于实时分析和量测,在满足工程质量要求的前提下要尽量简单。

3. 连续测试模型

本着上述建模原则,应该重新对压实机具——室内压实试验设备和现场压实设备进行分析。室内及现场的实际压实机具如图 3-30 所示。对于室内振动成型设备,在设计原理上就是单自由度模型,无须做过多的分析。对于振动压路机而言,与振动轮(下车)相连的上车部分的质量同振动轮相比是很小的,因此是可以忽略的,而只考虑振动轮的质量部分(也可将上车质量和并到下车)。这样就可以将其简化成单自由度模型,因此这两种压实机具都可以按单自由度模型来考虑。

综上所述,无论室内振动压实试验过程还是现场振动压路机的碾压过程,最后可以简化为一个质量块的运动问题,并且只具有一个自由度。这样就可以按照理论力学方法对这个质量块进行受力分析了,如图 3-31 所示。

在将压实机具简化成单自由度模型后,如何建立其动力学方程还是值得讨论的问题。常规的方法是考虑压实机具与被压填料之间的接触问题,一般都以弹簧和阻尼器进行连接。这实际还是将其假设成弹性问题。但是我们知道,在路基填筑碾压过程中,明显存在着塑性变形,压实机具的位置是随着路基填筑体的塑性变形而在不断变化着的,也就是它的平衡点是不断变化的,是一个非线性问题,不能采用线性方法进行处理。

图 3-30　室内与现场的压实机具

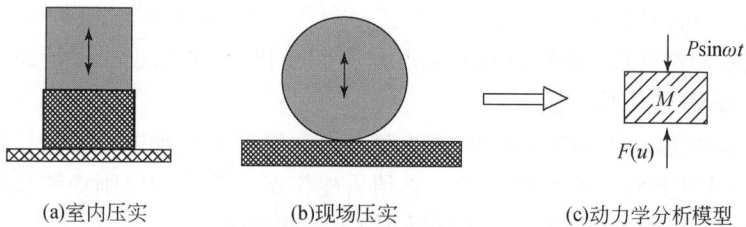

(a)室内压实　　　　　(b)现场压实　　　　　(c)动力学分析模型

图 3-31　振动压实动力分析模型

　　对于这样的问题,尽管按照现有的线性振动理论是很难建立方程的。但我们可以按照理论力学中质点动力学的建模原则,采用还原论方法中隔离体的方式,将压实机具与被压填料之间的相互作用进行分离,选择单独的研究对象进行分析考虑。

　　若以压路机振动轮为研究对象,则无论被压填料的状态如何,都可以表示成系统抵抗力对它的反作用。在把路基填筑体对压实机具的作用以系统抗力形式代替后,就可以建立质点——压路机振动轮(激振体)的动力学方程了。并且无论它的运动形式如何,都符合牛顿第二定律的要求,如图 3-31(c)所示。这里的系统抵抗力就是路基结构的反力,其在碾压过程中是不断变化的,而这种变化正反映了填筑体压实质量的变化信息。因此压实机具系统的动力学方程可以表达为

$$M\ddot{u} + F(u) = P\sin\omega t \tag{3-23}$$

式中,M 为振动质量,对于振动压路机而言为振动轮分配质量,对于振动压实仪而言为包括配重在内的所有参与振动的质量总和;P 为激振力幅值,$P = me\omega^2 = 4\pi me f^2$,其参数含义同前;$F(u)$ 为系统抗力,即被压填料对压路机振动轮(施力体)的反作用力,对于路基填筑体而言,就是其抵抗力。

　　上述动力学方程看似简单,实际上是很复杂的,本质上为非线性弹塑性动力学

方程,很难求得解答,只有在特殊情况下才可以求解。困难之一是 $F(u)$ 与 u 之间的非线性关系不清楚,位移既包括弹性部分又包括塑性部分($u=u^e+u^p$);困难之二是激振力和位移之间相差一个相位角也是未知的。当然上述方程可以用非线性振动理论去进行数值模拟,但过程太复杂,很难做到工程上的实用化。尽管复杂,还是可以对其进行定性分析的,这也是目前处理非线性问题的普遍方法。

这个动力学方程是我们对路基填筑体碾压过程实施动力学评定的理论基础,同时也是进行压实质量过程动态监控的依据所在,因此有必要对这个方程进行深入的讨论。

将式(3-23)变换成抗力的表达式,可以得到系统抗力的一般表达式如下:

$$F(u) = P\sin\omega t - M\ddot{u} \tag{3-24}$$

需要注意的是,这个表达式只是抗力瞬时值的形式,并不能直接应用,需要进行一定的变化,目前直接工程应用实用价值并不大(智能压实的反馈控制时有用),但其理论意义较大。为了便于进行更好的工程应用,有必要对上述方程进行求解和分析,得到更有用的结果。

上面所建立的动力学方程难于求解的主要原因还是在于 $F(u)$ 的表达形式不好确定。尽管很难求解,但是在某些情况下利用振动理论和非线性振动理论还是可以对其进行某些求解工作的,同时也可以做一些定性分析工作。

现在对系统抵抗力 $F(u)$ 的形式进行分类。一般来讲,可以将 $F(u)$ 的表达形式大致分成三种形式,即

系统抵抗力=｛线性表达式,非线性表达式,无表达式｝

本着由特殊到一般的原则,下面就这三种情况进行分析讨论,以便了解响应和系统抵抗力的变化规律。

3.4.2　线性分析

线性情况对应着在压实结束、路基结构处于弹性时的状态。此时振动系统为线性系统。根据振动理论,路基结构受到的振动是由简谐振动源通过质量为 M 的物体传递过来的。在理想状态下,填料已经被压密成弹性体,可以假设填筑体与压实机具之间完全耦合,并且是弹性振动,系统抵抗力可以由弹簧 k 和阻尼器 c 的线性组合来模拟。因此上述动力学方程变为

$$M\ddot{u} + Ku + C\dot{u} = P\sin\omega t \tag{3-25}$$

对式(3-25)进行单位化处理。用 M 除以方程两边,便可以化成单位质量的形式。这是一种更简洁、更普遍的形式,可以适应很多分析的需要。

如果令 ω_0 为线性振动系统的固有频率,ζ 为阻尼比,$q=P/M$,经过处理便可以得到如下关系式:

$$\ddot{u} + \omega_0^2 u + 2\zeta\omega_0\dot{u} = q\sin\omega t$$

现在令 $f(u) = \omega_0^2 u + 2\zeta\omega_0\dot{u}$（表示 u 和 $\dot{u}$ 的线性组合），可以将上式进一步简写成如下形式：

$$\ddot{u} + f(u) = q\sin\omega t \qquad (3\text{-}26)$$

式中，$f(u)$ 为系统的单位抵抗力，是弹性力和阻尼力的合力；q 为单位质量的激振力幅值。式(3-26)是一个具有普遍意义的动力学方程表达式。根据式(3-26)所给出的 $f(u)$ 表达式，可适用于线性问题和非线性问题，并且在非线性问题中更是普遍适用，式(3-26)将在后面讨论非线性问题时使用。

式(3-25)的解法非常成熟，是对一个二阶常系数非齐次微分方程的求解，其解由齐次方程的通解（瞬态响应）和非齐次方程的特解（稳态响应）组成，分别解出后将二者进行叠加即可得到全部的解答，这已在前面进行了详细阐述。这里我们更关心的是强迫振动的稳态解答。

根据振动理论，受简谐激励的线性系统其稳态响应也为简谐形式。经过求解可以得到它的稳态响应。其位移、速度和加速度的解答为

$$\begin{aligned}
u &= A\sin(\omega t - \varphi) \\
v &= \dot{u} = \omega A\sin(\omega t - \varphi + \pi/2) \\
a &= \ddot{u} = \omega^2 A\sin(\omega t - \varphi + \pi)
\end{aligned} \qquad (3\text{-}27)$$

式中，A 为振幅，其表达式为

$$A = \frac{P}{\sqrt{(k - M\omega^2)^2 + (c\omega)^2}} \qquad (3\text{-}28)$$

φ 为响应与激励之间的相位差。存在相位差的根本原因在于路基结构中阻尼的存在。上式也有用余弦形式表达的，二者并无本质差别，只是差别在初始相位角上（相差 $\pi/2$）。

由式(3-27)可以看出，位移、速度和加速度三者之间的相位差均为 $\pi/2$，其幅值分别为 A、ωA 和 $\omega^2 A$。此外，弹性力和阻尼力的幅值可以表示成为 kA 和 $cA\omega$ 的形式。它们之间的相位关系如图 3-32 所示。

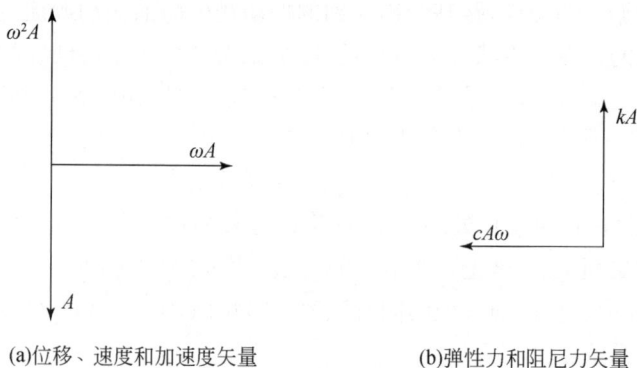

(a)位移、速度和加速度矢量   (b)弹性力和阻尼力矢量

图 3-32 振动参数的旋转矢量图

根据弹性力与阻尼力之间的相位关系可知,它们之间应该是相互垂直的,所以系统抵抗力 $F(u)$ 的大小(幅值)为

$$F_z = \sqrt{(kA)^2 + (cA\omega)^2} \tag{3-29}$$

将前面有关参数 A 的表达式代入抵抗力幅值表达式(3-29),可以得到另一种形式的抵抗力幅值表达式如下:

$$\begin{aligned}
F_z &= \frac{P}{\sqrt{(k-M\omega^2)^2+(c\omega)^2}}\sqrt{(k)^2+(c\omega)^2} \\
&= F(k,c,A,\omega) \\
&= F(P,f,M,k,c) \\
&= F(U,k,c)
\end{aligned} \tag{3-30}$$

式中,$U=(P,f,M)$ 就是前面提到的振动压实工艺;k 和 c 则为路基结构系统的特征参数。激振力和振动频率以及振动质量由压路机压实工艺给出,为已知量,如果再知道路基结构的刚度系数和阻尼系数,便可求出抵抗力的大小。

根据式(3-30)可以到一个重要结论:路基结构系统的抵抗力同时由压实机具的工艺参数(环境因素)和路基结构的特征参数(结构因素)所决定,是 U、k、c 的函数。

注意,这种抵抗力与路基系统的固有抵抗力(抵抗力极限或强度的概念,见第2章)并不是一回事,它是在外部作用下所发挥出来的力,类似于物体受力与其强度之间的关系。在达到极限前与外部荷载相平衡。对填筑体的压实就是要破坏掉路基原有形成的结构,使其抵抗力增大,固有抵抗力也得到提高,形成一个性能更优、更稳定的新的路基结构系统。

同时也可以看出,激振力与作用在路基系统上的压实作用力(与抵抗力相平衡)并不是一回事。那种用激振力的大小来评定压实效果的做法是不科学的。美国在 20 世纪 70 年代初期就提出废止这种评定压路机压实性能的方法了,但现在国内还有人在采用这种概念来评定振动压路机性能。

下面将抵抗力表达式用振动系统的振动加速度来表示,其目的是为压实过程的动态监控作准备。因为对于动态测试而言,振动系统的加速度是很方便测量的,同时它的变化也很灵敏。

如果令 X 表示加速度幅值,则有 $X = A\omega^2$。将其代入式(3-29),由此得到用加速度表示的抵抗力表达式如下:

$$\begin{aligned}
F_z &= \sqrt{\left(k\frac{X}{\omega^2}\right)^2 + \left(c\frac{X}{\omega}\right)^2} \\
&= \frac{\sqrt{(k)^2+(2\pi fc)^2}}{4\pi^2 f^2}X \\
&= k_0 X
\end{aligned} \tag{3-31}$$

式中

$$K_0 = \frac{\sqrt{k^2 + (2\pi fc)^2}}{4\pi^2 f^2}$$

可以看出,当参数 k、c、f 一定时,k_0 为常数。此时抵抗力大小 F_z 与加速度大小 X 之间为线性关系。因此可以将加速度定义为一种抵抗力信息指标。只要知道了加速度的大小,通过比例系数也就知道了抵抗力的大小,同时加速度的变化趋势也就代表了抵抗力的变化趋势。

式(3-31)是在已知路基结构参数 k、c 的情况下得到的抵抗力表达式。但是,在一般情况下并不知道这两个参数。到目前为止,还没有找到一种准确而方便的确定方法,虽然有一些量测弹性地基基础的土的刚度和阻尼的方法,但是这些方法只适用于固定基础,而不适用于填筑体的碾压过程。这是因为量测固定基础的土的刚度和阻尼的方法,只是适用于参加振动的土体质量在振动发生和结束时一直保持不变的情况。但是对于振动压路机的碾压过程,参振土体是随振动碾压过程而不断变化的,随着土体软硬的不同,参振土体的范围是变化的,即土体振动质量是变化的,无法定量确定。目前常用一种反算方法来间接求解土体的刚度和阻尼。如何试验确定填筑体碾压过程的刚度和阻尼,仍然需要做深入的研究工作。

从另一个角度看,如果知道了填筑体 k、c 的大小,则路基结构性能也就基本知道了,压实状态也就变为已知,也就没有必要进行评定和监控了。所以有必要对抵抗力的表示形式作进一步的分析和推导,使其表达式中不含有路基结构本身的参数 k 和 c。

根据理论力学,激振系统受到的外力有激振力 P、弹性力 kA、阻尼力 $cA\omega$ 和惯性力 MX。由于在这几个力作用下的振动系统是平衡的,因此通过平衡方程就可以得到抵抗力表达式。

首先必须明确各力之间的相对关系。激振力与位移同向(但差一个相位角 φ),弹性力与位移反向。此外,加速度与位移反向。按照相对论的原理,惯性力与加速度反向而与位移同向,因此它们之间的相互关系如图 3-33 所示。

在图 3-33 中,φ 为激振力与惯性力之间的夹角,也就是相位差,如何确定是一个技术难点。从力学平衡原理出发,可以建立力学平衡方程如下:

$$\begin{cases} kA = MX + P\sin\varphi \\ cA\omega = P\cos\varphi \end{cases} \tag{3-32}$$

将式(3-32)弹性力和阻尼力的平衡表达式代入式(3-31),便可以得到用激振力和惯性力组成的抵抗力表达式如下:

$$\begin{aligned} F_z &= \sqrt{(MX + P\sin\varphi)^2 + (P\cos\varphi)^2} \\ &= \sqrt{(MX)^2 + 2PMA\omega^2\sin\varphi + P^2} \end{aligned} \tag{3-33}$$

可以看出,抵抗力由激振力和惯性力的组合而成。这也再次说明了振动压路

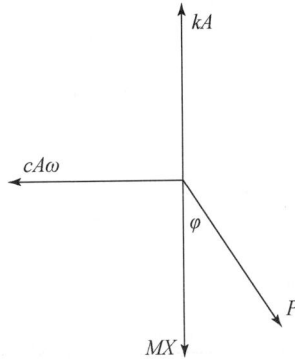

图 3-33 激振力、弹性力、阻尼力和惯性力矢量图

机压实作用力的组成关系,激振力只不过是一个组成单元而已。压实效果除了靠激振力外,更要依靠惯性力。而惯性力是由振动系统的加速度所决定的,这正是动力问题与静力问题的根本区别。振动压路机的动力压实效果也主要体现在这里,用激振力作为评定压路机性能的指标,其主要问题出在没有考虑惯性力的影响上。

同时也可以看出,由于激振力由振动压路机给出,为一定值,所以只要实时地测量出振动系统的加速度和相位角,就可以求得抵抗力。并且根据抵抗力和加速度两种数据序列,按照前面给出的原理可以识别出路基结构系统的刚度系数和阻尼系数 k 和 c,并可以评定路基结构的状态。

由第 2 章可知,对于某一种特定的粗粒料,其路基结构主要靠颗粒之间的摩擦、咬合和嵌挤作用方式形成,其黏性系数也就是阻尼系数相对比较小。如果忽略路基结构系统的阻尼,即 $c=0$,则可以推出 $\varphi=0$。由此得到更为简洁的抵抗力表达形式,如下式所示:

$$F_z = \sqrt{(MX+P)^2} = MA\omega^2 + P \tag{3-34}$$

在这种情况下,系统抵抗力与加速度之间呈简单的线性关系,是一种正比例关系,如图 3-34 所示。这也是通过实时量测激振系统加速度的变化来判断抵抗力变化的依据之一(理论上适用于碾压终了时的弹性状态)。

上述分析是在振动系统为线性系统的条件下进行的。若为非线性系统,则动力学方程变为非线性微分方程。目前还没有一般的解法,只能根据微分方程的特点采取一些特殊的方法(定性与定量)来尽可能地揭示系统的某些重要的运动性态。下面就来讨论非线性问题。

3.4.3 非线性分析

当系统抵抗力为非线性时,其形式有多种多样。这里采用 $f(u) = \omega_0^2(u+\varepsilon u^3)$ 的形式。这种情况对应着无阻尼非线性系统,弹簧为非线性弹簧,$\varepsilon = 1$ 为小参数。

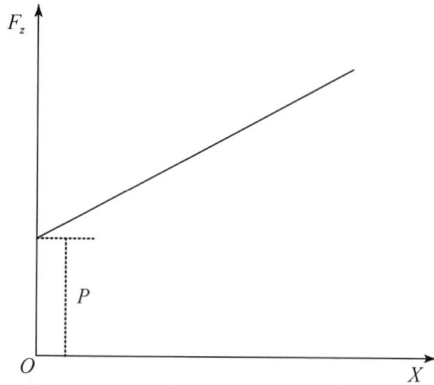

图 3-34　路基系结构统抵抗力与振动系统加速度之间的关系

引入小参数的目的是用来表示振动幅值的大小，它是求解非线性振动方程的一种手段。

上述表达形式是研究非线振动问题时最常使用的一种形式，而对其解答的研究也比较成熟，所以为了讨论问题的方便，也采用了这个模式。其主要目的在于揭示非线性振动的频率特性。

为什么要考虑硬弹簧这种情况呢？其主要原因在于我们的目的是揭示非线性振动的频率特性，而采用硬弹簧模式可以求出振动响应的周期解，从而能看到响应信号中频率结构的复杂性。

将单位抵抗力 $f(u) = \omega_0^2 (u + \varepsilon u^3)$ 代入式(3-26)，则动力学方程转化成下列形式的方程：

$$\ddot{u} + \omega_0^2 (u + \varepsilon u^3) = q\sin\omega t \tag{3-35}$$

这个方程就是著名的 Duffing 方程，是 Duffing 在 1918 年首先研究的，为无阻尼情况下的非线性方程。这里用 Duffing 方程对前面的动力学方程进行模拟，其目的就是分析系统在非线性情况下的一些规律，以便在对实测响应信号进行分析时，知道频率复杂的原因所在。当然还可以根据需要采用其他形式的非线性方程去模拟，但将更为复杂。

式(3-35)可以用正规摄动法、多尺度法、KBM 法等各种非线性近似解析方法进行不同形式的近似求解。下面利用正规摄动法对上述非线性方程进行解答。

当 $\varepsilon = 0$ 时，式(3-35)退化为线性方程，其形式如下：

$$\ddot{u} + \omega_0^2 u = q\sin\omega t$$

一般将上述线性方程所表达的系统称为原系式(3-35)的派生系统，ω_0 为派生系统的固有频率。当原系统存在周期解时，可以在派生系统的周期解 $u_0(t)$ 的基础上加以修正，构成原系统的周期解 $u(t, \varepsilon)$。

将 $u(t, \varepsilon)$ 展成 ε 的幂级数形式。如上所述，引入小参数 ε 的目的是表示振幅

的大小，这是正规摄动法求解非线性方程的一种手段和技巧。$u(t,\varepsilon)$ 的幂级数形式如下：

$$u(t,\varepsilon) = u_0(t) + \varepsilon u_1(t) + \varepsilon^2 u_2(t) + L \tag{3-36}$$

将上述表达式代入式 (3-35)，根据方程两边 ε 的同次幂系数相等的原则，可以得到下列线性微分方程组：

$$\begin{cases} \varepsilon^0 : \rightarrow \ddot{u}_0 + \omega_0^2 u_0 = q\sin\omega t \\ \varepsilon^1 : \rightarrow \ddot{u}_1 + \omega_0^2 u_1 = -\omega_0^2 u_0^3 \\ \varepsilon^2 : \rightarrow \ddot{u}_2 + \omega_0^2 u_2 = -3\omega_0^2 u_0^2 u_1 \\ \varepsilon^n : \rightarrow \cdots \end{cases}$$

式中，第一个方程为零次近似；第二个方程为一次近似；依次类推。零次近似为线性无阻尼受迫振动方程，其解法相当成熟。由于不计阻尼（$c=0$），所以响应与激励之间也就无相位差，其结果如下：

$$u_0 = A\sin\omega t \tag{3-37}$$

其振幅为

$$A = \frac{P}{\sqrt{(k-M\omega^2)^2 + (c\omega)^2}} = \frac{P/M}{(k/M)-\omega^2} = \frac{q}{\omega_0^2 - \omega^2}$$

上面得到了零次近似方程的解答（$u_0 = A\sin\omega t$）。下面再将 u_0 的解答代入一次近似方程的右边，以便求取 u_1，可得

$$\ddot{u}_1 + \omega_0^2 u_1 = -\omega_0^2 A^3 \sin^3\omega t$$

利用三角函数公式将 $\sin^3\omega t$ 展开成如下形式：

$$\sin^3\omega t = \frac{1}{4}(3\sin\omega t - \sin3\omega t)$$

故有

$$\ddot{u}_1 + \omega_0^2 u_1 = -\omega_0^2 A^3 \left(\frac{3}{4}\sin\omega t - \frac{1}{4}\sin3\omega t\right)$$

按照一般受周期函数激励时的解法，分别求出两个简谐激励时的解答，再进行叠加组合即可得到解答。也就是说，上述方程是由以下两个方程组合而成的：

$$\ddot{u}_1 + \omega_0^2 u_1 = -\frac{3}{4}\omega_0^2 A^3 \sin\omega t = q_1\sin\omega t$$

$$\ddot{u}_1 + \omega_0^2 u_1 = \frac{1}{4}\omega_0^2 A^3 \sin3\omega t = q_2\sin3\omega t$$

上述两个方程的求解很简单，与零次近似方程一样。仿照零次近似方程的结果，其解答为

$$u'_1 = B_1\sin\omega t$$

$$u''_1 = B_2\sin3\omega t$$

其中两个振幅分别为

$$B_1 = -\frac{3\omega_0^2 A^3}{4(\omega_0^2 - \omega^2)}, \quad B_2 = \frac{\omega_0^2 A^3}{4(\omega_0^2 - 9\omega^2)}$$

将它们组合起来,就是一阶近似的解答:

$$u_1 = u_1' + u_1'' = B_1 \sin\omega t + B_2 \sin3\omega t \tag{3-38}$$

下面再来求解二次近似方程。其步骤与求解零次近似和一次近似方程相同。分别将得到的 u_0 和 u_1 解答代入二次近似方程的右边,则有

$$\ddot{u}_2 + \omega_0^2 u_2 = -3\omega_0^2 A^2 \sin^2\omega t (B_1 \sin\omega t + B_2 \sin3\omega t)$$

利用如下三角关系进行化简:

$$\sin^3\omega t = \frac{1}{4}(3\sin\omega t - \sin3\omega t)$$

$$\sin^5\omega t = \frac{1}{16}(10\sin\omega t - 5\sin3\omega t + \sin5\omega t)$$

化简后得到如下结果:

$$\ddot{u}_2 + \omega_0^2 u_2 = -\frac{3}{4}\omega_0^2 A^2 \big[(3B_1 - B_2)\sin\omega t + (2B_2 - B_1)\sin3\omega t - B_2 \sin5\omega t\big]$$

同求解一次近似解答一样,可以分别求出三个简谐激励时的解答,再进行叠加组合即可得到解答。即上述方程是由以下三个有简谐激励的方程组合而成的:

$$\ddot{u}_2 + \omega_0^2 u_2 = -\frac{3}{4}\omega_0^2 A^2 (3B_1 - B_2)\sin\omega t = q_3 \sin\omega t$$

$$\ddot{u}_2 + \omega_0^2 u_2 = -\frac{3}{4}\omega_0^2 A^2 (2B_2 - B_1)\sin3\omega t = q_4 \sin3\omega t$$

$$\ddot{u}_2 + \omega_0^2 u_2 = \frac{3}{4}\omega_0^2 A^2 B_2 \sin5\omega t = q_5 \sin5\omega t$$

根据零次近似方程的解答结果,将这三个解答进行组合,便得到二次的近似解答为

$$u_2 = C_1 \sin\omega t + C_2 \sin3\omega t + C_3 \sin5\omega t \tag{3-39}$$

其中振幅分别为

$$C_1 = -\frac{3\omega_0^2 A^2 (3B_1 - B_2)}{4(\omega_0^2 - \omega^2)}, \quad C_2 = \frac{3\omega_0^2 A^2 (2B_2 - B_1)}{4(\omega_0^2 - 9\omega^2)},$$

$$C_3 = -\frac{3\omega_0^2 A^2 B_2}{4(\omega_0^2 - 25\omega^2)}$$

按照这种方法可以继续对近似方程进行求解。在求出各阶近似方程的解答后,将所有解答都代入式(3-36),便可以得到原系统的解答:

$$u = (A + B_1\varepsilon + C_1\varepsilon^2 + \cdots)\sin\omega t + (B_2\varepsilon + C_2\varepsilon^2 + \cdots)\sin3\omega t$$
$$+ (C_3\varepsilon^2 + \cdots)\sin5\omega t + \cdots \tag{3-40}$$

对式(3-40)进行求导,可以得到速度和加速度的表达式,与式(3-40)类似。可以看出,与线性系统的受迫振动相比,非线性系统的响应不仅有频率 ω 的基频响

应,同时还有 3ω、5ω 等频率的倍频响应,如图 3-35 所示。这是非线性系统不同于线性系统的重要特征。对压路机振动轮动态响应实测结果的频谱分析证明了多频响应的结论(图 1-20)。同时也再一次说明了压实计法用一次谐波与基频之比的结果作为评定压实状态的缺陷所在(仅适用于理想状态下的线性振动,填筑体为非线性时不适用),并且为什么这个比值就能反映信号的强弱,理论上也无法解释,只能说是一种经验判定方法而已。

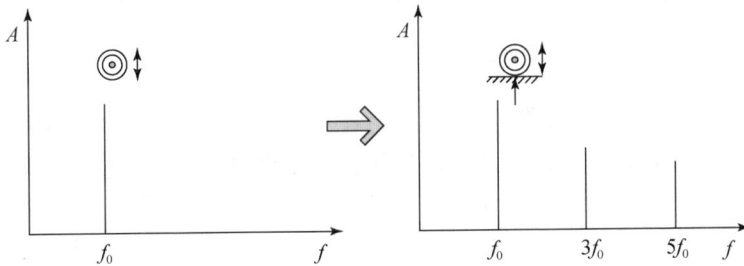

图 3-35　振动论与路基非线性作用引起多频现象的仿真模拟

上述结果只是用 Duffing 方程进行模拟的结果。根据需要还可以假定不同形式的非线性方程进行模拟,如有阻尼的 Duffing 方程、瑞利方程等,会发现动态响应中含有不同的频率结构。此外,也可以先根据实测结果,再假定非线性方程形式,然后进行对比修正,直到满意为止。当然,目前这些工作还只是处于进行理论研究和分析阶段,还无法直接应用于工程实践。

根据对压实机具动态响应实测结果进行的频谱分析,一般多频响应的频率范围不超过基频(激振频率)的 3 倍,同时可能还有分数倍的频率出现。因此需要根据具体实测结果来选择合适的模拟方程。我们在这里主要是提出模拟方法,同时也可以看出压实问题的复杂性。下面根据以上结果,推导系统抵抗力的表达式。

如果在解答时只考虑 3ω 范围内的频率成分时,那么根据式(3-36)便可以得到非线性方程的近似解答如下:

$$u = u_0 + \varepsilon u_1 = A\sin\omega t + \varepsilon(B_1\sin\omega t + B_2\sin3\omega t)$$
$$= (A + \varepsilon B_1)\sin\omega t + \varepsilon B_2\sin3\omega t$$

只需将相关参数 B_1、B_2 的表达式代入上式,便可得到位移响应的具体解答结果,即有

$$u = \left[A - \frac{3\omega_0^2 A^3\varepsilon}{4(\omega_0^2 - \omega^2)}\right]\sin\omega t + \left[\frac{\omega_0^2 A^3\varepsilon}{4(\omega_0^2 - 9\omega^2)}\right]\sin3\omega t \qquad (3\text{-}41)$$

只需对式(3-41)进行求导,便可求出速度和加速度的解答。根据前面给出的已知条件,将 u 的表达式代入抗力表达式,可以得到系统抗力如下:

$$F(u) = Mf(u) = M\omega_0^2(u + \varepsilon u^3) = F(P, f_i, M, \varepsilon, \omega_0) \qquad (3\text{-}42)$$

可见对于非线性系统,其抗力除了与压实机具的参数有关外,还与路基结构的

性质 ε(表示弹簧性质)有关,这一点与线性系统的一样,只不过更复杂了。下面讨论更一般的形式——抗力无具体表达式的情况。

3.4.4　抗力信息与识别

如果系统抗力无法用表达式形式表达(可以有实测的数据系列),那么也就无法进行具体的求解工作了。在这种情况下可以直接运用质点动力学原理进行受力分析,然后通过识别技术求取与路基结构抵抗力相关的压实信息。

1. 系统抗力表达式及其特征

由理论力学可知,相对路基结构而言,压实机具可以看成一个刚体,这样就可以按质点力学来处理。无论路基填筑体发生了怎样的变形,也无论激振系统的运动状态如何,总可以将激振设备分离出来,对其进行受力分析,按照牛顿惯性定律的原理进行处理。

现以振动轮为对象进行分析。它的受力图如图3-36 所示,与前面受力分析不同的是包括了静力因素。前面给出的受力分析是研究动平衡时所需的,因为静力只对静变形有影响,并不影响动力学方程的建立。但是为了对激振系统受力情况有一个全面的了解,要考虑所有变形的影响。因此这里包括了振动轮的自重部分。

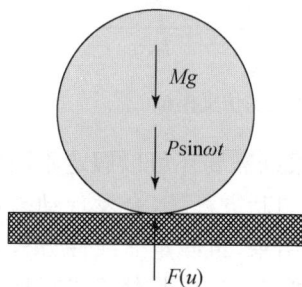

图 3-36　激振系统的受力图

由图 3-36 可知激振系统的受力情况,根据牛顿定律,可以建立考虑所有外力作用的激振系统的动力学方程如下:

$$(P\sin\omega t + Mg) - F(u) = M\ddot{u}$$

上式是根据牛顿定律直接写出来的平衡方程。变换上式可以得到激振系统抗力的表达式如下:

$$F(u) = (P\sin\omega t + Mg) - M\ddot{u} \tag{3-43}$$

式(3-43)是瞬时表达式,可以看成一个矢量表达式,适合理论分析用,确定解答时需要多个参量,并非量测一个加速度就可解决的,因此实际工程中并不太适用。从前面的解答可知,一般求解系统抗力的方法,是先求出位移 u 的表达式,然后再求导得到速度 $\dot{u}$ 等,将这些相关的表达式代入相应公式进行求解。例如,对于前面的单自由度线性振动系统,可以根据求解得到的位移和速度响应代入 $F(u) = ku + c\dot{u}$ 求得。可见按照理论方法,若不知道这些量的具体表达形式是无法求取抗力的,因此必须另外寻求其他方法求取抗力。

有人认为,只要实测得到加速度 $\ddot{u}$,就可以代入式(3-43)求出抗力。但实际上不行的,因为不知道振动轮响应信号与激振力之间的相位差,无法确定它们之间确切的关系。当然可以同时采集振动轮的响应数据和激振力数据,再分析它们之间的相位差,但是具体测试很复杂,很难直接用于工程实践。另外,随着填筑体压实质量的变好,其力学性能也在提高,会对振动轮产生直接影响,必然引起相位差的变化,所以在碾压过程中,激励与响应之间的相位差可能一直是变化的,这就导致求解抗力的复杂性。

观察式(3-43)可知,如果直接将加速度看做一个基础量,而不是导出量(位移求导而得到),那么它与系统抗力 F 是一次方的关系,同时 F 与 P、M 也都呈一次方关系,因此完整的抗力表达式应该符合 $F = F(P, f, M, \ddot{u}, \dot{u}, u)$,这一点从理论上也可以说明。现在对加速度求偏导数,得到

$$\frac{\partial F}{\partial \ddot{u}} = -M$$

可见其变化率为 M。如果质量 M 不变(实际也是变化的,因为参与振动的土体是变化的),则变化率为一常数,从理论上说明了这种线性关系。或者也可以说系统抵抗力与惯性力是线性关系,因为加速度实际上就是单位质量的惯性力,也是力的概念的延伸。

在压实过程中,激振系统(振动轮)的激振力和其质量都是不变的,能变的只有加速度、速度和位移等,它们称为工作加速度、工作速度和工作振幅(以便和名义加速度、名义速度和名义振幅相区分)。直观上看,是这些量的变化才引起系统抵抗力的变化,特别是工作振幅(位移)的变化。但其实质是路基与压实机具之间相互作用的变化所引起的。相互作用是"因",而这些量的变化才是"果"。但通过量测这些量的变化信息,就可以进一步分析路基结构抵抗力的变化情况,进而掌控路基填筑体的压实状态。

从实际的测试中也可发现上述规律。例如,同一台压路机以同一振动压实工艺分别在松软和坚硬的路基面上进行碾压并进行动态测试,当在坚硬路基上碾压时,可以明显感觉到压路机的剧烈振动,实测的加速度响应较大;而在松软路基上碾压时则无明显的感觉,实测的加速度响应也较小,如图 3-37 所示,其中横轴为时间,纵轴为振幅。此外,如果实测速度和位移数据,也可发现这种规律性。

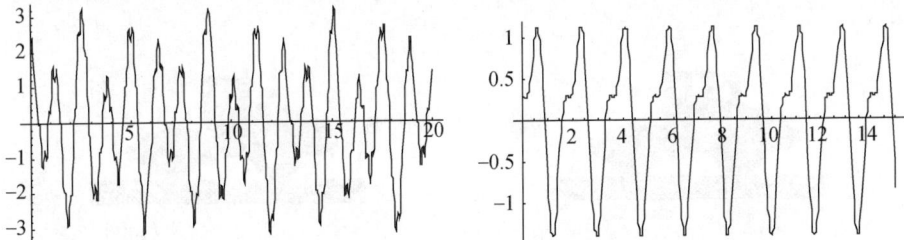

(a)坚硬路基上的振动响应　　　　(b)松软路基上的振动响应

图 3-37　不同路基上振动压路机加速度响应数值模拟

　　上面的各种分析和讨论都说明根据振动压路机振动轮的加速度等响应信息来了解路基结构抵抗力信息以及压实状态变化是可行的。当然对于这些量,也有其局限性,因为它们的变化幅度过小,对压实状态的变化有时不显著,很多情况下对碾压过程中填筑体结构物理力学性能的变化不是特别敏感,一般没有直接用于工程应用的,需要根据填料类型、振动压路机性能状况等信息进行必要的处理才可以使用。位移、速度和加速度都有这样的问题。

　　需要说明的是,这里之所以特别关注振动轮的加速度问题,除了上述原因外,还因为在动态测试中,加速度的变化相对比较敏感一些,要好于位移和速度。当然,若有条件,可以在振动压路机上多布置一些传感器,同时采集位移、速度和加速度等(统称为动态响应)信息,这对于提高压实信息的分析质量、确定一些与填筑体质量相关的参数都是非常有好处的。

　　2. 抗力指标体系构成及关系

　　根据前面的理论分析,路基结构在形成过程中,其抵抗力是在一定外荷载作用下的反应,不但与填料有关,还与外力的作用方式和大小有关。路基填筑体在形成稳定结构的过程中,其抵抗力是一直在不断变化的(其极值就是真正的强度概念),这种变化可以通过作用其上的压实机具的反作用力或动态反应来体现出来。因此路基结构抵抗力指标体系不但包括路基结构抵抗力本身信息,也包括作用其上的压实机具(外荷载)的相关信息(动态响应),即有

　　　　抗力指标体系＝〈路基结构抵抗力,振动压实机具动态响应〉

　　对于一定的路基结构,尽管抵抗力是其本身的固有属性,但却通过压实机具作用下的反应而体现出来。通过对压实机具动态反应的连续测试,就能够取得路基结构抗力的相关信息。因此这里提出的路基结构抗力指标体系既包含路基结构反作用力部分,也包括了压实机具动态响应部分这样一种整体思想,可以把二者统称为压实信息。在实际应用时可以根据需要选择其中一个即可。

　　下面从另一个角度来推导振动系统抗力的变化与其加速度的变化之间的对应关系。考虑一台振动压路机在同一碾压轮迹上进行的相邻两遍碾压情况,如图3-38所示。

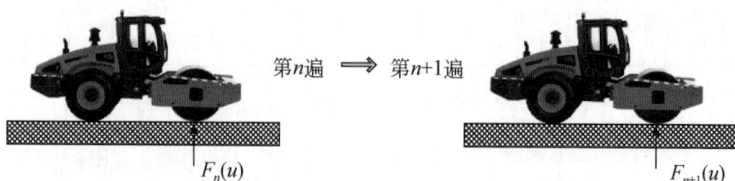

第 n 遍 $\Longrightarrow$ 第 $n+1$ 遍

$F_n(u)$　　　　　　　　　　　$F_{n+1}(u)$

图 3-38　振动压路机在同一轮迹上相邻两遍的碾压

根据式(3-43),当振动压路机在同一碾压轮迹上进行碾压时,根据相邻两遍(第 $n+1$ 遍与第 n 遍)路基结构抵抗力的表达式(振动轮都向下运动进行压实作用,此时激振力相同),其差值为

$$F_{n+1}(u) - F_n(u) = (P\sin\omega t - M\ddot{u}_{n+1}) - (P\sin\omega t - M\ddot{u}_n)$$
$$= M(\ddot{u}_n - \ddot{u}_{n+1})$$

可见路基填筑体的抵抗力与振动压路机加速度之间是线性关系,这是从测试的角度进行的分析,与前面的理论分析是一致的。随着压路机碾压遍数的增加,路基填筑体的压实状态也在变化着,由松散向密实状态变化,变形逐渐减小,其抵抗力也随其变化,对应的振动轮动态响应也按照相同的规律发生变化。在实际测试中,还可以对加速度、速度和位移等动态响应信息采取多种处理方式进行,使之更符合能量观点,同时损失的信息也最小。至于具体方法,读者可以根据有关信息处理、振动理论以及数学等知识自行处理,没有统一规定的方法。

3. 抗力信息识别原理

在前面的研究中都是按照力学方法进行的。通过选取振动轮为研究对象,依照力学的基本原理对其响应进行了分析和讨论。实际上按照系统科学的观点,振动轮就是一个系统,这样就可以依据现代控制理论中的系统识别方法进行研究了。

根据系统识别原理,当一给定系统受到一定的输入激励时,必将产生一定的响应输出。若系统的参数给定,则可根据数学模型来计算系统的响应或识别其激励信号。按照该原理,如果将振动轮作为一个系统考虑,那么它的环境就是振动轮以外所有与之相联系的事物(这里忽略上车的影响)。显然振动轮受到的环境作用也就是它的输入包括激振力和被压填料对它的作用(即系统抗力)两部分;系统对环境的作用称为响应或输出,这里的输出就是振动轮对被压填料的压实作用力。下面分析输入和输出的特征。

激振力输入是已知给定的,而系统抗力输入则是由被压填料形成的结构所提供的,是未知的,一般不会有具体解析表达式。输出则是压实作用力,它的产生的直接原因就是偏心块旋转引起的偏心力——激振力。激振力通过振动轮将这种作用传递给被压填料。如果振动轮在竖向做匀速运动,按照力学平衡原理,压实作用力就是激振力的传递,再加上自重作用;但是由于振动轮在竖向做变速运动,必然产生加速度,由此产生惯性力,同时又受到被压填料的扰动而产生系统抗力的输入作用,此时压实作用力发生了根本性的变化,不再是简单的传递关系。振动轮、激振力、作用力与路基之间形成一个闭合反馈回路,如图 3-39 所示。

根据反馈控制原理(详见第 6 章),应该按照路基施加给振动轮抗力的大小来调整压实力的输出,以使压实更经济、更有效果。当路基比较松软时,其抵抗力较小,对振动轮的反作用也较小,振动轮的输出也小,此时应该利用正反馈机制,使输

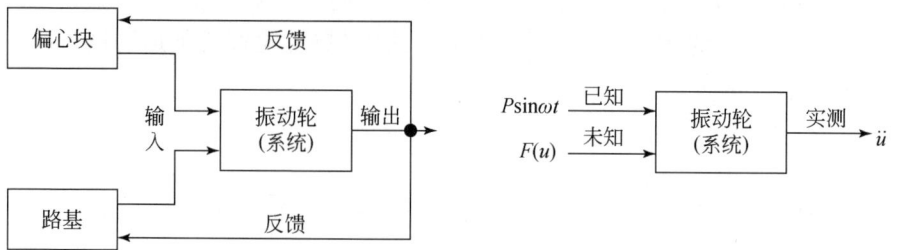

图 3-39　振动轮系统识别原理图

出朝着增大的方向演化,即增大压实力反馈给路基,使其得到更好的压实;而当路基变硬后,其抵抗力较大,对振动轮的反作用也变大,致使振动轮产生弹跳,导致输出也将变大,此时应该利用负反馈机制,减小压实作用力的输出。目前国外最先进的所谓"智能压路机"采用的就是这一原理,即根据压实对象的强弱,通过改变激振力来自动调整压实工艺,试图达到最佳压实效果。尽管还是初期,问题较多,但思路是对的。

在压实过程中,反馈的形式有时是负反馈,有时又是正反馈,这正是第 2 章中论述的路基系统演化过程的复杂性而引起抵抗力的变化所造成的。掌握以上规律对于通过振动轮响应判别压实状态也是非常有好处的,具有指导意义。同时,根据具体情况采取相应的反馈控制措施,尽管目前做不到自动化,但可以采取人工方式进行。

通过以上分析可知,关键之处在于如何掌控路基结构抵抗力的变化信息。根据上面的分析可以得到启发,如果将上述反馈原理反着用,即根据振动轮输出的大小反过来判别路基结构抵抗力的大小,这就是系统识别原理(图 3-39)。这是一个多输入单输出问题。从压路机设计上讲,振动轮系统本身是一个线性系统,这样就极大地方便了识别工作。因为对于线性系统,如果两个输入中的一个是已知的,则可以通过对响应的测试分析来了解另一个输入的信息,这是线性系统的特点。

如果另一个输入是一个非线性函数,则其输出也具有同该输入相同结构的非线性特性,而线性系统本身并不改变性质。也就是说,振动轮本身是一个线性系统,但"振动轮-填筑体"却是一个非线性系统。因此随着研究对象范围选取的不同,其系统的性质也是不同的。前面所研究的振动轮响应中出现各种其他频率成分的信号,其产生的根源在于填筑体对它的非线性作用。因为对于线性系统(振动轮),非线性的输入,必然产生非线性的输出。

实际振动轮的输出应该表现为压实作用力(与抵抗力为相互作用力),在室内试验时通过安装压力传感器可以直接测出,这样根据抵抗力的变化信息就可以评价压实状态了;但在现场对振动压路机来讲,由于它的滚动性而无法直接安装力传感器,所以很难直接量测到这种力。因此要寻求其他易于测量的输出量,并且这个量要能反映路基结构抵抗力的相关信息。

除了力之外,振动轮的动态响应还包括位移、速度和加速度。由于传感器放置在振动轮上,在压实过程中随振动轮一起向下运动(塑性变形引起),这样振动的平衡位置一直是变化的。因此,测试出来的位移指标是相对的。目前在移动过程中测试绝对变形还是件比较麻烦的事。由于加速度指标相对来讲比较灵敏,所以一般在测试中都采用加速度传感器等来进行测量,并且根据需要,经过积分还可以求出位移和速度指标。

前面的研究结果表明,在振动系统振动参数不变的条件下(M、P、f 一定),路基系统抵抗力的变化与压实机具振动轮加速度响应的变化存在线性对应关系。因此,对于某一具体压实过程,加速度等的变化规律和抵抗力的变化规律是一致的。这是将加速度作为抗力指标要素之一的原因所在。压路机振动轮的加速度响应信息在一定程度上代表了被碾压路基的抵抗力信息。并且根据需要,在已知振动轮参数等信息的情况下还可以进一步求出抵抗力的大小。

对一定的被压填料施加以一定的作用力,由于填料被压密,将产生变形(位移),这就使得振动系统的平衡点也跟着下移,此时在整个位移中,塑性位移占主要,弹性位移很小。根据位移与加速度的关系可知,此时的加速度也较小,其系统抗力也较小。路基的弹塑性位移、抵抗力与振动轮的加速度响应之间的关系可以定性地表示成如下形式:

$$u \mapsto u^{\mathrm{p}} \downarrow \ \to u^{\mathrm{e}} \uparrow \ \to a \uparrow \ \to F(u) \uparrow \ \to X(i) \uparrow$$
$$u \mapsto u^{\mathrm{p}} \uparrow \ \to u^{\mathrm{e}} \downarrow \ \to a \downarrow \ \to F(u) \downarrow \ \to X(i) \downarrow$$

随着碾压遍数的增加,被压填料的状态 $X(i)$ 也在变化着,由松散向密实状态变化,变形逐渐减小,同抵抗力变化一样,其加速度也由小到大地变化。压实过程评价的依据也就在于此。在实际测试时,根据直接量测到的加速度响应等相关信息(应经过必要的处理),就可以进一步得到路基结构抵抗力信息以及被压填料的压实状态变化信息,极大地方便了压实过程的监控工作。需要指出的是,上述关系必须是在振动工艺参数不变的情况下才有实际意义。

4. 振动压实值(VCV)

路基结构反作用力(即抵抗力)是在压实机具作用下路基结构的反作用,是路基结构抵抗变形能力的一种反应,通过抵抗力即可了解路基结构强度和刚度的强弱。

根据动力学方法的特点,为了达到对碾压过程进行实时连续监控的目的,以压路机振动轮的动态响应(加速度等)来识别路基抵抗力这条途径最好,可以免去复杂的计算,同时又不要求详细的压路机相关参数,只要求吨位和振动参数一定且性能稳定即可,因此采用压实机具动态响应具有较好的实用性。

为了表述方便,同时也为了与国外评定指标对比,这里定义一个连续压实控制使用的评定指标——振动压实值(vibratory compaction value,VCV),即基于振动压路机在碾压过程中振动轮竖向振动响应信号所建立的反映路基结构压实状态的力学指标[8]。对于本书来讲,VCV 的含义主要是指

$$VCV = P\sin\omega t + Mg - \eta M f(\ddot{u}, \omega)$$

即

$$VCV \sim F(M, P, f, u, \dot{u}, \ddot{u}) , \ \Delta VCV \sim \Delta F(u)$$

式中,$f(\ddot{u}, \omega)$ 是一个与振动轮加速度和振动频率等有关的函数或者时间序列,需要根据实测数据等予以确定,必要时还需要进行实时的修正;η 为综合修正函数,是一个动态量。VCV 具有如下特点。

(1)VCV 能很好地反映路基结构抵抗力的变化信息和压实状态的变化信息。

(2)VCV 与路基结构抵抗力以及增量之间具有很好的对应关系。

(3)VCV 是连续压实控制的评定指标,具有一定的通用性。

广义地讲,在连续压实控制中,凡是与路基常规指标具有好的相关性的连续控制指标都可以纳入 VCV 体系;狭义来说,VCV 主要是指抗力指标体系,即系统抗力(上述表达式)和压实机具的振动响应(处理过)等具体指标。若不特殊说明,本书的 VCV 就是指上述两个指标,视指标的具体单位而定。

在室内振动压实试验系统上求取抵抗力(反作用力)是比较容易实现的,既可以实测,也可以通过计算。但在现场由于振动压路机的参数信息有时并不是完全清楚的,计算抗力有时还是有一定困难的。同时由于目前无论哪一种连续指标,都需要与常规检验指标进行率定,得到规范容许的相关关系才可使用,所以在进行压实过程的监控时,可不必求取路基结构抵抗力的绝对大小,只要知道与抗力直接相关的 VCV 信息就可以了。这是采用动力学检测方法的理论依据之一,它反映了路基结构抵抗力或反作用力与振动压实值之间的对应关系,无论线性问题还是非线性问题,都是适用的。此外,由于受很多复杂因素影响,有些情况下会造成一种所谓"测不准"现象的发生,因此,实际操作时需要进行一定的动态修正才能真正达到可用的效果。

综上所述,对于振动参数一定的压路机具,只需通过连续地实时量测振动轮的振动响应信息,进而得到压实信息 VCV,就可以评定被压填料的压实状态了。如何获取有关压实信息,则是第 4 章要解决的问题。

参 考 文 献

[1]路万明. 弹性理论基础. 北京:清华大学出版社,1990.

[2]徐光辉. 层状弹性系统识别问题的初步研究. 哈尔滨:哈尔滨建筑大学硕士学位论文,1997.

[3]Johnson K L. 接触力学. 徐秉业,译. 北京:高等教育出版社,1992.

[4]程耀东. 线性系统. 修订版. 杭州:浙江大学出版社,2005.

[5]刘延柱. 振动力学. 北京:高等教育出版社,1998.

[6]张世英. 筑路机械工程. 北京:机械工业出版社,1998.

[7]徐光辉. 路基系统形成过程动态监控技术. 成都:西南交通大学博士学位论文,2005.

[8]课题研究报告. 高速铁路路基连续压实检验控制技术与装备研究. 北京:铁道部科技司,2010.

第4章 压实信息测试

第3章研究了压实机具与路基结构相互作用问题,得到了与路基结构抵抗力信息相关的一些有用结论。对于我们研究的核心问题——路基填筑碾压过程的质量控制,如何获取和利用路基结构抵抗力等压实信息是非常关键的。有了压实信息才能进行相应的质量控制,否则将成为"无米之炊"。所以压实信息的获取问题需要进行专门的研究。

为了获取压实信息,需要借助现代测试技术构建相应的动态测试系统。因此本章主要围绕压实信息如何量测等问题展开论述。通过构建动态测试系统来量取路基填筑碾压过程的相关压实信息,进而实现采取相关反馈控制措施、达到进行连续压实质量控制的目的。

动态测试是利用技术手段了解被测对象某种属性的过程,而动态测试系统就是这种技术的工具。通过测试系统,可以将被测对象的一些属性、特别是动态特性探测和识别出来。一个测试系统对不同专业来讲具有一定的通用性,很多具体的测试系统只是为了适应各专业的要求作出一些技术和参数上的调整而已。由于测试系统涉及电子学、计算机、控制理论、力学理论以及相应专业等多学科的知识,对于交通土建专业的人员来讲,完全掌握具有一定的难度。但是将其作为一个"灰箱"系统来对待还是可行的,不一定要掌握每一部分的细节,而是要清楚各部件的输入输出特性和其基本概念,这样在总体上就可以把握住测试系统了。

4.1 基 本 概 念

压实信息反映了路基填筑碾压过程中结构体物理力学性质的一些特征。一般并不能直接得到压实信息,而是通过测试手段获取相应的信号来提取这种有用的信息才能得到。因此,信息、信号、测试这些都是测试技术中的基本概念,有必要搞清楚,同时这些概念也是信息科学中比较基础的知识。

4.1.1 生活中实例

动态测试是从事科学研究过程中广泛使用的一种技术手段。如果仔细观察,还可以发现,不但科学研究需要测试技术,即使在日常生活中,也包含了许多测试的例子。下面我们就从生活中遇到的买瓜问题谈起,来看一下什么是测试问题[1]。

谈起买西瓜,大概许多人都不陌生。有经验的人一般都会抱起瓜放到耳边,一边用手拍打,一边听其发出的响声,由发出的声音、根据经验来判别西瓜是否熟了,如图 4-1 所示。

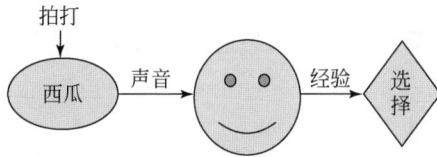

图 4-1　选西瓜的过程

选西瓜的过程实际上包含了一整套动态测试的基本概念。让我们来剖析一下,看一看到底包含了哪些内容。

1)测试对象——西瓜

测试对象就是我们要了解的物体或事物。测试的目的就是要探测、了解被测对象的某种属性。这里自然就是"西瓜"了,欲了解的属性就是它是否是熟瓜。

一般对于测试工作来讲,遇到的对象都是物体。但是如果把思路再开阔一点,广义地看问题,一件事物也可以看成测试对象,如社会调查,面对的可能是一件事情,调查实际上就是一种测试方式。

2)激励——拍打

所谓激励,就是为了探测被测对象而给予它的输入。其目的是激起被测对象的某种反应,通过反应来了解其属性。选择激励时应根据不同的测试对象而采取相应的激励方式。这里的激励就是对西瓜进行的拍打,以激起西瓜的振动并发出不同的声音信号。

一般在测试工作中对激励方式的选择是非常关键的,涉及能否使被测对象发出有用信息的问题。如果用铁锤轻轻敲打西瓜,则不会产生好的效果;同理,如果用手掌拍打火车车轮,也不会有好的结果,而用铁锤击打车轮就可以判定其质量情况。这里面实际上有一个激发频率的问题,留待后面再详细讨论。

3)响应——声音

响应就是被测对象对其激励(输入)的反应。其中可以观测到的响应称为输出,是由被测对象发出的一种信息。这是判别被测对象属性的主要依据所在。如击打西瓜发出的"嘭嘭"声,就是一种声信号的输出形式。

一个被测对象输出什么样的信息,由施加给它的激励和本身的属性所决定。同一激励施加给不同的物体,其输出一般是不一样的;而同一物体受到不同的激励,其反应输出一般也是不同的。如上面的铁锤与手掌的例子,正好说明了这一点。

4)传感器——耳朵

传感器是用于接收被测对象发出信息的装置,又称为一次仪表,一般担当着由其他形式的量转变为电量的任务,如由力学量→电量。

传感器作为测试的一次仪表,是采集信息的第一关,起着非常关键的作用。如果传感器采集的信息不正确或噪声(与关心信息无关的信息)过大,那么就会影响到后面的所有工作。如听力不好的人想通过声音来选择西瓜,就会遇到许多困难,成功率是比较低的。

5)信号调理——大脑

信号调理是对采集到的信号进行进一步处理的装置的统称,主要包括放大、滤波、转换等功能。由传感器传过来的信号一般都要经过信号调理这一环节,使之达到后续处理时的要求。

在接收西瓜发出声音的同时,大脑可能还接收到附近其他无关的声音,称为噪声干扰(相对于关心的信息而言就是噪声,但在其他场合就不一定是噪声)。大脑必须有分辨这些声音的能力,这就是大脑的滤波功能。

6)识别——大脑

识别就是根据对被测对象输出信息的分析,对该对象某种特征进行的判别。其目的就是要认识被测对象的某种特征。识别需要相关学科的知识,必须根据实际要求进行。

对于选西瓜的情况,这实际上就是一个模式识别问题。挑选者通过储存在脑子里的既有经验——模式数据,将接收到的声音与其进行对比判别,以决定西瓜的好坏。这是一个带有智能含义的过程。如果是一个"生手",则无论怎么听声音,也都不会选到成熟的西瓜,这又是一个模式训练问题。

其实生活中像选西瓜这样的例子是很多的。例如,在黑暗中用手电筒照量一个物体,也是一个测试过程。这里的输入(激励)是一束光,输出也是一束光,但是却携带了物体形状的相关信息。又如,铁路上的列车检修人员用小锤子敲打车轮的相关部件,同选西瓜的道理是一样的。

通过以上的简单分析可知,动态测试实际上就在我们身边,只要细心观察就可以发现。所谓处处留心皆学问,就是这个道理。

上面多次提到了信息、信号、测试等术语,它们是动态测试中最基本的概念,下面再对其逐一进行论述。

4.1.2　几个概念

信息与信号,是在我们日常生活中经常听到的两个词,尤其是现在处于一个信息社会,因此有必要了解它们之间的区别与联系,以及它们同测试之间的关系。

1. 信息、信号及测试

信息是指物体或事物的状态和属性。如物体的应力、位移、温度、密度等,就是一种信息,是该物体本身具有的特性,不依赖于外部。

信号是信息的表达形式,是某一特定信息的载体。如声信号、光信号、图像信号等,它所携带的是反映物体的特定信息(内容)。一般来讲,只有通过信号才可以了解这些信息。

测试是依靠一定的科学技术手段,定量地获取某种研究对象原始信息的过程。测试实际上包含了两层含义。

(1)测量技术,是对某种量的量测手段,如对物体的运动量——位移、速度、加速度等进行量测所采用位移传感器、速度传感器等,强调的是使用工具。

(2)试验技术,是获取研究对象属性特征信息的方法,如超声波法、X 射线法等,强调的是方法。

上述三者存在一定的内在联系。其关系是:信号是信息的载体,测试的目的是获取信息,是得到被测量信息的技术手段,如图 4-2 所示。这里需要注意的是,我们最后要获取的还是信息,只是通过信号来表达而已。测试的最终目的在于获取信息而不是信号。

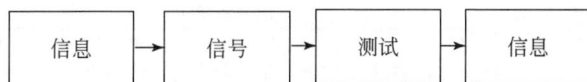

图 4-2　信息、信号、测试的关系

掌握信息是认识自然、改造自然的必备条件。在对压实过程进行动态监控时,需要了解压实状态的变化情况,压实状态的变化就是一种信息。压实信息本身并不具备传输、交换的功能,只有通过对相关信号的测试才能实现这种功能。下面再举一个实例。

我们每天听到的广播节目,其节目的具体内容就是信息,而携带这个信息的电磁波则是信号,收音机就是一个测试设备,负责接收电台发出的电磁波(携带信息),并将其转换为可以听到的声音信号,听众通过该声音来了解相关信息。看电视也是这个道理,只不过多了一个图像信号而已。利用电视和广播看、听新闻的过程形象地说明了信息、信号和测试三者的关系,如图 4-3 所示。

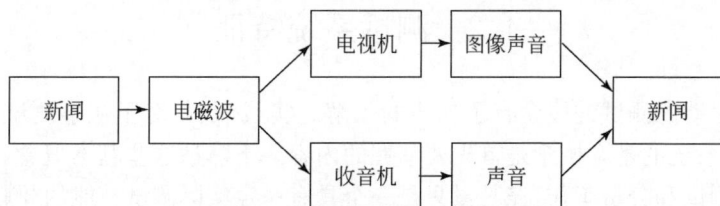

图 4-3　看电视、听广播的过程

2. 动态测试流程

动态测试的含义就是通过一定的技术手段,获取研究对象相关信息的过程。设想,如果人类对所有信息都可以直接获取,那么测试技术也就没有太大的用处了。正是人类直接获取信息的能力非常有限,才使测试技术得以发展。

在动态测试工作中,一个主要任务就是从复杂的信号中、或从有干扰信号中提取获取研究对象的特征信息,为设计、分析、诊断提供有用的数据和依据。对于从事科学研究以及工程技术人员来讲,熟悉和掌握一定的动态测试知识是非常必要的,有助于我们验证理论研究的结论和从事生产实践活动。

根据前面的论述,我们可以大致总结出动态测试的流程图,如图 4-4 所示。通过该图,我们对整个测试工作在总体上有了一个大致的轮廓。

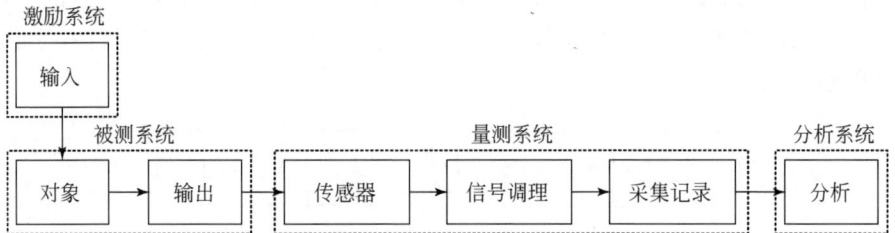

图 4-4　动态测试流程图

观察图 4-4 可以给出一个完整测试过程:为了解研究对象的某种属性信息,首先要向其输入一个激励信号,以激发出所研究对象的某种反应,产生一个输出,这个输出是以信号形式来表现该对象相关信息的,常常是非电量形式的,一般我们是不能直接感受到这种信息的,只有借助测试技术才能解决。为此,采用传感器首先接收这个非电量信号,然后将其转换为电量信号再输出给信号调理装置,经过适当处理后,再输出给采集记录装置(一般为各种形式的微型计算机)进行信号的储存,至此完成了信号的量测工作。将储存的信号输出给分析软件或研究者,进行信号的分析处理,进而得到研究对象的相关信息,至此完成了全部的测试工作。

4.2　测试系统特征

上面对动态测试的概念有了初步的了解。实践证明,对于从事测试工作的人来讲,测试系统的基本概念是首先要掌握的内容。不熟悉这些基本概念,就很难较好地进行测试和分析工作,充其量只是一个具有一定实际测试技能的"测工"而已。

4.2.1 系统组成与性能参数

1. 测试系统组成

当把动态测试各个有机组成部分看成一个整体时,实际上就是测试系统的概念了。整个动态测试主要由三大部分组成——激励、量测、分析,即

$$动态测试系统 = 激励系统 + 量测系统 + 分析系统$$

图 4-4 实际已经给出一个完整的测试系统。但一般在谈到测试系统时,主要还是涉及激励、量测和分析三大部分,这是由于被测系统(测试对象)与各个具体专业有关,需要把被测系统(测试对象)拿出来单独进行研究。由于测试的目的是了解测试对象属性(图 4-5),因此采用什么样的测试系统,最终还是要由测试对象来决定的。

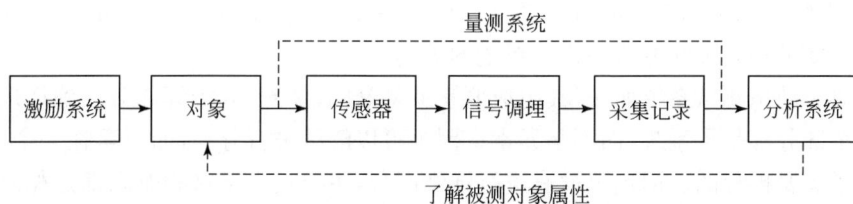

图 4-5 测试系统与目的

对于一个测试系统,其中较重要的有传感接收、信号调理与采集、信号分析处理等,它们构成了测试系统的核心。其目的是对被测对象发出某种激励,然后通过一系列技术手段将被测对象的相应信息捕获到,并将结果进行分析处理以了解该对象的一些属性特征。要根据对象的属性来合理设计激励、响应的采集分析等。

1)激励系统

激励系统是用来激发被测对象产生某种反应的设备与附件的统称。其中所用的设备称为激振设备或者加载设备,如落锤式弯沉仪(FWD)中的落锤、稳态激振试验中的偏心式激振器、基桩无损检测中的力锤等都属于激振设备。

用不同的激振方式去激励同一对象,一般会产生不同的动态响应,所以选择合适的激振设备是成功测试的第一步。最好是对研究对象的属性有一定的了解,以便选择合适的激振方式。当然,对所研究对象一无所知也是常有的情况,这就是所谓的“黑箱问题”。此时应该采用不同的激励方式进行激励,测得相应的输出响应,再比较不同激励-响应之间的异同点,以便寻找某些特征。

2)量测系统

量测系统就是将被测对象所产生的响应信号(一般为机械物理量)加以转换(一般转换为电量)、放大、显示以及记录等的一系列装置的统称。这是测试系统比

较核心的部分,集中体现了微电子技术和传感技术的成熟程度。是否能够完全采集记录到测试对象所发出的有用信息,直接关系到后续分析工作的成败。

3)分析系统

分析系统是对测量结果加以处理分析、客观地还原测试对象响应特性的软硬件的统称。随着电子技术的发展,目前各种计算机已成为分析系统的核心硬件设备。

软件是分析系统的灵魂,它运行的快慢和可靠程度是关键。软件的编制除了软件本身技巧外,更重要的是对研究对象的熟悉程度、信号处理技术的掌握程度,否则即使有再好的编程技巧,也是"巧妇难为无米之炊"。

2. 测试系统应具有的属性

从系统的角度来把握测试技术,对于理解测试系统是非常有好处的。根据第2章的知识,系统是由若干相互联系、并与环境发生关系的组成要素(元素)结合而成、具有特定结构和功能的有机整体。由于系统=〈组成要素,关联方式〉,因此,其组成要素和其关联方式是构成系统的关键。

对于动态测试系统而言,其组成要素就是激励、量测、分析等部分。确切地说,这几个部分都是子系统,而不是元素。因为可以继续进行分解,而要素在一个系统中是不需要再分的。但这里没有进行详细区分,主要是由于这些概念都是相对的。例如,量测部分可以继续分为传感器、放大器、滤波器、采集器等(仪器级的),而它们又可以继续分下去(元件级的)。

系统思想中最基本的就是它的整体性观点,这是贯穿系统理论的核心所在。掌握系统的概念和思想,有助于我们从整体上把握测试工作。所谓"牵一发而动全身",正说明了这种整体性——系统中任何组成部分都是不可缺少的。因此,在组建和调试测试系统过程中,对每一部分都应认真对待,任何一个部分出现问题,都会对测试结果产生不可想象的影响。这一点对于初次接触这方面工作的人来讲尤为重要,但又是最容易被忽视的环节。整体性观点对于分析工作也是非常重要的,分析测试信号要从整个被测系统的属性出发,尝试用不同的方法、从多个角度进行。总体来讲,测试系统应该具有如下基本属性。

1)测试系统应是线性的

根据前面的论述,对于一个被测对象,测试只是获取它的某些信息的过程,最后得到的结果仍然是被测对象的信息,是对所研究对象原始信息的某种再现,而不能被歪曲。因此,在整个测试过程中,要求在信息采集分析过程中不能失真,这就要求整个测试部分——动态测试系统必须是线性关系,即是一个线性系统(其原因见3.2.5节)。

2)测试系统应是一个关联的整体

关联是指系统内部各要素之间相互联系、相互制约,相互影响的性质。作为测试系统,任何一部分出现问题,都会影响到整个测试工作,所以它应该是一个具有相互关联的整体,这是从事过这项工作的人的共识。例如,传感器一旦将其纳入一个测试系统,就具有了单个传感器所不具有的测试能力,如果传感器出现问题,则有可能测不到信号或测到的信号不正确或噪声过大。

3)测试系统应具有动态性

动态性就是系统状态随时间不断变化的性质,强调的是与时间的关系。动态测试系统的功能是量测动态信号的,因此这是一个典型的动态系统。测试系统的动态性能指标就是它的工作频带——能够量测的信号频率范围。此外,系统性能随着时间而发生变化——漂移问题也是动态性的表现。测试系统本身的动力学问题现在已经发展成测试技术中的一个重要研究方向,我们应该在总体上有所了解,以便更好地选配和组建测试系统,适应科学研究和工程实践的需要。

4)测试系统应具适应性和稳定性

适应性是环境适应性的简称。所谓环境,就是系统以外一切与之有关联的事物的集合。任何系统都存在于一定的环境之中,并不断与之进行物质、能量和信息的交流,环境的变化将引起系统内部结构的调整和变化,系统必须适应外部环境的变化。

对于测试系统,环境主要是指自然环境。测试系统要有适应能力,如对温度的适应性、对雨水的防范性等。当然,除了自然因素外,还有其他环境因素,如交流电的干扰问题、电磁场的存在对测试结果的影响问题等,这些都是在具体测试工作中需要特别注意的事项。

而稳定性是指系统的性质在一定的内外干扰下不发生相应改变或发生改变后可以自动恢复到原状态的性能。其实质就是系统保持性能不变的能力,或抵抗内部与外部作用的能力。稳定性对于测试系统尤为重要。如果测试系统不稳定,测试出来的数据就不会可靠,甚至无法使用。因此在组建测试系统时,对系统稳定性要特别留心,这是衡量测试系统技术含量的一个重要指标。

以上就是测试系统应该具有的基本属性。根据动态测试系统的特点,可以将其归结为一个线性的、动态的、白色系统。也就是说,对测试系统的结构、性能要非常清楚——是设计出来的。同时测试系统应该是一个线性系统,这样对被测信号才能真实还原,便于进行正确的处理与分析。

3. 性能参数

无论使用测试系统还是开发测试系统,测试系统性能参数对于从事测试工作的人来讲都是非常重要的,应该给予充分的重视和很好的把握[1,2]。

1)分贝

分贝反映的是测试系统(仪器)的放大倍数,是以对数的形式进行的一种表达方式。这里所谓仪器的放大倍数是指输出信号幅值 m_2 与输入信号幅值 m_1 的比值,即 $M=m_2/m_1$。分贝一般表示为

$$[M]_{dB} = 20\lg M = 20(\lg m_2 - \lg m_1)$$

一般而言,实际要测量的信号都是比较微弱的,需要经过测试系统的放大才能进行有效的采集和分析。因此分贝的实质还是对放大倍数的一种变换或一种表达方式。例如,若某测试系统的分贝为 100dB,则具体含义如下。

若有 $m_1 = 5\mu V$ 的输入(原始输入信号很微弱),则输出端可得到 $m_2 = 0.5V$ 的输出(放大的信号)。其求解过程如下:

$$100 = 20(\lg m_2 - \lg 5) \Rightarrow m_2 = 0.5 \times 10^6 \mu V = 0.5V$$

此外,分贝还可以有另外一种定义(但其实质与上面的定义是一样的)。即通过以 10 为底的对数来表示一个物理量的值相对于另一个被定为参考值的相对大小。如果以 x_0 为参考值,则 x 的分贝数为

$$x(dB) = 20\lg \frac{x}{x_0}$$

(1)可以表示信噪比。

信噪比是测量信号电平(电压)与干扰噪声电平(电压)之比。如某一测试系统的信噪比为 48dB,其含义是最大信号电平比噪声电平高 48dB。

(2)可以表示噪声。

人的听觉决定于声压。声压单位为 μPa,$1\mu Pa = 10^{-6} N/m^2$。正常人的听觉能感受到的最弱声音为 1000Hz,其声压为 $p_0 = 20\mu Pa$。一般声压的分贝数规定为以 $20\mu Pa$ 为参考值,则声压分贝(声压级)为

$$Lp = 20\lg \frac{p}{20}(dB)$$

如人耳感觉疼痛的声压为 20Pa,人从听到声音到感觉到疼痛的范围为 0~120dB。

2)灵敏度

灵敏度这个概念一般是对传感器而言的(但也应用在其他仪器上),也是表示输出与输入关系的一个量。一般有两种表达形式。

(1)机械量-机械量。

对于机械式仪器(如弯沉测试中的杠杆),其灵敏度表示为:输出机械量/输入机械量,实际就是放大倍数。

(2)机械量-非机械量(电量)。

在动态测试中,大多数传感器都是采用机械量到电量的转换形式,其中又以机械量到电压量转换为主。其灵敏度通常表示为输出(电量)与输入(机械物理量)之比,具体为

$$S_v = \frac{U_m}{V_m}(电量单位/机械量单位)$$

式中,V_m 表示测点的物理量单位(如振幅);U_m 表示仪器输出的电量单位(如电压)。如果测试系统存在多个仪表环节,则整个测量系统的灵敏度为

$$S = \frac{最后输出量}{最初输入量} = S_1 S_2 S_3 L$$

式中,S_1 为传感器的灵敏度;S_2,S_3 为后接各级仪表的灵敏度。

正确理解灵敏度的含义对于测试工作很重要。例如,某一加速度传感器的灵敏度标为 $10mV/ms^2$,其含义为每输入一个加速度,引起传感器 10mV 的输出。

一般在测试工作开始时,都要将灵敏度输入到采集系统中(对于用计算机控制的测试系统而言),这样可直接显示出被测量的物理量的大小,而在过去用磁带或纸记录的设备中,最后要经过换算才能得到物理量。

另外,需要注意的是,在电子仪器中还有一个增益的概念,这也是一种放大倍数的概念,是对输入和输出为同一形式的物理量(如电压放大器)而言的。

3)分辨率

分辨率也称为分辨力,是精度的概念。指测试系统能测量到的输入量的最小变化能力,即输出电压的变化量 ΔU 可以分辨出的输入机械量的最小变化量 ΔX。ΔX 越小,表示分辨率越高。

一般而言,灵敏度越高,其分辨率也越高。测量仪器必须有足够高的分辨率,以便保证测量出输入机械量的微小变化。但过高的分辨率会使输入信号波动过大,从而会对数据显示或校正装置以及分析工作带来更高的要求和困难。实际上,分辨率是一种刻度的概念,如直尺、游标卡尺上的最小刻度就是该测量工具的分辨率。

此外,分辨率一般受测试系统的噪声电平的限制。只有信号电平高于噪声电平一定倍数后才不至于被噪声所湮没,与信噪比(可测信号电平与噪声电平之比)密切相关。

4)漂移

漂移指在测试系统输入不变的情况下,输出量随时间的变化。它的同义词就是仪器的不稳定性。一般来讲,仪器产生漂移的原因主要有以下两点:

(1)仪器自身结构参数的变化;

(2)外界工作环境参数的变化对响应的影响。

比较常见的有温度漂移,就是由于外界工作温度的变化而引起的输出变化,也就是外界温度变化对测试系统的影响程度。例如,某电压传感器的温度漂移为 $0.01\%(h·℃)$,其含义就是温度变化 1℃时,传感器的输出每小时要变化 0.01%。

5)动态范围

动态范围指灵敏度随幅值的变化量不超过某一给定误差的输入机械量的幅值范围。范围的两端分别称为上限和下限,在此范围内,输出电压量正比于输入机械量,因此也称为线性范围(图 4-6)。测试系统的动态范围有两个含义。

（1）对于一固定的测试系统，动态范围就是测量信号幅值的极大值（A）与噪声水平（α）的比值，用分贝表示：

$$[动态范围] = \left[\frac{A}{\alpha}\right](dB)$$

（2）动态范围指仪器灵敏度随幅值的变化量不超过某一给定误差的输入（机械量）的幅值范围：

$$D = 20\lg\frac{X_{max}}{X_{min}}(dB)$$

6）线性度

线性度实际上是指在正常情况下，测试系统灵敏度的误差范围。即测试系统的灵敏度在一定限度内波动时不引起输入和输出之间关系的变化，这个限度就是线性度：

$$S_L = \frac{\Delta L_{max}}{Y_{ES}} \times 100\%$$

此外，线性范围也可以表示为输入幅值的变化不引起灵敏度显著变化的范围，也就是输入幅值最大值与最小值之间的范围。线性度与线性范围密切相关，如图4-6所示。

例如，某些位移传感器的弹簧质量部件，在位移过大时就可能越过弹簧的线性范围，甚至造成破坏。

7）频率范围

频率范围是指仪器灵敏度的变化不超过某一规定百分比的条件下，仪器的使用频率范围。例如，某加速度传感器频率范围为$20\sim500Hz$，是指在这个范围内，输入信号的频率不受测试系统本身的影响，而能够正确输出，如图4-7所示。

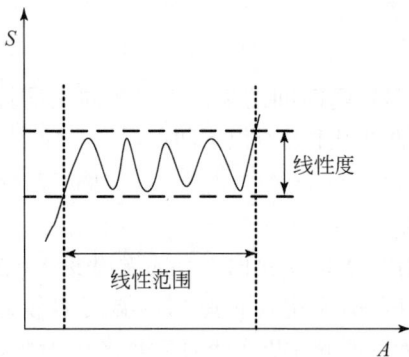

图4-6　测试系统线性度与线性范围　　　　　　图4-7　频率范围

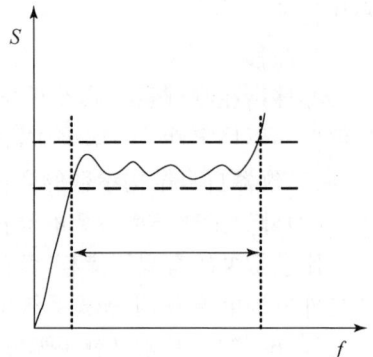

8）工作范围

测试系统的工作范围就是"频率范围＋线性度范围"。一般都是综合频率范围和线性度范围来确定测试系统的工作范围。

9)频带宽度

一般将信号中值得重视的谐波频率范围称为频带宽度。

4.2.2　激励系统

激励就是对被测对象(系统)的输入,使它处于某种反应状态,由此来达到一定的试验目的。在动力学测试中,激励又称为激振。

正如在前面所提到的,激励是对被测系统的输入信号,这种输入应该能激起被测系统的有效反应,产生可测量到的输出。如果激励信号选择得不好,则不能得到系统的有用信息。所谓"对牛弹琴"就是输入信号选择得不好,而使"牛"对"琴声"没有什么反应。

在自然界中,每一特定的物理系统都对一定的激励信号表现出一定的积极响应。因此,要根据试验的目的来选择合适的激励信号。在道路与铁道工程中同样存在这样的问题,例如,在测定路面厚度时,往往选择波长比较短、频率很高的信号来进行激励,如路面雷达测试系统,其激励信号就是电磁波,正好满足这一要求。而在测量弯沉或者模量时,要选择与交通荷载对应的激励信号,如 FWD 和承载板的加载系统等。

1. 激励系统的分类

在动力学测试中,激振(激励)系统是用来激发被测对象产生振动的系统。激振系统中所用的设备称为激振设备。根据激振的性质可具体分为以下几种。

(1)稳态激振:对被测对象施加一个稳定的周期信号的装置,如激振器等。

(2)瞬态激振:对被测对象施加一个一定宽度的脉冲信号的装置,如力锤等。

(3)随机激振:对被测对象施加一个随机荷载的装置。例如,路面不平顺对汽车的作用,而发过来引起的对路面的作用,海量对岸的作用。

(4)环境激振:被测对象周围的某种振动,如打桩对建筑物的作用,地震对建筑物的作用等。

2. 广义分类

广义地讲,激励系统的含义是非常广的,自然界中的许多信号都可以作为激励信号使用,大致有以下几种。

(1)力信号:前面已述。

(2)声信号:声音。

(3)电信号:电子工程中的各种激励,如电压。

(4)光信号:灯光照明,使物体能识别。

（5）热信号：温度等。

（6）软信号：交通量对一般道路网络系统的输入。

3. 常用的激振技术与设备

1）机械式稳态激振

（1）运动学式（直接驱动式）。

运动式稳态激振装置通过一个主轴经过一个机构直接驱动而带动台面产生周期性的垂直运动，如图 4-8 所示。一般由可以调速的电机进行驱动，台面的运动完全由机构运动学的关系来确定。

（2）动力学式（离心式）。

动力学式稳态激振装置通过两个转轴通过一对齿轮啮合，电机以相同的角速度 ω 反向旋转而带动台面产生周期性的垂直运动，如图 4-9 所示。每一轴上有质量 m、偏心距 e 的偏心块。两个偏心块产生的水平分力被抵消，而垂向合成一个合力 $P=2me\omega^2\sin\omega t$，通过激振器外壳作用在试验对象上。前面介绍的压实机具与此相同。

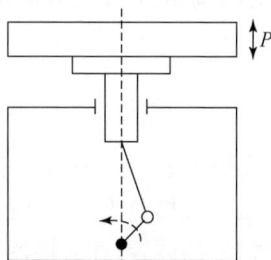

图 4-8　运动学式激振设备　　　　图 4-9　动力学式激振设备

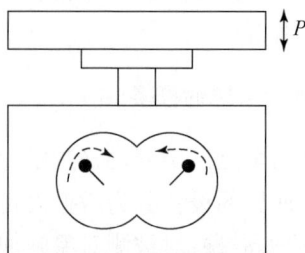

在激振频率一定的情况下，激振力的幅值依靠改变 me 的大小来调节。通常改变 me 的方法有改变偏心矩 e 或改变偏心块质量 m。在 me 一定的情况下，力的幅值与转速的平方成正比。

这是常用的稳态激振设备，传统的振动压路机工作原理与此类似。这种设备的优点是造价低、寿命长、使用和维修方便；存在的缺点是噪声大、输出波形差、振幅不易调节、整体控制性较差。

2）电动式稳态激振

电动式稳态激振的原理是利用带电导线在磁场中受到电磁力作用而工作的。其设备组成主要包括振动台本体即固定磁场系统、可动系统、导向系统、支撑系统等，以及配套设备即信号发生器、功率放大器、直流励磁电流、冷却系统等。

这种激振设备的主要优点是操纵方便、波形良好、适应性广，已成为小型激振的主要设备;存在的缺点是构造复杂、维修较困难、很难产生较大的激振力。

3)液压式稳态激振

液压式稳态激振的原理是利用电液阀控制高压油流入工作油缸的流量和方向,从而使活塞带动台面和其上的试件做相应的振动。实际上也是一种振动台,只不过是驱动装置不同而已,因此其原理与前面的激振器基本相同。其组成主要有油箱、油泵、电液控制阀和油缸等。

这种装置的主要优点是激振力可达数吨以上,位移可达数十厘米,常用于汽车行驶模拟试验、建筑物抗震试验等。存在的缺点是设备构造复杂、造价昂贵、波形失真程度比电动式要大一些。现代液压式振动压路机也采用了这种原理。

4)瞬态激振

瞬态激振的原理是利用落体运动对试验对象施加冲击荷载。其组成主要有锤头、力传感器和锤体,如图 4-10 所示。其主要优点是采用不同材料的锤头和不同质量的锤体,可以获得不同作用时间 τ 的冲击波形。

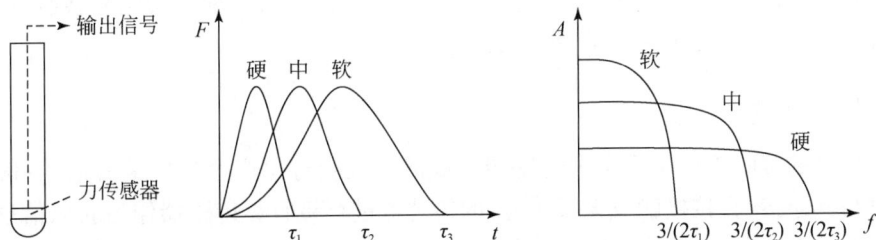

图 4-10　瞬态激振特征

对试验对象施加瞬态冲击可以产生较宽的频率范围,而稳态激振只产生与激振力相当的频率成分,这是二者的主要不同之处。一般而言,根据冲击作用时间 τ,可以求得其频谱主瓣频率约为

$$f \approx 3/(2\tau)$$

如冲击持续时间 $\tau = 5\text{ms}$,则主瓣频率为

$$f = \frac{3}{2 \times 5 \times 10^{-3}} = 300(\text{Hz})$$

得到的冲击能量主要集中在 $0 \sim 300\text{Hz}$ 这一频率范围内。锤头材质越硬,其作用持续时间越短,相应的频带越宽,反之亦然,见图 4-10。由此得到两个重要结论:

(1)锤体质量一定时,锤头材质越硬,其频带越宽,作用时间越短;

(2)锤头材质一定时,锤体的质量越大,其作用力越大,作用时间越长,频带越窄。

一般常用的力锤质量从几克到几十千克不等,锤头材质可以采用钢、铜、铝、塑料、橡胶等制成。从小到印刷电路板,大到桥梁,都可以实现有效的激振。而落锤

式弯沉仪(FWD)的冲击力可达 50kN。铁路路基上用的 E_{vd} 试验也是这种激振。

在道路工程中,用回波法量测路面厚度所采用的是小钢珠激励。根据路面厚度信息,可以选择不同直径的钢珠,其目的就是产生不同波长的波,以便能够分辨路面的厚度。这是由于在测试时,路面厚度 $L=TC$,而波速 C 在一定材料中是一定的,故作用时间 T 越小,则产生的波长 λ 就越小,频带也就越宽,越能覆盖住路面厚度,使短波在路面厚度范围内产生回波,不至于因波长过长而造成识别盲区(波长若超过路面厚度,该波就无法识别路面厚度)。

瞬态激振的主要缺点是稳定性较稳态激振要差,因为频带宽,可能会有其他并不感兴趣的波(频率)对输入造成一定的影响。

4.2.3　量测系统

激励系统对试验对象进行有效的激励后,被测系统必然会引起一定的响应,产生一定的输出量。一般输出量是比较微弱的,单靠人工无法识别,必须借助相关仪器设备才能进行,这就需要量测系统起作用了。量测系统一般是由信号接收、信号调理、信号的采集与记录等部分组成。

1. 信号接收

信号的接收工作主要是由传感器完成的。被测对象产生响应信号后,一般是通过与其连接(直接接触或无线感应)的传感器进行接收。传感器作为获取信息的首要部件在工程测试中起着至关重要的作用。在国家标准《传感器通用术语》中,对传感器的定义和组成进行了规定。

(1)定义:能感受(或响应)规定的被测量并按照一定规律转换成可用信号输出的器件或装置。

(2)组成:一般由直接响应被测量的敏感元件和产生可用信号和输出的转换元件及相应的电子线路所组成。

对于振动问题而言,试验对象的响应都为某一机械量,如力、位移、速度、加速度等,接收这些信号的装置称为振动传感器,它的工作原理如图 4-11 所示。

图 4-11　振动传感器工作原理

在图 4-11 中,某一测试对象经过激励后产生一个位移信号 x_i,传感器首先将这个机械量接收,然后经过机电转换成为电量 E,再经过测量电路进一步转换为电压输出量 U,便可以供后续设备处理。

1)传感器的分类

传感器的分类方法比较多,一般常用的有以下两种:

(1)按工作原理分,有应变式、压阻式、压电式、光电式传感器等。

(2)按被测量的物理量分,有力、速度、位移、加速度、湿度、声传感器等。

实际中,又往往将两种分类方法结合起来使用,如压电式加速度传感器、压阻式力传感器等。

2)几种常用的传感器

(1)应变式电阻传感器。

应变式电阻传感器是以电阻应变片为传感元件的传感器,使用的时间较长。自从 1856 年发现应变效应后,于 1936 年制成了第一个电阻应变片,1940 年发明了应变式传感器,目前它已成为应用最广泛和最成熟的一种传感器。它主要应用在力、质量、位移、加速度、扭矩、温度等物理量的测试中。

这种传感器的优点是精度高、测量范围广、频响特性好,并且结构简单、尺寸小、重量轻、使用寿命长、性能稳定可靠,此外对工作环境要求低,可以在高低温、高速、高压、强振、强磁场、核辐射、化学腐蚀等恶劣条件下工作。但同时也有很多缺点,如在大应变状态下有较大的非线性、输出信号相对较弱、抗干扰能力差、其测试连接线需要屏蔽等。

由于应变式传感器的广泛应用,这里有必要对应变效应问题再稍作介绍。应变效应是指金属丝的电阻随其变形而发生改变的一种物理现象。设电阻丝原长为 L_s,电阻率为 ρ_s,横截面为 A_s,直径为 d_s,其电阻值如下:

$$R_s = \rho_s \frac{L_s}{A_s}$$

在力 F 作用下,电阻丝被拉长变形(如图 4-12 所示),其电阻值的变化率为

$$\frac{\Delta R_s}{R_s} = \frac{\Delta \rho_s}{\rho_s} + \frac{\Delta L_s}{L_s} - \frac{\Delta A_s}{A_s}$$

式中,$\frac{\Delta L_s}{L_s} = \varepsilon_s$(应变);$\frac{\Delta A_s}{A_s}$ 为导线横截面的变化率。对于圆形则有

$$\frac{\Delta A_s}{A_s} = 2 \frac{\Delta d_s}{d_s} = -2\mu_s \varepsilon_s$$

式中,μ_s 为金属丝的泊松比。研究表明:

$$\frac{\Delta \rho_s}{\rho_s} = C_s \frac{\Delta V_s}{V_s} = C_s(1 - 2\mu_s) \frac{\Delta L_s}{L_s}$$

式中,$V_s = A_s L_s$ 为电阻丝体积;C_s 为取决于金属丝晶格结构的比例系数。由于压阻效应而引起的电阻率变化极小,一般可以略去。因此可以推出如下关系式:

$$\frac{\Delta R_s}{R_s} = [1 + 2\mu_s + C_s(1 - 2\mu_s)]\varepsilon_s = K_s \varepsilon_s \approx [1 + 2\mu_s]\varepsilon_s$$

式中，K_s 为金属丝的灵敏系数，即单位应变引起的电阻相对变化。

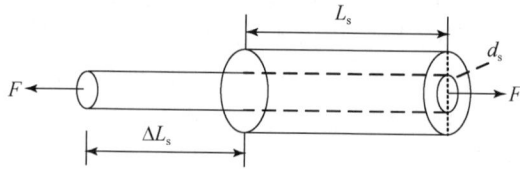

图 4-12　电阻受力后的变化

关于电阻应变片的测量电路，目前，对于大多数测量系统，最后被采集和记录的多为电压信号，而应变片是将应变转换成电阻的相对变化，这就需要把阻值变化率再转换成电压信号。一般采用直流或交流电桥电路进行转换（实质就是一种信号调理，称为二次仪表）。有关电桥电路的知识请参考电学或传感器的相关书籍。

在使用电阻应变片时，特别需要注意的一个关键问题就是关于电阻应变片的温度误差及补偿问题。

（2）压电式传感器。

压电传感器是目前使用比较广泛的一种振动传感器。从其技术本身来看，已经是很成熟的了。压电传感器是一种有源的双向机电传感器。采用某些材料受力后在其表面产生电荷的压电效应作为转换原理。压电元件是一种机电转换元件。主要应用于力、加速度等物理量的测量。

压电传感器优点是频带宽、灵敏度高，其结构简单、重量轻、可靠性好，另外其接线电缆可以很长而不影响测试效果。其缺点是受环境影响，电磁场和辐射对其都有一定影响。

关于压电效应，是指某些晶体物质，当沿着一定方向对它施加一定的力而使其变形时，内部会产生极化现象，在其表面就会产生电荷，除去外力后，又恢复到不带电状态。这种现象就称为压电效应。具体可分两种：①正压电效应是指从机械能到电能的转换；②逆压电效应是指从电能到机械能的转换。

压电效应是由 J·居里和 P·居里在 1880 年首先发现的。现已应用在各个方面的测量和换能元件上，如振动传感器、压力传感器、水生换能器、压电陶瓷滤波器、压电螺旋、点光器件及压电式变换器等。具有压电效应的材料，现已发现数千种之多，有十几种得到广泛应用，如用于振动传感器的石英、钛酸钡、锆钛酸铅等材料。一般而言，不同的压电材料，其产生压电效应的原因和机理是不完全相同的。

如图 4-13 所示，一压电材料表面受 $F = \sigma A$ 的作用，则在表面产生电荷 Q，电荷量与压力成正比，即 $Q = RF$，R 为压电常数。

根据电学知识，可以将压电晶片看成一个电容器，晶体上聚集正负电荷的两表面就相当于电容的两个极板。如果电容为 C，则有

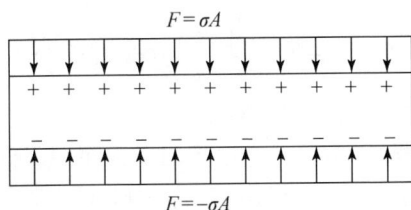

图 4-13　压电效应

$$U = \frac{Q}{C} = \frac{R}{C}F$$

式中，U-Q-F 为线性关系。在设计传感器时，一般设计成 F-x，x 为响应量。压电传感器正是利用上述原理而工作的。压电传感器可以等效为一个电压源或电荷源，如图 4-14 所示。

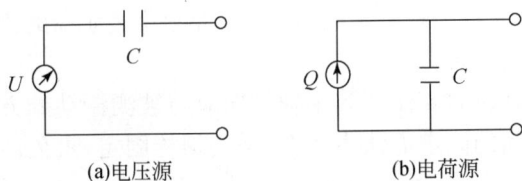

(a)电压源　　　　　　　　　　(b)电荷源

图 4-14　压电传感器的等效图

根据等效电路可知，压电传感器的输出可以是电压，也可以是电荷载。因此，它的前置放大器有两种形式，即电压放大器和电荷放大器，一般常用的为电荷放大器。电荷放大器的优点是输入稳定、不受连接电缆长度的影响。有关这一部分内容，详见有关测试技术书籍。

一般最常用的压电式传感器是压电式加速度传感器(图 4-15)，它是振动测试中应用最广泛的一种传感器。由于在进行路基连续压实控制量测时使用的就是这种传感器，因此这里再对这种传感器补充一点使用方面的知识。根据实际工程测试经验，在使用这种传感器时需要在以下几个方面引起重视。

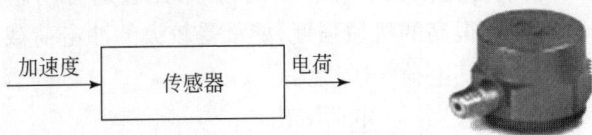

图 4-15　压电加速度传感器

①电荷灵敏度。

电荷灵敏度的含义是，对应于每一单位加速度的输入，传感器以相同频率输出的对应的电荷量(pC)。电荷灵敏度是压电式传感器最重要的性能参数，是选用传感器的主要依据。

$$S_q = \frac{输出（电荷）}{输入（加速度）}(pC/ms^{-2})$$

②压电加速度传感器选用和使用原则。

在选用加速度传感器时，主要考虑以下四个方面：电荷灵敏度、频率范围、动态范围和质量大小。需要了解这些参数是否符合测试要求。如何评定这些要求，主要还是应用基础知识和实测数据进行。

一般来讲，在满足频率范围和质量大小的前提下，选用灵敏度高一些的传感器总是有利于提高信噪比的。但较高的灵敏度，其传感器的质量也要大一些，使用频率上限也必定低一些。对于测量微弱振动，应尽量选高灵敏度的传感器；对于小型模型测试，应选质量小的传感器，以免附加质量造成较大的影响，但会降低灵敏度。

另外，需要注意的是，传感器属于精密仪器，尽管可以量测很大的振动和冲击信号，但是其本身并不能承受很大的力的作用，对传感器直接进行锤击会造成内部器件的损坏，也不能直接摔在坚硬地面上。这是这类传感器的使用原则。

③加速度传感器安装。

在安装加速度计时需要注意其主轴方向应与被测振动的方向一致。此外，传感器与被测对象之间的固定方法主要有：采用螺栓固定，永久性磁力吸附，使用耦合剂（黄油等）。

关于连接电缆（信号线）的固定，由于加速度计属于高阻抗（高内阻、弱信号）仪器，要特别注意防止"噪声干扰"，连接电缆受到动力弯曲、压缩、拉伸等作用时，会引起导体和屏蔽之间的局部电容和电荷的变化，形成"噪声干扰"。因此应避免信号线打死弯、打口或严重扭转等。

关于接地问题，要保证整个测量系统只有一个"接地点"，否则容易使测量信号中混入"交流噪声"（50Hz）。其原因是，如果多点接地，则可以形成几个回路（各接地点的电位不同），形成干扰信号进入信号线。严重时，这种干扰信号将大大越过振动信号，使测量工作无法进行。

除了上述压电加速度传感器外，压电式力传感器也比较常见。压电式传感器具有使用频率上限高、动态范围大和体积小的特点，比较适合动态力，特别是冲击力的测量。由于石英具有很高的机械强度，能承受较大的冲击荷载，所以一般用石英晶体片制作力传感器。其电荷灵敏度为

$$S = \frac{电荷输出}{力输入}(pC/N)$$

传统的压电式传感器一般都需要电荷放大器将其转化为电压输出，在野外测试时并不十分方便。目前有一种 ICP 压电传感器，其输出为电压量，使用很方便。

2. 信号调理

传感器是测量物理机械量的装置,常称为一次仪表。来自传感器的信号,一般来讲都是很微弱的,并且有的还不是电压信号,不便于直接进入信号采集、分析与处理系统,需要先转换成电压信号以及进行滤波放大等处理。这种对传感器的输出信号(也是信号调理的输入信号)进行的一系列处理过程就是信号调理。

对于信号调理系统来讲,传感器的输出就是它输入,其输出则为数据采集器的输入,如图 4-16 所示。信号调理主要完成以下任务。

(1) 转换:将非电压量转换成电压量。

(2) 放大:将传感器输出的激励电信号进行放大。

(3) 滤波:对不感兴趣(干扰)的信号成分进行过滤。

(4) 积分与微分:将位移、速度、加速度进行相互转换。

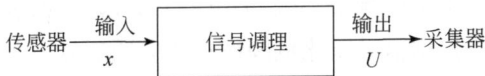

图 4-16　信号调理的输入与输出

信号调理在动态测试中是不可或缺的部分。只有将来自传感器的信号调理到合适的程度,才能够被后续装置进行采集和记录。动态测试中常用的信号调理系统(装置)主要有以下几种。

(1)电荷放大器。

电荷放大器是压电式传感器的信号调理装置。负责将压电式传感器输出的电荷量转换成电压量,并进行信号的放大、滤波、积分等工作,如图 4-17 所示。

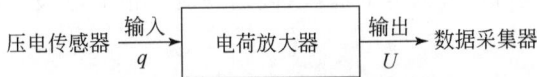

图 4-17　电荷放大器的功能

电荷放大器在电路上并不复杂,但实际应用时,不同厂家生产的设备却有很大的差异。性能不稳定是其主要问题,因此在设备选择上要格外注意。

(2)电阻应变仪。

电阻应变片只能将应变量转换成电阻的变化量,但这一变化很小,精确地直接量测出来一般是很困难的。因此需要通过一定的测量电路,将其转换成电压(或电流)的变化,并进行一定的放大后才能进行测量采集,这个装置就是电阻应变仪,如图 4-18 所示。其组成有电桥、放大器和显示器等,目前也有与计算机直接连接显示的。另外,电阻应变仪按其测量应变的频率具体分为以下几种。

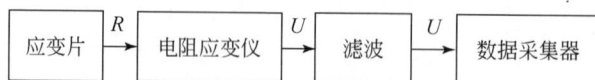

图 4-18　电阻应变仪的功能

①静态应变仪：应变不随时间变化，或变化极缓。

②静动态应变仪：以测静态为主，并能测 200Hz 以下单点动态应变。

③动态应变仪：测量＜10kHz 的动态应变。

④超动态应变仪：测量应变频率几千至几兆赫兹的动态应变。

(3)放大器。

放大器的任务是将前一级装置输出的微弱电信号进行放大处理，以便后续装置对信号进行采集处理等工作。常用的放大器以及特点如下。

①运算放大器：不能用于精密测量条件下。

②测量放大器：用于精密测量，又称为仪器放大器、数据放大器。

③程控放大器：能根据信号变化范围作自适应调节放大。

④滤波器。

滤波的概念源于过滤，但其含义要比过滤狭窄得多。它主要涉及信息的取舍问题。滤波就是对波的一种过滤，就是滤掉信号中我们不想要的成分（常称为噪声）。在动态测试中，存在下列情况之一时，都需要进行滤波处理：①信号中混有噪声。②只分析某些频率成分的信号。

用于滤波的设备称为滤波器。随着现代计算机技术的发展，目前已由模拟滤波发展到数字滤波。一般分数字滤波器和模拟滤波器两种。其中数字滤波器由计算机软件实现；模拟滤波器由相关电路组成的硬件实现。现在主要以数字滤波为主。此外，一般滤波可以分为低通滤波、高通滤波和带通滤波三种类型，其特点如图 4-19 所示。

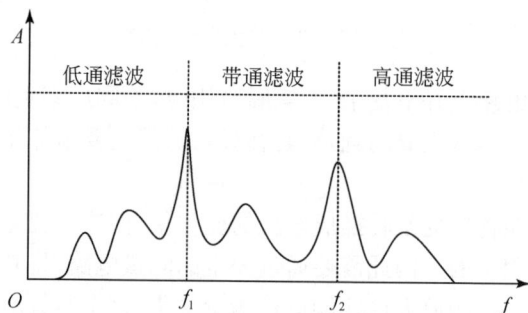

图 4-19　滤波示意图

①低通滤波：$f \in [0, f_1]$，去掉大于 f_1 的频率成分。

②带通滤波：$f \in [f_1, f_2]$，去掉小于 f_1 和大于 f_2 的频率成分。

③高通滤波：$f \in [f_2, \cdots]$，去掉小于 f_2 的频率成分。

　　滤波技术本身比较成熟，但是虑掉哪种成分的信息，则是由测试分析者所决定的。需要根据实际情况来选择，做到合理滤波。压实过程控制中压实信息的频率成分是由压路机与路基相互作用的强弱所决定的，其基频就是压路机的振动频率，其最高频率只有基频的几倍。因此，对于连续压实测试，滤波是一种低通滤波。

3. 信号采集

　　一般来讲，传感器把待测的非电量转化为电量，经过对电量信号的调理，并将其进行放大、滤波处理后，这时的信号仍为模拟信号，即连续信号。由于现代测试技术是以计算机为主进行信号的采集、记录和分析的，而计算机只能接收规定格式的数字信号，所以必须把连续的变成离散的，并进一步变成数字的，即进行由模拟信号到数字信号的转换——A/D 转换，使之变成数字信号，这就是数据采集系统中的中心任务。这一工作主要由专用的数据采集装置完成。如图 4-20 所

图 4-20　常见的数据采集装置

示，从测试应用者的角度看，并不需要进行这方面的专业训练，但是其基础知识还是需要掌握的，这对于正确选择合适的装置和处理以及理解信息都是非常有好处的。

　　1）有关术语

　　（1）连续信号与离散信号（图 4-21）。

　　连续信号：对于任意时刻，都可以给出确定的函数值，但幅值可以是连续的，也可以是离散的，只要与任意时刻对应即可（时间上的连续）。

　　离散信号：只在规定的时刻有确定的函数值，其离散性主要表现在时间上。

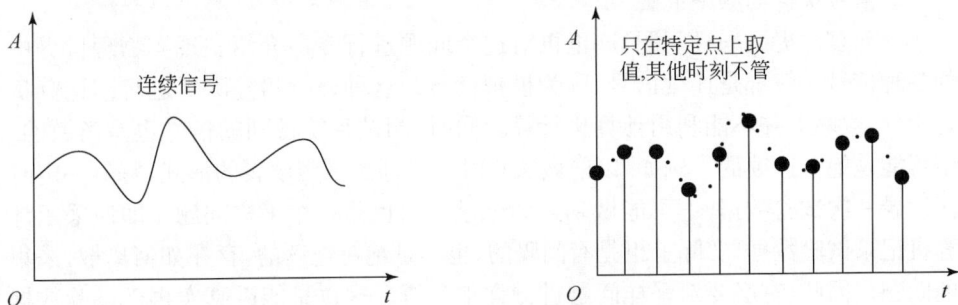

图 4-21　连续信号与离散信号

（2）模拟信号与数字信号。

模拟信号：时间和幅值都是连续的信号。

数字信号：时间和幅值都是离散的信号。

在进行信号采集时，把由模拟信号转换成数字信号的过程称为 A/D 转换；由数字信号转换成模拟信号的过程称为 D/A 转换。由模拟信号到数字信号的实现过程一般有以下几个步骤，图 4-22 形象地说明了这一过程。

①将模拟信号进行时间采样，作时间离散化处理。

②将模拟信号幅值进行量化处理，作幅值离散化处理。

③进行二进制表示，以适合计算机的接收和记录，形成数字信号。

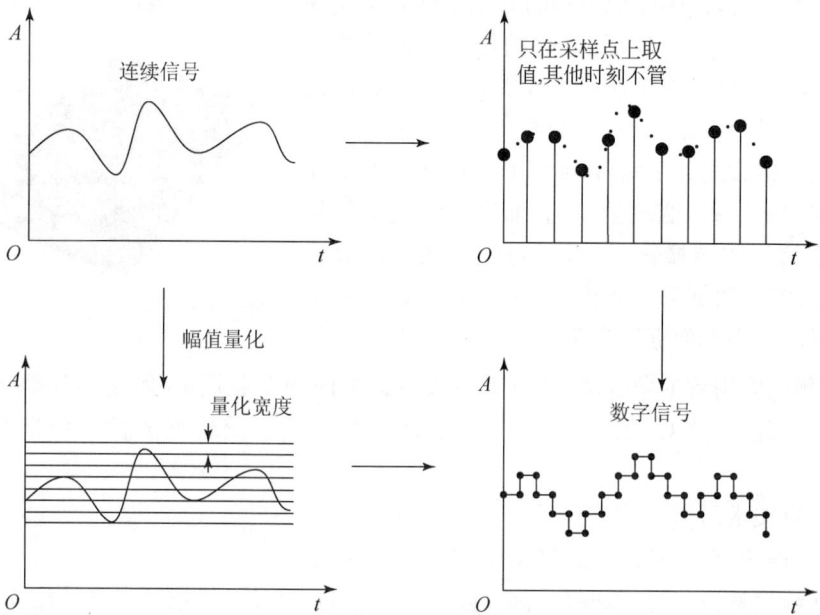

图 4-22　连续信号到数字信号的实现过程

2）信号采样与频率混叠

上面多次提到采样问题，这里再对这个问题进行专门介绍。现实物理世界中的各种信号一般都是连续信号，称为模拟信号。这种连续信号除了进行理论分析之用外，实际上并不能利用计算机计算。同时，测试系统得到的信号也是离散的，不可能是绝对连续的。例如，以前做试验时一般都是采用读表的形式，每隔一定时间记录一次试验数据（不可能做到连续记录），这也是一个采样问题。即使采用计算机记录试验数据，实际上也是有间隔的，也不是绝对连续的，存在如何离散、采集的问题。因此，有必要对采样问题进行详细分析。这也是能否真实再现试验数据的关键环节之一。

（1）采样间隔与采样频率。

所谓采样就是采集试验数据（信号）的样本点。对于一个动力学试验，如何采集一个信号（波形）的样本点，使该信号不失真地在计算机中再现是非常关键的，这里面就存在一个采集间隔的问题。所谓采集间隔是指相邻两个采样点之间的时间间隔；而采样频率则为采样间隔的倒数。一般情况下，都是采用等间隔进行采样的，即用一个采样频率。其采样过程如图 4-23 所示。

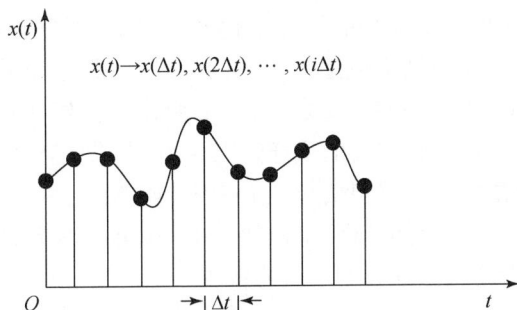

图 4-23　采样间隔与采样频率

但有时要根据信号自身变化的特点，采用非等间隔的采样——多采样频率方法进行采样，以适应信号变化。一般有两种：降采样，即采样频率逐渐降低；升采样，即采样频率逐渐升高。

（2）采样定理与信号混叠。

在将模拟信号转换成离散信号的过程中，如果采样间隔取的较宽，则表示信号数据的量就越少，数据就越容易处理；反之，若采样间隔较小，则数据量就越大，处理起来占用时间较多。但是，采样间隔也不是越宽越好，太宽则容易导致有用信息的丢失。如图 4-24 所示，原来一个正弦波形，由于采样间隔过宽，采样之后变成了一条直线。因此，选择合适的采样间隔或者采样频率是非常关键的，好在前人已经找到了如何采样的准则，这就是采样定理。

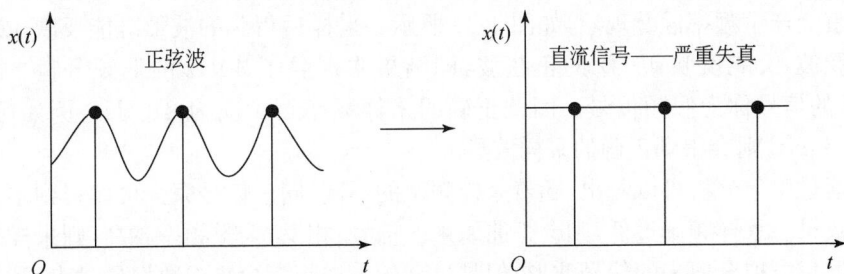

图 4-24　采样间隔过宽引起的波形失真

以图 4-23 为例,设一个模拟信号为 $x(t)$,经采样后对应的离散信号可表示为一个时间序列,即有

$$x(n\Delta t) = \{x(\Delta t), x(2\Delta t), x(3\Delta t), x(4\Delta t), \cdots\}, \quad n = 1, 2, 3, \cdots$$

式中,Δt 称为采样间隔,表示相邻两个数据之间的时间间隔,它的倒数即为采样频率 f_s。在工程测试中,一般习惯用采样频率的大小来讨论采样问题,即

$$f_s = \frac{1}{\Delta t}$$

图 4-24 表明,如果一个信号的波形变化比较平缓,则只需要用比较疏的采样点平滑地连接起来,就可以恢复或逼近原来的波形,也就是说采样间隔 Δt 可以大一些,或者采样频率可以小一些。反之,若波形变化较剧烈,则必须用较密集的采样点才能拟合出原来的波形,需要的采样间隔要小,即采样频率要大。由此可以看出,采样频率的大小决定于被采集信号波形变化的快慢,有一个根据实际情况选择采用频率问题。可能有人会问,既然采样间隔小一些能真实反映原波形,那么只要将采样间隔减小或者增大采样频率不就能解决这个问题了吗?原则上是可以解决问题,但有一个实际问题,即过密的采样尽管会真实再现原有波形,但会明显地增加数据量,给后续处理工作带来诸多不便。

信息论的创始人 Shannon 给出的采样定理则解决了上述问题。其采样定理可以描述为采样频率必须至少为分析信号最高频率的 2 倍,表示成公式形式如下:

$$f_s \geqslant 2f_m \tag{4-1}$$

式中,f_m 为被采集信号中的最高频率。由于实际波形中往往含有不同频率的谐波的成分,这里 f_m 实际是指在分析感兴趣波形时的最高频率成分。

在信号理论中,将采样频率 f_s 的 1/2 称为奈奎斯特频率 f_N,即 $f_N = f_s/2$。当奈奎斯特频率低于信号中的最高频率分量时,即 $f_N < f_m$,采样所得到的离散信号中会混入虚假的低频信号分量,这种现象称为频率混叠,是需要避免的。

例如,有一个频率为 120Hz 的正弦波模拟信号,即信号 $x(t) = \sin 2\pi ft$,其中信号(最高)频率为 $f_m = 120$Hz。按照不同的采样频率会得到不同的结果。

如果采样频率取 $f_s = 160$Hz,则奈奎斯特频率为 $f_N = f_s/2 = 80$Hz $< f_m$。此时就会产生频率混叠现象,如图 4-25 所示。采样后得到的波形既能反映 120Hz 的正弦波,又能反映 40Hz 的正弦波,即结果中混叠了 40Hz 的低频分量。图中 40Hz 的信号称为假频信号。因此正确的采样频率至少应为 240Hz。例如,选择 $f_s = 480$Hz,则会得到正确的采样波形。

通过以上分析可以看出,随着采样频率的不同,同一信号完全可以得到不同的拟合效果。采样频率过低,则会歪曲原来的信号;相反,采样频率越高,则采样得到的波形越能拟合原来的信号波形,但是过高的采样频率会造成数据量过大,计算机储存和处理的代价也就越高,实际上是不需要的。在实际测试工作中,一般在满足采样定理的基础上,往往取 $f_s = (3 \sim 5) f_m$。实践证明,这样的采样频率是比较合

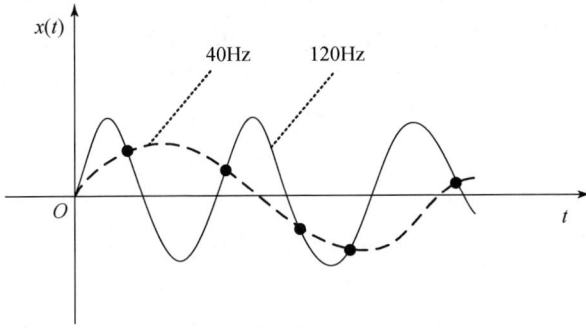

(a)

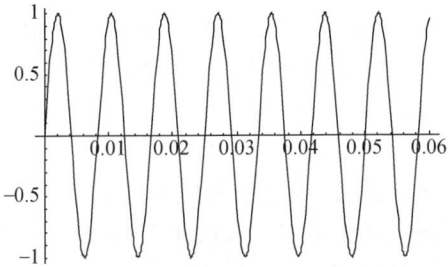

(b)正确的采样波形　　　　　　　　　　　　　　(c)频混的采样波形

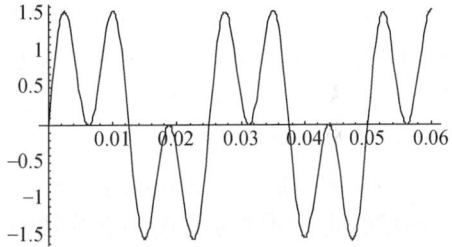

图 4-25　不正确的采样导致出现假频信号

适的。

3）信号的 A/D 转换

前面论述了对连续信号采样时应遵守的规则，但是没有说明如何才能实现采样。这里再对这个问题进行介绍，这实际上就是模数转换问题，转换的工具就是 A/D 转换器，如图 4-26 所示。

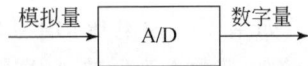

随着电子技术的进步，目前对动态测试的记录和储存都是利用计算机实现的。根据计算机对数据格式的要求，信号在进入计算机之前需要先进行处理，形成二进制数据才能被计算机所识别。实现这一过程主要依靠 A/D 转换。A/D 转换是模数转换器（analog-to-digital converter，ADC）的简称。它是模拟和数字信号路径间的最后一个连接环节。另外，需要注意的是，如果动态信号的变化不是很缓慢的，都要求在 A/D 转换前首先进行采样保持（Sample-Hold，S/H），否则 A/D 无法保证时变电压数字化的精度。下面介绍一些基本概念，无论对技术研发还是实际操作，都是非常有用的。

图 4-26　A/D 转换示意图

（1）A/D 转换的两个环节。

A/D 转换时有两个关键环节是需要搞清楚的：其一是信号采集环节——将连

续的模拟信号变成离散模拟信号(需要满足采样定理,信号只是在时间上离散,幅值上仍然连续);其二是信号量化环节——将采样取得的、在时域上离散、但在幅值上连续的模拟量进行量化,即幅值离散和编码,把在某一空间具有连续值的输入信号转化成只有有限字长的输出。通过这两个环节就把连续信号变成了数字信号,如图4-22所示。

(2)A/D转换器的技术指标。

在使用数据采集器时,一般在产品说明书中都会标识A/D位数以及最高采样频率等参数,如16位100kHz A/D。这实际上是在告诉使用者A/D的转换精度和转换速率。下面介绍A/D转换器的技术指标,这几个指标可以评价其性能的好坏。

①分辨率——转换精度。

分辨率一般用A/D输出的数字量的位数表示。它反映了A/D转换器所能分辨的被测量的最小值,实际上就是精度的概念。如12位的A/D,其分辨率就为12位,16位A/D的分辨率则为16位,显然后者精度要大于前者。

②转换速率——转换速度。

转换速率是指单位时间内完成A/D转换的次数,约等于完成一次A/D转换所需的时间。反映的是A/D转换快慢的概念。例如,100K A/D和200K A/D,分别表示最高采样频率为100kHz和200kHz,显然后者的转化速率要比前者快。

③输入范围——极性变化。

由于动态机械信号有单向和双向之分,如简谐力有正负之分,是双向的;脉冲力只有一个方向,是单向的。所对应的从传感器输出的电信号也有单向和双向之分,这就是极性问题,也称为输入范围问题。相应地,在A/D转换时也有极性之分。常用的A/D一般有两种输入范围,即单极和双极。如0~5V是单极的,-5~5V是双极的。为利于理解上述几个概念,下面举例说明。

如果V_{Fs}为电压(信号的电压表示)的量程(输入范围),则量化分辨率为$V_{Fs}/2^k$,其中k为反映A/D精度的位数。对于12位100kHz A/D,输入信号的电压范围为-5~5V,则最小分辨率为

$$\frac{10V}{2^{12}} = \frac{10V}{4096} = 2.44mV$$

其含义就是A/D能分辨2.44mV以上的信号输入,低于此值的则不能有效分辨。可见若想提高信号的精度,应该提高A/D的位数。如16位100kHz A/D,输入信号的电压范围仍为-5~5V,则最小分辨率为

$$\frac{10V}{2^{16}} = \frac{10V}{65536} = 0.15mV$$

此时的A/D能分辨0.15mV以上的信号输入。可见A/D位数越高,其量化的分辨率也就越好,这对于剧烈变化的信号而言,也就会得到更真实的结果。目前A/D位数已发展到24位乃至更高,其采样精度也就越来越高。

需要注意的是,A/D 的最高采样频率和位数是其出厂时本身性能所决定的,其速率和精度是固定的,使用者是无法更改的。但是采样时的采样频率仍然由使用者来决定,并不一定要用到最高采样频率,应根据具体情况进行合理地选择,所遵循的原则就是采样定理。

4. 信号存储

采集到的信号应该放在一个合适的地方保存起来,以供进一步的分析处理和以后的调用,这就是信号存储问题。

做过试验的人都知道,以前在做静态试验时(如压力试验),一般都是采用手动方式从显示表上读取数据,再记入纸质的表格中,以供分析处理用;而对于动态试验,由于数据变化快,不宜采用手动方式记录,所以产生了用相纸、磁带等介质进行记录的方式,但这些都是比较麻烦的。随着电子技术的进步,现代的试验技术都与计算机联系在一起,普遍采用硬盘等介质保存数据,极大地方便了试验人员,对促进试验科学的进步起到了很大的推动作用。

4.2.4　分析系统

分析系统主要是对数据进行时域与频域的分析。目前数据分析用的商用软件很多,基本上可以满足一般的需要,方便了使用者。但这些商用软件一般都是通常使用的功能,对于一些需要特殊处理的数据,还要自行开发数据分析软件。信号分析是一种专门的技术,关于它的各类参考书籍非常多,但掌握它需要许多的知识储备。好在目前信号分析软件已很普遍,只要了解要分析哪些要素以及如何应用也就够了。鉴于此,这里仅给出常用的一些分析要素,对信号分析感兴趣的读者可以参阅相关书籍。

1. 时域分析

时域分析是主要对信号的波形进行的横轴和纵轴分析。对于稳态试验,一般分析周期、振幅、平均值、有效值等,还可进行统计分析、排序分析、相关分析等;而对于瞬态试验,一般只分析幅值、脉冲宽度等。

2. 频域分析

时域分析的信息量是有限的,有些信息需要从不同角度才能看清楚。所谓"横看成岭侧成峰"正是采用不同角度观察同一事物的最好写照。频域分析是对时域信号进行的频谱分析,能够更加精细地反映信号所包含的频率成分。例如,幅值谱、功率谱、相位谱等都从不同角度揭示了信号的内部特征,使分析问题更加全面。频域分析所采用的工具就是傅里叶变换技术,实际使用时采用快速傅里叶分析

(FFT),已经相当成熟了,此处不再赘述。

3. 时频分析

有些情况下,上述两种分析都不能满足要求,需要对局部时域和频域进行更为细致的分析。这种分析的工具就是小波技术。了解傅里叶分析技术的都知道,在傅里叶分析中,与原函数做内积的函数是正弦波,而小波分析里面的小波变换和原函数做内积的函数不是正弦波了,而是一些时频支集上都相对集中的函数,称为小波,并且要满足一些性质。因此小波就是小的波形。所谓"小"是指它具有衰减性;而称为"波"则是指它的波动性。与傅里叶变换相比,小波变换是时间(空间)频率的局部化分析,它通过伸缩平移运算对信号(函数)逐步进行多尺度细化,最终达到高频处时间细分,低频处频率细分,能自动适应时频信号分析的要求,从而可观察到信号的任意细节,解决了傅里叶变换的困难问题,成为继傅里叶变换以来在科学方法上的重大突破,被称为"数学显微镜"。有兴趣的读者可以阅读这类书籍。

4.2.5　校准试验

前面已经提到,动态测试系统是获取研究对象某些特征信息的工具,因此必须客观、准确地把被测信息反映出来,不能失真。但是由于各种原因,有时测试系统量测出的信号与被测信号不一致,这实际上就是测试系统中某个环节出了问题,导致量测不准确。如前所述,测试系统应该是线性的和稳定的,这样才能真实地再现被测信号,那么如何才能知道一套测试系统是否能够准确量测呢?这就需要对测试系统进行校准试验。

校准,也称为标定。它是通过试验建立测试系统的输入量与输出量之间的关系,同时也确定出不同使用条件下的误差关系。在动态测试中,校准技术非常重要,其水平的高低直接影响到测试结果的精度和可靠性。一般所说的校准是针对测试系统(整体)或其中的传感器(部分)而言的,都由校准试验来完成。

1. 校准条件

在什么条件下需要进行校准试验是有要求的。对于使用者而言,校准主要是对测试系统或传感器的输出与输入关系进行的校对,其目的是确定有关参数在数值上是否与出厂时的值一致,是否随时间发生了变化;而对于研制者来讲,校准主要是为了校对研制的测试系统或传感器是否与设计值一致。因此在遇到下列情况之一时,都需要对测试系统或传感器进行校准:

(1)设备出厂前(研制者);

(2)设备使用一段时间后(使用者);

(3)重要试验前(使用者);

(4)维修或更换测试系统或其中的部件后(使用者)。

2. 校准项目

如果对测试系统进行校准,那么都需要做哪些项目呢? 一般而言,对于一个具体的测试系统或其中的传感器,通常需要对以下项目进行校准。

(1)灵敏度,是输出(电荷、电压)与输入(位移、速度、加速度、力)之比,对于使用者来讲,对灵敏度的校准是最重要的。

(2)频率特性,是包括幅频特性(指灵敏度随频率变化特性)和相频特性(指输入量与输出量直接相位差随频率变化的特性)两方面。

(3)线性范围,是测试系统或传感器输入量与输出量之间保持线性关系时的最大机械能输入量的变化范围(图 4-27)。

(4)环境因素的影响。如果在高湿、高压、水以及强磁场环境下使用,则要考虑环境参数对传感器性能的影响,并作出相应的修正曲线。

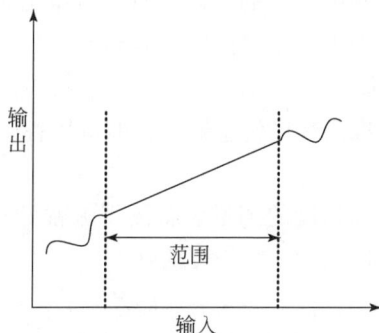

图 4-27　测试系统或传感器的线性范围示意图

3. 校准设备

校准设备是指用来测定测试系统或其中传感器的技术指标的配套设备。具体就是指标准振动台和高精度传感器以及高精度测量设备(也可统称为标准计量设备)。其技术要求如下:

(1)标准振动台的技术标准要高于一般振动台,具体可参考国家相关技术标准要求;

(2)测量设备要由足够的测量精度;

(3)标准传感器的精度至少要高于被校准传感器一个精密等级;

(4)量测范围与被校准传感器一致,各项技术指标稳定可靠。

4. 测试系统校准

对整个测试系统进行校准,可以获得非常高的精度。其基本原理如图 4-28 所示。实质就是由标准计量设备对测试系统输入已知的信号,再看其输出信号变化情况。如果输出信号与输入信号相比,其误差在允许范围内,则测试系统是合格的,否则需要进行调整或维修。

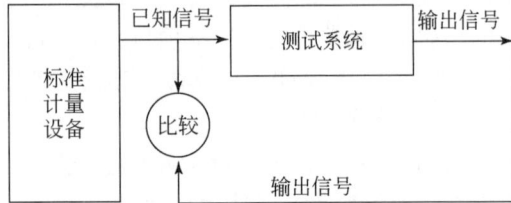

图 4-28　测试系统校准原理图

5.传感器校准

传感器的校准原理与测试系统的相同。具体校准方法有两种:比较校准法和绝对校准法。其标准计量设备一般选择标准振动台。

1)绝对校准法(绝对法)

绝对校准法常用于校准高精度传感器。目前世界各国常用的方法是幅值校准法,如图 4-29 所示。

其具体方法就是采用高精度的测量设备测得振幅和振动频率,并由此计算速度和加速度。若振幅 X 和频率 f 已测得,则有

$$\begin{cases} v = \omega X = 2\pi f X \\ a = \omega^2 X = 4\pi^2 f^2 X \end{cases}$$

再测得传感器输出的电量,便可以得到位移灵敏度、速度灵敏度和加速度灵敏度。精确确定振幅的方法目前主要有读数显微镜法和激光干涉法。

2)比较校准法(相对法)

比较校准法又称为相对法。其具体方法是将被校准的传感器和已知的标准传感器(经绝对法或高一级精度校准过的)背靠背地安装在标准振动台上,根据标准传感器的值来计算被标定传感器的值,如图 4-30 所示。

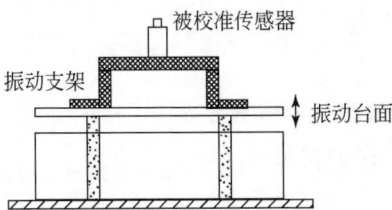

图 4-29　绝对法校准传感器

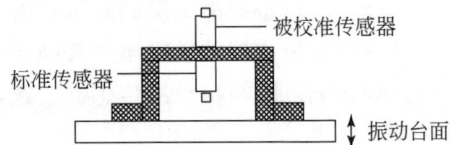

图 4-30　相对法校准传感器

设标准传感器的灵敏度为 S_v，输出为 U_v，被标定的传感器的灵敏度为 S_x，输出为 U_x。由于对应的是同一输入 V，则可推出被标定的传感器的灵敏度 S_x 为

$$\begin{cases} S_v = \dfrac{U_v}{V} \\ S_x = \dfrac{U_x}{V} \end{cases} \Rightarrow \dfrac{U_v}{S_v} = \dfrac{U_x}{S_x} \Rightarrow S_x = \dfrac{U_x}{U_v} \cdot S_v$$

在使用测试系统时需要注意的是，经校准试验校准过的测试系统或传感器应该按照校准状态使用，否则会产生很大的测试误差或者校准无效。对于一般的测试系统，每年应至少进行一次校准试验。

对于使用者而言，最常用的就是采用标准振动台对整个测试系统进行校准。下面以校准加速度信号为例来说明如何进行测试系统的校准，其原理参照图 4-28。校准的步骤如下：

(1)选择符合要求的标准计量设备作为已知信号源，这里选择标准振动台。

(2)启动振动台对测试系统输入一定频率的(如 20Hz)、幅值变化(如 1.0,1.5, 2.0,2.5…)的标准加速度信号。

(3)量测测试系统的输出信号，分别以输入和输出为坐标，绘制对应曲线。

(4)改变振动台产生，对测试系统再输入幅值不变(如 1.0)、频率变化(如 20Hz,25Hz,30Hz…)的标准加速度信号。

(5)量测测试系统的输出信号，分别以输入和输出为坐标，绘制对应曲线。

如果输入与输出之间的误差在规定范围内(图 4-27)，则可以认为测试系统是合格的，可以进行测试工作。

4.2.6　现代测试系统简介

随着科学技术的进步，测试任务日渐复杂和繁重，对测试技术也提出了越来越高的要求。目前测试技术已经发生了很大的改变，这主要体现在测试工具的进步上。现代测试技术的最大特点就是以计算机为核心，如自动测试系统和虚拟仪器系统等。自动测试系统能在最少人工参与的情况下进行自动测量、信号处理和输出结果。目前处于 PC 仪器阶段，即各类仪表与个人计算机之间通过接口总线的方式连接，实现测试工作。虚拟仪器系统则是更高级的自动测试系统。所谓"虚拟"是指仪器面板不是通常以硬件形式出现，而是在计算机屏幕上出现的虚拟形式，其测量功能也是由软件编程来实现的虚拟式的。虚拟仪器系统代表着今后测试技术的发展方向。

同其他许多新技术的发展情况一样，先进的测试技术很多都是先在军工中得到应用，然后逐渐被推广到民用领域，因此应该密切注意一些"军转民"项目在交通领域的应用。

1. 自动测试系统

自动测试系统(automatic test system,ATS),是在最少人工参与的情况下,能对被测对象进行自动测量、自动数据处理并给出测试结果的系统。它的组成为"控制器(计算机)+程控设备+总线与接口+测试软件";它的发展阶段经历了总装阶段(第一代)、接口标准化阶段(第二代)和基于PC仪器阶段(第三代)。

2. 虚拟仪器系统

虚拟仪器系统(virtual instrument,VI)是在1986年提出的,是指仪器面板是虚拟的,主要集成在计算机屏幕上显示,并且其测量功能也是由软件编程来实现的。其本质就是利用PC强大的运算能力、图形环境和在线帮助功能,建立具有良好人机交互性能的虚拟仪器面板,完成对仪器的控制、数据分析与显示;通过一组软件和硬件,实现完全由用户自己定义、适合不同的应用环境和对象的多种功能。具有如下特点:

(1)既有普通仪器的基本功能,又有一般仪器所没有的特殊功能。

(2)硬件只是解决信号输入和输出问题的方法和软件赖以生存、运行的物理环境,软件才是仪器的核心。

(3)用户只要通过调整或修改仪器的软件,便可以改变或者增减仪器的功能与规模,甚至仪器的性质,对用户开放。

4.3 压实过程监控系统

前面对测试技术的相关知识进行了梳理,其目的是将这些技术应用在路基连续压实控制中。为了对路基压实质量进行动态控制,现场必须有能够连续量测压路机动态反应信号的量测装置以及控制和分析软件。因此,能够及时采集、分析与压实相关的信息既是过程控制的需要,也是作为一个测试系统所必须具备的条件。而现代测试技术的飞速发展,为连续压实控制测试系统的开发提供了条件。

为了在路基碾压过程中完成对压实信息的量测和提取工作,必须建立基于传感技术、微电子技术的测试系统。一个完整的压实信息测试系统一般由激励系统、量测系统和分析系统等部分组成,共同完成测试与监控任务。自从1999年成功研制第一代连续压实控制用的专用测试系统——压实过程监控系统(compaction process monitor system,CPMS)以来,该系统已经发展到第5代产品,满足了填筑工程领域连续压实控制的需求[3]。

4.3.1 系统特点

在路基填筑碾压过程中,在激振源——振动压路机的作用下,路基填筑体的压实状态发生了变化,这可以通过压实信息来感知。而压实信息是通过压路机振动轮的动态反应来体现的。这种信息需要通过测试系统的量测、处理、采集、存储和分析,再发出反馈控制信息指令,以便为对压路机和路基进行反馈控制提供依据,如图 4-31 所示。

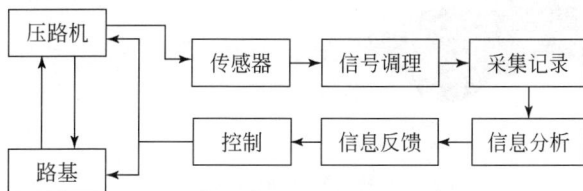

图 4-31　压实过程信息传递与获取和控制

根据上述要求研制的压实过程监控系统,不但具有一般测试系统所具有的通用性,还具有适用于连续压实控制的特殊性。因此,除了能够进行连续测试外,还具备根据检测到的压实信息发出反馈控制的功能,这也是将其称为压实过程监控的原因。下面分别从激励系统、量测系统和分析系统三个方面阐述压实过程监控系统的主要特点。

1. 激励系统

如前所述,激励系统是用来激发被测对象相关信息的系统。为了研究被测对象的特征属性,一般通过向其输入一个已知信号,然后观测分析它的输出信号来识别被测对象的有关特征,这个输入的信号就是由激励系统来完成的。

对于我们关心的压实过程监控问题,其被测对象就是由被压填料构成的结构——在室内为试样,在现场则为填筑体(路基)结构。填料的碾压过程是一个结构的形成过程,由压实机具提供输入能量而产生压密现象。因此,可以利用压实机具的特性,把它作为激励系统,这样就不必另外再单独设计激励部分了。利用压实机具作为激励源,不但方便了连续测试工作,而且实现了在碾压过程中进行连续、在线实时监控的目的。

从试验的角度看,对于路基填筑体这个试验对象,如果选用振动压路机作为激励源(加载系统),那么这就是一个动力学试验——振动压实试验。其试验过程为:已知的激励(输入)信号就是给定的激振力,但它并不是直接作用在路基结构上的,而是作用在质量块——振动轮上,使振动轮产生周期振动,振动轮将这个振动能量输入给路基结构;同时路基结构又对振动轮产生一个反作用(也是输入信号),这个信号携带了路基压实状态特征的相关信息。由于激振力和质量块都是已知的,因此根据第 3 章的研究结论,可以通过质量块的另一个输出信号——动态响应来识别与有关压实质量相关的信息,如图 4-32 所示。

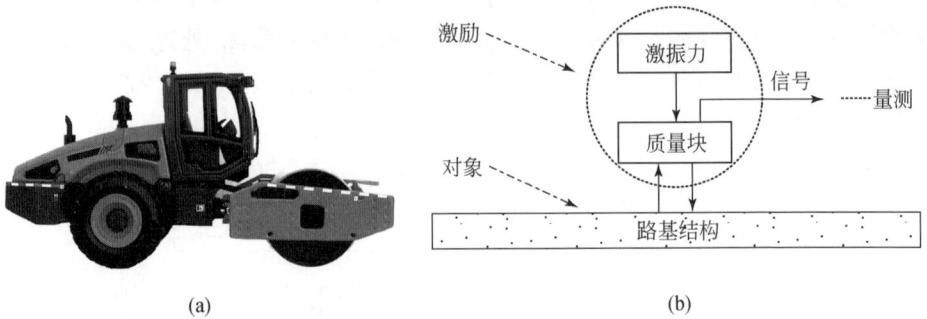

(a)　　　　　　　　　　　　　　　　　(b)

图 4-32　连续压实监控的激励系统

如果把压实过程看做一个动力学试验过程,那么与一般试验要求一样,对于加载系统也是有一定要求的。首先要求激励系统的振动性能必须是稳定的,这也是对作为加载用的振动压路机提出的基本要求。如果压路机的振动性能不稳,则常常表现为振动频率的随机波动,由于频率的平方与激振力成正比,那么就会导致激振力更大的波动(详见第 5 章的分析),这实际就是向路基结构输入了一个不稳定的激励,必将引起输出的不稳定变化,会严重影响对压实质量的判定。

2. 量测系统

如何获取压实信息则是量测系统的任务。量测系统将被测信号进行转换、放大、显示和记录,主要由传感器、信号调理电路和采集记录器三部分组成。

反映压实状态的信号是一个机械信号,为非电量信号。为了对这个信号进行采集和分析,首先要将其转换为电信号,这就是传感器的任务。传感器一般称为一次仪表。由于压实信号中除了有用成分之外,可能还含有其他干扰部分,如噪声等,并且电信号在量值上一般也都较小,所以由传感器输出的电信号要经过去噪、放大等处理,这就是信号调理部分的作用,常将这一部分称为二次仪表。由二次仪表输出的电信号一般为模拟信号即连续信号,如果要进行保存和显示,则由采集记录部分来完成。首先将其转换成数字信号,一般由模数转换器(ADC)完成这项任务转换工作(A/D),然后由微型计算机进行储存工作,以便对其进行二次处理和分析工作。

现代自动测试技术以微型计算机为核心,集传感技术、采集技术、处理技术、显示技术等于一体,在压实过程对压实信号可以做到边采集、边储存、边分析、边显示,同时采集装置的体积明显减小,方便了现场操作。可以说,没有测试技术的发展,就谈不上压实过程的实时监控制了。完整的监控系统由传感器、数据采集记录、压实管理软件等子系统组成,其中比较重要的有以下几个方面。

1)传感器

传感器在整个测试过程中承担着将机械振动量转换为电信号的重任,直接关系到试验的成功和精度,因此必须保证它的可靠性。一般传感器不需要设计,可以直接选购。选择传感器应考虑试验所要求的频率范围、幅值量级、测量参数以及试验条件等。

根据本项目的特点,选定 ICP 式传感器作为接收信号用。这种传感器的主要特点是具有常规压电式传感器的优点,而且其内部设置有转换电路,输出的是电压量而非电荷量,省去看使用电荷放大器的诸多问题。ICP 式传感器是目前国际上比较先进的传感器,对野外移动式测试尤为方便。

2) 数据采集器

通用的数据采集设备一般功能较多,但体积较大,常用笔记本电脑控制数据的采集、存储和分析等,非一体化的居多。这对于室内试验来说还是可行的,但对于现场在移动情况下进行采集分析等工作就十分不便。为此自主研制开发了专用的数据采集记录系统。

数据采集器的主要构成是 ADC(模拟量到数字量转换器)和微型计算机。其主要任务就是把经过二次仪表调理后的模拟信号转换成数字信号加以储存和显示,并将数据与上位计算机进行数据通信。转换成数字信号的方法已在前面进行了论述,即首先将模拟信号在时间上进行离散化处理,成为离散信号;其次将离散信号的幅值进行量化,使其成为数字信号。数据采集器的核心是模数转换(A/D)。影响 A/D 主要有两个因素:其一是转换速率,它决定了采样时间上的精度;其二是位数,它决定了幅值量化的精度。这是在选择数据采集器时需要特别注意的事项。由于本项目研究的动力学问题的频带一般为 $20\sim160$ Hz,所以测试中选用 12 位 A/D 以上即可,最高采样频率为 100 kHz,足以满足采样精度。

CPMS 专用数据采集器的结构如图 4-33 所示。首先将由传感器输出的压实信息(模拟信号)输入有多路模拟开关控制的信号通道,然后进入调理模块中,进行信号的放大、滤波等处理,再进入采样保样模块(S/H),此时仍为模拟信号,经模数转换(A/D)变成数字信号,通过接口电路送入单片机中完成处理、分析、显示和存储等任务。在单片机中还可以对压实信息进行进一步的处理分析与管理工作,并可根据结果发出监控的指令,显示在屏幕上。

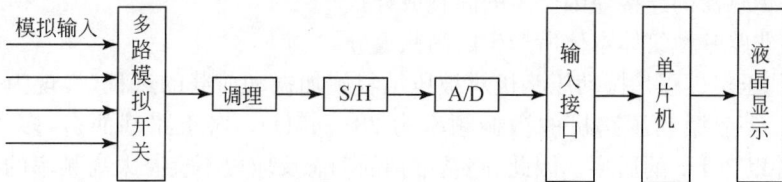

图 4-33　数据采集记录系统结构图

上述过程由单片机控制自动完成,并可继续与上位计算机进行数据通信,输入 PC 中,作进一步的分析和形成报告。单片机中植入控制分析软件,采用 C 语言和汇编语言编程。

3)采样频率

振动压实试验是一种动力学试验。输入的是振动荷载,其响应也是动态的,是一个动态信号。以怎样的方式采集这个动态响应信号是对压实数据进行分析和评价的关键。采样技术主要包括数据采集器的选择以及采样频率的选择等内容。这里主要论述采样频率问题。

在连续压实测试工作中,对于振动压路机而言,其工作频率多在30Hz左右,由于谐波的存在(图4-34),响应信号中的最高频率可能达到120Hz左右,因此采样频率可以选择在500Hz左右即可满足要求。此外,除了满足采样定理外,还要满足压路机每行走1m,至少应采到400个点的要求,以便于数据处理和计算工作。

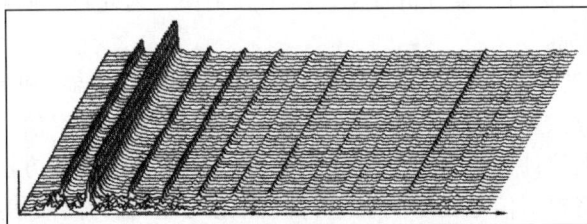

图 4-34　压实信号的频谱结构

4)信号处理

由于动态信号的复杂性,原始信号中可能含有干扰成分,如果不加以处理,就可能造成分析结果的失真。所以一般情况下都要进行必要的信号处理工作,其中滤波是一项非常重要的工作。

传统意义上的噪声是指测试系统本身所产生的一种随机变量。这里将与压实信息无关的信号成分统称为噪声。对于振动压实测试问题,其噪声大致由以下几个部分构成:

(1)采集电路本身的热噪声。

(2)外界的干扰,如振动压路机的马达等。

(3)传感器的连接原因产生的高频成分。

(4)非路基填筑体本体所产生的高频成分。

路基压实过程是振动压路机对被压填料施加振动荷载的过程,表现为一种强迫振动。一般振动压路机的激振频率为28~45Hz。对于路基而言,多为28~32Hz,并以30Hz的居多。因此,路基结构的动态反应也不会有太高频率的振动出现,故应选择低通滤波,即容许低频成分通过,滤掉高频信号。具体就是选择滤波的截止频率问题。

由于压路机与被压填料之间的振动是一种非耦合的方式,具有非线性振动的特征,必然会出现各种谐波成分。这从我们对振动轮动态响应信号的频谱分析中已得到证实,见图 4-34。

　　因此,在选择滤波截止频率时还应考虑上述这些有用谐波成分的信号不被滤掉。经过对大量不同材料的室内和现场振动压实试验结果分析可以看出,动态响应信号的频谱结构成分一般都在 2～3 倍的工作频率范围之内。所以选择滤波截止频率为 4 倍的工作频率是比较合适的,这样既能保证被分析信号的正确性,又能滤掉其他噪声的干扰。这里的截止频率就是我们分析信号中的最高频率 $f_{\rm m}$,故有

$$f_{\rm m} = 4f_0$$

因此对于振动压实信号,滤波所保留的频率范围为 $f \in [0, f_{\rm m}]$,这就是要分析的频带宽度。

　　截止滤波频率的设置有两种方式:其一是在二次仪表中选择,属于硬件滤波;其二是在分析软件中选择,属于数字滤波。有条件时也可二者都选,以保证滤波的彻底性,本系统采用的就是双重滤波。

　　此外,对整个量测系统进行了集成化处理,形成一个专用的设备。其特点为体积很小,便于携带,可供现场测试使用。

　　3. 分析系统

　　分析系统主要由软件构成,具体由系统软件、压实数据处理与分析控制软件、(后台)压实数据管理软件以及信息传输软件等组成,它们各自实现不同的功能。其中对测试数据进行一定的动态修正是非常必要的,否则很难达到实用的目的。这也是目前许多测试系统不能很好地反映压实效果的原因之一。实际上也是由“测不准”现象所引起的,但有多种表现,这是与一般量测设备的不同之处,并不是方法正确、量测设备正常就一定能够得到正确的结果,这一点务必引起重视。

　　至于如何修正,需要根据实际测试情况以及所采用的量测设备情况进行具体分析,找出原因所在,再根据工程测试经验进行动态修正,而不是简单乘以某一个经验数的问题。这是需要大量的工程数据作为支撑的一项工作,并非从事开发仪器的人士所能完成的,需要多个专业的配合。

　　压实数据管理软件是运行在 PC 上的后台软件系统,主要完成单片机中不能完成的、较大型的分析和处理任务。该软件系统可完成进一步的数据分析任务,并形成不可修改的电子数据形式的压实质量报告,方便管理单位对这些压实数据的有效管理,杜绝人为干预压实数据现象。而压实信息传输软件则实现对压实电子报告的上传工作,这种上传并不是通常意义上的发送文件,而是以“数据流”的形式进行的传输。

　　为了适应高速铁路路基工程应用的需要,在已有的 CPMS3.0 基础上,根据颁布的国家行业标准——《铁路路基填筑工程连续压实控制技术规程》(TB 10108—

2011、J 1335—2011)的技术要求,结合高速铁路路基特征,研制了 CPMS4.0 for Railway。

CPMS 实现了对现场碾压作业的振动压路机压实信息的采集和碾压过程的实时监控,并通过对压实信息进行的处理与分析来控制和指导压实工作。CPMS 采集的数据传输到 PC,通过 PC 分析软件(CDMS)实现对压实信息的深入分析和挖掘,并对相关数据进行整理和生成压实质量报告。

1)CPMS 硬件系统组成

CPMS 装置的硬件原理图和内部组成如图 4-35、图 4-36 所示,主要包括微处理器、传感器、信号调理、A/D 转换、声光报警、实时时钟、电源监视、看门狗、SD 存储卡、铁电 RAM、键盘、LCD 显示和 USB 接口等部分。下面简述其主要部分。

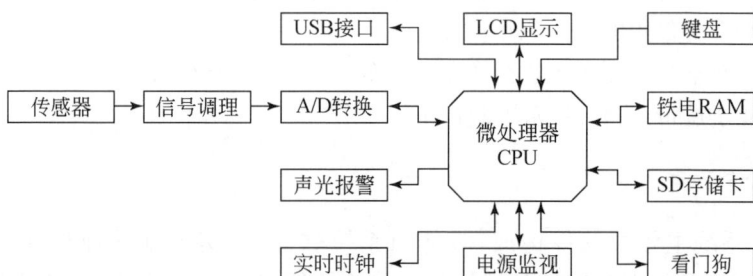

图 4-35　CPMS 装置硬件原理图

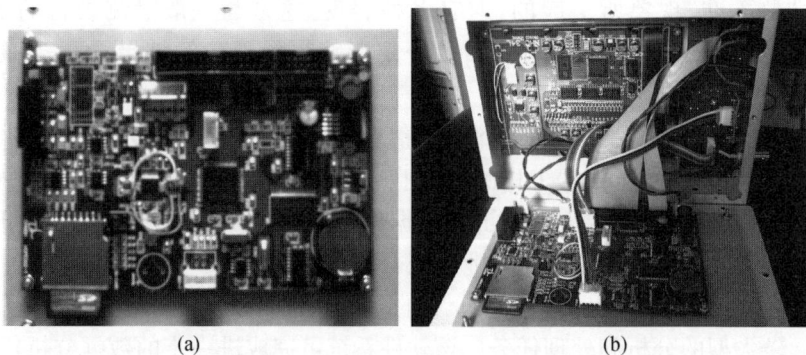

图 4-36　CPMS 装置内部组成

微处理器是整个 CPMS 装置的核心。CPMS4.0 装置采用新型高性能 ARM 系列微控制器芯片,芯片具有资源丰富、速度快、集成度高和智能化程度高的特点。此外,设置了声光报警装置,可以对振动压路机的工况起到一定的监控作用。当振动频率低于额定频率时,表明压路机没有达到最佳的工作状态,此时 CPMS 装置能够发出声光报警,以提示压路机驾驶员调整压路机相应参数。同时,CPMS 装置实时对自身的状态进行自检,如装置自身出现问题,也会发出声光报警,如电源欠压等。

由于 CMPS 工作的电磁环境非常恶劣,经常面临振动压路机的起振和停振,如果 CMPS 装置程序运行出错,会导致无法完成正常功能。为防止上述情况的出现,CMPS 装置采用了看门狗电路监视微处理器的运行状况。

CMPS 装置采集现场的数据,存储在 SD 卡存储卡中。SD 存储卡具有容量大的特点,对于 2GB 的 SD 存储卡,以每一个碾压路段 400m 计算,可存储 100 多万个数据文件,真正做到数据的海量存储。而铁电 RAM 用于存储工程信息、机械信息、作业信息和专业参数等需要关掉电源也不丢失的数据信息,同时存储在进行数据处理过程中的中间变量。

CMPS 装置通过 LCD 显示和键盘实现人机交互,如工程信息、机械信息、作业信息和专业参数的设定,采集数据文件和数据文件分析结果的查阅等。装置显示部分采用分辨率为 640×480 的大屏幕彩色 LCD,键盘部分由 8 个不锈钢按键组成,界面友好,便捷。

通过 USB 接口实现 CMPS 装置和 PC 的数据传输,将 CMPS 装置采集的数据文件通过 USB 接口传输到 PC,再通过 PC 软件对数据文件进行深入的分析和挖掘,整理和存档。

2)CPMS 软件系统

CMPS 的系统软件部分主要包括自检程序、采样中断程序、显示程序和键盘扫描程序以及数据文件管理程序等。其中自检程序在 CMPS 装置上电或复位以及连续运行时,为保证装置的正常运行,始终保持对装置进行自检,自检包括微处理器内部 RAM 自检、程序存储器自检、铁电 RAM 自检、时钟自检和 A/D 转换自检等。自检时一旦发现故障,微处理器将发出声光报警。自检通过后,开放相关的中断,进入主循环程序。

采样中断程序主要实现数据采样、存储采样数据、数据处理、处理后数据的存储、延时处理等任务。而显示程序和键盘扫描程序主要完成人机交互,依据键盘的键值确定显示内容。

经采集记录后的数字信号一般要进行运算、提取特征参量和其他一些分析、作图等工作,同时还要将其还原成原来的压实信息。这一部分由压实数据管理与分析控制程序来完成。主要实现对采集数据进行有效的管理、分析、控制等一些功能,这是有别于其他测试系统的特色之处。此外,还可以对采集文件进行整理、存储、删除、计数等一系列的处理,以保证采集数据的正常进行。

3)CPMS 硬件系统校准

根据测试系统关于校准试验要求,需要对 CPMS 装置进行校准,以检验是否符合相关技术标准要求。CPMS 的校准试验内容主要包括以下两个方面。

(1)振动幅值检验。在标准振动台上进行振幅检验。首先固定振动频率,然后调整振动幅度,调整间隔为加速度 5.0m/s^2(速度和位移可换算得到),观测 CPMS 装置的液晶显示的振动幅度数值,检验是否与实际情况应一致,幅度误差应不大于 0.2%。然后调整振动频率,调整间隔为 5.0Hz,重复进行上述试验。

(2)振动频率检验。安装好装置,传感器与标准振动台相连,固定振动幅度为加速度 10.0m/s^2(速度和位移可换算得到),调整振动频率,观测 CPMS 装置液晶上显示的频率值,检验是否与实际情况一致,频率误差应不大于 0.02Hz。

4.3.2 系统要求与功能

1. 连续测试模式要求

若想实现连续压实控制,测试必须是连续进行的。在连续测试中,传感器置于振动轮上,显示器安装在驾驶室内,以便实时显示量测结果,有利于操作人员及时了解碾压情况。要求测试系统应具有边采集、边处理、边分析、边显示的功能,如图 4-37 所示。其测试模式框图如图 4-38 所示。

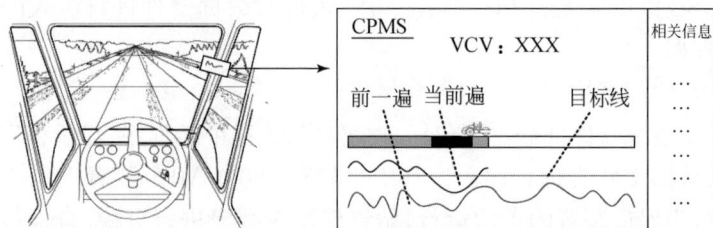

图 4-37 碾压过程 CPMS 实时显示压实信息

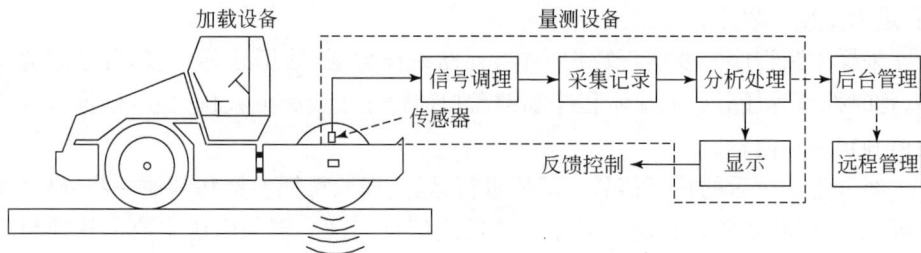

图 4-38 连续压实控制与测试模式

2. 传感器性能及安装要求

传感器是直接接收振动轮动态响应的装置,其好坏决定着后续工作的质量。

对于连续压实测试,对传感器的要求主要是性能指标与安装位置两方面。

反映传感器性能的主要指标是灵敏度和频响范围。对于本系统,主要是灵敏度的选择问题。由于现代传感技术的发展,以选用压电式加速度传感器为好,并且其灵敏度应不小于 $10\text{mV}/(\text{m}\cdot\text{s}^{-2})$。实践证明,这样的精度已经满足本项目问题的需要了。

对于传感器的安装问题,根据多年的实践研究,传感器应垂直安装在振动轮一侧与橡胶减振器相连的内侧支架上,如图 4-39 所示。这样才能很好地接收来自振动轮的动态响应信息。如果安装在与橡胶减振器相连的外侧支架上,那么量测到的动态响应是经过减振器减振后的结果,其量测值会比较小。

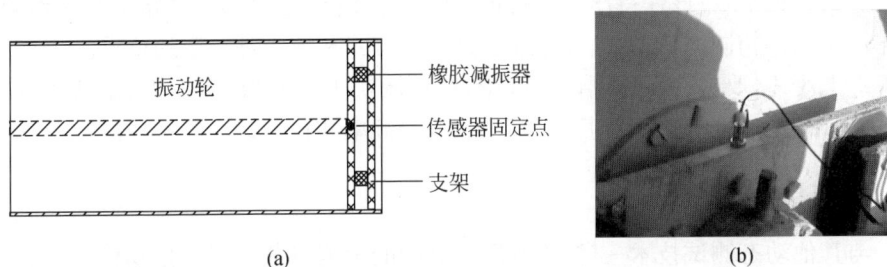

(a)　　　　　　　　　　　　　　　　　　(b)

图 4-39　传感器安装位置图

3. 激振设备——振动压路机要求

由路基的各种力学试验原理可知,无论哪种试验,其加载方式和大小都应该是一定的,如平板载荷试验中的加载模式就是如此。一般而言,振动压路机的振动参数中,往往有两个激振力和振幅供选择(强振与弱振),并且振动频率也是可变的,因此利用压路机进行连续压实振动试验时,在选定激振设备——压路机的情况下,其动态加载方式和大小也应该一定,否则会对测试结果产生较大影响。

1)压路机振动频率与振幅

根据前面的结论可知,振动压路机的加载方式为简谐荷载,其表达形式如下:

$$P(t) = P\sin\omega t \tag{4-2}$$

其幅值大小为 $P = 4\pi^2 m e f^2$。由于名义振幅 $A = me/M = P/(4M\pi^2 f^2)$,代入激振力幅值表达式中,便可以得到

$$P = 4\pi^2 MA f^2 \tag{4-3}$$

对于一台给定的压路机,其振动质量 M 是一定的,激振力只能通过改变振动频率 f 或振幅 A 才能实现。根据式(4-3),激振力随着振动频率 f 和振幅 A 的增大而变大,在振动压实过程中若想保持激振力一定,其压路机的振动频率 f 和振幅 A 或者其组合必须一定。

2)压路机行走速度

在压路机激振力一定的情况下,行走速度的不同将影响到一定长度内碾压面所受到的振动次数(即加载次数)。现以 1.0m 长度的路基为例进行说明。

假设压路机的行走速度为 V_0(m/s),振动频率为 f。经过推导,在 1.0m 长的路基上压路机的振动次数 n 可以表示成

$$n = f/V_0$$

如果提高压路机的行走速度,那么在 1.0m 长的路基上压路机的振动次数将减少,也就是减少了力的作用次数,这就相当于减少了碾压遍数,一般会引起振动轮动态响应发生变化(减小),反之亦然。这样就会对整个测试过程造成干扰。因此在测试过程中,应该保持压路机行走速度恒定不变,已达到整个路基面受到的力的作用次数都相同的目的,这样才能达到加载方式和大小都一定的要求。

综上所述,要求在碾压测试过程中,振动压实工艺参数(激振力、振动质量、振幅、频率、行走速度等)一定,其中激振力、振动频率和行走速度应保持恒定。

4. 量测设备要求

与其他动态测试技术一样,连续压实检测的量测设备主要由振动传感器、信号调理(放大、滤波)、信号采集记录与分析和显示器等部分组成,各部分使用性能相互匹配形成一个完整的测试系统,任何一部分发生问题都将影响到测试结果,如图 4-40 所示。

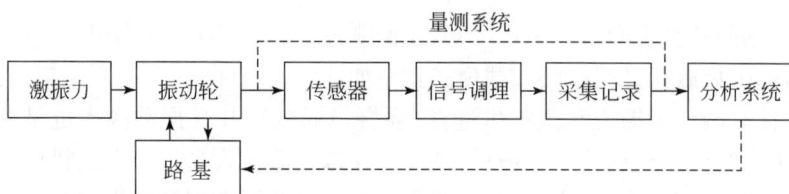

图 4-40 连续压实测试系统

由传感器传递过来的信号经信号调理(滤波与放大)后,需要进行信号的采集与记录。根据压实控制的特点,用于数据采集的模数转换器的转换位数应不小于 12 位才能保证测试达到应有的精度。

此外,对于整个测试系统,在进行检测前应对测试系统进行检查,当性能正常方可使用。这也是一般测试技术中的基本要求。

5. CPMS4.0 组成、技术指标与基本功能

1)系统组成

(1)振动传感器+底座+信号线+标定设备。

(2)数据采集与记录及显示装置＋现场打印装置＋电源＋充电器。

(3)现场数据采集软件＋信号处理软件＋数据分析软件＋反馈控制软件系统。

(4)压实数据处理软件＋分析软件＋管理软件系统。

2)技术指标

(1)A/D 精度:16bit 或更高。

(2)采样频率:10Hz～5kHz 可选。

(3)显示方式:彩色图形点阵式液晶 640×480 或更高。

(4)存储空间:FRAM 与 SD 卡,海量存储。

(5)评定指标:振动压实值 VCV(抵抗力)。

(6)数据传输:有线或无线。

(7)供电方式:DC 12～24V,10W。

(8)线性范围:振动信号 1～100(1%);频率 20～100Hz(0.2%)。

(9)精度:振动信号±1%;频率±0.02Hz。

(10)传感器:灵敏度 10～20mV/(m·s²),量程≥10g,频响≤5kHz。

(11)环境条件:保存温度－40～80℃,工作温度－30～55℃。

3)基本功能

(1)具有边采集、边记录、边分析、边显示的功能,方便实时监控。

(2)通过彩色液晶实现人机交互,界面友好,可实现各种操作。

(3)记录碾压里程、碾压长度、碾压遍数、碾压方向、碾压速度、碾压时间、碾压方式、碾压厚度等信息,方便工序监控和管理。

(4)不同指标间的转换,VCV 与地基系数、模量、压实度、弯沉等的相关校验。

(5)压实程度、压实均匀性、压实稳定性和统计特性的实时分析。

(6)压实状态分布和统计特性的实时分析。

(7)同一轮迹不同碾压遍数的剖面显示。

(8)振动压实工艺参数的实时监控,评定和优化压实工艺。

(9)压实信息按符合工程习惯的方式分类管理。

(10)显示碾压里程、碾压方向、碾压速度、碾压时间、碾压方式等信息,方便工序监控和管理。

(11)通过有线或无线与 PC 的信息交互。

(12)以电子和图形方式形成人为不可修改的质量报告,杜绝人为干扰。

(13)可以输出易读取的数据文件,方便二次开发和使用。

需要指出的是,上述的大部分功能也能在现场的采集记录系统中的单片机上实现,这样在压实监测过程中即可及时了解压实结果,以便实时进行反馈控制与处理。图 4-41 为 CPMS 在高速铁路建设中的具体应用,实现了碾压过程中的连续实时质量监控,对于保证和提高路基的压实质量起到了促进和推动作用。

图 4-41　CPMS 在高速铁路建设中的应用

4.4　物联网与远程监控

连续压实控制系统(压实过程监控系统)实现了填筑工程领域的压实质量连续监控。在施工现场可以实时了解碾压情况,那么能否实现"足不出户",坐在办公室内就能实时查看施工现场的碾压情况呢?答案是肯定的。实现这个愿望需要依靠现在比较"时髦"的技术——物联网,实际上也是一种远程监控技术,但与传统的远程监控并不完全一样,区别之一就是所依赖的"网络"不同。物联网主要依赖于"互联网";而传统的远程监控则依赖于"专用网络",需要单独建网。

4.4.1　物联网概述

1. 基本概念

物联网(the internet of things)的概念是在 1999 年提出的,一般是指通过各种信息传感器件,实时采集需要进行监控、连接、互动的物体或过程等各种需要的信息,把物品与互联网连接起来,进行信息交换和通信,与互联网结合形成的一个巨大的网络。其目的就是实现物与物、物与人——所有的物品与网络的连接,以便进行智能化识别、定位、跟踪、监控、管理和控制等。物联网被称为继计算机、互联网之后世界信息产业发展的第三次浪潮,是新一代信息技术的重要组成部分[5]。

根据国际电信联盟(ITU)的定义,物联网主要解决物与物(thing to thing,T2T)、人与物(human to thing,H2T)、人与人(human to human,H2H)之间的互联。但是与传统互联网不同的是,H2T 是指人利用通用装置与物品之间的连接,从而使得物品连接更加简化,而 H2H 是指人之间不依赖于 PC 而进行的互联。这是因为互联网并没有考虑到对于任何物品连接的问题,因此要采用物联网这项技术来解决这个问题。物联网顾名思义就是连接物品的网络。另外,在讨论时还会经常引入一个 M2M 的概念,可以解释为人到人(man to man)、人到机器(man to machine)、机器到机器(machine to machine)。从本质上而言,在人与机器、机器与机器的交互中,大部分是为了实现人与人之间的信息交互。

实际上,物联网就是各行各业的智能化(图 4-42)。物联网通俗来讲就是物物相连的网络,本质上还是以互联网为基础,只是在它的基础上作了一些延伸和扩展,延伸到了任何物体和物体之间,进行信息交换和通信。应该说物联网的概念很早就有人提出来了,一直没有被重视。直到 2008 年以后,为了促进科技的发展,寻找经济新的增长点,各国政府才开始重视下一代技术规划,才将目光放在物联网上。可以说,没有各国政府的支持,就没有现在物联网的蓬勃发展。

自从物联网问世以来,打破了之前的传统思维。过去的思路一直是将物理基础设施和信息基础设施分开。例如,一方面是机场、公路、建筑物等设施,另一方面是信息数据中心、个人计算机、网络等。而在物联网时代,钢筋混凝土、电缆将与芯片、网络整合为统一的基础设施,为今后的相关产业的智能化铺平了道路。

2. 应用领域

物联网的应用领域非常广泛,遍及智能交通、环境保护、政府工作、公共安全、平安家居、智能消防、工业监测、环境监测、路灯照明管控、景观照明管控、楼宇照明管控、广场照明管控、老人护理、个人健康、花卉栽培、水系监测、食品溯源、敌情侦察和情报搜集等多个领域,如图 4-42 所示。

图 4-42　物联网示意图

随着我国物联网产业迅猛发展的态势和产业规模集群的形成,我国物联网时代下的产业革命也初露端倪。从具体的情况来看,我国物联网技术已经融入纺织、冶金、机械、石化、制药等工业制造领域。在工业流程监控、生产链管理、物资供应链管理、产品质量监控、装备维修、检验检测、安全生产、用能管理等生产环节着重推进了物联网的应用和发展,建立了应用协调机制,提高了工业生产效率和产品质量,实现了工业的集约化生产、企业的智能化管理和节能降耗。

物联网把新一代 IT 充分运用在各行各业中。具体地说,就是把感应器嵌入和装备到电网、铁路、桥梁、隧道、公路、建筑、供水系统、大坝、油气管道等各种物体中,然后将物联网与现有的互联网整合起来,实现人类社会与物理系统的整合,在这个整合的网络当中,存在能力超级强大的中心计算机群,能够对整合网络内的人员、机器、设备和基础设施实施实时的管理和控制。在此基础上,人类可以以更加精细和动态的方式管理生产和生活,达到"智慧"状态,提高资源利用率和生产力水平,改善人与自然间的关系。

物联网拥有业界最完整的专业物联产品系列,覆盖从传感器、控制器到云计算的各种应用,如产品服务智能家居、交通物流、环境保护、公共安全、智能消防、工业监测、个人健康等各种领域。构建了"质量好、技术优、专业性强,成本低,满足客户需求"的综合优势,持续为客户提供有竞争力的产品和服务。物联网产业是当今世界经济和科技发展的战略制高点之一。

总而言之,物联网应用领域十分广泛,许多行业的应用都具有很大的交叉性,但这些行业分属于不同的政府职能部门,要发展物联网这种以传感技术为基础的信息化应用,在产业化过程中必须加强各行业主管部门的协调与互动,以开放的心态展开通力合作,打破行业、地区、部门之间的壁垒,促进资源共享,加强体制优化改革,才能有效地保障物联网产业的顺利发展。

3. 技术特征

与传统意义上的互联网相比,物联网具有非常鲜明的技术特征。

(1)物联网是各种感知技术的广泛应用。物联网上部署了海量的多种类型传感器,每个传感器都是一个信息源,不同类别的传感器所捕获的信息内容和信息格式不同。传感器获得的数据具有实时性,按一定的频率周期性地采集环境信息,不断更新数据。

(2)物联网是一种建立在互联网上的泛在网络。物联网技术的重要基础和核心仍旧是互联网,通过各种有线和无线网络与互联网融合,将物体的信息实时准确地传递出去。在物联网上的传感器定时采集的信息需要通过网络传输,由于其数量极其庞大,形成了海量信息,因此在传输过程中,为了保障数据的正确性和及时性,必须适应各种异构网络和协议。

(3)物联网不仅提供了传感器的连接,其本身也具有智能处理的能力,能够对物体实施智能控制。物联网将传感器和智能处理相结合,利用云计算、模式识别等各种智能技术,扩充其应用领域。从传感器获得的海量信息中分析、加工和处理出有意义的数据,以适应不同用户的不同需求,发现新的应用领域和应用模式。

这里特别需要注意的是,物联网中的"物品"与通常所说的物品还是有一定差异的,主要体现在"物品"所具有的特性上。物联网中的"物品"具有如下特性:

(1)具有数据传输通路；

(2)具有 CPU 和操作系统以及一定的存储功能；

(3)具有专门的应用程序；

(4)遵循物联网的通信协议并在网络中有可被识别的唯一编号。

由以上可知，物联网中"物品"是具有一定"智慧和智能"的，只有满足上述条件的物品才能被纳入"物联网"的范围，如何使普通物品具有"智慧和智能"则是一项庞大的工程，离不开各类传感器的支持。

此外，物联网可以分为三层，即感知层、网络层和应用层。各层都具有明确的含义和特征。感知层包括二维码标签和识读器、RFID 标签和读写器、摄像头、GPS、传感器、终端、传感器网络等，主要是识别物体，采集信息，与人体结构中皮肤和五官的作用相似；网络层包括通信与互联网的融合网络、网络管理中心、信息中心和智能处理中心等，网络层将感知层获取的信息进行传递和处理，类似于人体结构中的神经中枢和大脑；应用层是物联网与行业专业技术的深度融合，与行业需求结合，实现行业智能化，这类似于人的社会分工，最终构成人类社会。

物联网的实质是提供不拘泥于任何场合、任何时间的应用场景与用户的自由互动。它依托云平台和互联互通的嵌入式处理软件，弱化技术色彩，强化了与用户之间的良性互动，具有更佳的用户体验，更及时的数据采集和分析建议，更自如的工作和生活，是通往智能生活的物理支撑。在物联网技术中一般有三项关键技术。

(1)传感器技术。这是计算机应用中的关键技术。由前面的论述可知，计算机处理的都是数字信号，这就需要传感器把模拟信号转换成数字信号，才能被计算机所识别和处理。

(2)射频自动识别(RFID)技术。它是一种传感器技术，是融合了无线射频技术和嵌入式技术为一体的综合技术。RFID 在自动识别、物品物流管理有着广阔的应用前景。

(3)嵌入式系统技术。它是综合了计算机软硬件、传感器技术、集成电路技术、电子应用技术为一体的复杂技术。经过几十年的演变，以嵌入式系统为特征的智能终端产品随处可见，小到人们身边的随身听，大到航天航空的卫星系统。嵌入式系统正在改变着人们的生活，推动着工业生产以及国防工业的发展。

4. 发展前景

由于物联网是被称为继计算机、互联网之后世界信息产业的第三次浪潮，因此引起了世界范围内的广泛重视。根据美国研究机构 Forrester 预测，物联网所带来的产业价值将比互联网大 30 倍，物联网将成为下一个万亿元级别的信息产业业务。

从行业的角度来看，物联网主要涉及的行业包括电子、软件和通信。通过电子产品标识感知和识别相关信息,通过通信设备和服务传导和传输信息,最后通过计算机处理存储信息。这些产业链的任何环节都会形成相应的市场。物联网产业链的细化将带来市场进一步细分,造就一个庞大的物联网产业市场。物联网的发展,已经上升到国家战略的高度,必将有大大小小的科技企业受益于国家政策扶持,进入科技产业化的过程中。

物联网是在计算机互联网的基础上,利用 RFID、无线数据通信等技术,构造一个覆盖世界上万事万物的"Internet of Things"。在这个网络中,物品(商品)能够彼此进行"交流",而无需人的干预。其实质是利用 RFID 技术,通过计算机互联网实现物品(商品)的自动识别和信息的互联与共享。而 RFID,正是能够让物品"开口说话"的一种技术。在"物联网"的构想中,RFID 标签中存储着规范而具有互用性的信息,通过无线数据通信网络把它们自动采集到中央信息系统,实现物品(商品)的识别,进而通过开放性的计算机网络实现信息交换和共享,实现对物品的"透明"管理。

5. 压实控制与物联网

对于本书研究的路基连续压实监控问题,常规路基结构与压路机都是普通物品,并不具备物联网中关于"物品"的特性,也就谈不上应用物联网技术了,必须进行改造才有可能应用物联网技术。

由前面的论述可知,"连续压实控制系统(压实过程监控系统)"是以微型计算机为核心的测试系统,在将连续压实控制系统嵌入到压路机中之后,其中的传感器便可以感知压路机与路基结构相互作用的有关压实信息,经信号调理、采集、记录等过程后,在显示屏幕上就可以知道压实质量信息,此时的振动压路机就具备了一定的"智慧与智能"功能,具有物联网中"物品"的特性。如果采用无线数据通信网络将其连入相关网络(如互联网)中并经技术处理后,便形成了一种所谓物联网的应用,如图 4-43 所示。相信这种技术很快就会在交通基础设施建设中得到广泛应用。

4.4.2 压实过程远程监控实施方案

目前,对路基施工过程进行信息化管理和控制的远程监控技术已经提上日程。这种远程监控与传统意义上的远程监控不同,是利用互联网技术的远程监控。如4.4.1 节所述,这实际上就是"物联网"技术在路基施工中的具体应用。由于是新概念、新技术,如何实施并没有成熟的方案,下面结合目前推广应用的连续压实控制系统实际情况进行论述。

1. 压实质量信息的定时传输与信息化管理

由压实过程监控系统获取的压实质量信息目前在现场已经实现了信息化管

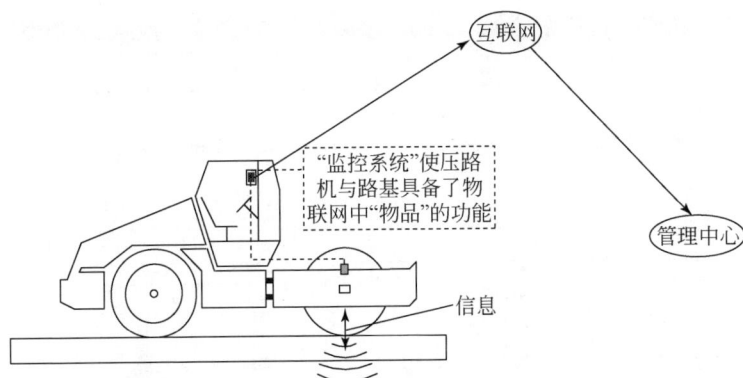

图 4-43　物联网下的连续压实控制

理。这也符合行业标准(TB 10108)中关于压实质量报告要求的规定。根据规定,需要对压实质量报告进行电子化处理,生成人为不可修改的压实质量电子报告,再经由网络定时上传给有关部门,其过程如图 4-44 所示。

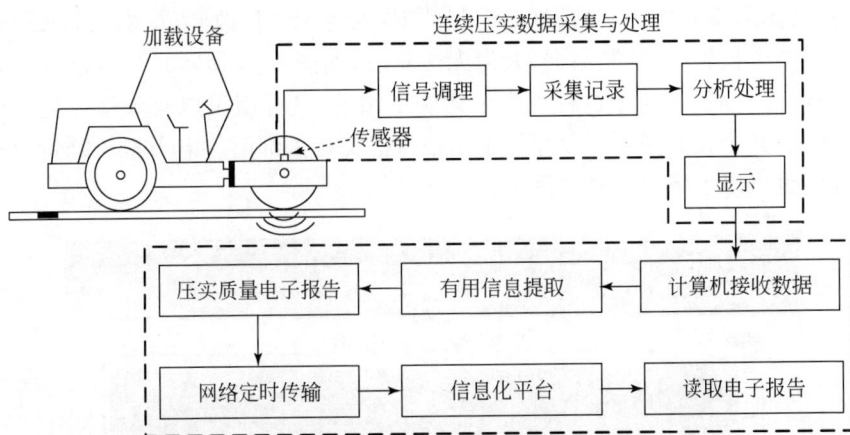

图 4-44　目前连续压实控制的信息化管理框图

1)现场连续压实数据的传输与有用信息的提取

现场连续压实控制数据由数据采集系统进行实时采集和存储,通过数据接口传输到计算机中供进一步的分析处理。如果实现实时传输,则会通过无线网络实时传给有关部门。

路基碾压过程中采集的连续压实数据的信息量十分巨大,对这种海量数据必须进行必要的处理,才能变为工程上可用的有用信息。为此,采用压实数据管理系统(CDMS)(图 4-45)对这些数据进行分析处理,生成符合要求的压实质量报告,并同时生成文本和电子报告。

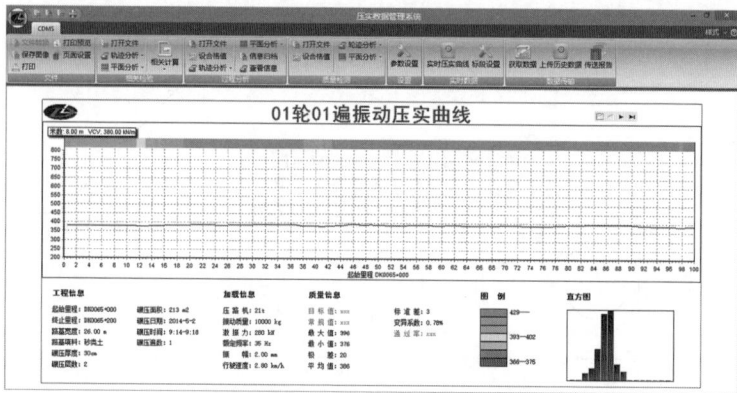

图 4-45 压实数据管理系统

2)电子报告生成与读取

为防止人为修改压实质量报告,根据要求,压实质量报告除正常的纸制版外,尚应进行电子存档。这种电子存档并不是将纸制版保存为电子版,而是通过专用软件,将现场采集到的压实数据(二进制数据,人为无法修改)直接由(CDMS)专用软件生成电子报告(二进制数据,人为无法修改,如图 4-46 所示),再通过专用软件直接读取(图 4-47)。这个过程人为是无法干预的,这样就可以有效地避免一些情况的发生。其中文本报告可以作为纸制报告提交相关部门。电子报告既可以提交相关部门也可以上传至信息管理平台。

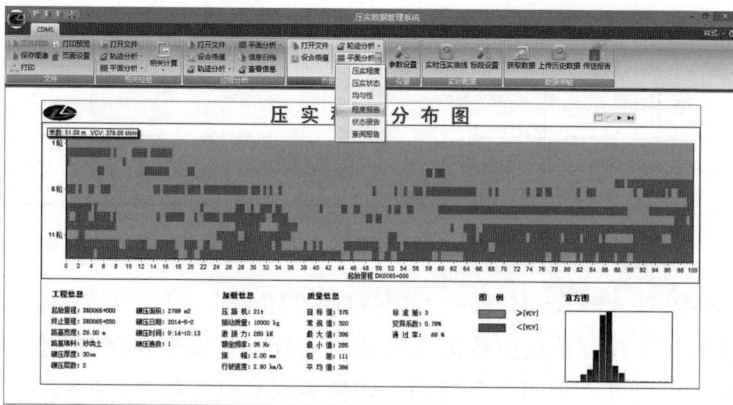

图 4-46 生成压实质量电子报告

采用这种方式进行压实质量控制,可以最大限度地减少人为干扰,同时也体现了信息化的进步,节约了纸张,减少了浪费。

考虑到目前现场实际情况,对于现场压实信息都应先形成电子报告形式,然后再通过网络进行定时传输至信息管理平台。目前已经实现了路基填筑工程连续压实控制相关信息的有线传输与管理。当然也可以根据需要实现压实数据的实时传输(但现场情况复杂,传输网络方面操作起来还有一些困难)。

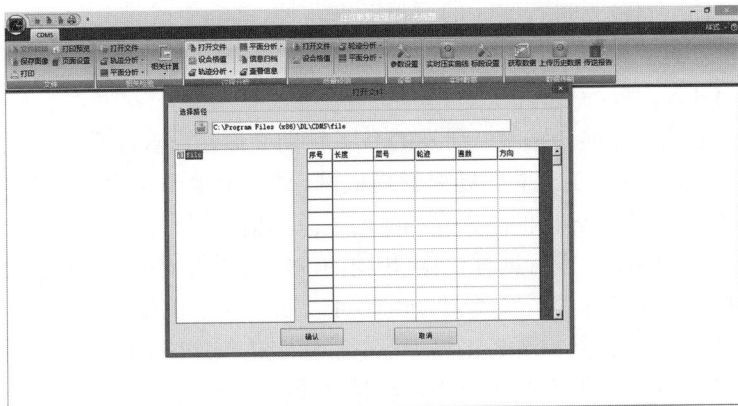

图 4-47　读取压实质量电子报告的专用软件

在信息管理平台中植入读取电子报告的软件,便可以对现场的压实数据信息进行分析、打印等,实现碾压过程的信息化管理和控制。

2. 压实质量信息的实时远程监控

1)目前实时远程监控存在的问题

碾压过程远程监控可以通过在压路机上加装的压实过程监控系统予以解决,做到实时查看碾压进度以及碾压质量信息。但有几个问题需要首先解决。

(1)目前远程传输需要借助中国移动 GPRS、联通 3G 网络等公用信息平台实现,但在偏远地区及山区,由于网络覆盖问题,可能出现因无线网络覆盖不好而不能进行实时传输的情况,只能通过有线网络进行二次传输。

(2)现场碾压数据是由驾驶员操作电子设备进行实时采集的,但操作人员来源复杂,有些还是民工,技术素质存在问题,驾驶员只能进行简单地显示处理,并且有时还存在忘记采集数据的现象。因此,存在现场配合问题。

(3)由于采集每一遍的压实信息,数据海量,现场可以看到的只是正在碾压过程中的数据变化,压实结果信息需要现场技术人员在专用软件上进行一定的处理、归纳、生成为有用的信息。因此实时看到的只能是现场正在碾压轮迹的压实数据变化,整个碾压面的信息需要碾压完成一遍之后进行调取数据显示。如果进行传输,则必须传输完整的压实数据(需要耐心等待碾压完整的一遍),需要上级部门自己选择数据文件再显示,这需要一定的技术培训。

(4)与行车信息系统不同的是路基施工信息分散在全国各地,现场情况复杂多变,施工机械、驾驶员、现场技术人员都是参与者,需要协调配合,但不确定因素较多。如果以标段为单位进行实时监控则更稳妥一些。因为每一个标段对自己的设备、人员掌握和调动更方便一些,再由他们定时上传可能会更好。

2)远程监控解决方案

实时传输的目的是进行实时的质量动态监控,其实质就是其他行业进行的远程监控技术。目前,远程监控主要有两种方案可以实施。

(1)以 GPS 为核心进行。

这实际上就是以前公路领域研发的 GIS 辅助交通建设管理系统(做了多年,并没有推广使用)。需要在施工现场架设局域网,每一工地现场设立一个 GPS 信息接收平台,将施工机械运行信息先靠局域网汇总到信息平台,之后在通过公用信息平台(无线或有线网络)进行远程传输,传输的内容主要是地理坐标(与现在公路运输界流行的车辆导航管理系统类似),由此可以知道施工机械何时、何地是否在行使。其他施工信息,仍然需要人工整理汇总后再上传给网络,供有关部门查看。

(2)以连续压实控制系统为核心,应用物联网技术进行。

连续压实控制系统目前已经实现了现场实时监控。如果需要进行实时远程数据传输,则需要在 CPMS 中加入无线通信模块(GPRS),利用中国移动、联通等公共信息通信平台接入互联网,再传至数据管理中心,如图 4-48 所示。

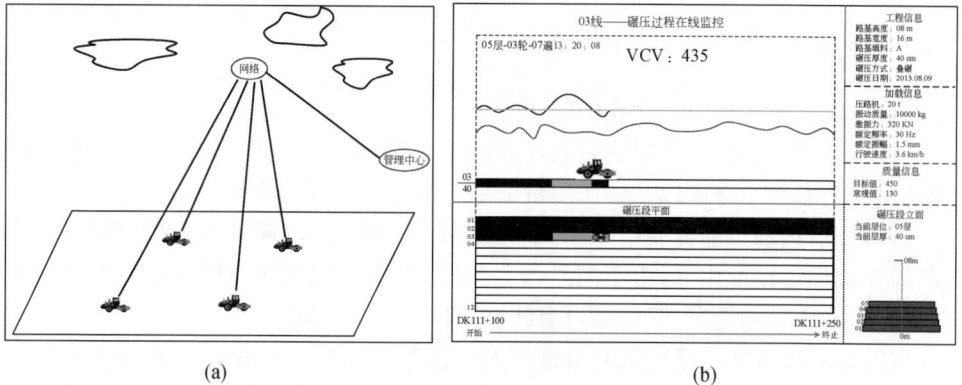

(a)　　　　　　　　　　　　　　　　　(b)

图 4-48　物联网下的压实过程远程监控

如果全国各施工点的信息都实时上传,需要建立一个大型数据管理平台进行操作。实时远程监控主要是方便、快捷,但若真正要了解进度和质量信息,还需要现场另外上传压实质量报告或在数据管理中心重新生成报告。

综上所述,目前最稳妥的办法还是由现场技术人员处理成有用的、不可修改的压实电子数据包,再定时上传,上级部门可以直接调取数据包进行查看,免去了在信息平台再进行处理等过程。随着物联网技术的进步,公共信息平台网速和覆盖率的增加,相信真正的远程实时监控应该很快就会到来。

参 考 文 献

[1]徐光辉.交通土建工程动态测试原理与实践(研究生讲义).哈尔滨:哈尔滨工业大学,2005.

[2]李德葆.工程振动试验分析.北京:清华大学出版社,2004.

[3]徐光辉.路基系统形成过程动态监控技术.成都:西南交通大学博士学位论文,2005.

[4]课题研究报告.高速铁路路基连续压实检验控制技术与装备研究.北京:铁道部科技司,2010.

[5]吴功宜.智慧的物联网.北京:机械工业出版社,2010.

第 5 章　压实过程模拟试验

前面已经对压实状态评定的指标体系以及如何获取压实信息等问题进行了研究。至此,可以采用这些理论和工具对压实过程进行一些试验性研究了。采用何种性质的填料及其组成、用何种碾压工艺进行压实是形成结构体的根本,二者共同决定了填筑体(路基结构)质量的好坏(已在第 1 章有所论述)。因此试验研究主要还是对填料和碾压工艺这两部分进行,一般分为实验室模拟和现场实测两部分。

本章主要利用室内振动压实动力学试验来模拟现场的振动碾压过程[1]。其目的之一是对前面理论研究的一些结论进行试验验证;目的之二是了解不同材料(填料)由松散体碾压成密实结构体这一过程中的一些物理力学性质特征以及不同振动压实参数组合对所形成结构体的影响效果,对现场压实质量采取何种反馈控制措施起到指导作用。

5.1　常　规　试　验

对于路基这样的填筑工程,所形成结构体性能的好坏取决于填料和压实,其中填料问题是常规试验研究的重点。对填料问题的试验研究主要有两方面:一方面是所谓压实标准的确定问题;另一方面是填料组成级配对压实效果的影响问题。这两方面对于现场填料的压实质量控制具有非常重要的指导意义,是采取工程措施的主要依据之一。

5.1.1　压实标准再讨论

在施工现场对填料进行碾压时,压实到什么程度算是合格是需要有一个指标来衡量的——这就是所谓的压实标准,有关压实标准问题已在 2.2 节和 2.3 节进行了一些阐述。传统意义上的压实标准就是压实度(压实系数)问题——现场干密度与标准干密度(压实标准)之比。压实度在公路领域应用的比较普遍,是压实质量的主要控制指标;而在铁路领域则是以力学指标为主,压实系数为辅,更直接地强调了路基结构抵抗变形能力的作用。这里所说的压实标准包含两类,即物理指标——压实度和力学指标——模量、地基系数等。

在使用压实标准时,公路上除了填石路基外,一直都采用压实度指标。但是工程实践证明,随着填料颗粒粒径的增大,压实度(干密度)的量测精度却明显下降,何时能用何时不能用,规范中并没有明确规定,而是将这个"球"踢给了现场部门。

铁路行业要稍好一些,在几类粗粒料的压实标准中,只给出了相应的力学指标规定值,而对压实度没作具体要求,如表 5-1 所示。

表 5-1　高铁路基基床以下路堤填料及压实标准

填料	压实标准	细粒料改良土	砂类土及细砾土	碎石类及粗砾土
A、B、C 组(不含细粒料、粉砂及易风化软质岩块石土)填料及改良土	地基系数 $K_{30}/(\mathrm{MPa/m})$	$\geqslant 90$	$\geqslant 110$	$\geqslant 130$
	变形模量 E_{v2}/MPa	$\geqslant 45$	$\geqslant 45$	$\geqslant 45$
	E_{v2}/E_{v1}	$\leqslant 3$	$\leqslant 3$	$\leqslant 3$
	压实系数 K	$\geqslant 0.92$	—	—

实际上,压实度的问题主要出现在粗粒料中,因为一是在粗粒料中确实存在不能完全表征其物理力学性质的情况;二是量测精度下降问题。而力学指标在细粒料中也存在问题,模量大小并不能完全表征其压实状态,会出现模量大时压实不稳定的现象,在不是最优含水量状态下碾压就会出现这种现象。其原因在于细粒料存在一个含水量问题——最优含水量下的干密度最大(但模量不一定最大,可能在含水量偏小时最大)、力学性能最稳定,所以压实度更能反映真实情况。

1. 确定标准干密度方法

对于细颗粒填料,其压实标准有物理指标——压实度和力学指标——模量、地基系数等。这里重点阐述物理指标即压实度,也就是干密度问题。

如 2.2.2 节所述,路基压实标准的制定应该从路基实际承受交通动荷载和自然因素的影响程度和上部结构(如路面和轨道)的性能和功能对路基结构变形量的要求两方面进行综合考虑,需要保证路基在这两方面综合作用下不至于出现过大的变形。另外,根据工程经验,在确定压实标准时还要考虑到实际施工水平和压实设备的整体情况,制定过高的压实标准可能会给施工带来一定的困难。当然,事物都是两方面的,也可能带来技术的进步,如现在的施工水平较过去明显提高,机械化程度也在提高,这些都是由压实标准的提高而带来的技术进步。

目前,实验室确定标准干密度都是采用击实试验进行,这是公路路基确定压实标准的主要方法,具体可分为轻型击实标准和重型击实标准两种。为什么会出现两种标准试验方法呢?如 2.2 节所述,这主要是与当时施工机械即压路机的吨位有密切关系。

(1)轻型击实法所确定的压实标准是 6~8t 压路机能达到的压实效果,目前已用的不多,在三、四级公路路基压实质量控制时还有使用。

(2)重型击实法所确定的压实标准是 12~16t 压路机能达到的压实效果,目前已得到普遍采用,主要适用于高速、一、二级公路路基,但要求的具体数值不一样。

随着压路机吨位的越来越大,目前已普遍采用 18~20t 以上振动压路机,现场碾压已经很容易达到重型标准,因此对应的重型击实法已得到广泛使用。这种标准是我国公路路基填筑工程中使用的主要标准,常用于细粒料。

细粒料压实标准的击实法已经很完善,主要是它不涉及试验尺寸的变更问题,比较容易给定一套标准试验方法。但是对于逐渐增粗的填料,受尺寸效应的影响,一般颗粒直径应满足不大于 1/4 试桶直径的要求,如图 5-1 所示。因此填料尺寸越大,要求试桶的尺寸也就越大,但这种大尺寸试验做起来比较费时费力,除了少量科研外,很难在工程实践中得到普遍应用。此外,对于较粗的填料,如果采用击实标准,有时即使干密度达到了要求,但是在动荷载作用下可能还会产生较大的变形,因此有必要研究振动压实标准。

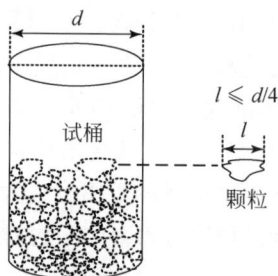

图 5-1　填料颗粒与装料试桶之间尺寸效应关系

如 2.2.2 节所述,振动法主要是利用周期性动荷载(一般为简谐荷载)的振动效果进行材料压实成型的。之所以采用振动法进行压实成型,主要还是为了与现场振动碾压相对应,目前采用振动压实方法确定压实标准,主要存在两种方法,即振动台式和振动压实式,如图 5-2 所示,这两种方式在动力学效果并不完全一致。前者在水利部门应用较多,后者主要应用在公路部门,但研究的居多,实际工程应用的不多,存在诸多问题,详见后面的论述。

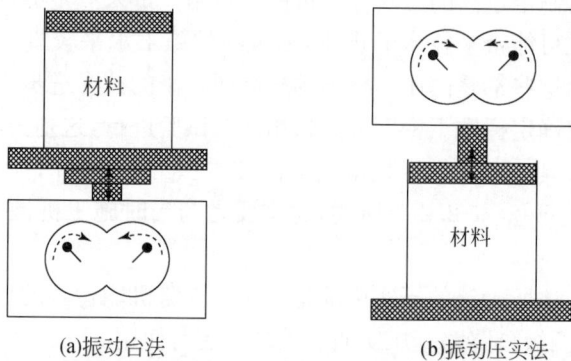

(a)振动台法　　　　　　　　　　(b)振动压实法

图 5-2　振动台法与振动压实法示意图

经过对比试验的研究和工程实践的证明,上述几种方法所确定的压实标准按高低顺序可排列为振动压实法＞振动台法＞重型击实法＞轻型击实法。

目前无论是在铁路还是公路建设领域，振动压路机已经普遍采用，并且吨位越来越重，这已成为不争的事实。一方面为制定振动压实标准奠定了基础，但同时盲目使用超重吨位(22t 以上)振动压路机也带来许多问题，如过压问题、颗粒压碎问题等。因此，振动压实标准、振动压路机与填料特性三者之间应该相互匹配才行，单凭提高压路机吨位或者提高压实标准都是片面的。需要从大系统的角度出发，从道路与铁道工程的整体结构形式上入手，才有可能取得创新。这其中存在大量值得深入研究的问题，如路基与路面、路基与轨道之间采用何种结构形式匹配，使其在各种性能上如强度、刚度、疲劳特性等相适应，匹配原则是什么等等。这些问题的解决，可能会给道路和铁道工程的结构形式带来革命性的变化。

2. 确定粗粒料压实标准的难点

与细粒料一样，粗粒料的压实标准也分为两部分，即物理指标——压实度和力学指标——模量和地基系数等，但以力学指标为主、物理指标为辅。下面主要论述一下确定粗粒料干密度的难点在哪里。

粒径大和不均匀是粗粒料的显著特点。如 2.2.2 节所述，粗颗粒之间的关联程度与所形成结构的性能密不可分，在填筑碾压过程中就是压实状态变化问题。那么如何评价所形成结构体压实状态的变化呢？传统的方法就是在室内进行压实成型试验，将得到的试件再按照要求进行各种物理力学试验，其物理力学性能最优时所对应的压实状态就是希望达到的标准。一般采用一个具体指标如干密度进行表达，即在室内确定一个最优压实状态所对应的干密度，这就是压实标准的确定问题。

对于细粒料，其击实法试验的试桶和击实力都已得到普遍认可，有一套通用的标准。原则上粗粒料也可以采用击实试验来确定压实标准，但是要增大试验尺寸(试桶尺寸和击实力)，另外，采用多大的力进行击实，也需要详细研究，更主要的问题是，这种试验的劳动强度太大。

振动法确定粗粒料的标准干密度原则是可行的，但目前尚无统一的标准。主要原因在于振动工艺参数(激振力、振动频率和振动质量的组合)不好确定。填料不同、级配不同，都可能采用不同的振动工艺才能达到最佳压实效果，后面的试验将证明这一点。现在有些规范中介绍了振动法，但是采用不同材料进行压实成型时，有时所达到的干密度还没有击实法确定的干密度大，这就失去了振动法的意义，其原因就是材料的复杂性所致，粗粒料的干密度问题比细粒料的要复杂得多。

鉴于上述原因，目前对于粗粒料的压实标准，大都采用力学指标。由于室内试验进行力学试验的边界条件模拟问题较困难，与实际情况差别较大，特别是自然因素的影响问题更不易模拟，因此其压实标准——力学指标一般都是在现场确定的。

5.1.2　填料级配与特性

细粒料相对于粗粒料来讲,均匀性较好,其压实质量主要是含水量的控制问题,只要控制在最优含水量下碾压,压实质量是有保证的。但是粗粒料就不同了,其构成复杂,级配变异较大,导致在空间分布上不均匀性,现场压实质量较难控制。连续压实控制的特点是"面"的检测,而落脚点则在于"控制"。当采用连续压实控制技术、发现问题后,采取什么样的控制措施是很关键的,由于一些试验结果对于提出反馈控制措施是有帮助的,因此,这里主要研究粗粒料的填料级配及其特性,其目的就是要为现场压实质量的反馈控制提供一些依据。

关于粗粒料的一些性质已在 2.3 节作了一些论述。粗粒料的室内试验相对于其他类材料而言,在我国公路界和铁路界做得还比较少,其主要原因在于缺少必要的试验设备,特别是大型的直剪仪、动、静三轴仪和成型设备。而在国内外的水利界,由于土石坝工程的需要,对粗粒料的研究相对要多一些。因此,在研究粗粒料室内试验方面,应充分借鉴和利用已有的研究成果,尽量避免资源的浪费和不必要的重复试验,利用已有的研究成果来指导路基填筑的现场压实质量控制。

鉴于目前无论公路路基还是铁路路基,其填料大都以粗粒料为主,因此研究重点是粗粒料的压实控制问题,所以应该了解与其相关的一些基本特性。

构成路基结构系统的要素为各种粒径的颗粒,只有按照一定的比例匹配才有可能形成一个比较优良的结构体,这就是颗粒的最佳匹配问题,与所形成的结构性能是密不可分的。不同颗粒之间的合理组合是产生优良路基结构的先决条件,也是进行质量反馈监控的基础。局部压实不好的一个主要原因就是填料组合问题。因此除了利用既有研究成果外,还在室内利用自行研制的振动压实试验系统(详见5.2.1 节)对路基填料的组合问题进行了研究。对不同比例组合的粗粒料在压实成型下进行了主要的物理力学性能试验,以比较不同粒径的组合对其形成结构性能的影响,并寻找其规律性,这样有利于压实质量控制。

1. 粗粒料基本特征

粗粒料是由岩石颗粒集合而成的混合粒状材料,粒径分布较广,从毫米级到厘米级都有可能。这是一种无黏聚力的摩擦性材料,颗粒之间的关联作用强弱决定了它的工程性质。总体来讲,颗粒粒径大而难于试验和均匀施工及颗粒易破碎是其基本特征。下面就与压实有关的一些特征进行论述。

1)粒径问题

粗粒料的粒径明显比砂的要大,粒径增大所带来一个主要问题就是很难用大的实物进行物理力学性质的试验。粒径过大这一性质从表面上看没有什么特别之处,但从试验方法方面来看,其问题较多。还有就是粒径大小与内摩擦角的关系直到现在仍然不是非常清楚,有人认为是正向关系,也有人认为是反向关系,没有一个统一的结论。通常用缩小后的试验结果来推测实际材料的性质(与模型试验类似),但缩小比例的结果是否完全反映实际情况还是一个值得讨论的问题。

此外,在实际施工中,质量控制也是一个难题。当填料颗粒的粒径大到一定程度后,无论密度试验还是力学试验,都会因为要扩大尺寸而需要花费大量时间和人力,但获得的数据是有限的,加之试验精度也存在问题,因此实际上用的不多。这样,粗粒料的工程性质的分布状态也就相当难以掌握,质量控制也就成为空谈。

2)破碎问题

粗粒料一般都是由料场经人工爆破开采出来的,常常含有较多肉眼不易看到的潜在缺陷,在振动压实机具的作用下容易被压碎。而粗粒料的抗剪强度同颗粒破碎之间有着密切的关系(即与不同粒径的含量有关,详见后面的分析)。

同时颗粒的破碎会引起孔隙比的减小,且其与压实方法有关。日本曾经就此进行过大型试验。将同样级配(粒径 4.75~63.5mm)的粗粒料分别用静力压实和动力压实的方法进行,然后测得级配的变化,得到破碎率,其结果如图 5-3 所示。

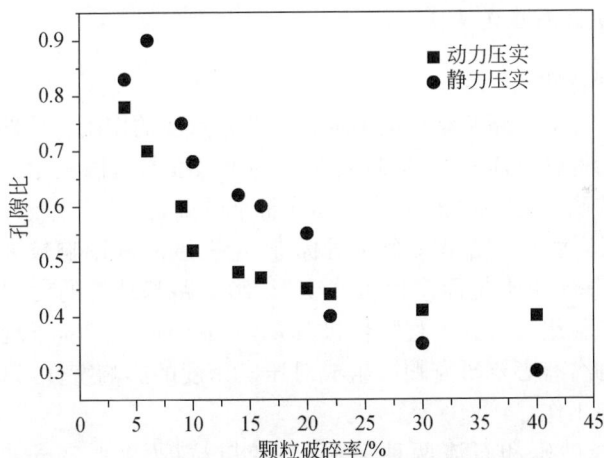

图 5-3　室内试验所得的破碎率与孔隙比的关系

可见在相同条件下,动力压实比静力压实所得的孔隙比要小,这正是振动特性的体现,振动压实的效果要好于静力压实效果。

一般来讲,粗粒料的天然级配都不是很理想的,细粒成分较少。当有一定的颗粒破碎率时,相当于增加了细粒含量,起到填充间隙的作用,使颗粒发生重新排列,其结果就是孔隙比减小,颗粒之间关联作用得到加强,结构更趋于紧密,因此所形成的结构在力学上更稳定。这实际上是级配发生了一些变化,是级配得到优化的一种表现。

但是凡事都有一个"度"的限制,如果压实使填料颗粒的破碎率持续增加,就会导致材料不断细化,实际上就是大范围地改变了原来的级配,所形成的结构发生了性质上的变化。细料的持续增加会使颗粒之间的关联作用减弱,也就是粗颗粒之间的咬合、嵌锁和摩擦作用减弱,这样结构的物理力学性能反而下降了。这里有一个"临界值"的问题,或者说有个优化问题,如图 5-4 所示。目前振动压路机吨位越来越大,就会发生这种现象,应该引起注意,并不是压路机的吨位越重,其压实效果就一定好。

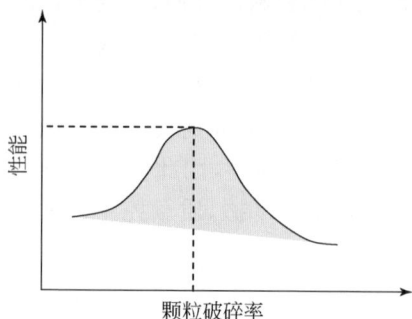

图 5-4 填筑体结构性能与颗粒破碎率之间的关系

填料破碎率的变化实际上就是级配的变化。当破碎率在某一个范围内时,所形成结构的性能可以达到最优,那么如何确定这个范围呢? 这正是下面要解决的问题。换一个角度看,破碎率问题实质是填料级配对其所形成结构性能的影响问题,也就是细粒或粗粒的含量问题。

2. 粗粒料级配与压实特性

1)压实密度特性

压实密度指标对于路基结构的形成起着非常重要的作用。公路上评定填料压实质量的首选指标就是压实度,即现场实测的干密度与室内确定的标准干密度的比值。干密度的确定,实际上就是室内压实标准的确定,对于现场压实质量的控制尤其重要,这是因为压实度是一个相对标准,干密度对其影响较大。如果标准偏低,就会造成路基碾压不足而产生沉降变形,影响路基结构的使用寿命和行车安全。粗粒料的颗粒组成对其工程特性极其重要,其组成成分对于现场压实效果有显著的影响,因此,有必要研究颗粒组成对压实密度的影响特性,以便于指导现场压实和质量监控工作。

试验时选择砂砾和石渣两种填料,改变粗粒($d \geqslant 4.75\text{mm}$)含量,当 $D=20\% \sim 80\%$ 范围内变动,分别进行室内压实成型试验。测得各自的干密度,其结果详见表 5-2 和图 5-5。

表 5-2 粗粒料室内压实密度试验结果

填料类型	压实干密度 $\rho_d/(\text{g/cm}^3)$					
	$D=20\%$	$D=30\%$	$D=40\%$	$D=60\%$	$D=70\%$	$D=80\%$
砂砾	1.989	2.089	2.093	2.124	2.181	2.080
石渣	1.938	2.097	2.102	2.153	2.195	2.093

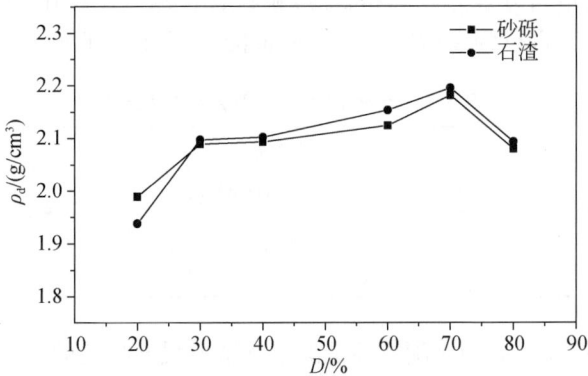

图 5-5　粗粒含量与干密度关系

通过试验结果可以看出,尽管选用了两种不同类型的粗颗粒填料,但粗粒含量与变化规律是一致的,分析如下。

开始 ρ_d 随粗粒含量增加而增大,这是因为同体积的细料数量比粗料的数量多,比表面积大,孔隙大,重量轻,因此,当粗粒含量增大时,单位体积填料的重量增加,ρ_d 随粗粒的含量增加而增大;当粗粒含量增加到某一值时(约 70%),干密度达到最大值,此时粗粒形成了完整的骨架结构,细料能填满骨架中的孔隙,相互间挤压的最紧密,密度达到最大值;当粗料含量超过最佳含量时,干密度随粗粒含量的增加而减小,这是由于随着粗料的进一步增加,细料的数量不足以填充满粗料间的孔隙,处于孔隙中的细料不能得到充分的压实,因此干密度有所减小。

上述结论对现场施工具有指导意义,为了增加压实效果,得到一个高密度的路基结构,有必要考虑填料的组成级配。

2)抗剪强度特性

路基结构的抗剪强度是其抵抗破坏和过量塑性变形的能力。因此抗剪强度是粗粒料路基的主要力学性质之一,也是其工程特性指标之一,是路基结构对于外荷载所产生的剪应力的极限抵抗能力。

粗粒料路基结构的抗剪强度由细料强度、粗料强度、粗细料之间的强度三部分组成。因此级配组成是决定其抗剪强度的主要因素。对于粗粒料,其内摩擦涉及颗粒间的相对移动,一般可分为两部分:一部分是由颗粒间滑动时产生的滑动摩擦;另一部分是颗料间脱离咬合状态而移动所产生的咬合摩擦。滑动摩擦是由颗粒接触面粗糙不平所引起的,与颗粒的形状、矿物组成、级配等因素有关。实验表明,随着粒径的增大,滑动摩擦角反而减小,其原因可能是粗颗粒的重心远离剪切面,受剪切作用,容易产生部分滚动摩擦。咬合摩擦是指相邻颗粒对于相对移动的约束作用。大量实验证明,结构越密实,磨圆度越小,咬合作用越强,则其内摩擦角就越大,颗粒之间的关联作用也越强。

　　试验选用的填料分别为砂砾和石渣,粗粒含量的变动范围为 20%～80%,在压实成型的基础上进行强度试验。其结果如表 5-3 和图 5-6 所示。

表 5-3　石渣和砂砾抗剪强度试验结果

填料类型	内摩擦角 $\varphi/(°)$						
	$D=20\%$	$D=30\%$	$D=40\%$	$D=50\%$	$D=60\%$	$D=70\%$	$D=80\%$
石渣	22.7	24.1	25.5	28.8	33.1	35.7	35.3
砂砾	16.5	17.6	20.3	21.9	26.1	27.9	27.1

　　可以看出,颗粒组成的级配特性是决定其抗剪强度特性的主要因素,主要表现在粗粒含量的变化上。因为粗粒成分是构成结构"骨架"的主要因素,细粒成分只起填充作用,具体分析如下。

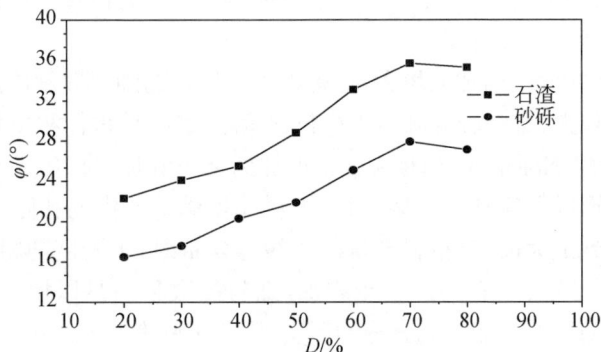

图 5-6　石渣与砂砾的抗剪强度

　　当粗料含量小于 30% 时,抗剪强度主要取决于细料的性质,随粗料含量增加的幅度非常小;粗料含量在 30%～70% 时,抗剪强度由粗、细料的性质共同决定,随粗料含量的增加有显著的增加;粗料含量大于 70% 时,抗剪强度主要取决于粗料的性质,随着粗料含量的增加而有所减小。这主要是因为随着粗料含量的增加,细料不能填满颗粒间的孔隙,密度有所减小而致,并且粗料含量越大,其抗剪强度减小得就越多。

　　颗粒本身的物理性质对抗剪强度有显著影响。石渣的抗剪强度普遍比砂砾的抗剪强度大,这充分说明颗粒越坚硬,大小颗粒相差越大,越不均匀,颗粒形状越呈棱角状,则其填筑的密度越大,抗剪强度也就越高。由此得到一个启发,提高砂砾填料之间的抗剪强度,可以通过掺加一些有棱角的填料以及细粒填料,改善内摩擦角以提高抗剪强度,对提高砂砾路基的填筑质量具有一定指导意义。

　　当采用不同的压实工艺进行上述试验时,其规律性是相同的,差异性表现在具体压实密度和抗剪强度指标不同而已。这充分说明了颗粒之间匹配的重要性。

3)级配与压缩沉降量

采用石渣填料,粗粒含量分别取作 50%、60%、70% 和 80%,成型后在相同压力($\sigma=700\text{kPa}$)下进行压缩试验,结果如表 5-4 和图 5-7 所示。

表 5-4　石渣的压缩沉降量试验结果

条件	$D=50\%$	$D=60\%$	$D=70\%$	$D=80\%$
沉降量/mm	9.7	8.6	7.8	8.4

可见压缩沉降量(即塑性变形)随粗粒含量的不同而不同,但在粗粒含量 70% 时达到最小值。这一规律与前面的规律是相同的,说明此时结构最稳定、力学性质达到最优。

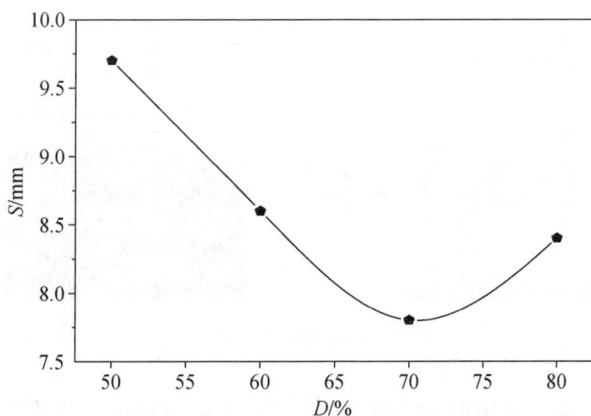

图 5-7　压缩沉降量与粗粒含量的关系

综上所述,当粗粒料($d \geqslant 4.75\text{mm}$)的含量在 70% 左右、细粒含量在 30% 左右时,经压实可以得到一个性能较高的结构,此时颗粒之间的关联作用最大。这一点对于现场路基填料的监控具有指导意义。

但是,这些结论是在室内通过优化级配而得到的。如果把这种级配看成一种均匀分布状态,那么其他的级配分布状态相对来讲就是一种变异,也就是不均匀分布,而现场的实际情况恰恰就是这样一种情况。因此问题变得复杂化了。

上述这些已有的研究结果,其试验用的试件,很多是采用击实成型方法制作的,也有采用振动成型中的振动台法实现的。击实成型和振动成型的试验结果有一些差异,主要体现在粗粒含量对其性能影响方面,但总体规律性是一致的。由于振动压实较静力压实效果要好,所以下面采用振动压实方法来研究粗粒料的一些问题。

5.2　振动压实试验系统

鉴于常规的振动成型采用的振动台法与振动压实法有一定差别,其压实效果不如振动压实法,为此自行研制了振动压实试验系统,可以在一定程度上模拟振动压路机的振动压实效果,方便室内试验工作。

5.2.1　试验系统设计

振动压实试验系统主要由振动压实仪和测试系统两部分组成,如图 5-8 所示。其中振动压实仪是在充分考虑了振动压路机原理的基础上进行的设计,而测试系统则与压实过程监控系统相似,可以采集记录振动压实力、位移、速度以及加速度等。

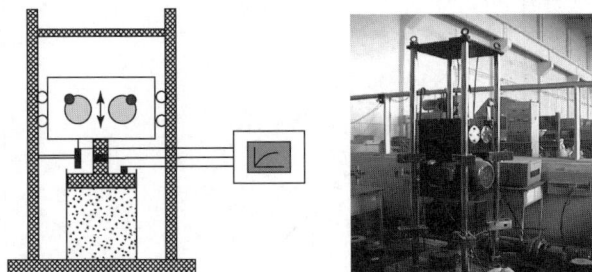

图 5-8　振动压实试验系统

振动压实仪设计的核心是其激振部分。其中激振力产生的原理源于振动力学,与振动压路机相同,前面已有阐述(详见 3.3.2 节)。激振部分设计主要包括激振力的产生与调节等。

根据图 5-9,由电机带动一组偏心块相对旋转,从而产生一对向心力。由于两个偏心块关于中轴对称,所以向心力在水平方向的分量大小相等、方向相反,合力为零,而在垂直方向的合力为激振力 $P\sin\omega t$,其中 $P=me\omega^2$ 称为激振力幅值,m、e 分别为偏心块总质量和偏心距,这就是激振力的产生原理。激振力通过杆件带动压头(刚性承载板)做垂向运动,产生振动压实作用。

实际的偏心块一般不止一组,而是分为几组,并且其偏心位置也不尽相同,它们通过齿轮传动而相对旋转,但总的水平分力仍然为零,只有垂直方向的合力存在。这样通过增减偏心轮块组数和位置,便可以改变激振力的幅值大小。

影响激振力的还有振动频率,也是由偏心块旋转引起的,其角频率就是 ω(图 5-9),这个频率是固定的,若想改变,一般依靠变频器进行。通过改变振动频率也可以达到改变激振力的目的。

设计中还有一项重要任务,就是调节振动幅值,根据 3.2.2 节分析,振动幅值

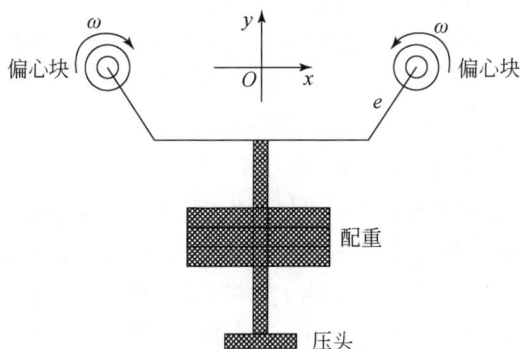

图 5-9　振动压实仪激振力产生原理

为 me/M，可见除了偏心距和偏心质量外，振动质量的大小也影响到振动的幅值。在设计振动仪时，激振力与振动质量要相互匹配，过大的激振力和较小的振动质量将导致发生激振系统的弹跳问题，而过小的激振力和较大的振动质量将导致激振系统只能产生很小的振动（参见 3.2.3 节），因此二者之间应该相匹配，一般通过试验方法进行确定。

此外，根据振动压实仪原理，可以拓展其功能，改造成另外一种检测设备——稳态试验系统，可以对路基与基层结构的抗变形能力进行快速检测，如图 5-10 所示。

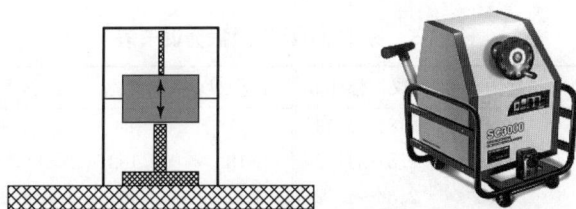

图 5-10　派生出的抗变形能力快速检测设备

5.2.2　振动压实工艺

振动压实仪的振动压实工艺与 3.3.2 节中提到的振动压实工艺完全相同（本来就是模仿振动压路机，工艺参数相同本应如此），可以表示为 $U=U(P,f,M)$，即仅与激振力、振动频率和振动质量有关，是这些参数的不同组合。下面分别对这三个重要参数再进行一些阐述[2]。

1. 激振力调节

如前所述，由振动理论可知，激振力的幅值可表示为 $P=me\omega^2$。根据这个式子,激振力的调节可以采用以下两种方式进行。

(1)固定偏心距 e 不变,通过改变偏心块质量 m 来改变激振力。这种调节方式比较方便快捷,可以在 1~7kN 范围内对激振力进行调整。

(2)固定偏心块质量 m,通过调整偏心距 e 来改变激振力。这种调节方式可以在 1~10kN 范围内对激振力进行调整。

方式(2)的基本原理阐述如下:由图 5-11 可以看出,两个偏心块的质心到圆心的距离为 e_0,两个偏心块偏转的角度为 2α,这样两个偏心块的联合质心到圆心的距离可以表示为 $e=e_0\cos\alpha$,这样偏心距就变成了角度 α 的函数,可以通过改变两个偏心块之间的偏转角度 2α 来改变激振力的大小。偏心块的偏角以 $6°$ 为一个档位,这样在 $0\sim180°$ 范围内就有 30 个档位可供选择,以便调整激振力的大小(每固定一个激振频率就可以调节 30 次,见表 5-5),而此时激振力的幅值可以表示为 $P=me\omega^2\cos\alpha$。

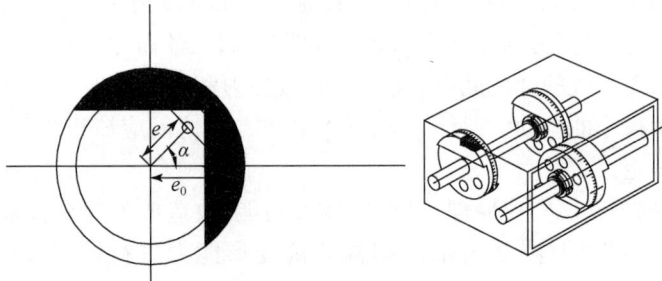

图 5-11　振动压实仪偏心块构造

表 5-5　频率 30Hz 下激振力调节表

工艺(U)	转角/(°)	激振力/kN	名义振幅/mm	工艺(U)	转角/(°)	激振力/kN	名义振幅/mm
1	0	10.00	2.81~1.13	17	96	6.69	1.88~0.75
2	6	9.99	2.81~1.12	18	102	6.29	1.77~0.71
3	12	9.95	2.80~1.12	19	108	5.88	1.65~0.66
4	18	9.88	2.78~1.11	20	114	5.45	1.53~0.61
5	24	9.78	2.75~1.10	21	120	5.00	1.41~0.56
6	30	9.66	2.72~1.09	22	126	4.54	1.28~0.51
7	36	9.51	2.68~1.07	23	132	4.07	1.14~0.46
8	42	9.34	2.63~1.05	24	138	3.58	1.01~0.40
9	48	9.14	2.57~1.03	25	144	3.09	0.87~0.35
10	54	8.91	2.51~1.00	26	150	2.59	0.73~0.29
11	60	8.66	2.44~0.97	27	156	2.08	0.59~0.23
12	66	8.39	2.36~0.94	28	162	1.56	0.44~0.18
13	72	8.09	2.28~0.91	29	168	1.05	0.29~0.12
14	78	7.77	2.19~0.87	30	174	0.52	0.15~0.06
15	84	7.43	2.09~0.84	31	180	0.00	0.00~0.00
16	90	7.07	1.99~0.80	—	—	—	—

2. 振动频率调节

振动频率主要是由偏心块的转速决定的，$f = n/60$，其中 n 为转速。振动频率的大小直接影响到单位时间内荷载重复作用次数的多少，此外，在其他参数不变的情况下，频率直接影响到激振力的大小，其平方与激振力幅值成正比。

对于一般的激振器，其振动频率都是一个固定值，但可以使用变频器进行变频，方便了测试工作。本设备可以在 $0 \sim 60 \mathrm{Hz}$ 的范围内选择振动频率。这一广泛的范围涵盖了现有道路与铁道工程动力学问题的主要振动频率，使试验更加符合实际情况。

此外，由激振力幅值 $P = me\omega^2 (\omega = 2\pi f)$ 可知，如果只是单一的改变频率的大小，那么激振力也会随着频率的改变而改变，要想在不同频率的条件下得到相同的激振力，必须同时改变频率和 me 的大小。

3. 振动幅值调节

这里所说的振动幅值就是所谓的名义振幅。根据对振动压实工艺的分析，名义振幅可表示为 me/M，并不是一个独立的量，振幅的大小与偏心块的质量、偏心距和设备总重有关系，而与激振频率无关。在 me 一定的情况下，实际上调整的还是振动质量 M。这里振动质量又分为固定部分和可调节部分，其中固定部分为电机、力杆、压头等，是不可调节的。为了改变振动质量，需要再配置一些可以调换的质量即配重（图 5-9），通过增减配重来达到改变振幅的目的。若配重不变（相当于 M 不变），通过改变 me 也可以达到目的。

振动压实试验系统理想状态是取得最好的压实效果。为达到这个目的，只有上述这些参数之间达到最佳匹配关系、整体最优时，整个激振系统才能发挥出优良的性能。寻找参数之间的相互关系是一项复杂的工作，要通过理论分析与优化以及与实际测试的相结合来进行分析、归纳，形成针对各种压实材料的最佳工艺方案，振动压实的模拟试验发挥着非常重要的作用。

5.3　振动压实模拟试验

模拟试验是在试验室进行的，其主要目的还是要研究压实与填料的物理力学性质的一些关系。首先，可以对一些理论研究结论进行验证，如结构抗力与振动响应以及密度（压实度）等的对应关系；其次，可以确定粗粒料在各种振动工艺下的压实特性，得到最大干密度，以此来确定现场的压实标准；最后，对已压实成型的试样做各种力学试验，确定其强度和刚度及本构关系，以此对压实效果做出评价。因此，从模拟试验对现场具有指导作用的意义上来说，室内试验是必要的和不可缺少的环节[3]。

但是,室内试验的结果如何应用到实际中,目前尚存在较多问题,主要表现在以下几个方面。

(1)材料离散性问题。由于粗粒料在粒径、级配等分布上的不均匀,室内试样究竟是代表现场哪种状态的情况,是一件说不清楚的事情,只有在现场严格要求级配的情况下才有可能发挥更大的作用。

(2)应力条件不同。室内试件是在刚性桶中振动成型的,周边是刚性约束。而现场压实成型,其周边的约束条件可以看成柔性的,两者成型过程的约束条件不一样。另外,室内的三轴试验(动、静三轴)究竟在多大程度上能模拟现场的实际情况也是个问题。国内外大量的研究结果表明,室内试验的结果目前还无法与现场试验结果建立直接的联系,室内结果的数据很难应用到实际中,但其规律性是有指导意义的。

(3)级配问题。目前无论公路还是铁路,对路基填筑材料的级配并无具体要求,仅要求级配良好,但是什么样的级配算是良好没有定论,现场自己看着办。这也是一个"踢皮球"问题。此外,即使有具体级配要求,但受室内试验条件的限制,试样直径一般都不会大于30cm,按照尺寸效应规定,材料颗粒最大直径应不大于7.25cm,而现场实际情况的填料粒径往往比较大,虽说有相似级配的方法进行外延,但仍有许多需要解决的问题。

尽管室内模拟试验目前还存在诸多问题,但是从压实质量控制的角度看,许多试验结论还是有用的,如验证一些理论研究成果、确定一些填料的压实特性等,这些都对现场碾压工作具有很大的指导作用。因此,进行室内振动压实试验,对各种振动压实工艺参数、填料的压实等问题进行试验研究,不但可以确定最大干密度,寻找最佳工艺,还可以了解各种压实特性,探索振动压实下的动态响应特性,为现场的压实质量评定和控制提供依据。

5.3.1 两个验证试验

前边的理论分析已经表明,在压实机具作用下,填料经压实成型的路基结构的抵抗力信息可以表征压实状态的变化,并且与压实机具的动态响应成正比,这些都是理论分析得到的结论,需要用试验方法进行验证。

如何进行试验验证,事先是需要进行试验设计的。我们知道,由于振动压路机的移动性,导致在现场路基结构抵抗力(反作用力)不方便直接测量。因此关于抵抗力(实际表现为反作用力)与动态响应以及干密度之间关系的验证工作主要是在室内进行的。所用设备为自行研制的振动压实仪,已在5.2.1节进行了介绍。

1. 结构抵抗力与动态响应

试验前,对验证试验进行了认真设计。试验材料采用碎石,由不同粒径组成,并没有进行严格的级配设计。考虑到劳动强度,试验用的装料试桶直径为 15cm,振动压实工艺为振动频率 30Hz、激振力 6kN,振动质量 80kg,即 $U=(6kN,30Hz,80kg)$。

利用测试系统同时对结构抵抗力 F(也可称为反力、压实力)和动态响应 a(振动加速度)进行数据采集工作(均以电压量 V 表示,根据各自灵敏度可以换算成对应的物理量),其结果如图 5-12 所示。

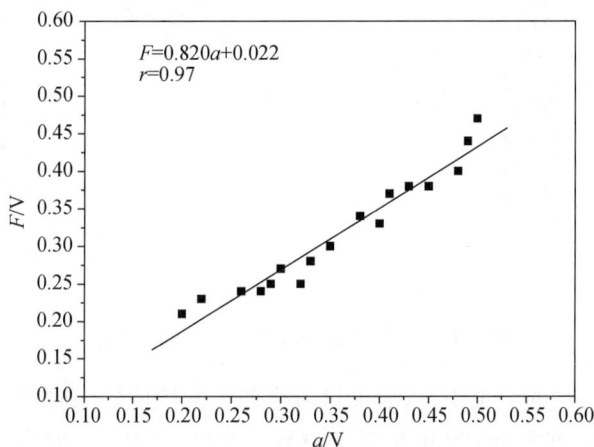

$$F=0.820a+0.022$$
$$r=0.97$$

图 5-12　结构抵抗力与压实机具振动响应之间关系

图 5-12 所示结果表明,结构抵抗力反力与其压实机具的动态响应之间确实存在非常好的线性对应关系,与理论分析结果一致。这就为现场实际检测提供了便利条件,可以直接通过对振动轮动态响应的测试来了解路基结构抵抗力的变化信息。

2. 结构抵抗力与干密度

室内试验比较容易量测干密度(试桶尺寸已知,只要量测出填料高度变化即可获得密度),它比进行其他力学试验要简单和快得多,并且也容易量测准确。因此这里采用结构干密度来表征结构的密实状态。尽管在理论上无法找到结构密度与其抵抗力之间的关系,但是总体来讲,对于同一种材料,一般情况下,所形成的结构越密实,其抵抗力也就越大。当然,特殊级配情况下,可能也会存在某一种密实状况下的抵抗力比更密实状况下的要大,这要看颗粒之间的相互作用程度(嵌挤与充填作用)。这里没有考虑特殊级配条件。

结构抵抗力或者说压实力在实验室可以量测,但在现场却很难实现。因此,这里再采用前面介绍的识别方法,通过实测得到的压实机具动态响应来识别结构抵抗力,再来与干密度建立联系。

　　试验材料也为碎石类,无严格级配,平均分成若干组,试验用的装料试桶直径也为 15cm。采用不同振动压实工艺进行振动压实试验,分别测得各自的动态响应(根据识别原理可以得到抵抗力)和干密度,其结果如图 5-13 所示。

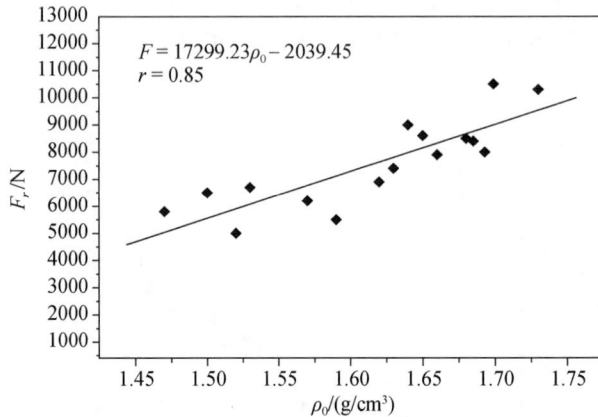

图 5-13　结构抵抗力与干密度之间的关系

　　从图 5-13 所示的结果来看,如果材料物理力学性质好,其抵抗能力也大,干密度同样也大,结构抗力与干密度呈正向关系。因此,采用压实度指标评定粗粒料压实质量原则上也是可行的,主要是量测精度出了问题。

5.3.2　寻找最佳工艺

　　振动压实工艺是指振动系统各参数之间的关系组合。如前所述,由于各指标的表达最后都与振动质量 M、激振力 P 和激振频率 f 这三个参数有关,其他参数的定义最后都可采用这三个参数的某种组合表达式来表示,因此压实工艺可以表达成 $U=U(P, f, M)$,这已在前面在对压路机进行有关动力分析时作了论述。压实工艺选择的好坏对压实效果有非常大的影响,现场在正式施工前进行的填筑工艺性试验,其目的之一也是要确定合适的压实工艺。

　　观察室内振动成型试验,其压实过程为材料受到轴向振动荷载的作用,而周边和底部受刚性约束,如图 5-14 所示。材料被压过程为激振系统与被压材料之间的一种非线性相互作用过程,是典型的塑性大变形-塑性小变形-弹性变形过程,这与金属力学中关于金属锻压过程正好相反。从压实标准的角度看,一般希望压实的密度越大越好,也就是塑性变形越大越好,或者更确切地说产生的塑性应变越大越好。结构之所以产生塑性变形,是因为材料颗粒之间的抵抗力小于外力作用。粗粒料的抵抗力是由颗粒间的摩擦力和咬合力构成的,当外力大于其抵抗力时,材料颗粒之间(主意不是材料本身)只能依靠产生变形来适应这种外部作用,直到二者达到平衡。因此,选择振动压实工艺的原则就是要使振动作用力大于材料颗粒之间的抵抗力,或者从能量的角度来讲,就是输入的能量要足以破坏材料颗粒之间的这种抵抗力。但是,由于压实机具与被压填料之间的作用非常复杂,并且材料颗粒在粒度分布、形状分布和自身强度分布上也复杂多变,因此需要进行大量的试验,但工作量非常大,给选择压实工艺工作带来很大的困难。

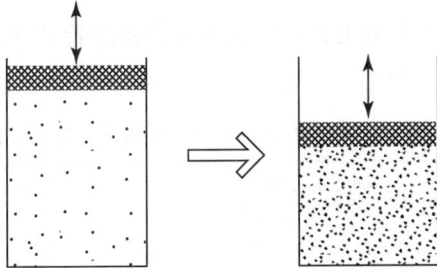

图 5-14　试样振动压实成型过程示意图

关于具体压实工艺的选择是一件很繁杂的工作,不但与参数组合有关,还与被压材料密切相关。这里先给出的一些参数组合,主要是根据对粗粒料类材料长期进行的振动压实试验的经验和结果,辅之以理论分析而进行的初步筛选。通过大量的实践,最终确定的振动压实工艺如下。

(1)激振频率:$f=(30\text{Hz},35\text{Hz},40\text{Hz})$。

(2)激振力:$P=(6.37\text{kN},6.81\text{kN},7.00\text{kN},8.09\text{kN},9.14\text{kN},9.68\text{kN})$。

(3)振动配重质量:$M=(10\text{kg},30\text{kg},40\text{kg},50\text{kg},70\text{kg},90\text{kg},100\text{kg},110\text{kg},130\text{kg},150\text{kg})$,其中振动质量=固定部分+可调部分(配重)。

将 P、f、M 进行不同的组合,便是本次试验的所有振动工艺,再在这里面寻找最佳振动压实工艺。

关于试验材料选择,考虑到通用性,这里主要选择了三种材料——山皮土、石渣和砂砾。这三种材料具有广泛的代表性,都是路基填筑中经常使用的填料。山皮土中的沙性土含量多一些,有一定量的石块;石渣中的颗粒棱角比较分明,以碎石居多;砂砾中颗粒则比较圆滑,不易形成嵌挤结构。考虑到目前路基填料实际情况,没有刻意追求级配组成,只是大致进行了配比,这是因为如果刻意追求级配良好,而现场又做不到,那么就失去了工程实际意义。

如前所述,压实的目的在于预先消除材料颗粒之间的过量变形,提高所形成结构的抗变形能力。一个填筑体的压实程度越高,可能出现的变形量就越小,抗变形能力也就越强。而压实过程也是提高其屈服面等级的过程,这是从塑性理论的角度得到的结论。那么如何才能了解这一过程呢,这个过程可以通过室内振动压实试验进行模拟,根据试验过程中的动力学测试得到的信息进行分析,来了解压实过程的一些相关信息。

1. 山皮土

选取的山皮土为天然级配和天然含水量(4%~5%)。压实工艺 U_{ij}，i 表示激振力和频率的变化指标，j 表示配重的变化指标，如 $j=1$，对应 $M=10$；$j=2$，对应 $M=30$；$j=3$，对应 $M=40$，…

根据试验结果，取出各个工艺状况下的最大密度者，即可得到最佳的振动压实工艺，如表 5-6 和图 5-15 所示。

表 5-6　山皮土各种工况下最佳振动工艺及结果汇总

序号	工艺状况	振动工艺参数			塑性应变 /%	初始密度 /(g/cm³)	终止密度 /(g/cm³)
		f/Hz	P/kN	M/kg			
1	U_{17}	30	8.09	100	19.42	1.558	1.933
2	U_{21}	30	9.14	10	20.36	1.568	1.969
3	U_{31}	35	6.81	10	19.51	1.558	1.936
4	U_{41}	35	8.0	10	14.58	1.731	2.026
5	U_{51}	35	9.11	10	10.78	1.627	1.824
6	U_{61}	40	6.37	10	14.74	1.633	1.915
7	U_{73}	40	8.07	40	14.41	1.612	1.883
8	U_{87}	40	9.68	100	12.90	1.629	1.870

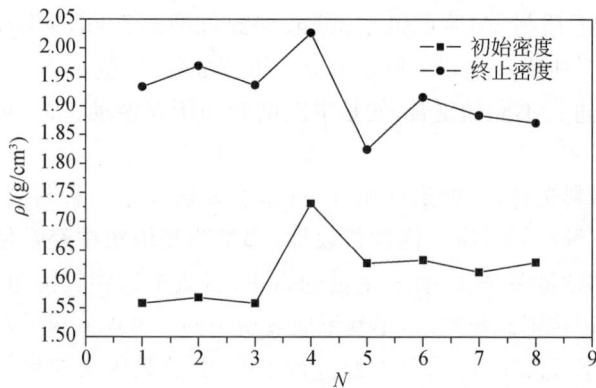

图 5-15　山皮土干密度与振动工艺关系图

按照各个工况下最大密度对应的振动压实工艺进行排序，可以得到山皮土的最佳振动工艺与相应的干密度(取前两个)：

$$U_{41}:P=8.00\text{kN},f=35\text{Hz},M=10\text{kg},\rho=2.026\text{g/cm}^3$$
$$U_{21}:P=9.14\text{kN},f=30\text{Hz},M=10\text{kg},\rho=1.969\text{g/cm}^3$$

在材料和含水量相同的情况下，经试验比较，用振动压实成型法得到的密度明显比击实法的要大，由此可以知道其屈服面等级也要高一些，所形成的结构也会更稳定一些。

此外，从以上结果可以看出，对于山皮土这种材料，最佳的激振频率范围为 30～35Hz，激振力为 8～9kN，配重为 10kg。可见并非三个参数都越大越好，三者之间有一个最佳匹配问题。上述结果对现场压路机的选型具有指导意义，特别是选择压路机的振动频率方面。

采用测试系统对每个试件的成型过程都进行了动态测试，得到了山皮土材料动态响应的一些特性。表 5-6 中各工艺试件压实过程的动态响应曲线如图 5-16 所示。

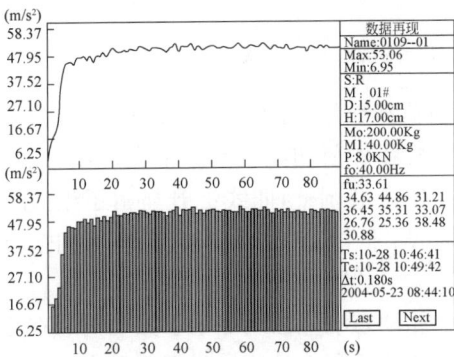

(a)

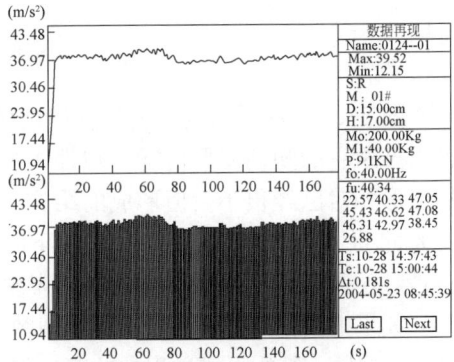

(b)

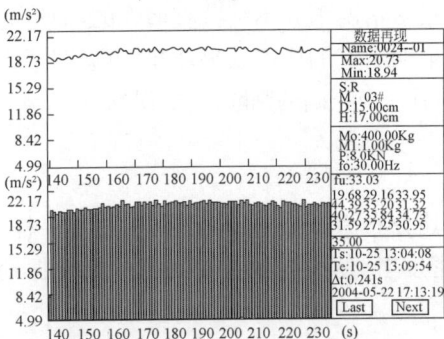

(c)

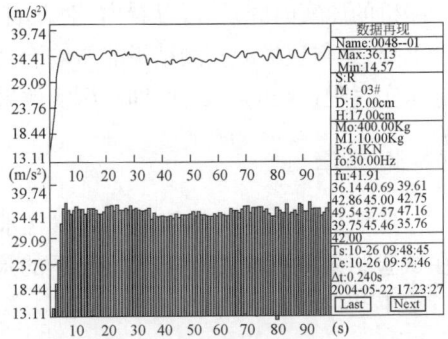

(d)

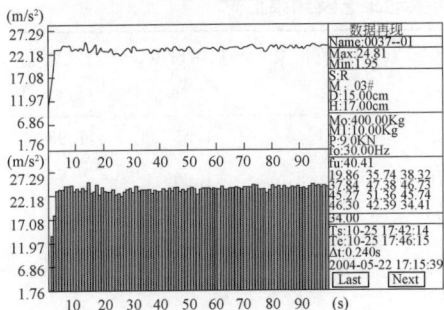

(e)

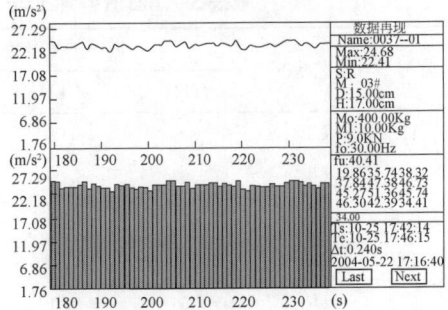

(f)

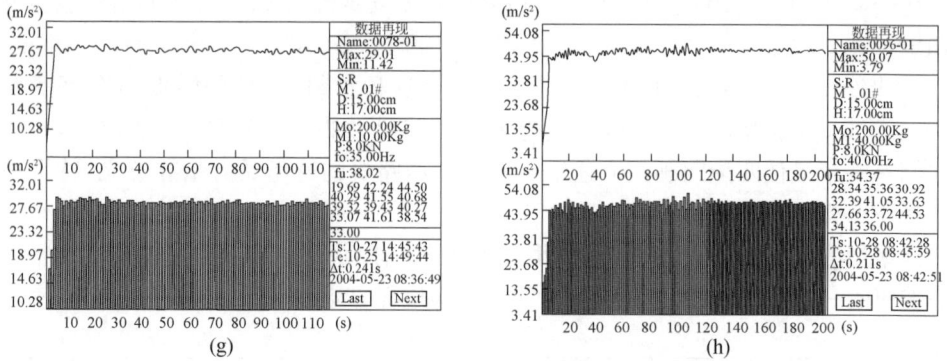

图 5-16　山皮土振动压实过程的动态响应曲线

图 5-16 显示了山皮土材料在周期性振动荷载作用下的抵抗力变化情况，由此可以推断它的塑性变形情况。塑性大变形阶段在加荷初期就基本上完成了，以后的变形相对已经很小。但形成的结构一直在作微型调整，曲线上升显示了抵抗力变大、变形变小的压实过程；而曲线下降则显示了抵抗力变小、变形变大的过程，这正是颗粒内部相互作用在宏观上的表现。

如果把横轴（时间轴）看成压实遍数，则上述动态响应曲线显示了振动荷载在不同压实遍数下结构形成过程中的变化信息（其单位面积上的压实时间明显大于现场压路机的压实时间）。可以看出，动态响应在很多情况下并不是一直增大的，而有时会下降，这与现场的实测结果非常吻合，恰恰说明了它的压实效果，同时也说明了实施压实过程控制的必要性，即对压实效果必须有一个正确的判断，不能误判。

2. 石渣

选取的石渣为天然级配和天然含水量（其分布为 2%～3%）。同山皮土一样，在试验结果中选取各个工艺状况下的最大密度者，便可得到各个工况的最佳振动压实工艺，如表 5-7 和图 5-17 所示。

表 5-7　石渣各种工况下最佳振动工艺及结果汇总

序号	工艺状况	振动工艺参数			塑性应变 /%	初始密度 /(g/cm³)	终止密度 /(g/cm³)
		f/Hz	P/kN	M/kg			
1	U_{19}	30	7.00	130	21.44	1.557	1.982
2	U_{25}	30	8.09	70	21.51	1.695	2.160
3	U_{35}	30	9.14	70	29.96	1.485	2.120
4	U_{43}	35	6.81	40	19.32	1.623	2.011
5	U_{51}	35	8.0	10	19.12	1.703	2.106

序号	工艺状况	振动工艺参数			塑性应变 /%	初始密度 /(g/cm³)	终止密度 /(g/cm³)
		f/Hz	P/kN	M/kg			
6	U_{65}	35	9.11	70	13.20	1.770	2.039
7	U_{71}	40	6.37	10	32.31	1.585	2.342
8	U_{87}	40	8.07	100	22.99	1.705	2.214
9	U_{95}	40	9.68	70	25.25	1.638	2.192

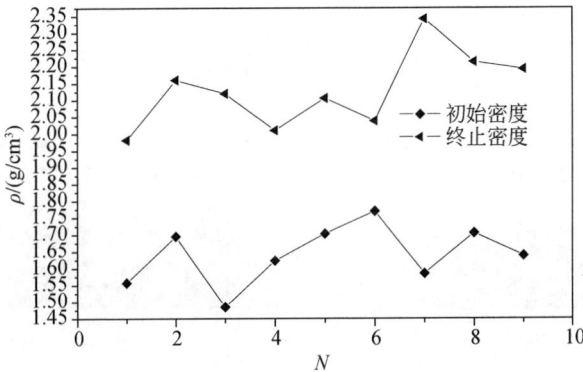

图 5-17　石渣干密度与振动工艺关系图

同样,按照各个工况下最大密度对应的振动压实工艺排序,根据排序结果可知,最佳的振动工艺与相应的干密度(取前两个)如下:

$$U_{71}:P=6.37\text{kN},f=40\text{Hz},M=10\text{kg},\rho=2.342\text{g/cm}^3$$
$$U_{87}:P=8.07\text{kN},f=40\text{Hz},M=100\text{kg},\rho=2.214\text{g/cm}^3$$

因此,对于石渣这种材料,最佳的施振频率应该在 40Hz 左右,这是由于颗粒粒径大小和形状的缘故。详细的分析有待于进一步的研究工作。

实际在现场对石渣压实时,压路机的振动频率多为 30Hz,受压路机本身性能参数的限制,一般很难调整,在一定程度上可能影响了压实效果。

由于颗粒的原因,石渣压实过程的动态响应曲线与山皮土的有很大的不同,这从对石渣各个试件的动态响应测试中能反映出来。图 5-18 是表 5-7 中各试件压实过程的动态响应曲线。

对于石渣这种由较粗和不均匀的散体颗粒构成的结构,其形成过程并不是一帆风顺的,其结构的形成依赖于它的环境——荷载作用。图中曲线变化平缓的多由于施加的振动频率低或荷载小造成。因为所形成的结构在强度和刚度上都较低,导致抵抗力也较低,所以振动系统与被压材料之间的相互作用程度较低。从过程曲线上看变化平缓并趋于稳定,但是这种稳定只是在较低的作用下的稳定,属于亚稳定状态,在较强的作用下会变成不稳定结构。这就是为什么在现场要用大吨位压路机的原因。用小吨位的压路机进行碾压,尽管也可以达到一种稳定状态,但由于与行车荷载不适应,会导致运营阶段出现过大的变形。这种现象同时也说明了采用高压实标准的重要性。

图中大部分曲线的变化过程都比较剧烈,说明了石渣这种材料的压实特性——颗粒之间的相互作用较复杂。压实状态的变化过程经历了高-低-高-稳定的几种情况。与山皮土的分析一样,把横轴——时间轴看成压实遍数,则反映了石渣在压实过程中颗粒的相互作用情况和宏观状态上的变化情况,这与现场的实测结果是吻合的。

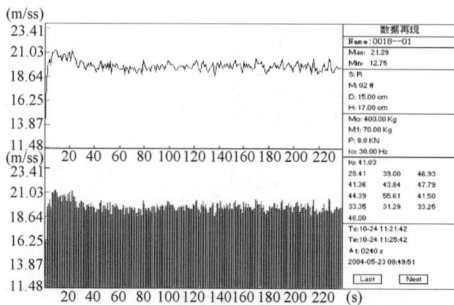

(a)

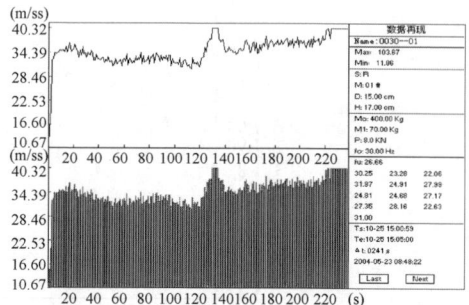

(b)

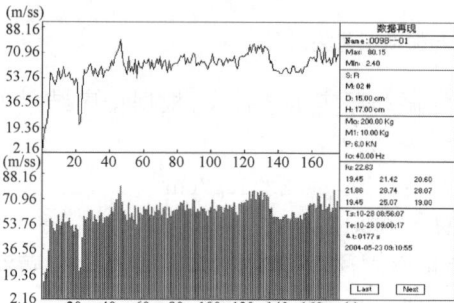

(c)

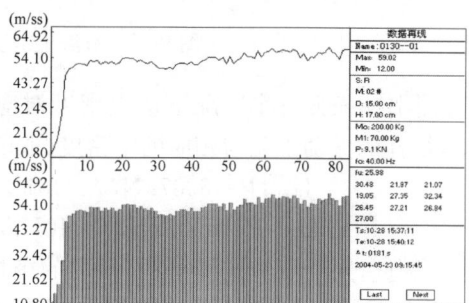

(d)

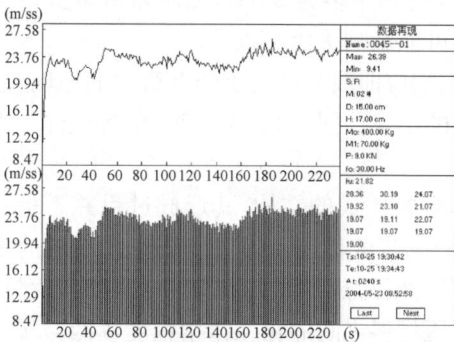

(e)

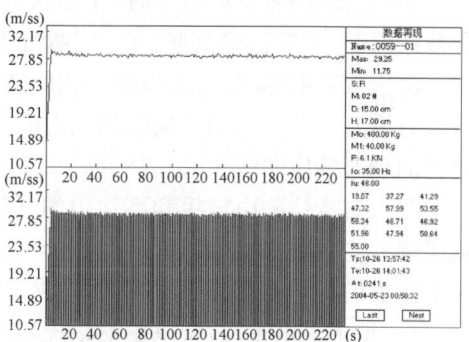

(f)

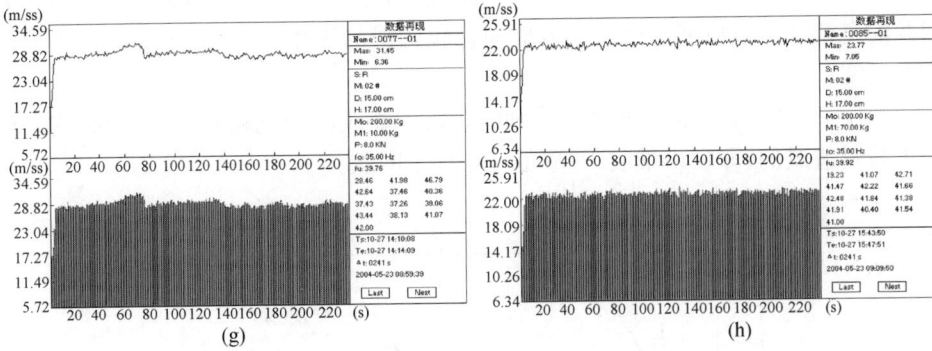

图 5-18　石渣振动压实过程的动态响应曲线

3. 砂砾

砂砾这种材料的棱角比较圆滑，与石渣相比，其颗粒之间的摩擦小，咬合程度差，导致其压实效果很差，达不到理想压实状态，所形成的结构也不稳定，加之天然级配不理想，在实际工程中用得并不多，需要改良才能应用。试验结果得到的最佳工艺如表 5-8 所示。

表 5-8　砂砾各种工况下最佳振动工艺及结果汇总

序号	工艺状况	振动工艺参数			塑性应变/%	初始密度/(g/cm³)	终止密度/(g/cm³)
		f/Hz	P/kN	M/kg			
1	U_{13}	30	8.09	40	13.31	1.607	1.853
2	U_{25}	30	9.14	70	22.79	1.584	2.051
3	U_{33}	35	6.81	40	10.40	1.692	1.888
4	U_{41}	35	8.0	10	6.66	1.748	1.872
5	U_{57}	35	9.11	100	17.68	1.566	1.902
6	U_{61}	40	6.37	10	24.30	1.440	1.902
7	U_{75}	40	8.07	70	11.97	1.611	1.831
8	U_{87}	40	9.68	100	14.00	1.648	1.916

根据排序结果可知，最佳的振动工艺与相应的干密度（取前两个）如下：

$$U_{25}: P = 9.14\text{kN}, f = 30\text{Hz}, M = 70\text{kg}, \rho = 2.051\text{g/cm}^3$$

$$U_{87}: P = 9.68\text{kN}, f = 40\text{Hz}, M = 100\text{kg}, \rho = 1.916\text{g/cm}^3$$

　　与石渣不同的是,砂砾材料的最佳振动频率为30Hz左右,其次为40Hz,可见问题的复杂性。这可能是由于颗粒棱角比较圆滑的缘故,详细的分析有待于进一步的研究。

　　图5-19中砂砾的初始密度曲线和终止密度曲线的变化趋势并不一致,这是由人工装料造成的,非自由堆装,石渣也存在这个问题。

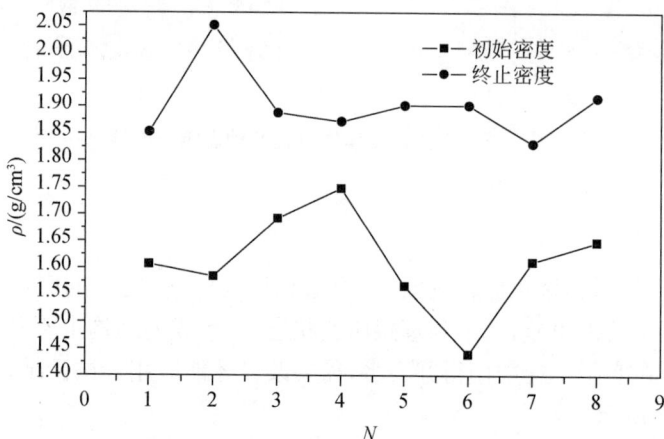

图 5-19　砂砾干密度与振动工艺关系图

　　砂砾材料的压实过程特性介于山皮土和石渣之间,这是由其本身的特点所决定的。图5-20为表5-8中试件的压实过程动态响应曲线。从图中可以看出,响应曲线大部分在振动压实4min后都趋于稳定,表明该种工艺的压实效果已经充分发挥出来了,但也有没达到稳定状态的,说明压实时间(遍数)还不够(欠压),可能形成不稳定的结构。因此,对压实过程进行质量监控和控制是非常必要的,应避免这种现象的发生。其他的分析结果与前面两种材料的相似,此处不再赘述。

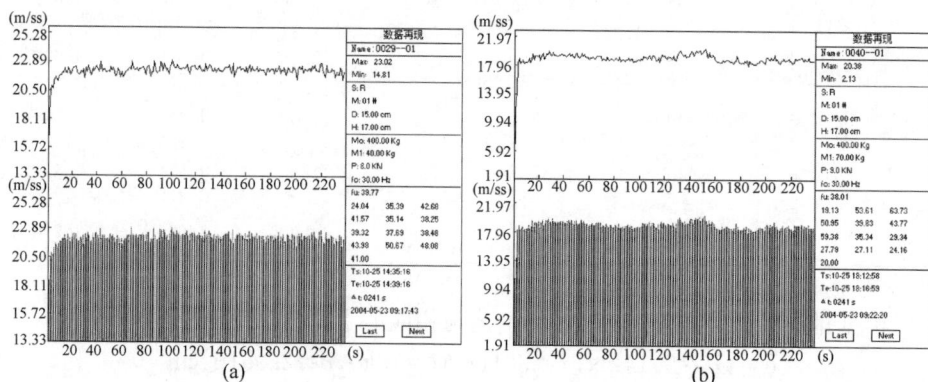

(a)　　　　　　　　　　　　　　(b)

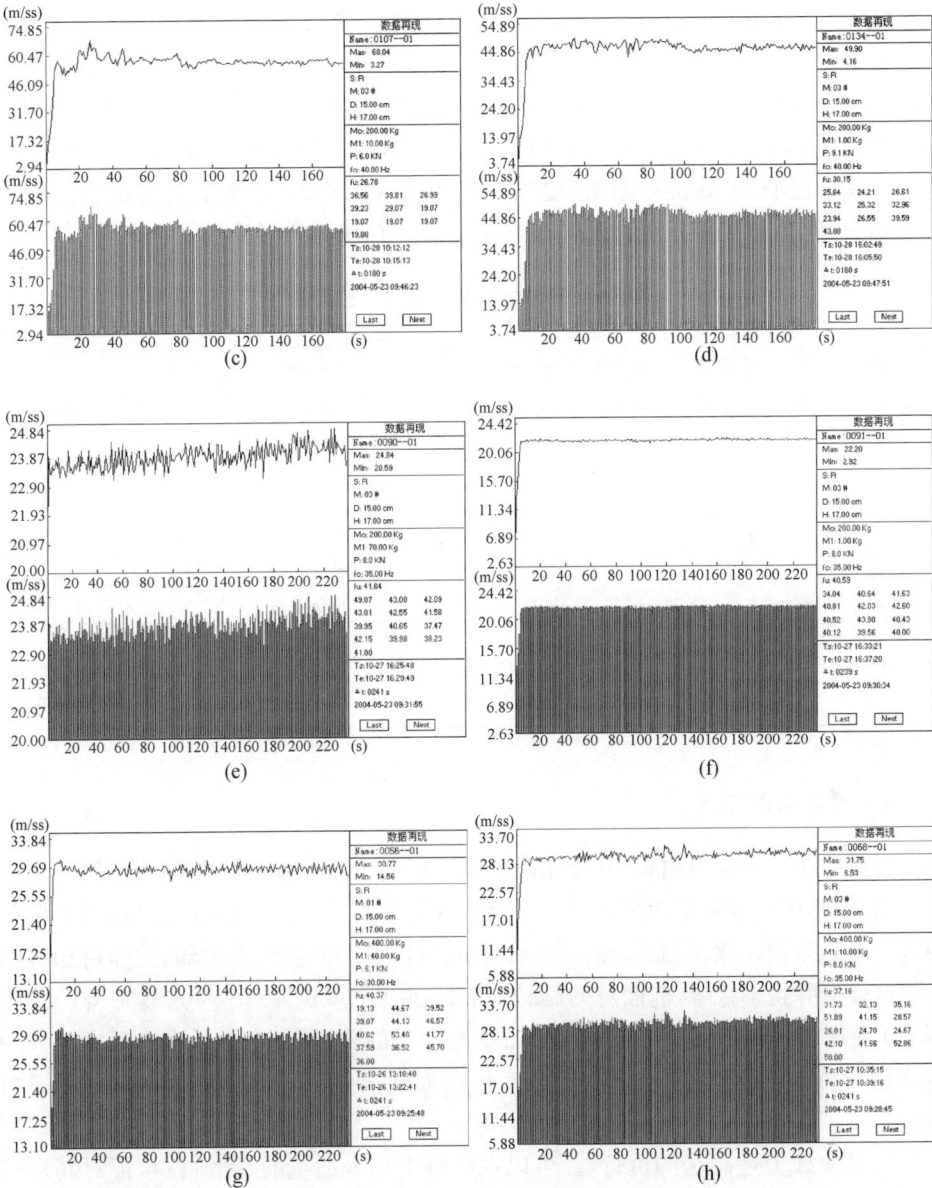

图 5-20 砂砾振动压实过程的动态响应曲线

将三种材料的最佳振动压实工艺汇总并进行比较(表 5-9),可以发现三种材料达到最大干密度所需的振动压实工艺参数都不相同,这就验证了前面阐述的一些关于压实工艺与被压材料关系的一些结论。对于现场碾压来讲,每种填料、每种级配情况都对应着不同的振动压实工艺参数,不存在普遍适用的通用压实工艺,无论填料本身发生变化还是其级配组成发生变化,都需要重新通过试验来确定最佳压实工艺,根据具体情况对压实工艺参数做出调整。

目前提出的所谓"智能压实"概念就是这样一种思路——根据被压填料的性质实时改变振动压实工艺参数。其中难点在于如何调整工艺参数而不是能不能调节参数的问题,调整参数只是技术问题,而调整的依据才是根本,需要多学科的配合、合作。现在已有的"智能压路机"也只是这项技术的雏形,尽管能实时调整压路机工艺参数,但是调整得是否合理还很难说清楚,前面的路还很漫长。

表5-9 三种材料最佳振动工艺汇总

材料	工艺状况	振动工艺参数			密度
		f/Hz	P/kN	M/kg	/(g/cm³)
山皮土	U_{41}	35	8.0	10	2.026
	U_{21}	30	9.14	10	1.969
石渣	U_{71}	40	6.37	10	2.342
	U_{87}	40	8.07	100	2.214
砂砾	U_{25}	30	9.14	70	2.051
	U_{87}	40	9.68	100	1.916

5.3.3 改善级配措施

砂砾作为一种填筑材料,其分布是比较广泛的。在公路与铁路路基填筑时经常被采用,但是压实效果不理想,不易形成稳定的结构。这除了级配因素外,更主要的原因就是砂砾颗粒比较圆滑,棱角较少,造成相互之间嵌挤作用较弱,致使所形成结构强度较低并且不稳定,前面对砂砾和石渣的抗剪强度试验就表明了这一点。参考图5-6发现,同样情况下,石渣的抗剪强度比砂砾的明显要大,如果在砂砾中加入一定量的石渣,就会改善颗粒之间的相互作用程度,更容易形成紧密结构,如图5-21所示。

为了实践上述想法的可行性,可以在砂砾中加入适量的石渣材料,再对其进行振动压实试验,通过量测压实机具的动态响应(抵抗力信息)的变化和大小来观察试验的压实效果。

根据前面石渣和砂砾在抗剪强度方面的差异,在砂砾材料中分别加入了10%(A方案)、20%(B方案)、30%(C方案)的石渣材料后进行振动压实试验。由于已对各个工况下的最佳振动压实工艺有所掌握,所以就减少许多重复性劳动,有针对性地采用较好的振动压实工艺参数。其试验结果如表5-10所示。

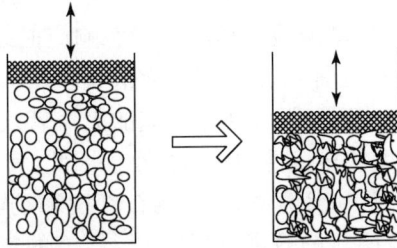

图 5-21　砂砾中掺入石渣以改变压实效果

表 5-10　砂砾掺加石渣各种工况下最佳振动工艺及结果汇总

编号	材料	振动工艺参数			塑性应变/%	初始密度/(g/cm³)	终止密度/(g/cm³)
		f/Hz	P/kN	M/kg			
1		35	8.00	10	10.42	1.547	1.727
2		35	8.00	40	9.89	1.521	1.688
3	A—砂砾+石渣(10%)	35	8.00	70	5.97	1.566	1.666
4		35	8.00	100	10.59	1.527	1.708
5		35	8.00	130	7.08	1.592	1.713
6		35	8.00	130	9.03	1.584	1.742
7		35	8.00	100	8.29	1.594	1.738
8	B—砂砾+石渣(20%)	35	8.00	70	9.91	1.569	1.741
9		35	8.00	40	10.86	1.596	1.790
10		35	8.00	10	15.77	1.547	1.836
11		35	8.00	10	13.55	1.591	1.841
12		35	8.00	40	11.76	1.611	1.826
13	C—砂砾+石渣(30%)	35	8.00	70	7.91	1.592	1.728
14		35	8.00	100	12.08	1.557	1.771
15		35	8.00	130	9.07	1.597	1.757

　　上述工艺中之所以采用 35Hz,就是参照前面石渣和砂砾的压实工艺结果而定的。振动压实试验得到的最佳工艺和相应的密度如下:

　　　　砂砾+10%石渣:$P=8.00kN,f=35Hz,M=10kg,\rho=1.727g/cm^3$

　　　　砂砾+20%石渣:$P=8.00kN,f=35Hz,M=10kg,\rho=1.836g/cm^3$

砂砾＋30％石渣：$P＝8.00\text{kN},f＝35\text{Hz},M＝10\text{kg},\rho＝1.841\text{g/cm}^3$

采用测试系统量测其振动响应。相应的动态响应曲线如图5-22所示。从压实结束时动态响应值来看，三种情况下的响应值相差很大，分别为18.4、41.6和57.7左右。由于振动工艺相同，所以动态响应的大小就表示了抵抗力的大小，进一步可以推断其强度、刚度和稳定性的相对大小。因此，其压实效果大小的排序为

A方案（＋10％石渣）＜B方案（＋20％石渣）＜C方案（＋30％石渣）

可见对砂砾改善具有明显的效果，以加30％石渣的效果最好。当然，加的石渣越多，其压实效果越好，但是要有一个"度"，要考虑改善填料的经济成本，要做到在满足路基结构性能要求的前提下，采用掺加最少石渣的方案。当今社会，追求经济效益也是无可非议的。

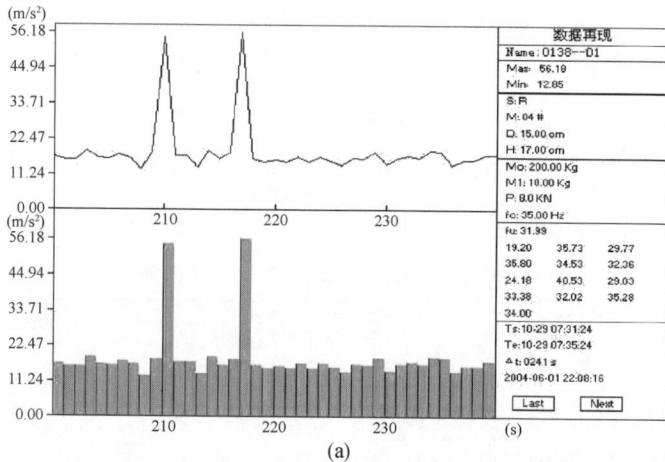
(a)

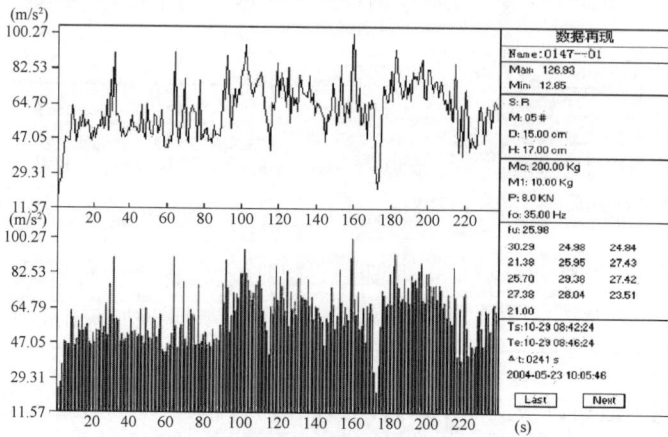
(b)

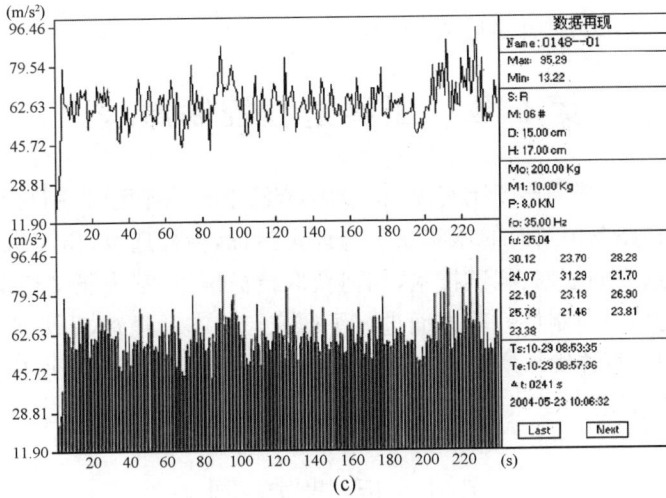

图 5-22　三种改善砂砾情况下压实过程的动态响应曲线

参 考 文 献

[1]徐光辉. 路基系统形成过程动态监控技术. 成都:西南交通大学博士学位论文,2005.

[2]卢艳坤. 室内振动成型方法的动态测试与分析. 哈尔滨:哈尔滨工业大学硕士学位论文,2005.

[3]课题研究报告. 沈大高速公路改扩建工程路基压实质量过程控制技术的研究. 沈阳:辽宁省交通厅,2004.

第6章 压实过程控制原理

前几章主要是围绕连续压实控制动力学方法中有关评定（控制）指标问题展开的论述，分别在路基填筑时的压实状态与评定指标，指标选取、压实机具与路基相互作用，指标选取的依据、测试技术，如何获取指标信息、室内压实模拟试验，指标的试验验证与填料控制特性等方面进行了研究。从本章开始，主要研究在路基填筑碾压过程中进行连续压实质量控制的基本原理，这是现场碾压所应遵循的原则和实施控制的依据。

6.1 反 馈 控 制

传统上对填筑工程的质量控制主要采用了"点式抽样检验"的控制模式。对于某一段路基，首先按照规定进行抽样检验，然后根据检验结果进行控制。铁路上采取一票否决判定法——只要抽样点中有一点不合格就认为该段不合格；公路上则采取了概率式判定法——按照一定保证率来判定是否合格。究其原因，主要还是由于检验点较少，控制不住质量而不得已采取的严厉措施。而连续压实控制由于可以检测到每一点的压实质量信息，所以其压实质量控制模式也应作出相应的调整。建立一套符合现代科学思想的压实质量反馈控制体系是我们追求的目标。

6.1.1 几个概念

前面已经反复提到"控制、反馈"等一些概念。实际上，这些概念都是有定义的，大部分源于控制理论。这里对这些概念再作一些阐述（涉及的系统等概念请参阅第 2 章），深刻理解这些概念对于理解连续压实控制的基本原理是有帮助的。

控制问题从古代开始就有，后来常出现在工业领域，初步形成了自动控制技术。直到 1948 年，美国数学家 Wiener(维纳)发表了《控制论》一书，才从一般的工业控制转向适用于多个领域的通用控制体系，发展成为具有方法论性质的一门横断性科学。其基本概念已经渗透到人类知识的各个部门，横跨基础科学、技术科学、社会科学、生物科学和思维科学等领域，出现了工程控制论、社会控制论、生物控制论、经济控制论、管理控制论等许多新兴的交叉方法。

在控制理论中，信息、反馈、控制是其核心，也称为控制理论的三要素。它们是互为前提的，三者不可分离。信息的概念已在第 4 章进行了阐述，这里重点论述其他一些概念[1]。

1. 控制

在我国,"控制"一词最早出现在北宋时期成书的《新唐书·王忠嗣传》中,有"劲兵重地,控制万里"之说。在高级汉语大词典中将控制定义为"掌握住对象不使其任意活动或超出范围;或使其按控制者的意愿活动"。实际上,控制就是对被控对象施加某些作用,使被控对象的行为或变化过程符合或逼近目标,实现行为或过程的目的。

"控制"在工程中或生活中比比皆是。例如,在压路机碾压填筑体过程中,压路机需要按照事先设定的碾压轮迹进行碾压作业。这里的压路机就是一个被控对象,而控制作用是通过方向盘即控制执行器来实现的,如图 6-1 所示。

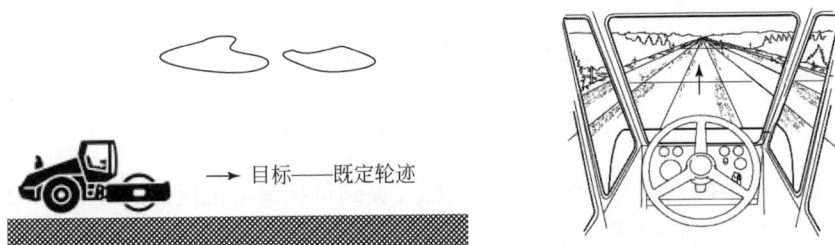

目标——既定轮迹

图 6-1　控制压路机按照正确轮迹行驶

首先,压路机碾压需要按照设定的目标——某一轮迹进行,这就是控制的依据;其次,驾驶员需要按照目标进行正确行驶碾压,如果压路机偏离该轮迹(这就是行驶信息),该信息反映给驾驶员,他就需要做出反馈控制动作——偏左向右打、偏右向左打方向盘,由此完成控制压路机正确碾压轮迹的过程。

上述反馈控制在碾压质量控制中是应达到的基本要求。除了控制正确行驶外,还要控制其碾压质量,如何控制,将是下面要研究的重点内容。

对于具体的被控对象(如压路机系统、路基结构系统),控制有两种目的。其一是保持系统原有的状态,如控制压路机沿既定轮迹行驶;其二是引导系统的状态达到某种预期的新状态,如控制填筑体达到既定的压实状态。如前所述,我们研究的系统是"压路机-路基结构"综合系统,其两个子系统的控制目的是不完全相同的,前者侧重于保持系统的原有状态——按既有轮迹行驶与保持振动性能稳定;后者则侧重于达到预定的新的压实状态——由松散状态碾压达到密实状态。

2. 反馈

反馈是控制理论的"灵魂",通常是指信息的反馈。将系统的实际输出信号与期望输出信号(目标)进行比较,形成偏离误差,反过来将这种误差再作用于被控系统的控制执行器上,使其调整控制器,达到偏离误差最小的目的。

　　反馈的本质就是被控系统(控制对象)的输出信号经反馈通道(量测与显示单元)再送回到输入端,根据出现的偏差,制约系统状态,使其回到既定目标上来。如上面提到的压路机行驶问题,当压路机偏离正确轮迹时,将这种行驶轨迹信息反馈给驾驶员,经与既定轮迹(目标)比较,产生偏差信息,他就会通过调整方向盘(控制器)使压路机回到原来的行驶路线上,消除了偏离误差,如图 6-2 所示。从这个例子也可看出,反馈、控制以及信息三者是不可分离的,任何系统只有通过反馈才能实现控制。

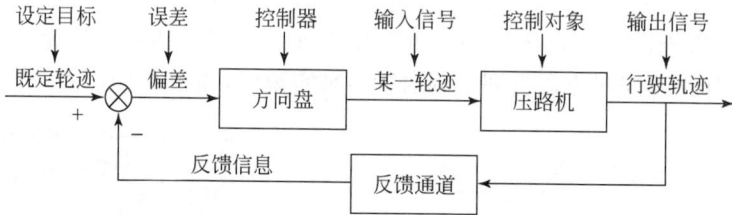

图 6-2　压路机行驶方向的反馈控制

　　在第 2 章中研究路基系统稳定性时已经提到负反馈与正反馈的概念(见 2.1.1节),这里再统一进行说明。一般而言,反馈分为负反馈和正反馈两种类型,各自有其独特的技术特征。

　　负反馈是指系统的反馈信息(输出信号)与给定的状态的控制信息(设定信号)之差(偏离误差)有利于抵抗系统正在进行的偏离目标的运动,使系统回到原有目标的行为。也就是说,反馈信息的作用与控制信息的作用方向相反,减小偏离误差,对控制部分的活动起制约或纠正作用的,称为负反馈。

　　正反馈是指系统的偏离误差有利于加剧系统正在进行的偏离目标的运动,使系统更加远离原有目标的行为。也就是说,反馈信息的作用与控制信息的作用方向相同,放大偏离误差,对控制部分的活动起增强作用的,称为正反馈。

　　由以上论述可知,负反馈的机制是使系统的输出始终趋向于设定目标,最终使系统趋于稳定状态,而正反馈则使系统的输出更加远离设定目标,系统要打破原有稳定状态。事物的发展往往是两种反馈机制相互作用的结果,例如,改革开放就是一种正反馈,要打破原有体制的约束,而等到发展到一定阶段后,要维持改革开放的局面,这时又需要负反馈起作用,维持这种好的状态。

　　需要注意的是,设定的目标不同,观察的角度不同,其反馈类型有可能是不同的。一种场合下的负反馈,换一个角度就可能是正反馈。例如,路基填筑体的碾压问题,当松散填料摊铺完毕后,如果把这时的状态设为既定目标,那么压路机的碾压作业就是正反馈,起到破坏原有状态的作用;而如果将密实状态设为既定目标,那么压路机的碾压就变成了负反馈,使压路机的作业趋于设定的压实稳定状态。

3. 信息

信息的概念已在第 4 章进行了较为详细的说明,此处不再赘述。一个系统之所以能够按照既定目标实现其控制,是因为系统内部各部分以及与外部环境之间存在着信息流通和反馈作用,系统的运动变化就是一个信息流动的过程。

对于压实质量控制,压实信息就起到了这种作用。没有压实信息,质量控制也就无从谈起了。信息、反馈、控制是压实质量控制不可或缺的要素,无论是常规抽样点的控制还是连续控制,若仔细分析,都是这三者在起作用,只是许多问题我们没有注意到而已,或者说是没有采用控制理论思想来看待压实质量控制这个问题。

4. 控制一个系统的四个步骤

对于一个具体的系统,若对它实施控制,一般需要四个步骤:建模、信号处理、系统识别和综合控制。下面结合压实质量控制问题进行具体阐述。

1)建模

对一个系统进行控制,首先要对整个系统建立一个合适的数学模型,这是控制工程中最重要的工作。在控制理论中,问题的关键是寻找一个简单、精练、能反映其本质特征的模型,在有效数据(信息)基础上可以采用系统识别方法求得。

对于压实质量控制问题,这部分工作已在第 3 章完成。所建立的"压实机具-路基结构"动力学模型能够较清楚地反映压实状态的变化,并且较为简单。这里面的有效数据就是压路机振动轮、激振力以及可以量测到的压实信息等。

实际上,建模工作是比较难的。若模型过于复杂,尽管能够全面反映实际情况,但从控制理论的角度看,不一定能够实现有效的控制;若模型过于简单,则可能丢掉的信息较多,不能反映实际情况。选择一个合适的数学模型,对于控制工程而言,始终是一项很艰巨的任务。

2)信号处理

信号处理已在第 4 章进行了阐述。其主要目的还是提取有用信息,去除噪声的干扰,详细情况可参考前面的论述。

3)系统识别

系统识别可定义为:采用系统观测到的输入和输出数据信息来确定它的模型的过程。当系统模型已知时,只是其中有些参数未知,那么问题就变为参数估计(识别)了,但需要已知输入信号和输出信号的支撑。

系统识别在数学上属于反问题,涉及解的不适定性,属于比较难的问题。在第 3 章中,对路基结构抵抗力的识别就是一种参数估计,其模型结构和其他参数都是可知的,只有系统抵抗力是未知的。虽然激振力输入信号和振动轮输出信号都是已知的,但需要一定的信号处理手段。如果将路基结构用前面介绍的偏微分方程模型进行描述,那么识别问题将变得非常困难。

4)综合控制

这是最终的目的,是要为控制系统形成控制规律,与系统模型、信号处理、系统识别、控制目标以及一些综合方法有关。压实质量控制是下面要研究的主要内容,需要采取综合的、多方面的技术措施,才能达到综合控制的目的。

6.1.2　控制模式

鉴于正反馈是不断放大系统偏差的过程,负反馈是不断减小系统偏差的过程。对于压实质量控制问题,由于我们的控制目标是明确的——必须达到设计所要求的标准,因此,从这个角度考虑,所要研究的问题属于负反馈问题,采用(负)反馈控制模式进行。所谓反馈原理,就是根据系统输出信号与预定的目标值之间的偏差,采取一定措施,以消除这种偏差来获得预期的系统性能[2]。

1. 简单的反馈控制——抽样点检验控制

对于压实质量控制问题,传统意义上的"抽样点"检验控制也是一种反馈控制,但控制模式有些简单。例如,一段碾压完毕的路段,依据规定选择若干个点进行抽样检验,根据检验得到的物理指标(压实度)或力学指标(地基系数、模量或者弯沉)实测值,经反馈与规定的标准值比较,再依据规范要求判定该路段是否碾压合格,如图 6-3 所示。

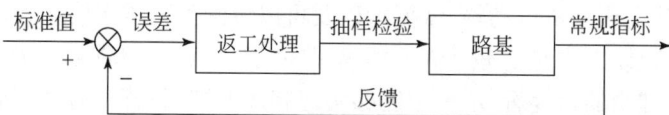

图 6-3　简单的压实反馈控制

依据规定,如果检验点中的检验值(反馈信息)有一点不合格,那么就认为该路段整体不合格,需要全面返工处理。其处理方式也比较简单,一般不是继续碾压就是换填,但有时未必完全有效。而实际情况可能只是局部不合格,并不需要全面返工处理。出现的问题可能只是局部填料问题,也可能是压实工艺参数不合理所造成的,前者需要对填料进行处理,后者则需要改善压实工艺。但抽样检验这种简单反馈控制模式是无法确认局部范围和如何调整压实工艺参数的(其弊端详见第 1章),而解决的途径就是采用连续压实控制模式,如图 6-4 所示。

2. 实时的反馈控制——连续压实控制

与抽样点检验控制不同的是,连续压实控制将压实机具与路基填筑体紧密联系在一起了,只有二者共同参与,加上连续测试系统才能建立起连续压实控制体

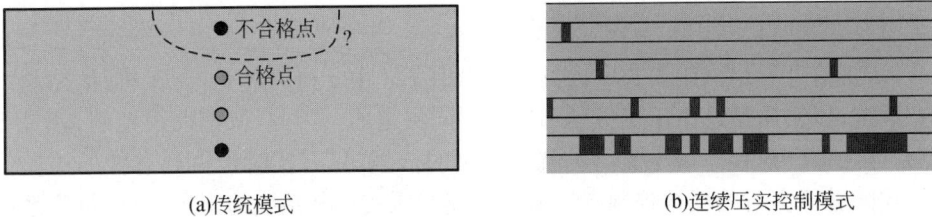

(a)传统模式　　　　　　　　　　　　　　(b)连续压实控制模式

图 6-4　两种压实反馈控制模式比较

系,图 6-5 就清晰地展现了压路机、路基填筑体、量测、控制之间的关系。

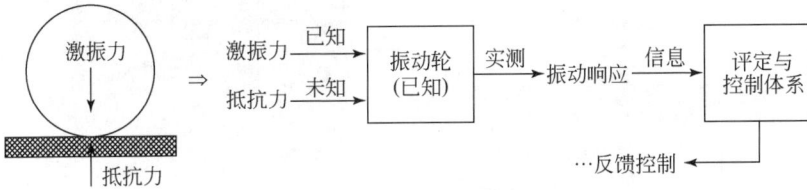

图 6-5　连续压实控制体系

由图 6-5 还可以看出,连续压实控制模式与连续量测信息是分不开的。正是有了连续测试,获知碾压面上每一点的压实信息,才能进行连续、实时的控制。详细的连续测试模式已经在 4.3.2 节进行了论述,此处不再赘述。

通常来讲,对系统进行控制的基本模式有两种:一种为开环控制,即输出量与输入量之间没有反向联系,只靠输入量对输出量进行单方向控制;另一种为闭环控制,即输出量与输入量之间有反向联系,靠输入量与反馈信号之间的偏差对输出量进行控制。显然连续压实控制的控制模式是闭环形式的,为反馈控制,即通过输出量反馈回来的信号值与标准值进行比较,根据二者偏差的大小,通过控制器对控制对象进行控制,使实际值与规定的标准值保持在一定误差范围之内。根据控制理论建立压实过程的实时反馈控制模式,如图 6-6 所示。

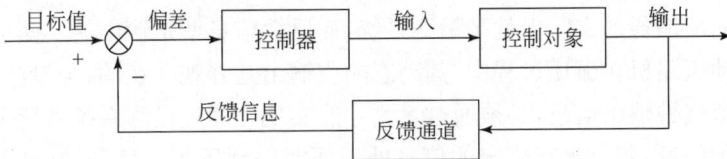

图 6-6　压实过程的反馈控制模式

上述建立的反馈控制模式只是一般的表达方式。在进行压实质量控制时,要对其进行具体化,要赋予各项具体名称以及如何操作。对于连续压实控制,压实质量控制包括施工管理控制、压实工艺、压实程度、压实均匀性、压实稳定性控制以及最小风险验收检验控制等内容,这些内容将在 6.3 节进行详细讨论。这里只对

图 6-6 中的一些项目作一些必要的说明。

1）压实信息

压实信息就是控制模式中提到的输出信息。由于研究的是"压实机具-路基结构"系统,压实质量是由压实机具和填料共同决定的。因此,所谓反馈控制,就是要控制这两部分内容。而压实信息就是控制的依据,只有实时地得到有效的压实信息,才能进行实时的反馈控制。这就需要连续压实控制系统的支撑,要求量测系统必须满足边碾压、边采集、边处理、边分析、边记录的功能,并且要实时地显示给操作者（图 6-7）,提供有用信息,以便完成压实控制工作。

图 6-7 装备 CPMS 振动压路机在碾压过程中实时显示压实信息

2）控制对象

控制对象就是"压实机具-路基结构"系统,具体就是压实机具和路基填筑体,这是非常明确的。与抽样点检验控制不同之处在于不但要控制路基填筑体,而且还要控制其压实机具,它对压实效果有很大的影响。

3）控制器

这里所指的控制器是广义的,不但包含压路机的方向盘、油门等"硬的控制器",也包括路基填料改善等一些"软的控制器",这是与一般工业控制的不同之处。实际上,控制器就是一种调节手段。

4）反馈通道与反馈信息

这里的反馈通道实际上就是量测系统,而反馈信息就是输出的实测值,即压实信息。振动压路机在碾压过程中,其动态响应输出是客观存在的,与量测无关。但是若想知道这种输出信息,必须通过量测才能实现。通过量测系统就能采集、记录和显示这种信息,若再进行一定的信息处理便能得到压实信息,通过显示装置（显示屏）反馈给操作者或其他管理人员。

5）目标值

对于压路机来讲,目标值就是其出厂的额定值,如额定激振频率、激振力等;而对路基填筑体而言,目标值就是规范中规定的控制指标的规定值,如 $[K]=98\%$,$[K_{30}]=110\text{MPa/m}$ 等,具体如何确定见 6.2.2 节的论述。

6)偏差

偏差就是实际值与目标值之间的误差值,理想情况应等于零,但实际应用时都将其规定在一定范围内,不一定为零。

6.2　相　关　校　验

相关校验主要解决连续压实控制指标与常规检验指标之间的联系问题,也就是通常所说的对比试验。之所以要进行这种校验,其原因有三。首先是为新技术应用找一个"拐杖"来扶持,因为任何一项新技术在开始使用的时候,人们一般都会将其与既有技术进行比较,本项技术也是如此。尽管连续压实控制指标是独立的,但是在人们的脑海里对已有的常规指标如压实度、模量等已经根深蒂固,二者必须具有一致性才能被人们所接受(实践也表明,两类指标之间确实具有一致性)。其次,通过相关校验试验可以确定连续压实控制所需的目标值问题。最后,目前国外存在多个连续压实控制指标(国内也在仿造),但彼此处理方式不同,导致各自有不同的适用范围,因此,相关校验试验是鉴别该方法是否适用的"试金石"。

压实质量的常规检验指标已在前面介绍过,主要分物理指标——压实度(干密度)和力学指标——模量、地基系数和弯沉等。为了能够采用先进的连续压实控制技术,有必要将连续压实控制指标与常规指标进行校验比较,以便验证各类指标的一致性,为通过连续指标数据来控制和预测常规指标数据奠定基础。虽然前面已就选定连续指标的依据进行了理论分析和一些室内试验验证,但仍然缺乏与现场常规指标之间的联系,需要通过现场相关校验试验进行验证。只有经过实践检验并证明是可行的技术才可以进行工程应用。

6.2.1　两类试验特征

为了建立连续指标与常规指标之间的联系,应该首先从确定获取这些指标的试验方法入手,以比较它们之间的区别与联系。当然,理论上只能进行定性的探讨,真正的验证工作必须依靠试验予以解决。

1. 振动压实试验与干密度试验

从试验的角度看,振动压路机的碾压过程可以看做一种动态试验——振动压实试验,其中试验对象为路基填筑体,振动压路机为试验过程中的加载设备,加上量测设备便组成了一个完整的振动压实试验系统。这与前面介绍的室内振动压实试验是相似的,只是具有移动性而已。因此,通过振动压实试验不但可以确定压实状态,同时也能量测得到密度指标等。

压实度的实质是干密度问题。密度试验是比较简单的,通过在现场挖试坑取料求得。对于较细的填料,其精度较高;而对于较粗填料,由于其量测体积的精度急剧下降,导致密度测不准,加之标准干密度具有不唯一性,所以一般不采用。密度变化的实质是塑性变形的变化,这已在2.3.2节进行了推导。在弹性半空间理论中,对于某特定的弹性体,由式(3-1)可知,其弹性变形与外力是成正比的。但是对于塑性体以及塑性变形,其外力与塑性变形之间的精细关系还很难确定,只能作定性分析。

对于一定的松散体,随着外部作用的增强,颗粒之间的相互连续必然也会得到加强,体积将变小,密度变大,其抵抗能力将随之变大,如图6-8所示。实践证明,所形成的结构体的抵抗力与塑性变形之间大致具有反向关系,而与干密度具有正相关的特性(见图5-13)。

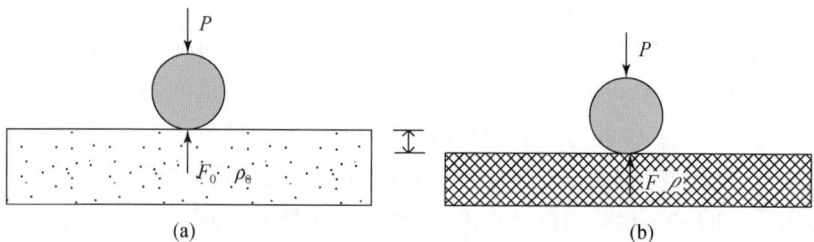

图 6-8　初始状态与压密状态的抵抗力和密度

但是,现场试验时,很多情况下,这两种试验结果之间的关系并不是很好,其问题主要出现在量测精度以及标准干密度的不唯一上,并不完全是干密度指标本身不好的原因,特别是对粗粒料,这一点应务必引起注意。

2. 振动压实试验与平板载荷试验

目前规定的常规力学控制指标主要有 K_{30}、E_{vd}、E_{v2}、E 等,这些指标的取得都是通过所谓的"平板载荷试验"方法进行的,只不过是加载方式和数据处理方式不同而形成了不同的指标体系。因此确定这些常规指标的试验可统称为平板载荷类试验。而对于路基填筑体的振动碾压过程,如前所述,如果将振动压路机的碾压过程看做一种动态试验行为,那么就可以看做一类移动式的振动压实试验。

这两类试验,在测试模式上具有许多相似之处,都是对路基结构施加一定的荷载激励而得到变形响应,实际上都是表达了力与变形之间的关系,如图6-9所示,所不同的是加载方式和大小。

振动压实试验施加的是一种简谐荷载,而平板载荷试验施加的静荷载(用于获得 K_{30}、E_{v2} 和 E)、冲击荷载(用于获得 E_{vd})。如果路基结构符合理想的弹性半空间体假设,那么在理论上这些指标之间应该存在一定的对应关系。但是由于实际的路基土体是由非线性的弹塑性介质构成的,可能会导致不同试验之间没有理论上

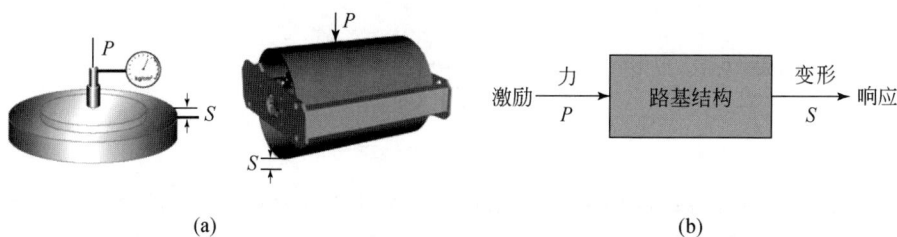

图 6-9 平板载荷试验与振动压实试验的相似性

的对应关系,这些指标都变成了条件性指标——随着试验条件如加载方式和大小等的变化而变化,但总体来讲,这些指标之间一般都存在一定的统计学意义上的经验关系。

下面仅就路基结构体为理想弹性半空间体的情况作一简单分析,其目的在于了解这些试验结果之间的内在联系。而实际情况则需要根据实测数据进行经验修正。

1)平板载荷试验

根据弹性半空间理论的基本假设,修建好的路基应处于一种介质完全连续、均匀、各向同性、线弹性、变形微小的线弹性状态。在此状态下进行平板载荷试验,所取得的力-位移关系应该是一种线性关系,但实际情况却是复杂的,随着加载大小和方式的不同,会出现一定的塑性变形,如图 6-10 所示。其中弹性阶段是采用弹性半空间理论研究的范围,超出此范围,原则上弹性半空间理论已不再适用,尽管采用弹性半空间理论的公式也可得到相应结果,但道理上是说不通的。

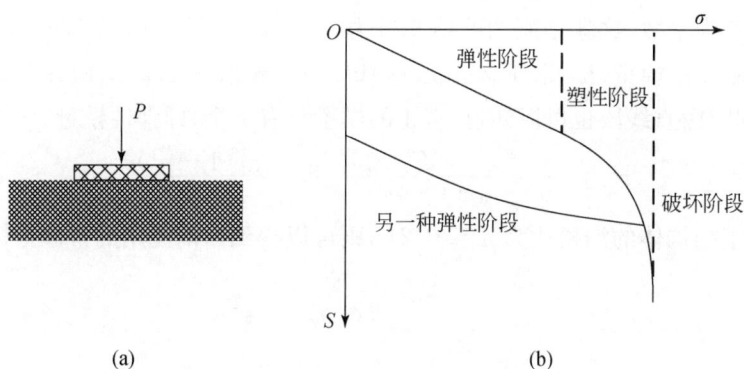

图 6-10 路基结构的平板载荷试验

根据第 3 章介绍的弹性半空间理论,可以得到路基在刚性承载板作用下的表面应力与位移解答,这种解答是平板载荷类试验的理论基础。外力 P 通过刚性承载板作用在路基表面上,其刚性承载板(半径为 a)下的位移处处相等,但基底各点

应力并不相等,其大小为

$$\sigma_z(r) = \frac{\sigma}{2} \frac{1}{\sqrt{1 - r^2/a^2}}, \quad \sigma = \frac{P}{\pi a^2}, \quad r < a$$

$$\sigma_z(0) = \frac{\sigma}{2}, \quad r = 0$$

由此可知,在路基结构中引起的附加内力并不是施加的外力(且处处不相等),而是已经发生变化了的应力,这是由刚性承载板的传递作用而引起的。刚性承载板下的弹性位移处处相等,其大小为

$$S = \frac{2\sigma r(1 - \mu^2)}{E} \frac{\pi}{4} \tag{6-1}$$

式(6-1)就是平板载荷类试验所用到的主要公式。根据控制理论,对于任意一个系统,其输入与输出的比值为一种系统函数,反映的是系统本身的特性。为此将式(6-1)变成输入(力)与输出(变形)之比的形式:

$$\frac{\sigma}{S} = \frac{2E}{\pi r(1 - \mu^2)} \tag{6-2}$$

力与变形之比实际上表示了路基结构单位变形下的抵抗力,由式(6-2)可知,抵抗力主要取决于土体的泊松比和弹性模量(还有承载板的影响),而这两个参数正是反映土体属性的特征参数(也称为物性参数)。不同的压实状态,在微观上对应了填料颗粒之间不同的相互作用,而在宏观上则对应着不同的特征参数,微观与宏观是统一的,只是表现形式不同而已。路基填筑体的固有抵抗力(强度)与其特征参数是对应的。

观察图6-10,在弹性阶段,本构关系为线性,直线上任意一点的应力与变形比值(斜率)皆为常数,这就是所谓的地基抗力系数K_s,实际上就是Winkler地基模型中的地基反应模量(K_{30}取1.25mm,地基反应模量取1.27mm,应该是英制换算误差)。同时由直线段也可以知道,真正的模量只有一个,即弹性模量:

$$K_s = \frac{\sigma}{S} = \frac{2E}{\pi r(1 - \mu^2)}, \quad E = \frac{\pi r(1 - \mu^2)\sigma}{2S} \tag{6-3}$$

如果取路基结构体的泊松比为$\mu = 0.21$,则可以得到目前使用的常规指标如下:

$$K_s = \frac{E}{1.5r} \tag{6-4}$$

$$E = 1.5r \frac{\sigma}{S} = 1.5r K_s \tag{6-5}$$

可见如果路基结构体为理想线弹性体,并不存在几种模量的概念。之所以存在不同模量,其原因在于实际的土体是一种非线性的弹塑性体,不同的加载方式和大小会导致不同的变形曲线,并且本构关系也不完全为线性,各点斜率均不相同。基于这些复杂原因,所以要定义不同阶段的指标:

$$K_{30} = \frac{\sigma}{S} = \frac{\sigma}{1.25 \times 10^{-3}} = 800\sigma(\text{MPa/m})$$

$$E_{vd} = 1.5r\frac{\sigma}{S} = 1.5 \times 0.15 \times \frac{0.1}{S} = \frac{0.0225}{S}(\text{MPa})$$

$$E_{v1} = 1.5r\frac{\sigma}{S_1} = 1.5r \times 0.15 \times \frac{\Delta\sigma}{\Delta S_1}(\text{MPa})$$

$$E_{v2} = 1.5r\frac{\sigma}{S_2} = 1.5r \times 0.15 \times \frac{\Delta\sigma}{\Delta S_2}(\text{MPa})$$

由于本构关系的复杂性,不同的加载方式及大小会产生不同的效果。实际 σ 与 S 关系为非线性,各点斜率 K 均不相同,所以这些指标之间不存在理论上的唯一关系,只能是各阶段反映各阶段的情况。例如,E_{v1} 反映的是第一次加载时一定范围内的模量(含有塑性变形),而 E_{v2} 则反映的是第二次加载时一定范围内的模量(基本不含塑性变形),实际上反映的是另外一种结构的模量(再压密结构),基本上就是路基的弹性模量,与公路中的回弹模量相似,只不过是应力范围取得不完全相同而已。

在这些指标表达式中,除 E_{vd}、K_{30} 外,其他指标中的变形多少都含有一部分塑性变形,究竟前面的弹性公式到底能否适用,还是值得商榷的(但现在都在使用这些公式,也能反映一些实际情况,这一点也是事实)。与此不同的是,公路中的回弹模量则是利用去掉塑性变形后的弹性变形计算得到的,是二次加载曲线的割线模量。但总体来讲,力和位移是一次方的正相关关系。

2)振动压实试验

此处的振动压实试验系振动压路机振动轮对路基结构体的动力作用。这实际上是一个移动式的刚性圆滚与弹塑性体之间的动力作用问题,是复杂的接触动力学问题,其理论解答至今仍然没有得到较好的解决,但可以进行一些定性分析。其简化图参见图 3-7 所示的模式,这样就变成了较为简单的线弹性接触静力学问题。根据接触力学理论,圆滚静态地作用在弹性半空间体上,所产生的弹性位移为

$$S = \frac{P(1-\mu^2)}{EL} \cdot \frac{2}{\pi}\left(\ln\frac{L}{b} + 1.8864\right) \tag{6-6}$$

式中,$b = \sqrt{\dfrac{P(1-\mu^2)R}{EL} \cdot \dfrac{16}{\pi}}$,为接触宽度;$R$、$L$ 分别为圆滚半径和长度;P 为外力。

根据式(6-6)可以发现,力与变形之间的关系依然是正相关关系(注意不是线性相关)。但是将式(6-6)与式(6-1)比较,发现其关系要更复杂一些。其接触面积为矩形($L \times b$),而接触宽度 b 的平方与外力 P 成正比。另外,由于在理论公式上与承载板的不相同,因此,即使同样定义力与变形之比(即所谓的地基反力系数或地基反应模量),也会得到不同的结果。这正是荷载大小和作用方式不同而造成的结果。如果考虑动力接触问题,问题将变得更为复杂。

　　鉴于我们研究的填筑体碾压问题是动力学问题,现在考虑第 3 章中的连续测试模型情况。在路基结构体为理想线弹性体的情况下,振动压实下的土体可以用弹簧和阻尼的组合模型进行模拟(详见前面的分析)。与上述试验方法一样,压路机的激振力 P 是通过振动轮传递成给路基结构系统的,因此系统的输入与输出(位移与加速度)之比可以表示为

$$\begin{cases} \dfrac{P}{A} = \sqrt{(M\omega^2 - k)^2 + (\omega c)^2} \\[3mm] \dfrac{P}{X} = \sqrt{\left(M - \dfrac{k}{\omega^2}\right)^2 + \left(\dfrac{c}{\omega}\right)^2} \end{cases} \tag{6-7}$$

　　将式(6-7)与式(6-2)比较发现,输入与输出之比反映的仍然是系统的特性,这里的系统为"压路机-路基"耦合系统(填筑体与压实机具)。对于同一系统而言,它们之间必然存在内在的联系。但由于建立模型的方式不同,很难从理论上进行推导,而通过试验建立联系是一条切实可行的途径。

　　需要特别指出的是,如果由平板载荷试验类确定的 K_{30}、E_{vd} 和 E_{v2} 之间存在比较好的内在联系,则可以根据其中一个推出另外几个,采用一个控制指标就可以了,否则应采用多指标体系(现在的情况就是如此,可见问题的复杂性)。而建立振动压实试验与平板载荷试验类之间的联系,除了前面提到的原因外,也是由于常规试验费时费力,想通过振动压实试验来部分替代常规试验,并且达到"面的检验与控制"的目的,这也是推广这项新技术的真正目的所在。

6.2.2　校验方法与结果应用

　　建立两类指标之间的联系,需要进行相关校验。这里面有三个问题:首先要解决如何进行对比试验问题;其次要解决如何衡量相关性问题;最后要解决如何使用校验结果问题。相关校验结果主要包括振动压实值与常规指标之间的相关系数、线性回归模型和目标振动压实值等。下面分别进行阐述。

　　1. 对比试验

　　相关校验是通过对比试验实现的。所谓对比试验,就是在同一工况下,按照一定要求进行两种试验,将对应结果进行比较,寻找其规律性。因此,这里所说的对比试验就是在同一填筑段上进行连续压实振动试验和常规试验,并对试验结果进行统计分析,找到其相关关系。

　　在进行相关校验的对比试验之前,首先应选择一定长度的路基填筑段作为试验段,然后进行正常碾压作业。一般要求该试验段应具有以下特征。

　　(1)试验段的填料、含水量及填层厚度等应与后续施工段的相同;

　　(2)试验段应采用与施工段相同的振动压路机及振动压实工艺参数。

　　这里需要说明的是,之所以对试验段提出要求,主要是想把试验段的相关结果

能在后续施工碾压时进行应用,这与一般的填筑工艺性试验是一个道理。如果只是单纯地验证两类试验结果之间的相关性,则不受此限制,可随意选择试验段的填料和压实工艺。

由于是将振动压路机的碾压过程看成振动压实试验,因此这里所说的振动压实试验是利用压路机的振动碾压过程进行的,并不需要单独另外再做试验。为了更好地进行统计分析,一般要求试验段按照轻度、中度和重度三种压实状态进行碾压作业,这样效果会更好一些,可以获得较大的检测数据范围,便于分析相关性和建立统计关系。在碾压过程中,装配有连续压实控制系统的振动压路机按照规定正常行驶碾压,同时进行连续量测并进行实时显示,如图 6-11 所示。

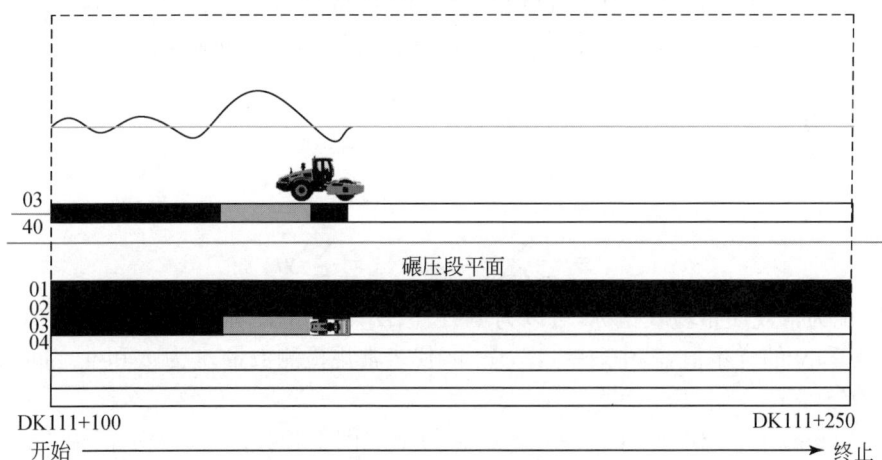

图 6-11 振动压实试验示意图

碾压完成后,其振动压实试验也就随之结束,根据连续压实控制系统的连续量测结果,可以得到各个碾压轮迹的振动压实曲线,在曲线上选择不同的特征点(如VCV 的高、中、低值点)作为常规试验的位置,再进行常规试验,如图 6-12 所示。

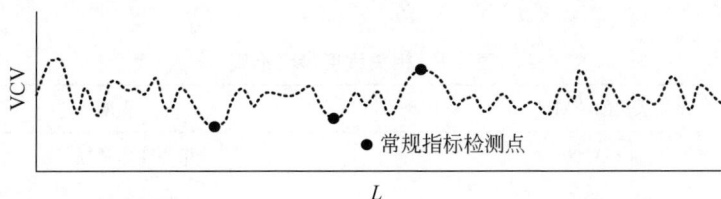

图 6-12 碾压轮迹的振动压实曲线与常规指标检测点选取

为了建立连续试验结果与常规试验结果之间的联系,需要将这两类试验结果进行比较,以确定它们之间是否存在某种联系。最简单的方法就是研究它们之间的相关性。

2. 相关性的度量——相关系数 r

衡量两个量之间是否具有某种关系的简单办法就是依据试验数据对,画出二维数据散点图,观察散点图的走向,再判别符合哪种规律。对于一个填筑体来讲,无论是振动压实试验,还是常规试验,都是度量填筑体某种物理力学特性的,如果都是正确的,那么它们之间大致规律应该是一致的,一定有某种联系,尽管很难找到理论上的对应关系。根据数理统计理论,衡量两个量的关系可以采用相关系数来判定。

令 x 表示常规指标(K、K_{30}、E_{vd}、E_{v2} 和 L 等)的变量,y 表示振动压实值 VCV 的变量。如果对于已有一组常规试验与振动压实试验的对比结果即样本值为 (x_i, y_i)($i=1,2,3,\cdots,n$),则可以按照下列公式进行相关系数 r 的确定:

$$r = \frac{\sum_{i=1}^{n}(x_i - \overline{x})(y_i - \overline{y})}{\sqrt{\sum_{i=1}^{n}(x_i - \overline{x})^2 \sum_{i=1}^{n}(y_i - \overline{y})^2}} \tag{6-8}$$

$$\overline{x} = \frac{1}{n}\sum_{i}^{n}x_i, \quad \overline{y} = \frac{1}{n}\sum_{i}^{n}y_i$$

式中,x 为常规质量验收指标,可以为 K、K_{30}、E_{vd}、E_{v2} 和 L 等;y 为振动压实值;x_i、y_i 为 x 和 y 的样本值,其中,$i=1,2,\cdots,n$,代表常规检测数量;r 为 x 和 y 之间的相关系数。

式(6-8)中,$-1 \leqslant r \leqslant 1$。$r=0$ 表示 x 与 y 之间不相关;$r \geqslant 0$ 表示正相关;$r \leqslant 0$ 表示负相关。r 的绝对值越大,表示两个变量之间的相关性越强。因此通过对相关系数 r 的判定,就可以了解连续指标与常规指标之间是否具有相关性以及相关性的强弱。

相关系数用于衡量两个变量之间的相关程度。在统计学上相关系数大小与相关程度之间并没有严格的划分界限,但在实践中有一个经验判断准则,如表 6-1 所示。

表 6-1　相关程度参考准则

相关系数的绝对值	相关程度
0.90~1.00	相关性非常强
0.70~0.90	相关性强
0.50~0.70	相关性弱
<0.50	相关性非常弱

可以看出, 0.70 是相关程度强弱的一个分界点(还有一种用相关系数平方表示的方法, 即 $r^2 = 0.50$)。通过对哈大客专、京沪高铁、成灌铁路、兰新铁路等现场的路基不同位置、不同填料、不同振动压路机的近千组对比试验的结果表明, 振动压实值与常规质量验收指标(K_{30}、E_{v2}、E_{vd})之间的相关系数大于 0.70 的占 85%, 其中大部分又在 0.75 以上。但考虑到对于岩土材料, 0.70 和 0.75 对于判定相关程度强弱的影响并不大, 而 0.70 又是一个分界点, 因此一般将相关系数的下限定为 0.70。此外, 在公路领域, 由于粗粒料居多, 所以大部分都是建立 VCV 与弯沉和模量之间的关系, 大部分对比结果表明, 其相关系数一般不小于 0.75。

如前所述, 由于目前在连续压实控制技术中存在多种方法与指标, 因此采用相关校验试验可以检验其方法和指标的好坏。如果出现 $r < 0.70$ 这样的现象, 一般对应这两种情况:其一, 试验本身出现各种问题引起的(见后面的影响因素分析), 此时应增加对比试验数量和扩大试验数据分布范围并重新进行分析计算;其二, 无论如何重做或加大试验都不能满足要求时, 可能就是选用的连续压实控制方法或者指标存在问题, 此时应该放弃该指标而选用其他方法。目前, 瑞典规范规定 $r \geqslant 0.60$ 时相关性成立, 德国和奥地利等国家规定 $r \geqslant 0.70$ 时相关性成立。瑞典之所以规定的相关要求较低, 与其所采用的压实计指标(CMV, 即谐波比)具有较大的局限性是分不开的。另外, 还存在一类所谓"测不准"问题, 这是众多研究者和量测设备开发商都遇到的棘手问题。实践证明, 对于这类问题仅仅依靠改变评定控制方法或者改进量测设备精度都是解决不了的。问题的焦点不在那里。本书的动力学方法在一定程度上解决了这个问题, 但也不能说问题得到了根本解决。

3. 线性回归模型及应用

如果连续指标与常规指标之间具有较好的相关性($r \geqslant 0.70$), 那么就可以利用这种相关性建立两种指标间的定量关系, 从而进行质量控制。最常见的应用就是建立二者之间线性回归方程, 在统计意义下由其中一个量求取另一个量。

1)由常规指标检测结果确定振动压实值检测结果

$$y = a + bx \tag{6-9}$$

$$a = \bar{y} - b\bar{x}, \quad b = \frac{\sum\limits_{i=1}^{n}(x_i - \bar{x})(y_i - \bar{y})}{\sum\limits_{i=1}^{n}(x_i - \bar{x})^2}$$

式中, x 为常规质量验收指标, 同前;y 为振动压实值;x_i、y_i 为 x 和 y 的样本值, 其中, $i = 1, 2, \cdots, n$, 代表常规检测数量;a、b 为回归系数。

2)由振动压实值检测结果确定常规质量验收指标检测结果

$$x = c + dy \tag{6-10}$$

$$c = \overline{x} - d\,\overline{y}, \quad d = \frac{\sum_{i=1}^{n}(y_i - \overline{y})(x_i - \overline{x})}{\sum_{i=1}^{n}(y_i - \overline{y})^2}$$

式中, x 为常规质量验收指标, 同前; y 为振动压实值; x_i、y_i 为 x 和 y 的样本值, 其中, $i=1,2,\cdots,n$, 代表常规检测数量; c、d 为回归系数。

3) 工程应用

当振动压实值与常规质量验收指标之间的相关系数 $r \geqslant 0.70$ 时, 后续施工段的压实质量可以采用连续压实控制技术及其相关性校验结果进行控制。此时需要确定一个连续压实控制的目标值——目标振动压实值。应采用式(6-9)的线性回归模型, 根据常规质量验收指标进行确定, 如图 6-13 所示。其公式如下:

$$[\text{VCV}] = a + b \cdot [x] \tag{6-11}$$

式中, $[x]$ 为按照现行相关标准确定的常规质量验收指标的合格值; $[\text{VCV}]$ 为目标振动压实值; a、b 为回归系数。

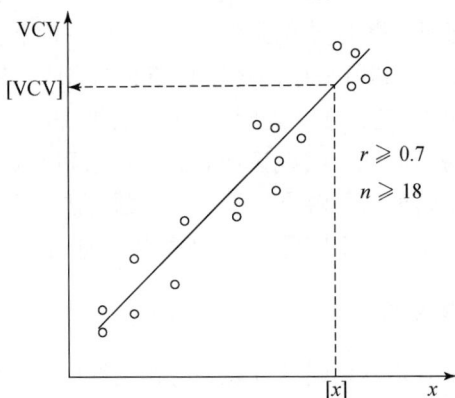

图 6-13　目标振动压实值确定图

也许有人会提出, 根据上式确定 $[\text{VCV}]$ 进行压实质量控制, 其实质控制的还是常规指标的合格值 $[x]$, 只不过绕了一个圈子罢了。实际上并不是那么回事, 这里面有其根本的变化——由"结果控制"变为"过程控制", 由"点式"抽样控制变为"面式"的全过程的实时连续控制。不但控制方式发生了改变, 而且控制内容更加丰富。当然, 由于连续指标与常规指标之间具有相关性, 因此也可以理解为采用常规指标进行的"面式"过程控制。

当相关关系成立时, 也可以采用连续压实控制结果来预测常规质量验收指标的结果, 其公式如下:

$$\hat{x} = c + d \cdot \text{VCV}_i \tag{6-12}$$

式中, $\hat{x}$ 为常规质量验收指标检测预测值; VCV_i 为振动压实值检测结果; c、d 为回归系数。

在进行以上两个应用时,需要注意的是,这些关系都是经过统计回归得到的,是概率意义的线性关系。因此无论预测常规指标还是确定[VCV],都是在概率意义下成立的,并不是确定性的关系,只具有一定的保证率,决不能像确定性关系那样看待。这是很多人都常常忽略的地方,也容易引起误解。

6.2.3　影响相关性的因素

相关性通常是用相关系数大小来衡量的。在连续压实控制的校验试验以及过程控制中,影响相关性大小的因素是很多的。首先,两类指标的取得本身就存在多种影响因素,如果操作不当就会产生一定误差,再综合叠加起来,无疑会对相关性造成很大影响。其次,还有试验误差、操作误差、检测设备误差、动态与静态试验差异以及数据处理方式等。除了这些常规的影响因素外,连续压实控制作为一种动力学试验过程,还有其特殊性,对与常规检测结果之间的相关性影响很大。

1. 两类指标各有其影响因素

无论是连续指标还是常规指标,都会受到诸多因素的影响。其中外因多为测试设备本身存在问题、试验操作不当等引起的;而内因一般与被测的路基结构性状有关。分析这些因素的主要目的在于控制试验的精度以及误差,以便得到正确的试验结果。

1)常规指标的影响因素

从前面的分析可知,由于常规指标 K_{30}、E_{vd}、E_{v2}、L 的加载方式和大小都是一定的,所以影响其试验结果的主要因素就是路基结构的性状——物理力学性质及状态(这正是需要检验的)。不同填料、不同含水量,其结果都是不相同的。对于含细料较多的填料,不同含水量会造成较大的影响;而对于粗粒料,室内外试验证明,如果压实已经完成,则含水量的影响较小。

另外,实践证明,在已经碾压完成的路段上,不同时间做的试验结果有时会有明显差异,其中又以细料含量较多时明显,这是最重要的影响因素,这就是试验的时效性问题。因此现行规范对试验时间进行了规定,如 K_{30} 宜在压实后 2～4h 内开始。

2)连续指标 VCV 的影响因素

利用压路机在碾压过程进行的振动压实试验,由于激励源——振动压路机的型号和性能不同,造成对路基填筑体的激励(力的输入)是不相同的,因此除了路基结构本身性状对 VCV 有影响外(与常规指标影响因素相同),压路机有关参数也对其有影响,这就是要根据不同的压路机分别与常规指标建立联系的主要原因。根据前面的分析结果可知,VCV 主要受压路机参数和路基结构性状压实两方面的影响。

(1)压路机参数(P, f, M)的影响。

振动压路机的激振力 P、振动频率 f 和振动质量 M 是三个最重要的振动参数。对于一台固定的压路机,其振动质量 M 是一定的,其影响因素主要有激振力 P 和振动频率 f。提高 P(如由弱振变到强振),会使 VCV 增大;f 的影响主要体现在 P 的变化上,P 与 f 平方成正比。对于不同的压路机,碾压同一段路基,得到的 VCV 不同,这主要是由于不同压路机的参数都是不同的,对路基填筑体的压实力也是不同的。这与平板载荷试验固定加载方式和大小是不同的。

此外,压路机的碾压行驶速度也是影响压实效果的一个重要因素,也会对 VCV 产生一定影响。由于在一个振动周期内压路机对路基填筑体的有效作用次数只有一次,所以在一个振动周期内,如果压路机行走速度过快,那么单位长度上碾压的次数就会减少,进而影响到压实效果,涉及 VCV 的变化。

因此,在利用压路机进行振动压实试验时,为保证结果的可比性,要求压路机在碾压过程中要保持振动参数以及碾压速度的稳定(详见后面的分析)。这样 VCV 的变化就反映了路基结构性状的变化。

(2)路基结构性状的影响。

当采用同一台压路机以相同的振动参数碾压不同填料时,得到的 VCV 是不同的,这正是填料对它的影响。检测的目的就是要将这种差异识别出来。大量的实践证明,路基结构性状对 VCV 的影响与对常规指标的影响是完全一样的。

VCV 指标反映的是路基结构的抵抗力,在弹性阶段是抵抗弹性变形的能力,在塑性阶段反映的是抵抗塑性变形的能力;而 K_{30} 和 E_{v1} 反映的是弹塑性变形的能力,E_{vd}、E_{v2} 等基本上反映的是弹性变形的能力。这些指标之间尽管很难找出理论意义上的定性关系,但是存在统计意义上的"量的关系",是一种正相关的关系。

综上所述,在振动压路机振动参数一定、运行平稳的情况下,VCV 的影响因素与常规指标的影响因素相一致,连续指标与常规指标之间具有较好的一致性,现场对比试验就是要验证这种对应关系。一般而言,适合做常规试验的填料也同样适合于进行振动压实试验。此外,下列几种情况也应引起注意。

2. 试验影响范围引起的相关性问题

振动压路机荷载与平板载荷试验荷载的影响范围具有明显的不同。现以 16t 振动压路机为例进行说明,如图 6-14 所示。

首先在垂直方向上,16t 压路机测深一般在 $1.2 \sim 1.4 \mathrm{m}$,而平板载荷试验的测深为 $0.3 \sim 0.4 \mathrm{m}$。如果影响范围内的填料存在明显的不均匀,尽管二者都能正确反映各自量测范围内的路基结构性状,但两种试验结果之间的对应关系就会变得很弱。

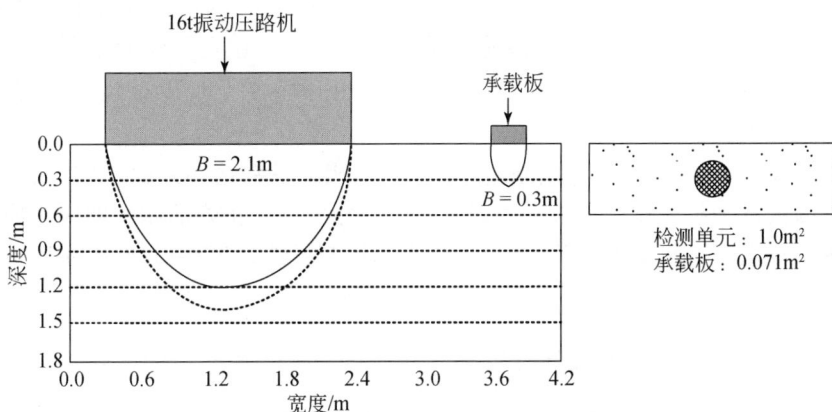

图 6-14　振动压路机与平板载荷试验影响范围示意图

　　其次在水平方向上,连续压实检测的每一个数据都代表一个检测单元内压实状态的平均值。一般一个检测单元为 $1.0m^2$,而平板载荷试验的量测面积只有 $0.071m^2$,仅占前者的 7.1%。如果填料存在明显的不均匀,那么在一个检测单元的不同点进行平板载荷试验,其结果都是不相同的,这已为实践所证实。此时不同点的常规检测结果与同一个振动压实值数据对比,显然会存在较大的差异。在相同的区域(检测单元)做常规试验,而其结果相差很大的现象时有发生(详见后面的说明)。正确的做法是在一个检测单元内多做几个常规检测,然后取平均值就可以消除这种影响。

　　因此无论水平方向还是垂直方向,只要路基填料存在变异性,二者的相关关系的离散性就会大一些。如果确认是由于填料变异性引起的,即使没有建立相关关系,也可以在施工路段中使用。

3. 方法局限性引起的相关性的问题

　　连续压实控制技术是一类方法的统称。尽管都是试图根据检测振动压路机振动响应信号来建立控制体系进行评定和控制碾压质量,但是随着技术原理、数据采集方式、软硬件处理方式以及实际经验修正方法的不同,形成了很多有差异的具体技术和控制系统。由于各自的具体控制方法不完全相同,导致具体评定和控制体系也不完全一样,其适用条件和范围也各不相同。例如,早期瑞典的压实计法所采用的谐波比原理,就是假设压路机振动轮振动响应信号中只含有基波和一次谐波成分,但实践证明,这种假设仅在采用某种型号振动压路机碾压某些填料(如细粒料)时成立,这早已被德国、日本、中国和美国等国大量的实践所证实,这也是瑞典规范规定相关系数为 0.60 的主要原因,因此这种方法实际上是不适用的,只能对某种填料建立一定程度的相关性。

实践和理论分析都表明,对于控制方法本身存在局限性或者缺陷性引起的相关性差问题,无论采取什么补救措施都是无济于事的。这类问题的主要特征为大多数情况下相关系数达不到 0.70 要求,但偶尔也有都达到 0.70 的情况,需要视振动压路机与填筑体相互作用的线性程度而定。

由于技术原理导致的适用范围受限而引起相关系数达不到要求的,仅仅依靠增加试验数量和扩大试验范围并不能真正提高相关性。正确的做法即应用原则是应该改换技术原理可靠的方法,采用更优秀的控制系统,以免引起对压实质量信息的误判。

4. 其他因素引起的相关性问题

由于连续压实控制方法本身存在局限性或者缺陷所引起的相关性问题是显而易见的,比较容易把握。但是在实践中发现,即使连续压实控制方法本身没有问题,能够正确反映压实质量信息,也不一定在所有情况下都与常规检验指标具有很好的相关性。这正是连续压实控制技术的特征之一。

1)地基处理引起的问题

如果存在软弱地基,一般需要进行处理,如进行强夯或者 CF 桩等。此时地基的刚度和强度都是不均匀分布的,根据现场对地基面进行的连续检测结果,此时的振动压实曲线的波动也是比较大的,如图 6-15 所示。

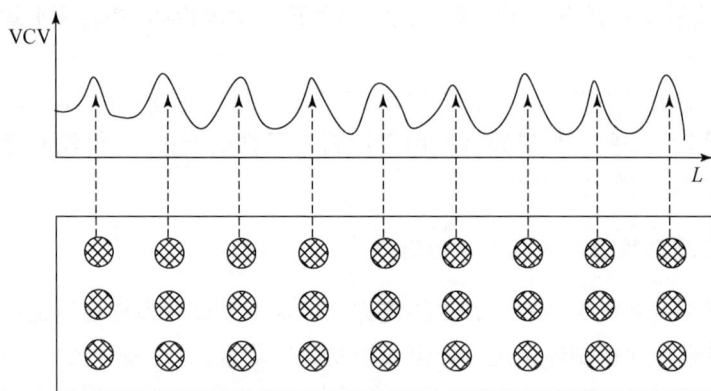

图 6-15　复合地基刚度平面分布与 VCV 曲线特征

在这种地基上进行填筑碾压,一般至少在 1.0～1.5m 深度范围内受地基刚度影响较大,表现为进行连续检测时 VCV 曲线的变化起伏也较大(与图 6-15 中 VCV 曲线类似),并且数据整体也偏大。此时进行相关校验试验会出现两个问题。其一,相关性比较弱,很难达到 0.70 要求。这主要是由于地基对上部填筑层的力学性能产生强烈影响,在地基刚度大的地方检测到的 VCV 比正常的要大许多,如果填筑层填料是均匀的,那么就可能存在相同的常规检测结果对应着差异很大的

VCV 问题,导致很难建立统计关系。如果填筑层填料是不均匀性的,则情况更为复杂。其二,即使得到的相关系数满足规范要求,但是所确定的目标值一般相对都较大,需要在实践中予以修正方可使用。

因此,对于受地基影响较大的填筑层,可以重点进行压实稳定性的控制,而压实均匀性由于地基的影响,可能会造成变异性很大的假象,可以先放松对压实均匀性控制的要求。在进行压实程度控制时,如果事先无法确定目标值,则可以采用在碾压合格路段上 VCV 的平均值作为目标值使用,然后在实践中根据具体情况进行微调。

2)下卧层填料存在变异引起的问题

当填筑层的下卧层中存在刚度和强度分布不均的情况时,对填筑层的连续检测结果会产生一定影响,主要表现为在正常检测结果上叠加一个或强或弱的信号,造成 VCV 曲线的更大变化,如图 6-16 所示。

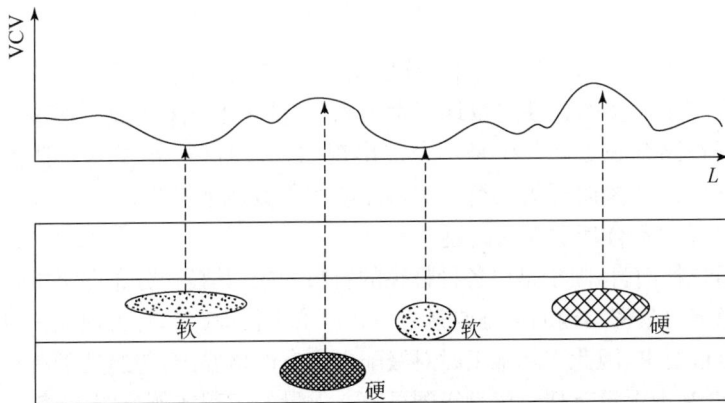

图 6-16　下卧层填料中存在变异与 VCV 曲线特征

这种影响与地基刚度和强度分布不均产生的影响类似,其使用原则也与上述相似。当然,最好的原则是杜绝下卧层中产生不均匀现象,避免此类情况的发生。如果路基填筑碾压全过程都采用连续压实控制技术,则可以有效地防止压实不均匀性现象的发生。上述两种情况的原因实际上就是图 6-14 所示的情况。

3)细料含水量过大引起的问题

由于细粒料(黏性或亚黏性)对水非常敏感,其物理力学性质受水的影响很大,所以控制好含水量是决定细粒料压实质量好坏的根本措施之一。受实际条件限制(如气候等),在很多情况下并没有控制好含水量,而是以天然含水量为主,但有时会遇到含水量很大的情况,如雨季。

如果填料的含水量过大,那么在振动碾压时,一般都会形成所谓"橡皮土或者弹簧土"的现象,在进行连续压实测试时,其 VCV 的变化特征是很有特点的,其变化幅度很小,一般不随碾压遍数而发生过大的变化,总是停留在某一个值附近进行波动(图 6-17)。常规力学检测也有类似特征。在这种状态下很难建立 VCV 与常规指标之间的相关关系,即使能建立,其相关性也是很弱的。

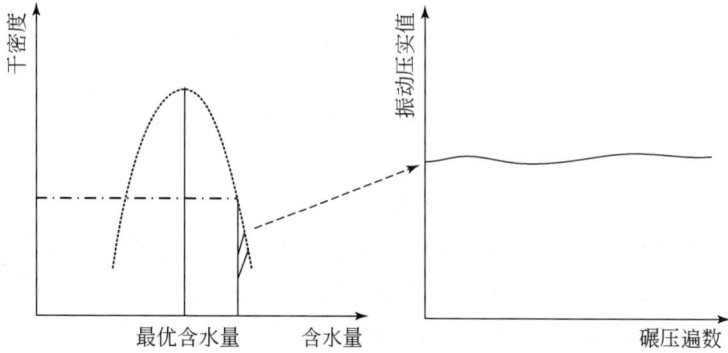

图 6-17　黏性土含水量过大时 VCV 变化特征

　　对于含水量过大的填料,采用连续压实控制技术并不能改善压实效果,但是却可以把这种难于压实的特性定量地识别出来,以便采取工程措施。实际上,含水量过大的填料在路基施工规范中是不允许出现的,必须进行处理。一般需要改善含水量(如晾晒)或者掺加石灰之类的材料才能改善其压实特性。

　　4)粗料级配不合理引起的问题

　　对于粗粒料而言,由于是以各种粒径的石料为主,其粒径分布即级配是否合理是能否形成稳定而紧密结构的关键要素之一。但由于目前路基有关规范中对粗粒料的级配并无定量要求,因此实际施工时对级配也没有严格要求,普遍处于有什么料用什么料的状态,基本上没有什么优良级配可言。大量的工程实例标明,当粗粒料级配不合理时,给碾压工作带来很大的困难,难于碾压成紧密结构存在的普遍问题。

　　例如,某高铁工地,其路基填料系开山得到的、以石块为主的土石混合料,石料约占 80%。在第 1 遍静压以后,采用 20t 振动压路机进行振动碾压作业,同时进行了连续压实测试。测试过程中发现一个奇怪的现象——压实数据 VCV 随碾压遍数的变化不大,直到碾压到 18 遍仍然如此(后期由于石料本身被压碎,反而增加了一定的压实效果),测试结果如图 6-18(a)所示。而 VCV 正常变化是随着碾压遍数的增加而增加的,如图 6-18(b)所示。

　　为什么在进行连续压实控制时会出现 VCV 不随碾压遍数而发生较大变化的现象,一些人认为是这项技术存在局限性所致。但是,现场同时采用 E_{vd} 和 K_{30} 等常规检测手段进行的跟踪检测结果同样发现其检测数据也没有随碾压遍数的增加而明显增加,基本处于变化不大的状态,这就排除了检测方法本身存在问题的可能性。问题主要还是出现在填料本身上。仔细观察填料组成可以发现,其颗粒的粒径比较单一,特别缺少细料,也就是没有形成一个合理的级配,如图 6-19 所示。

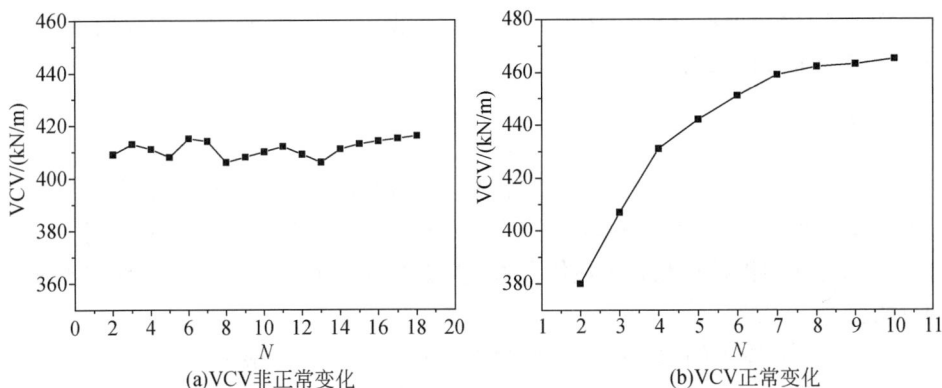

(a)VCV非正常变化　　　　　　　　　　　(b)VCV正常变化

图 6-18　粗粒料碾压时 VCV 随碾压遍数的变化

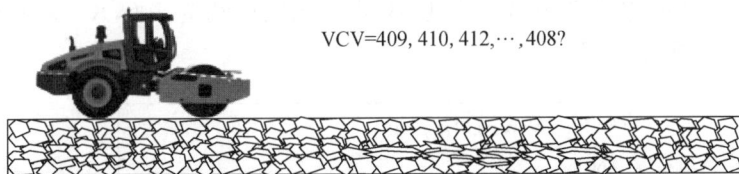

VCV=409, 410, 412,…,408?

图 6-19　填料级配的单一导致不能形成密实而稳定的路基结构体

对于这类填料，由于本身就不符合规范要求，很难将其碾压质量优良的结构体，是不应该直接作为填料使用的，必须进行改善方可使用（一般可以掺加一定量的细料作为结合料来改善压实效果）。连续压实控制技术不是不适用这种填料的压实控制，而恰恰是能够发现这种异常现象，通过更加直观的数据说话，更具有说服力。

5）"测不准"现象引起的相关性差的问题

采用连续压实控制技术时还会发生一种"测不准"现象——方法本身和填料都不存在问题，而相关校验试验结果有时仍然不是很好。发生这类现象与岩土问题的复杂性以及振动压路机性能都有关系，需要在实践中予以一定的修正，以消除影响。但这种修正需要积累大量的工程数据和实践经验方可进行。

6.2.4　相关性与填筑质量关系分析

近几年的工程实践和调查研究发现，在采用了正确的连续压实控制技术和进行正常填筑的情况下，连续压实控制指标 VCV 与常规检验指标（如 K_{30}、K）等之间相关性的大小在一定程度上反映了填筑质量、特别碾压的难易程度（尽管还没有理论上的依据），并且还可以分析所形成结构的好坏。这一点在试验段阶段用处较大，可以根据相关性的大小来初步判定填料的性质，指导下一步的施工。这里仅对一些典型工程实例进行一些简单的分析，详细的讨论请参见第 7 章有关章节。

下面根据自 2012 年以来在沪昆高铁贵州段、呼准鄂铁路、京沈高铁沈丹段、京沈高铁和石济高铁现场进行的相关校验试验数据,筛选一些典型试验数据,按照相关性的强弱来分析二者之间的关系。

1. 相关系数大于0.80的情况

根据现场试验结果,当连续控制指标与常规检验指标之间的相关系数大于0.80时,一般而言,其填筑质量都是很好的,碾压比较顺利进行。这种情况大都出现在级配良好的粗粒料和处于最优含水量附近的细粒料中。下面是一些典型实例的分析。

图6-20中,原来的填料以粗粒料为主,并且粒径较大,很多都超过10cm甚至更大,致使振动压路机难于压实。将粒径超过要求的采用人工打碎的方式进行了处理,并且掺加了一些细料和土等,这样就明显改善了压实效果,相关校验试验结果也比较好,相关系数为0.88,并且VCV变化幅度约为100,K_{30}变化幅度约为130,二者对应关系较好。

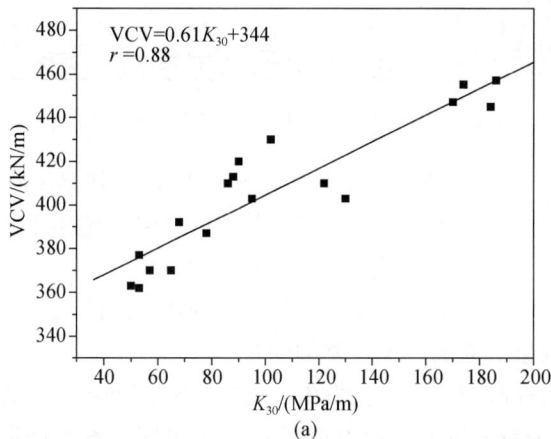

(a)

(b)

(c)

图6-20　粗粒料改善级配后的VCV与K_{30}之间的相关性

实践证明,对于粗粒料,如果不进行人工处理而采用天然级配,一般都很难得到较好的压实质量,得到的相关校验结果也会相对差一些,甚至不满足规范要求。

对于黏性或者亚黏性的细粒料,影响压实质量的主要因素就是含水量问题。如果控制好含水量,使其在最优含水量附近,那么其压实效果都是很好的,其相关试验结果也会很好,得到的相关系数大部分都可以达到 0.90 以上,如图 6-21 和图 6-22 所示。

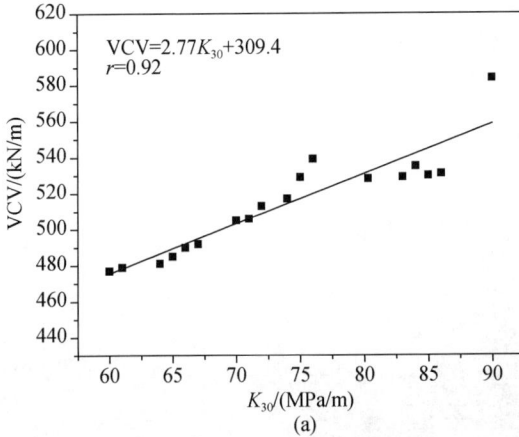

(a)

(b)

(c)

图 6-21　处于最优含水量状态下的细粒料的 VCV 与 K_{30} 之间的相关性

对于处于最优含水量附近的细粒料来讲,VCV 不但与 K_{30} 之间具有很好的相关性,也与压实系数 K 之间具有很好的相关性,这也被大量的工程实践所证实。

客观上讲,一个碾压段的填料的含水量,各点都是不完全相同的。当填料含水量分布的波动较小时(实际工程中完全一致是做不到的),其相关校验试验是容易进行的。下面工程实例的细粒料为弱风化红砂泥岩(红色压黏土),其含水量分布相对比较均匀,波动较小。

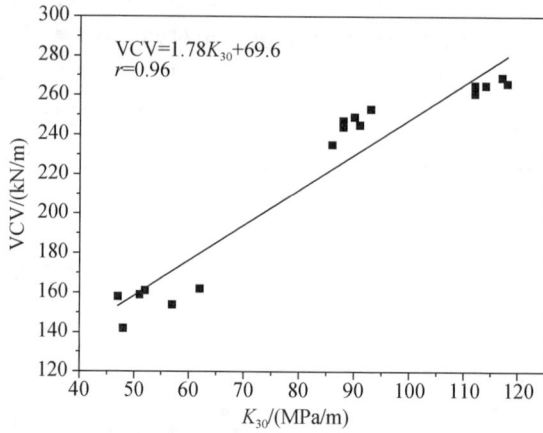

(b)　　　　　　　　　　　　　(c)

图 6-22　处于最优含水量状态下的细粒料的 VCV 与 K_{30} 之间的相关性

从图 6-23 中可以看到,VCV 与 K 之间的相关性是很好的,压实程度容易控制。这主要是由于弱风化红砂泥岩含水量变化较小、且填料也比较均匀。但是,若填料的含水量波动变化较大,则会影响到二者的相关关系。

图 6-24 所示为土夹少量碎石填料,基本处于最优含水量状态,压实比较容易进行,VCV 和 K_{30} 随碾压遍数的变化规律也比较正常,得到的压实质量很好,其相关系数为 0.90。

上述几个实例都是路基基床表层以下的填料。对于高速铁路,由于基床表层为级配碎石填料,其压实质量控制是非常重要的。一般在级配碎石中掺加少量水泥更容易碾压,但所形成的结构是否具有长期稳定性仍需研究。在这种填料上进行相关校验试验,其结果都是可以的,满足标准要求,如图 6-25 所示,其相关系数为 0.84。

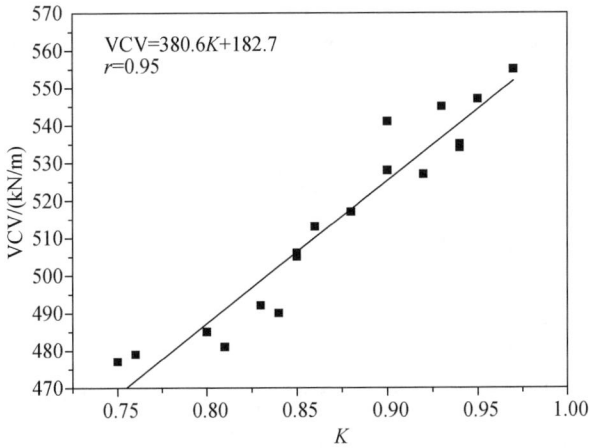

图 6-23　处于最优含水量状态下的细粒料的 VCV 与 K 之间的相关性

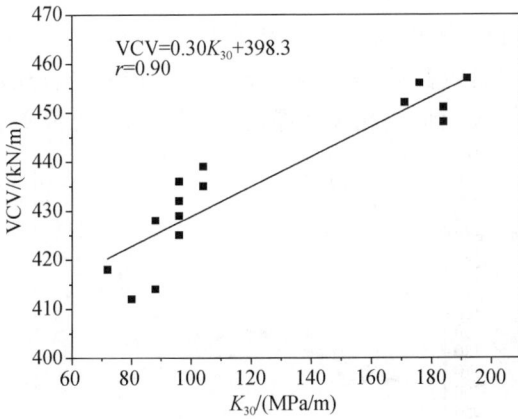

(a)

(b)

(c)

图 6-24　土夹少量碎石填料的 VCV 与 K_{30} 之间的相关性

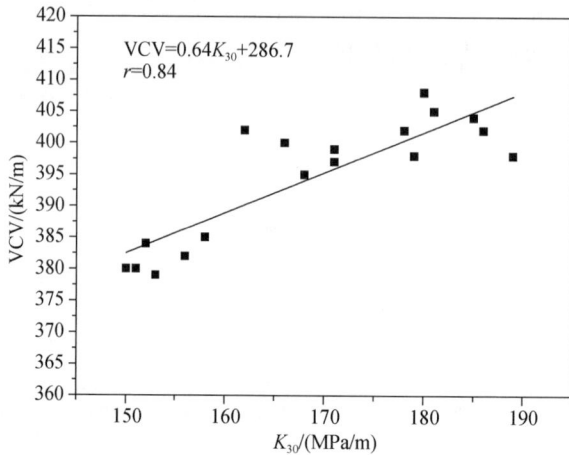

图 6-25　级配碎石的 VCV 与 K_{30} 之间的相关性

对于改良土(包括化学改良土与物理改良土),一般只要求采用压实系数 K 进行常规质量控制,因此在采用连续压实控制技术时需要将 VCV 与压实系数 K 之间建立相关性。工程实践表明,只要填料的含水量控制符合规范要求即处于最优含水量状态,VCV 与 K 之间的相关性都是很好的,满足规范要求,如图 6-26 所示。

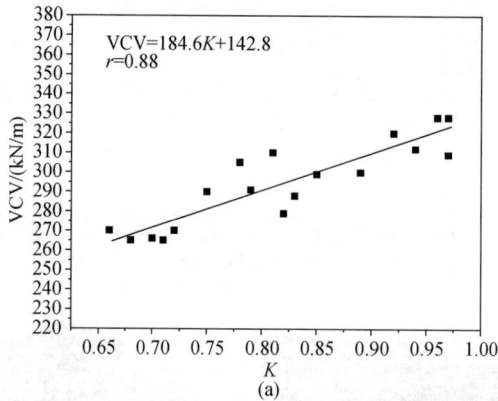

(a)

(b)

(c)

图 6-26　改良土(3%水泥)的 VCV 与 K 之间的相关性

　　但是,如果含水量不在最优含水量处而有较大波动,那么 VCV 与 K 之间不一定具有很好的相关性,但 VCV 与同样条件下的 K_{30} 仍然会具有相关性。因为同一个 K 可能对应着两个 VCV 和 K_{30},分别位于最优含水量两侧,但数值差别较大。

　　2. 相关系数在 $0.70 \sim 0.80$ 的情况

　　从现场试验和调查情况看,连续压实指标与常规指标之间的相关系数位于 $0.70 \sim 0.80$ 的,其填料基本上为级配差一些的粗粒料和含水量在最优含水量附近有一定波动的细粒料。下面是一些工程实例,如图 6-27 和图 6-28 所示。

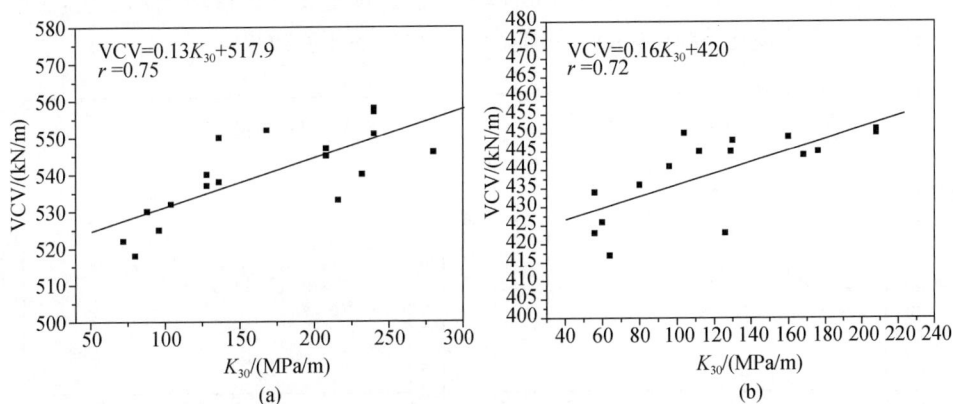

图 6-27　粗粒料的 VCV 与 K_{30} 之间的相关性

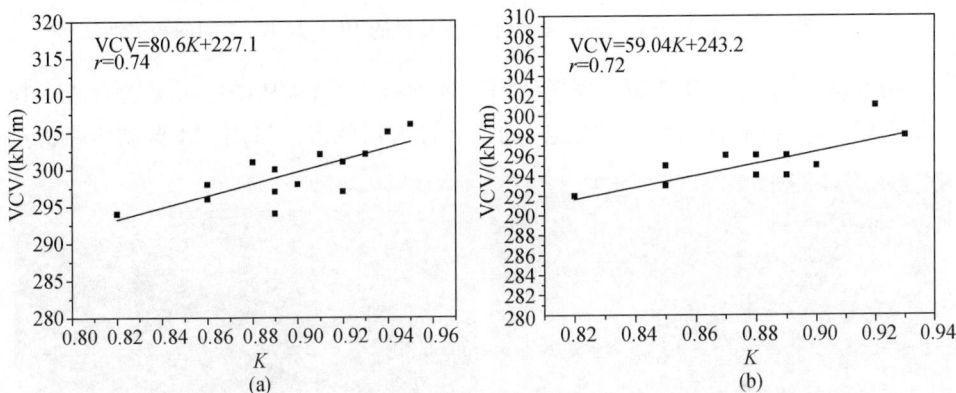

图 6-28　含水量有一定波动性状态下的细粒料的 VCV 与 K 之间的相关性

　　图 6-27 为典型的以碎石为主的填料的 VCV 与 K_{30} 之间的相关关系。可以看出其离散性较前面的有所增大。同时 VCV 的变化幅度不是很大,说明整体压实效果并不是很好,所形成的结构强度也不是很高,但是 K_{30} 的数值有很大的,可能是受粒径尺寸的影响。

图 6-28 与图 6-23 的填料相同,但含水量具有一定的波动性,尽管如此,其 VCV 与 K 仍然具有较好的相关性,相关系数满足标准要求。

但是,仔细分析上述结果可以发现,上述填料的压实性不如处于最优含水量时填料的压实性,其主要表现在 VCV 的数值随碾压遍数的变化幅度较小,说明所形成的结构体的抵抗力增长的幅度不是很大,压实效果不是特别好。因此,控制最优含水量是必要的,从连续压实控制技术上也是可以体现出来这一要求的。

图 6-29 为强夯地基上面填筑的细粒料情况,但含水量具有波动性,基本上处于天然含水量状态,没有进行人工处理。另外,试验数据也受强夯地基一些影响,这些综合因素导致相关关系中的离散性增大,但还满足要求。待填筑几层后,影响会消失。另外如果控制好含水量,可能会得到更好的压实效果。

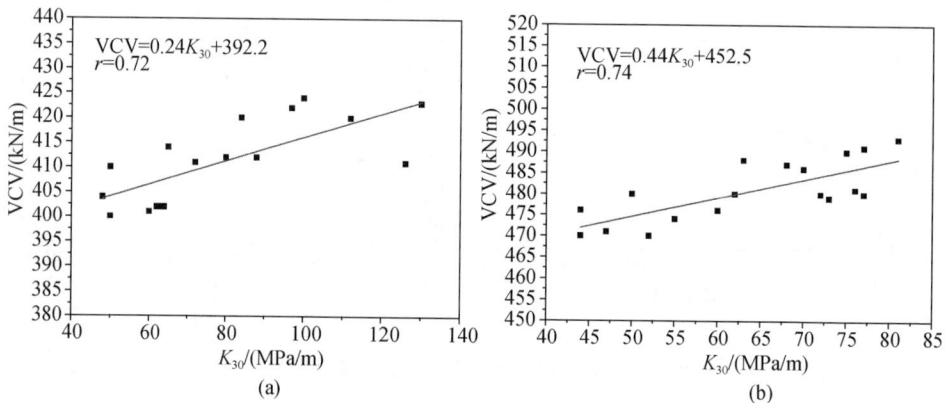

(a)　　　　　　　　　　　(b)

图 6-29　含水量有一定波动性状态下的细粒料的 VCV 与 K_{30} 之间的相关性

图 6-30 所示为某高铁施工现场的另一种碎石土填料,从图中可见含有较大粒径的石料,基本没有什么级配的概念,处于一种天然状态。采用 22t 振动压路机进

(a)　　　　　　　　　　　(b)

图 6-30　VCV 与 K_{30} 之间的相关性较差的例子

行碾压,在两遍弱振+两遍强振之后进行连续压实检测,其 VCV 平均为 360kN/m,E_{vd} 平均为 50MPa。然后再强振三遍进行检测,其 VCV 平均为 390kN/m,而 E_{vd} 平均降到 30MPa。造成这一现象的原因主要为强振之后将表层压松,但内部整体强度却在提高,由于两种方法的影响深度不同,并且由于 E_{vd} 作用时间比较短,能量被表层松散部分吸收得较多,因此其值下降。

3. 相关系数小于 0.70 的情况

VCV 与常规检验指标之间的相关系数小于 0.70 时可能会出现以下几种情况。一种极端情况就是 VCV 和 K_{30} 等不随碾压遍数而发生变化,压实没有什么效果,如"弹簧土"或者单一粒径的碎石等,这已在前面阐述过。此外就是具有一定的相关系数,但属于弱相关范畴,不满足标准要求,如图 6-31 所示。

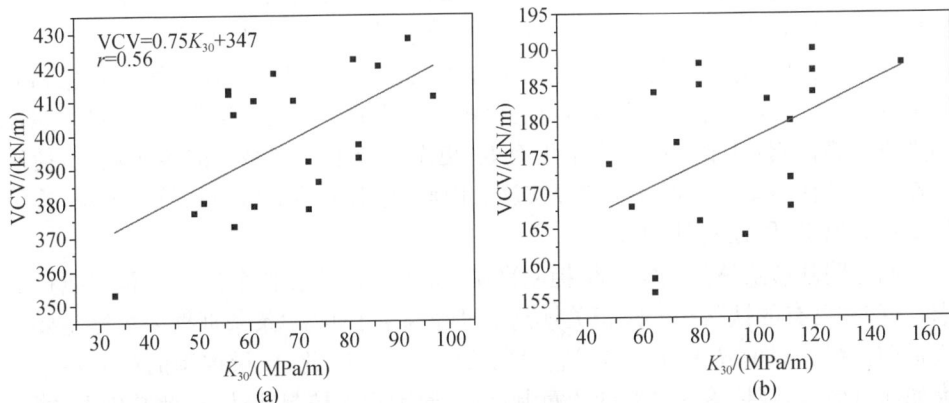

图 6-31　VCV 与 K_{30} 之间的相关性较差的例子

6.3 控制内容与控制准则及措施

前面对连续压实反馈控制模式以及指标的校验问题进行了研究。现在研究如何有效地控制路基填筑体的压实质量问题。这里所谓的质量控制有两层含义——如何判定压实质量以及采取什么措施改善质量。因此,这里面就有两方面需要研究,首先是依据什么进行控制,也就是控制准则或标准问题;其次是采取什么措施来改善和控制压实质量。

目前对路基施工中的质量控制,一般理解为对填料、施工组织、工序等的检测和管理,属于常规的质量控制,一般体现在施工组织设计中。另外一种质量控制是对 QC 而言,曾流行于 20 世纪 90 年代,通过建立 QC 小组进行相关活动以改善和提高质量。但由于造假严重,没有达到预期的目的而逐渐被冷落,其主要原因还是数据采集手段跟不上需求,致使大量数据被编造,失去了控制的意义。

这里所指的压实质量控制并非指上述方法,完全是建立在控制科学思想和方法上的[3-6]。通过对路基填筑体碾压过程进行连续的压实信息数据采集,再按照控制理论实施控制,其根本还是为了更有效、更全方位地控制路基的填筑质量,使质量控制措施在路基结构形成中得以实施。因此,相对上述那些质量控制方法,连续压实控制属于"硬控制"技术。

制定路基填筑体的压实质量控制准则,首先应该熟悉整个施工过程和质量要求,这些在已有的铁路和公路相关规范中已经制定了很多"条条框框",关键是要认真贯彻执行。减少或杜绝"人为"造假现象的发生。因此,质量控制的第一步是研究如何有效、客观地落实已有的规章制度,这属于管理控制范畴;在此基础上,第二步才是研究如何提高控制手段问题,此时才是技术控制范畴。

前面已经多次提到,决定路基填筑质量好坏的主要因素是填料和碾压。二者是有内在联系的,如果填料质量有问题,那么无论怎么碾压也不会得到满意的压实质量。对于填料控制问题,这实际上是一个管理问题,在设计阶段就应该做好选择,施工阶段只需严格执行便是。对于细粒料,除了重视膨胀土、失陷性土等特殊土外,控制好含水量应该是重点;而对于粗粒料,控制重点应是级配组成(见第 5 章)。关于碾压控制问题,这是我们研究的重点。在碾压控制中,也必然会涉及填料问题,因为二者缺一不可。

当填料运至现场后,需要进行四个阶段才能完成路基结构体的成型——分层摊铺、表面整平、机械碾压、质量检验。这里,我们主要研究碾压和检验问题。下面按照施工工序分别阐述需要控制的内容和控制准则。

6.3.1 施工管理控制

施工管理控制原本不属于连续压实控制范畴,人为因素较多,属于施工管理控制方面的问题。但是由于我国的实际情况,特此单列一节进行论述,也算是中国特色吧。

施工管理控制主要是对施工工序等进行监控,包括项目信息、填料信息、碾压信息以及压实工艺信息等,具体要视实际情况而定。一般可以参考以下项目进行(表 6-2)。

表 6-2　工程信息监控项目

项目	项目
工程名称	碾压层位
碾压里程	底层标高
设计高度	碾压时间
填料类型	碾压遍数
碾压层厚	碾压面积

表 6-2 所示的这些信息都是与工程管理密切相关的,看似简单,实际不是。信息之间有其内在的逻辑关系,掌控这些信息,就可以有效地管理路基施工碾压的进展。通过分析其逻辑关系,便可以得到真实的碾压作业情况。

为什么连续压实控制系统(如 CPMS)可以对这些信息进行有效的监控呢? 在上述信息中,工程名称、碾压里程、设计高度、填料类型、碾压层厚等都是由人工输入到连续压实控制系统中,其他信息则由系统根据连续压实有关信息自动生成、人为不可修改,最后形成一个完整的信息链。正是存在部分自动生成的信息,这就在客观上监督了人工输入信息的真实性,但要求从第一层到最后一层都必须进行连续控制。下面举例说明如何有效监控超厚度填筑问题。

根据工程信息提供的"碾压层位"以及每一碾压层的"层厚",便可根据简单的逻辑关系得到:层数×层厚=实际路基高度,见图 6-32。若计算结果低于设计高度的允许范围,便可以判定碾压层数或碾压厚度出现了问题(可能出现了超厚填筑问题)。这样就不必花费昂贵的代价采用卫星定位方案(目前高精度的 GPS 费用昂贵,被国外垄断,并且采集我国交通基础设施的每一点坐标,存在安全隐患,而国产北斗系统的应用还需进一步的研发)来实现标高定位。此外,也可以在每一碾压层的顶面输入几个具有代表性的标高,也可以推算出填筑厚度。

另外,由于目前普遍采用了 20t 以上振动压路机,因此碾压层厚误差控制在几厘米范围内是可以保证压实质量的(以前的填层厚度要求是依据 12t、14t 振动压路机所能达到的压实厚度而制定的)。

也许有人会问,这样就能杜绝弄虚作假吗? 答案是肯定的。如图 6-32 所示,假设路基设计高度为 2.4m,每层填筑厚度为 0.4m,则应该有 6 个填筑层位。由于在碾压过程中的层位是自动记录的,这就为查找超厚填筑提供了依据。

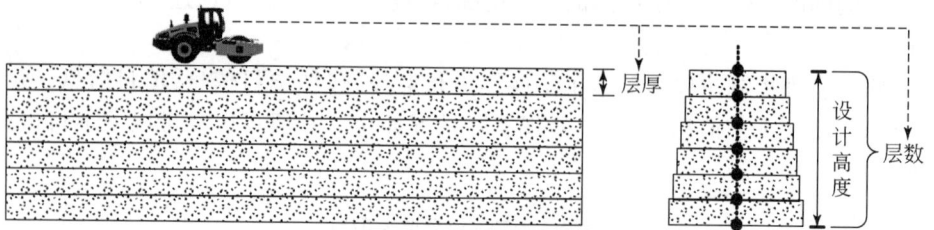

图 6-32　连续监控填筑厚度问题

如果第 1 层按 0.40m 填筑,而在第 2 层填 1.0m(超厚填筑),则可能出现两种情况:其一,仍然按照总共 6 层填筑,但由于 3～6 层总共还剩余 1.00m,若想凑足 6 层,剩下的每层只能按照 0.25m 填筑,实际工时并没有节省下来;其二,再填筑一层 1.00m 厚,达到设计高度 2.40m 结束填筑,但是在记录上则少了 4～6 层的信息,很容易被发现。如果想补充 4～6 层的压实信息,由于压实信息不可修改,则只能老老实实地进行碾压,并且层数和碾压遍数必须达到规定的要求,因此不会节省任何工时。如果为了记录碾压遍数而在碾压好的面上补充碾压,那么从压实数据上可以轻松地发现问题——VCV 数据变化很小或不变化,这与从第一遍开始碾压时 VCV 的变化规律是不同的,并且依然不会节省工时。追求经济利益是造假的源泉,不省钱也就没必要那样做了。

除了上述监控项目外,施工管理监控还应对压实机具——振动压路机的压实工艺参数进行监控,这也是非常重要的监控项目。鉴于振动压路机的振动参数对压实质量的影响比较显著,因此单设一小节专门研究。

6.3.2　压实工艺监控

压实工艺问题已在前面有所提及。一个完整的压路机振动压实工艺除了前面所涉及的 $U = U(P, f, M)$ 之外,还应包括压路机的行走速度,因此 $U = U(P, f, M, v)$。由于多种原因,在许多情况下的压实工艺参数并不稳定,如激振力和激振频率经常在碾压过程中发生变化,就造成了人为的不均匀碾压。压实工艺控制实际有两方面内容,其一是控制压实工艺在实施过程中能够平稳;其二是控制最优压实工艺。

什么样的压实工艺参数组合对压实效果好,这在压路机设计和制造阶段已有所考虑,并且在现场正式填筑前还要做填筑工艺性试验,也会找到较好的压实工艺参数,因此原则上针对所要填筑的材料,是可以找到较好压实工艺参数组合的,关键是要认真执行,这同前面是一样的道理。因此,这里所谓的压实工艺监控也就是监控其是否按照规定的要求执行,其目的还是要使振动压路机按照额定工作状况平稳地进行碾压,同时这也是连续压实控制所要求做到的。

1. 存在的隐蔽性问题

压实工艺主要是由压路机相关参数所决定的。从现场实测数据和实际调查来看,目前在施工现场存在一个很普遍的现象——由试验段所确定的压实工艺,在后续施工段(在填料等与试验段的完全相同的情况下)应用时的效果并不是很好,这与压路机操作者和机械性能密切相关,其问题具有较大的隐蔽性,不易被现场管理人员所了解。下面分两种情况进行阐述。

1)故意操作所致激振力低于额定值

有些驾驶员为了减少机械损伤和颠簸,故意将油门开得很小,致使振动效果不明显,这将导致激振力急剧下降和明显波动,达不到额定工作状态,会给路基填筑体施加一个低于额定值的、波动的激振力,从而导致压实力也随之降低。压路机不按照设定的参数碾压,致使振动效果不好,这是一个人为故意操作造成的隐蔽性问题。这种隐蔽性问题除了驾驶员自己知道外,一般不易为外人所察觉。

如果用这种压路机进行碾压遍数的控制,那么即使达到了规定的遍数,其压实效果也不会太好,这从图 6-33 的实测数据是可以看出的,例如,用 290kN 的激振力碾压 8 遍和用平均 250kN 的激振力碾压 8 遍,其压实效果肯定是不同的。如果用一个不均匀的、较低的激振力进行压实作业,其结果可想而知,不但会降低压实效果,还会人为地造成碾压的不均匀,这也是造成路基结构性能不均匀的一个原因。因此,必须有针对性地采取措施,控制这类情况的发生。

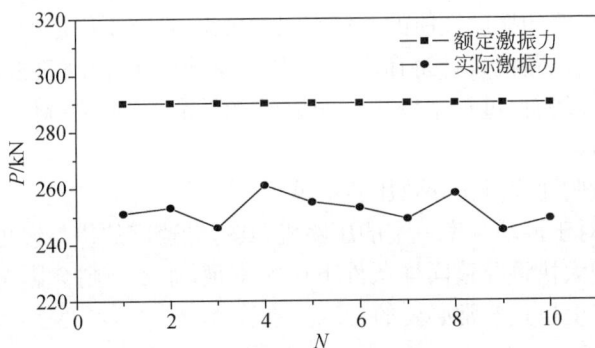

图 6-33 人为操作所致激振力低于额定值

2)机械性能不稳所致激振力波动

振动压路机是一种广泛使用的压实机具,常被用来碾压各类填料。其吨位从过去的几吨、十几吨发展到 20t 左右,激振力也有了较大的提高,这些无疑对提高压实质量起到了决定性的推进作用。与此同时,部分振动压路机(特别一些小厂家出厂的)的振动性能在出厂时就不稳定(属于制造问题),这会使操作人员不易控制,客观上造成振动性能波动。若换成不同人操作,更会产生不同的效果。

例如,在碾压粗粒料时发现一个现象,不同驾驶员驾驶同一台 16t 振动压路机,采用相同的压实工艺、碾压相同的材料,其压实遍数也是相同的,但是压实结果却有明显的不同,如图 6-34 所示。

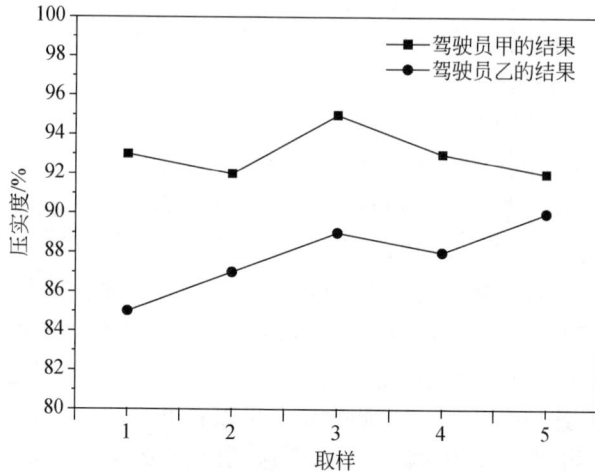

图 6-34　不同驾驶员的压实结果图

同一台压路机由不同的驾驶员操作,会产生不同的压实结果,这也是一个比较隐蔽的问题,但却普遍存在。由上述可知,这样的结果不但与驾驶员的操作密不可分,更与振动压路机的振动性能的好坏有很大关系,性能不稳定的振动压路机应该被淘汰(一般振动压路机设计寿命在 5 年左右,而超期服役现象很普遍)。如果是在碾压粗粒料(如块石)过程中以压实遍数或碾压轮迹进行控制质量,则会造成压实质量误判的后果。

3)压路机行驶速度过快导致压实不足

实践证明,对于振动频率一定的压路机,其行驶速度的快与慢也会对压实质量产生影响。行驶太快将导致同样条件下压实不足,而太慢则会影响工作效率。控制合理的行驶速度也是非常必要的。

2. 控制要素分析

振动压路机性能不稳定,最终表现在施加给路基填筑体的压实作用力的不稳定上,或者低于正常值,或者波动较大。为了有效地控制这种现象的发生,首先应分析影响压路机压实性能的控制要素。

1)影响激振力的主要因素及特点

振动压路机的激振力是压实作用力的重要组成部分,激振力的变化在一定程度上决定了压实作用力的变化。由振动压路机的工作原理可知,压路机的振动实际是振动轴带动振动轮在振动。其激振力一般由轮内一组或几组偏心块的相对旋转而产生，激振力通过振动轮将这种动态作用传递给被压填料。根据 3.3.2 节内容，振动压路机激振力的幅值可表示为如下形式：

$$P = me\omega^2 = 4\pi^2 mef^2$$

式中，m 为偏心块的质量；e 为偏心距；ω 为偏心块转动的角速度，$\omega = \pi n/30 = 2\pi f$，$f$ 就是压路机的振动频率，而 n 则为偏心块的转速（r/min），且有 $f = n/60$。

从上式可以看出，影响激振力 P 大小的因素有偏心块质量 m、偏心距 e 和转速 n（也就是振动频率 f），下面分别对各因素的特点进行一些简单分析。

（1）偏心质量 m。偏心质量一般在压路机出厂时就已经固定好，在现场特别是在驾驶室内是无法调节的，若要调节，也要打开振动轮机械部分，在里面调整，相对比较麻烦。

（2）偏心距 e。一般而言，对于偏心距的调节方式有两种，其一是在轮子内人工调节；其二是在驾驶室内由变换挡位调节，但已经不是原来的振动工艺了，应另当别论。所以一般在驾驶室内也是很难调节偏心距的。

（3）转速 n。偏心块的旋转是由振动轴引起的，而转速决定了振动轴转动的快慢，进而决定了偏心块旋转的快慢，即引起激振力大小的改变。转速由油门的大小所决定，驾驶员能改变的只有油门，因此说驾驶员控制着油门的大小，实际上也就是间接地控制了激振力和激振频率的大小。

综合以上，在压路机驾驶室内可以调节的一般只有振动频率 f（实际是转速 n），这时控制的关键要素。由于频率 f（或转速 n）的平方与激振力的大小成正比［见式(6-13)］，这就意味着频率 f 的微小变化将引起激振力的较大变化，直接影响到压实结果。如果将 $f=n/60$ 代入前面的激振力表达式中，可以得到如下表达式：

$$P = \frac{me\pi^2}{900}n^2 \tag{6-13}$$

式(6-13)就是激振力与转速之间的关系。在偏心距和偏心质量一定的情况下，如果转速达到规定的出厂状态，则对应的就是额定激振力、额定转速、额定频率，即正常额定工作状态下的转速、频率和激振力均为额定值。压实工艺控制的目的之一也就是要使压路机工作在额定状态下。

在正常工作条件下，振动压路机应该在额定状态下进行碾压作业。如果驾驶员将油门控制在额定状态下，则振动频率和激振力等就会达到额定值。但是由于各种原因，在实际工作中，许多驾驶员并没有将油门开到规定的大小，或者开到规定大小但却由机械性能差而导致不稳定，这样就造成了振动频率的波动，从而影响到激振力的发挥。

现以 YZ16B 型振动压路机为例，对激振力与频率之间的关系作一数值仿真分析。该压路机额定的 $P=290\text{kN}$，$f=30\text{Hz}$。如果在碾压过程中转速发生变化，那么振动频率也相应地发生变化。令频率 f 在 14～32Hz 变化，根据式(6-13)，对实际的激振力数字仿真结果如图 6-35 所示。

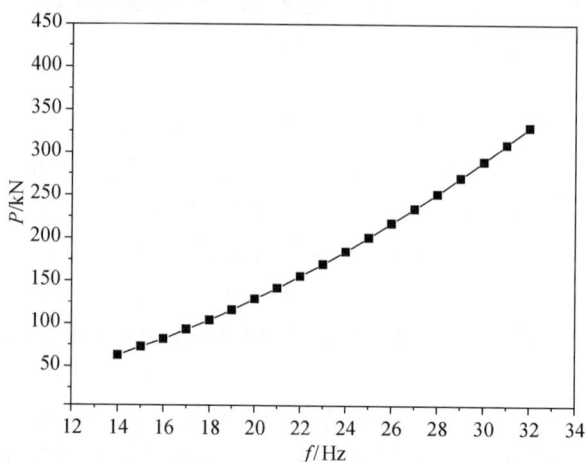

图 6-35　YZ16B 压路机激振力随频率变化情况

目前国产振动压路机的振动频率波动范围有时可达 ±3.0Hz。从图 6-35 中可以看出,当频率 $f = 27$Hz 时,激振力只有额定值的 80% 左右,与出厂标出的数值相差较大(可达 60kN),压实效果就可想而知了。同时,如果频率在碾压过程中出现时大时小的波动变化,也会对被压填料造成人为的不均匀碾压。因此在碾压过程中,最重要的是如何控制振动频率在额定值附近工作,也就是如何控制油门大小的问题,这实际上与驾驶人员有密切的关系。如前所述,有时驾驶员为了减小振动的影响,故意将油门调小,使振动减弱,这样对机械和人身确实都有一定的好处,但其代价却是使填筑体的压实效果变差,因此还是应该进行控制的。

2)压路机行驶速度

压路机除了振动性能不稳定会对压实效果产生影响外,其行驶速度对压实质量也有较大的影响。由于振动压路机在一个振动周期内对被压填料的有效作用次数只有一次,如果在一个振动周期内,压路机行走速度过快,即使压路机达到了额定的工艺状态,那么单位长度上作用的次数也会减少,达不到预期的压实效果。因此,压路机碾压时的行驶速度也是影响压实效果的一个重要的控制要素。

根据压路机厂商给出的经验公式,振动压路机的行驶速度 v 和振动周期 T(频率 f 的倒数)有如下关系(图 6-36):

$$v \leqslant \frac{L}{T} = Lf \tag{6-14}$$

式中,f 为振动频率(Hz);L 为在一个振动周期 T 内,压路机行驶的距离(cm);对于路基和基层,L 一般取 3cm 即可;对于公路面层,L 一般取 2.5cm 左右;v 为压路机行驶速度(cm/s)。

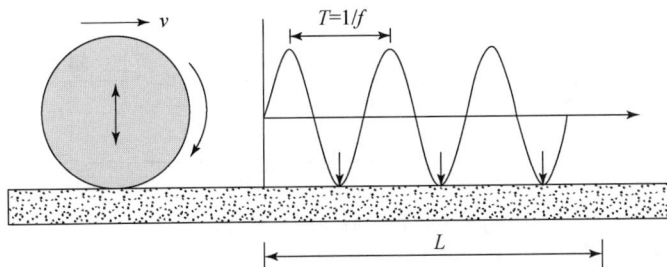

图 6-36　压路机行驶速度与激振频率关系示意图

根据上述关系,可以得到在碾压路基时,振动压路机的行驶速度与振动频率之间的关系如下:

$$v \leqslant 3f(\mathrm{cm/s}) = 0.108f(\mathrm{km/h}) \tag{6-15}$$

式(6-15)就是根据压路机的振动频率来选择和控制碾压路机时行驶速度的原则。例如,当振动压路机的振动频率 $f = 30\mathrm{Hz}$ 时,其碾压时的行驶速度不应大于3.24km/h。图 6-37 是根据振动压路机振动频率来选择行驶速度的确定图。

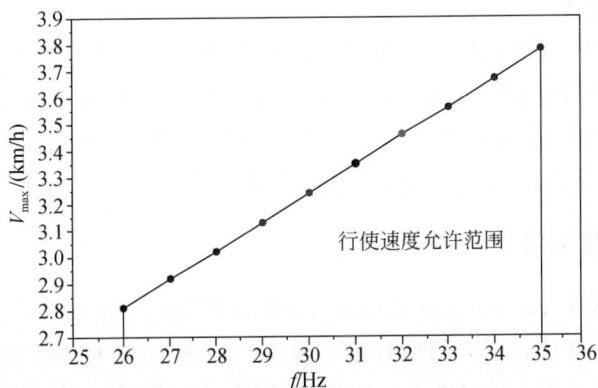

图 6-37　碾压路基时振动压路机允许行驶速度

在实际工作中,由给定的振动频率可根据此图来选择碾压速度,要求不能在斜线的左上方,而只能在斜线的右下方,这也是压路机行走速度控制原理。

3. 振动频率控制准则与措施

根据前面的研究结果,控制振动压路机的激振力保持在额定工作状态下是取得压实效果的前提条件之一,也是正常施工碾压的基本要求。根据激振力-振动频率-油门三者之间的相互关系,只要控制好油门,就可以达到控制激振力的目的。因此根据前面的反馈控制基本原理,控制压实工艺的关键在于控制激振频率——

控制转速,其控制措施便是油门的控制,为此建立振动压路机振动频率反馈控制模式,如图 6-38 所示。

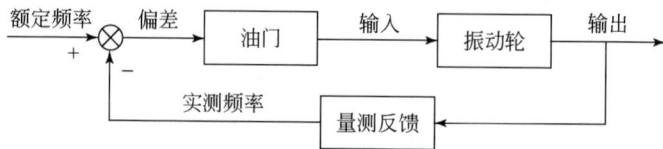

图 6-38　振动频率的反馈控制图

图 6-38 中的偏差就是实测频率 f 与额定频率 $[f]$ 之差,其精度需要根据当前振动压路机所能达到的性能而确定。一般要求如下:

$$\delta = |[f] - f| \leqslant 0.5(\text{Hz})$$

上述控制精度要求,对于国内比较大的厂商生产的振动压路机,是可以达到的。通过连续压实控制系统对压路机振动轮进行连续量测,可以得到振动轮的动态响应,通过对它进行频谱分析,即可得到实际振动频率 f,通过反馈,测试系统将实际振动频率与压路机额定频率进行比较得到偏差 δ。根据 δ 的大小发出调整油门的指令,从而调整转速,使其偏差 δ 达到最小(0.5Hz),达到控制工作频率保持在额定状态的目的。

此外,连续压实控制系统还应具有自动监控压路机是否处于平稳运行的功能,并将实时记录油门的变化情况,并会实时提示激振力是否处于额定状态以及是否是均匀碾压等信息,指导驾驶员按要求正确操作压路机,同时测试系统会将有关数据实时、客观地记录下来,以备事后检查与管理之用。

6.3.3　压实程度控制

所谓压实程度(compaction degree),是指路基填筑碾压过程中,表征碾压层物理力学状态的指标达到规定值的程度。通常所说的"压实度"概念实际上就是"压实程度"的简称,从英文含义上看,二者并无区别。在我国,一般习惯上将压实度这个称呼用于干密度指标体系。因此,一提到压实度,就是指现场干密度与标准干密度的百分比。

1. 影响压实程度的关键要素

压实程度是压实质量控制中最重要的项目之一,也是质量检验中最关心的问题。如前面所述,决定路基填筑体压实程度的关键是对填料的控制和压实工艺的控制,二者共同决定了压实程度的好坏,这也是采取工程措施、进行反馈控制的源头。

1)填料控制

填料是根本,没有好的填筑材料,无论怎么碾压,也是不会有好的压实效果的。

对于细粒料,关键是控制好含水量。在最优含水量下进行碾压,一般都会得到较好的压实效果的。而对于粗粒料,控制好填料颗粒的形状与级配组成是最关键的要素,这已在前面进行了阐述。如何控制填料性质,更多是管理控制的任务。

2)压实工艺控制

选择合适的压实工艺,保证按照规定要求进行碾压作业是压实工艺控制的主要目的。如何控制压路机振动性能稳定问题已在 6.3.2 节进行了阐述。除此之外,在碾压过程中,通过连续压实控制系统实际量测得到的压实信息,能够反馈压实工艺使用状况,根据实际情况进行适当调整,这也是控制的目的。

2. 压实程度控制准则

如同控制常规的压实度一样,此处的压实程度控制也有一个"度"的概念在里面,涉及规定值的问题。所谓规定值就是一种压实标准,也就是目标振动压实值。其确定方法已经在 6.2 节进行了阐述,是根据相关校验结果得到的,与规范中规定的常规检验指标的控制值相对应。所谓压实程度,通俗地讲就是量测值与目标值的接近程度。下面先介绍几个概念。

压路机在碾压路基填筑体时,所要碾压的全体区域称为碾压面。其碾压顺序是按照振动轮的轮迹进行区分的,而碾压轮迹上又按照碾压单元(也称为检测单元)进行划分,这里规定一个碾压单元为 $1.0 \text{m}^2 (2.0 \text{m} \times 0.5 \text{m})$,如图 6-39 所示。对于连续压实控制,碾压面上的一点指的是一个碾压单元,是最小面积单位,而一个碾压单元对应着一个 VCV 数据。

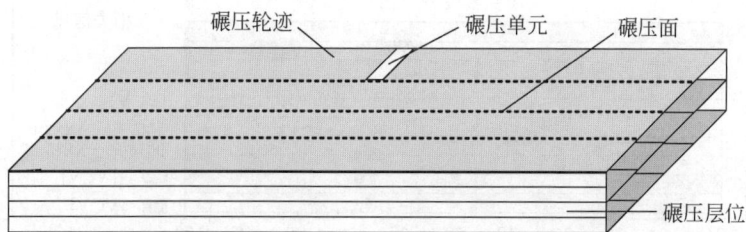

图 6-39　碾压单元、碾压轮迹与碾压面示意图

压路机在碾压过程中,连续压实控制系统会实时地检测出碾压区域的每一点(检测单元或碾压单元)的振动压实值,根据与设定的目标振动压实值比较,便可以判定该点是否达到规定的要求。若达到要求,则视为通过,否则为不通过,如图 6-40 所示。判定碾压面上第 i 个检测单元压实程度通过的准则如下:

$$\text{VCV}_i \geqslant [\text{VCV}] \qquad (6\text{-}16)$$

式中,VCV_i 为碾压面上第 i 个检测单元振动压实值的检测结果,代表碾压面上 1.0m^2 面积上的平均值;$[\text{VCV}]$ 为目标振动压实值。

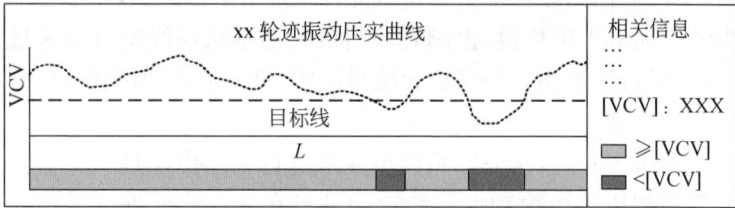

图 6-40　检测单元压实程度判定示意图

式(6-16)是对碾压轮迹上某一点压实状况进行的判定。对于整个碾压面,当然每一个碾压单元都通过是最好的。但是受施工水平和条件的限制,要求碾压面上的每一点的压实程度都达到目标值是一个很苛刻的要求,允许有部分区域不通过是可以的。因此,对于整个碾压面的压实程度来讲,有一个通过率问题。

所谓通过率,是指碾压面上通过的检测单元数量(碾压通过面积)占检测单元总数量(碾压面总面积)的百分比,即

$$\eta = \frac{\text{通过面积}}{\text{碾压面总面积}} \times 100\%$$

可以看出,压实程度通过率就是一个"度"的概念。至于通过率设置为多少,应视工程等级和技术要求而定。我国铁路行业标准《TB 10108—2001》规定"碾压面压实程度通过率应按不小于 95% 进行控制,其中不通过的检测单元应呈分散分布状态",如图 6-41 所示。

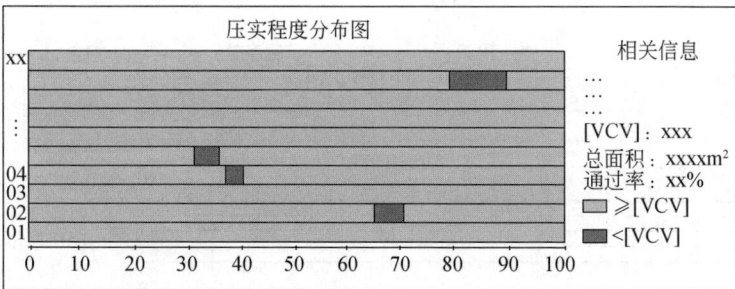

图 6-41　碾压面压实程度通过率判定与控制示意图

需要注意的是,式(6-16)所规定的通过判定准则具有统计学下的"概率"意义。因为目标值[VCV]是依据相关校验的相关方程得到的,相关方程就是一个概率意义下的统计回归方程,不是确定的,[VCV]也就具有概率意义。根据相关方程得到的[VCV]所具有的可靠性与其相关系数有很大关系,相关系数越大,其可靠性也就越高。由这种控制准则确定出的压实程度也具有一定的概率意义,应当正确理解和使用,不能当成确定性问题看待(即不是百分之百正确)。而通过率问题更是如此。这也是多指标控制的弊端。

　　由于上述控制准则要求事先必须进行对比试验,以建立连续指标与常规指标之间的相关关系,由此确定目标值,所以这种控制准则的操作还是有些烦琐,并且要求后续碾压段与对比试验段的状况要相同,要求较高。鉴于此,有必要研究新的控制准则。

　　经过我们多年的实践研究,认为可以直接采用连续指标进行评定和控制,目前国外也有这种做法。因为 VCV 同 K_{30}、E_{vd}、E_{v2} 一样,也是一个独立的指标,并不依附于某一个常规指标,只不过它们之间一般都具有统计意义上的相关关系而已。

　　如果施工单位只是进行自我监控,可不必进行对比试验,可以直接在已经碾压合格的路段上确定 VCV 的标准值[VCV],作为后续路段的目标值。关于[VCV]的取得,一般需要采用同一台振动压路机、以相同的碾压工艺、在确认已经碾压合格的路段上进行碾压试验,将所得到的 VCV 平均值作为合格的标准值。因此,其使用条件就是采用相同的压路机和相同的振动参数,并且填料性质不发生较大的变化。此外,也可以由业主、监理和施工单位共同约定一个合格标准值,这种做法也是将来发展的一种趋势。

　　3. 反馈控制措施

　　碾压面上的通过率如果低于规定要求,则要对面积较大的 VCV 低值区域进行工程处理,其依据就是反馈控制原理。根据上述研究结果,按照反馈控制基本原理要求,可以建立压实程度的反馈控制原理图,如图 6-42 所示,该图比较清晰地给出了如何进行反馈控制和处理。

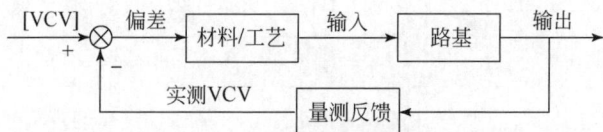

图 6-42　压实程度反馈控制图

　　在碾压过程中若出现实际 VCV 与[VCV]相差较多,应该根据图 6-42 马上采用反馈控制措施,以便将问题消灭在"萌芽"阶段,防止全部碾压后通过率小于规定值。按照前面提到的关键控制要素,可以从两方面入手采取措施。首先,对低值区域调整压实工艺参数即改变振动参数,换一组压实工艺参数进行碾压,这有一个反复调试的过程,以达到最佳压实效果;其次,若改变压实工艺后的压实效果仍然不好,就需要考虑是否填料出了问题。如果是细粒料,多数出现在含水量方面。若是粗粒料,则要从改善级配组成入手,其原则已在第 5 章阐述过。工程上一般增加一些细粒料以调整级配组成,形成嵌挤结构,达到提高结构体抵抗能力的目的。为什么经过同样的碾压,有的区域好,有的区域较差? 这是一个需要深入思考的问题!

　　曾经在某高速铁路施工现场发现这样一个现象。某施工单位在进行连续压实控制的相关校验试验时发现随着碾压遍数的增加,其振动压实值 VCV 几乎不增加,此时还没有目标值[VCV],无法进行比较。当时是这项技术刚开始应用阶段,现场有人开始怀疑这项技术是否可靠。由于最有说服力的是常规检测,于是同步进行 K_{30} 和 E_{vd} 试验,其结果也是不随碾压遍数的增加而增加,从第 1 遍到第 8 遍几乎没有什么变化。于是想到是否是填料本身有问题,结果确实如此。填料颗粒粒径太均匀,碾压和不碾压对其几乎没有什么影响,如图 6-43 中的上层情况所示。这也说明,本项技术在一定程度上还可以发现填料级配是否合理。

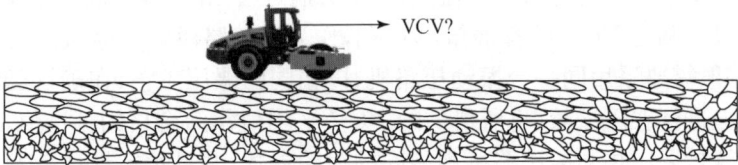

图 6-43　上层填料粒径比较均匀导致 VCV 变化不大

4. 通过率问题讨论

对碾压面压实程度的评定是在整个碾压面完成某一遍的碾压作业后进行的。由于岩土填料的复杂性,要求碾压面压实程度通过率达到 100% 是非常高的要求,现场是不易实现的。因此,打一个折扣,即允许一部分碾压区域质量较差一点,如图 6-44 所示,其中深色部分表示未通过控制值,浅色部分表示通过控制值。

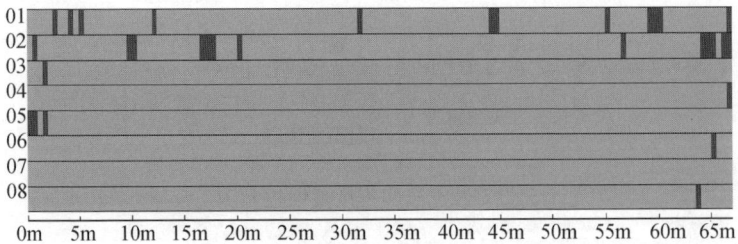

图 6-44　实测碾压面压实程度分布图

对整个碾压面压实程度控制的通过率如何规定,各国是有不同做法的。综合一些相关文献资料的报道,这里特整理如下。

(1)奥地利的规定较为复杂,如图 6-45(a)所示,要求连续压实数据 y 的平均值不小于 $\langle y \rangle$,90% 的连续压实数据不小于 $[y]$,100% 的连续压实数据不小于 $0.8[y]$,同时满足这三方面压实程度才算通过。注意,这里 $\langle y \rangle$ 和 $[y]$ 的确定方法是根据相关方程得到的,分别对应着 $1.05[E]$ 和 $0.95[E]$,而 $[E]$ 为常规指标控制值。

(2)美国明尼苏达州运输部(MnDOT)规定 90% 的连续压实数据 y 不小

于0.9[y]。

（3）德国主要有两种做法。其一是按目标值控制，要求 90％的连续压实数据要大于目标值才算通过，即允许有不超过 10％的点存在，但不能呈连续分布状态；其二是按 10％-最小分位点控制，即目标值不是按照常规指标规定的合格标准确定的，而是按照 10％-最小分位点要求进行的。

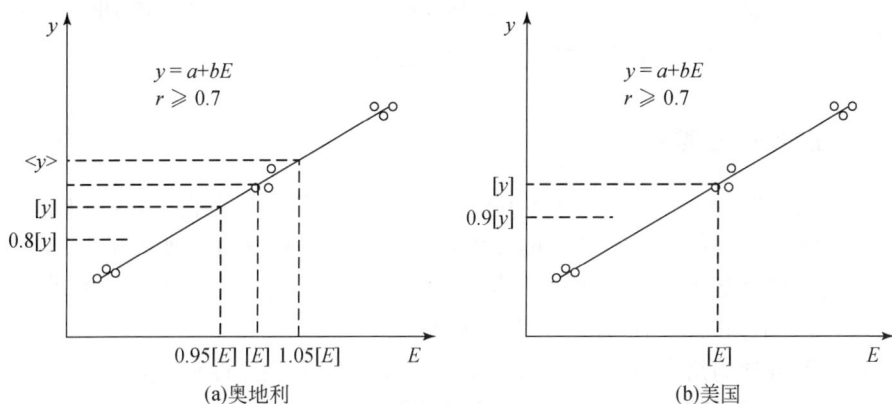

图 6-45　奥地利和美国对通过率的规定

可以看到，尽管各国具体规定有所差异，但是其通过率都是按照 90％设定的，奥地利和美国的目标值都是打了一定折扣的。在制定我国首部行业标准（TB 10108—2011）时，曾规定通过率为 90％，但是后来应要求增至 95％。这可能是考虑到高速铁路的高要求，同时也可能考虑到我国现在的施工水平。

无论通过率是 90％还是 95％，总有一部分压实未通过区域存在。未通过区域的分布状态是很关键的，特别是对高速铁路的无砟轨道结构和公路的刚性路面结构。这部分区域的分布要分散一些，若集中地连续分布在一起，有可能会造成局部的过大变形（沉降），影响上部结构。

但是，对于不通过区域的集中与分散的描述，目前还很难定量给出。一般根据分布图进行人工判断。图 6-46 示意性地给出几种情况，其中图（b）和（c）都是不能接受的，应该进行工程处理。集中与分散的实质还是一个与均匀性有关的问题，需要进行深入的研究。如果进行定量描述，初步可以参考以下做法：对于铁路，不通过的连续面积之和按照高速铁路不大于 5～6m²（相当于路基长度为 2.5～3m），普通铁路不大于 10m²（相当于路基长度为 5m）进行考虑。因为对于高速有砟轨道结构，路基面需要进行动力分析时，所取的范围为 2.6×1.8＝4.68（m²）。对于无砟轨道结构，目前还缺少资料，但轨道板更宽一些，所以连续不通过面积按照不大于 5～6m² 考虑。普通铁路由于是有砟轨道结构，可以放宽到连续不通过面积不大于 10m²。数字仿真分析结果与上述说法大致一样。对于公路，可以参照上述做法执行。

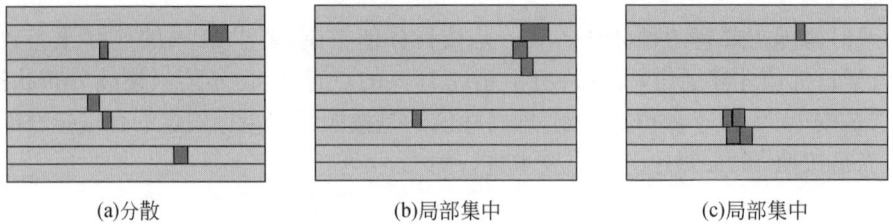

(a)分散　　　　　　　　　(b)局部集中　　　　　　　　　(c)局部集中

图 6-46　压实程度不通过部分的分布示意图

6.3.4　压实均匀性控制

　　压实均匀性(compaction uniformity)是指路基填筑碾压过程中,碾压面上各部分物理力学性状(压实状态)分布的一致性。另外一种提法就是所谓的"变异性"。无论铁路还是公路,性能均匀的路基填筑体是上部结构对其提出的基本要求之一。有时候,路基结构的均匀性比压实程度更重要。

　　从系统科学的角度看,一个系统若在结构或功能上差异性较大,那么这个系统对外表现出的性能就会不一样。随着系统的演化,这种变异会越来越大,最后出现系统本身的变异问题。例如,社会系统,若贫富差距太大就是一种结构上分布的不均匀性,容易引起系统的不稳定,最后导致系统变异——诞生一个新系统(新社会)。"均贫富、等贵贱"就是要求系统内部结构要均匀,否则原有系统会走向崩溃。同样,对于路基结构系统,压实阶段的性能不均匀,可能会导致运营阶段的不均匀沉降,将会对上部结构产生重要影响。

　　目前从高速铁路和高速公路修建水平来看,由于大面积路基结构强度不足而产生的破坏已经不是主要问题了。但是,由于过大的变形而导致的病害却是比较普遍的,因为在路基结构发生破坏之前,可能已经出现了过大的有害变形(即不能容许的变形),特别是不均匀变形问题。路基结构性状的不均匀将引起路基结构中的局部应力集中,导致整个结构层过早地发生损坏。因此,控制路基结构的不均匀性,特别是不均匀变形,便成为了重中之重。下面以道路工程为例,再进行一些分析,铁道工程与此类似。

　　对于道路工程,路面受到的汽车荷载是一种脉冲式的移动动荷载,又常常归结为半正弦荷载。在路面结构中产生的也是动应力,以应力波的形式在结构中传播。当遇到刚度过强或过弱的地方时(可用不同的波阻抗来表示),便会产生应力波的反射、衍射和绕射等现象,就会产生动应力的集中。超过一定量值后,如果大于其强度要求,将导致局部的损坏,其作用远远大于静应力的作用。因此,在压实过程中,结构局部形成过强或过弱的刚度和强度都是不利的,应当是以均匀分布为好,所以有必要进行压实质量均匀性控制的研究。

　　实践证明,由于各种原因,很多情况下路基结构性状在碾压面上并不是均匀分布的。路基结构沿线路纵向性能的不均匀将会产生许多问题。进行压实均匀性控制主要有两方面的原因。其一，路基结构性状的不均匀有可能导致将来发生不均匀的沉降变形(塑性变形)，造成上部结构如板的开裂等损伤问题。其二，如果存在较多的薄弱区域，而抽样检验又不一定正好抽到该区域(也存在弄虚作假现象，故意在硬的地方检验)，就会带来重大的工程隐患。因此控制路基填筑体压实的均匀性是非常必要的。

1. 影响压实均匀性的关键要素

路基结构成型的关键环节是选择合适的填料和进行合理的碾压。因此，分析路基结构性能均匀性的影响因素也要从这两方面入手。这同一般的产品生产是一样的，要从抓原材料(填料)和生产(碾压)两大环节进行严格的质量控制，保证生产出的产品(路基)质量均一或者说质量变异性要小。

1) 填料变异

填料是构成路基结构的主体。填料变异主要是对粗粒料而言的(细粒料一般只有含水量分布的不均匀)，是相对于合理级配而提出的。变异意味着可能某一档颗粒成分与标准级配的不符，导致所形成的路基结构存在先天不足。目前，无论公路还是铁路，都没有对路基填料提出具体的级配要求，这也是先天不足的表现。即使是对级配碎石、沥青混合料这样的填料来讲，尽管有明确的级配要求，但是仍然存在较大的变异性，这已为实践所证明。因此，填料具有一定的变异性是客观事实，目前还无法改变。

2) 摊铺

选好填料后，需要运至现场，在进行碾压前要先摊铺平整。在这个阶段也容易形成一定的不均匀分布，如卸料过程、平整过程等，所以在这个阶段也要采取相应的控制措施。

3) 压实工艺参数波动

压实是保证填料形成路基结构的技术手段。压实本身造成的不均匀主要是振动压路机振动性能不稳定造成的，如何解决已在前面进行了论述。

2. 压实均匀性控制准则

压实的均匀性是相对不均匀性而言的。不均匀性(即变异性)是各种土工结构所共有的一个特征，这从常规检测数据的分布特征上即可看出(几乎就是处处不相等)，完全避免是不现实的，但可以将其控制在一定的范围之内，使其不至于对整个上部结构产生过大的影响，危及行车安全。因此，所谓均匀性控制实质是指控制不均匀性的程度，即控制变异性。

制定严格的均匀性控制准则并不是一件容易的事情，世界各国也都在摸索之中。这主要涉及对上部结构的影响问题。对于铁路,有砟轨道结构和无砟轨道结构对路基性能的要求就不一样(如变形要求);而对于公路,柔性路面(沥青路面)结构和刚性路面(水泥混凝土路面)结构对路基性能的要求也不一样。因此,这是一个需要深入研究的课题。

路基结构性能的均匀性是相对于变异性而言的。路基面上力学性能的均匀与否会对上部结构的支承条件产生影响。力学性能的不均匀不仅仅是刚度的不均匀,更重要的是路基结构的疲劳寿命的不均匀。路基在交通重复荷载长期作用下出现不均匀永久变形(沉降)会影响到上部结构乃至行车安全。如无砟轨道结构,同前面所述的公路情况一样,轨道结构受到的荷载也是一种脉冲式的移动动荷载。在整个结构中产生的也是动应力,当遇到路基结构刚度过强或过弱的地方时,同样会产生动应力波的反射、衍射和绕射等现象,引起动应力的集中。当动应力大于其强度要求时,将会导致局部的损坏,其影响比静态作用要大得多。因此在压实过程中,路基结构局部形成过强或过弱的刚度和强度都是不利的,也是以均匀分布为好。

为了便于现场实际操作,这里先给出一种简单易行的判定压实均匀性的准则。其他判定方法将在下面的讨论中详细给出。

压实均匀性控制是在碾压过程中以及碾压面碾压某一遍时进行的。在连续压实控制中,压实均匀性主要采用 VCV 的变化来反映。可通过碾压轮迹上振动压实曲线的波动变化程度和碾压面 VCV 数据的分布特征进行判定。压实均匀性可以按照振动压实值数据不小于其平均值的 80% 进行控制,即凡是不小于这个要求的检测单元都属于均匀性范畴,如图 6-47 所示。

$$\mathrm{VCV}_i \geqslant 0.80\ \overline{\mathrm{VCV}} \tag{6-17}$$

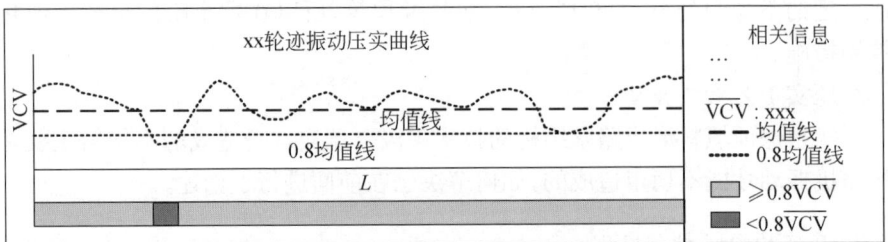

图 6-47 压实均匀性判定与控制示意图

对于一个碾压面,只有在碾压完某一遍后,才能得到该碾压面 VCV 的平均值,进而判定整个碾压面的压实均匀性。这里控制的是最小偏离平均压实状态的程度,这是与上面压实程度控制的不同之处。那里有一个事先确定的目标值,而这里的目标值是平均值,只能现场碾压完一遍之后确定。

实践证明,上述判定准则,对于目前的施工水平是可以实现的。只要填料不发生大的偏差,并且按照规定的压实工艺进行碾压,一般是可以控制好这种均匀性的。

另外,值得注意的是,路基结构性能的不均匀分布状况(位置与面积大小)会对上部结构产生不同的影响。例如,不均匀区域是分布在路基边缘还是分布在中间,分布面积的大小如何,这些都会对上部结构产生不同的影响,这与前面所论述到的压实程度通过率问题中图 6-46 是一致的。

3. 反馈控制措施

与压实程度反馈控制图相仿,压实均匀性的反馈控制图如图 6-48 所示。在碾压面碾压完一遍后,将每点实测的 VCV 与平均值比较,便可得到均匀性分布情况。如果发生出现不均匀性现象,就应及时进行工程处理。

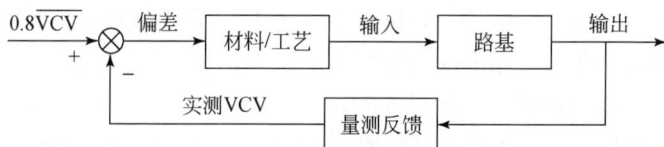

图 6-48　压实均匀性反馈控制图

前面通过对压实均匀性的影响因素分析可知,填料和碾压是关键要素,反馈控制也要从这两方面入手。由于评定压实均匀性时采用的是 VCV 数据,是通过碾压过程中振动压实曲线的变化反映出来的,因此,这里再分析一下影响 VCV 变化的因素。根据前面对关键影响因素的分析,综合起来,引起振动压实曲线异常波动的原因主要有以下三方面:

(1)填料本身变异引起的路基结构性能变异;

(2)压路机激振力随机波动变化引起压实作用力不均匀;

(3)测量深度范围内下卧层刚度不均匀引起路基结构性能变异。

其中原因(1)、(2)已在前面进行了阐述。原因(2)引起的振动压实曲线变异可以通过控制压路机的振动压实工艺参数予以控制;原因(3)引起的振动压实曲线变异属于正常变异,一般填筑层超过一定厚度后即可消除;而原因(1)即填料引起的振动压实曲线变异是关注的重点,也是最需要控制的,但也是最不好掌控的。这也是不便对均匀性提出更高要求的原因之一。

因此,在进行压实均匀性控制时,首先要分清是什么原因引起的 VCV 数据异常变化。例如,图 6-49 中,在下卧层中有一涵洞,位于碾压层的影响深度范围内,那么在 VCV 曲线上就会有一个异常变化,但这种情况是不属于不均匀范畴的,不应参加 VCV 平均值的计算,应该予以剔除。

在碾压时若出现不均匀区域,要针对具体情况进行处理。填料不同,其控制措

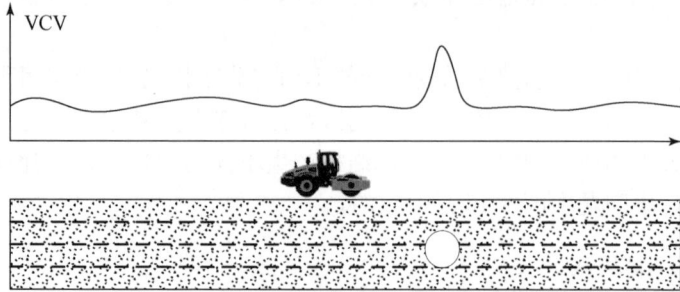

图 6-49　下卧层中涵洞对 VCV 的影响

施也不完全相同。对于细粒料，是否均匀主要受含水量的控制，而土颗粒影响不大，因此需要控制现场填料的最优含水量及其分布情况，做到各处含水量都处于最优含水量状态；对于粗粒料，均匀性除了受含水量一定影响外，更主要的是填料变异——粒径的大小及其分布即受级配好坏的影响，目前只是要求具有良好的级配，但是如何控制好级配仍是一个棘手的问题。

对于填料变异引起的不均匀，需要对填料进行一定处理，改善级配是最常见的处理方法。一般都是缺少细料，适当增加一定的细料，再洒一些水进行碾压，往往会得到很好的压实效果。

除了改善级配外，另外就是采用改变压实工艺或增加碾压遍数的办法，将其强行碾压成均匀状态。但随之而来的一个问题——对不同结构（级配）强行碾压成同一种均匀状态，这种处理方法到底好还是不好？为了说明这个问题，举一个在工程中经常遇到的例子，如图 6-50 所示。

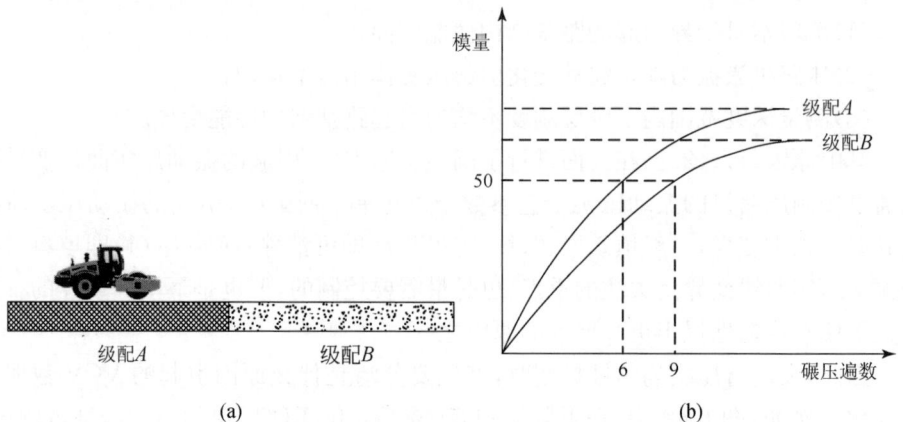

图 6-50　不同级配结构与碾压遍数

在图 6-50 中，假设由于填料不均匀出现两种级配：级配 A 和级配 B。在相同压实工艺以及碾压遍数情况下,二者所能达到的性能一般是不相同的,会出现不均匀性情况。如果采取增加碾压遍数的反馈措施,也是可以达到相同压实状态的。例如,级配 A 碾压 6 遍和级配 B 碾压 9 遍的压实状态是一样的,此时看似均匀了(模量都一样),但是其本质上还是不均匀的,因为各自所达到的极限状态一般是不相同的,将来还是有可能出现不均匀问题。因此,单纯地改变压实工艺或增加碾压遍数的处理方法是否一定合适,也是一个需要仔细思考的问题。

路基填料是影响路基均匀性的关键要素,如果路基填料本身存在很大的变异性,则无论采取什么后续措施,都很难进行补救。因此,若想从根本上提高路基填筑的均匀性,还是首先应该从改善填料本身入手。

4. 均匀性判定准则讨论

制定压实均匀性判定(控制)准则可以从多角度入手,下面讨论几种情况,以便拓宽思路,为下一步研究更好的准则奠定基础。

1)国外基于连续压实控制目标值的判定准则

如何判定填筑体压实的均匀性,目前国际上也没有一个统一的说法,大部分都是初步提出了均匀性控制的概念。不同领域、不同国家的处理方式都是不相同的。现将收集到的判定压实均匀性的资料汇总如下。

(1)奥地利在相关规范中初步提出了一个均匀性的判定准则:碾压面上所有的连续压实数据 y 应该在 $0.80[y] \sim 1.50[y]$,且变异系数不大于 20%,此时认为是均匀的。

(2)美国明尼苏达州运输部(MnDOT)对该州范围内的填料压实进行了初步规定:碾压面上 90% 的连续压实数据 y 应该在 $0.90[y] \sim 1.20[y]$,并且没有小于 $0.80[y]$ 的数据。

可以看出,国外都是基于连续压实控制的目标值进行的规定,奥地利规定的均匀性范围相比美国的规定要宽一些,如图 6-51 所示。规定的取值范围越窄,对填料的要求也就越高,如何制定合理的允许范围也是值得研究的问题。

2)考虑振动压实曲线本身特征的判定准则

实际上,研究压实均匀性问题,除了围绕着目标值外,更应该对连续压实数据本身特征进行研究,因为压实均匀性与压实程度解决的不是同一问题,压实均匀性更侧重于解决填筑体物理力学性能的均匀性分布问题。有些情况下,即使压实程度满足要求,但仍然会存在较大的不均匀性问题,如图 6-52 所示,尽管压实数据都满足目标值的要求,但振动压实曲线仍然波动很大,还是不均匀的。

造成上述现象的主要原因就是没有对振动压实曲线本身的形状提出要求,出现了满足规定要求,而振动压实曲线(数据)依然有很大波动的现象。因此,在制定均匀性判定准则时一定要考虑到这一点,前面之所以提出按 0.80 倍均值来控制压

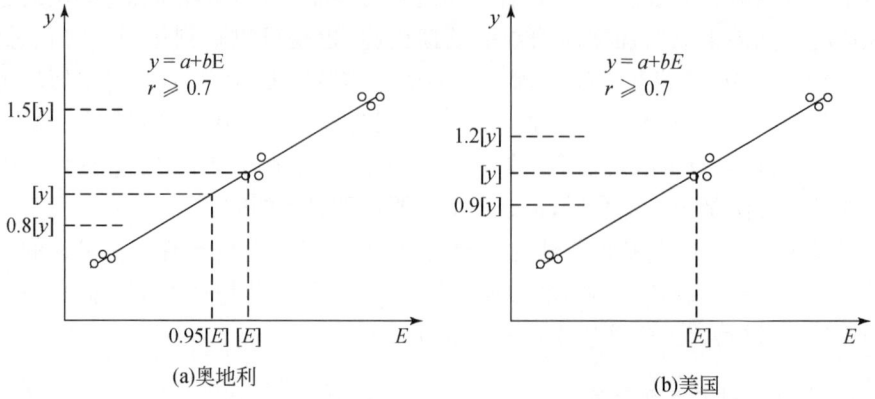

图 6-51　奥地利和美国对压实均匀性的规定

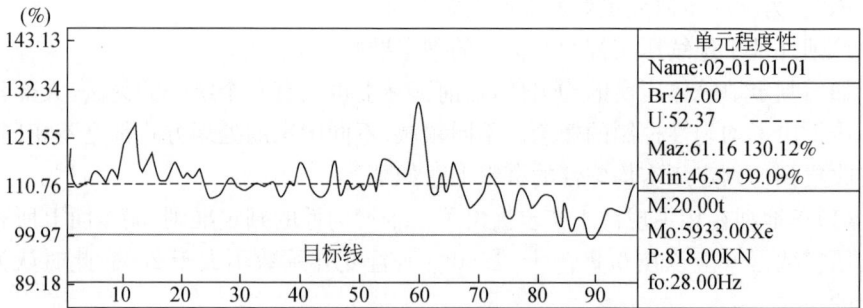

图 6-52　压实程度通过而均匀性较差的实例

实的均匀性,就是基于这样一种考虑。这是最低下限要求,是一种最小值控制方法,大致相当于最多允许将常规质量验收指标数据平均降低 25%～35%,即一组常规检测数据,若有低于其平均值的 25%～35% 的点便认为是不均匀点,其做法与数理统计方法中的"3σ 原则"类似。只对最低下限进行了规定是考虑到实际情况,使用者可以在此基础上提高下限要求。

除了前面所涉及的均匀性判定准则外,还可以从不同角度进行考虑。根据我们多年的研究成果,控制压实的均匀性也可以按照数理统计原理进行。

3) 数理统计判定准则

一般产品质量控制方法都是基于数理统计原理进行的,是否可以将这类方法引入压实质量控制中呢? 答案是肯定的,关键是如何确定其中的控制参数。在公路工程有关验收规范中,对验收检验数据的处理就是依据数理统计方法进行的,但目前在铁道工程中还没有引入这类方法。

在工程试验数据足够多的情况下,有关对数据均匀性的评定,大都采取数理统计的方法进行。例如,《公路工程质量检验评定标准》中就采用了数理统计原则作为评定其检测数据离散与否准则。对于连续压实控制,采用数理统计原则进行质量控制的理由是非常充分的。

(1)连续测试采集的数据量远远超出常规试验所采集的数据量,特别适合作数理统计分析。

(2)大量实测数据的数理统计分析表明,在生产稳定的条件下,碾压路段的压实状态比较均匀时,实测数据可以较好地符合正态分布。

(3)采用数理统计原则作为其评定准则能较客观地评估工程质量的好坏,减少了人为因素的干扰。

因此,根据实测的压实数据,按照数理统计方法求出有关指标,即可判断不均匀性,并可进一步识别出具体的位置分布。

对于一组实测的振动压实数据,由于它们代表的是路基碾压面上各点的抵抗力信息,所以这些数据的好坏实际上就反映了各点压实状态的好坏。根据数理统计原理,对压实均匀性评定主要有两方面:其一,对碾压面整体均匀性进行评定,可以采用碾压面数据的极差、标准差和变异系数作为评定指标,其中以变异系数的评定效果较好,而直方图可以更直观地查看数据的分布状况;其二,确定碾压面均匀性分布,可以采用数理统计理论中置信区间的概念进行,即对于某一点(检测单元)的振动压实数据,如果 VCV_i 在置信区间范围内,则认为该点属于均匀范围之内,否则无论超出下限还是上限,都为不均匀点,由此可以得到均匀性的分布图。下面分别详述之。

(1)整体均匀性的评定。

对于一段碾压好的路基,首先应对其整体质量的均匀性进行评定,以便能在总体上把握和控制质量。一般可以用该段压实数据的变异系数 C_v 作为评定指标来进行整体控制,即有

$$C_v = \frac{S}{\overline{VCV}} \tag{6-18}$$

式中,S 为样本数据的标准差;$\overline{VCV}$ 为样本数据的均值。关于变异系数的大小与均匀性的关系问题,目前还没有相应的技术标准。鉴于路基压实的变异性研究难度较大,一般可参照现行有关规范要求来确定变异系数的大小,或者根据修建的等级,通过试验来确定一个合理的取值。

(2)局域均匀性的范围与分布。

根据某一碾压段压实数据的变异系数只能对该路段整体质量作出是否均匀的判断,无法判别具体某点的情况,所以只适合施工验收,无法在压实过程中进行质量控制,因为不知道具体哪些区域有问题。对于具体的某一点,就要判断该点是否在均匀范围之内,因此有一个均匀性的取值范围问题。

如何确定均匀性的取值范围,其实是一个很复杂的问题,涉及变异性对上部结构使用性能影响程度的分析,即将路基结构的变异性控制在什么范围之内而对上

部结构不产生显著影响,这需要进行理论分析和长期的实践调查。现初步对均匀性的波动范围采用数理统计的原则进行。即对于某一点的压实测试数据 VCV_i,如果 VCV_i 满足式(6-19)的条件则属于均匀性范畴:

$$VCV_i \in \left[\overline{VCV} - Zs, \ \overline{VCV} + Zs \right] \tag{6-19}$$

式中,Z 为波动系数,依据一定保证率而定;其他参数含义同前。在实际工作中,由于填料不同、工程建设等级不同等因素,对波动系数的取值也必须根据实际情况作出调整。如 $Z=1.645$,对应的保证率为 95%。

上述给出的判定公式,俗称"3σ 原则",在许多工程试验工作中,都用此原则来找出数据的奇异点。如果 VCV_i 不在式(6-19)所示的范围内,则无论超出下限还是上限,都为不均匀点,如图 6-53 和图 6-54 所示。

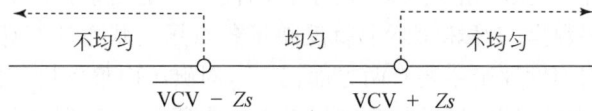

图 6-53　压实均匀的分布范围

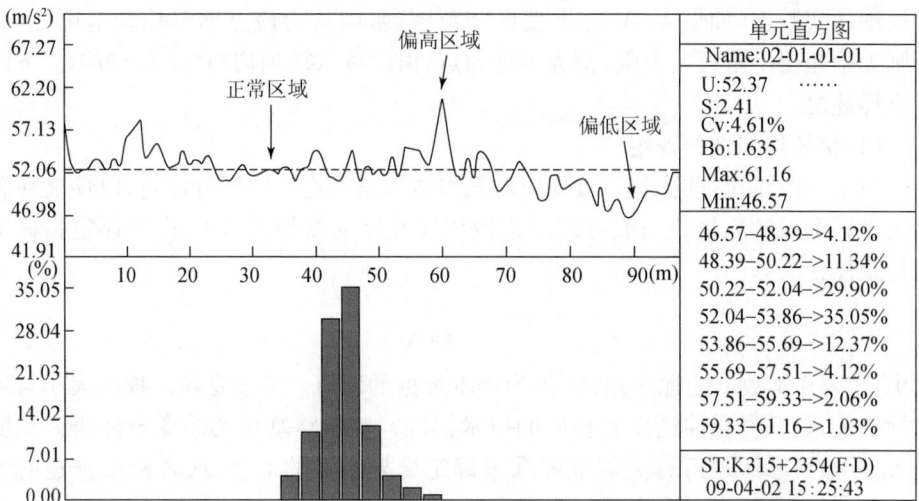

图 6-54　碾压轮迹的 VCV 曲线变化

6.3.5　压实稳定性控制

压实稳定性(compaction stability)是指路基填筑碾压过程中,在振动压路机振动压实工艺参数一定的情况下,路基压实状态随碾压遍数变化的性质。或者说,压实稳定性就是指路基结构在一定吨位及振动参数的振动压路机作用下,其物理力学性能保持不变的能力,与一般结构体的稳定性意义相仿。

按照动力学理论,路基填筑体在碾压过程中的结构模型是变系数的(物理和力学指标都在变化),是一个时变系统。严格地讲,应该用施工力学或者称为时变力学的理论来进行分析,但过于复杂,对于过程监控不实用。路基填筑体的这种结构上的变化反映在变形上,就是发生了体积塑性变形,使干密度变大,颗粒之间的联系得到加强。对于一定的外部作用,即固定压实工艺 $U(P,f,M)$,路基填筑体的结构只能达到一定的压实状态 $X(i)$,再增加碾压遍数也不会有大的改变,所以这就是一种稳定状态。如果这种状态达到设计要求,那么这个压实稳定状态也可以看做一种广义的压实标准。公路规范中对于填石路基以"18t 振动压路机碾压无轮迹"作为判定压实质量的依据,实质就是压实稳定性的判定问题。

1. 影响压实稳定性的关键要素

与前面压实程度和压实稳定性影响因素不同的是,影响压实稳定性的关键要素主要是压实机具与压实工艺,其原因如下。

路基结构的成型是由压实机具——压路机碾压来完成的。实际上,在其结构形成的过程中,随着压实机具的不断作用,尽管填料本身没有变化(压碎的情况除外),但其形成的结构是在不断变化的,最后停在一个相对稳定的结构上。其实质就是路基结构系统内部组分之间的关联方式在发生着变化,抵抗变形的能力在逐渐增大,最后停留在一个稳定的状态上。表现在对压路机的反作用也稳定下来,这一稳定状态可通过振动压路压实作用下的振动压实值变化来体现出来。一般来讲,每一种压路机以及每一种压实工艺都对应着一种压实稳定状态。如图 6-55 所示,16t 的压路机和 18t 的压路机分别对应着不同的压实状态和不同的压实稳定性。

因此,采用不同吨位的压路机、不同的压实工艺参数进行碾压,所得到的稳定压实状态一般都是不相同的。如果采用不同吨位的振动压路机,或其振动参数即 $U(P,f,M)$ 发生变化,则对路基填筑体的作用力也会随之改变,其压实状态也会发生相应调整。每一种振动工艺下都会对应着一个稳定状态,在该振动工艺下,路基结构的压实状态是稳定的——抵抗力保持一定、塑性变形消失。这种现象相当于做平板载荷试验时施加的荷载级别发生了变化,如图 6-56 所示。

2. 压实稳定性控制准则

根据上面的分析,对路基压实稳定性的评定和控制,是基于一定吨位的振动压路机的某一振动工艺进行的。可以根据路基结构抵抗力的变化信息——根据 VCV 的变化信息进行评定与控制,其主要目的之一在于优化压实遍数,避免"过压"或"欠压"现象的发生。

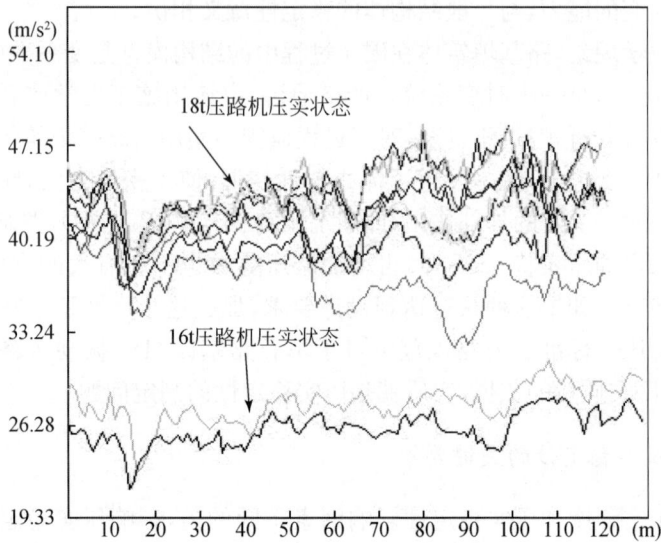

图 6-55　不同压路机作用的压实状态不同

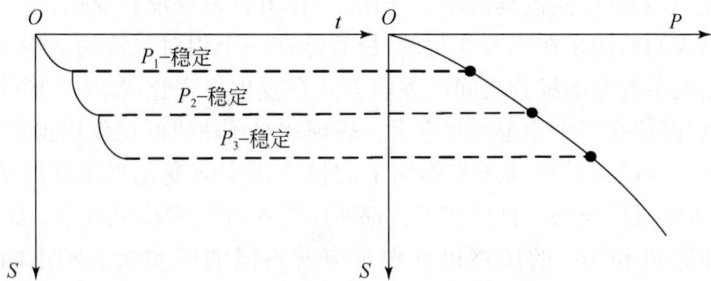

图 6-56　平板载荷试验的加载与稳定

　　根据压实稳定性可以判定压路机是否已经发挥了最大功率,路基填筑体的结构是否达到了稳定状态。其控制准则的制定是根据实际测得的压路机振动压实值的相对大小进行的,即有

$$\Delta VCV = VCV_{i+1} - VCV_i \tag{6-20}$$

式中,ΔVCV 为同一碾压轮迹上前后两遍振动压实值的差值;VCV_{i+1} 为压路机第 $i+1$ 遍碾压时测得的振动压实值;VCV_i 为压路机第 i 遍碾压时测得的振动压实值。

　　ΔVCV 是判定压实稳定性的关键。随着压路机碾压遍数的增加,路基结构的状态由松散向密实状态过渡,由不稳定逐渐向稳定过渡,ΔVCV 也在变化着,理想情况下压实稳定性的评定和控制准则为

$$\Delta F \sim VCV \sim \Delta VCV = 0 \rightarrow \Delta F = 0, \quad \Delta u^p = 0 \tag{6-21}$$

　　根据 $VCV \propto \Delta F$，当 $\Delta VCV = 0$ 时，$\Delta F = 0$，$\Delta u^p = 0$，表明压实机具在该种工艺下的压实功已经发挥到最大，路基的塑性变形、抵抗力和压实状态都不再变化。此时原则上应停止该工艺下的碾压作业了，至于是否达到规定要求，应按照压实程度控制准则作进一步的判定。应该注意，这里所谓的稳定状态是相对的，是相对固定一种压实工艺而言的。

　　上述判断准则是在理想状态下进行的。而实际工程中，由于一般 $\Delta VCV \neq 0$，所以需要对理想准则作出修正。实际压实稳定性按照前后两遍振动压实值数据的变化率进行控制。

$$\frac{\Delta VCV}{VCV_i} \times 100\% \leqslant \delta \qquad (6\text{-}22)$$

式中，δ 为规定的控制精度，如何规定，应视具体情况（工程等级、填料粗细、压路机吨位、参数等）而定。也可以根据相关方程按照对应的常规质量验收指标对应数据的变化率进行确定，如图 6-57 所示。一般可取 $\delta = 1\% \sim 3\%$。

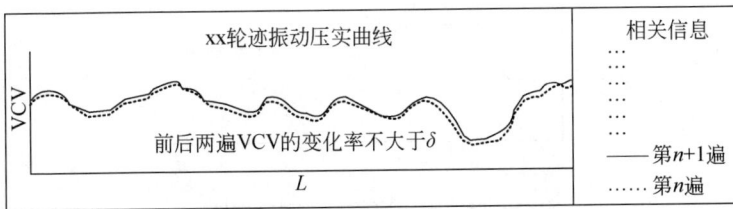

图 6-57　压实稳定性判定与控制示意图

　　压实稳定性控制是在碾压过程中进行的。控制压实稳定性除了可以优化压实工艺外，更重要的目的是控制路基结构的稳定性。在许多情况下，即使压实程度通过，但路基结构不一定是稳定的，在列车或汽车重复荷载长期作用下仍然会处于失稳状态，最终导致路基结构局部发生过大变形（即沉降），因此有必要在碾压过程中控制压实稳定性。原则上路基稳定性应该采用疲劳试验方法进行评定，但比较费时费力。由于在碾压过程中，振动压路机施加给路基结构的是一种重复动荷载，与疲劳试验的加载方式类似，因此振动压实也可以看做一种简易的疲劳试验。此外，还需注意以下事项。

　　(1)由于有些振动压路机正向和反向行驶时振动性能有差异，会导致量测数据的不一致，因此要求采用同一行驶方向的数据进行评定和控制。

　　(2)研究结果表明，随着碾压遍数的增加，路基填筑层由松散向密实状态过渡的过程也是由不稳定逐渐向稳定过渡的过程，其力学参数也由小变大。由于振动压实值与路基结构抵抗力成正比，因此当前后两遍振动压实值差值为零时，相应的路基结构反力的差值也为零，塑性变形停止，表明在该种工艺参数下压路机的压实功已经发挥到最大，路基结构的反力、压实状态和塑性变形都不再变化。此时应该停止该工艺下的碾压作业,但压实是否通过需要由目标值进行判定,没有达到目标值时,应改变压实工艺参数或更换压路机,否则容易将表层压松。

(3)理论上压实稳定性按照前后两遍振动压实值数据差值为零进行控制(即前面的理想准则),但岩土填料在实际操作时控制一定的精度即可。当小于规定精度时即可停止碾压,如图 6-58 所示。如果按照振动压实值的变化率进行控制,可按照不大于 3% 的精度进行。如果采用根据相关方程按照对应的常规质量验收指标数据的变化率进行确定,则一般前后两遍常规质量验收指标数据的变化率不大于5% 时,其压实是稳定的。铁道部相关研究结果表明,地基系数的变化率为 5% 时所对应的振动压实值的变化率为 1%～3%。

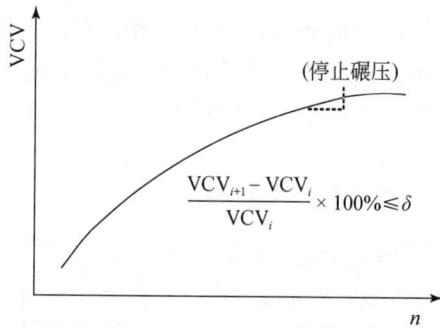

图 6-58　碾压遍数与压实稳定性

3. 反馈控制措施

与前面的反馈控制原理一样,压实稳定性的反馈控制原理如图 6-59 所示。这里的偏差就是前面提到的控制精度 δ。若实际得到的 VCV 变化率不大于规定的 δ,则表明压实是稳定的,不需要再继续碾压,否则就需要采取反馈控制措施——继续碾压,直到满足要求为止。

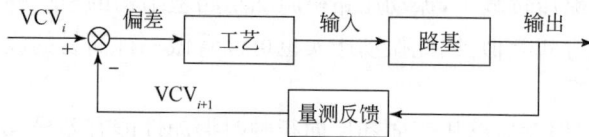

图 6-59　压实稳定性反馈控制图

压实稳定性的处理措施相对比较简单,只要继续碾压到符合要求即可。实际上就是增加碾压遍数的措施。对于填料是否合理,并不能直接反映出来,需要配合压实程度控制予以解决。但有一个简单分析办法,即观察 VCV 随碾压遍数的变化幅度,如图 6-60 所示。如果从碾压初期到末期,其变化幅度都不大,则填料级配不合理的可能性极大。正常的变化规律是"先大后小"。

4. 相关问题讨论

1)ΔVCV 的变化

前面的控制准则主要考虑了 ΔVCV 为零或很小的情况,这是在碾压末期出现的情况。如果前后两遍的振动压实值差异 ΔVCV 较大,又会出现什么问题呢?现在就来讨论这类情况,分两种变化情况讨论。

(1)ΔVCV>0。

这种情况表示后一遍碾压比前一遍会得到更好的压实效果,所形成结构的抵抗力仍在增长,塑性变形变小,填筑体的颗粒在微型调整,关联更加紧密,压实状态处于变化之中,是一种不稳定状态,对应着"欠压"现象。此时一般应该继续碾压,直到 ΔVCV 为零或很小。图 6-60 的实测数据就说明了这种情况。

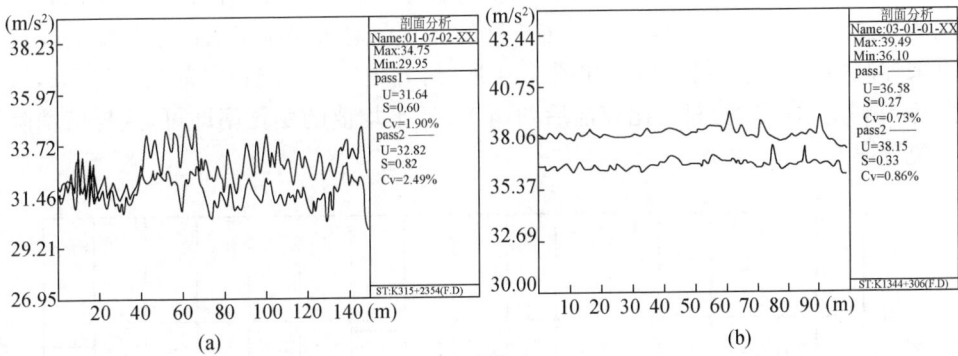

图 6-60　压实稳定性实际例子

一般情况下操作者可以根据实时显示的相邻两遍压实曲线的变化即可初步判定压实是否稳定。图 6-60(a)为某一碾压轮迹上相邻两遍压实曲线的变化情况,可以看出从 20~150m 范围内,后一遍的 VCV 大于前一遍的,表明路基结构抵抗变形的能力在增大,此时应该继续进行碾压作业,直至两遍差值很小。而在前 20m,可以看出相邻两遍的 VCV 差值很小,可以认为在该压路机的压实工艺下已经达到了压实稳定状态,而图(b)则明显看出压实是不稳定的,需要继续碾压。

(2)ΔVCV<0。

这种情况表示后一遍碾压比前一遍的抵抗力要低。说明抵抗力变小,不足以抵抗外部作用,填筑体结构只能通过塑性变形来"屈服",以维持与外界的平衡(功能平衡)。这类现象一般对应着两种原因:其一,结构处于软化阶段,发生剪胀现象,表明所形成的结构已产生了剪切破坏,出现一定的"过压"此时应停止碾压;其二,填料颗粒被压碎,处于旧的结构被破坏,而新的结构在形成阶段。

2）填筑体塑性变形为 0 时 VCV 的变化

当填筑体的塑性变形为 0 时，所形成结构的抵抗力 VCV 不一定恒定，与填料性质密切相关。如果是细粒料，一般当塑性变形为 0 时，所形成结构的抵抗力 VCV 也恒定不变；但如果是粗粒料，则情况比较复杂，所形成结构的抵抗力 VCV 未必恒定不变。这是因为，对于粗粒料，在振动压实作用下，填筑体内部颗粒有一个位置不断调整的过程，此时 VCV 会发生一定变化，但是不一定表现在宏观上发生塑性变形。

3）ΔVCV 的另一种表达方法

上面关于 ΔVCV 的表达中，同一轮迹上前后两遍的 VCV 是"点对点"的，要求前一遍检测点与后一遍的要对上，否则会造成不准。图 6-60 中就出现了这种现象，前后两遍的 VCV 曲线上对应点在位置上有一定偏差，这是由压路机行走误差造成的，需要予以消除（严格定位也意义不大）。

如何消除，可能会有多种办法。采用长度平均法不失为一种较为方便而且实用的方法。在实际操作中，采用一定长度的前后两遍振动压实值的平均值的变化率来控制稳定性更容易一些。如图 6-61 所示，其中每一个统计段落长度为 5m，按照每 5m 取一次平均，只要比较前后两遍 VCV 平均值的变化率即可，这样就消除了位置误差。

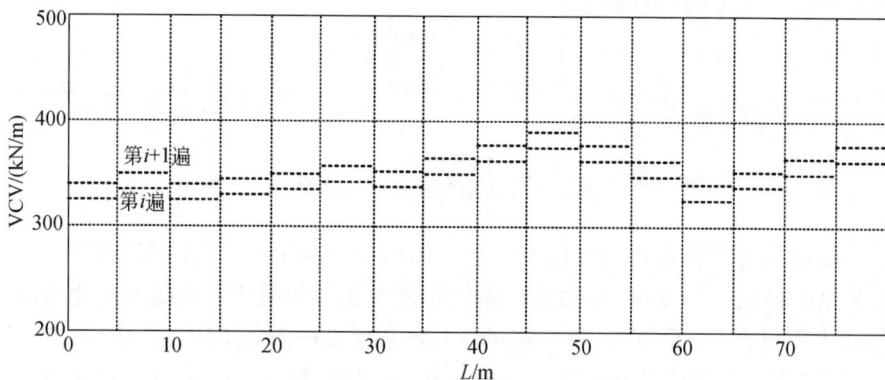

图 6-61　精度控制的长度平均法

6.3.6　压实状态与最小风险验收控制

无论铁路工程还是公路工程，目前路基压实质量的验收检验都是采用"抽样"检测的方式进行，即每隔一定长度抽取几个点进行常规验收指标的检验。但是这种常规抽样检验一般是建立在路基结构性状参数总体服从正态分布的假设基础上的，在这种条件下，随机抽取的"点"具有一定概率意义下的代表性，可以在一定程度上反映该段路基的整体压实质量。

关于"抽样"这种点式检验,其局限性已在第 1 章进行了阐述(图 1-12)。除了费时费力、事后检验等弊端外,大量的实践还表明,在很多情况下(特别是粗粒料填筑),表征路基结构状的参数如密度、地基系数、模量等并不服从正态分布,此时的抽样检验是否具有足够的代表性值得商榷。点式检验的主要问题之一就出现在"检验点"位置的确定上,如何选点,"学问"很大。现场从事检验工作的人一定深有体会,特别是对于粗颗粒的填筑体。

由于抽样点选取的随机性,检验点不一定正好能够选在最薄弱点上(也可能受人为因素干扰,故意不选在质量差的点位上),因此可能会造成"漏检"现象,这实际上增加了路基碾压质量潜在不合格的风险。

1. 影响常规检验质量的关键要素

如果填料是均匀的,那么一般来讲,随机选点检验,其可靠性是很高的,不存在较大问题。如细粒料,除了含水量不均匀外,基本上不存在其他问题。而对于粗粒料,问题较多。如果填料存在变异,尽管前面提出了均匀性控制的原则,但是只能减少不均匀性,并不能彻底消除。因此,还是存在一些相对不均匀的区域,这就给常规检验的选点工作带来一定的弊端。选在比较好的地方,验收容易通过,反之选在较软弱的地方,验收可能就不合格。而对于发现的不合格点,现行规范采取的是"一票否决制",认为该段路基质量整体就不合格,但实际可能只是存在一些不合格的区域而已。出现这样的问题也是有客观原因的,主要是常规检测很难确定出不合格区域的范围。而连续压实控制(检测)正是克服了常规方法的这种局限性。

由以上分析可以看出,影响常规验收检验质量的关键要素就是如何选择待检区域,确定"检验点"位置是其关键。待检区域选择得好坏、是否合理,直接影响到对整体质量的评定。由于连续压实检测可能得到碾压面上每一点的压实信息,因此,充分利用这些数据信息,将碾压面的压实状态(相当于样本空间)重新进行分组,则可以识别出不同的压实状态及其分布,这样就可以解决常规验收检验的位置选择问题。

2. 压实状态分级与最小风险控制准则

如何将不合格的风险降低到最低程度是一个值得研究的问题。由于连续压实控制技术可以对路基碾压面进行连续的量测和检测,提供了路基碾压面上的每一点的压实质量信息。因此可以将常规检验与连续检测结合起来使用,也就是把过程控制和结果控制有机地结合在一起,共同提高路基填筑体的压实质量,降低路基施工质量不合格的风险。

鉴于此,提出辅助检验验收的"最小风险控制法"。这种方法的核心就是按照连续压实质量平面分布图来选取一定面积的 VCV 低值区域(由于常规检验以点为单位,为方便表述,这里也可以将薄弱区说成是薄弱点)进行验收检验。只要在该区域进行的常规检验合格即可判定该路段全部合格。这种做法比常规的随机抽样方法更具有针对性,做到了有的放矢,避免了盲目性,提高了验收的准确性,最大限度地降低了路基压实质量存在问题的风险,因此是一种最小风险控制法。

采用"最小风险控制法"的依据就是连续检测的 VCV 与常规检验指标之间具有统计学意义上的正相关性——只要最低区域合格,则其他区域也是合格的。

1)压实状态分级

按照薄弱点检验控制法进行验收检验,首先要确定什么是薄弱点以及具体位置分布情况,这实际上就是确定一种压实状态的分布状况。所谓压实状态分布,就是路基填筑碾压过程中,路基结构在压路机作用下,碾压面上各点所呈现出的物理力学性状。

由于碾压面上每一点的物理力学性状都可能存在差异,因此,表征各点性状的压实状态(变量)都有可能不完全相同。如果把性状差别不大的各点归为一类,算做同一种压实状态,这就是压实状态分级的概念。因此,首先将压实状态分级,然后再确定碾压面上的分布状况,比直接按照实际的性状差异确定其分布要简单明了一些。

确定压实状态分布主要有两个目的。其一是提供碾压面上不同压实状态区域的大小和分布位置,供有关单位在了解路基压实质量分布状况时使用。其二是确定压实薄弱区域,为压实质量验收服务。

对压实状态采用不同的分级方法,所得到的压实状态分布是不同的。图 6-62 就是很好的说明。图 6-62(a)是按照目标值进行的分级,以[VCV]为界限分为两级,这实际就是压实程度分布图,不合格是一级,合格是一级。但是这种分级方法存在一些问题,例如,以目标值为[VCV]=400 进行分级,低于 400 的如 390、380、350……都划分为一级,显得过于粗,VCV=390 和 VCV=350 的压实状态显然是有很大区别的。因此,需要对压实状态进行细化分级。图 6-62(b)就是根据 VCV 的大小,按照一定级差进行的分级,可见会出现多个压实状态,更好地表征了碾压面的物理力学性质的分布情况。

因此,这里采用第二种分级方法。首先,对碾压面连续压实质量检测取得的数据按照从低值到高值的顺序进行排序,满足如下关系式:

$$\text{VCV}_i < \text{VCV}_{i+1}$$

式中,$i=1,2,\cdots,n$ 为碾压面检测单元数量。注意这里 VCV_i 的表述与前面的压实稳定性中的含义不一样,注意区分。

其次,排序后的连续压实质量检测数据序列应以一定的间隔进行分组,数据分组采用以下方式进行:

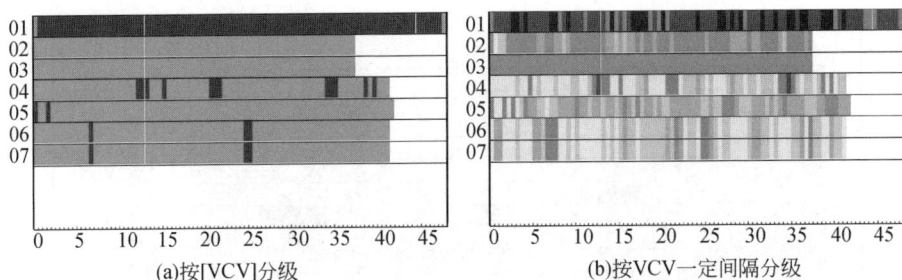

(a)按[VCV]分级　　　　　　　　(b)按VCV一定间隔分级

图 6-62　不同方法分级的效果

$$(VCV_i,VCV_i+\Delta)$$

式中,Δ 为分组间距,具体应根据实际情况确定。例如,可根据相关方程按照不超过对应的常规质量验收指标合格值 20% 的变化率进行确定。

最后,将分组数据按照由低值到高值的顺序和相应的位置进行图示和分布,以形成碾压面压实状态分布图,其中每一分组代表一种压实状态。图 6-62(b)就是按照这种方法进行分级所得到的压实状态分布图。

选择合适的组间距对连续压实检测数据的分组是非常重要的。组间距的选择主要还是根据振动压实值与常规质量验收指标之间的相关关系,由常规质量验收指标允许的变化率进行确定。标准 TB 10108—2011 中规定常规质量验收指标允许的变化率不超过合格值的 20% 主要是考虑了工程应用的实用性。变化率越小,其压实状态划分的数量就越多,精度也就越高,使用者可以根据实际情况在此基础上制定更高的划分精度。

2)压实薄弱区与检验控制

有了压实状态分布图,就可以确定压实薄弱区(点)。所谓压实薄弱区是一个相对概念,与压实合格与否并无直接关联。对于一个碾压面的所有振动压实值数据,经过适当的分组,其低值区域就是压实质量的薄弱区域,从最低值分组开始,可以依次称为压实质量最薄弱区域、次薄弱区域……因此,这里的压实薄弱区是指碾压面上压实状态分布中的相对低值分组区,如图 6-63 所示,共分 3 级。

对于常规验收检验,如果从压实质量的最薄弱区域开始进行,则会有效地控制碾压质量,连续压实控制确定的压实薄弱区也是常规检验控制的薄弱区(点),因为二者有统计学意义下的正相关性。

选择压实最薄弱区进行常规验收检验,如果合格,则整个碾压面就是合格的;如果不合格,则可以知道不合格区域的位置及大小,有针对性地进行工程处理就可以了,而不必将整个碾压面都进行处理,这就是最小风险控制准则。这种控制显然比采用随机抽样检验控制更有针对性,并且能够确定不合格区域的位置和范围,这

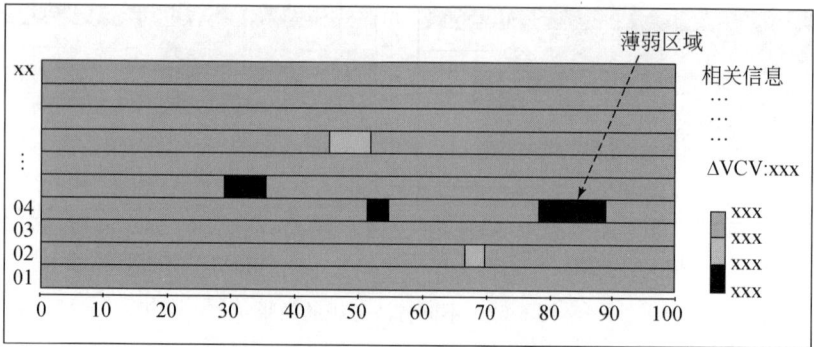

图 6-63　压实状态分布与薄弱区域示意图

就将连续压实控制和常规检验控制有机地结合起来了,将是今后压实质量控制的一个发展方向。

需要注意的是,在选择压实薄弱区时,其区域面积大小并没有严格限制,这与压实程度中对不通过区域面积的规定有所不同,只需从最低薄弱区开始进行检验就可以了,是否需要进行工程处理见下面的论述。

3. 反馈控制

有了前面的基础,就不难给出压实质量常规检验的反馈控制图了,如图 6-64 所示。抽样检验在路基压实的薄弱区进行,得到检验结果后,经反馈与常规标准值(控制值)比较。若合格,则结束检验工作;若不合格(存在偏差),则应在次薄弱区内继续选点进行常规检验⋯⋯直到出现合格区域为止。然后对合格区域之前的薄弱区域视连续分布面积的大小分别对待,面积较大的区域需要进行工程处理。这样做是为了防止出现"漏检"现象。关于多大的不合格面积需要处理,暂无具体规定,需要根据公路和铁路等级以及相关要求综合考虑。一般不合格面积超过 $5m^2$ 就应该考虑处理问题。

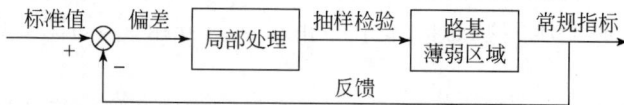

图 6-64　验收检验的反馈控制图

鉴于最小风险控制法的重要性,这里再给出一个完整的最小风险控制法流程图,如图 6-65 所示。图 6-65 比较清晰地按照实际工作顺序给出了如何实施最小风险控制的全过程。

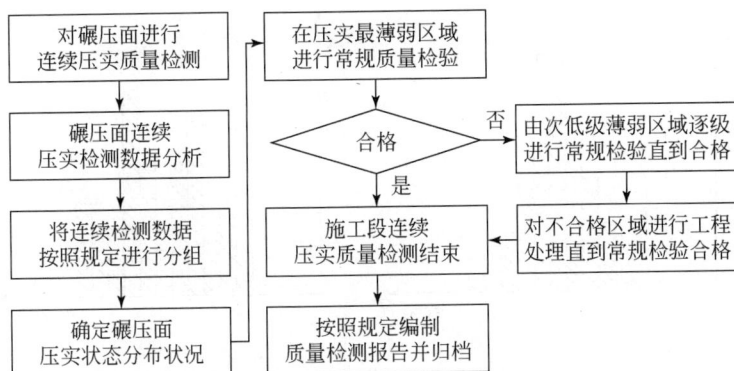

图 6-65 最小风险控制法流程图

4. 关于常规检验数量的讨论

在引入连续压实控制技术之后,很多人比较关心还做不做常规检验以及检验数量是否减少的问题。实际上,这二者并不矛盾,连续压实控制比较侧重于碾压过程控制,而常规检测则更侧重于碾压结果验收。若能将二者有机地结合起来,对压实质量全过程控制会起到更大的作用。下面首先研究路基填筑体特征对常规检验的检验点与检验数量的影响问题。

1)路基结构的不均匀性对常规检验点及数量的影响

路基结构的不均匀性不但对上部结构产生影响,同时对于路基结构本身,还存在一个影响抽样检验的问题,涉及抽样点能否真正反映该段路基性能的问题。

目前规范中规定了路基压实质量常规检验的数量,如每 100m 检查 4 个 K_{30},中间 2 个,边上 2 个。这是从统计学的角度进行的规定,隐含一个前提条件——总体应该符合正态分布,如图 6-66(a)所示。即使这样,也有一个常规检测数量与碾压面长度以及面积之间的对应关系问题。下面举例说明。

假设路基长度为 100m,宽度为 20m,则该段路基碾压面的面积为 2000m²。采用振动压路机进行连续测试,如果一个连续检测单元的面积为 1.0m²,则这样该路段将被分割成 2000 个检测单元,同时认为一个检测单元内的性能是均匀的,如图 6-67 所示。

由此可知,该路段样本容量为 2000,如果按 4 点抽样进行常规检测(其实际面积远小于 1.0m²,此处仍按 1.0m² 考虑),则抽样率为 0.2%;若抽样数量为 8 个点,则抽样率为 0.4%;若抽样数量为 2 个点,则抽样率为 0.1%。可见对于容量为 2000 的样本集合,抽样是 4 个还是 8 个或 2 个,从概率的角度看,影响并不是太大。

按照实际情况考虑,如果是平板载荷试验,其面积为 0.07m²,那么该路段的样本容量则为 28571,此时 4 个点的抽样率为 0.014%,8 个点的抽样率为 0.028%,2

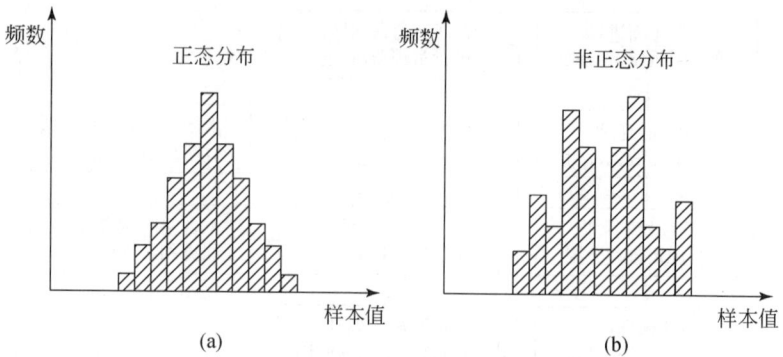

图 6-66 均匀性较好与不好时的样本直方图

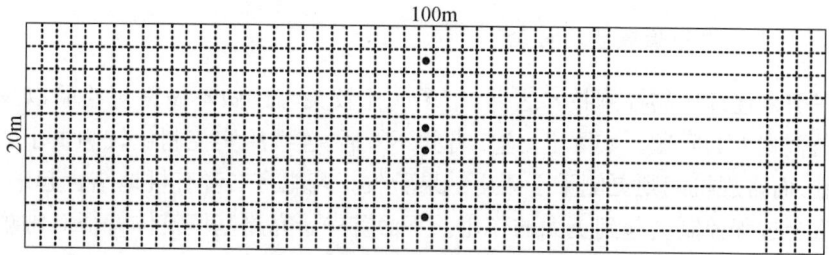

图 6-67 路基碾压面检测单元的划分

个点的抽样率为 0.007%，即使增加到 20 个点，其抽样率也只有 0.07%，可见其差别是不大的。

通过上述分析可知，常规检测能否控制住质量的关键并非是数量问题，关键是抽样点能否具有代表性。如果具有代表性，则抽样率大一点或者小一点，问题都不大。而抽样点具有较好的代表性的主要条件之一就是样本总体符合正态分布。

图 6-68 是对几个碾压轮迹的 VCV 的实际测量结果。可以看出，图（a）和（b）可以勉强认为近似符合正态分布，图（c）和（d）则明显不是正态分布。若进行抽样检验，后两个轮迹很可能检测不到薄弱点。因此从进行随机抽样检验的角度看，也要求路基结构性能应该是均匀分布的，但很难做到。

如果碾压面的性状是不均匀分布的，则该路段实际上就不是一个总体，而是多个总体问题[图 6-68（c），可以近似看成 2 个正态分布的总体]。此时随意进行抽样点检测，未必就能将不同样本的实际情况都反映出来，可能存在"漏检"问题。但是，如果能将多个总体识别出来，分别进行质量验收，或者有针对性地对性能比较差的样本进行质量验收，则还是能够控制住压实质量的。关键是如何识别不同的样本总体，这一点依靠常规检测是做不到的，但却是连续检测的擅长之处。可以通过压实状态分布图将不同样本容量和分布位置都识别出来。最小风险控制法实际

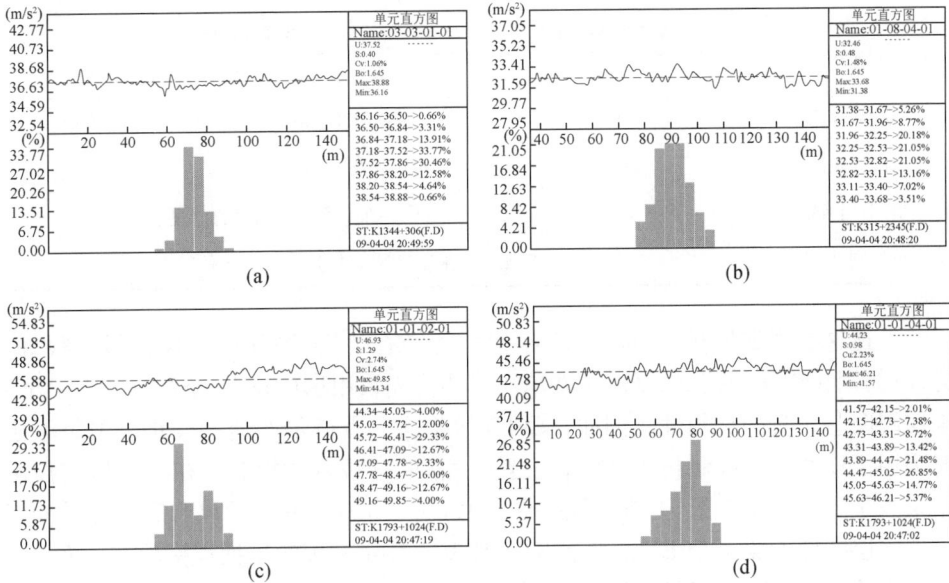

图 6-68 实测路基压实数据的直方图

上就是针对性能比较差的样本进行的质量验收。

2)常规检验数量与连续压实控制

目前采用连续压实控制技术进行的质量检测还不是质量验收检测,仍然需要采用常规检测手段进行验收检测,并且检测数量并没有减少。那么在采用连续压实控制技术之后,是否可以减少常规检测数量呢?答案是肯定的。

尽管由于使用的加载设备——振动压路机的型号和振动参数不统一,导致不同振动压路机的检测结果各异,但由于振动压实值与常规质量验收指标之间具有正相关性,即最小振动压实值对应着最小常规质量验收指标值,因此碾压面的压实最薄弱区域的常规质量验收指标值也是最低的,这是将薄弱区域作为常规质量验收区域的主要依据。在对填筑体进行压实质量验收时,目前我国的行业标准只要求部分常规质量检验点选在压实薄弱区域内,而没有减少常规检测数量,主要原因在于这项新技术还处于刚刚推广应用阶段,但发展趋势肯定是向着减少常规检测数量的方向前进。因为前面已经分析,控制路基压实质量的关键并不完全在抽样率上,抽样点是否具有代表性才是问题的关键。由于连续检测能将具有代表性的压实薄弱区识别出来,也就是将性能最差的总体识别出来并进行控制,所以从长远看,减少常规检测数量是势在必行的。

实际上,国外规范中关于在压实薄弱区域内进行常规质量检测的规定数量并不是很多,不同国家的规定不尽相同,见表 6-3。

表 6-3　国外压实薄弱区域特征与常规检测数量

国家	薄弱区域特征	常规质量检测	
	面积	薄弱区域数量	常规检测数量
瑞典-规范	10m²	2 处/5000m²	2 组/5000m²
德国-规范	10m²	3 处/5000m²	3 组/5000m²
美国-州暂定	6m²	抽检数量按常规检测规定执行	
奥地利-规范	只规定了在最薄弱区域进行常规检测		

上述这些规定早在 20 世纪 90 年代就已经有了（美国除外），执行得也很好。另外，德国在铁路规范 Ril 836 中要求尽可能优先采用这项技术（德国称为 FDVK）来控制路基压实的均匀性。例如，德国在纽伦堡—因格尔斯达特线路基填筑碾压时采用了连续压实控制技术，同时进行了少量的常规点式检验。在连续压实控制结果满足要求的情况下，要求沿线路纵向每 300~500m，基床顶层和底层部位的每一填筑层抽样检验 1 个 E_{v2} 和 1 个 K，而路基本体每一填筑层抽样检验 1 个 K。

当然，国外施工质量还是普遍高于我国的施工水平的。高质量的施工水平加上控制压实的薄弱区域，其控制结果会更好。我国的施工水平现状更需要有针对性的压实质量控制。

6.3.7　两种控制结果的一致性

在采用连续压实控制技术之后，对路基填筑体实施连续压实控制时，其压实程度的控制是采用目标值进行的，而目标值是根据相关校验试验得到的。从前面的相关试验结果可以看出，连续检测数据与常规检测数据只是在统计学意义上具有一定的相关性，并不是纯粹的线性关系。由于过程控制采用连续压实控制，而质量验收采用常规检验手段，尽管二者在统计学上具有相关性，但是由于建立的回归方程是统计学意义上的，实测数据之间的对应关系总是会有一定离散性的，这就有一个两种检测结果的一致性问题。

由回归方程确定的连续压实控制目标值与常规控制值之间并非一一对应关系，可能存在二者不完全一致的现象，实际控制时如何处理一致性的问题是比较复杂的，采用概率统计学方法解决可能更好一些，这里仅作一些简单分析。

1. 目标值附近的临界点效应

如前所述，连续压实控制的目标值[VCV]是依据相关校验得到的相关方程、根据常规控制指标的控制值带入其中而确定的。根据相关方程，连续控制的目标值与常规控制值之间存在一一对应关系，但这是数学上的假象，实际上并非如此。因为相关方程是一个概率意义下的统计回归方程，本身就不是确定性关系，具有统计学下的概率意义。一般而言,连续控制的目标值所具有的可靠性与其相关系数有很大关系,相关系数越大,其可靠性也就越高。因此,根据相关方程得到的由这种控制准则所确定出的压实程度也具有一定的概率意义,应该以统计学观点理解和使用,不能当成确定性问题看待,即不存在——对应的问题。

如图 6-69 所示,从表面上看,连续压实的目标值[VCV]=343kN/m 与 K_{30} 的标准控制值[K_{30}]=130MPa/m 是一一对应关系,但实际情况却不是这样。如果实际测试得出的 VCV=343,但正真实测得到的 K_{30} 一般不会是 130,可能会是 140或者 120 等。这种现象正是统计关系所引起的离散性偏差所致。可以把这种情况称为临界点效应——在目标值这个临界点附近存在压实程度判定的不确定性问题。因此,当实测的 VCV 等于目标值[VCV]时,并不能保证对应的常规指标一定就是控制值,可能存在一个值对应多个值的问题。即在目标值附近有可能出现常规检测合格而连续检测不合格或连续检测合格而常规检测不合格问题,这正是回归方程的统计学特征所引起的现象。

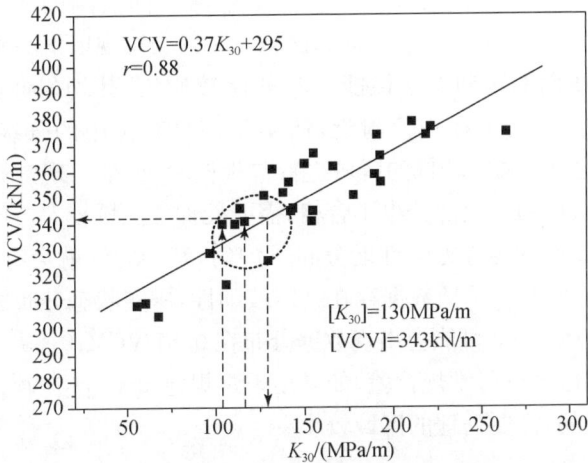

$$VCV=0.37K_{30}+295$$
$$r=0.88$$

$$[K_{30}]=130MPa/m$$
$$[VCV]=343kN/m$$

图 6-69　目标值附近的临界点效应

在出现临界点效应的情况下,通常还是以常规检测结果为最准(因为目前验收标准是常规检测)。但这并不说常规检测一定是符合要求的,因为实际中存在大量的例子说明在某一点检测到的 K_{30} 为 130,离开 0.5m 后检测值有可能就是 125 或是 140,这也是常规点式检测的弊端。但由于这是目前规范规定的最终检验办法,所以目前还是以此作为最终判定的手段。

需要说明的是,临界点效应只出现在目标值区域附近。当远离目标值时,检测是准确的。例如,当 VCV=290kN/m 时,此时尽管有离散性,但常规检测的 K_{30} 也一定是小的、不合格的;而 VCV=370kN/m 时,常规检测的 K_{30} 也一定是大的、合格的。因此,除了临界点区域外,尽管相关关系存在一定的离散性,但是检测结果还是可靠的。压实质量控制最根本的目的还是要防止和控制压实状态最低区域的出现,而这种区域一般都是远离目标值区域的。

除了上述处理办法外,另外一种处理方式就是引进可靠度的概念,可以将目标值降低一些,如降低 10%,即将目标值设定为 0.90[VCV],这样在一定程度可以减少由统计关系而造成的离散性所引起的不一致现象,国外相关标准中有类似的基于统计学的规定。如德国的 10%-最小分位点法,但前提条件是样本总体(连续压实数据全体)必须符合正态分布,显然对于具有变异性的碾压面并不适用。

2. 在压实薄弱区的判定问题

压实程度是依据相关试验确定的目标值进行判定的,所形成的压实程度分布图受目标值的影响较大,属于一种主观控制。而压实薄弱区是根据碾压面上 VCV 数据的大小进行划分的,与目标值并没有过多的联系,属于一种客观分布图,更能体现压实状态的状况,二者的区别参见图 6-62。

在实施压实均匀性控制后,要求整个路基碾压面实测的 VCV 数据不小于 0.80 $\overline{\text{VCV}}$,这就保证了不会出现过低的区域。一般会出现以下两种情况。

(1)如果碾压面的物理力学性能分布的比较均匀,其均匀性就会较高,VCV 数据波动不会很大,集中在均值附近,压实状态分布图中的分级数目就会减少[图 6-70(a)],此时在相对较低的区域进行常规检验,如果出现常规检验不合格的情况,可能整个碾压面的大部分也不合格,需要处理的区域较大。反之亦然。

(2)如果碾压面的物理力学性能分布不均匀,其均匀性就会有所降低(但仍然满足均匀性控制要求),VCV 数据存在一定波动性,压实状态分布图中的分级数目相对较多[图 6-70(b)]。可能会出现数据分布在 0.81 $\overline{\text{VCV}}$、0.83 $\overline{\text{VCV}}$ 等区域。此时在相对较低的区域进行常规检验,如果出现常规检验不合格的情况,那么合格区域的面积是有限的,需要处理的区域较小。

6.3.8 碾压中的控制顺序

原则上,在填筑体碾压控制过程中,对压实程度、压实均匀性和压实稳定性三方面是同时进行的,不存在控制顺序问题。但是在实践过程中发现,按照压实稳定性、压实均匀性、压实程度的顺序进行控制可能会更方便、更实用一些。

如 6.3.5 节所述,压实稳定性是路基填筑碾压过程中,在振动压路机振动压实工艺参数一定的情况下,路基压实状态(振动压实值)随碾压遍数变化的性质。一般来讲,随着碾压遍数的增加,VCV 也由小到大地发生变化,填筑体的塑性变形则由大到小地变化着,如果 VCV 一定,则意味着填筑体的抵抗力不再变化,根据力与变形的关系,此时不会发生塑性变形,压实处于一种稳定状态,如果压实均匀性也满足要求,根据实践经验,一般压实程度也会满足要求。

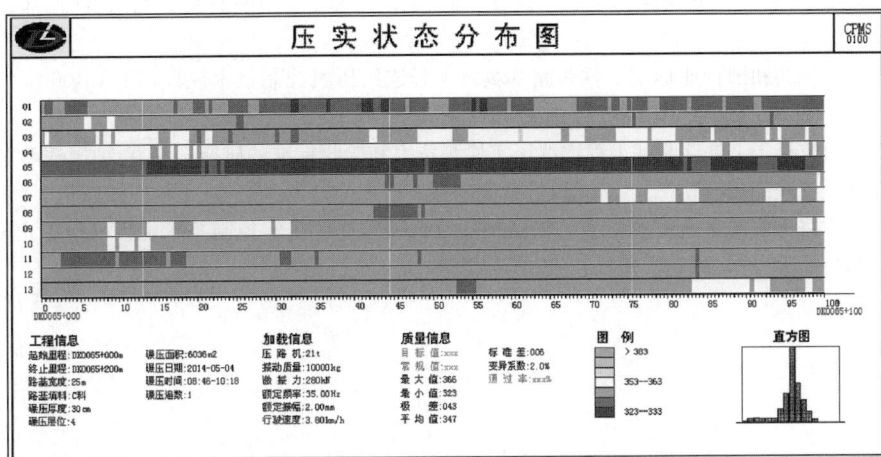

(a)

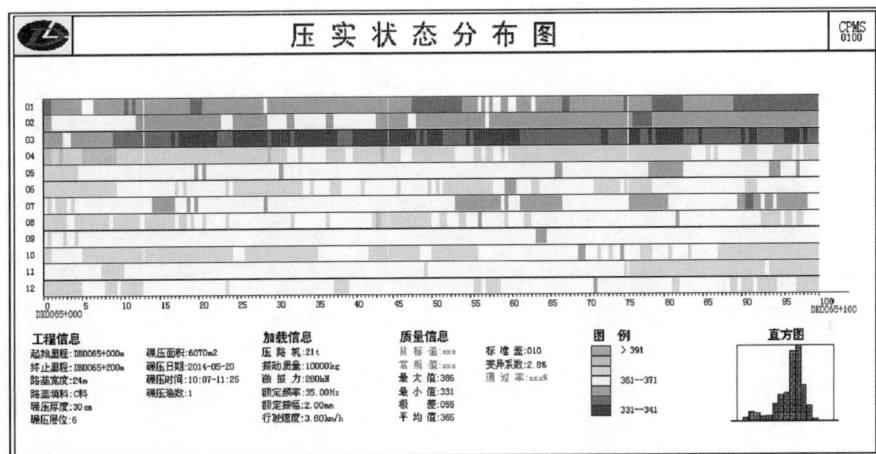

(b)

图 6-70 均匀性与压实状态分布图的分级

但是,在进行压实稳定性控制时需要注意一种情况,有时 VCV 并不随碾压遍数而发生太大的变化,此时特别需要注意。

参 考 文 献

[1]刘豹. 现代控制理论. 第 2 版. 北京:机械工业出版社,2004.

[2]徐光辉. 路基系统形成过程动态监控技术. 成都:西南交通大学博士学位论文,2005.

[3]课题研究报告. 沈大高速公路改扩建工程路基压实质量过程控制技术的研究. 沈阳:辽宁省交通厅,2004.

[4]课题研究报告. 高速铁路路基连续压实检验控制技术与装备研究. 北京:铁道部科技司,2010.

[5]课题研究报告. 铁路路基工程连续压实检测技术规程编制的研究. 北京:铁道部建设司,2011.

[6]中华人民共和国行业标准. 铁路路基填筑工程连续压实控制技术规程(TB 10108—2011、J1355—2011). 北京:中国铁道出版社,2012.

[7]课题研究报告. 铁路路基工程连续压实检测技术和验收标准的研究. 北京:中国铁路总公司建设管理部,2015.

[8]中国铁路总公司企业行业标准. 铁路路基填筑工程连续压实控制技术规程(Q/CR9210—2015). 北京:中国铁道出版社,2015.

第7章 工 程 应 用

第1~6章对连续压实控制技术的动力学体系进行了全面阐述,都是在为具体工程应用作准备。连续压实控制技术在我国还处于起步阶段,它的最大优点在于对整个碾压过程进行的"面的"连续控制。本项技术取得的成果,除了十几年的研发努力外,更与各部门各级领导的关心、专家的指导和多个合作单位的大力支持密不可分,是多个学科、多个专业、多个部门共同努力的结果。

为了使广大读者对连续压实控制技术如何在实际工程中进行应用有一个全面的了解,本章将以实际工程为背景,以实测资料为依据,详细阐述如何在工程实践中使用这项技术。这一部分既是工程应用实例,同时可作为连续压实控制技术的应用指南。

7.1 概 述

在我国开展连续压实控制技术的研究与应用也有近20年的时间了。这里首先对这一过程作一个简单回顾,可以看到一项技术从立项研究到真正工程应用的一个漫长历程;其次,简单介绍一些在工程实践中使用连续压实控制技术的各个操作流程(步骤),让读者有一个宏观上的了解[1-9]。

7.1.1 应用回顾

连续压实控制技术重在应用。前面阐述的所有理论基础都是为实践服务的,必须放到实践中检验。1994~2004年,以动力学方法为核心的连续压实控制技术先后在黑龙江省、吉林省、辽宁省的多条高等级公路建设中进行了试验性的应用,如黑龙江省的哈尔滨至绥芬河一级公路碎石土路基(1994),哈尔滨至绥化一级公路二灰碎石基层(1999);吉林省的通化至白城一级公路级配碎石基层(2000),长春至扶余高速公路二灰碎石基层(2001),长春至浑春一级公路碎石土路基(2004);辽宁省的沈阳至山海关高速公路二灰碎石基层(1998),沈阳至大连高速公路改扩建路基拓宽(2002)等。此外,还在沥青路面的施工碾压中进行了一些应用,如长春至扶余高速公路、沈阳至铁岭高速公路等,但涉及温度等诸多问题,情况更为复杂,将另文详述。

在高等级公路建设中,路基填料除了少部分为细颗粒填料外,大部分都为碎石类或土石混填类。这类填料的特点是:常规检测很难进行,或者其精度不高。这是由填料颗粒尺寸所决定的。对于不同粒径的填料,其连续压实控制方式也要随填料颗粒的变化而有所不同,以适应现场实际情况。

当填料颗粒较细时,一般还是可以进行常规检测的。此时可以采用连续控制指标与弯沉或模量进行相关校验,取得连续压实控制目标值后再进行压实程度控制,并可以进行正常的压实均匀性和压实稳定性控制。当填料颗粒较粗时,此时如果进行常规检测,其精度是很低的或者根本无法进行,因此一般不再进行弯沉、压实度或模量等常规指标的检测。这种条件下也就无法进行相关校验了,需要改变控制方式。一般来讲,在这种情况下,除了可以进行压实均匀性控制外,还可以采用压实稳定性的判定方法进行压实程度的控制,其实质就是控制路基结构在振动压路机作用下不再发生塑性变形,也就是公路路基规范中所规定的"轮迹控制法"。此外,也可以在已经碾压完毕、并且是合格的路段上连续检测,取得一个平均目标值,在后续施工段中进行使用,并且要根据实际情况对目标值做出一定的修正。

从 2008 年开始,这项技术在我国铁路建设中应用,先后在哈尔滨至大连高速铁路、北京至上海高速铁路、成都至都江堰城际铁路的路基施工中进行了试验性应用。对连续压实控制指标 VCV 与常规控制指标 K_{30}、E_{v2}、E_{vd} 之间的相关关系进行了近千组的对比试验,得到的相关系数大都在 0.75 以上,取得了连续控制指标与铁路现行控制指标的一致性。在此基础上,从 2010 年开始,在兰州至新疆铁路第二线的路基施工中进行了正式的工程实际应用,同时从压实程度、压实均匀性和压实稳定性三个方面进行了连续控制。这些工程实践为制定我国首部填筑工程领域的国家行业标准《铁路路基填筑工程连续压实控制技术规程》(TB 10108—2011)提供了许多第一手资料,奠定了一定的编制基础。

随着国家行业标准(TB 10108—2011)的颁布实施,也就是从 2012 年开始,该项技术在我国的铁路建设中进行了技术推广和工程应用,已在上海至昆明高速铁路、贵州至广州高速铁路建设中普遍采用,其使用过程严格执行标准 TB 10108—2011。2013 年 3 月,由原铁道部签发的铁总办[2013]3 号文件把"连续压实控制技术"作为四项新技术之一,计划在我国铁路建设中全面采用。目前一些计划开工的铁路项目,都在招标文件里明确了必须采用连续压实控制技术的相关规定。这些举措对于提高我国铁路路基整体工程质量水平起到了重要作用。从重视结果验收转变到加强质量过程控制,这不仅是控制方式的改变,更重要的是思想的转变。

2013 年,连续压实控制技术在甘肃省成州机场项目中也开始进行工程应用。该项目的机场道面最大填高达 60m,填筑压实质量控制成为保证其工程质量的关键手段。在进行填料的连续压实控制过程中,结合机场工程相关标准,并参照执行了标准 TB 10108—2011 进行了实施。此外,在深圳填海造地(2008)、哈尔滨群力开发区道路建设(强夯处理)(2006)中也都有工程应用。

2013 年 7 月,交通运输部批准编制国家行业标准——《公路路基填筑工程连续压实控制系统技术要求》。多个省在一些公路建设中开始采用连续压实控制技术进行碾压质量控制。相信未来连续压实控制技术将在我国填筑工程领域建设中会得到越来越多的实际应用。

7.1.2 操作流程

连续压实控制技术既有动力学检测的技术特征，又有施工过程监控的工程特征。因此，在实际使用时也要遵循这一原则。具体来讲，这项技术的操作流程或者说步骤，是按照动力学试验要求和路基填筑碾压的施工顺序编排的。在对路基填筑体实施连续压实控制时，一般需要按照四个操作工艺流程（步骤）进行，即设备检查、相关校验、过程控制和质量检测（图 7-1）。

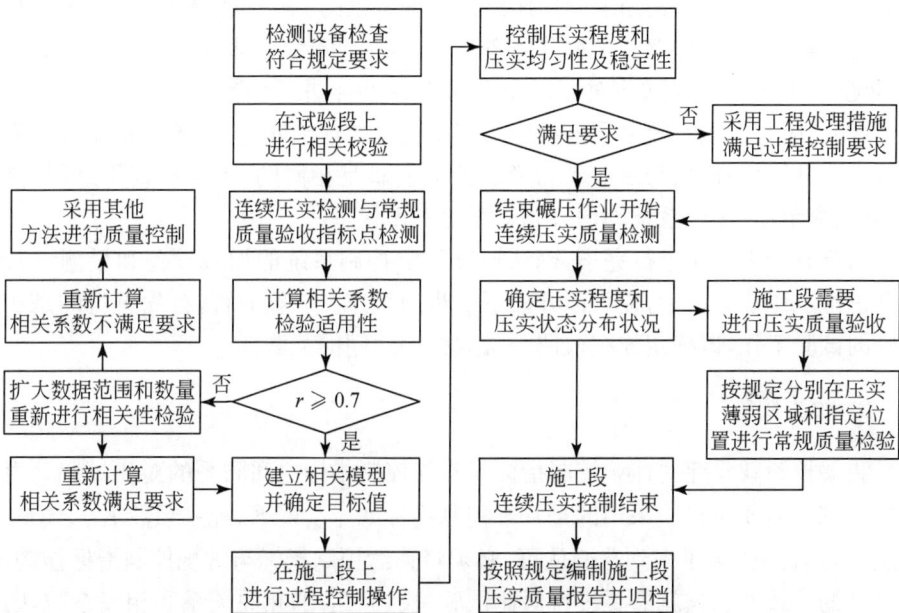

图 7-1 连续压实控制工艺流程图

1. 设备检查

连续压实控制系统包括加载设备（振动压路机）、量测设备和相关软件。设备检查就是在使用前对连续压实控制系统中的加载设备——振动压路机的振动性能和量测设备进行的检测，使之满足一定的技术要求，便于在正式试验测试时不会出现设备方面的问题。这是根据动力学检测的技术特征而提出的要求。

按照动力学试验要求，在正式试验前，对设备进行检查是必不可少的环节，这是涉及试验能否成功的问题。这里所说的设备就是试验设备，包括加载设备和量测设备两部分,它们都必须性能稳定、连接完好。

动力学方法将振动压路机看成动力学试验的加载工具,是对试验对象(原则上包括振动轮和填筑体两部分)的输入设备。动力学试验首先要求施加给试验对象的输入(力)必须是稳定和可知的,否则会引起输出信息(如位移等)的混乱。因此,要求压路机的振动性能、特别是激振力必须是稳定的,而控制的关键要素则为振动频率,要求实测频率与规定值相差满足一定的精度要求。提出上述要求的主要原因是现场施工用的振动压路机来自国内外多个厂商,其性能存在较多的差异,很多压路机的振动性能是不稳定的,特别是一些小厂商的产品。另外,振动压路机存在超期服役问题,一般振动压路机的设计寿命只有 5 年左右,而使用超过 10 年的现象普遍存在,致使压路机的振动性能下降较多,无法达到额定工作状态,影响振动压实效果,当然可以将其当成静力压路机还是可以的。除了上述原因外,还存在许多人为因素的干扰,如驾驶员操作不熟练或者故意降低振动频率等。基于上述原因,要求必须在正式测试前对振动压路机振动性能进行检查,淘汰不适用的压路机,以保证应有的压实效果和连续压实控制技术的正确使用;正式试验前对量测设备也应该进行检查,这与一般动力学试验的要求是相同的,主要检查传感器、仪器连接线、显示器、操作系统等是否处于正常工作状态。

当所有检查工作进行完毕,确认连续压实控制系统的加载设备和量测设备都处于正常工作状态之后,便可以开展下一步的工作。一般而言,首先进行的是相关校验的试验工作,以确定连续检测与常规检测之间的关联性。

2. 相关校验

相关校验就是建立连续控制指标与常规控制指标之间联系的对比试验。由于目前路基压实质量检验采用的是常规控制指标如压实度 K、地基系数 K_{30}、模量 E、弯沉 L 等,因此,为了得到普遍认可,必须将连续控制指标与常规控制指标挂钩,验证二者的一致性。这就需要进行对比试验,找到二者的相关关系和相关系数,因此也称为相关性检验试验。

进行相关校验的目的有两个:第一,由于目前存在多个不相同的量测系统,为确保正确使用,需要验证各量测系统的准确性和可靠性,只有该量测系统的连续指标与常规指标之间的相关性达到一定要求时(如相关系数不小于 0.70),才允许使用这个量测系统;第二,确定连续指标与常规指标的相关方程,取得连续压实控制的目标值,为压实程度控制提供依据。

相关校验试验应选择与后续施工段性质相同的试验路段进行,以保证能够指导后面的施工。一般需要将路基填筑体碾压成几种压实状态,再利用量测系统进行连续量测,找出若干个特征点进行常规试验,然后将两种试验结果放在一起进行回归计算,取得相关系数和回归方程。

当相关系数 $r \geqslant 0.70$ 时,表示相关校验通过。目标振动压实值可以采用相应的线性回归模型进行求解得到。在进行完相关校验试验之后,便可以利用得到的连续压实控制的目标值对后续性质相同施工段的填筑体进行碾压过程控制。

3. 过程控制

过程控制是对路基填筑体碾压进行的全过程质量控制。充分利用连续压实控制技术与振动压路机碾压过程密切结合的优势,施工与检测同步进行,从第一遍碾压到最后一遍碾压,整个过程采用这项技术进行实时、连续的监控。这样就可以对整个碾压面的压实质量有一个全面的了解,便于及时进行工程质量控制和管理,将隐患消灭在施工碾压阶段。

碾压过程的压实质量主要包括压实程度、压实均匀性和压实稳定性三方面的控制内容。这是根据交通基础设施的特点、特别高速铁路的特点而提出的。当然这些控制项目,对于普通铁路、公路以及机场等其他填筑工程也都是适用的。

4. 质量检测

由于在正常碾压时,压路机都采用重叠方式(叠碾方式)——相邻碾压轮迹带之间有相互重叠部分,如两个相邻碾压带之间重叠 1/3 或 1/4 轮宽。这种碾压方式得到的每一个碾压轮迹的测试数据多少都含有相邻轮迹的一些信息。为消除这种影响,一般要求在完成整个碾压面的压实工作后,压路机再按照轮迹不重叠方式(平碾方式)进行一遍连续检测,以确定整个碾压面的压实状态分布图和压实程度分布图。其中确定碾压面压实状态分布图的主要目的是寻找压实薄弱区域,以便在压实薄弱区域内进行常规质量检测。

在碾压结束后,应进行常规质量检测来检验压实质量是否达到规定要求,也就是传统的抽样点检测。但是,在采用连续压实控制技术之后,与传统方法不同的是关于抽样点的选取,一些抽样点必须选在压实薄弱区域内。这样做的最大好处是提高了常规验收的准确性,避免了盲目性,最大限度地降低路基填筑体压实质量存在问题的潜在风险,是一种最小风险控制。

5. 压实质量报告

连续压实控制质量报告并不包含在四个操作流程里面,属于质量控制成果。由于这部分特别重要,这里再单独作一些说明。

连续压实控制质量报告主要包括相关校验报告、过程控制文档、连续质量检测的压实状态分布图和压实程度分布图。考虑质量控制的客观性和公正性,其质量报告是由专门软件直接生成的,全过程无须人为干预,所生成的报告包括纸制报告和电子报告。其中电子报告由二进制数据包组成,需要专用软件才能读取,这就避免了人为因素的参与和修改。这里强调采用电子报告形式的另一个原因是考虑到今后发展信息化施工的需要,同时也更加方便快捷。

7.2 准 备 工 作

连续压实控制的准备工作包括对连续压实控制系统的检查调试、压路机碾压方式以及碾压段的一些相关要求等内容。

7.2.1 设备检查

如前所述,设备检查包括对振动压路机振动性能的检查和量测设备的检查等。这一部分工作是需要在碾压前完成的。

1. 加载设备

在应用连续压实控制技术时,首先就是要在现场检查振动压路机的振动性能,其次还要校核压路机的行走速度。一台不符合要求的振动压路机是不适合进行连续压实测试的,也不适合碾压作业。因为不能提供额定的激振力,会对碾压面施加一个波动的压实力,人为造成压实的不均匀,影响压实效果。由于这个问题很隐蔽,过去没有专门仪器检测这个问题,造成了人们的忽视。实际上是一个很严重的问题,不容忽视。需要注意的是,这里所说的振动性能不稳定,主要是对压路机本身机械性能而言的。由于驾驶员故意降低振动频率的问题属于管理监控问题,不是事先检查就能解决的。

1)振动性能检查

压路机振动性能不稳定问题已经在 6.3 节进行了阐述。检查压路机振动性能实际上主要是检查它的振动频率,因为频率的平方与激振力成正比,频率的变化将导致激振力更大的变化。可以参照以下步骤进行。

(1)按照 4.3.2 节要求和图 7-2 要求安装量测设备(如压实过程监控系统)。这里特别要注意传感器的正确安装,一定要垂直安装在振动轮内机架上。设备的显示屏安装在驾驶室内,信号线要连接正确(有关量测设备检查见下面的叙述)。

(2)选择一定长度的路段(一般不少于 30m),嘱咐驾驶员将油门开到额定位置,开启振动功能。

(3)利用量测设备实时采集振动信号,用信号分析功能显示实测的振动频率,并与压路机额定频率进行比较。

(4)观察实测频率的波动性和数字变化,如果实测频率与额定频率相差不大(如差值小于±0.5Hz),此时波动性也是很小的,可以认为该台压路机振动性能稳定,适用于连续检测和碾压作业。

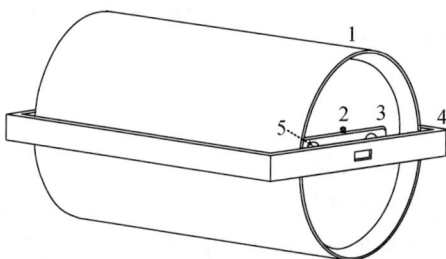

图 7-2　传感器安装位置示意图
1-振动轮；2-传感器；3-内机架；4-外机架；5-减振器

(5)如果实测频率与额定频率相差较大(如差值大于±0.5Hz)，此时需要考虑两种情况：① 实测频率与额定频率之间偏差(一般情况是实测频率降低)很大，但是却很稳定，趋于一个定值，此时需要进行实际压实效果观察，若能满足工程要求，那么在这种情况下还是可以采用的；② 实测频率与额定频率之间偏差很大，并且波动性较大(如上下波动大于1.0Hz)，那么这台压路机不适合进行连续检测和碾压作业。

压路机振动性能检查的关键是要察看振动频率是否稳定、变化是否有规律可循。这样，动力学试验的输入便是可以掌控的。

2)行走速度校核

由于各种原因，压路机实际行走速度与出厂所标识的行走速度是不一样的，所以需要进行校核。这种校核是非常简单的，只需选择好一段已知长度的路段，然后按照碾压速度行走，记录好行走时间，便可以得到实际的行走速度。

2. 量测设备

量测设备属于电子测试仪器，它的检查应该符合国家有关电子测试仪器的相关标准要求。严格的检查应该在振动台上进行，对整个量测系统(硬件和软件)进行整体校准(标定)，应该每年至少进行一次(参见4.2.5节)。但在日常工作中，不必这么严格进行，可以采用简单方法，检查仪器是否连接正常、信号输出正常便可以了。

在每次进行正式测试前，需要将整个量测系统连接好，接通电源，使其处于数据采集状态，用手指敲击传感器的底部(振动传感器尽管是测试振动用的，但是不可拿传感器敲击其他坚硬物体，容易造成损坏)，在显示屏上观察是否有信号、是否正常。量测设备部件的连接松动或供电电压不足，都有可能引起信号的不正确反应或者没有信号。此时应检查仪器部件的连接与接口、电源电压等，使之处于正常工作状态。

这里特别需要提醒注意的是量测设备的供电问题。一般有两种供电方式：自备蓄电池或者利用压路机的直流电源。如果供电电源的电压低于正常值,则有可能引起量测设备的输出信号较小。

7.2.2 碾压与控制方案

在进行完设备检查工作后,便可以制定碾压与控制方案,准备进行连续压实控制工作了。碾压与控制方案包括振动压路机压实工艺参数的确定、碾压方式的确定以及对碾压段的一些相关要求等内容,可与常规的施工组织设计结合起来制定。

1. 压路机工艺参数与自重选择

对于选择好的振动压路机,首先要清楚它的工艺参数情况,一般在操作手册上可以查到。对于连续压实控制,需要确定的主要参数有自重、行走速度、振动质量、振动振幅、激振力、振动轮宽、振动频率。

在上述参数中,压路机的振动质量(严格地讲,振动质量包括振动轮以及上车部分质量的综合,这里理解为振动轮质量即可)、激振力、振动频率构成了振动压实工艺组合,即 $U = (P, f, M)$,当然完整的组合还应加上行走速度。这些参数不但确定了振动压路机的压实工艺,同时也是确定连续压实控制指标 VCV 的重要依据。一般需要将这些参数输入量测系统中,便于调用和计算时使用。

另外一个问题就是如何选择合适的振动压路机,也就是选择多大吨位(自重)的压路机进行碾压测试。一般来讲,振动压路机的自重与压实影响深度密切相关。自重越大,激振力越大,对填筑体的压实影响深度也就越深。现在无论公路还是铁路,对每一碾压层的厚度都有要求,一般要求填筑厚度为 35cm 左右,这个规定与当年振动压路机普遍自重为 12～14t 就有直接关系,代表了当时条件下的机械施工水平。根据已有的工程实践经验,在一般情况下,振动压路机的自重与影响到的碾压深度有一个经验关系,如表 7-1 所示。

表 7-1　振动压路机影响深度参考范围

振动压路机自重/t	10～12	15～17	18～20
平均影响深度/m	0.7～0.8	1.2～1.5	1.5～1.7

表 7-1 给出的影响深度是一个范围,它会随着路基结构刚度的不同而发生变化。一般而言,对于一定自重的压路机,路基结构刚度越大,其影响深度也就越深。因此,在选择振动压路机进行连续压实测试或者碾压时,应根据所要求的量测深度,参照表 7-1 进行合理的选择。此外,压路机自重对于连续量测结果也有影响,同样条件下,自重越大,其量测结果一般也会越大。

2. 碾压方式

振动压路机的碾压方式是指在碾压面上碾压轮迹带时的行走模式。一般而言,可以采用两种方式进行碾压,即重叠碾压(简称叠碾方式)和不重叠碾压(简称平碾方式),如图 7-3 所示。

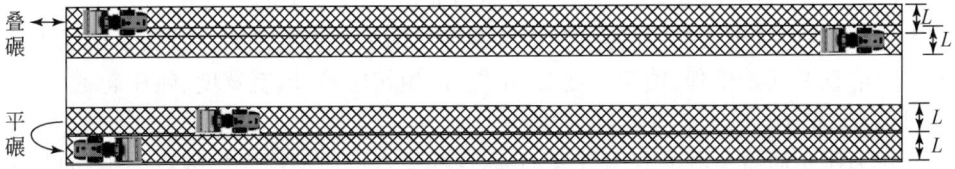

图 7-3 压路机的叠碾与平碾示意图

采用叠碾方式时,压路机从起点沿着一个轮迹前进,到达终点后沿原碾压轮迹倒退碾压至起点处,再进行下一个轮迹的碾压。但与上一个碾压轮迹之间有一部分重合(重叠搭接一部分),再进行"一去一回"的碾压。一般搭接 $L/3$ 左右,其中 L 为振动轮宽度。在工程上习惯把压路机碾压一个轮迹的"一去一回"算做 1 遍(注意:一般量测系统中记录的为 2 遍,正好相差一倍)。而平碾方式则是指压路机从起点沿着一个轮迹前进,到达终点后掉头,与上一个轮迹带不重叠搭接,仍然采用前进方式进行下一个轮迹的碾压。

请注意图 7-4 中的压路机的碾压行走方向。这里为什么要强调压路机碾压行走方向呢?其原因在于压路机受机械结构的制约,当前进和倒退时,施加的激振力有一定的差异,不但影响压实效果,也对连续测试结果产生一些影响。造成这一现象的另一个主要原因是振动压路机不但在竖向上有压实作用力,同时由于驱动力的作用,在水平方向上也有一个水平力的作用。而前进与后退会造成"揉搓作用",致使结构发生松动,产生结构抵抗力暂时降低的现象,属于局部的扰动。这种作用对于形成一个稳定的结构不但没有坏处,反而有利于形成更稳定的结构。

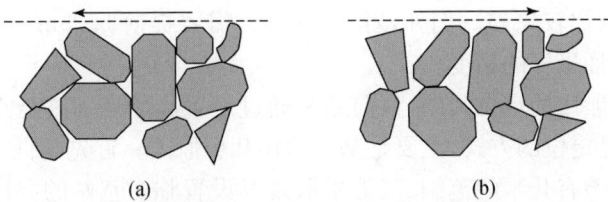

图 7-4 压路机前进与后退时水平力对结构的影响示意图

根据工程实践,在碾压填筑体时,常常采用叠碾方式进行,而平碾方式更适用于对碾压面进行的连续检测。另外,还有一种碾压方式,即压路机从起点沿着一个轮迹前进,到达终点后不掉头,与上一个轮迹带重叠搭接,采用倒退方式进行下一个轮迹的碾压。这种方式不但影响压实效果,也影响测试结果,不建议采用。原则上应该保证每一个碾压轮迹带受到的碾压作用都是相同的。

3. 碾压段信息

对于一个碾压段,它的一些相关信息也是应该被收集的。这不但是工程管理的需求,也是连续压实控制的需求,更是信息化施工必不可少的。需要了解的碾压段主要信息有起始里程、填筑厚度、终止里程、填筑层号、填筑宽度、碾压轮数、填筑材料、碾压方式。

作为压实质量控制的有用信息,上述这些信息也应该输入量测系统中,便于进行有关操作时使用。

4. 碾压段碾压标识

在进行连续压实控制的数据采集时,有一个采集起点和终点的确定问题,涉及采集数据的数量和点位问题。一般可以采用以下方式进行。

首先,在碾压段的起始点和终止点分别设置标记,作为压路机连续测试时的行走时的参考点。其次,量测系统的数据采集工作并不是从起始点开始,到终止点结束的,而是有一个提前和滞后问题,如图 7-5 所示。

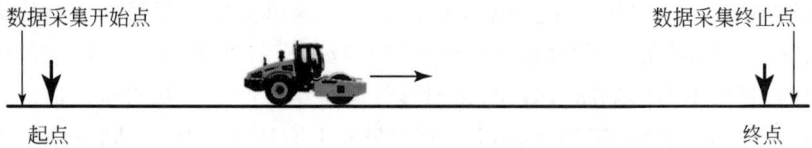

图 7-5 压路机的叠碾与平碾示意图

为什么采取这样的方式呢?这是因为在起始点前多采集几个点会保证起始点数据的精度,同样原因,在终止点后面在采集几个点,也是为了保证终止点的精度。这样采集的数据比较完整。例如,对于 CPMS,需要提前 0.25m 开始采集压实数据,这样就能保证采样的精度。

此外,关于碾压的定位问题,目前还是通过设置起始点和终止点标记进行的,而没有采用卫星定位的方式,主要是基于这样几个原因。首先,目前民用卫星定位的精度不够,误差有几米的范围,只能采取现场设置临时基站的办法,进行定位信号的二次处理来提高精度(据说精度可以达到毫米级),但这样做的成本太大;其次,目前我国“北斗卫星定位系统”还不成熟,只能采用国外卫星定位系统(包括国外数据采集仪器等),但是交通基础设施具有国家战略意义,让外国掌握我国的交通基础数据,涉及国家安全问题,后果严重;最后,路基填筑体为土工结构物,单纯为了定位而定位,意义不是很大,况且碾压控制精度也不需要毫米级的。当然,如果在国产定位技术和产品成熟、价格适中的情况下,采用定位系统完全是可行的。

5. 碾压段控制方案

对于一段经过上料、摊铺完毕、待碾压的路段(试验段或施工段),碾压是最重要的工作。连续压实控制就是对从碾压开始直到结束的全过程进行实时的、连续的质量监控。在正式碾压控制前应该制定一套控制方案,给出实施步骤和措施等,这样有利于施工组织和工程管理。原则上试验段试验方案(相关校验)与施工段的控制方案是相同的,都是对碾压段(试验段或施工段)、连续压实控制系统以及如何操作等制定的一些规定和实施步骤等。下面给出施工段的过程控制方案。

(1)施工段的填料、含水量、填层厚度等应与试验段的一致,并符合路基现行相关标准要求。

(2)振动压路机及其振动压实工艺参数应与试验段采用的一致。

(3)量测设备应与试验段采用的一致并经过校准,且应安装正确,连接牢固。

(4)确认施工段的长度和宽度,在起始线和终止线处应设置标志。

(5)碾压轮迹数应根据施工段宽度、压路机轮宽和相邻轮迹间重叠宽度设定。

(6)连续压实控制的目标振动压实值应根据相应的相关校验结果确定。

(7)压实程度控制应采用经过相关校验且已经取得目标值的振动压路机进行。

上面是对施工段实施过程控制的一些具体要求。碾压过程控制的具体操作步骤可以按照图 7-6 所示的工艺流程图进行。除此之外,还需强调以下几点。

(1)对振动压路机性能和量测设备进行检查是必要的。

同进行一般的动力学试验一样,在每次试验前都要对试验设备进行检查,并按照前面要求将压路机必要的振动参数输入量测系统中,以保证测试工作的顺利进行。如何检查,已在前面进行了详细阐述,此处不再赘述。

(2)做好施工段的准备工作。

在进行碾压前,首先要掌握该碾压段所在的里程、层位、填料类型、碾压长度、宽度等信息,并输入量测系统中,以备使用;其次对整个碾压面进行初步划分,规划出大致需要碾压多少了轮迹(量测系统会根据实际情况自动作出调整),确定碾压路线(主要是起始轮迹位置和碾压方向),建议从小里程方向往大里程方向碾压(方便工序管理),如图 7-7 所示。

对于施工段的碾压,压路机一般都是采用叠碾方式进行碾压的。习惯上,压路机碾压行走“一去一回”算做一遍。此外,由于目前普遍采用 20t 以上的振动压路机,对于一般的填料,采用弱振工艺就已经够用了。采用强振工艺碾压则容易将填料本身压碎或者破坏已经形成的结构,所以除了大粒径填料外,不建议采用。

在进行上述一系列的准备工作后,便可以正式开始连续压实控制技术的应用工作了。这项工作一般都是从相关校验试验开始的。

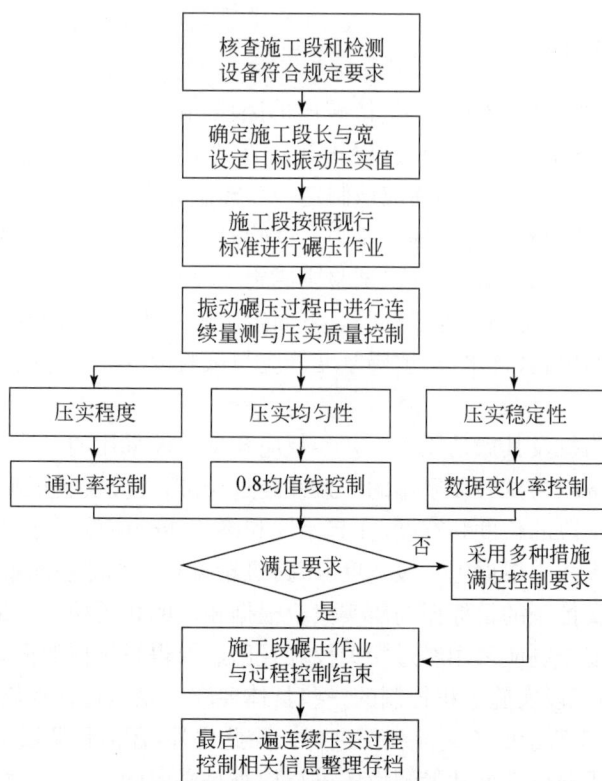

图 7-6 过程控制工艺流程图

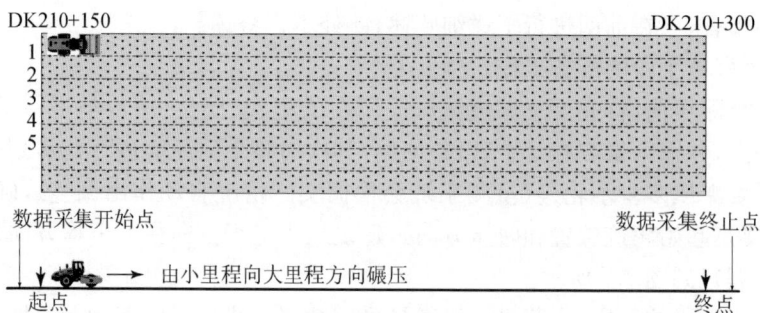

图 7-7 施工段的碾压规划图

7.3 相关校验

相关校验试验就是俗称的对比试验。一般来讲，一项新技术的推广应用都是离不开既有技术支撑的，连续压实控制技术也不例外。毕竟"常规点式检验"方法已经采用多年,完全抛开既有方法另搞一套,人们是难以接受的。新技术的接受是需要一个过渡过程的,需要既有方法这根"拐杖"的帮助。因此,建立连续压实控制方法与常规检验方法的联系是不可或缺的。此外,出于某种商业目的,还有许多"浑水摸鱼"的山寨技术和产品也想进入这个应用领域,相关校验试验就是检验其真伪的第一块试金石。那么在什么情况下需要做这项工作呢? 根据相关规范要求,一般在出现下列任一情况时应该进行相关校验试验。

(1)新开工的项目,或者路基的填料、含水量以及填层厚度等发生变化时,需要进行相关校验试验,这实际上与现行路基施工规范中关于填筑工艺试验的要求是一样的,需要事先做一个试验段。

(2)当连续检测用振动压路机或其振动压实工艺参数发生变化时,都会引起振动压实值与常规质量验收指标之间相关关系的改变,从而引起目标值的变化,直接影响压实程度的评定和控制,因此需要进行相关试验予以确定。

(3)当量测设备发生变化时,一般也需要再进行相关校验试验,重新确定相关关系和目标值等,但是如果是经过校准试验,确认量测系统达到归一化时,也可以不进行这种试验。

其中,情况(3)的含义是,在采用包括传感器在内的同一套量测系统对填筑体进行连续量测时,如果更换量测设备中的任一部分,都认为是不相同的量测系统,需要重新进行试验。但是,如果更换量测设备后已经经过计量部门校准合格(归一化)的设备也可认为是相同的。

另外,需要强调的是,本质上相关校验试验就是现行规范规定的填筑工艺试验,只是在填筑工艺试验的基础上增加了一些与连续压实控制相关的试验项目而已,并非抛开填筑工艺试验另外再搞一个试验段。

7.3.1　试验方案与要点

相关校验的试验方案内容主要包括对试验段、测试系统、试验操作等制定的具体实施要点,试验过程中应严格参照执行。

1. 试验段要求

由于相关校验试验是扩充了试验内容的填筑工艺试验,因此有关试验段的要求,除了应该符合现行路基规范的要求外,还要符合连续压实控制的需求。具体来讲,有以下几点:

(1)相关校验的试验段应结合常规填筑工艺试验进行。

(2)试验段的填料、含水量及填层厚度等应与后续施工段的相同。

(3)试验段长度不宜小于 50m。

(4)试验段应采用与施工段相同的振动压路机及振动压实工艺参数。

(5)试验段及采用的振动压路机等相关资料应记录归档。

2. 连续压实控制系统要求

连续压实控制系统是由连续压实检测设备(加载与量测)和反馈控制与管理软件组成的,并符合下列要求:

(1)连续压实检测设备应具备对路基填筑层的动态加载和压路机振动响应信号实时量测与处理的功能。

(2)反馈控制与管理软件应具备根据反馈信息对路基填筑层的压实质量进行实时评定与控制和检测数据的管理功能。

通俗地讲,连续压实控制系统就是由振动压路机和量测系统(量测设备与控制管理软件,如 CPMS)组成的,这在前面已经阐述过。在试验前,还要检查以下两项:

(1)量测设备的安装及连接情况,确认安装正确且连接牢固。

(2)检测用振动压路机的振动压实工艺参数情况,确认振动频率保持在规定值的允许波动范围内,行驶速度要求匀速。

3. 试验要求

相关检验试验包括连续振动压实试验和常规试验两部分内容,目的就是对比这两类试验之间的相关关系,其试验除了要符合一般试验要求外,还应该满足以下要求:

(1)根据试验段长度设置试验段起始和终止标志线。

(2)试验段应按轻度、中度和重度三种压实状态进行碾压作业。

(3)试验段的碾压面应平整且无积水,并符合相关标准要求。

(4)应先进行振动压实值的连续压实试验检测,再进行常规指标的试验检测。

(5)常规检测应分别在三种压实状态区域内进行,每种压实状态区域内的检测数量应不小于 6 组。

下面对如何实现试验段的三种压实状态再作一些说明。这里所说的轻度、中度和重度压实状态,并没有严格的区分标准。一般来讲,压实度小于 70% 的属于轻度状态,压实度为 70%~90% 的属于中度状态,压实度大于 90% 的属于重度状态。碾压几遍能够达到相应的状态,现场人员经验丰富,可以掌握好。以下以 20t 振动压路机为例,给出参考的碾压遍数。

(1)轻度区:静压 1 遍 + 连续压实检测 1 遍。

(2)中度区:静压 1 遍 + 强振 1 遍 + 连续压实检测 1 遍。

(3)重度区:静压 1 遍 + 强振 n 遍 + 连续压实检测 1 遍。

需要注意的是,重度压实区域必须达到现行标准规定的压实合格标准,这样回归方程的有效范围就能覆盖常规质量检测的合格区域,可以较为准确地确定目标值,避免了将回归方程进行外延来预测目标值所引起的误差。

一般来讲,关于试验段的三种压实状态,可以采用常用的两种碾压方案中的任意一种实现,如图 7-8 和图 7-9 所示。其中方案 A 是将试验段沿横向分成三个区,分别碾压成轻、中、重三种状态;而方案 B 则是沿试验段纵向分成三个区进行相应的碾压。

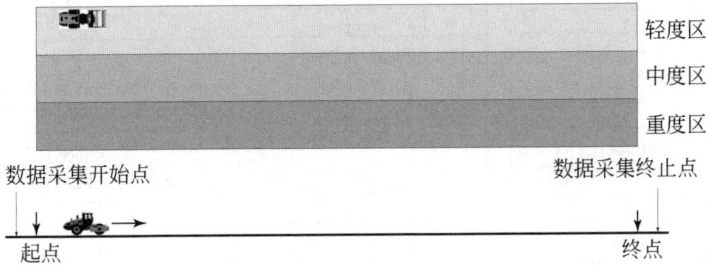

图 7-8　试验段碾压方案 A 示意图

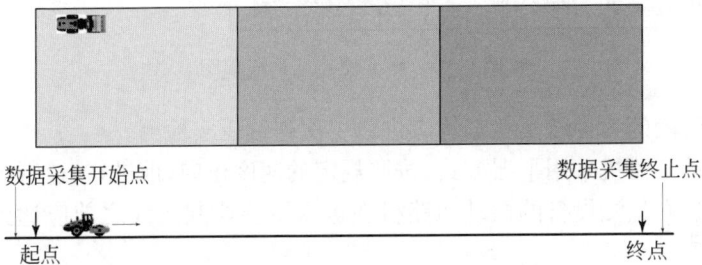

图 7-9　试验段碾压方案 B 示意图

将试验段做成三种压实状态,主要是为了将试验检测数据的范围尽量扩大,使其包含各种情况。对于如何碾压成这三种压实状态,也没有统一的规定,只要达到上述目的便可,施工单位可以自行设计碾压方案。

为了使读者对相关检验的整个过程有一个清晰的“脉络”,这里给出相关校验的工艺流程图,显示其整个操作步骤,如图 7-10 所示。

填料经过摊铺形成初始状态后,便可以按照指定的方案进行碾压作业和试验检测。此外,在碾压过程中,可以结合碾压情况,采用连续压实控制技术进行全过程监控,也可以只在碾压成规定的状态后再进行连续压实检测。

4. 连续检测

在试验段碾压成三种压实状态(接近相应的压实状态即可)后,便可以利用振动压路机进行振动压实试验的连续检测了,其具体要求如下:

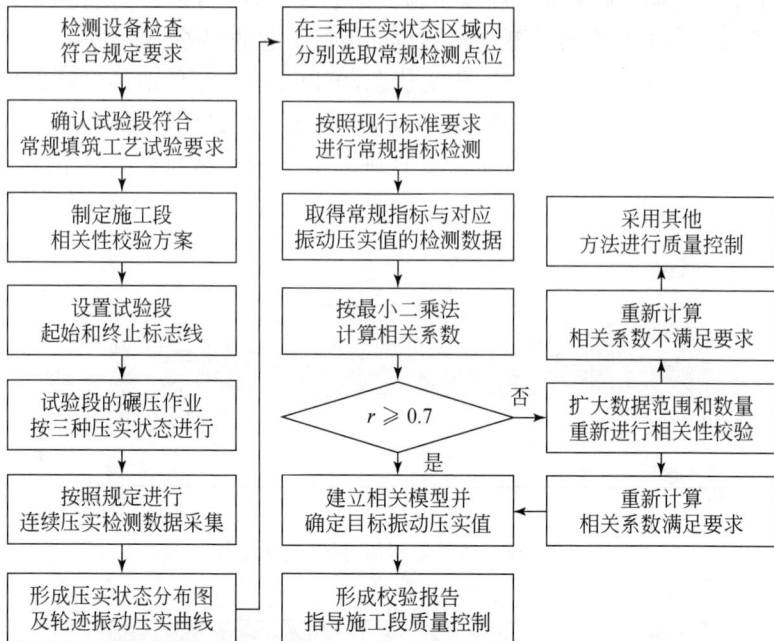

图 7-10 相关校验工艺流程图

（1）试验段的每种压实状态均应进行一次连续压实检测。

（2）振动压路机采用平碾方式、按照规定的速度正向（前进）匀速行驶。

（3）装备有量测设备的振动压路机在进入试验段起始线之前应达到正常振动状态。

（4）连续压实检测应对整个碾压面进行，振动压路机相邻碾压轮迹之间的重叠宽度应控制在 10cm 之内。

（5）振动压路机行驶到达起始线前开始连续压实检测的数据采集，离开终止线后停止采集。

要求压路机采用平碾方式是为了更好地采集数据。由于连续量测是对整个碾压面进行的，理论上要求压路机两个轮迹带之间是不用重叠搭接的，但实际很难操作。考虑到实际情况，允许有一定误差，但重叠部分不应过大（此处要求重叠宽度应控制在 10cm 之内），否则所测结果总是包含相邻轮迹的部分信息在内，同时也影响工时，造成不必要的浪费，因此提出一个允许重叠宽度的要求。但在正常碾压作业时，轮迹重叠宽度仍须按照现行施工相关标准要求进行。

由于振动压路机的振动有一个起振过程，因此要求压路机在进入试验段之前要开始起振并达到正常工作状态，在离开试验段之后再停振，即压路机在试验段内应保持正常振动状态，否则会对数据采集带来影响。

另外，再次强调一下关于压路机行驶方向的问题。由于机械原因，振动压路机正向(前进)行驶和反向(倒退)行驶是有差异的,所测得的数据也有一定差异(反向时的数据一般小一些)。为消除误差,特规定在进行相关性检测和质量检测时要求压路机均应正向匀速行驶。

具体连续检测过程是很简单的,与一般的动态测试一样,只要按照量测系统的操作说明进行就可以了。在碾压面上的起始里程处,按照压路机振动碾压的行走轮迹进行数据采集工作,直至完成整个碾压面的检测。如在 CPMS 中,选择"相关校验→数据采集",便可进入数据采集界面。在压路机正常振动情况下,在快到起始线时按下"开始"键便可以实时采集压实数据了,并在屏幕上以数字和曲线的形式进行实时显示,达到终止线之后按下"结束"键便停止采集,自动进行文档的保存。这样,一个轮迹一个轮迹地进行数据采集,以获得整个碾压面的压实数据,从而形成压实状态分布图,便于选择合适的常规试验点位。

5. 常规试验检测点位

对于铁路和公路,规范中规定的常规试验主要包括压实度 K、地基系数 K_{30}、模量 E 和弯沉 L 等,其试验操作比较简单,只要按照相应的试验规程进行即可。这里重点说明如何选择常规试验点位(常规质量验收指标检测点)的问题。

选择常规试验点位的原则主要有两点。首先就是尽量使试验数据范围扩大;其次是选择 VCV 相对比较平稳的地方。本着这样的原则,可以按照以下步骤进行具体选点:

(1)在碾压面上共有 3×6 常规试验点位,分别在压实轻、中、重三种压实状态中各选定 6 个。

(2)在每一种压实状态下的 6 个点位,可以选择在一条轮迹上或多条轮迹上选点,按照振动压实值低、中、高进行选取。

由于选点的主要目的也是使检测数据分布更广、更均匀一些,因此,在每一种压实状态下也按照高、中、低的原则进行选点。但需要注意的是,一定要选择振动压实曲线变化相对比较平缓的位置附近,这是为了能准确选取点位,而在曲线变化剧烈的地方不易选准试验点的位置,如图 7-11 所示。从这里也可以看出为什么要先做连续检测了——主要是为了确定常规试验点位的需要。先做连续检测和后做连续检测可能使 VCV 在数值上存在一些差异,特别是处于压实状态的轻度和中度区内,因为会造成补充碾压的效果。先做连续检测的 VCV 数值可能比后做连续检测的 VCV 数值要小一些,但一般相关关系不变。

7.3.2　数据处理实例

在进行完现场试验后,最重要的工作是数据处理。由于各种原因,试验得到的数据有可能存在一些问题(其原因见 6.2.2 节)。因此,需要对试验数据进行预处

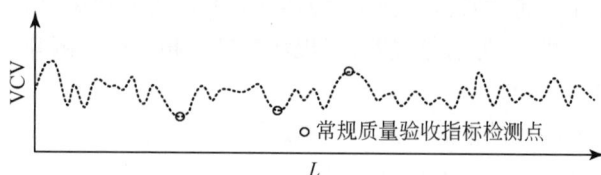

图 7-11　碾压轮迹上常规试验点选取示意图

理,这也是整理试验数据时普遍采用的做法。

在获得连续检测数据和常规检测数据(试验数据对)后,首先并不是忙着计算,而是将试验数据对放到坐标系中进行初步观察,进行数据的预处理。下面以现场工程实测数据为例来说明整个数据处理的全过程。

1. 数据预处理

由于各种原因导致的试验数据出现异常现象是经常发生的。因此,在对试验数据进行相关分析之前,首先需要对这些数据进行数据预处理工作。对于相关校验数据,比较直观的办法就是做出散点图进行初步观察。正常情况下,在散点图上的各点集合有一个总体趋于直线的趋势。如果数据出现异常点,将破坏这种趋势,这时就应该仔细分析原因,进行数据甄别工作。

图 7-12 是根据某高铁现场一个路基试验段的检测数据绘制的散点图,其中常规检测指标为地基系数 K_{30}。从图中可发现其中有三个点明显出现偏离现象,如果参与计算,将会降低相关程度。但是也不能毫无根据地剔除异常点数据,需要仔细分析,找到原因方可删除。

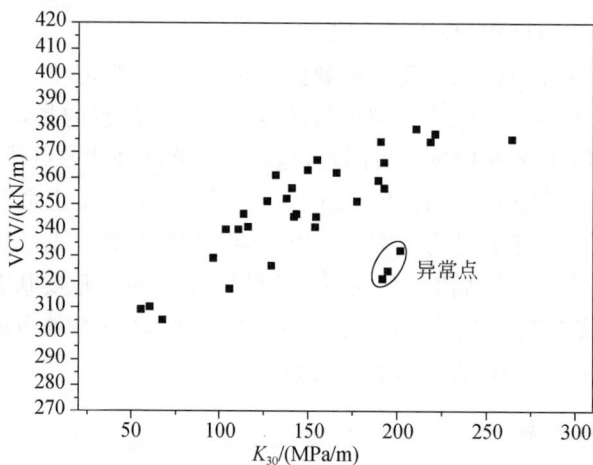

图 7-12　K_{30} 与 VCV 数据散点图

经检查常规试验记录,发现这三个点的检测时间比其他点要晚一些,并且局部均含有较大粒径的石块。考虑到岩土材料的时效性,后期的 K_{30} 数值在同样情况下会更大一些,况且含有石块(不均匀性增大),会影响试验精度,因此数值大一点是正常的。但是由于连续检测的时间也是连续的,很短时间内全部做完,可以不考虑时效性的影响。因此,把在同样条件下获得的 VCV 与不同条件下获取的 K_{30} 放在一起比较是不合适的,部分 K_{30} 被放大了(实际上如果做连续检测,后期的三个点的 VCV 也是在增大的),删除是比较合适的。

经过综合考虑,认为这三个点为相对异常点,应该予以剔除。经过相关计算,剔除前的二者相关系数为 0.70,而剔除后的相关系数可达到 0.88,可见一些数据异常点对于相关系数的计算是有较大影响的。下面再介绍另外一种情况。

图 7-13 为某高速铁路一个试验段相关校验数据的散点图。其中常规检测指标为动态变形模量 E_{vd}。从图中可见数据的离散性较大,不但有异常点,还呈现出一些规律性的趋势。经过检查试验记录,发现 E_{vd} 试验是分批进行的,时间较长。因此,其数据离散性可能与此有关。

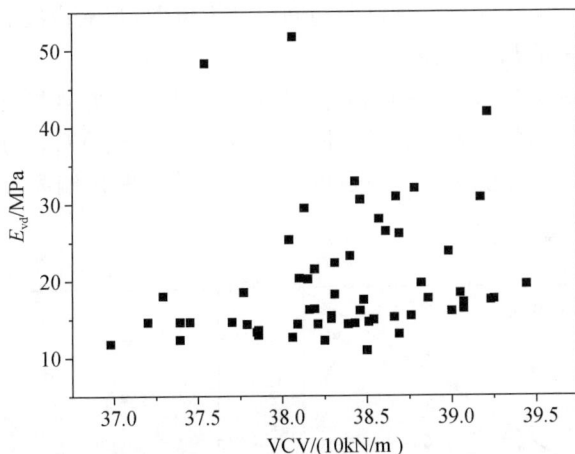

图 7-13 E_{vd} 与 VCV 数据散点图

由试验记录可知,由于试验数据较多(60 余组),E_{vd} 是分批进行的试验。其中一部分为碾压结束后在一天内进行的,另一边则是在所有 K_{30} 和 E_{v2} 试验完成后进行的,相隔超过 4 天,散点图上出现异常点是正常的。

仔细分析散点图,发现可以对数据变化规律性进行分类。大致可以分成两部分,如图 7-14 所示,其中 L_1 部分数值较高,是后期做的试验;L_2 部分数值偏低,系前期试验所致。对于这类现象,所有数据是不能放在一起进行计算和分析的,必须按照试验时间进行分别处理。但是必须对后期的 E_{vd} 试验点重新进行 VCV 的测试,重新取得数据再进行计算。

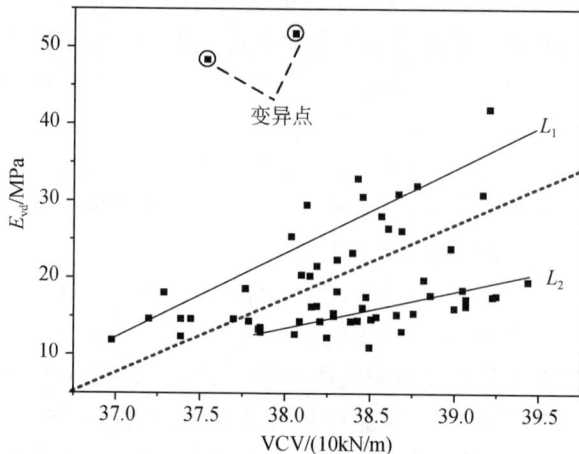

图 7-14　E_{vd} 与 VCV 数据散点分类图

从上述现象也可以看出常规"点式"检测的弊端——费时费力,时间上不能得到保证,同样的点,碾压完马上做试验与间隔 2 天再做,其试验数值存在较大差异,影响到对碾压质量的判定和控制。

下面的例子为某高铁路基的相关校验试验数据,其中常规检测为 E_{vd}。图 7-15 为根据试验结果绘制的关系图和散点图。可以看到,尽管 VCV 与 E_{vd} 之间的相关系数达到 0.79,但是从散点图中还是可以看到一些点明显偏离,需要进行预处理工作。

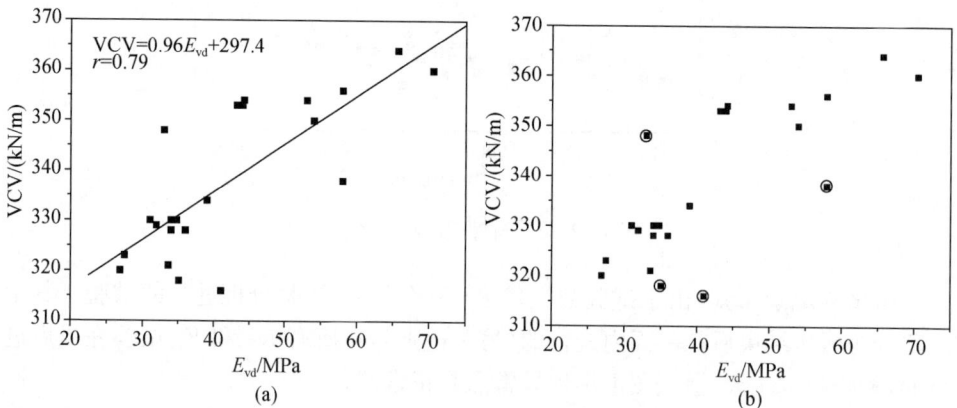

图 7-15　E_{vd} 与 VCV 关系和散点图

为此,试着去掉图 7-15 中的几个相对离散的点,整理后的结果如图 7-16 所示。可见 VCV 与 E_{vd} 之间的相关系数达到 0.91,相关关系得到了增强(实际上还有两个点也应该去掉)。

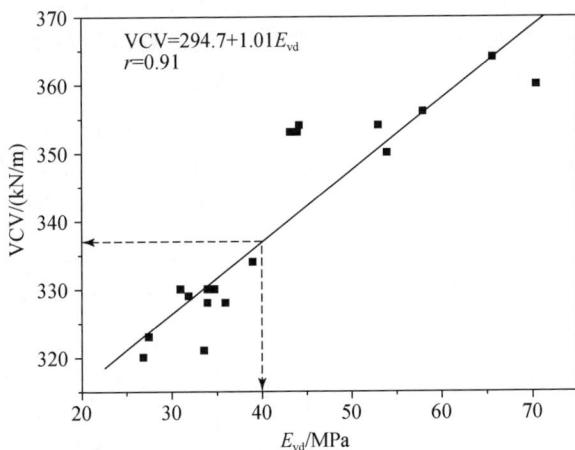

图 7-16　处理后的 E_{vd} 与 VCV 关系图

　　根据规范要求,由常规检验控制值$[E_{vd}]=40\text{MPa}$ 和回归方程可以得到连续压实控制的目标值。但是,上述试验数据中存在一个明显的问题,就是中间数据少而两头的数据较多,特别是缺乏 $E_{vd}=40\sim50\text{MPa}$ 的数据,而常规检验的控制值又在其间,所以正确的做法是需要补充这部分试验数据的。

　　上述几个例子是铁路的,现在再看几个公路路基的例子。图 7-17 为山皮土路基的相关校验试验结果,其中常规检验指标为弯沉 L。从散点图上可以看出,数据分布较为均匀,因此不必再删除某些点,可以直接进行计算。

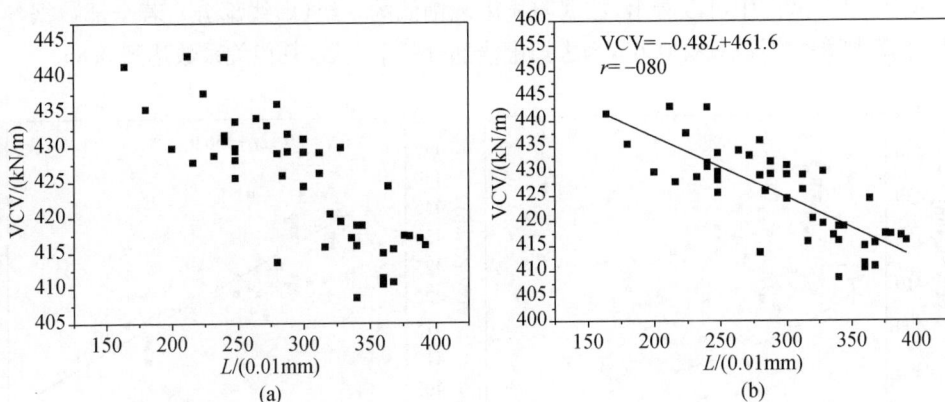

图 7-17　山皮土路基 L 与 VCV 之间关系

　　弯沉是路基在一定荷载(10t 标准弯沉检测车)作用下的竖向变形。由于路基结构抵抗力越大,其变形(弯沉)越小,因此二者之间应该呈反向关系,图 7-17 中VCV 与 L 之间就是负相关的(反向关系)。

　　从上述分析中也可以看出,并非所有试验数据都需要删减一些。关于对哪些数据需要删减,并没有通用的方法。一般而言,只要数据分布比较均匀,就不需要进行删减。切忌为了追求相关性而故意进行删减,有些关系可能本来相关性就不大,人为变成相关性的关系是没有什么意义的。图 7-18 所示为关于山皮土路基的回弹模量 E 与 VCV 之间的相关关系,由于试验数据分布相对也是均匀的,故不需要删减处理。

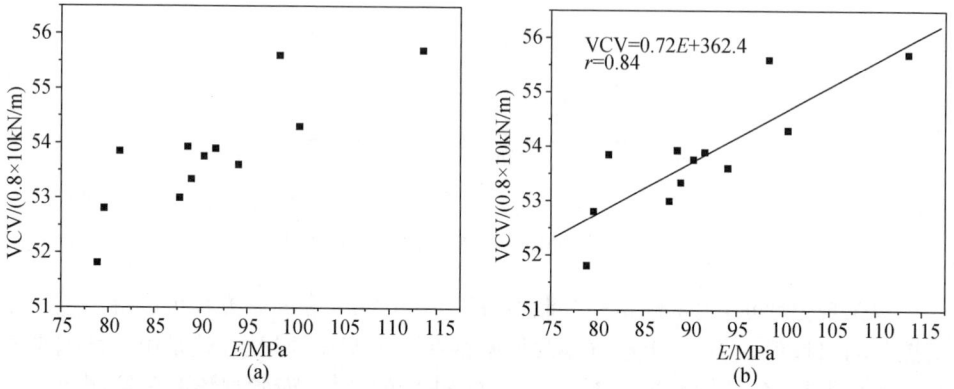

图 7-18　山皮土路基 E 与 VCV 之间关系

　　上述路基填料为山皮土,是无黏性土,性质较好,也比较均匀。只要试验按照要求正确进行,一般做出的数据都是比较均匀的。但是,随着填料颗粒粒径的增大,其不均匀性明显增强,试验数据的离散性也进一步增大。图 7-19 即为石渣路基的试验数据散点图,从图中可以看出,数据明显出现偏低的一组(虚线部分),若全部数据参与计算,则相关系数只有 0.60,当去掉虚线部分几个点后,其相关系数达到 0.85。

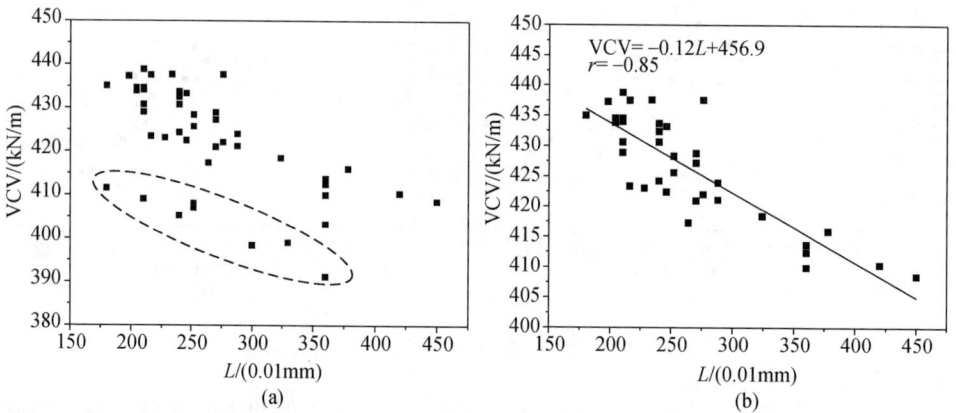

图 7-19　石渣路基 L 与 VCV 之间关系图

2. 计算相关系数

目前计算相关系数的商用软件非常普及,只要输入检测数据对,便可以方便地得到相关系数以及回归方程,并给出相关图。如果采用手工计算,可以采用表 7-2 的格式进行。只要按照表中要求进行计算便可得到相关系数,为简化篇幅,表中未给出具体数据。

表 7-2 相关系数计算表

试验编号	常规 x_i	连续 y_i	计算要素			
			$x_i - \overline{x}$	$y_i - \overline{y}$	$(x_i - \overline{x})^2$	$(y_i - \overline{y})^2$	$(x_i - \overline{x})(y_i - \overline{y})$
1	...	...	...	...	...	...	...
2	...	...	...	...	...	...	...
⋮	⋮	⋮	⋮	⋮	⋮	⋮	...
合计	...	...	0	0	...	...	
平均数	... $\overline{x}$	... $\overline{y}$			S_{xx}	S_{yy}	S_{xy}
相关系数			$r = \dfrac{S_{xy}}{\sqrt{S_{xx}S_{yy}}}$				

3. 确定回归方程

回归方程如何得到,已在前面章节进行了阐述。在一些商用软件中(如 Origin),只要输入相应数据,其相关系数和回归方程系数可以同时得到,由此便可以确定回归方程。例如,对图 7-12 的数据(去掉三个异常点后)进行计算,便可以得到剔除三个试验数据后的相关系数为 $r = 0.88 > 0.7$,满足要求,因此校验结果是可用的。进而根据得到的回归方程系数来确定回归方程为 $VCV = 0.37K_{30} + 295$,如图 7-20 所示。

4. 确定目标振动压实值

连续压实控制目标值的确定比较简单,只要将常规检测的控制值带入回归方程便可以得到对应的 VCV 目标值。例如,对于上述试验数据,根据现行路基相关标准的规定,按照路基填料类型查得 K_{30} 的标准控制值为 $[K_{30}] = 130\mathrm{MPa/m}$,将其代入回归方程即可得到目标值为 $[VCV] = 343\mathrm{kN/m}$,如图 7-21 所示。

至此,便完成了相关校验的全部数据处理工作。实际上,这部分工作,除了数据预处理需要人为干预外,其他过程都是由专业软件自动完成的,相对比较简单。但是,如何使用好连续压实控制的目标值,还是需要仔细斟酌的,详见 7.3.3 节的分析。

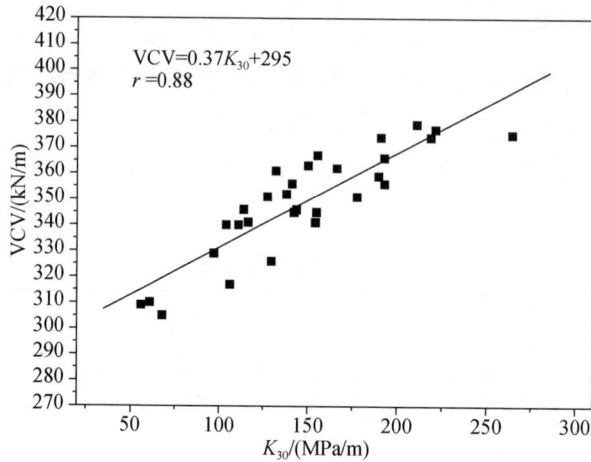

图 7-20 处理后的 K_{30} 与 VCV 关系图

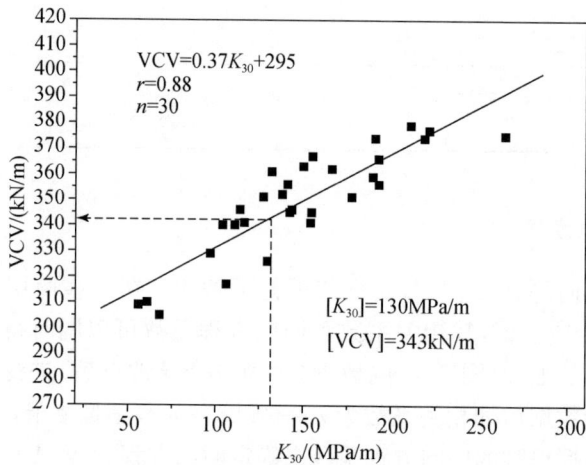

图 7-21 目标振动压实值确定图

7.3.3 关于目标值

连续压实控制的目标值就是采用连续压实控方法进行压实程度控制时的标准值。但是如何使用这个目标值还是值得研究的,与使用常规检验指标的标准值是有区别的,主要体现在目标值的相对性和与常规标准值的对应性方面。

1. 连续压实控制目标值的相对性

连续压实控制的目标值是我们进行压实程度控制的主要依据之一。但是现在还不能像常规检验指标那样将其作为绝对标准来考虑,只是一个相对标准。因为连续压实控制系统目前还不是一个标准系统,其目标值随加载设备——振动压路机振动参数的变化而变化。

做过力学试验的人都知道,若想检测某一个试件的力学指标如强度,必须采用公认的标准试验(试验设备是标准的,加载也是标准的)进行,这样得到的数据具有可比性。因为同样的试件,若采用不同的加载方式或者非标准的试验设备,所得到的结果都是不同的。仔细分析一下现有的常规试验,如标准干密度试验、模量试验、地基系数试验、弯沉试验等,无一不是有着一套标准的试验方法。因此,若想成为绝对标准值,必须事先制定一套标准的试验方法。

如前所述,连续压实控制可以看做一类振动压实试验,是一种动力学试验。但现在的加载设备即振动压路机还不是标准的,各个厂商的性能参数都不尽相同。因此,受振动压路机机械性能差异的影响,在同一试验段上,不同振动压路机在一定振动压实工艺参数下取得的目标值都是有差异的(图 7-22)。所以,原则上进行压实程度控制的每一台振动压路机都需要经过校验取得目标值后才可以使用。

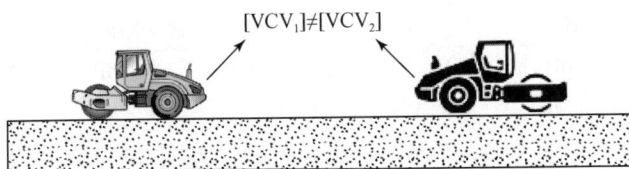

$$[VCV_1] \neq [VCV_2]$$

图 7-22　不同压路机取得的目标值一般是不相同的

那么,对于同一厂商生产的同一型号的振动压路机又如何使用呢? 一般来讲,只有在确认同样振动压实工艺参数下的振动响应相同的情况下,一台压路机取得的目标值才可以在另一台上使用。其他情况下都不能将一台振动压路机取得的目标值盲目应用在其他压路机上使用。这是因为即使同一厂商、同一型号的压路机,其性能也是有一些差异的(图 7-23),特别是出厂时间不同时。此外需要注意的是,一般振动压路机都有强振和弱振两种振动压实工艺,这两种情况下取得的目标值也是不相同的,切记不可以盲目套用。

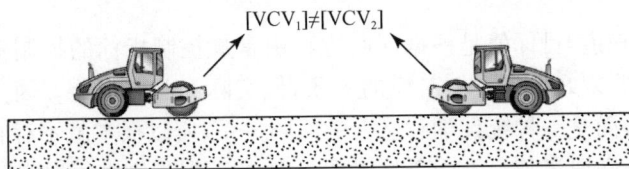

$$[VCV_1] \neq [VCV_2]$$

图 7-23　同一压路机不同压实工艺下取得的目标值一般也是不相同的

由以上分析可知,目标值的使用是有原则的。目前存在不同压路机取得的目标值相互使用的现象,这会给压实程度控制带来混乱。实际上,由于各振动压路机的振动参数都不完全相同,所取得的目标值一般也是不同的,不存在绝对统一的目标值。每一种压路机、每一种振动工艺参数、每一种填料,都对应着不同的目标值。所以,结合路基填筑试验段,进行相关校验的环节是不可或缺的。

表 7-3 是某高铁路基碾压时所做的两段试验路的相关校验试验汇总资料。可见不同压路机、不同填料的目标值都是不同的。即使同一类填料、同一压路机、同一工艺参数做出的目标值,随着常规控制指标的不同也在发生变化,这就是常规控制指标多了容易出现"打架"的现象。因此,同类控制指标(此处是力学类控制指标)过多也不是好事,容易引起相互矛盾,只要选择一个合适的指标就够了。目前这种情况已有所好转,有关规范中提出了以一个主控指标为主的思路。

表 7-3　××高铁控制指标汇总表

路段	A 段		B 段	
加载	振动压路机 LT220B		振动压路机 BW219DH-3	
填料	A 料(颗粒偏细)		A 料(颗粒偏粗)	
	常规指标	连续指标	常规指标	连续指标
指 标 合 格 值	$[K_{30}]=130$ MPa/m	$[VCV]=426$ kN/m	$[K_{30}]=130$ MPa/m	$[VCV]=465$ kN/m
	$[E_{vd}]=20$ MPa	$[VCV]=412$ kN/m	$[E_{vd}]=20$ MPa	$[VCV]=451$ kN/m
	$[E_{v2}]=45$ MPa	$[VCV]=402$ kN/m	$[E_{v2}]=45$ MPa	$[VCV]=432$ kN/m

还有一种情况也需要说明,就是填料颗粒粒径大到不能进行常规检测时(一般就是大于 0.75cm),如碎石土填料,此时是不能进行相关校验试验的。这种情况下,需要在已经碾压完毕、确认是合格的(如采用碾压无轮迹方法确认合格)路段上进行连续检测,取得 VCV 平均值,作为后续施工段的目标值,然后在碾压控制过程中视具体情况作出一定的修正,形成真正的目标值。

除了控制压实程度需要目标值外,当振动压路机仅进行压实稳定性和压实均匀性控制时,是不要求事先取得目标值的,只要求其振动性能稳定即可使用。

2. 连续压实控制目标值的对应性——临界点效应

我们已经知道,目标值是根据回归方程由常规控制指标的控制值代入其中而确定的。表面看来好像是一一对应的关系,但实际上并非如此。因为回归方程不是确定性方程,而是一种统计学意义下的回归关系,所以根本就不存在一一对应的问题,这一点务必要清楚。下面仍然以图 7-21 的数据为例进行说明。

从表面上看,目标值$[VCV]=343$kN/m 与 K_{30} 的标准控制值$[K_{30}]=130$MPa/m 是一一对应关系,但实际情况却不是这样。例如,如果实际测试得出的 VCV=343kN/m,但正真实测得到的 K_{30} 一般不会是 130,可能会是 140 或者 120

等,见图7-24。这种现象正是统计关系所引起的离散性偏差所致。我们可以把这种情况称为临界点效应——在目标值这个临界点附近存在压实程度判定的不确定性问题。因此,当实测的VCV等于目标值[VCV]时,并不能保证对应的常规指标一定就是控制值,可能存在一个值对应多个值的问题,即在目标值附近有可能出现常规检测合格而连续检测不合格或连续检测合格而常规检测不合格问题,这正是回归方程的统计学特征所引起的现象。

在出现临界点效应的情况下,通常还是以常规检测结果为最准(因为目前验收标准是常规检测)。但这并不是说常规检测一定是符合要求的,因为实际中存在大量的例子说明在某一点检测到的K_{30}为130,离开0.5m后检测值有可能就是125或是140,这也是常规点式检测的弊端。但由于这是目前规范规定的最终检验办法,所以目前还是以此作为最终判定的手段。

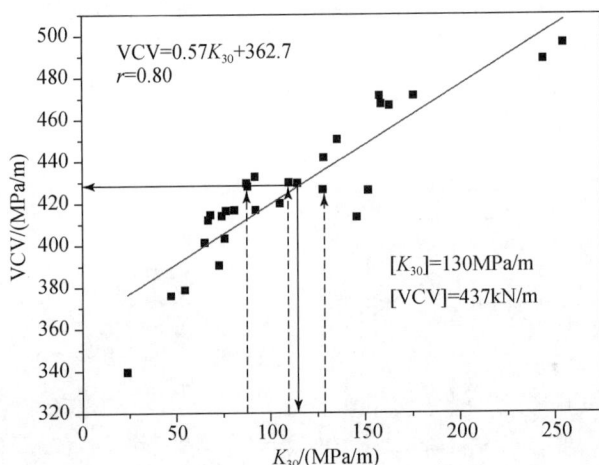

图7-24 VCV与K_{30}不是一一对应关系

需要说明的是,"临界点效应"只出现在目标值区域附近。当远离目标值时,检测是准确的。例如:VCV=400kN/m时,此时尽管有离散性,但常规检测的K_{30}也一定是小的、不合格的;而VCV=480kN/m时,常规检测的K_{30}也一定是大的、合格的。因此,除了临界点区域外,尽管相关关系存在一定的离散性,但是检测结果还是可靠的。压实质量控制最根本的目的还是要防止和控制压实状态最低区域的出现,而这种区域一般都是远离目标值区域的。

7.3.4 相关校验实例

前面对相关性校验试验的一些实施步骤和相关问题进行了阐述。为了使读者加深印象,下面在给出几个有价值的工程实例。这些实例都是从我们这些年亲自做过的试验中提炼总结出来的,具有一定的代表性。

1. 工程实例 1——碎石土路基

由于碎石土类填料在铁路和公路路基填筑中的普遍应用,所以首先选择这一类填料作为试验对象。在某高铁建设现场选择两处具有代表性的路段作为试验路段(A 段与 B 段)。两段路基的填料均为碎石土,但 B 段填料所含石块的粒径较 A 段填料的要粗一些,层位均为基床以下。

相关校验试验的第一步是选择合适的振动压路机(设备检查),这不但是连续测试的需要,也是为后续施工段选择碾压用压实设备的需要。选择压路机的关键是了解压路机振动性能的稳定性,这是反复强调的要点。

对于试验路段 A,对两台由一托(洛阳)路通工程机械有限公司生产的 LT220B 型振动压路机(2007 年出厂)进行了振动性能的测试。发现其中一台压路机的振动频率不稳定,在 25~28Hz 范围内波动,这会引起激振力的更大的波动,对路基结构产生一个不稳定的输入作用,还会造成 VCV 的异常波动。而另一台压路机性能则比较稳定。试验路段 A 的填料及使用的振动压路机如图 7-25 所示,压路机主要参数如表 7-4 所示。

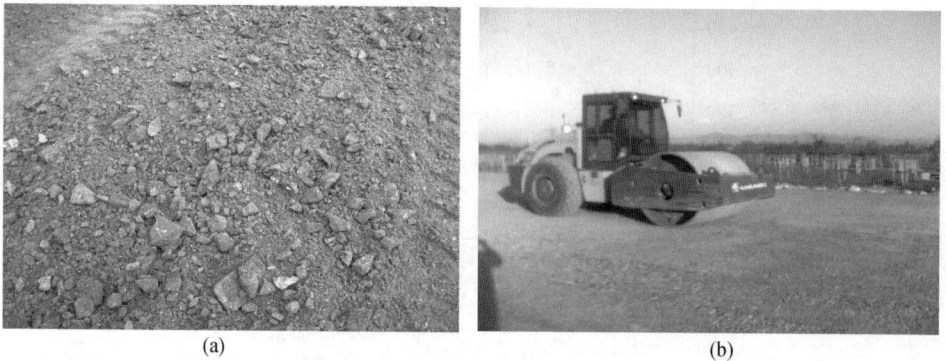

图 7-25　A 段试验路的填料与压路机

表 7-4　LT220B 型振动压路机参数表

参数	数值	参数	数值
工作质量	20000kg	振动轮宽	2130mm
振动质量	10000kg	振幅	1.9/0.90mm
激振力	350/220kN	静荷载	460N/cm
振动频率	30Hz	行驶速度	2km/h,4km/h,10.5km/h

经过实际测试,该压路机振动频率 $f = 30\mathrm{Hz}$,行走速度为 1.8km/h、3.6km/h。因此,选用性能稳定的 LT220B 型振动压路机进行碾压作业和连续测试。所选用

的振动压实工艺为 $(P,f,M)＝(220\text{kN},30\text{Hz},10000\text{kg})$，行走速度为 3.6km/h。

试验段长度为 150m，宽度为 39.4m，层厚 35cm。路基填料为碎石土，含细料较多。按三种状态碾压，共分 18 个轮迹进行振动碾压和测试。

对于试验路段 B，连续测试时采用 BOMAG 公司生产的振动压路机 BW219DH-3(2002 年出厂)，机器配有旧式的"压实计表"，如图 7-26 所示，压路机主要参数如表 7-5 所示。

(a) 　　　　　　　　　　　　(b)

图 7-26　B 段试验路与压路机

表 7-5　振动压路机参数表

参数	数值	参数	数值
工作质量	18700kg	振动轮宽	2130mm
振动质量	10000kg	振幅	1.8/0.90mm
激振力	320/250kN	静荷载	91.36kN/cm
振动频率	28/35Hz	行驶速度	2km/h、4km/h、9.0km/h

经现场实际测试，发现 BW219DH-3 的实际振动频率为 28Hz，行走速度为 3.0km/h，与额定工作状态的参数相符，说明其振动性能是比较稳定的。所选用的振动压实工艺为 $(P,f,M)＝(320\text{kN},28\text{Hz},9000\text{kg})$ 进行了振动压实的连续跟踪测试。

试验路段 B 的长度为 130m，宽度为 30m，层厚 35cm。填料为碎石土，含粗料较多。由于该路段系事先碾压完成的路段，并且常规试验也已经完成，因此在该路段上沿常规试验点位进行了振动压实试验，共进行了 4 个轮迹的连续测试。

在进行统计分析前需要进行必要的数据预处理。将两段试验路进行的对比试验数据对绘制成如下的散点图，每段的试验数据对都在 30 组以上，如图 7-27 所示。

观察上述散点图，按照数据总的走向趋势，发现在 A 段中最右边一点的 VCV 不大，但 K_{30} 却很大，应该属于异常点，可以去除；另外一点属于 K_{30} 不大，而 VCV

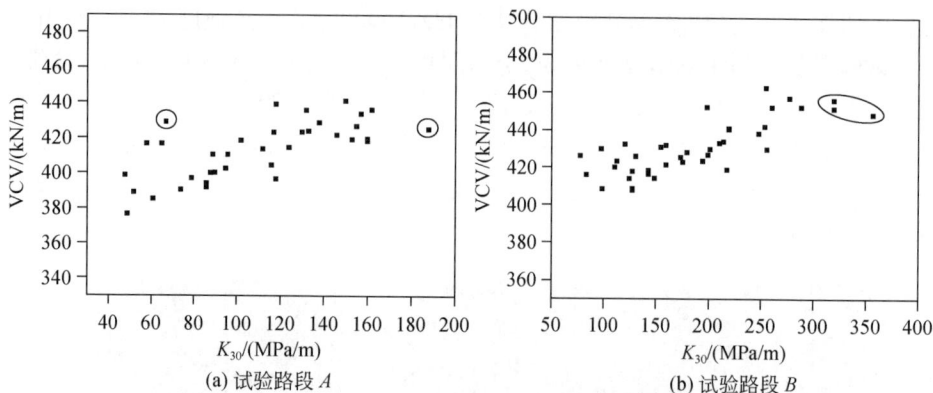

(a) 试验路段 A

(b) 试验路段 B

图 7-27　A 段与 B 段试验路的相关校验试验结果的散点图

较大的情况,也可以去除。在 B 段中,可以发现明显有三个 K_{30} 很大的点与数据总的走向趋势偏离,属于异常点,可以去除。

在进行数据预处理后,便可以按照统计回归方法进行计算了,其结果如图 7-28 所示。可见 A 段和 B 段相关系数均大于 0.70,并且相差不大。依据得到的线性回归方程和常规检验控制值,便可以得到连续压实控制的目标值。

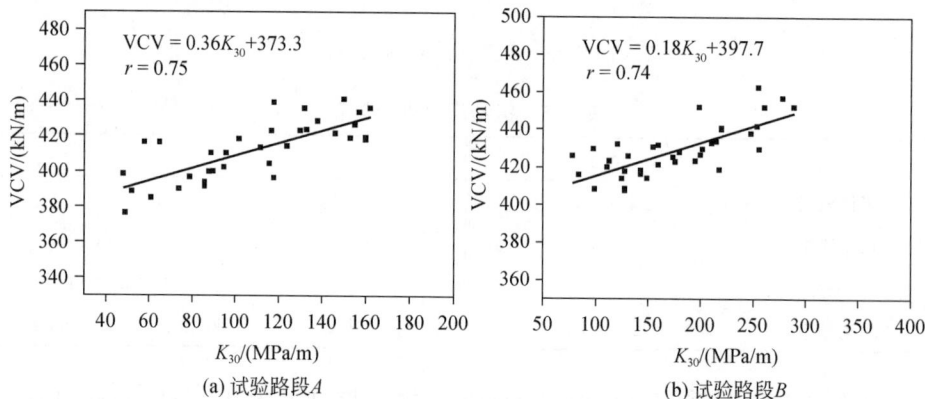

VCV = $0.36K_{30}$+373.3
$r = 0.75$

VCV = $0.18K_{30}$+397.7
$r = 0.74$

(a) 试验路段 A

(b) 试验路段 B

图 7-28　A 段与 B 段试验路的相关校验试验相关分析

从上述分析中还可以看到,试验路段 B 并不是按照相关校验要求的三种压实状态进行的碾压,而是事先一次碾压完成的。尽管如此,其常规试验数据分布的范围仍然较大(但是 K_{30} 缺乏低于 100MPa/m 的试验数据),还有许多低于常规控制值 K_{30}＝130MPa/m 的点存在,这也说明碎石土本身的变异性是很大的。用试验路段 B 的数据确定目标值不如试验路段 A 的可靠(读者可自行分析原因)。

2. 工程实例 2——砂性土路基

砂性土分布广泛,在铁路和公路建设中也是经常使用的一类路基填料。同前面的碎石土路基实例一样,也是在一高铁建设现场选择两处路基试验段 A 与 B 进行研究。其中 A 段按照试验路要求进行修筑,主要进行碾压过程的连续测试;B 段系已经碾压完毕的路段,主要进行对比试验(但数据分布范围与前者不一样)。两段路基的填料基本相同,均为砂性土,属于 B 类土,其层位为基床以下。

碾压和测试用的振动压路机为山推工程机械有限公司生产的 SR20M 型(2008年出厂),如图 7-29 所示。经过现场连续测试,发现该压路机的振动性能比较稳定,适合于碾压和连续测试,其主要参数如表 7-6 所示。

图 7-29 试验路段与碾压用的振动压路机

表 7-6 振动压路机参数表

参数	数值	参数	数值
工作质量	20000kg	振动轮宽	2140mm
振动质量	10000kg	振幅	1.9/0.90mm
激振力	350/220kN	静荷载	450N/cm
振动频率	28/32Hz	行驶速度	2km/h、4km/h、10km/h

经过对 SR20M 型振动压路机的实际测试,振动频率为 34Hz(据厂家介绍,新出厂压路机的转速一般都大一些,工作一段时间后会降到额定频率),行走速度为3.3km/h。因此,选择的压实工艺为 $(P, f, M) = (220kN, 32Hz, 10000kg)$。

对于 A 段,按照试验路要求进行填筑和碾压,完成后利用振动压路机进行了连续测试。根据连续测试结果,在每一状态的 VCV 曲线上再按照 VCV 高、中、低三种情况来选择常规试验点位,然后进行 K_{30}、E_{vd} 和 E_{v2} 试验,如图 7-30 所示。

由于试验数据量比较大,且分析步骤都是相同的,为节省篇幅,这里仅就 VCV 与 K_{30} 之间的相关关系进行详细分析,其他如 E_{vd} 和 E_{v2} 试验数据的分析与此完全一样,规律也大致相同,此处不再赘述。

图 7-30　常规试验点位及试验

　　对于 VCV 与 K_{30} 之间的对比试验，A 段与 B 段的各自的试验数据对都在 30 组以上。同前一样，首先还是先看一下 VCV 与 K_{30} 之间的散点图，初步分析一下试验数据的分布情况，如图 7-31 所示。

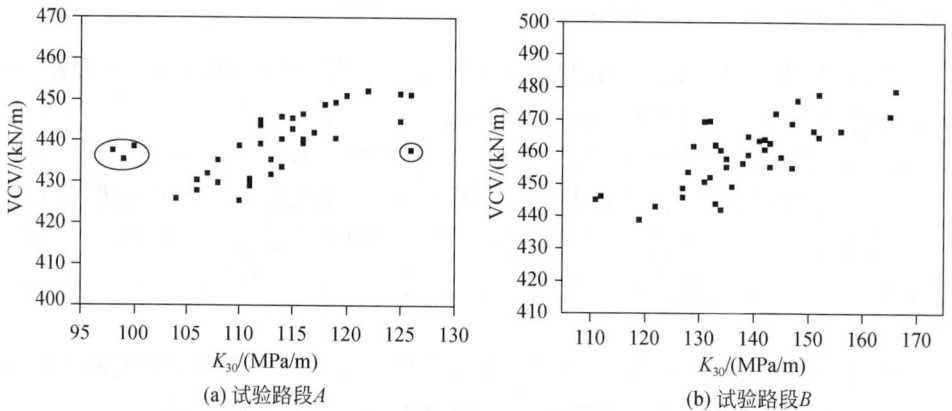

(a) 试验路段 A　　　　　　　　　　(b) 试验路段 B

图 7-31　A 段与 B 段试验数据散点图

从图 7-31 中的散点分布情况看,A 段试验数据的离散性大于 B 段的。究其原因,A 段是现填现压的路段,碾压完毕后陆续开始做常规试验,具有一定的时效性,因此路基结构的状态是不断变化的,这可能也是导致数据离散性增大的原因之一,加之填料本身也存在一定的变异性(但比碎石土的要小得多)。而 B 段由于是已经碾压好的路段(大于 7 天),只是又重复进行了一遍振动压实的连续测试,然后进行常规试验。应该说这时路基结构的状态已经基本稳定,因此数据离散性可能较小一些。

观察上述散点图,发现 A 段中的几个点明显异常,与试验数据总体走向不一致,可以先将其剔除再计算相关计算。而 B 段试验数据与其总体走向都是一致的,不需要特别的处理,可以直接进行统计回归计算。两段的相关关系计算结果如图 7-32 所示。

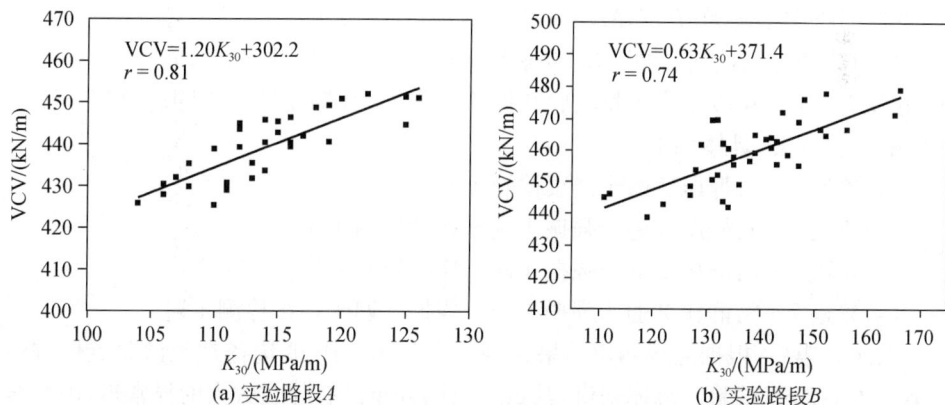

$$VCV=1.20K_{30}+302.2$$
$$r=0.81$$

$$VCV=0.63K_{30}+371.4$$
$$r=0.74$$

(a) 实验路段 A (b) 实验路段 B

图 7-32 A 段与 B 段试验路段的相关校验试验相关分析

仔细分析图 7-32 可以发现,A 段 K_{30} 的数据分布范围为 $103 \sim 126$,B 段 K_{30} 的数据分布范围为 $110 \sim 165$。从确定连续压实控制目标值的角度看,显然 A 段 K_{30} 的数据分布范围更好一些(此处 K_{30} 控制值为 110MPa/m),但如果再有一些低值数据(如 $70 \sim 100$)会更好一些;从灵敏度的角度看,A 段回归方程的斜率为 1.2,大于 B 段回归方程的斜率 0.63,也是 A 段回归方程的要好一些,B 段只能说明二者的相关性,但并不太适合作为过程控制的依据来使用。

3. 工程实例 3——含有较多圆砾的碎石土路基

与工程实例 1 的碎石土情况不同,本例的填料尽管也为碎石土,但是含有的却是砂砾而非一般的碎石。由于砂砾的棱角比较圆滑,纯砂砾填料是不容易被碾压密实的,但是当砂砾与土混合后,其压实效果还是不错的,碾压相对要容易得多。

在某城际铁路建设现场选取两段路基 A 与 B 作为试验路段。两处试验段的填筑层的层位均为基床底层。碾压和连续测试用的振动压路机为 LG520B 型（2009 年出厂），经过设备检查，发现其振动性能比较稳定，适合用于连续压实的测试工作和碾压。其主要参数如表 7-7 所示。

表 7-7　振动压路机参数表

参数	数值	参数	数值
工作质量	20000kg	振动轮宽	2130mm
振动质量	9500kg	振幅	1.9/1.0mm
激振力	351/200kN	静荷载	460N/cm
振动频率	28Hz	行驶速度	1.8km/h、3km/h、10.5km/h

经实际测试，LG520B 型振动频率为 28 ± 0.5Hz，行走速度为 2.35km/h。因此，选择的压实工艺为 $(P, f, M)=(200\text{kN}, 28\text{Hz}, 9500\text{kg})$。

其中，A 段仍然按照试验路段要求碾压成不同的压实状态，B 段为一次碾压完成的路段。由于 A 段是为了将试验数据的范围扩大，特设计了不同轮迹碾压不同遍数的试验方案，具体如下：

（1）轮迹 1～2：静压 2 遍＋连续检测 1 遍。

（2）轮迹 3～4：静压 2 遍＋强振 1 遍＋连续检测 1 遍。

（3）轮迹 5～6：静压 2 遍＋强振 4 遍＋连续检测 1 遍。

（4）轮迹 7～8：静压 2 遍＋强振 4 遍＋弱振 2 遍＋连续检测 1 遍。

碾压完毕后，根据连续测定结果，按照 VCV 高、中、低选择常规试验点位进行了 K_{30}、E_{vd} 和 E_{v2} 试验。总体来讲，其试验数据分布没有什么太大的异常点，因此全部参与了计算。下面给出计算结果，如图 7-33 所示。

总体来讲，上述各指标之间的相关性还是比较好的。其中 A 段是在碾压过程中按照不同碾压遍数（不同压实状态）进行的试验，可以看出其低值部分的范围要较 B 段的宽一些。

4. 几个有问题的例子

前面出于让读者了解和掌握相关校验操作方法的目的，按照相关校验试验操作过程的顺序介绍了几个工程实例。从中可以看到，其相关性都是较好的，基本上都不存在太大问题。然而在实践中，由于现场情况复杂多变，无论填料上还是试验操作上都有可能存在各种各样的问题，导致相关校验结果存在异常的现象时有发生（主要表现在散点图上无规律可言，相关系数很小而达不到规定的要求）。遇到这类问题，首先要查明原因，找出出现问题的关键要素，然后提出解决的办法。

下面介绍的几个存在问题的工程实例，也是在工程实践中经常遇到的典型问题（实际遇到的问题也可能是这几方面的综合）。了解这些，不但有助于理解相关

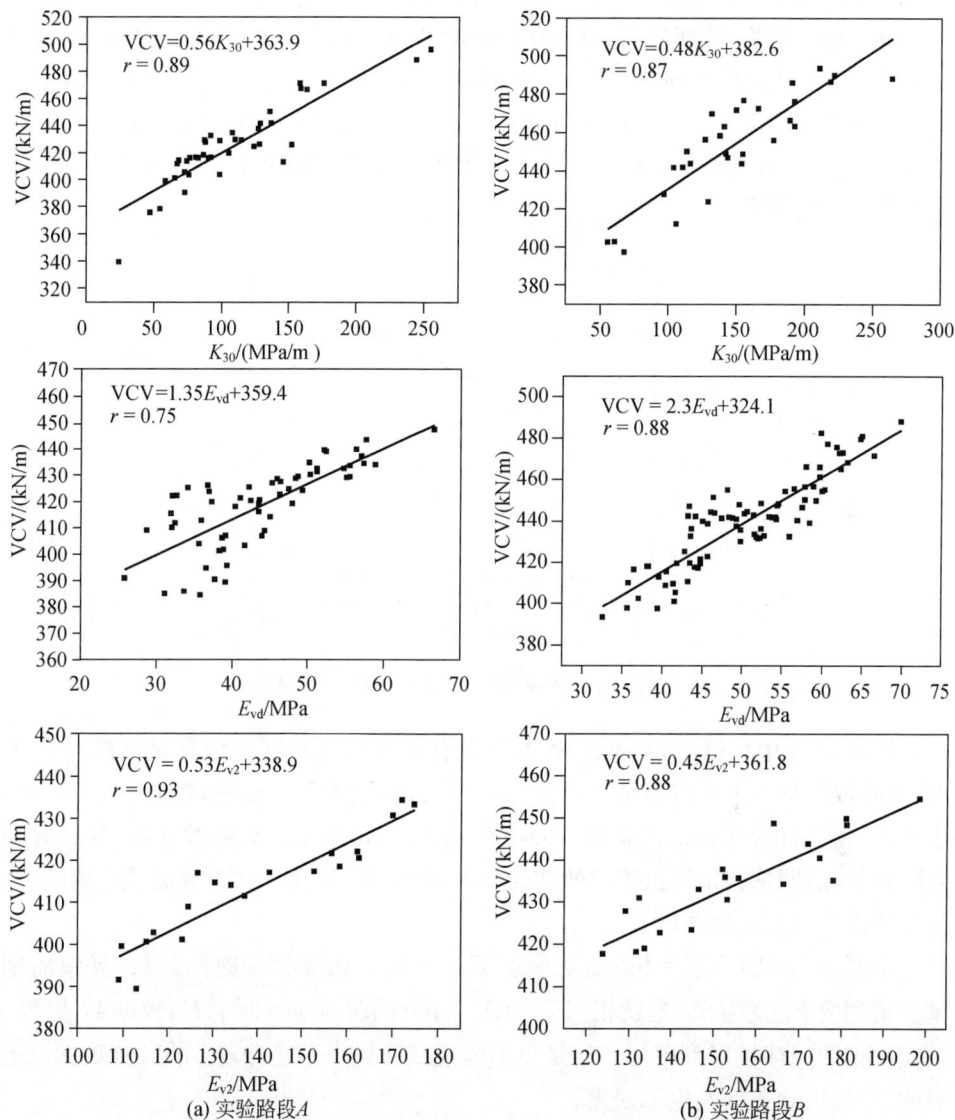

图 7-33　A 段与 B 段试验路的相关校验试验相关分析

技术,也对提高填筑体压实质量有很大的帮助。为简化篇幅,这里不再按照前面的顺序详细介绍,仅就散点图中的问题以及原因进行阐述。

需要指出的是,下面给出的这些杂例并不是规范允许的,是不应该发生的。这里举例说明的目的是告诉读者,尽管规范中不允许,但实际工程中却时有发生。连续压实控制技术有能力将这些问题识别出来,并查明原因,以此来促进填筑体压实质量的提高。

1)常规试验耗时过长而导致试验数据离散性增大（时效性影响）

由于常规试验、特别是 E_{v2} 试验比较费时费力，一天完成不了几个试验，这就导致完成一批常规试验的时间太长，有时需要两天乃至更长时间才能做完。由于碾压成型的路基结构体具有一定的时效性，致使同一地点不同时间做出的常规试验结果存在差异，有时差异还很大。图 7-34 就是在砂性土路基上进行 VCV 与 E_{v2} 之间的对比试验结果。

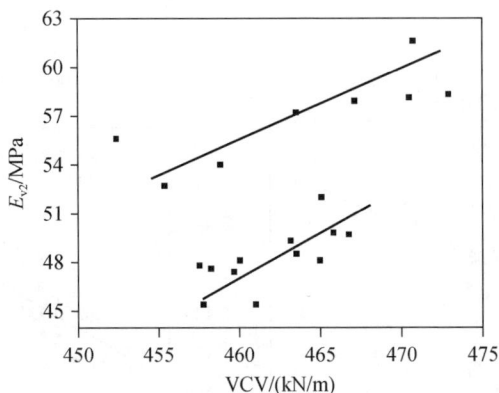

图 7-34　由于试验时间过长而导致数据离散性

从图 7-34 中可以看出，数据基本上没有什么规律可言。但仔细观察可以发现，试验数据基本上可以归结为两组，各自有各自的规律。查看试验记录可知，由于碾压完成后进行的 E_{v2} 试验第一天没有做完，不得不第二天继续进行，导致时间间隔较长，后期试验结果由于时效性而变大，但是 VCV 是一次连续测试完成的，这就导致试验数据离散性增大。

举例说明：当 VCV＝460 时对应着 E_{v2}＝47，但由于试验时间延长，导致后期试验得到的 E_{v2} 变为 53，这就相当于 VCV＝460 同时对应着两个 E_{v2} 数据 47 与 53，致使数据的规律性得到破坏。但是也不能说试验做得不正确，E_{v2} 的试验数据也是对的，只是试验条件发生了变化。

将不同试验条件下的试验数据放在一起进行统计分析是导致出现问题的根本所在。解决这类问题的办法有两个：其一，所有参与统计分析的常规试验数据必须是同一条件下做出的，因此要求填筑体碾压完之后，常规试验应尽快进行并完成，避免不同条件的试验数据放在一起分析；其二，在后期做常规试验的区域再次利用压路机进行连续测试，重新取得 VCV（一般较以前做得要大一些）。但是这样做只适合于验证两种方法之间相关性而不适合确定连续压实控制的目标值，因为试验数据整体偏大，导致确定出来的目标值也随之变大。

2)填料粒径过大且不均匀而导致试验数据离散性增大

含有许多石块的混合填料,一般都存在两个问题。其一是颗粒粒径以及数量的分布范围不符合优良级配的要求;其二是颗粒分布的不均匀性,有的地方粗粒多一些,有的地方少一些,造成摊铺时的不均匀分布。这类填料往往造成检测数据的离散性过大,对相关性校验结果有较大影响。

下面的例子系某高铁路基填筑工艺性试验的试验数据。该处路基填料系开山得到的土石混填料,其中石料的含量占 70% 左右,且石料分布不均匀。试验路的修建是按照现行标准要求进行的,试验测试也是按照规定程序操作的。

施工时遇到两种情况:其一,没有级配概念,遇到什么料就填什么料,每一车料的含石量都不相同;其二,施工碾压过程中当地经常下雨,导致含水量偏大,施工单位没有很好地控制含水量(客观原因是当地经常阴天无太阳,无法晾晒)。

为了对试验结果有一个清晰认识和数据分析的方便,下面首先给出试验结果,其中有碾压 2 遍、5 遍和 14 遍的对比试验数据,如表 7-8 所示。

在表 7-8 中,首先看一下常规检测 K_{30} 数据的变化情况。碾压 2 遍测得的 K_{30} 数据从 78 变到 203,波动很大,在 7 个检测数据中有 5 个已经达到控制值 130 以上;碾压 5 遍测得的 K_{30} 数据从 82 变到 176,在 7 个检测数据中有 3 个达到控制值 130 以上;碾压 14 遍测得的 K_{30} 数据从 54 变到 115,没有高于控制值 130 的,见图 7-35(b)。

表 7-8 对比试验结果表

序号	K_{30}/(MPa/m)	VCV/(kN/m)	碾压遍数	序号	K_{30}/(MPa/m)	VCV/(kN/m)	碾压遍数
1	170	329	2	12	105	401	5
2	140	335	2	13	176	387	5
3	88	341	2	14	95	411	5
4	119	342	2	15	106	364	14
5	78	336	2	16	115	332	14
6	203	340	2	17	100	315	14
7	197	342	2	18	115	337	14
8	84	415	5	19	60	320	14
9	143	424	5	20	69	335	14
10	82	407	5	21	90	363	14
11	162	419	5	22	54	361	14

从常规检测控制的角度看,碾压第 2 遍后大部分已经达到规定的控制值了,应

该算是合格的了,但实际观察并没有达到压实合格的要求,人踩上去明显有松动的感觉。但为什么会出现这种现象呢?

通过现场调查发现,填料中含有许多大粒径(大于 10cm)的石块且分布不均匀。根据对平板载荷试验尺寸的要求,大于 1/4 直径即 0.75cm 的填料对试验结果是影响的,粒径越大影响也越大。因此,检测得到的 K_{30} 大值数据很有可能是这种影响的结果。从表 7-8 和图 7-35 中可看出,在相同碾压遍数下检测得到的 VCV数据的波动与 K_{30} 相比并不大,符合一般的变化规律,这是由于 VCV 的检测尺寸和深度都比 K_{30} 大得多,基本不受这个尺寸的影响。

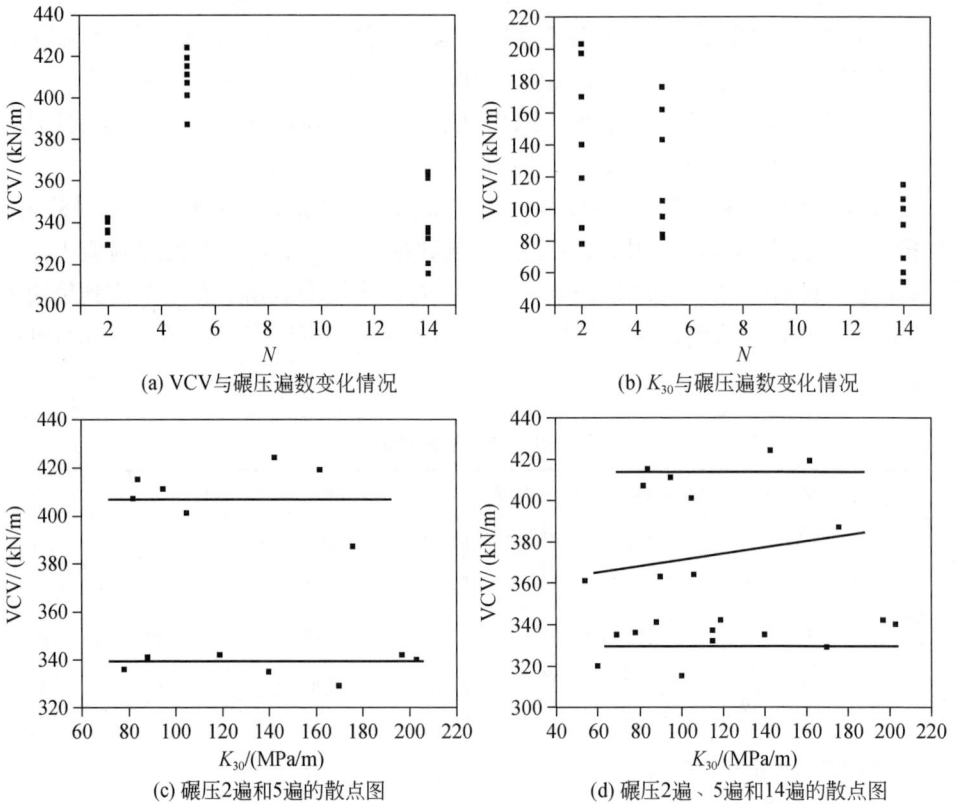

(a) VCV与碾压遍数变化情况

(b) K_{30} 与碾压遍数变化情况

(c) 碾压2遍和5遍的散点图

(d) 碾压2遍、5遍和14遍的散点图

图 7-35　试验数据与碾压遍数关系以及散点图

在图 7-35 中,可明显看到第 5 遍的 VCV 数据高于第 2 遍 VCV,但波动范围的确明显比 K_{30} 波动的要小得多。第 14 遍的 VCV 数据反而下降,这是典型的"过压"信号,说明已经将原有形成的结构压坏了。

为了验证上述现象,利用平板载荷试验在 2m×2m 区域内进行了多个 E_{vd} 检测和两个 K_{30} 检测,其结果如图 7-36 所示。结果表明,基本上 4m² 内各点的 E_{vd} 值都不尽相同,具有一定的波动性。此外,进行的两个 K_{30} 检测结果表明,相距 0.5m 的

两处 K_{30} 数值相差竟然达到 79,可见填料的不均匀分布以及大颗粒的影响。在这种情况下,如果选取不同试验数据进行相关分析,就会得到差异很大的结果。

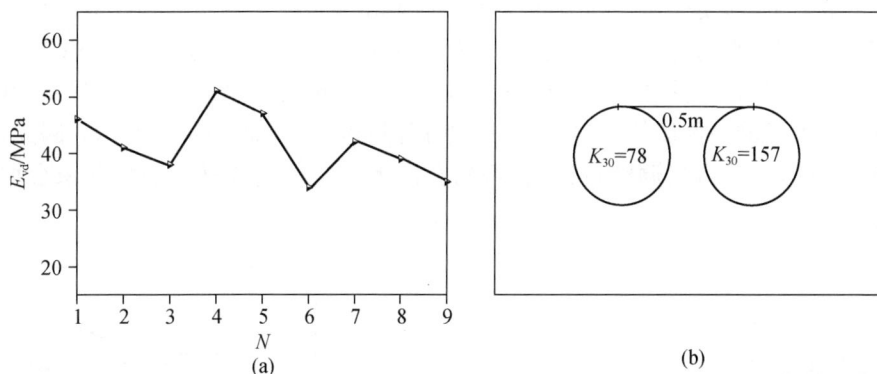

图 7-36 $4m^2$ 区域内的 E_{vd} 和 K_{30} 检测结果的变异性

因此,在进行对比分析时,原则上应该将 $4m^2$ 内各点的 E_{vd} 值平均才可以。但这样做非常费时费工,在现场很难实施。如果 VCV 在一定范围内(如 $4\sim6m^2$)比较均匀,则常规试验点的数据波动也比较小。这也是标准中规定在相邻区域的 VCV 相差不大时才可以进行常规试验的原因所在。

另外,对于超出平板载荷试验尺寸范围的填料,试验时无论怎么精心操作,都是得不到填筑体结构的力学参数的,得到的只能是填料颗粒本身性能参数,因此试验数据是偏大的。这种条件下再进行相关校验毫无意义。

3)填筑层遇有软弱下卧层而导致相关关系变化

在有些情况下,填筑层有可能位于相对较软的层位之上。例如,刚开始填筑路基时,如果该处所处的地基由于没有加固或者加固不当而存在软弱区域,那么修筑在其上的填筑层就处于软弱层之上;另外一种情况就是修筑时故意而为之,特别是一些转包单位,偷工减料现象比较严重,超厚填筑,又不进行充分压实,人为形成软弱层,如图 7-37 所示。

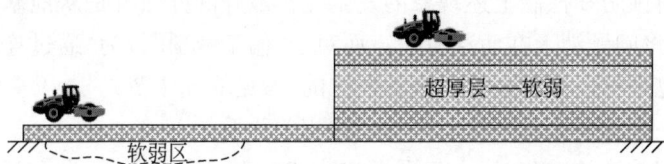

图 7-37 填筑层下面存在软弱层的两种情况

由前面的知识可知,振动压路机的影响深度相对于平板载荷试验来讲是比较深的。因此在连续压实测试时,如果填筑层下面存在软弱层,那么在测试结果

VCV 上是有所反映的(较正常值低一些),而平板载荷试验却未必反映出存在下卧软弱层信息(影响深度有限)。

一般来讲,即使存在下卧层,根据相关校验试验数据也能够得到相应的相关关系,但是确定出来的连续压实控制的目标值很可能是偏低的。这是由于 VCV 不但能反映出本碾压层的抵抗力信息,也能将下卧层抵抗力信息反映出来,导致 VCV 数据总体上可能是偏低的,这会导致相关方程整体下移,如图 7-38 所示。因此,在正常控制时,应该适当调整目标值,否则会产生压实程度合格而实际并未合格的错觉。

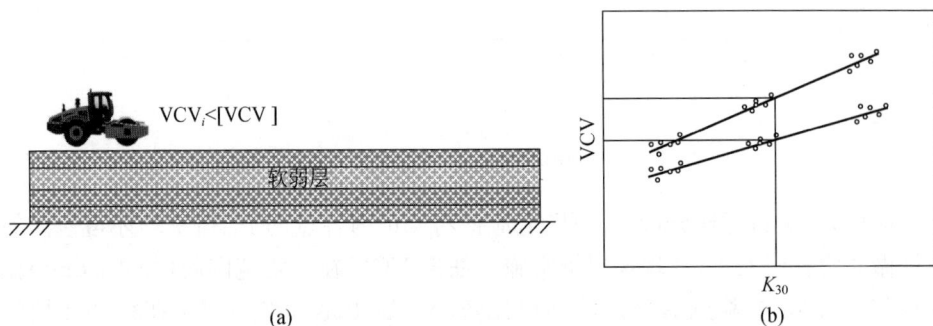

图 7-38　填筑层下面存在软弱层会导致相关关系的变化

由以上可以得到一个判断是否存在下卧软弱层的方法。由于某些原因,当连续压实控制在非第一层开始实施时,如果持续出现压实程度控制不合格而实际常规检测合格的现象,那么就要怀疑是否存在下卧软弱层的问题了。这也是识别下卧软弱层的一种实际经验。

原则上讲,在填筑路基时不应该有软弱层的存在。下卧软弱层的存在不但影响到确定连续压实控制的目标值,进而影响到压实程度控制,更重要的是运营后该处可能还会出现塑性变形(沉降),危及上部结构以及行车安全。这是需要预防和控制的。

那么如何预防和控制上述现象的发生呢? 最好的办法就是从地基开始进行压实质量控制,将问题消灭在萌芽阶段。而对于"偷工减料"行为,通过连续压实的施工管理控制也是可以发现和进行有效监控的(参见 6.3.1 节)。

4)利用一种相关关系间接取得另一种相关关系

在进行相关校验试验时,由于平板载荷试验比较费时费力,有人开始想通过捷径来进行相关校验试验。通常的做法是进行 E_{vd} 检测,建立 E_{vd} 与 VCV 之间的相关关系,然后再利用 E_{vd} 与 K_{30} 之间存在的相关关系,推导出 K_{30} 与 VCV 之间的相关关系,如图 7-39 所示。这种做法可行吗? 答案是非常明确的,不行!

我们知道,对于确定性关系两个变量,通过演算推导,可以从一种关系推出另

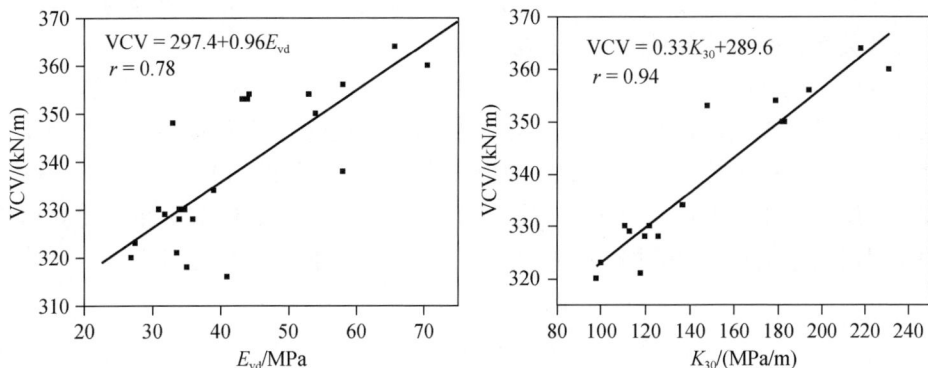

图 7-39 由 E_{vd} 与 VCV 关系推出 K_{30} 与 VCV 关系的错误做法

一种关系。如根据确定性的关系 $y = a + bx$ 可以得到 $x = (y - a)/b$，这是不存在什么问题的。但是如果 $y = a + bx$ 是根据观测数据、按照数理统计原理建立的统计学关系，就不能直接推出 $x = (y - a)/b$，这种关系是不成立的。统计学关系只能由自变量求取因变量，而不能由因变量反求自变量。为了说明确定性关系与统计学关系的区别，下面仍然以图 7-39 的试验数据为例进行分析。

根据试验数据，可以按照自变量和因变量的不同，分别建立二者的相关关系，如图 7-40 所示。其中图 (a) 中 E_{vd} 是自变量，图 (b) 中 VCV 是自变量。对于 VCV 和 E_{vd}，随着自变量的改变，会有两种相关关系存在：

$$\begin{cases} \text{VCV} = 0.96E_{vd} + 297.4 & \text{（a）} \\ E_{vd} = 0.65\text{VCV} - 177.1 & \text{（b）} \end{cases}$$

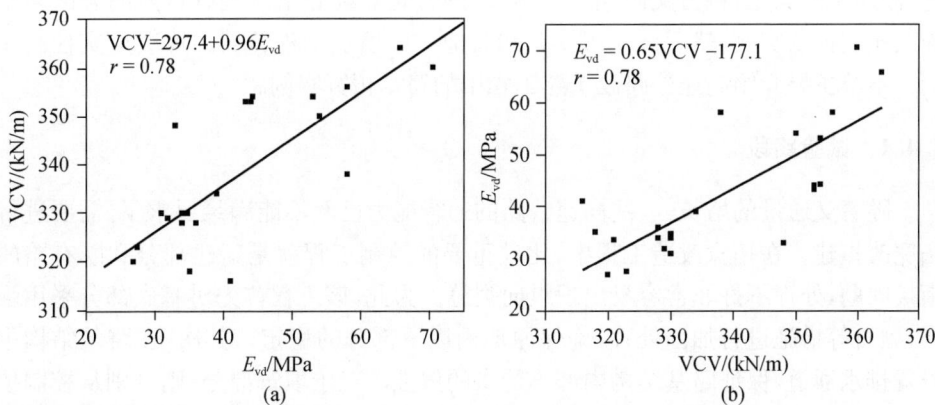

图 7-40 VCV 与 E_{vd} 的两种关系

如果求 $E_{vd} = 40$ 时的 VCV，应该将其代入上述关系中的 (a) 式进行求解，可以求出 VCV = 335.8。如果求 VCV = 335.8 时的 E_{vd}，则应该代入 (b) 式而不是 (a) 式进行求解,可以得到 $E_{vd}=41.2$(注意并不是原来的 40),可见是不相等的。这就是统计学关系和确定性关系的区别所在。

因此,对于统计学关系,一定要注意自变量和因变量是不可能互换的,只能老老实实地进行统计计算得到对应关系和结果,而不能像代数方程那样进行推导求解。对于两类相关关系,更不能通过推导来间接获取另外的相关关系,如 E_{vd}-VCV 和 E_{vd}-K_{30},不能根据这两个关系而推导得出 K_{30} 与 VCV 之间的关系。建立相关关系只能通过试验获取数据、再进行统计分析这条途径,并无捷径可言。

$$\begin{cases} \mathrm{VCV} = aE_{vd} + b \\ E_{vd} = cK_{30} + d \end{cases}$$

以上分析了一些相关校验中遇到的实际问题(还有一类黏性细粒料受含水量影响问题,将在后面涉及具体情况时再一并论述),这些是在为正式的施工段碾压控制作准备。而碾压过程控制才是连续压实控制的核心内容。为了使读者对这部分内容有一个较清晰的了解,特将这些年进行的各种实践资料进行整理、归纳,分成几种情况进行阐述。从 7.4 节开始,将逐一进行介绍。正确理解这部分内容,还需要前面的有关知识,特别是一些与专业相关的知识。

7.4 过程控制实例之一 ——公路拓宽工程

在公路建设中,连续压实控制技术主要应用在路基和基层的填筑质量控制方面(从填筑控制的角度看,路基和基层并没有太大的区别)。而对于面层,原则上采用这项技术也是可行的,特别是混凝土路面。但是对于沥青路面,情况要复杂一些,涉及温度问题,将另文研究。从本节开始,先陆续介绍一些有特点的公路路基连续压实控制实例,然后再介绍铁路和其他一些填筑工程领域的连续压实控制实例。本节主要介绍高速公路改扩建工程中的路基拓宽实例。

7.4.1 试验路段

随着交通量的增长,一些高速公路的通行能力已经不能满足要求了,需要进行拓宽改扩建。在拓宽改造工程中,比较重要的控制工程就是新建部分和既有路的衔接问题,处理不好非常容易出现纵向裂缝。为此,该工程首先对基底部分采用强夯、抛石等措施进行加固处理,确保原地面以下部分的稳定。其次,在路基结构中设置排水通道,保证路基结构内部不受水的侵蚀。对于填筑部分,则分别从控制填料和控制碾压过程两方面入手予以保证。

1. 填料与试验段

从料场情况看,该地区主要有山皮土、石渣和砂砾等建筑材料。但由于砂砾的棱角比较圆滑,碾压时不易压实,所以正常施工时,主要以山皮土和石渣为填料进行填筑,如图 7-41 所示。

(a)　　　　　　　　　　　　　　　　　　　　(b)

图 7-41　山皮土与石渣填料

为了研究的需要,特选择一段 300m 长(K121+700～K122+000)的试验路段进行修筑。分别采用山皮土、石渣和砂砾三种填料,其中山皮土和石渣的填筑长度均为 120m,砂砾则为 60m(主要研究改善压实性能用),如图 7-42 所示。山皮土填料按照三层填筑,每层填筑厚度为 20cm;石渣填料按二层填筑,每层厚度 30cm;砂砾填料按二层填筑,每层 30cm。

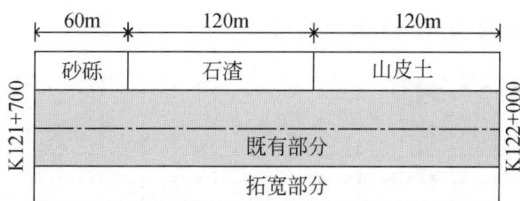

图 7-42　路基拓宽平面示意图

该试验路段的路基基底在清除表面后,填筑了 40cm 石渣,并采用强夯处理等技术手段进行夯实,确保地基在强度、刚度和稳定性方面的性能达到优良。其上又修筑了约 2m 厚的山皮土,采用 16t 和 18t 振动压路机进行碾压,压实遍数平均为 6～8 遍,经常规检测已达到合格要求。在此基础上进行试验路段的填筑。

2. 压路机与碾压工艺

在选择好填料之后,重要的工作就是选择合适的压路机进行碾压作业。经过比较,确定现场三台振动压路机比较适合碾压作业。根据压路机出厂时给出的参数,所使用的振动压路机主要性能参数如表 7-9 所示。

表 7-9　振动压路机性能参数表

参数 ＼ 型号	YZ18JC	YZ16JC	YZ16B
总质量/kg	18000	16000	16000
振动轮质量/kg	8500	7800	7800
驱动轮质量/kg	9300	8200	8200
激振力/kN	190/330	150/300	290
名义振幅/mm	2.1/1.1	2.0/1.0	1.1
振动频率/Hz	28	28	30
振动轮宽/mm	2178	2178	2380
行走速度/(km/h)	2.86、5.3、9.7	2.86、5.3、9.7	2.0、3.3、9.3

为确保工程质量,事先对碾压及测试方案进行了认真的研究,并通过试验对比,最后予以确定。根据规定,确定从 K121+700 开始向 K122+000 方向碾压,整个碾压面共分 6 个碾压轮迹,外侧为第 1 碾压轮迹,两个相邻轮迹之间搭接 1/3 轮宽左右。按照工程上的习惯,压路机碾压时"一去一回"算做 1 遍,在用量测系统进行连续压实测试记录时,规定"去"为奇数遍,"回"为偶数遍(图 7-43),因此量测系统中记录的碾压遍数为实际遍数的 2 倍。

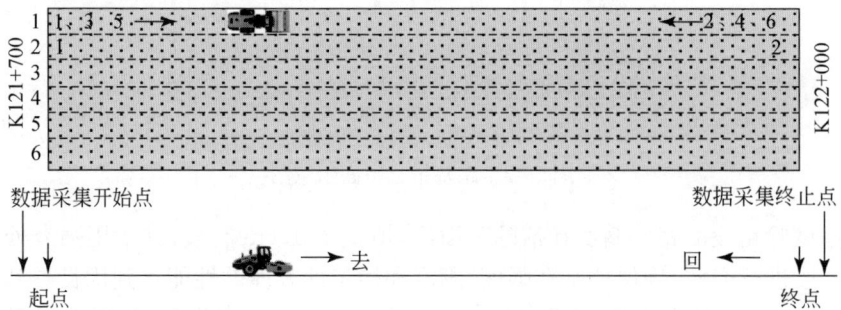

图 7-43　碾压与测试方案示意图

关于碾压工艺的制定,一般是根据施工经验事先确定一套碾压工艺,然后在实际操作时再根据具体情况作出适当的调整,以适应现场实际情况。根据现有振动压路机的情况(图 7-44),结合现场施工等条件,在实际碾压中进行了碾压工艺的优化和完善,最后得到的不同填料的碾压工艺如表 7-10 所示。这里仅给出山皮土和石渣的碾压工艺。由于砂砾的碾压工艺涉及改善级配问题,将在后面单独给出。

(a)　　　　　　　　　　　　　　　　　　(b)

图 7-44　进行压实作业的 YZ18JC 和 YZ16B 型振动压路机

表 7-10　山皮土与石渣的碾压工艺

填料	山皮土 1	山皮土 2	山皮土 3	石渣 1	石渣 2
工艺	U_{11}	U_{12}	U_{13}	U_{21}	U_{22}
施工步骤	18t 静压 1 遍 18t 强振 5 遍 16t 强振 4 遍 18t 强振 1 遍	16t 静压 1 遍 16t 强振 1 遍 （洒水） 16t 强振 4 遍 18t 强振 1 遍	16t 静压 1 遍 18t 强振 3 遍 18t 弱振 1 遍 18t 强振 2 遍 （局部强夯） （碾压）	18t 静压 1 遍 18t 强振 4 遍 16t 弱振 1 遍 18t 强振 3 遍 18t 强振 2 遍	18t 静压 1 遍 18t 强振 4 遍 16t 强振 2 遍 18t 强振 3 遍 （加细料, 胶轮碾压） 16t 弱振 2 遍 18t 强振 1 遍 （局部强夯） （碾压）

注：18t 指振动压路机 YZ18JC, 16t 指振动压路机 YZ16B, 遍数为仪器记录遍数的 1/2。表中涂有阴影部分表示进行了连续测试。

3. 测试

对试验段的测试工作主要包括碾压过程的连续压实测试和一些常规检测项目的测试等内容, 具体有以下内容。

1）碾压过程的连续测试

碾压过程中的连续测试采用 CPMS 进行。将振动传感器垂直安装在振动轮的内侧横梁处, 采集器安放在驾驶室内。在碾压过程中, 随着振动压路机的碾压而开始实时采集、存储、分析、显示和控制等工作, 具体操作参见前面有关叙述和相关操作手册。

2)高程测量

为了进行对比和观测碾压过程中填筑体的塑性变形情况,特意进行了高程测量。其中每 10m 布置一个测量横断面,每个断面上布置 3 个测点,分别距既有路面边缘 3m、6m、9m,如图 7-45 所示。在碾压过程中,每间隔一定碾压遍数后进行高程测量,以了解填筑体变形的变化情况。

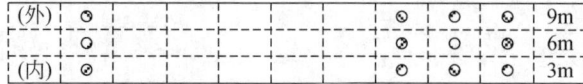

图 7-45　高程测点平面布置图
位置的距离为测点相对于既有路面边缘

3)弯沉测试

在整个试验段碾压完成后进行了常规的弯沉测试。按照每 10m 一个横断面、每个断面上布置 4 个测点进行,如图 7-46 所示。测试时采用标准弯沉车进行量测。

图 7-46　弯沉测点平面布置图
位置的距离为测点相对于既有路基边缘

4)模量测试

碾压结束后进行承载板试验,以便得到回弹模量。按照每 10m 一个横断面,每个断面上布置 1 个测点进行承载板试验,然后根据试验的测试结果,经过计算得到各测点回弹模量的大小。

5)压实度测试

对于选择的三种填料,只有山皮土可以进行压实度的测试。因此,按照试验规定,在山皮土路基上采用灌砂法量测密度和含水量,经计算得到压实度。

此外,在已经碾压合格的路基面上利用 18t 振动压路机作为加载设备,进行连续振动压实测试,取得连续压实控制用的目标值,以此数据作为压实质量过程控制的参考依据。

需要注意的是,由于本项目较早,实施时没有相应的行业标准作为技术支撑,因此连续压实控制的目标值不是采用相关校验试验得到的,而是事先通过对碾压合格路段的连续测试得到的经验值(图 7-47)。当然,在完成整个测试工作后,可以对这个值作一些修正,以便更加符合实际情况。

(a)   (b)

图 7-47   修筑中的试验路段与连续测试

7.4.2 压实工艺监控

长期以来,在我国公路施工中,压路机的压实工艺参数问题还没有引起普遍重视。此类问题比较隐蔽,不易被发现。通过这些年对不同地区建设中的路基、基层和面层的测试情况来看,振动压路机的压实工艺存在很大的问题。同一机械、同一工艺,由不同的驾驶员来操作,得到的实际工艺和压实效果往往都是不同的。为了保证压实效果,在正式碾压前,对三台振动压路机的性能情况和行走速度进行现场检测。现以 YZ16B 振动压路机为例进行说明。

为了得到压路机的实际振动效果,在测试时并没有告诉驾驶员如何操作,只需按照以往操作习惯进行即可。在正常碾压情况下,利用 CPMS 对 YZ16B 振动压路机的工作状况进行了跟踪测试,得到频率、激振力和行走速度等结果,如表 7-11 和图 7-48 所示。

表 7-11   YZ16B 压路机工作状况实测结果

测点编号	额定频率/Hz	额定激振力/kN	实测频率/Hz	实际激振力/kN
1	30	290	28.2	267
2	30	290	29.3	276
3	30	290	27.5	244
4	30	290	30.6	302
5	30	290	31.0	309
6	30	290	26.8	231
7	30	290	28.5	262
8	30	290	29.4	278
9	30	290	29.6	282
10	30	290	27.6	245
实测速度/(km/h)		2.57、2.87、2.65、2.60		

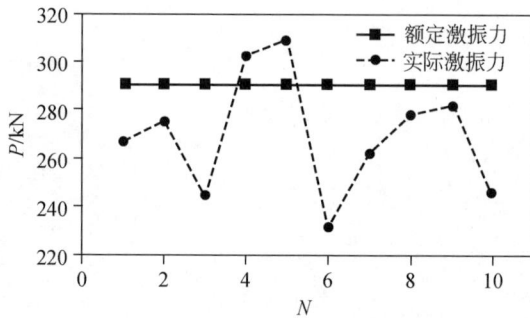

图 7-48　YZ16B压路机激振力变化情况

从以上实测数据可以看出,目前普遍存在的问题是压路机的转速调的不到位和经常波动,致使偏心块旋转的速度一般都较低,激振力达不到额定数值,同时在碾压过程中出现波动现象。用一个不均匀的、较低的激振力进行压实作业,其结果可想而知了。

因此,在碾压工作中,要求驾驶员必须按照规定进行操作,并采用 CPMS 进行实时监控,保证了压路机振动性能的正常发挥。同时,对于性能达不到要求的压路机,坚决予以淘汰。

7.4.3　压实质量判定准则

压实质量控制包括压实工艺监控、压实程度控制、压实稳定性控制和压实均匀性控制等内容。其中压实工艺监控与现行标准规定的完全相同,而对于压实程度和压实稳定性的判定,尽管原理相同,但在早期表述上略有不同,压实均匀性判定采用数理统计原理进行,下面给出这些判定方法。

压实程度就是指填料被压实所能达到的压实状态程度,是压实质量过程控制中一项重要的内容。如果用密度指标体系评定,可以表示成压实度(实测干密度与标准干密度的比值),这是公路规范中规定的方法,也是公路界长期占据主导地位的质量控制方法。但是由于随着填料颗粒粒径的增大,导致密度试验的精度急剧下降,致使该评定压实程度的方法无法在粗粒料中进行应用。

对压实程度如何判定,关系到能否有效进行压实质量连续控制问题。正确识别压实状态关系到判定碾压是否结束的问题,直接涉及工程质量的好坏。由于当年在公路上进行连续压实控制时还没有相应的技术标准,因此,针对当时的具体情况提出了两种判定控制方法。

1. 相对判定法(稳定性判定)

随着压路机碾压遍数的增加,路基结构的状态由松散向密实状态过渡,由不稳定逐渐向稳定过渡。所谓相对判定法就是根据连续测得的相邻两遍振动压实值的相对大小来判定该台压路机是否已经发挥了最大功率,被压填料所形成的结构是否达到了稳定状态。这种判定一般以碾压轮迹为单位进行。对于某一个轮迹而言,其判定公式如下:

$$\Delta VCV = VCV_{i+1} - VCV_i \tag{7-1}$$

式中,VCV_i 为压路机碾压第 i 遍时的振动压实值;VCV_{i+1} 为压路机碾压第 $i+1$ 遍时的振动压实值;ΔVCV 为前后两遍振动压实值的差值。

根据 ΔVCV 的相对大小,可以判定路基填筑体压实的相对稳定状态和压路机的压实功效。这里所谓相对稳定状态,是指在某一固定压实工艺作用下,路基结构能达到的稳定状态。

1)$\Delta VCV = 0$(或者趋于一个很小的定值)

这种状态意味路基结构的抵抗力不再变化,表明在该种工艺下压路机的压实功已经发挥到最大,变形和压实状态等都不再变化,变形趋于定值,状态趋于一种定态(不一定是稳定状态)。在这种情况下,原则上应该停止该工艺下的碾压作业(若继续碾压,则容易将表层压松)。但是这并非意味着压实程度已经达到规定的要求了,此时应该进行质量检测,若没达到规定要求,则应该改变压实工艺或者更换压路机继续碾压,直至合格为止。

还有一种情况希望引起注意。有时会遇到 VCV 不随碾压遍数而发生太大变化的现象,例如,碾压第 1 遍时 VCV 为 410 左右,以后 VCV 不再随碾压遍数有较大增长,一直在 410 左右波动(一种定态,但不是稳定状态)。发生这种现象时,一般都是填料出现问题。对于粗粒料,级配不合理、形不成稳定结构是主要原因;而对于细粒料,往往与含水量密切相关,特别是含水量过大时容易出现这种现象(弹簧土或橡皮土问题)。

2)$\Delta VCV > 0$

这种状态表示路基结构的抵抗力仍然在增长,此时路基结构体的塑性变形变小,构成路基结构的颗粒在微型调整,关联更紧密,压实状态的稳定性处于变化之中,属于不稳定状态。此时不管压实程度是否合格,都应该继续碾压下去,直至达到稳定状态。在稳定状态下再结合质量检测来判定压实程度是否达到规定要求。

3)$\Delta VCV < 0$

这种状态表示路基结构的抵抗力不足,路基结构体通过产生较大的塑性变形来维持与外部作用的平衡。由于此时路基结构抵抗力较小,只能依靠产生较大的变形来维持与外界的平衡(功能平衡),属于结构软化阶段(剪胀)。这表明所形成的路基结构已产生了剪切破坏(过压),处于旧的结构被破坏,而新的结构在形成阶段,此时应该结合常规质量检测来判定压实程度是否达到要求。若达到要求,应停止碾压作业(属于过压问题);若没有达到要求,除了继续碾压外,可能还需在填料上进行一些必要的处理。

由以上可以看出,所谓相对判定法就是现在标准中规定的压实稳定性控制(详见第 6 章有关部分),只不过称谓不同而已。

2. 标定判定法

标定判定法是指采用相同振动压路机的同一压实工艺参数,在认为已经碾压合格的路段上进行标定试验,以所得到的 VCV 数据平均值作为标准目标值[VCV],将实测得到的 VCV_i 数据与之进行比较来进行判定,即有

$$K = \frac{\mathrm{VCV}_i}{[\mathrm{VCV}]} \times 100\% \tag{7-2}$$

式中,VCV_i 为碾压过程中的检测单元的实际值。当 $K \geqslant 100\%$ 时为碾压合格。这实际与标准中规定的压实程度判定准则是相同的,只是目标值的取法有所不同而已。

用这种判定法的一个重要条件就是压路机实际碾压测定时的工艺必须与标定试验的工艺一样,否则可能会导致错误的结论。

这种方法与现行标准中的压实程度判定准则是一致的。只是连续压实控制的目标值的取法有些不同而已。实际上,由于施工现场的填料经常会发生一些变化,目标值需要及时作出一定的修正,往往都是采用这种办法进行,而不是再进行一套相关检验。特别是施工单位进行自我监控时可不必进行对比试验,可以直接在已经碾压合格的路段上确定 VCV 的目标值[VCV]作为后续路段的目标值,但需要根据具体情况进行一定的调整。

关于[VCV]的取得,一般需要采用同一台振动压路机、以相同的碾压工艺、在确认已经碾压合格的路段上进行碾压试验,将所得到的 VCV 平均值作为合格值(目标值)。其要求就是使用相同的压路机和相同的振动工艺参数,并且填料性质不发生较大的变化。此外,也可以由业主、监理和承包商共同约定一个合适的目标值。下面给出的有关压实质量控制的一些工程实例会涉及这一问题。

3. 压实均匀性判定法

早期的压实均匀性控制是按照数理统计原理进行的。根据 6.3.4 节的阐述,对于碾压面上某一点的连续测试数据 VCV_i,如果 VCV_i 满足

$$\mathrm{VCV}_i \in [\overline{\mathrm{VCV}} - Z_s, \ \overline{\mathrm{VCV}} + Z_s]$$

则该点处于均匀性范围之内。在实际工作中,由于填料不同、工程建设等级不同等因素,对波动系数 Z 的取值也需要根据实际情况作出调整。由于本实例为高速公路,此处取 $Z = 1.645$,所对应的保证率为 95%。

上述给出的判定公式,就是数理统计中"3σ 原则",在管理学中也有重要应用。

在许多工程试验工作中,也都采用这个方法来找出数据的奇异点。如果 VCV_i 不在上式所示的范围之内,则无论超出下限还是上限,都为不均匀点,如图 7-49 所示。此外,还可以通过变异系数来评定一段路的整体均匀性。

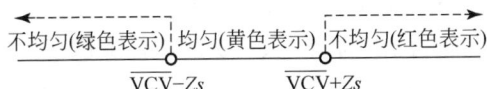

图 7-49　压实均匀的分布范围

7.4.4　山皮土路基压实质量分析

对山皮土填料,采用重型击实标准确定标准干密度,其结果如表 7-12 所示。其中试样 1 的干密度偏大,是由于含有粗颗粒较多,其于三个试验的结果较接近,其粗颗粒含量较少。由于山皮土材料具有不均匀性,实际上随着取料位置的不同,其变异性也是较大的,在这种情况下,如何在室内确定压实标准——最大干密度,是一个值得深入研究的问题。本次试验的标准干密度取为 $1.85\mathrm{g/cm^3}$。

表 7-12　山皮土击实试验结果

试样编号	干密度 /$(\mathrm{g/cm^3})$	最佳含水量 /%	筛分结果/(孔径/mm)					
			60.0	40.0	20.0	10.0	5.0	<2.0
1	2.12	10.6	100	89.2	78.9	71.2	59.5	40.6
2	1.83	11.5	—	—	—	—	—	—
3	1.85	11.4	—	—	—	—	—	—
4	1.90	11.2	—	—	—	—	—	—

在进行连续压实控制前,首先在已经压实好的路基上用 YZ18JC 型振动压路机进行振动压实试验,以确定 VCV 目标值,同时也是为了监控压路机的振动工艺(主要监控振动频率的变化情况)。碾压面按 4 个碾压轮迹(L1~L4)进行平碾,采用 CPMS 进行的连续测试结果如表 7-13 所示。

表 7-13　连续振动压实试验结果

轮迹编号	VCV_μ /(kN/m)	VCV_{max} /(kN/m)	VCV_{min} /(kN/m)	振动频率 /Hz
L1	404	437	376	29.9
L2	422	444	397	29.8
L3	426	447	402	29.8
L4	398	443	358	29.8

从测试结果来看,靠近既有路边缘(L4)一侧的压实效果不如中间的好,抵抗力较低且变异也较中间部位的要大一些。根据对振动频率的监测,说明振动压路机的振动性能很稳定,符合要求。压路机的实际碾压行走速度为 3.07km/h,符合对压实工艺参数控制的要求。在实际碾压时按照上述参数进行压实作业。

关于连续压实控制目标值的确定,主要是综合考虑了连续测试结果,所确定的压实程度的目标值为 [VCV] = 416kN/m。这个目标值对应压实度约为 110%,说明重型击实试验确定的压实标准偏低,采用振动压实标准更符合现场实际情况。

另外,在碾压过程中,所有操作均按照路基现行施工规范要求进行,没有另外对施工单位提出更多要求,这样能符合现在施工的实际情况,以利于发现问题和进行压实过程的质量控制。

山皮土按三层填筑,在压实过程中进行了压实程度的过程控制试验,同时也进行了不同遍数下标高的测量,以了解变形情况。下面从不同角度对试验结果进行分析。

1. 碾压轮迹的 VCV 均值分析

碾压轮迹的 VCV 平均值能够宏观上给出整个碾压面的压实情况,了解碾压面的总体压实状态。图 7-50 给出了第一层山皮土连续测试的第 6 遍和第 11 遍时 18t 压路机前进和倒退两种工况下的 VCV 结果。可以看到,压路机前进和倒退时,其 VCV 的变化规律是相同的,但二者是有差异的,这种差异除了与压实效果有关外,更与压实机本身构造性能有关。

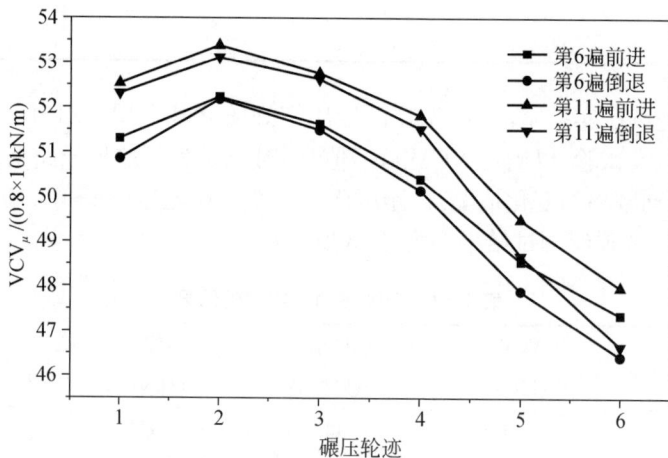

图 7-50　第一层山皮土各碾压轮迹的 VCV 均值分布状况

从 VCV 数值的变化情况来看,第 11 遍的压实效果明显高于第 6 遍的压实效果,说明路基结构体的抵抗力在增加,压实是有效的。除了碾压轮迹 5、6 外,其余各碾压轮迹最后都达到了规定的连续压实控制的目标值,表明这种压实工艺是可行的。

对于 5、6 轮迹,由于是靠近既有路一侧,属于新旧路的连接部位。从 VCV 变化情况看,第 11 遍的数值有下降的趋势,说明发生抵抗力在下降,局部发生了塑性变形,很有可能是填料本身的原因,单靠振动压路机的碾压,即使再增加几遍,其效果也并不一定理想,并且比较费工时。根据对压实程度过程控制的要求,此部位应得到加强,确保不产生纵向裂缝,因此应该进行工程处理。

此外,从 VCV 数据的变化趋势来看,5、6 轮迹确实有再被压实的可能性,即系统处于亚稳定状态。为了打破这种状态,从缩短工时的角度,应采用能量更大的外界作用才能尽快消除这种不利状态,为此可以采用强夯的措施进行处理。

图 7-51 为第二层山皮土的连续测试结果,其中第 7 遍为 18t 压路机的测试结果,其余为 16t 的测试结果(见表 7-10),可见 16t 振动压路机的压实效果明显不如 18t 振动压路机的效果。

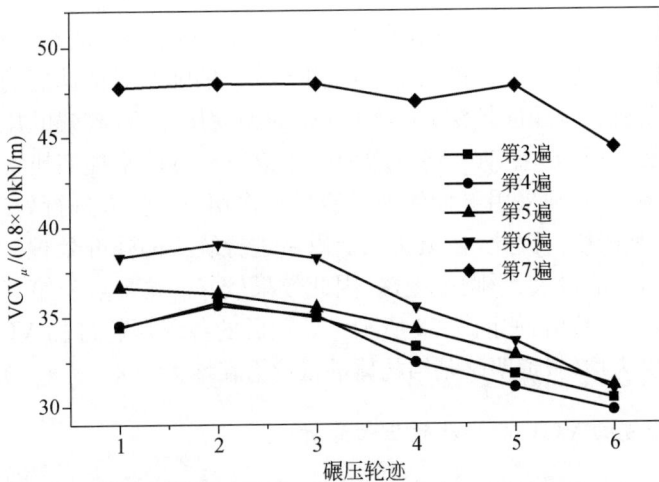

图 7-51　第二层山皮土各碾压轮迹的 VCV 均值分布状况

从 18t 压路机的 VCV 变化情况来看,碾压工艺效果并不理想,6 个碾压轮迹的压实程度结果都没有达到预先设置的目标值,并且 5、6 单元的抵抗力更低,很有可能是填料本身以及含水量的问题。为节省工时,最后统一进行强夯处理(由于强夯深度较深,没有必要每一层都进行,三层一起强夯即可)。

在碾压第三层山皮土时,根据前两层得到的反馈信息,加强碾压工艺和工程措施(如填料的摊铺、含水量的调控等)的控制,特别是对 5、6 轮迹。从 VCV 数据结果来看,尽管 4、5、6 轮迹的数值略有下降,但同前两层相比,效果已经好很多,并且已基本达到常规的压实标准,如图 7-52 所示,其中第 6 遍为 18t 振动压路机弱振工艺的测试结果。

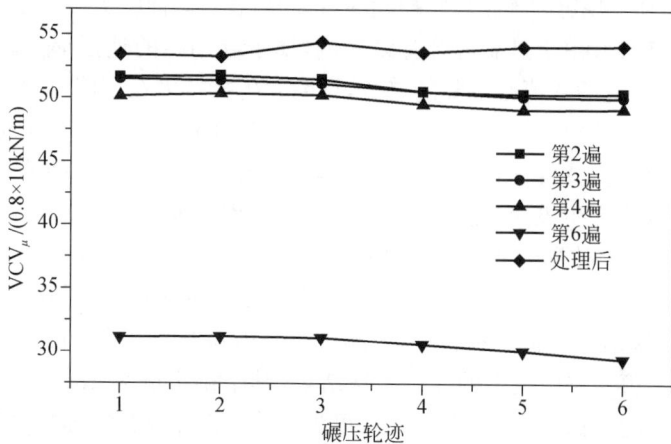

图 7-52　第三层山皮土各碾压轮迹的 VCV 均值分布状况

　　从摊铺碾压前标准振动压实试验的结果（表 7-13）来看，靠近既有路一侧的抵抗力比其他部位的要低一些，说明下层结构抵抗力的强弱对摊铺层的压实是有一定影响的（压路机影响深度较深）。对于 18t 的振动压路机，有效的压实深度范围有限，仅仅依靠采用 18t 振动压路机增加碾压遍数的方法来提高压实效果是不行的，也是不经济的，必须采用更大的外界能量来作用——强夯进行处理，然后再对路基面进行平整碾压。因此，在填筑三层以后进行统一的强夯处理。由于强夯采用了冲击方法，其能量大、影响范围深，因此效果较好。这一点从第三层山皮土的实测数据中就可以看出，如图 7-52 所示。处理后的各碾压轮迹的 VCV 数值明显增大，且相对更为均匀，说明路基结构体的抵抗力在增大。

2. 碾压轮迹的 VCV 曲线及碾压面分析

　　前面采用不同碾压轮迹的 VCV 均值进行了分析，这样能在总体上把握住碾压面的压实效果，但还应对每一个碾压轮迹的振动压实曲线进行分析，以了解碾压面上的详细压实信息。这种分析包括了不同碾压轮迹的压实程度分析、同一碾压轮迹不同碾压遍数的剖面分析（稳定性分析）和同一碾压遍数下碾压面的总体分析等内容。

　　以下是第一层山皮土碾压第 9 遍时所有碾压轮迹（1～6 轮迹）的压实程度分析结果，采用了可视化的图示表示方法，如图 7-53 所示。其中红色（深色）代表达到连续压实控制的目标值，绿色（浅色）代表未达到目标值（注意：现行标准中一般采用绿色代表达到目标值，红色代表未达到目标值。由于这是原来的研究成果，因此未作修改，此处特此说明）。

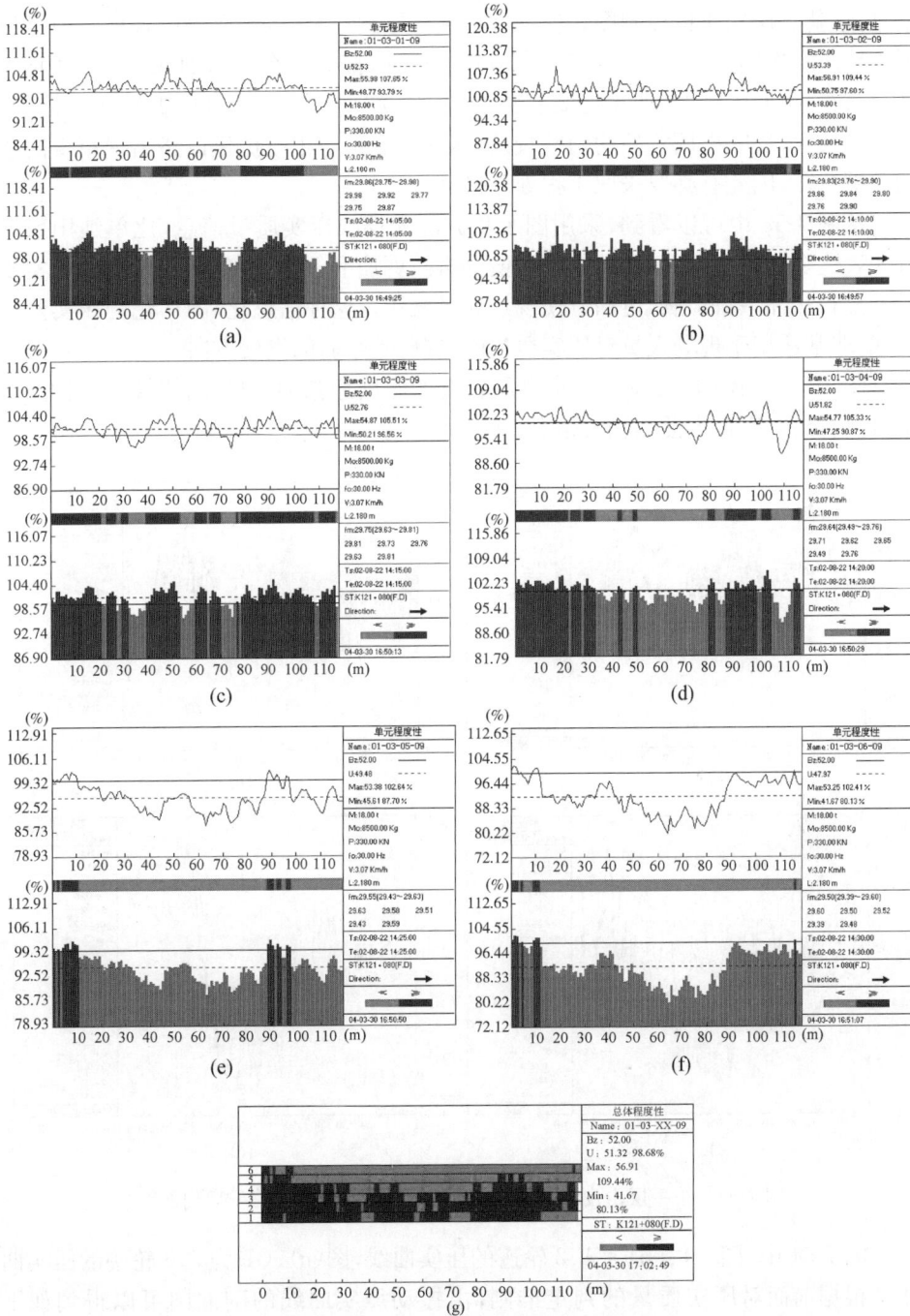

图 7-53 第一层山皮土第 9 遍时各轮迹振动压实曲线和碾压面的压实质量图

从以上图形分析结果中可以识别出碾压区域内所有点(检测单元)的压实质量信息,这就是压实质量控制图。根据常规抽样检测结果,压实质量已合格。但是根据连续压实控制标准,还有许多不合格的点存在,接近整个碾压面的50%,并且大都分布在4~6轮迹上,即靠近既有路的一侧。特别是5、6轮迹的振动压实曲线,其波动较大,反映出压实的均匀性较差,而这恰恰是防止改扩建道路出现衔接问题的关键所在,因此有必要采取工程处理措施。

从图7-53中可以看到,采用图示化方法来反映压实质量信息,比单纯用数据方式表达要好得多(如前面的轮迹均值分析),更加形象直观,整个碾压面的压实质量及分布状况一目了然,更加方便现场人员操作。这种信息化、图形化的压实监控模式,非常适用于现场人员对压实质量的控制,是今后的发展方向。

图7-54为第一层山皮土几个碾压轮迹的不同遍数时VCV剖面显示情况,从中可以看出压实稳定性的相关信息。

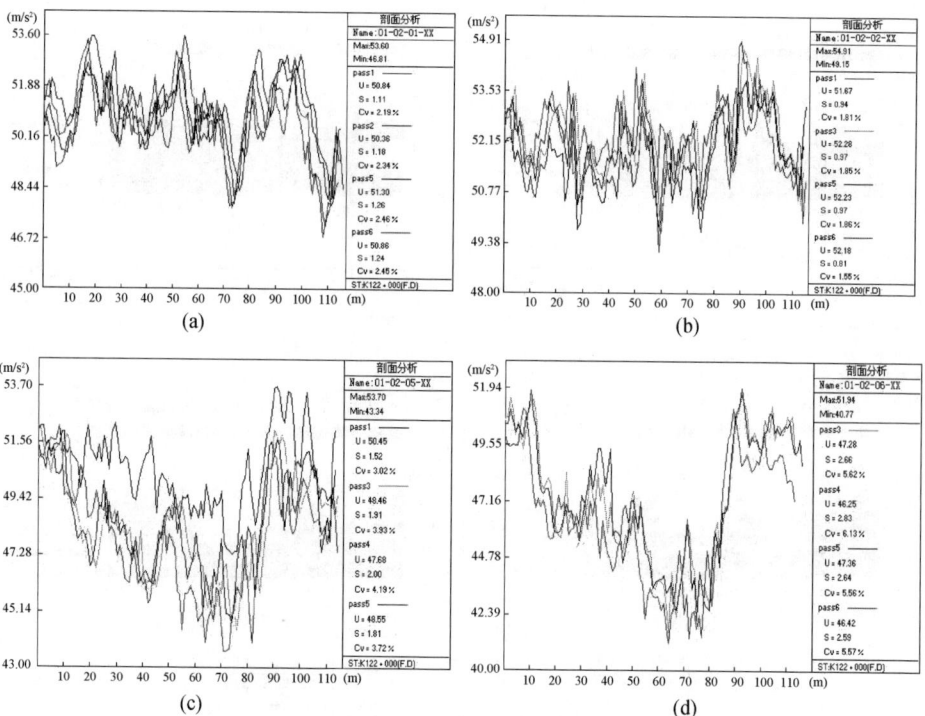

图7-54　第一层山皮土部分碾压轮迹不同碾压遍数下VCV剖面图

图7-54中,图(a)、(b)为1、2轮迹的压实曲线,图(c)、(d)为5、6轮迹的压实曲线。根据前面对压实质量的判定准则,由振动压实曲线的剖面图可以得到如下结论:

(1)每个轮迹各碾压遍数的压实曲线的波动变化趋势是一致的,这就消除了压路机振动性能随机波动造成的可能性,说明振动压路机性能是一定的而非随机波动的。

(2)每一碾压轮迹压实曲线的波动起伏反映了填料本身存在不均匀性,或者是下卧层存在不均匀性。

(3)1、2轮迹的压实曲线最后趋于稳定,说明压路机的压实功已经发挥出来,该压实工艺可行,压实状态较稳定,所形成结构的抵抗力趋于定值。

(4)5、6轮迹的压实曲线较1、2轮迹的不稳定,说明压实状态在变化,结构抵抗力也在变化之中,有进一步被压实的可能性。

(5)5、6轮迹的压实曲线其波动起伏更大,说明这两个轮迹的不均匀性更大,应该进行工程处理,否则容易发生不均匀变形,影响与既有路之间的衔接。

因此,根据各碾压轮迹不同压实遍数的压实曲线变化情况,可以了解路基结构抵抗力和变形的相关信息,可以得到压实状态的变化信息,也可以了解压实稳定性信息。现行标准中关于压实稳定性的制定依据就源于此。

对于第二层山皮土,由于碾压以 16t 振动压路机为主进行,且压实遍数较少,根据 18t 振动压路机连续测试结果,整个碾压面上基本上都没有达到连续压实控制目标值的要求,如图 7-55 所示。对于此碾压层,留待统一处理。

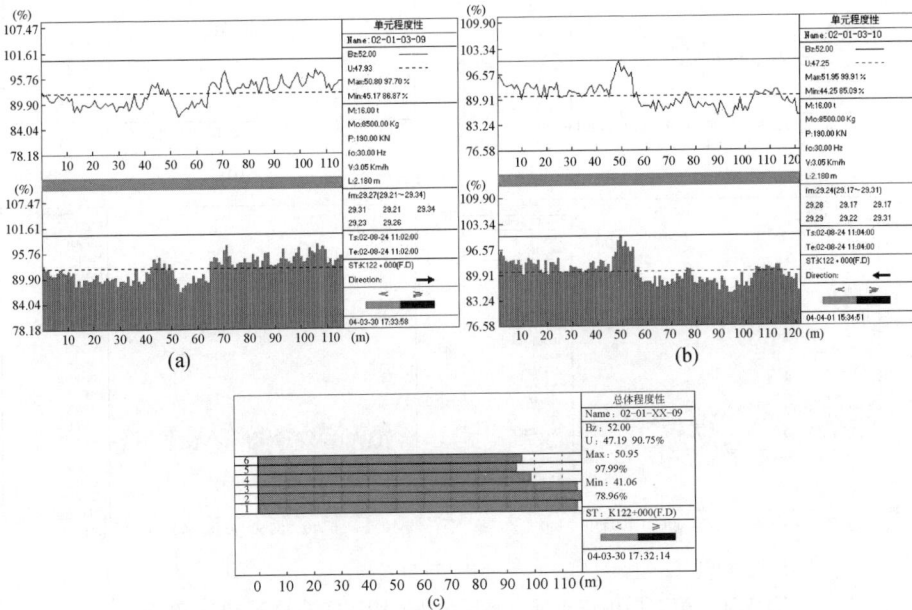

图 7-55　第二层山皮土 3 轮迹 7 遍时的振动压实曲线与碾压面压实质量分布图

图 7-56 为第二层的压实曲线剖面,是采用 16t 和 18t 振动压路机进行连续测试得到的。从振动压实曲线剖面的趋势看,在 16t 压路机作用下,总体来讲,已经

趋于稳定(变化幅度小),但也有进一步压实的可能性,因此用 18t 压路机又进行了碾压和连续测试,最后统一进行强夯工程处理。

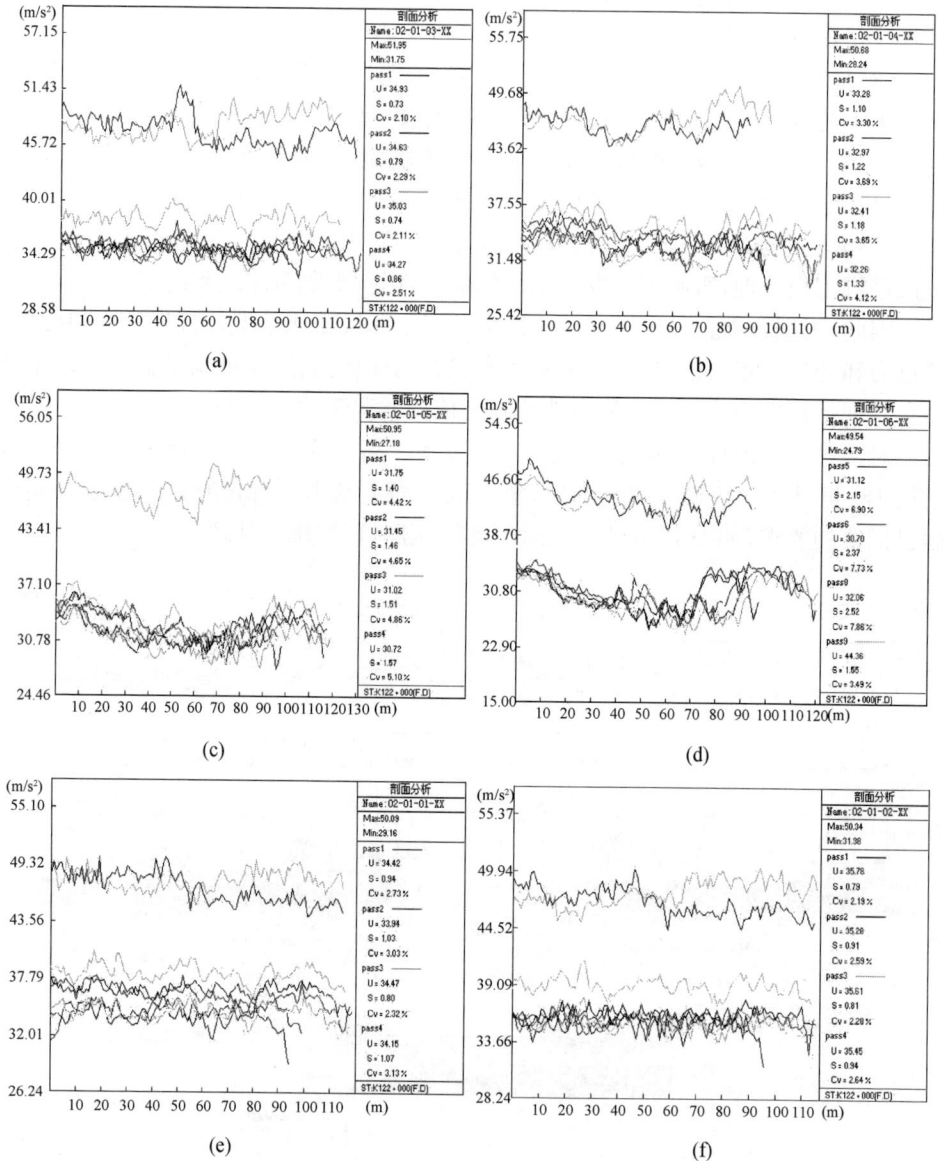

图 7-56 第二层山皮土部分碾压轮迹不同压实遍数下 VCV 剖面

从图 7-56 中也可以看到,连续压实控制的目标值是依据具体压路机而定的。18t 压路机的目标值并不能应用在 16t 的压路机上,若想得到目标值,必须用该压路机进行试验取得,不可盲目乱用。

由于前两层的 5、6 轮迹的压实质量较低，需要予以改善。因此在碾压第三层时注意了 5、6 轮迹的碾压，并针对压实状态较差的部位进行了人工换填（主要是填料的不均匀、且粒径较大造成的局部碾压不实）。

此外，由于是改扩建工程，新旧路结合部位的处理显得非常重要，有关部门从地基开始就采取了多种处理手段，如强夯地基、砂垫层、抛石等工程处理手段。为了加强压实效果，在碾压完第三层山皮土之后，重点对结合部位进行了强夯处理。实践证明，这种处理方法的效果比单纯增加压路机碾压遍数方法的效果要好。

图 7-57 为对第三层山皮土各碾压轮迹压实质量的对比分析结果。其中左边

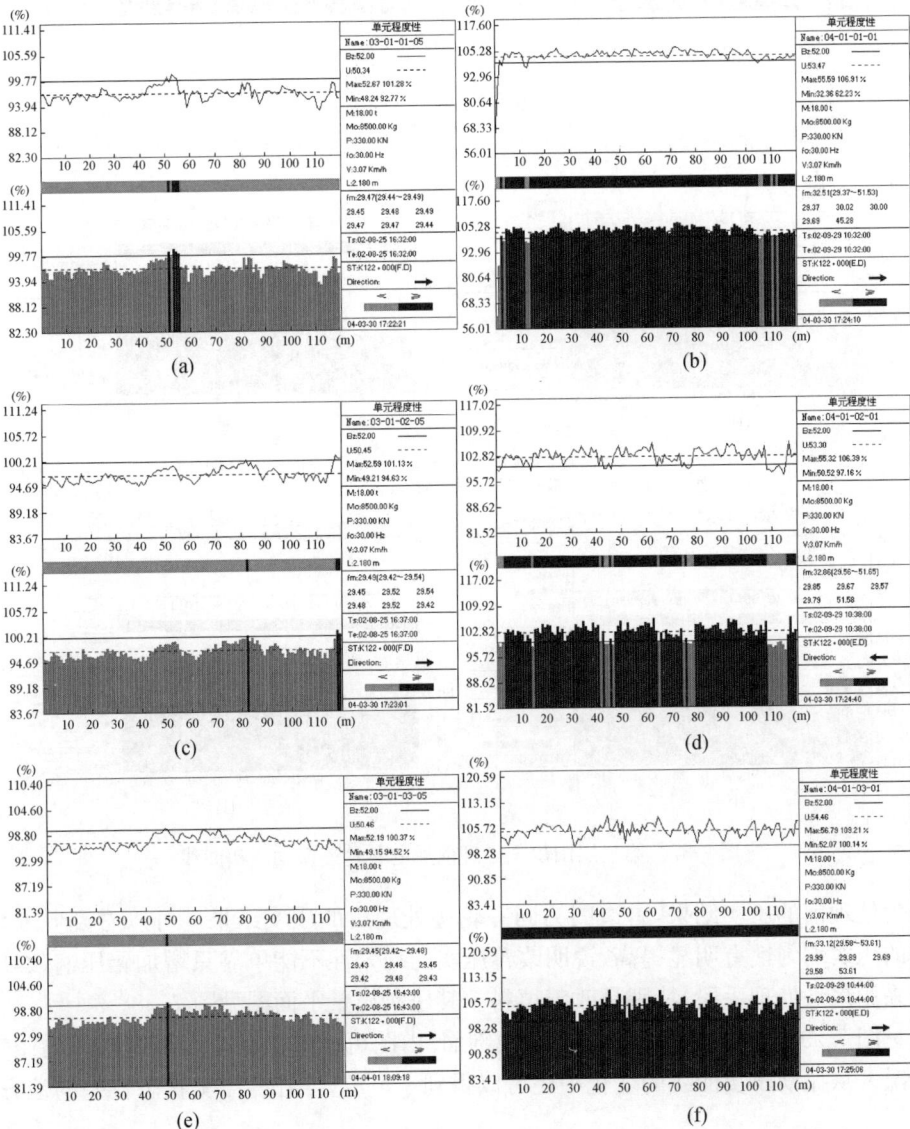

(a)

(b)

(c)

(d)

(e)

(f)

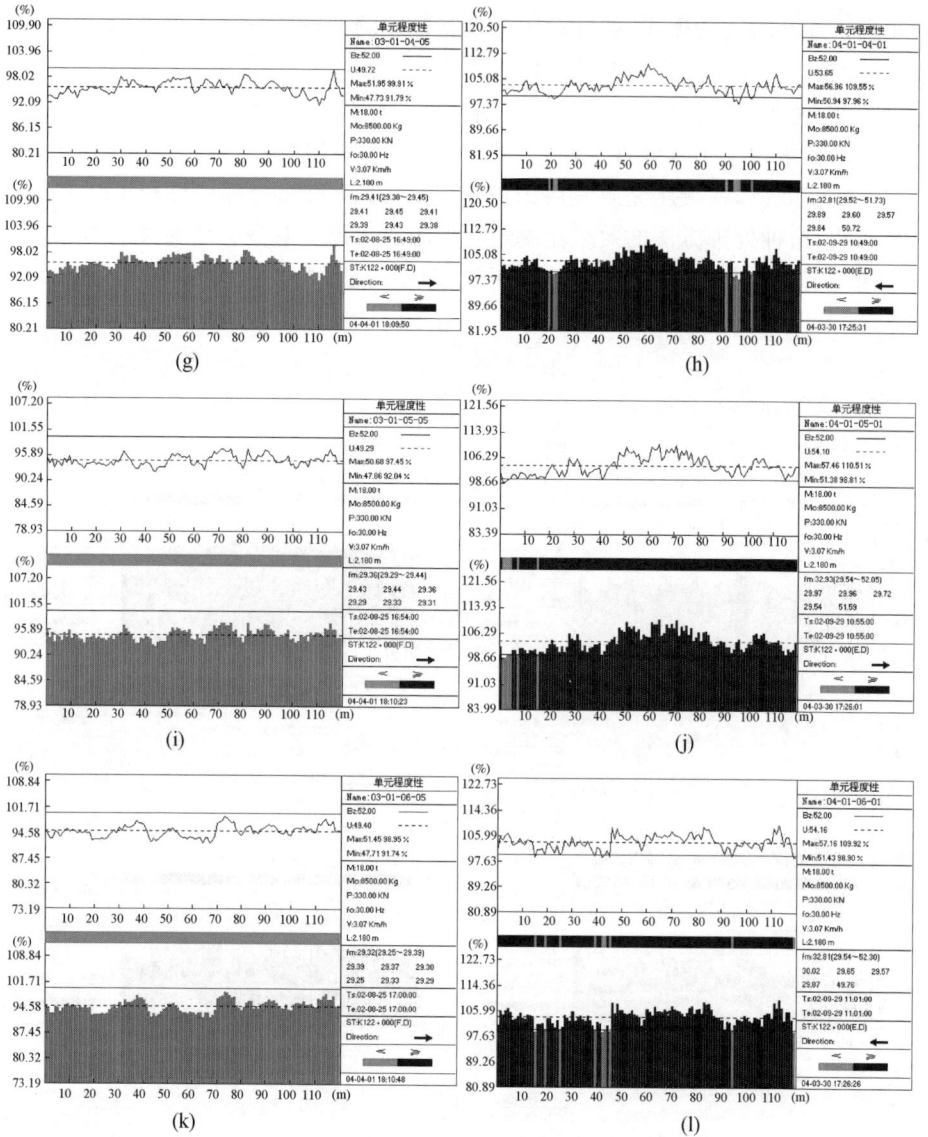

图 7-57　第三层山皮土处理前后的各轮迹振动压实曲线

图为处理前的压实结果,右边图为同一轮迹处理后的压实结果。可以看到 5、6 轮迹的压实均匀性有明显提高,说明改善压实的均匀性不能单靠只增加碾压遍数,应该采用多种处理手段,特别是改善填料。其压实质量平面图见图 7-58。

图 7-59 为第三层的部分压实曲线剖面,由图可以看出各个碾压遍数时的压实情况。从振动压实曲线的变化中还可以得到一个重要结论:压实状态较差的地方,

碾压几遍之后，与压实状态好的地方相比，仍然还是相对较差的。这也说明单靠增加碾压遍数是不能从根本上改变压实均匀性的，需要在填料上多作考虑。

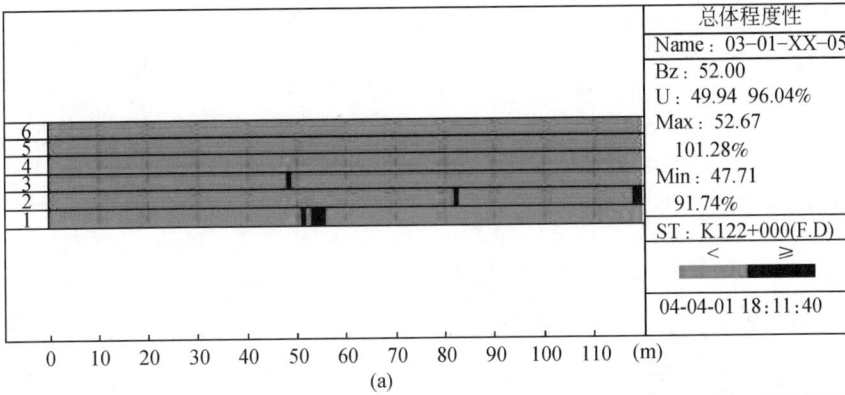

(a)

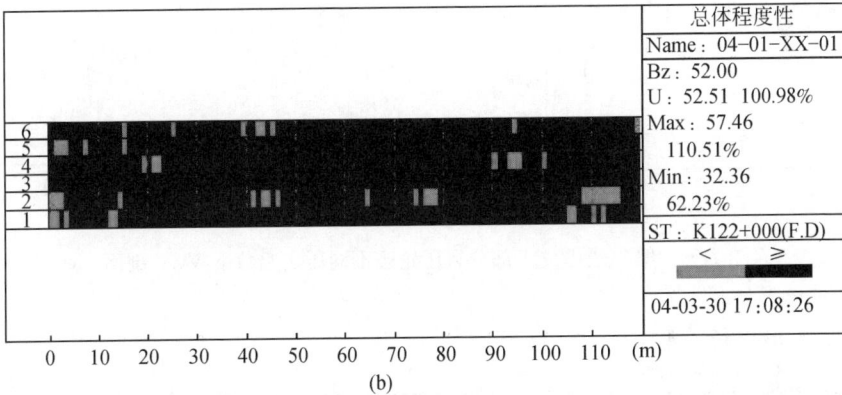

(b)

图 7-58 第三层山皮土处理前后的碾压面压实质量分布图

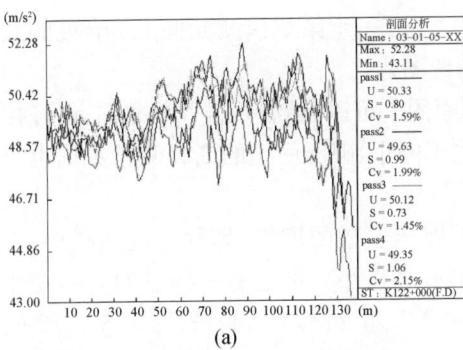

(a)

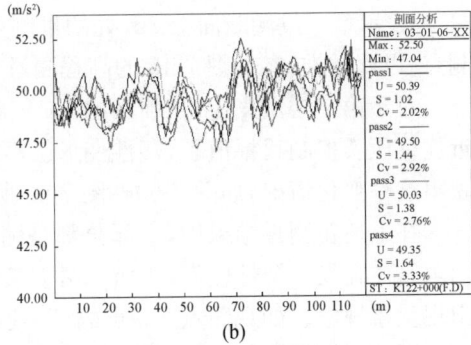

(b)

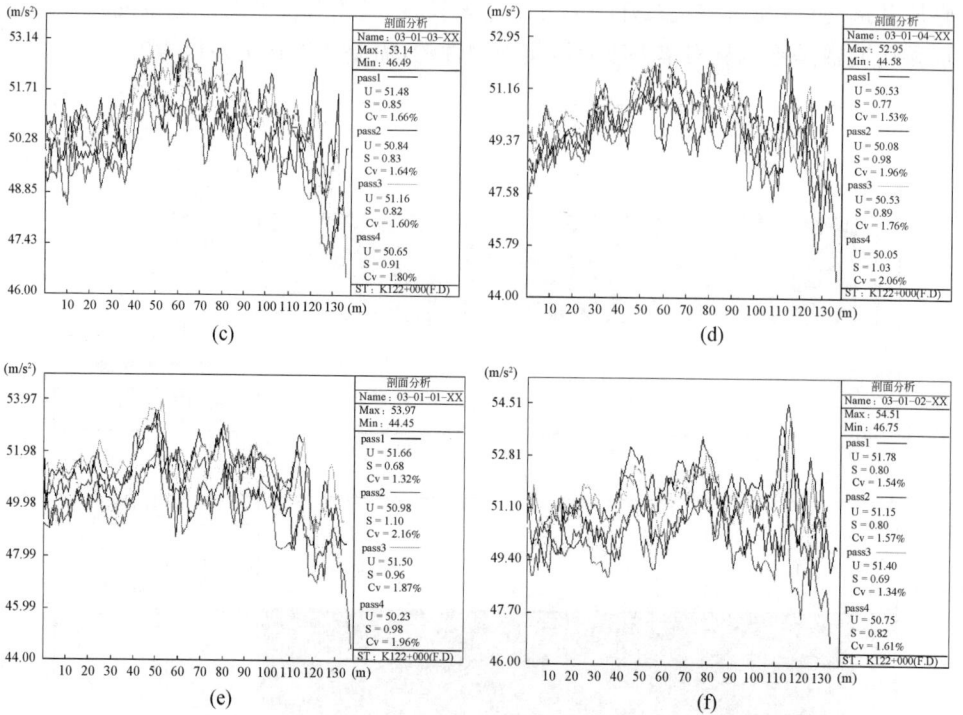

图 7-59　第三层山皮土部分碾压轮迹不同压实遍数下 VCV 剖面

3. 变形分析

根据制定的测试方案,对每一填筑层碾压过程中的高程都进行测量,以了解变形随碾压遍数的变化情况。下面以第三层山皮土的测量结果为例进行分析。图 7-60 为第三层山皮土碾压面上 12 个观测断面上各观测点的测量结果。图中,"1-3"表示第 1 量测断面上 3m 处的量测点,"5-6"表示第 5 量测断面上 6m 处的量测点,以此类推(参见图 7-45 的高程测量布置图)。

对于第三层山皮土,从前面的 VCV 剖面图上可以看到,在未处理之前,已经接近连续压实控制目标值了,塑性变形已经趋于停止,碾压面上的高程测量数据也反映出这种变化情况,如图 7-60～图 7-62 所示。

在上述各测量结果中,大部分都是随着碾压遍数的增加,高程在逐渐减小,表示填筑体在发生塑性变形(下沉),并且变形有大有小。但也有一些点的高程变化出现反常现象。如观测点 3-3 点的第 2 遍比第 1 遍要高,7-3、11-3、12-3、8-6、12-6、12-9 也有类似现象。这种反常现象的发生有两方面原因,其一是测量高程时的操作误差所致,其二是填筑体发生了剪涨现象。

(a)

(b)

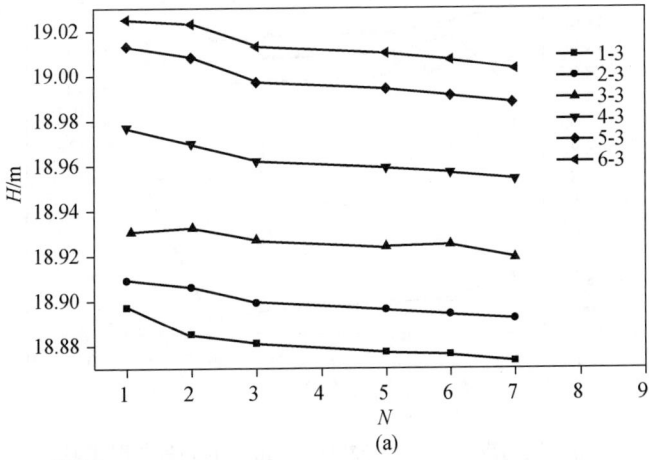

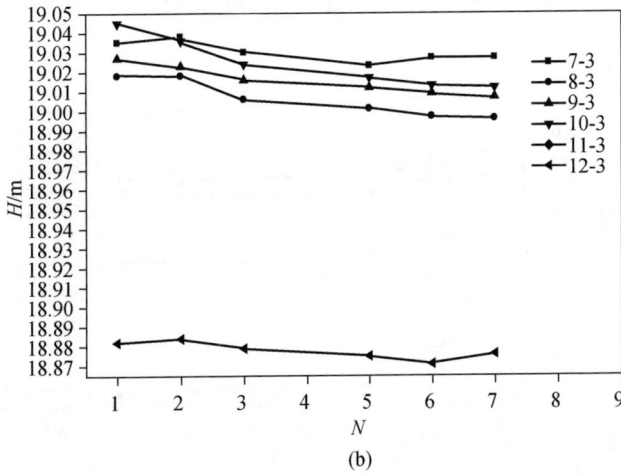

图 7-60 第三层山皮土 1~12 号断面上 3m 点的高程与碾压遍数的关系

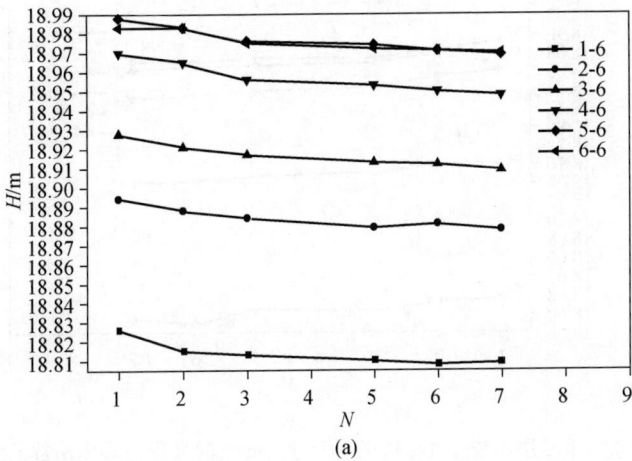

(a)

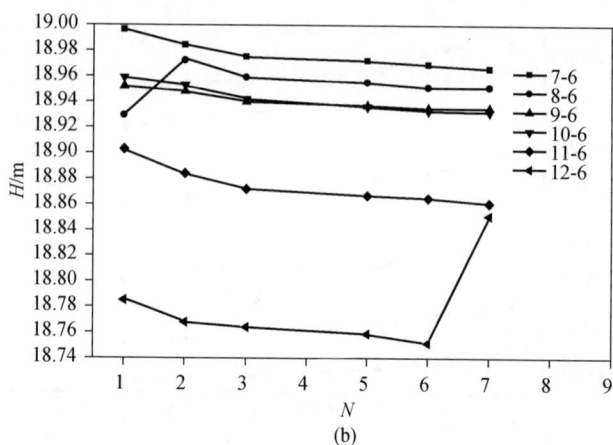

(b)

图 7-61　第三层山皮土 1~12 号断面上 6m 点的高程与碾压遍数的关系

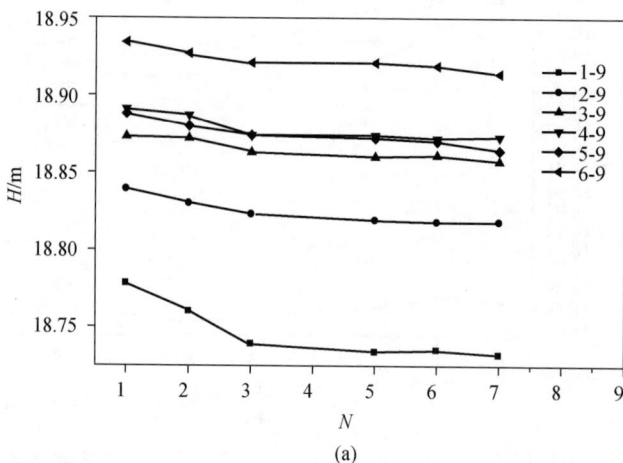

(a)

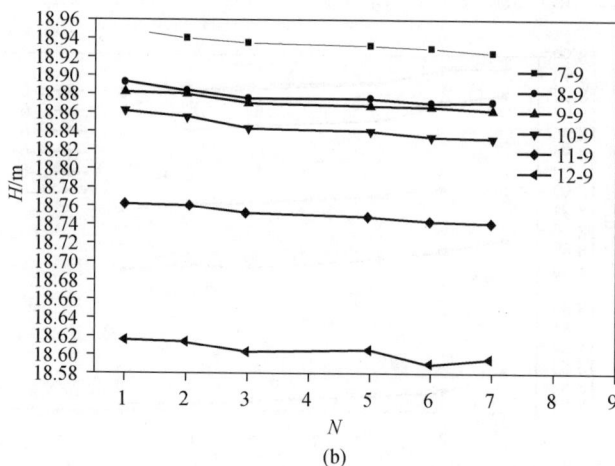

(b)

图 7-62　第三层山皮土 1~12 号断面上 9m 点的高程与碾压遍数的关系

　　关于一般利用表面沉降曲线判定压实状态的方法,主要有两种:第一,利用沉降量与修筑的厚度之比得到沉降率,当其小于 4%~5% 时,一般认为是充分压实的标志;第二,最后两遍的沉降差小于 10mm 时应结束压实。

　　如果按照上述方法判别,在 3~5 遍振动压实之后就可以停止压实了,但事实说明是不行的,可见这种判定方法是有其缺陷性的。

7.4.5　石渣路基压实质量分析

　　石渣这种填料不同于山皮土,其颗粒的粒径比较粗,并且分布很不均匀[图 7-63(a)]。由于现行公路路基的有关规范并没有对填料级配作出定量的要求,所以一般都是按照天然级配进行摊铺,但对压实效果有很大影响。根据室内振动压实试验结果,粗细料比例在 7:3 左右时可以达到最佳压实效果。因此,为了得到较好的压实效果,首先在现场利用数字图像技术判断颗粒粒径的状态和分布,最大粒径按照铺筑厚度的 1/2 控制(一般控制粒径在 10~12cm 以下);然后利用人工干预的办法来改善级配的分布状态,如摊铺后采用人工进行粗细料的比例和分布的调整。图 7-63(b)是碾压过程中根据压实控制结果进行的增加细料来改善压实效果。

(a)　　　　　　　　　　　　　　　　　(b)

图 7-63　铺筑石渣与人工改善级配现场

　　石渣路基的分析步骤和过程与山皮土的相似。但天然级配的石渣有时粒径分布更加离散和不均匀,对压实效果是有很大影响的,这一点从连续压实控制的实测数据上即可表现出来。下面还是从三个方面进行分析。

　　1. 碾压轮迹的 VCV 均值分析与强夯处理

　　在摊铺完第一层石渣后,先根据级配分布情况进行了人工简单处理,使之分布得更加均匀一些。在碾压时,首先采用 16t 压路机碾压 1 遍,然后采用 18t 压路机进行碾压作业 8 遍,并进行连续压实测试。各碾压轮迹的 VCV 均值情况如图 7-64

所示。

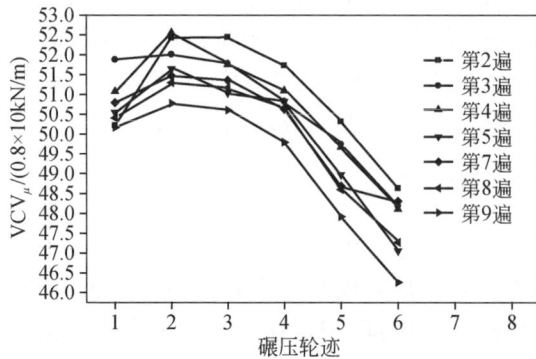

图 7-64　第一层石渣各碾压轮迹的 VCV 均值分布状况

　　从第一层石渣 VCV 均值曲线的走势来看,4、5、6 轮迹与山皮土的一样,也是处于低值状态。这说明既有路一侧压实效果有问题,并非完全是填料本身的问题,与下卧层的状态有密切关系。此部位应加强工程处理,以免留下隐患。从图中还可以看出,第 9 遍的 VCV 均值明显低于第 2 遍的,说明在压实过程中产生了塑性变形,所形成的结构仍未处于稳定状态(这也是判定填料级配不合理的方法之一)。根据判定准则,$\Delta VCV<0$,说明石渣结构的抵抗力较低,还处于发生塑性变形阶段。根据得到的反馈信息,决定采用 18t 压路机再强振 2 遍后结束压实工作,留待碾压第二层石渣时一并进行工程处理。

　　从这里也可以看出,由于石渣属于粗颗粒填料,且天然级配不甚理想,颗粒间的关联方式较弱,所形成的结构宏观表现为其强度和刚度都较山皮土的要低一些,这一点在现场可以感觉到(人在上面行走有松动的感觉),碾压面有松动现象,说明细料较少,没有形成稳定的结构。

　　第二层石渣的情况也不理想,级配很差,压实困难,所形成的结构不稳定,有松动现象,连续测试得到的 VCV 数据一直很低,如图 7-65 所示。处理之前的 VCV 数据平均比山皮土的要低 20% 左右,并且无论怎么碾压,一直达不到稳定状态,表面松动现象较严重,说明填料有问题。

　　根据前面的研究成果,针对发现的问题,采取了添加细料的办法来改善级配。增加细料有利于填充孔隙,加强颗粒之间的关联作用——摩擦、咬合、嵌挤等,形成稳定而密实的结构。在碾压完第一层后,第二层上料时,一些细料自然填充到了下面的孔隙中。对于第二层本身,则采用了添加细料——山皮土的办法,并适当洒一些水,经过胶轮的碾压,其揉搓作用得到了很好的发挥。实践证明,这种处理方法较好。

　　此外,为了加强新旧结合部,重点对其进行了强夯处理,其结果证明在更大的

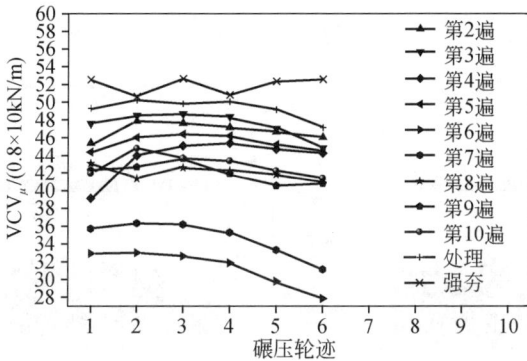

图 7-65 第二层石渣各碾压轮迹的 VCV 均值分布状况

能量作用下,石渣填料仍可以被压实,说明原来的稳定状态可能不是最佳的。但正如前面所述,其稳定性受外部环境的控制,关键是要看今后交通荷载作用的大小,也不一定是越密实越好。

图 7-65 中,在经过工程处理后,各碾压轮迹的 VCV 数据具有很大的提高,特别是 5、6 轮迹,较处理前有了明显的提高,说明结构抵抗力变大,处理措施是有效果的。

2. 碾压轮迹的 VCV 曲线及碾压面分析

以下是第一层石渣碾压第 9 遍时所有碾压轮迹(1~6 轮迹)的压实质量分析结果的图形化表示,如图 7-66 所示。可以清楚地看到 5、6 轮迹仍然是压实状态最差的,并且不均匀性也最大。下面的总体图同样说明的是这一问题。通过压实程度分布图,可以针对性地采取措施,避免了盲目性,并不会遗漏个别地段。

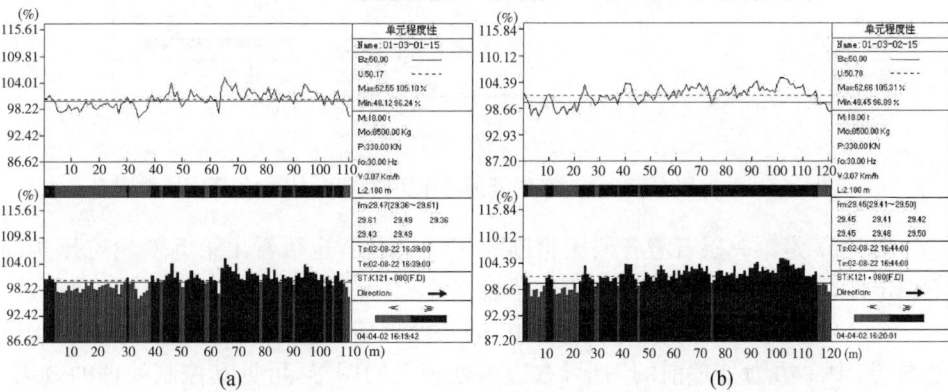

(a)   (b)

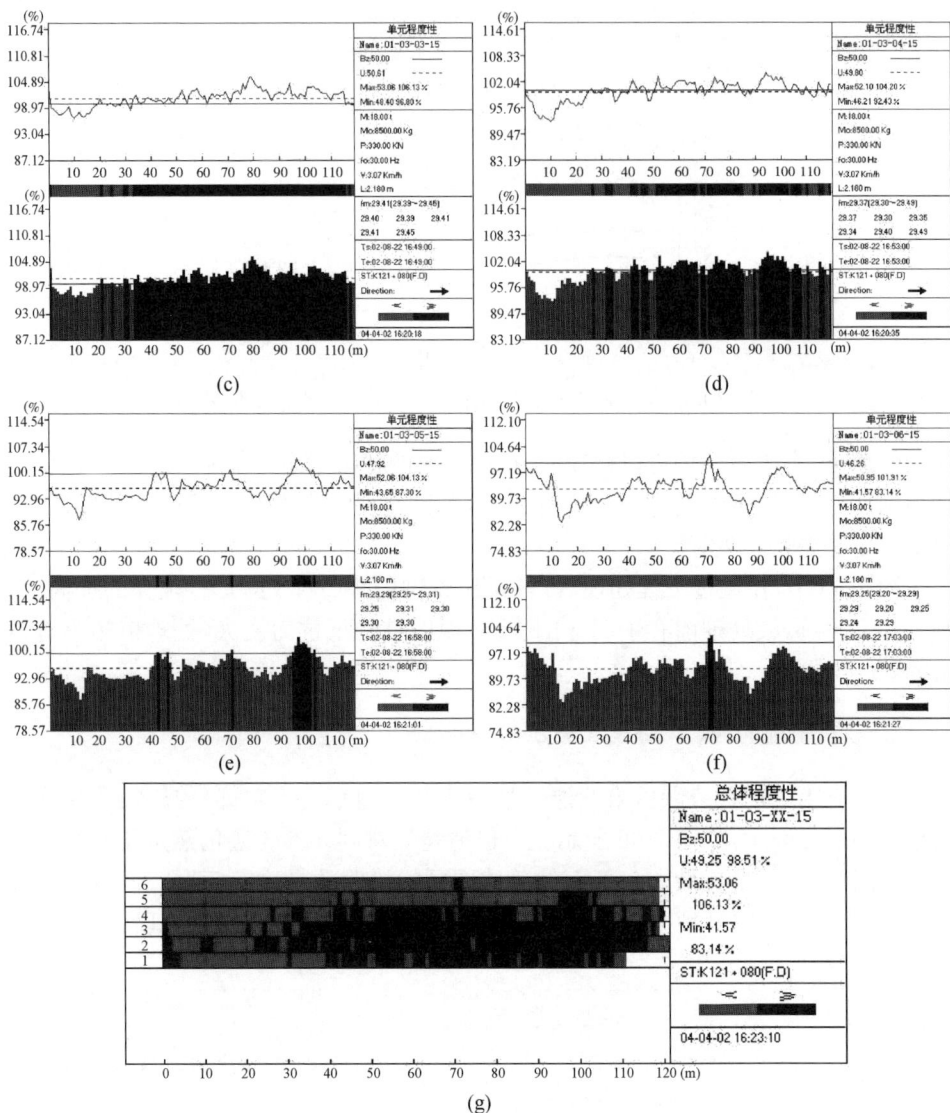

图 7-66　第一层石渣 9 遍时各轮迹振动压实曲线和碾压面的压实质量图

图 7-67 是第一层石渣各碾压轮迹的 VCV 剖面,也可看出第 5、6 轮迹压实的不稳定性,其他轮迹也都存在一定的不稳定性。

图 7-68 是第二层石渣在碾压第 10 遍和处理后(第 13 遍)时各轮迹的压实质量图,其中左边为处理前的图形,右边为处理后的图形,可见其控制处理的效果。不但压实程度得到提高,所有轮迹的压实均匀性也得到了明显提高。

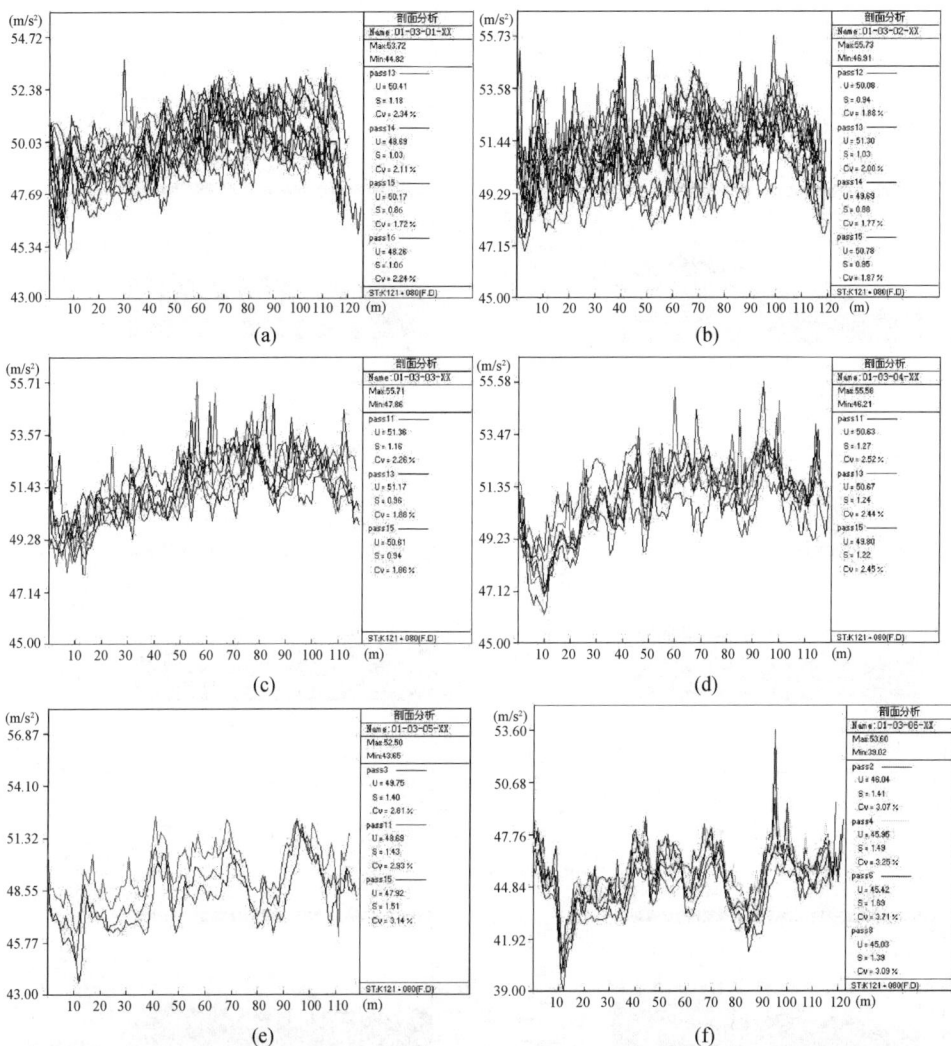

图 7-67 第一层石渣碾压轮迹不同碾压遍数下 VCV 剖面图

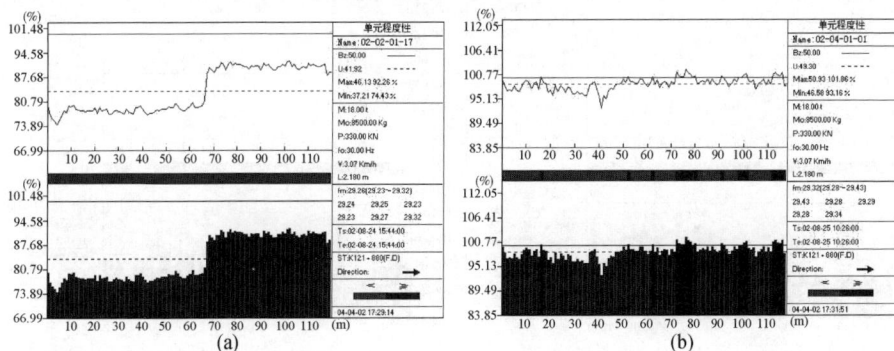

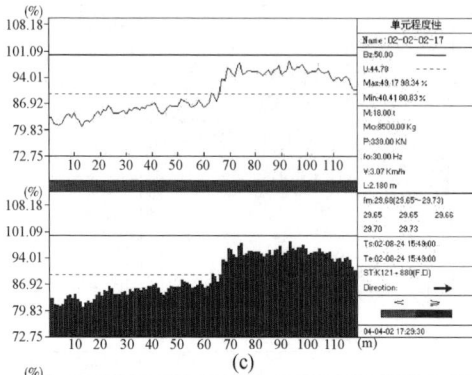

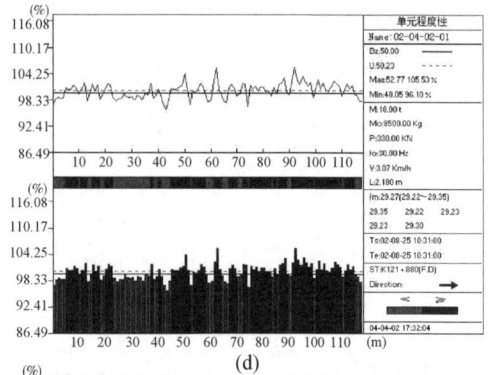

(c)

(d)

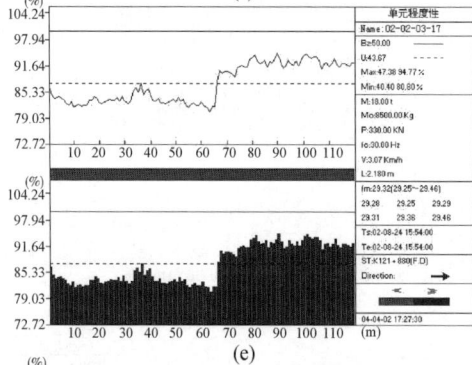

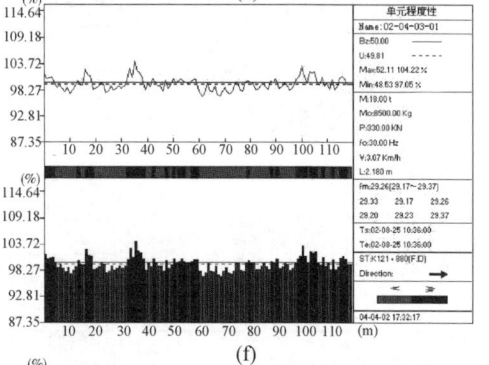

(e)

(f)

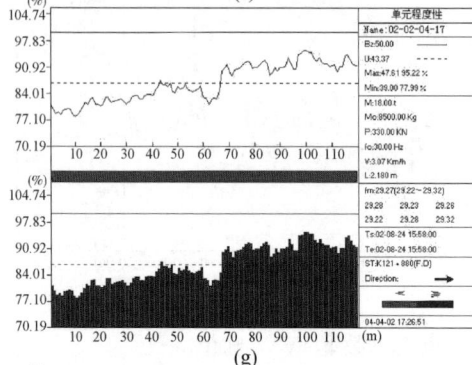

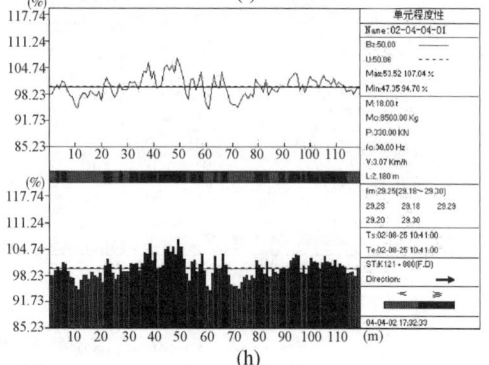

(g)

(h)

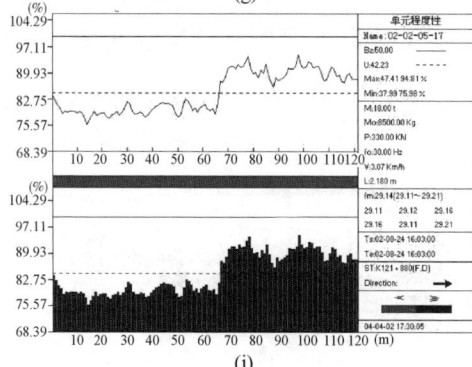

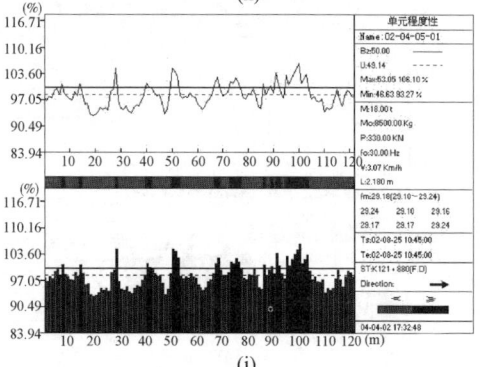

(i)

(j)

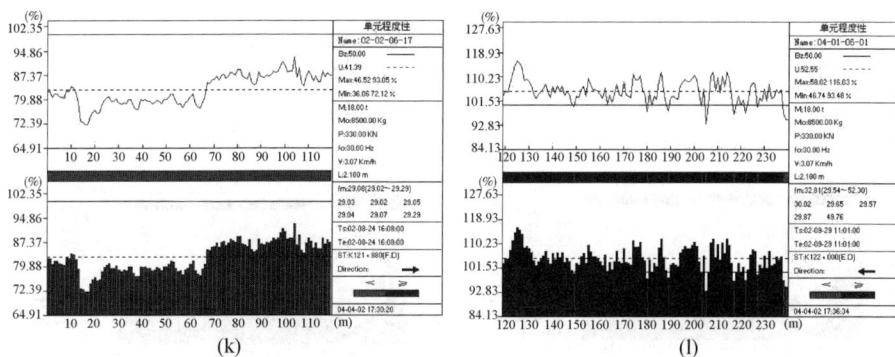

(k)　　　　　　　　　　　　　　(l)

图 7-68　第二层石渣处理前后各轮迹压实质量分布

图 7-69 为采用强夯措施之后测得的压实质量图。可以看出,强夯的效果更好,但均匀性还是有一些下降的。图 7-70 为处理前后和强夯后的总体压实程度控制图。图 7-71 为第二层石渣各碾压轮迹的 VCV 剖面图。

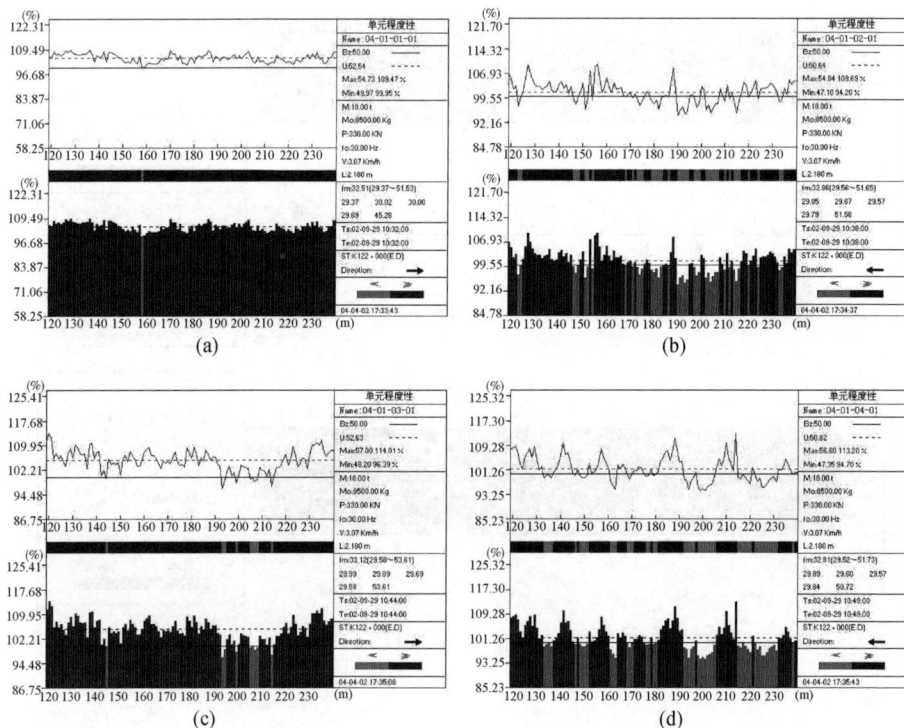

(a)　　　　　　　　　　　　　　(b)

(c)　　　　　　　　　　　　　　(d)

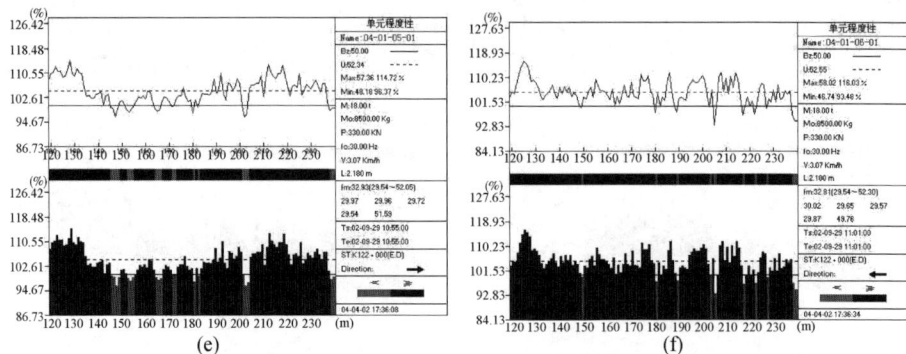

(e)　　　　　　　　　　　　　　　　　　(f)

图 7-69　第二层石渣强夯后各轮迹的压实质量图

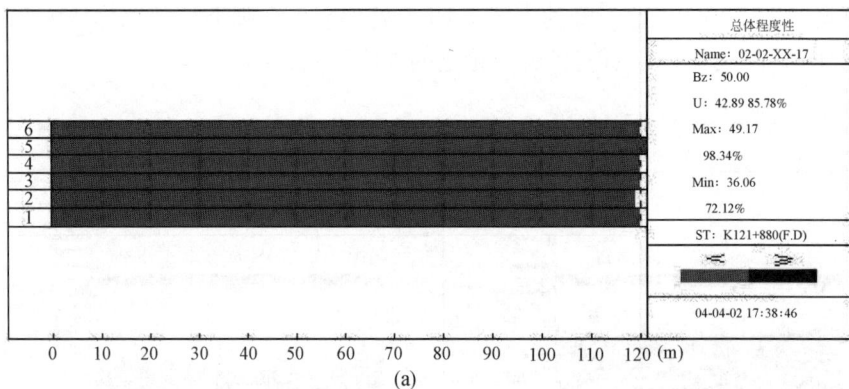

(a)

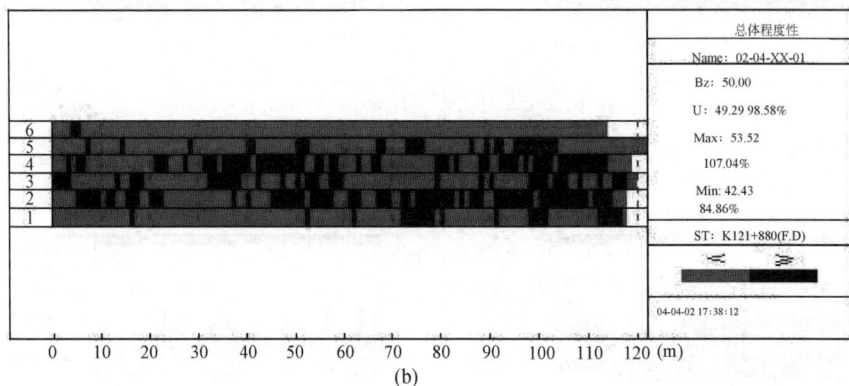

(b)

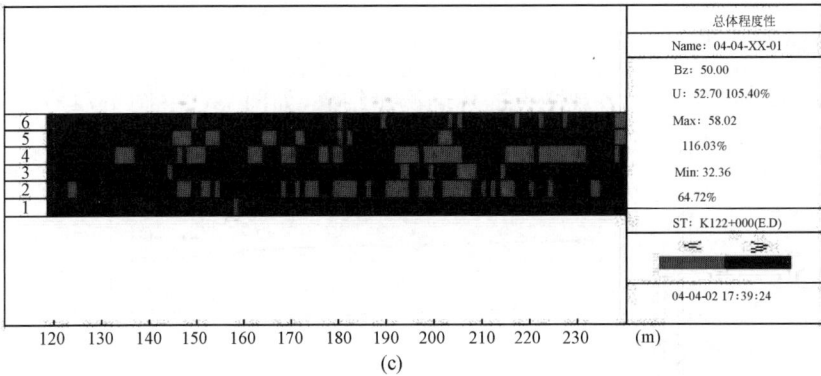

(c)

图 7-70 第二层石渣处理前后及强夯后的碾压面压实程度分布图

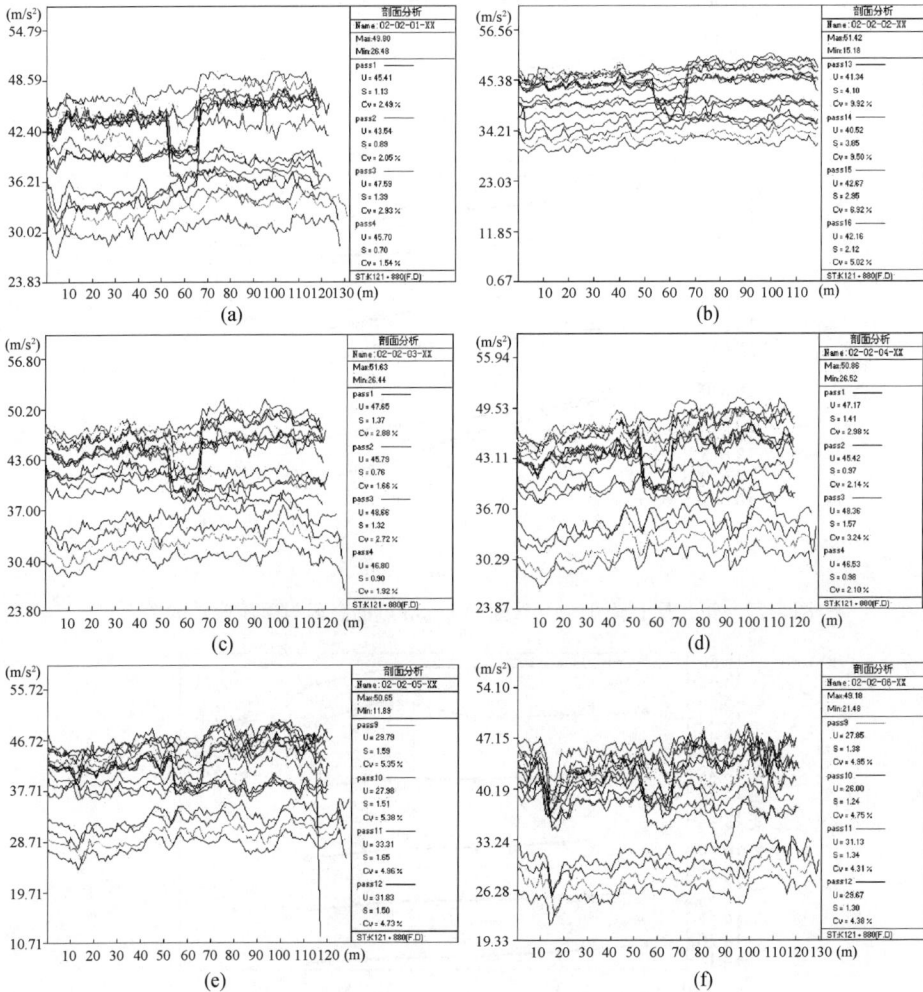

图 7-71 第二层石渣各碾压轮迹的 VCV 剖面

3. 变形分析

以下为第二层石渣各观测点的标高测量结果,如图 7-72～图 7-74 所示,其表示方法和意义同前。可以发现,石渣的变形规律比山皮土的要复杂一些。

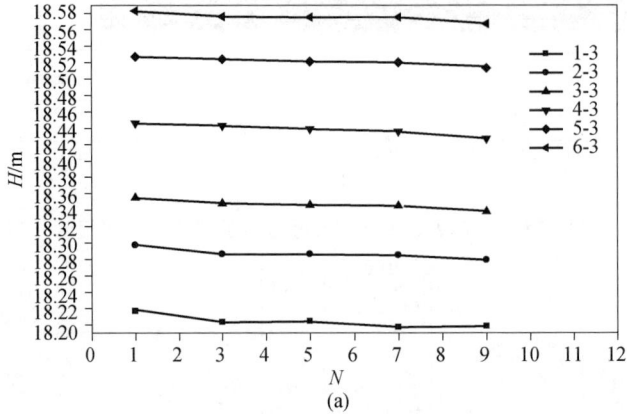

(a)

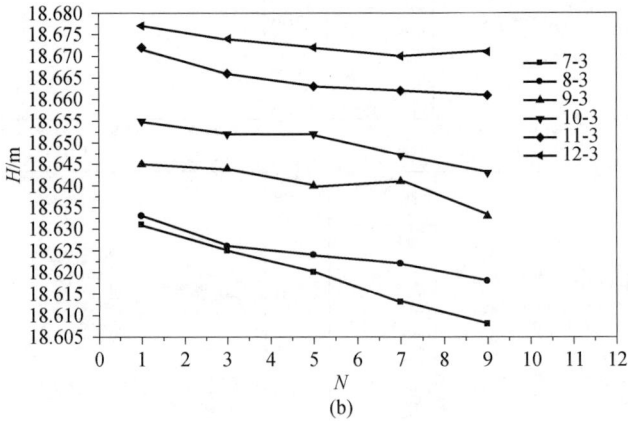

(b)

图 7-72　第二层石渣 1～12 号断面上 3m 点的高程与碾压遍数的关系

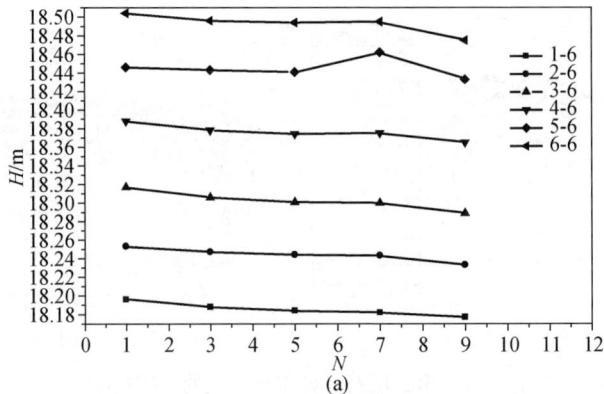

(a)

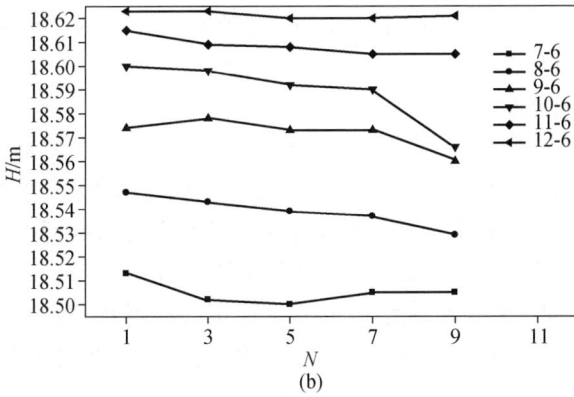

图 7-73　第二层石渣 1～12 号断面上 6m 点的高程与碾压遍数的关系

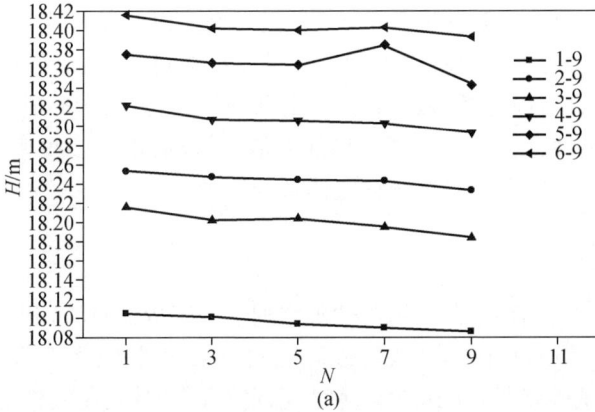

(a)

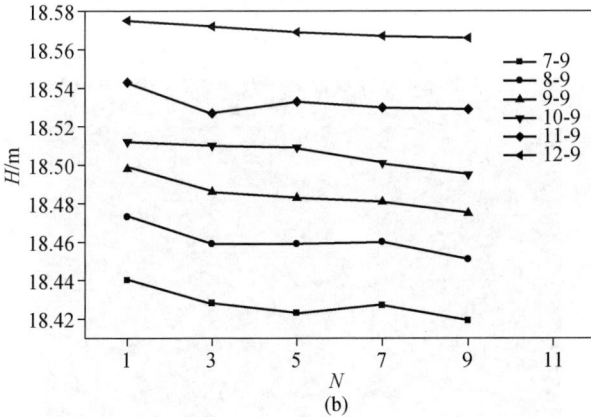

(b)

图 7-74　第二层石渣 1～12 号断面上 9m 点的高程与碾压遍数的关系

同山皮土一样,有一些观测点的高程变化也出现反常现象。如观测点 9-3、5-6、9-6、7-6、5-9、7-9 等,并且靠近既有路一侧的点居多。这种反常现象的发生也是有两方面原因,即测量高程操作误差和填筑体发生了剪涨现象,粗粒料可能更严重一些。

从以上这些变形曲线中可以发现,各测点的高程变化规律有的下降,有的基本不变,还有的升高,说明粗粒料的塑性变形是比较复杂的,有剪缩和剪涨现象的发生,屈服面也一直在变化。由此看来,表征结构抵抗力的 VCV 变化的复杂化也就不足为怪了(参见各剖面图)。实际上,这也是路基结构系统初期演化的一种表现形式,即低级稳定—破坏—高级稳定。对填筑体进行压实质量的过程控制就是要消除这种低级稳定状态,使系统结构形成更稳定的高级状态,使路基结构在强度、刚度和稳定性上适应交通荷载和水温状态变化,达到与外部环境相互和谐的目的。

7.4.6　砂砾路基压实质量分析

由砂砾构成的填筑体,一般很难形成稳定的、具有足够抵抗能力的路基结构体。因此,在碾压时需要对砂砾采取一些处理措施,以改善压实效果,使之满足路基结构性能的相关要求。由室内振动压实试验结果可知,在砂砾中加入一定量的含有棱角的石渣,可以起到增强颗粒之间关联的作用,提高所形成结构的强度和刚度性能,同时稳定性也会随之提高。掺加石渣,并没有增大多少密度,但其性能却能得到较大的改善,应引起对传统评定体系的思考。

1. 试验路段

根据室内试验的结果,在现场对砂砾添加了一定量的石渣,利用二者抗剪强度的不同(参见第 5 章),从而达到改善砂砾压实效果的目的(图 7-75)。为此选取了60m×2 层作为试验路段,就其压实程度、稳定性、均匀性、压实性能的改善等内容进行了系统的研究。

图 7-75　加入石渣的砂砾

对砂砾进行改善性能的技术措施,主要是掺加石渣,以达到改善内摩擦角、增加颗粒之间相互联系的目的。根据前面的研究成果,砂砾与石渣的比例大致控制在 3∶1 比较合适。为此,在施工现场采用人工方式进行了掺加石渣工作。

一般来讲,改善砂砾的压实性能,其核心是提高所形成结构的刚度、强度和稳定性,可以根据砂砾填料的具体情况,在所填筑的砂砾中最多加入 25%～30% 的较细的、有棱角的填料,这样在碾压时就能起到增加颗粒之间相互关联能力的作用,从而使所形成的结构的性能得到提高。这也是对这类填料进行反馈控制的一般原则。

2. 碾压工艺

受高程的限制,砂砾分两层修筑,每层填筑厚度为 30cm。由于上新旧路结合部,在改善砂砾压实性能的基础上,又在两层修筑完之后统一进行了工程处理——强夯等。具体施工碾压步骤如表 7-14 所示。

表 7-14　砂砾的碾压工艺

填料	第一层砂砾	第二层砂砾
工艺	U_{31}	U_{32}
施工步骤	16t 静压 1 遍 16t 强振 5 遍 18t 强振 8 遍	16t 静压 1 遍 16t 强振 3 遍 18t 强振 2 遍 18t 弱振 2 遍 (洒水) 胶轮碾压 6 遍 18t 强振 1 遍 强夯 18t 强振 1 遍

3. 压实质量分析

对于第一层砂砾,尽管掺加了一些石渣,但压实效果并没有得到较大的改善,可能是现场操作时粗细料的比例控制不严所致,这种情况可以从图 7-76 的均值分析结果看出。各轮迹 VCV 的均值随碾压遍数的增加也在增加,但一直没有达到规定的目标值,说明压实是有效的,但填料本身存在一些问题。

增加压实遍数,有一定的压实效果但不明显,表明利用这种压实工艺使压实程度增加的幅度非常有限,工作效率较低。因为层位不厚,因此决定待第二层碾压完后统一进行强夯处理。从下列均值图、轮迹图、平面图和高程变化图等不同角度都可以看出该层的压实质量情况,如图 7-77～图 7-79 所示。

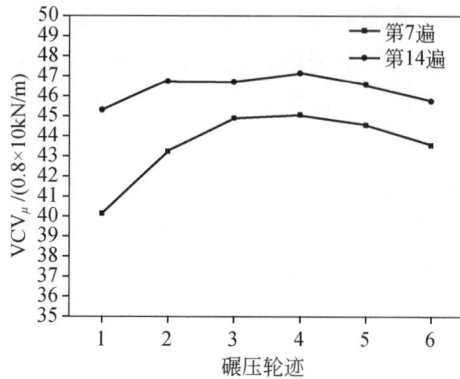

图 7-76　第一层砂砾各碾压轮迹 VCV 均值

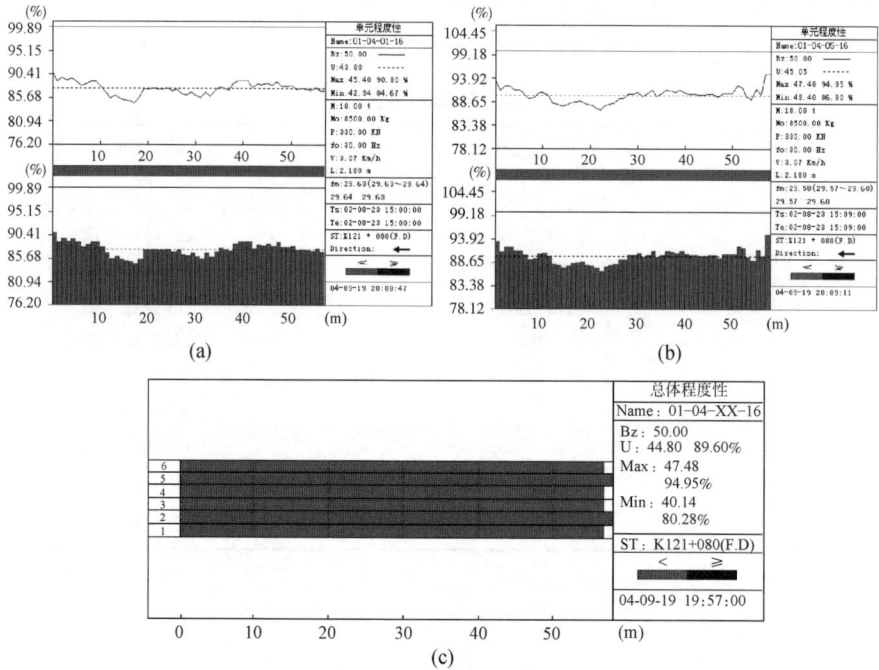

图 7-77　第一层砂砾的部分轮迹及碾压面压实质量图

图 7-80 给出了第二层砂砾各单元的 VCV 均值。在第二层砂砾碾压时,根据第一层砂砾的压实结果,首先对第二层砂砾的碾压工艺进行了一些调整,如洒水、胶轮碾压、改变工艺参数等(表 7-14),取得了较好的压实效果,最后又对其进行了强夯处理,进一步提高整体强度,见图 7-81~图 7-83。

从图 7-80 所示结果看,在调整压实工艺后,各轮迹的 VCV 均值(第 14 遍)就已经基本上全部达到了规定的要求,较工艺调整前有了较大幅度的提高,实现了质

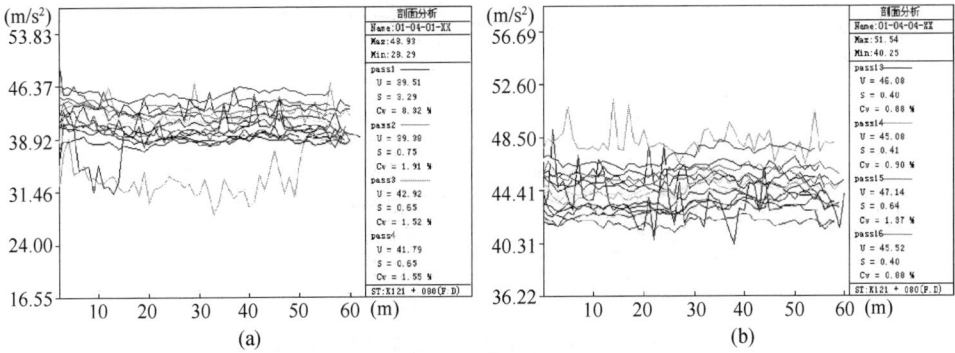

图 7-78　第一层砂砾部分轮迹的 VCV 剖面图

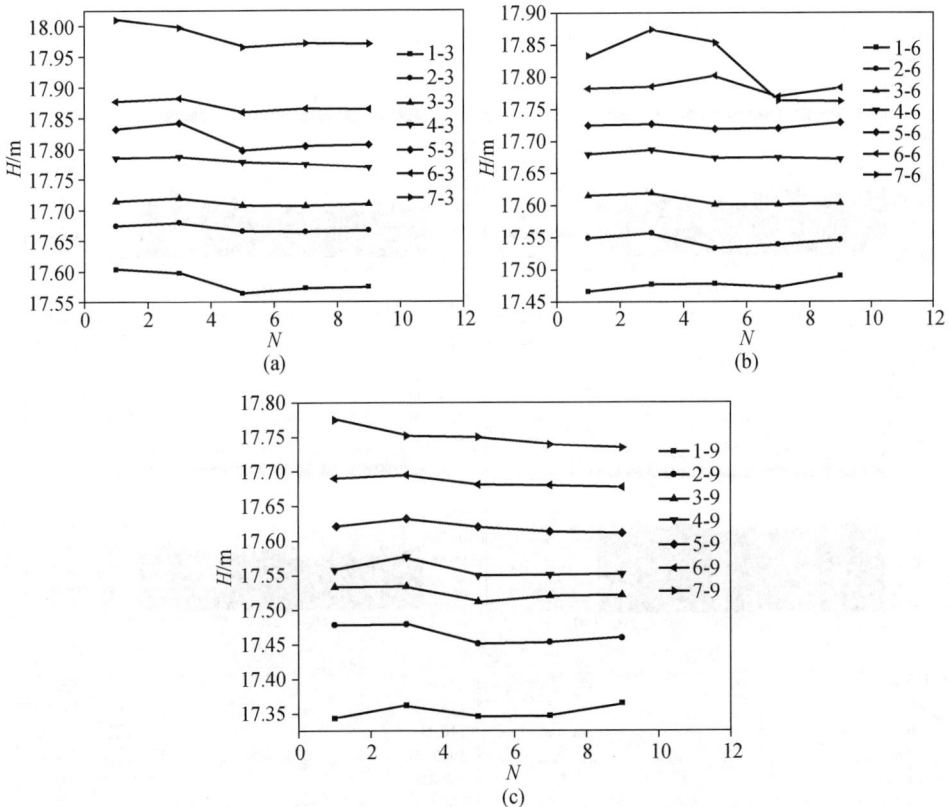

图 7-79　第一层砂砾各断面观测点的高程变化情况

量控制的目的。在进行强夯后,各轮迹 VCV 均值又有了提高,填筑体进一步得到了加强。可见强夯具有明显的效果,对于粗粒料,在进行一定的振动压实之后,再实施强夯,可以使颗粒更加就位,颗粒之间的联系更紧密。

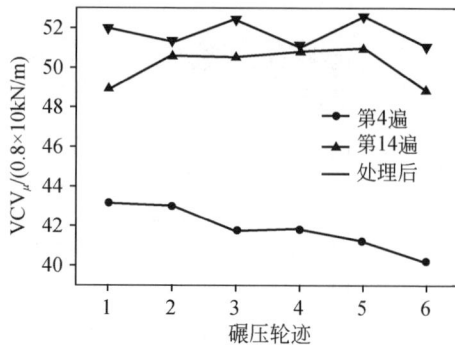

图 7-80　第二层砂砾各单元的 VCV 均值

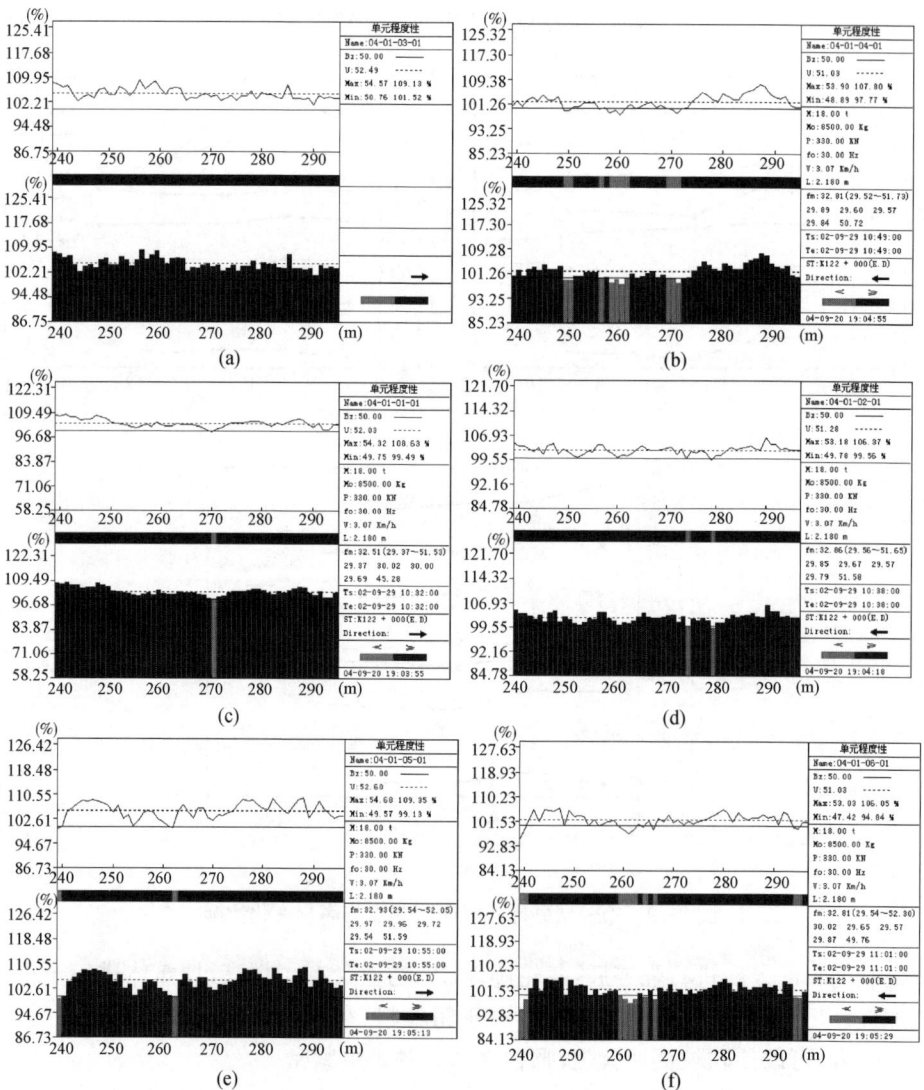

(g)

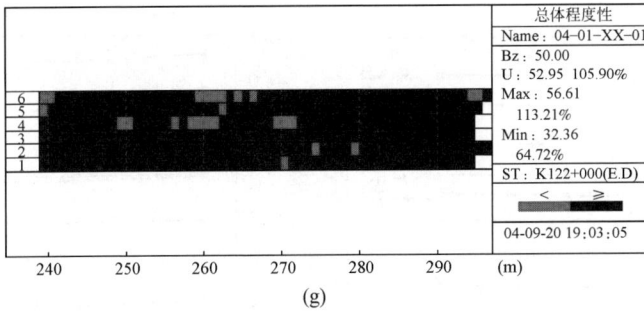

图 7-81　第二层砂砾处理后各轮迹元及总体压实质量图

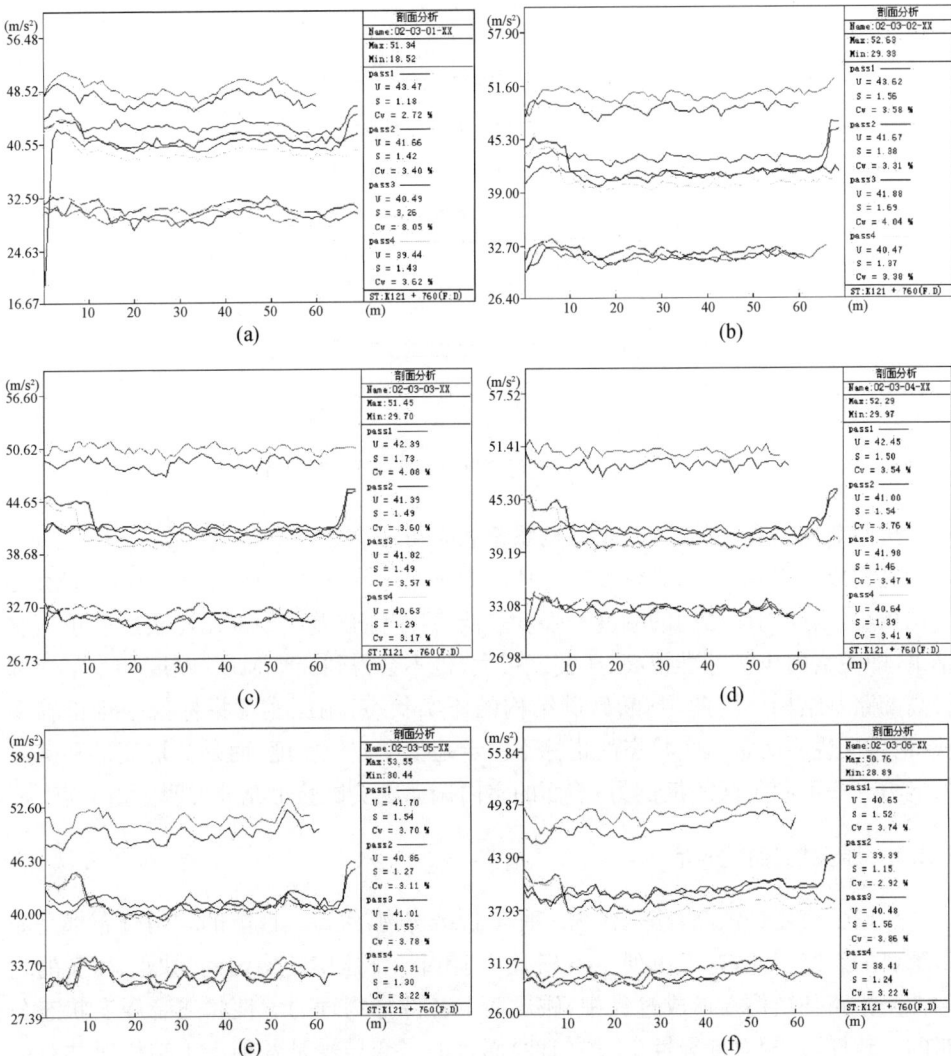

(a)

(b)

(c)

(d)

(e)

(f)

图 7-82　第二层砂砾的不同轮迹 VCV 剖面图

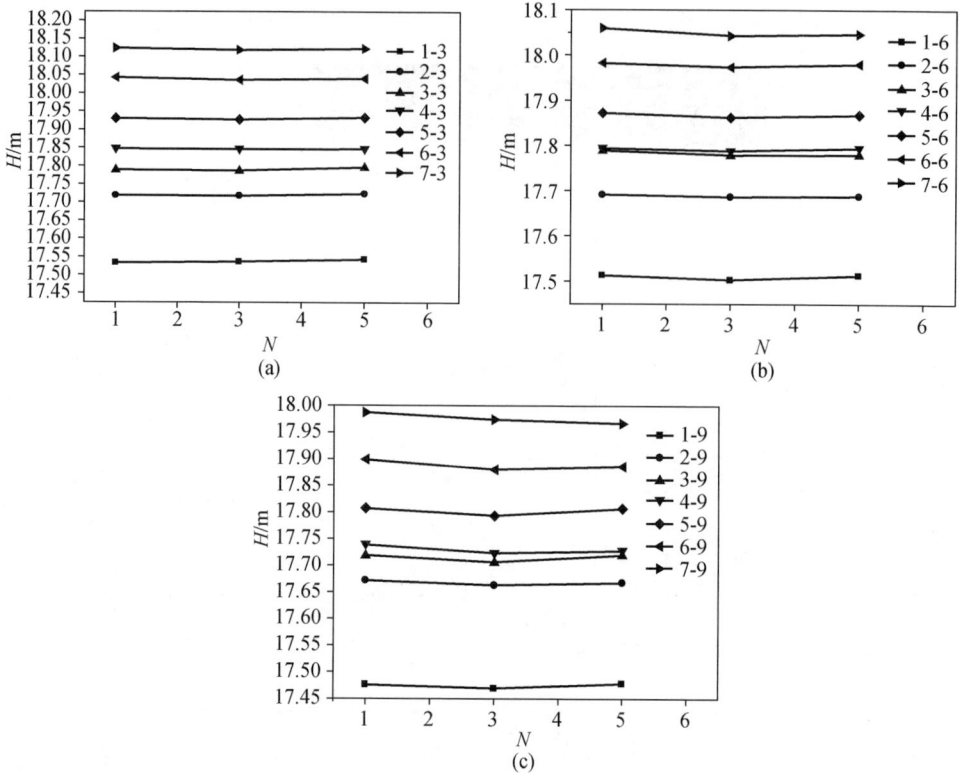

图 7-83　第二层砂砾各断面点的高程变化情况

按照前面的有关阐述,路基结构系统状态可用 $X(i) = \{\rho_i, E_i, \varphi_i\}$ 表示。对于由砂砾构成的路基结构,其密度 ρ 与其他填料相比并不小,但模量 E 和内摩擦角 φ 却比较小,因此构成结构的刚度和强度较低,稳定性较差。如果用压实度表示压实结果,即使室内压实标准很高、压实度很大,也不会得到一个强度、刚度和稳定性都较高的路基结构。因此,判断砂砾结构的压实状态,用压实度指标就很难正确反映,也再次说明决定压实状态的指标不一定是密度或压实度,而是其抗变形和破坏的能力——不同阶段的抵抗力,前面的室内振动压实试验也充分说明了这一点。

7.4.7　压实均匀性分析

无论公路还是铁路,路基作为一种带状结构物,保持其性能的均匀分布都是非常重要的。鉴于此,这里单列一小节,专门探讨一下压实的均匀性问题。压实的均匀性是指路基结构在形成过程中,碾压面上各部分物理力学性状或者压实状态分布的一致性,是相对变异性(不均匀性)而言的。变异性是各种土工结构所共有的一个特征,完全避免是不现实的,但可以将其控制在一定的范围之内,使其不至于对整个道路结构产生过大的影响,危及行车安全。因此,所谓均匀性控制实质是指控制不均匀性的程度,即控制变异性。

对于公路,路基在强度和刚度分布上的过度不均匀是导致路面过早损坏的一个重要原因。由于路基工程自身的特点,做到完全均匀是不现实的,因此将不均匀程度控制在一定范围之内,使之变异性对上部结构不产生显著影响是比较实际的做法。在连续压实控制行业标准颁布之前,基本上按照数理统计原理进行压实均匀性判定和识别,这已经在前面进行了阐述。

引起压实不均匀性的原因主要有两方面:一方面是填料本身的不均匀和下卧层抵抗能力不均匀,这应该是主要原因;另一方面是振动压路机的压实工艺不均匀。在实施连续压实的过程控制后,由压实工艺引起的压实不均匀已得到有效地控制,而下卧层的问题,特别是基底,经过工程处理后,一般也都能得到满足。因此,关键是填料本身引起的不均匀,这是一个客观现实,目前的技术水平还无法完全避免,除非对填料实施严格的质量控制。连续测试能把压实的不均匀位置和程度识别出来,以作为有关部门进行工程技术处理的依据,而如何处理,还是需要各部门提出切实可行的方案。

下面仍然以上述三种填料的试验数据为依据进行分析。实际上,压实均匀性问题已在前面的实例中有所提及,但没有进行定量表示,只是凭借振动压实曲线的波动情况进行了初步判定。从实用的角度看,还是需要进行定量判定和识别的。

前面在分析有关压实质量时,从轮迹振动压实曲线上可以看出 VCV 波动的相对大小,但是没有给出定量评定,无法确定不均匀的位置和分布范围,不利于现场人员具体操作。因此,需要对压实的不均匀性作出定量评定,为此采用了数理统计原理,这已在前面进行了阐述。根据这个原理,利用连续压实测试数据,对三种填料的各个碾压层的不均匀位置和范围进行图形化显示,如表 7-15 和图 7-84 所示。

首先看一下几段试验路段各碾压层压实的整体均匀性情况。如前所述,整体变异性一般采用变异系数来表征。经过计算整理,可以得到表 7-15 所示的结果。

表 7-15　三种填料各轮迹 VCV 变异系数统计表

层位	状态	轮迹 1	轮迹 2	轮迹 3	轮迹 4	轮迹 5	轮迹 6
山皮土 1	11 遍	19.92	14.64	15.04	21.52	30.64	48.32
山皮土 2	7 遍	16.64	19.92	22.32	25.20	23.92	27.92
山皮土 3	处理前	21.76	15.28	17.60	19.36	18.88	31.92
	处理后	14.40	16.08	13.68	17.68	21.68	18.24
石渣 1	9 遍	13.76	14.96	14.88	19.60	25.12	30.80
石渣 2	处理前	58.72	47.68	41.68	46.88	52.08	44.56
	处理后	16.16	24.8	25.44	31.36	31.76	31.04
砂砾 1	7 遍	15.68	18.48	12.24	9.84	9.20	9.04
	14 遍	11.76	6.40	6.88	10.96	10.48	12.24

续表

层位	状态	轮迹 1	轮迹 2	轮迹 3	轮迹 4	轮迹 5	轮迹 6
	4 遍	10.80	7.84	5.84	7.60	11.52	12.88
砂砾 2	14 遍	18.24	11.04	7.28	6.96	14.24	15.44
	处理后	15.52	10.24	13.20	17.60	19.84	18.32

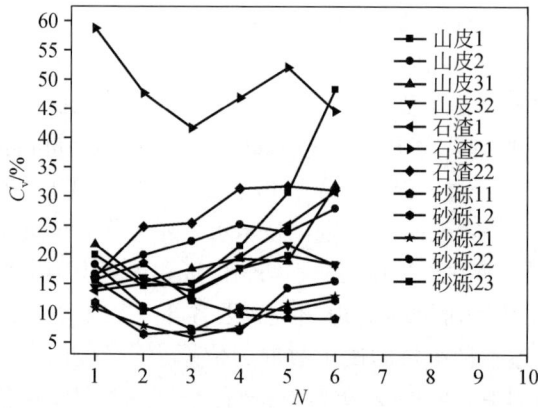

图 7-84　三种填料各轮迹 VCV 变异系数分布图

从表 7-15 和图 7-84 可以看出,总体上,5、6 轮迹的变异性要比前 4 个轮迹的要大一些,这与前面的分析是一致的,意味着 5、6 单元的整体均匀性较差,属于变异性较大的范围。对于山皮土和石渣,经过工程处理后的变异系数一般都比处理前的要小,这说明经过改善填料,确实对于均匀性是有提高的。

另外,根据现场所做的常规试验(平板载荷试验和弯沉试验),与该试验点相应的 VCV 分别进行统计分析,得到各自的统计结果,其变异系数比较结果如表 7-16 所示。

表 7-16　各种试验方法的变异系数比较结果

指标	变异系数/%			
	回弹模量	振动压实值	弯沉	振动压实值
山皮土	10.76	16.16	19.75	16.72
石渣	13.26	25.60	23.92	23.20

从表 7-16 中可以发现,常规试验结果的离散性比 VCV 的要大得多,而弯沉的比回弹模量的更大。其原因可能有两点:第一,说明了它们之间确是一种非线性关系;第二,由于颗粒较粗,原位试验有时可能位于粗颗粒上,得到的结果不完全是结构本身的,而是包含了颗粒本身,造成离散性偏大。同一路段不同试验方法所确定的变异性大小不一致,给评价和控制带来了许多不确定的因素,因此,确定不均匀

性的工作还有许多要做,研究任务艰巨。

5、6 轮迹位于新旧路结合部附近,属于较难压实的部位。从图 7-85 所示 5、6 轮迹 VCV 分布中可见,代表压实状态的 VCV 曲线的波动比较大,明显比其他几个单元的离散性要大,其 VCV 偏低,变异系数较大(34.01%)。存在这种现象,除填料本身因素外,下卧层对上层的影响起了很大作用,而第二层的曲线好一些,如图 7-86 所示。针对这类原因,制定了具体的反馈控制措施,已在前面进行了阐述。

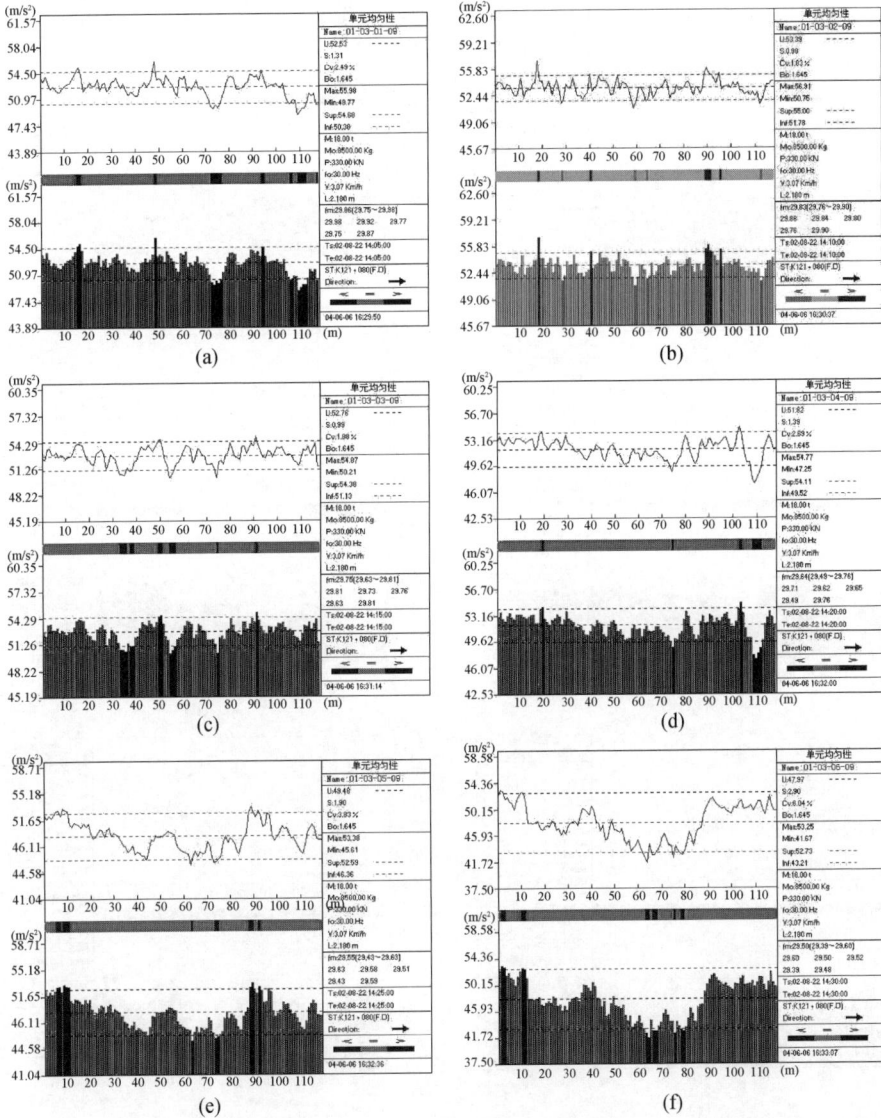

图 7-85 第一层山皮土碾压 11 遍时各轮迹的压实不均匀分布图

　　填料的不均匀性是一个客观现实,完全避免是不可能的,在这种情况下只能寻求其他的途径。比较现实的做法就是在不均匀薄弱处加强压实,使其强度和刚度有所提高。为此,按照质量控制图提供的不均匀位置,采取了强夯和增加碾压遍数的等工程措施,取得了一定的效果。

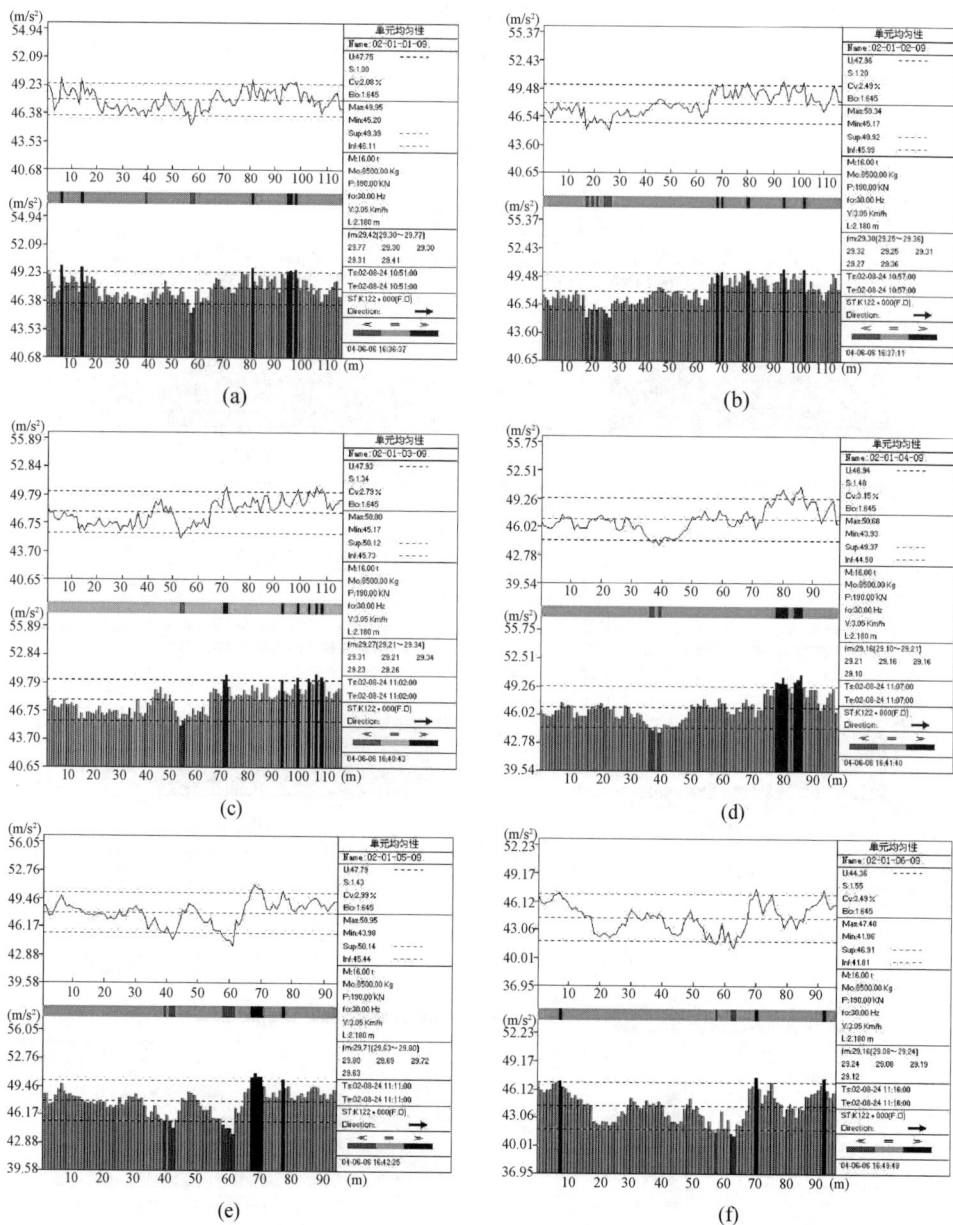

图 7-86　第二层山皮土碾压 7 遍时各轮迹的压实不均匀分布图

根据压实质量不均匀分布图,对第三层山皮土进行了工程处理。处理的原则是使其在强度和刚度上达到一个较均匀的状态。从图 7-87 中处理前后的对比中可知,处理后的不均匀性还是有的,但从变异系数大小来看,各轮迹的变异系数都有所减少,改善均匀性的效果还是有的。

图 7-88 和图 7-89 是石渣的压实均匀性分布图。石渣填料的物理力学性质是比较好的,但由于是粗粒,级配控制范围也较宽,导致由此种填料构成的路基结构的均匀性与山皮土的有所不同,其变异系数普遍较山皮土的要大,这是符合实际情况的。

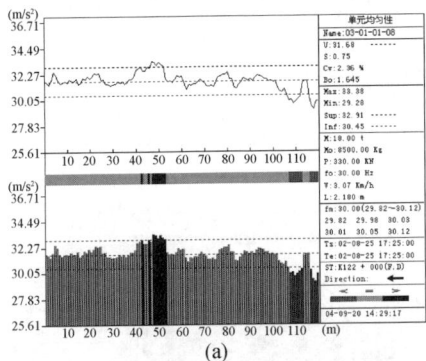

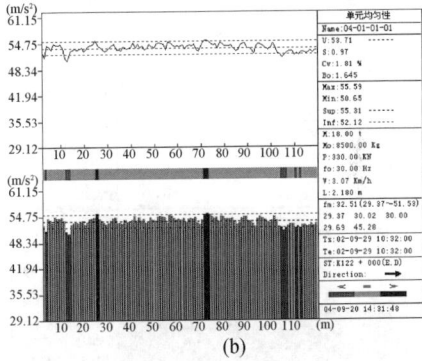

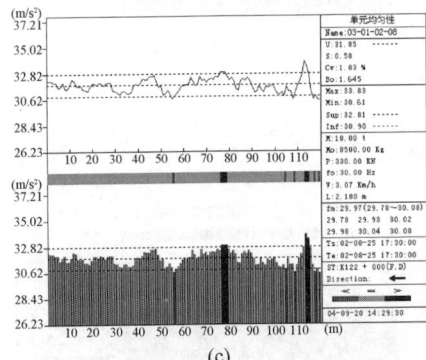

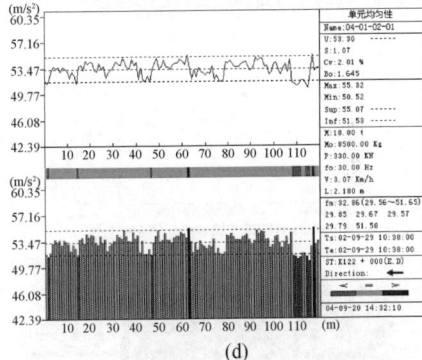

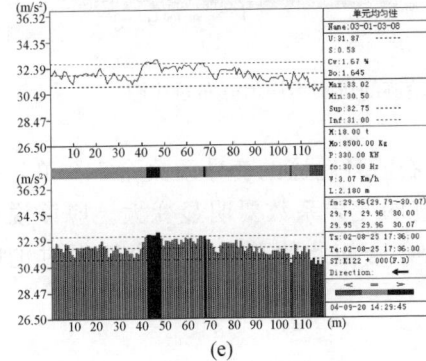

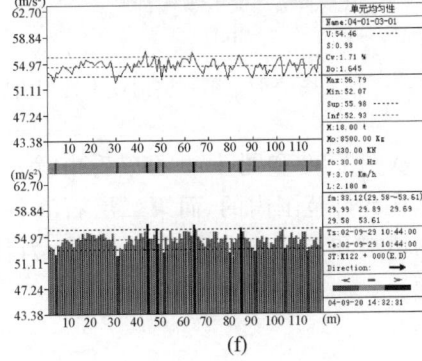

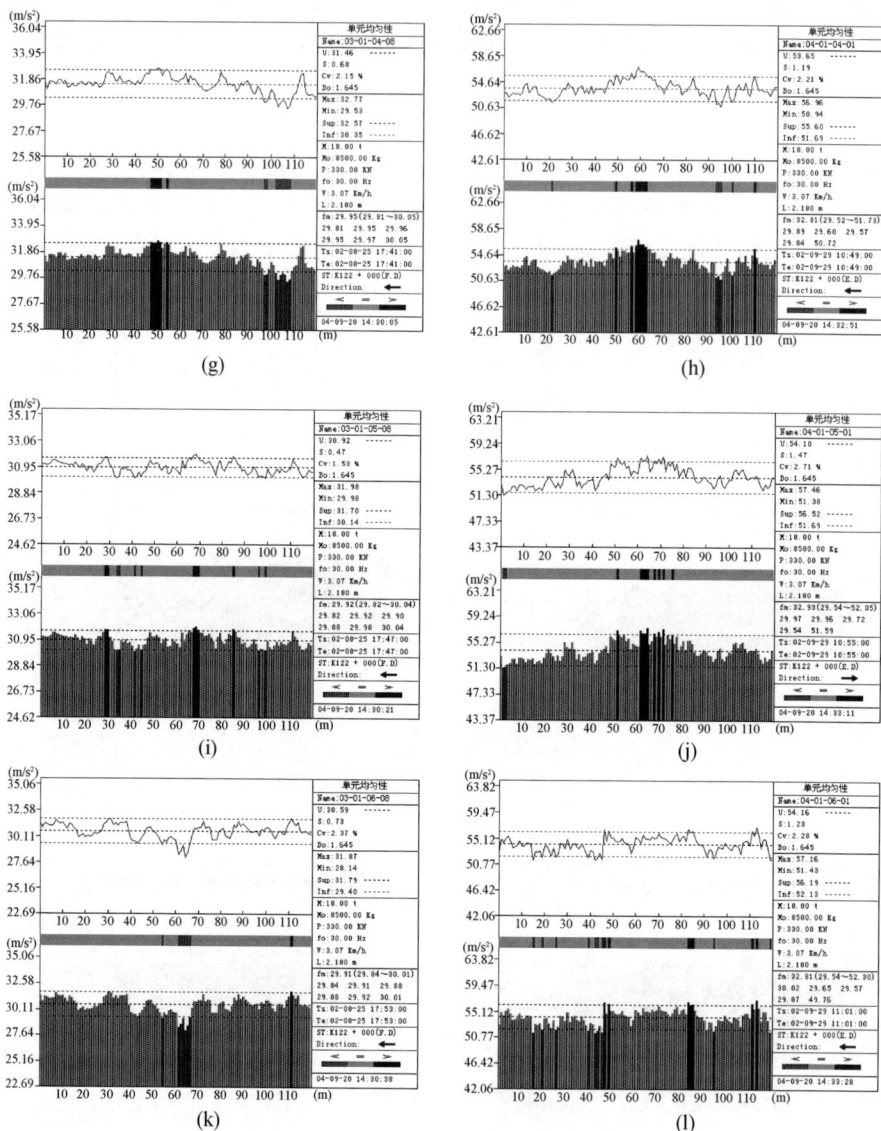

图 7-87　第三层山皮土处理前后各轮迹的压实不均匀分布对比图

从图 7-88 和图 7-89 可以看出,第一层石渣各轮迹的变异系数除 5、6 单元外还是在允许范围内的,而第二层石渣各轮迹的变异系数要明显变大。应该说两层的填料和压实参数都是一样的,为什么会有如此的差异是一个值得讨论的问题。

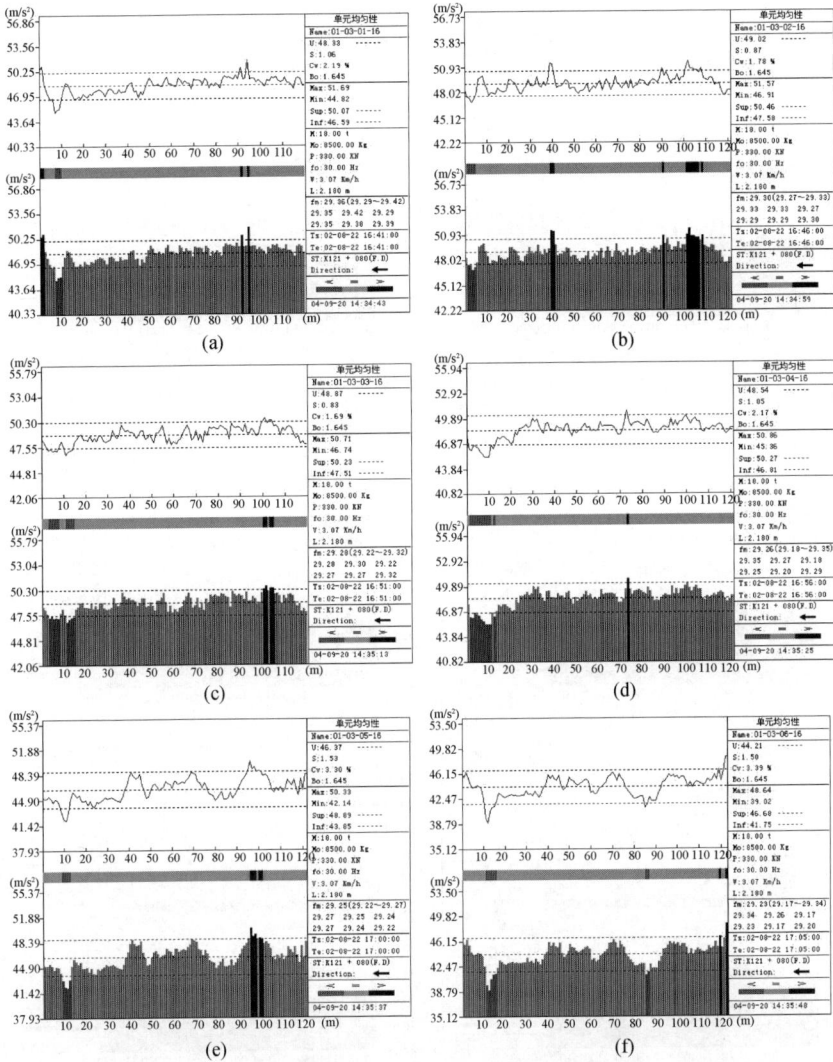

图 7-88　第一层石渣碾压 9 遍时各轮迹的压实不均匀分布图

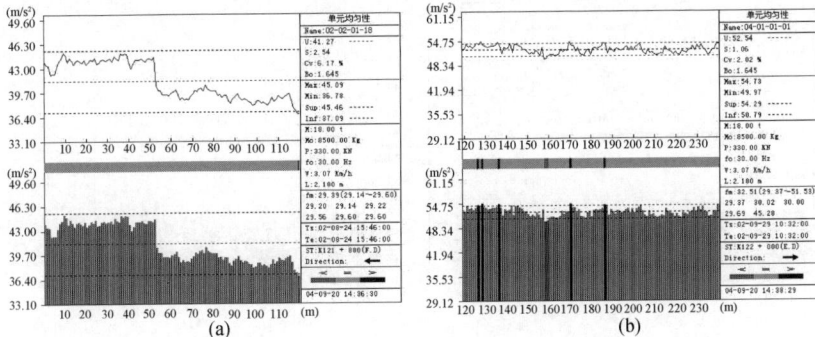

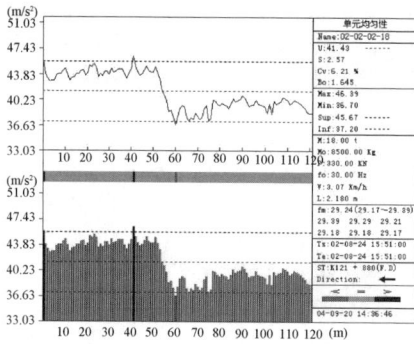
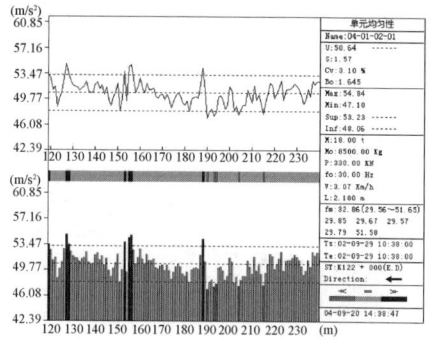

(c) (d)

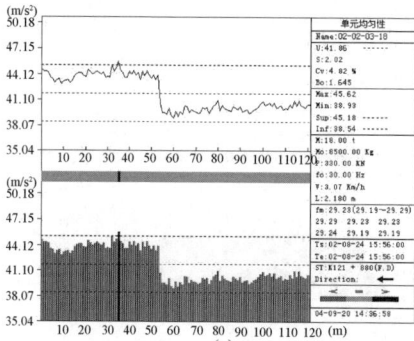
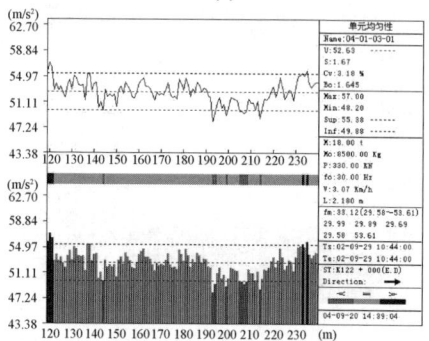

(e) (f)

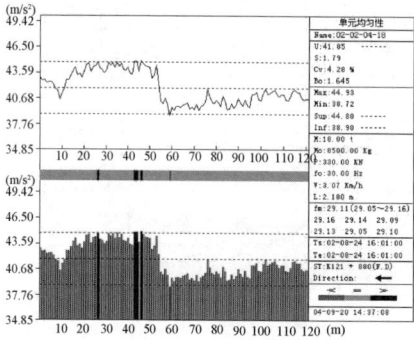
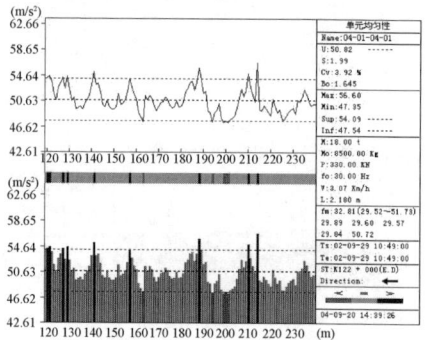

(g) (h)

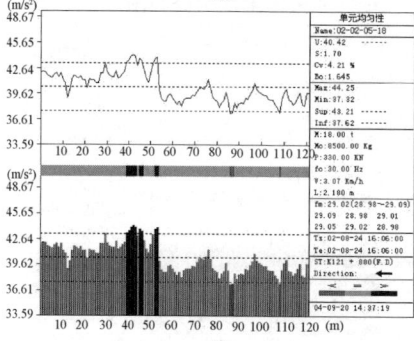
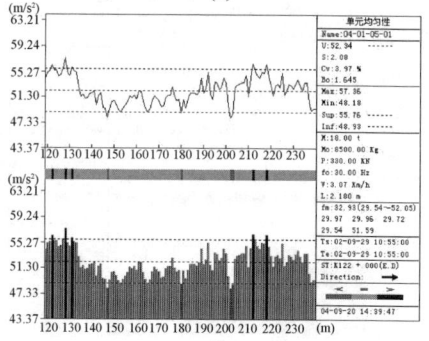

(i) (j)

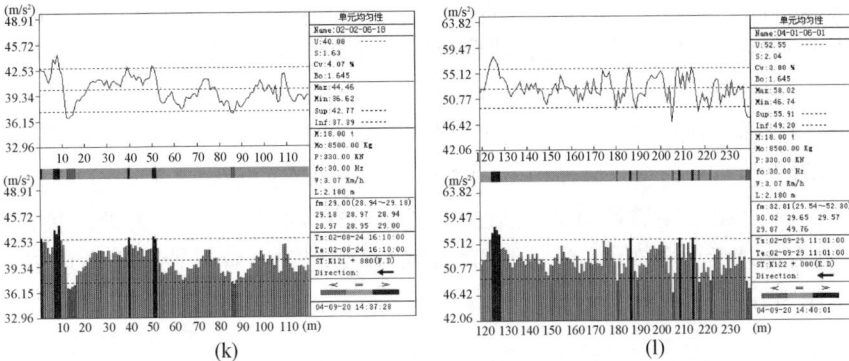

图 7-89 第二层石渣碾压处理前后各轮迹的压实不均匀对比图

经过分析认为,这里的变异性是根据压路机的 VCV 数据进行的,而振动压路机的 VCV 是一定厚度的被压填料的综合反映。根据实测结果,对于这种 18t 振动压路机的影响深度范围比填层厚度要大许多。而第一层石渣的层厚只有 30 多厘米,下面是原山皮土,因此,此时的 VCV 应该是石渣与山皮土的综合,由于山皮土的细粒成分较多,其变异系数偏小,致使第一层石渣石渣的变异系数比第二层石渣的要小得多;而第二层石渣的 VCV 更多地反映了石渣本身的特性,导致变异系数变大。

以下为砂砾的压实均匀性控制图。对比图 7-90(a)和(b),可以发现一个有意思的现象。随着碾压遍数的增加,不均匀性也发生了变化。第一层砂砾碾压第 13

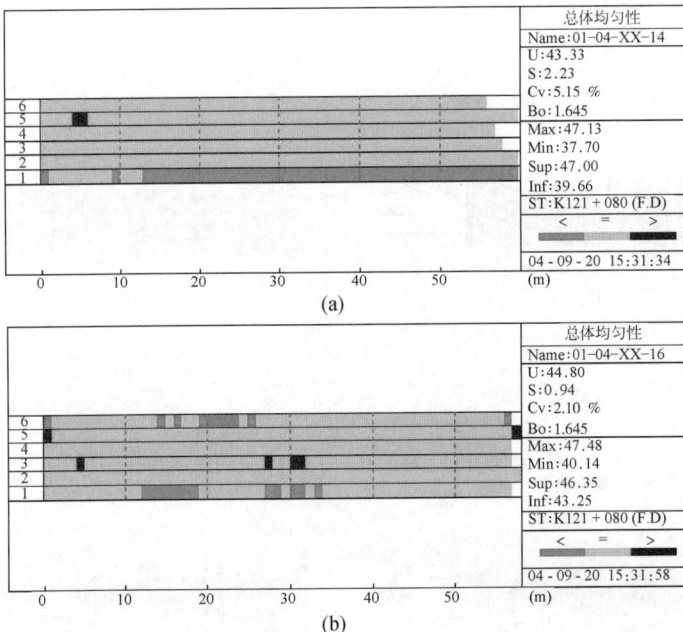

(a)

(b)

图 7-90 第一层砂砾第 13、14 遍各轮迹的压实不均匀分布图

遍时的均匀性分布图上,超过上限的只有一块面积,低于下限的有一块大面积;而在碾压第 14 遍后,超过上限的面积块明显增多,但每个面积都不大,低于下限的大块面积已经不存在了,变成了若干个小块面积。这说明均匀性还是得到了改善,同时也说明,当碾压面存在不均匀性时,各个区域内的力学性能是不相同的,其疲劳寿命也不相同,将来在行车荷载反复作用下,可能发生的破坏(下沉)也是不均匀的。

图 7-91 是第二层砂砾处理前后的均匀性分布的对比,左边为处理前的分布图,右边为处理后的分布图,看不出均匀性的显著变化。对于砂砾这类填料,尽量还是不用为好。

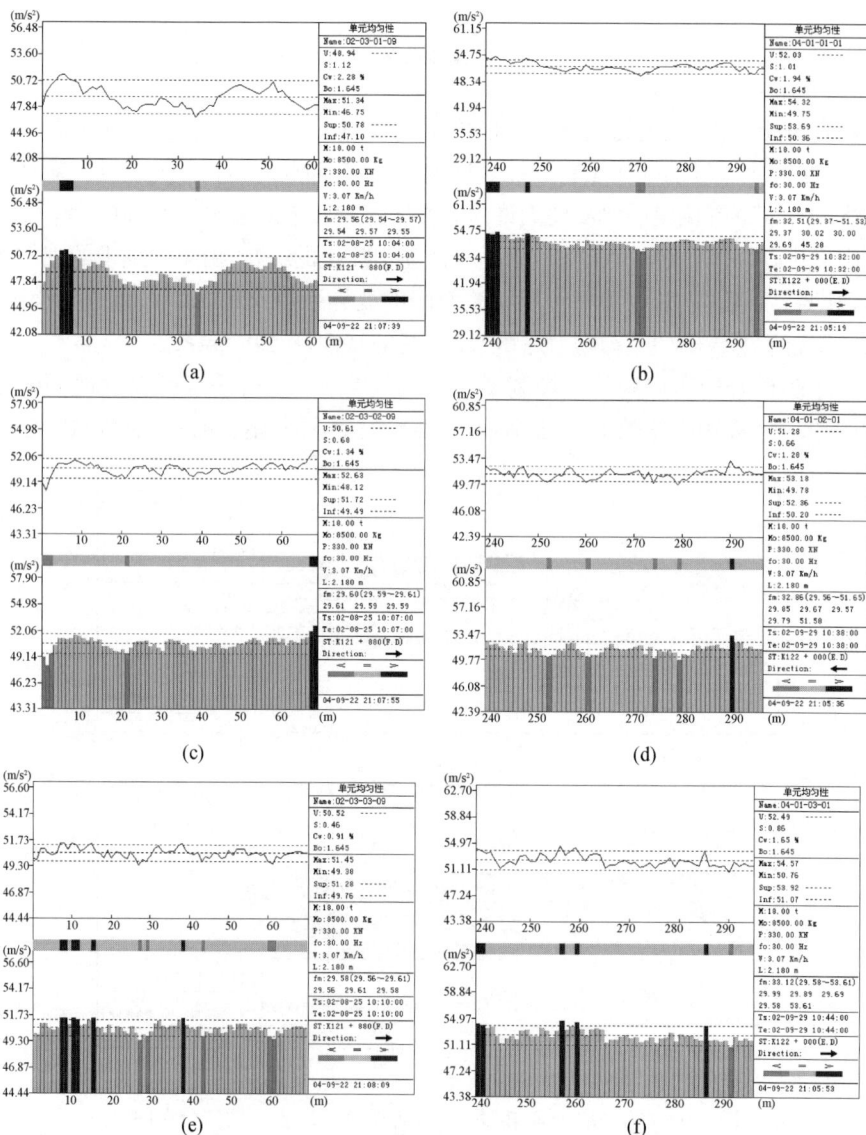

(a)

(b)

(c)

(d)

(e)

(f)

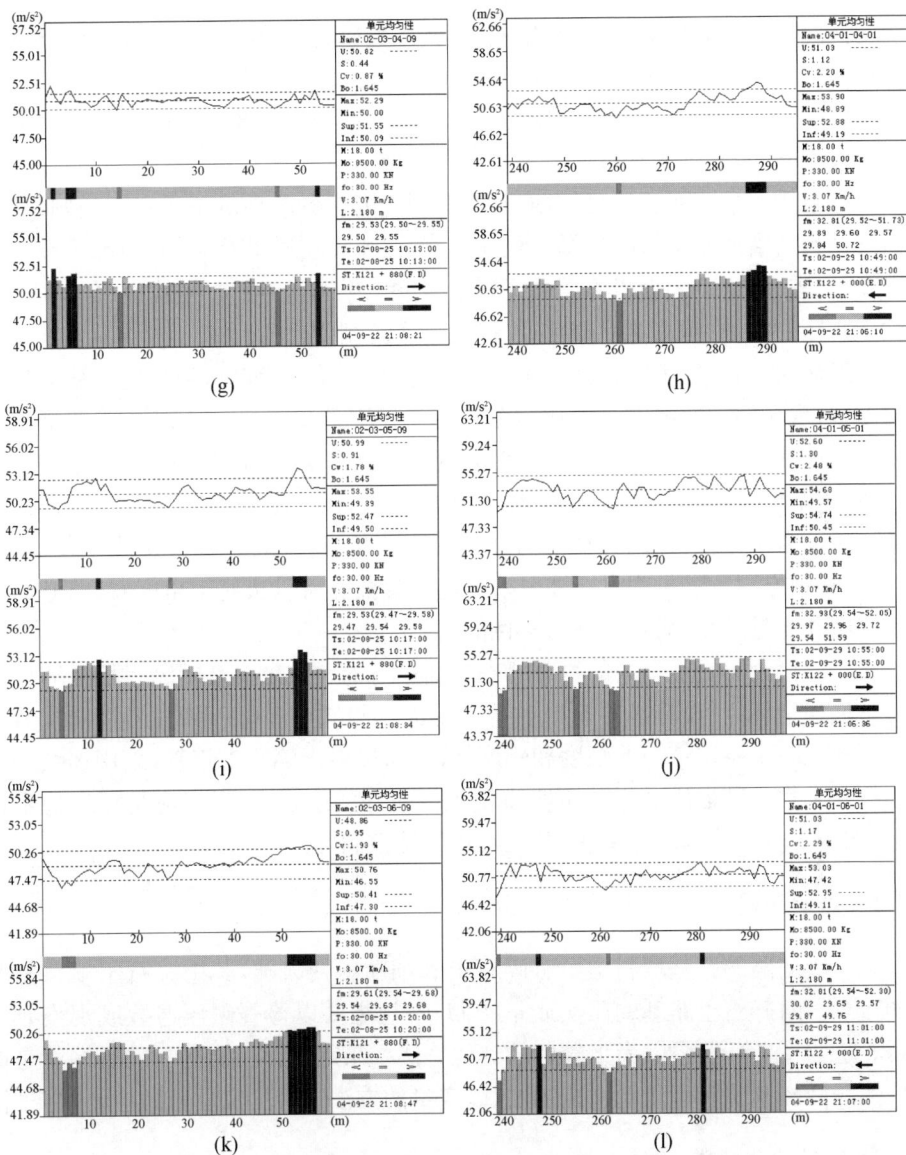

图 7-91 第二层砂砾强夯前后各轮迹压实不均匀分布对比图

7.5 过程控制实例之二——公路碎石土路基

碎石土是一种土石混填材料,属于粗粒料范畴,广泛存在于各地区,是修筑路基普遍采用的填料。对于由碎石土填料构成的路基结构,它的压实质量检测问题属于世界性的难题。其原因主要有两点:其一是碎石土填料颗粒尺寸较大,常规密度检测试验比较费时费力,并且精度较差;其二是碎石土填料在粒径和组成上具有较明显的空间分布不均匀性,导致压实标准——标准干密度(扩大尺寸可以测试干密度)的确定具有不唯一性,造成压实度指标的不适用。因此研究碎石土路基的压实质量控制问题,具有非常重要的工程实用价值。

对路基压实过程实施质量控制,其中一项主要任务就是对压实程度的判定,它是判断是否结束碾压工作的依据。长期以来,对于压实质量控制,人们都是围绕着压实度(干密度)这一物理指标而展开试验研究工作的。但由于粗粒料(如碎石土)测试干密度的困难性,只能另辟蹊径,寻找压实控制的途径。

一般认为,当一种填料达到最大干密度时,其力学性能也达到最优。从常规试验角度看,现场的密度测试一般比力学性能测试要简单可行。所以一般都是用干密度来表征其力学性能。但是我们知道,无论从力学角度还是道路工程的角度来看,决定路基使用性能的是其强度、刚度和稳定性,而非密度本身。对路基结构进行的弹塑性力学分析,无论计算应力还是应变或位移,在其各种表达式中,包括本构方程(物理方程)在内,都没有涉及密度这个参数。所以从使用角度看,路基结构的干密度并非是重点,而在于其力学性能。

压实度检测只是从填料的物理状态方面进行的。如果能直接测得填筑体压实的力学性能指标,就没有必要非得对干密度进行测试了。由于路基结构抵抗力指标综合地反映了路基结构的强度和刚度特征,所以对于碎石土路基,采用连续压实控制技术来控制其碾压过程的压实质量是一条好的途径,其重点应是压实稳定性控制(相当于轮迹控制的定量化)和压实均匀性控制方面。

7.5.1　试验路段

某一级公路的路基填料主要有碎石土和细粒料两大类,其中碎石土填料是关注的重点。对碎石土路基的压实质量控制,常规主要以检查碾压遍数或观察有无碾压轮迹为主,除此之外,尚无较好的其他方法。采用连续压实控制的目的就是取代压实遍数控制法和碾压轮迹控制法,以定量的方法进行压实质量的检测和控制。

1. 填料与试验段

试验路段选在该一级公路的 K20 公里处。该处路基宽度为 33m,填料为典型的土石混填(碎石土)材料。其填料来源于料场开采得到的,基本上是就地取材,没有进行所谓的级配筛选,如图 7-92 所示。

由图 7-92 可知,碎石土填料的颗粒粒径大小不一,最大的可达 50cm 左右,因此采用人工将大粒径石块砸碎,达到层厚与填料粒径之间规定的关系尺寸要求。但是从肉眼即可看出,其级配分布不好,这将影响到压实效果。

图 7-92 填料状况

目前在公路路基施工中,对于碎石土类填料,其级配控制的并非十分严格,这与规范中没有进行定量规定有关。同时也应该看到,即使有严格的规定,真正执行起来也绝非易事,这主要还是颗粒尺寸问题。由此带来的一个主要问题就是填料的均匀性问题。不均匀的填料往往造成路基结构性能的不均匀,并由此引发一系列的问题,如不均匀沉降等。此外,由于级配不合理而导致不能碾压密实的现象也很普遍。

根据研究需要,在 K20 处选择一段 200m 长(K20+700~K20+900)的试验路段进行修筑。填筑厚度为 30cm,共填筑 2 层。

2. 压路机与碾压工艺

碎石土路基的碾压比碾压细粒料要复杂一些,选择的振动压路机的能量也应比细粒料的要大一些为好。经过测试比较,认为现场有三台振动压路机比较适合碎石土的碾压作业,分别为 XSM220(20t)、18JC(18t)和 YZT16(16t)型拖式振动压路机。连续压实量程的压实过程监控系统(CPMS)主要装配在 XSM220 振动压路机上。根据压路机出厂时给出的参数,XSM220 振动压路机的主要性能参数如

表 7-17 所示。

表 7-17　振动压路机参数表

参数	数值	参数	数值
工作质量	20t	振动质量	9500kg
激振频率	28Hz	名义振幅	2.0/1.1mm
激振力	350/200kN	行驶速度	2.63km/h、5.3km/h、8.6km/h

为确保碎石土路基的工程质量,事先对碾压及测试方案进行了认真的研究(图 7-93)。根据规定,确定从 K20＋700 开始向 K20＋900 方向碾压,整个碾压面初步分为 20 个碾压轮迹,两个相邻轮迹之间搭接 1/3 轮宽左右。同前一样,按照工程上的习惯,采用"叠碾"方式进行碾压,压路机碾压时"一去一回"算做 1 遍。在用 CPMS 进行连续压实测试记录时,规定"去"为奇数遍,"回"为偶数遍(图 7-43),因此 CPMS 中记录的碾压遍数为实际遍数的 2 倍。下面给出两层碎石土的碾压工艺。

图 7-93　碾压成型的碎石土路基

1)第一层——填料碎石含量较多,并且级配较差

采用的碾压工艺如下:

(1)20t 振动压路机静碾 2 遍,同时进行刮平处理;

(2)20t 振动压路机振碾 1 遍;

(3)18t 振动压路机振碾 2 遍;

(4)20t 振动压路机振碾 5 遍(连续测试,6～10 遍)。

2)第二层——填料增加的细粒料的含量,用以改善级配

采用的碾压工艺如下:

(1)20t 振动压路机静碾 2 遍,同时进行刮平处理;

(2)20t 振动压路机振碾 4 遍(连续测试,3～6 遍);

(3)16t 拖式振动压路机振碾 4 遍；

(4)20t 振动压路机振碾 2 遍(连续测试,11～12 编)。

7.5.2　压实工艺监控

连续压实控制将振动压路机作为加载设备,保持其性能平稳是对其提出的基本要求。首先对 XSM220 振动压路机的振动参数进行了实际测试。在没有告诉驾驶员目的的情况下,让其按照以往的习惯进行强振碾压,结果发现振动性能没有达到工作状态。实测激振频率为 19～22Hz,远低于额定频率 28Hz。按照前面的研究结果,在强振工艺下,其实际的激振力为

$$P = P_0 \frac{f^2}{f_0^2} = 350 \times \frac{(19 \sim 22)^2}{28^2} = 161 \sim 216 \text{ (kN)}$$

可见实际激振力明显低于额定激振力 350kN。其主要原因在于驾驶员为了减小机械的振动,故意将油门开得太小,致使偏心快转速偏低,造成激振频率减小,从而影响到激振力的正常发挥。这类现象实在是太普遍了,但又很隐蔽,不易为外人所发觉。

如果以这样的激振力进行碾压,其实际效果将明显低于额定激振力的压实效果,即使达到碾压"无轮迹",也是一种不稳定的压实状态。这也是反复强调"压路机振动性能必须达到稳定的额定状态"的根本原因所在。

如前所述,实施压实工艺参数控制非常简单,一般只要按照机械操作要求,正常工作、油门达到规定的程度即可保证这一点。对于达不到要求的,必须对其振动性能进行实时的监控,使之保持在额定值附近,这样才能进行有效的压实。图 7-94 是该台压路机振动性能控制前后的 VCV 变化情况,可见不仅达不到影响压实效果,也对 VCV 产生影响。

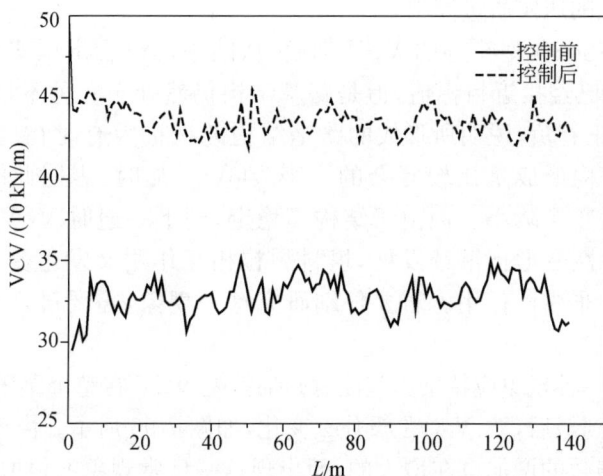

图 7-94　压路机振动性能控制前后的 VCV 变化

此外还需注意,有些振动压路机(特别是国内一些小厂商生产的),即使达到正常工作状态,其振动性能也有可能是不稳定的,经常出现波动现象。这主要是机械制造方面的原因。对于这类振动压路机,应坚决予以淘汰。振动性能不佳的压路机是不允许进行碾压作业的,会人为造成压实的不均匀。并非所有的振动压路机都满足要求,这一点务必引起注意。

7.5.3 压实质量分析

在对该试验段进行连续压实控制前,在相同填料的、已知碾压好的路段上先进行了标定试验,以取得连续压实控制目标值。经实测评估后,取质量合格的路段上的 VCV 平均值作为连续压实控制的目标值,即[VCV]＝445kN/m。在实际进行连续压实控制时,采用与目标值比较和不同压实遍数下 VCV 比较的方法,综合地进行评定与控制。

需要说明,上述这个目标值不是最终值,只能算做参考值,在碾压过程需要进行调整。因为填料的变异性太大,目标值实际上也是变化的,这一点希望引起注意,特别是填料存在变异性较大时。

1. 第一层碎石土

对于第一层碎石土,由于填料中的碎石含量较多,并且级配较差,导致其压实效果并不理想,所形成的结构并不是很稳定,这一点可以从连续压实控制的各种结果上反映出来。

图 7-95 为实测的部分典型轮迹的 VCV 剖面图。从中可以看出填筑体压实状态的变化情况。根据 VCV 的相对变化的幅度(也就是压实稳定性控制),便可以实时地进行碎石土的压实质量控制。

图 7-95 是几个典型轮迹的 VCV 剖面,从图中可以看出压实状态的变化信息。尽管 VCV 已经接近目标值,但是路基结构仍然处于一种不稳定的状态,表现在 ΔVCV 有正有负,说明所形成的路基结构的抵抗力有时在增加、有时在减小,反映出其结构形成是比较复杂的。当 VCV 增加时,表明此时结构抵抗力是增加的,塑性变形减小。但由于结构不稳定,到下一遍时 VCV 又变小,导致抵抗力减小,塑性变形再继续发展,填料颗粒相互作用又发生变化。这一过程非常复杂,涉及非线性作用。若要仔细研究这一现象,需要微观力学和宏观力学的结合。

此外,还有一种现象应特别引起注意。那就是 VCV 在整个碾压过程中变化幅度不大,从开始到最后,VCV 总是没什么变化,如图 7-96 所示。由于 VCV 正常变化是随着碾压遍数的增加也在增大的,而出现这一反常现象的根据原因之一就是填料的级配不合理,没有形成真正的结构体。可以想象极端的情况:由同一粒径的

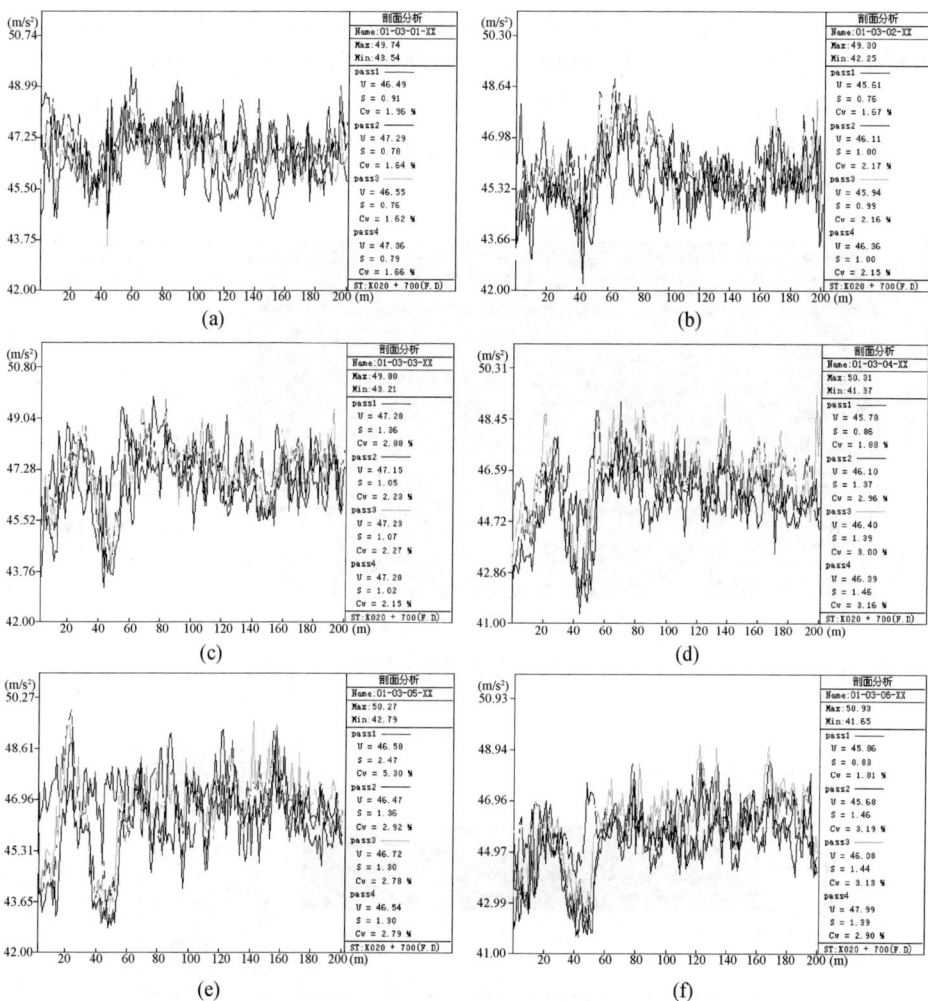

图 7-95 第一层碎石土部分轮迹 VCV 剖面图

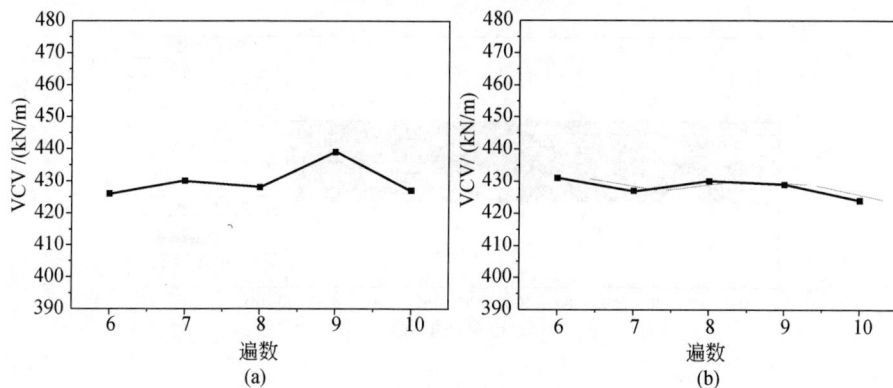

图 7-96 VCV 随碾压遍数的变化情况

颗粒摆放在一起,无论施加怎样的外力,都是很难将其碾压成一个密实而稳定的结构体的。只有大小不一、分布合理的颗粒才有可能形成较好的结构体。

总体来讲,第一层碎石土所形成的路基结构不是十分稳定的,很多区域内的级配都不合理,单靠碾压是解决不了问题的。这些在压实质量平面分布图也是可以看出的,如图 7-97 和图 7-98 所示。

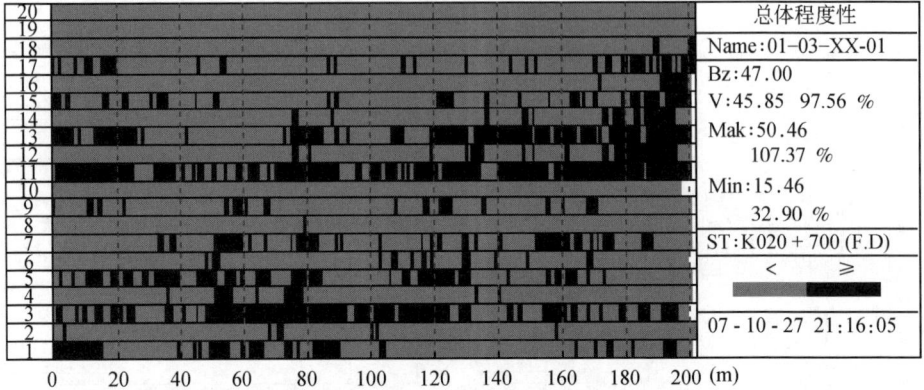

图 7-97　第一层碎石土碾压面压实质量平面图

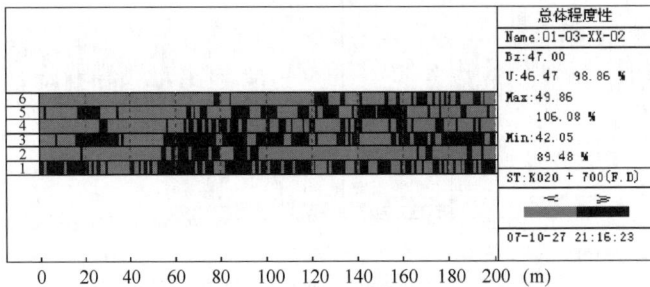

(a) 碾压第7遍

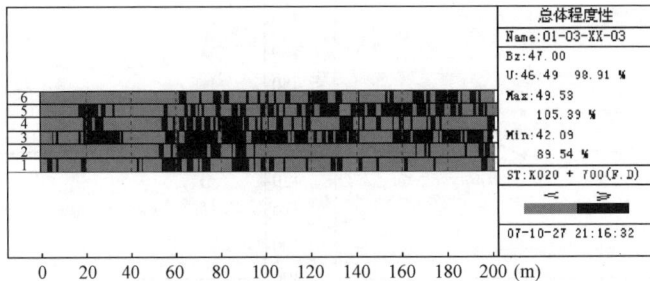

(b) 碾压第8遍

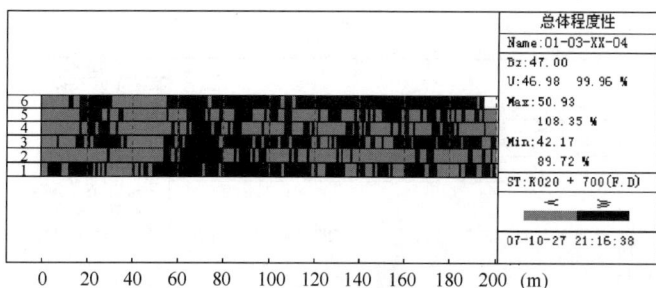

(c) 碾压第9遍

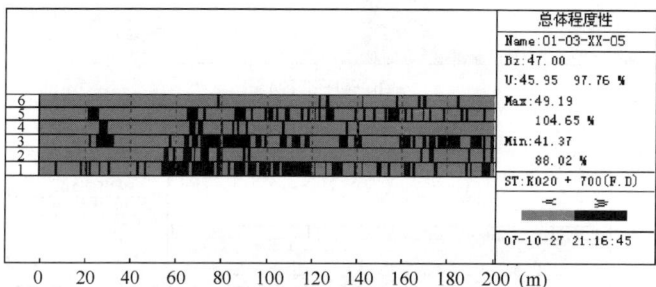

(d) 碾压第10遍

图 7-98 第一层碎石土部分轮迹压实质量平面图

以上各个碾压遍数下的压实质量平面图也表征了第一层碎石土结构的复杂性。如第 10 遍的压实达到目标值的面积反而比上一遍的要小,这同样表明结构是不稳定的。从系统演化的角度看,这是一种退化现象。图 7-99 也可以说明这些。

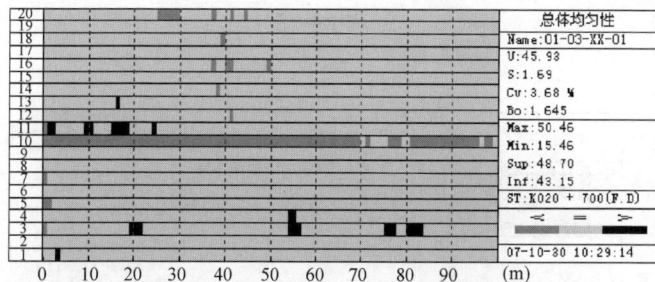

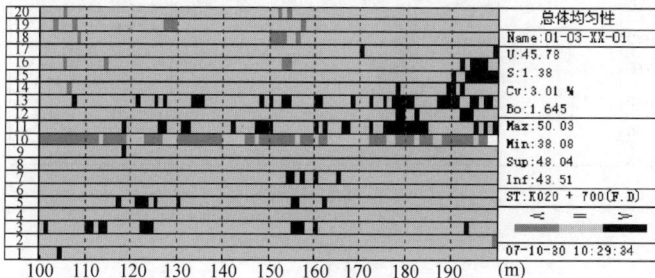

(a) 碾压第6遍

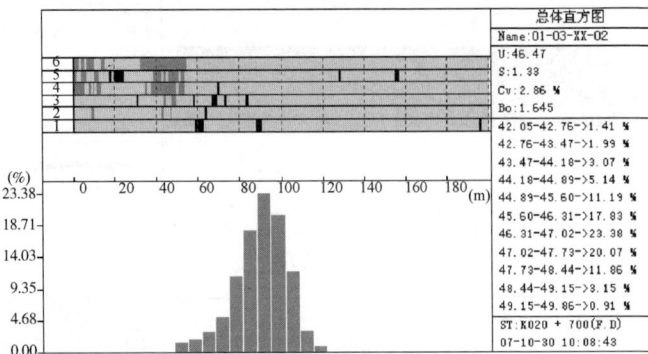

(b) 碾压第7遍

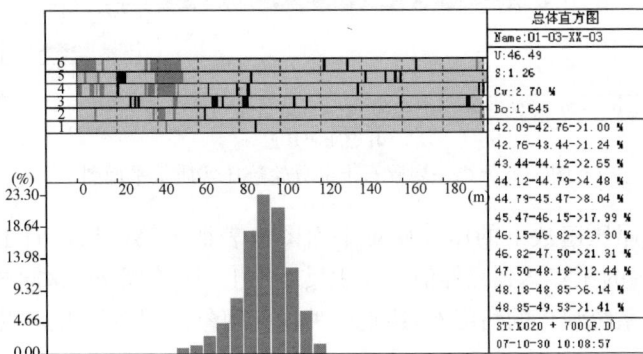

(c) 碾压第8遍

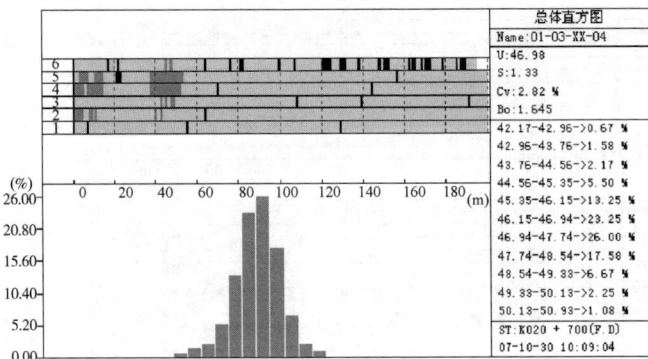

(d) 碾压第9遍

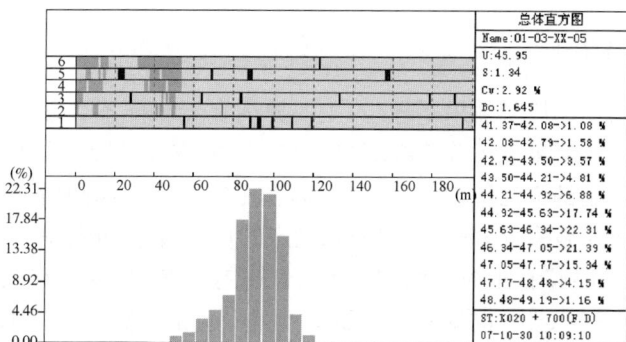

(e) 碾压第10遍

图 7-99　第一层碎石土压实质量不均匀分布平面图

从以上各图（1～6 轮迹）中可以得到的均匀性变化信息。其中 7～10 遍的变异系数总体上是增大的，说明随着碾压遍数的增加，压实的不均匀性也在增大。填料在摊铺后已变为一定，而振动压实工艺也是一定的，由此可以推断各点产生差异的主要原因是填料本身的差异性造成的。轮迹上的 VCV 曲线的波动情况也可以说明均匀性的变化情况，如图 7-100 所示。

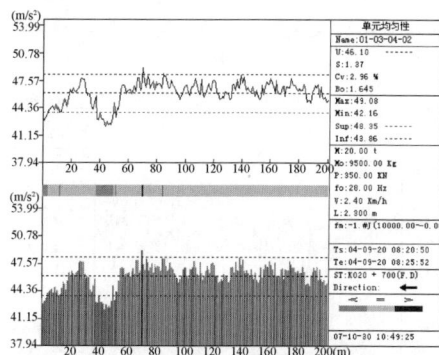

(a) 碾压第7遍

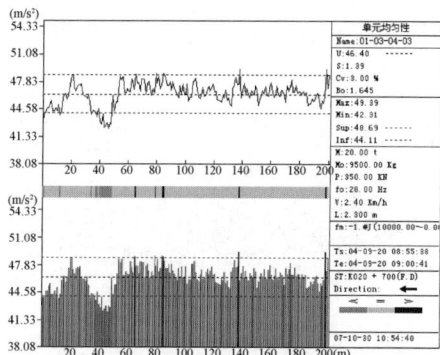

(b) 碾压第8遍

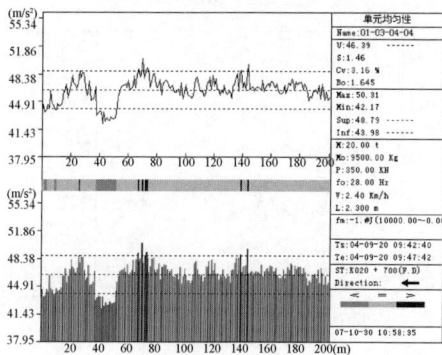

(c) 碾压第9遍

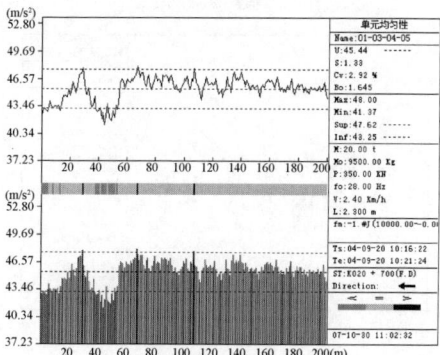

(d) 碾压第10遍

图 7-100　第一层第 4 轮迹的均匀性随碾压遍数的变化

2. 第二层碎石土

第一层碎石土的压实效果不理想,主要原因在于级配不合理、细料较少所致,因此在碾压第二层时采取了改善级配和压实工艺的方法进行综合处理。在填料方面主要是采用人工的方法增加细料的比例,在压实工艺方面则增加了拖式振动压实。由于填料含土较多,因此可以将原来确定的目标值适当降低一些。

在碾压第二层碎石土时,通过连续压实控制的量测,发现在碾压 6 遍以后,VCV 基本不再发生变化,也就是压实稳定性是一定的,这反映了用该种压实工艺已经达到了压实效果,压实功已经发挥出来,如图 7-101 所示。

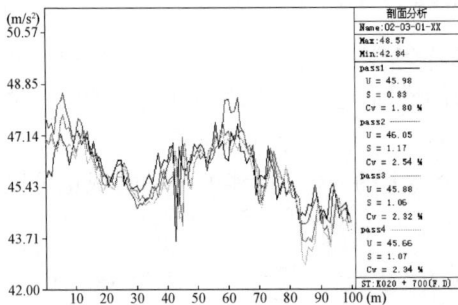

(a)

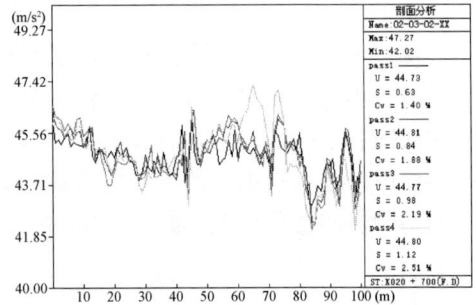

(b)

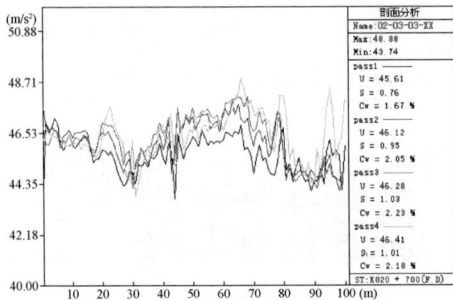

(c)

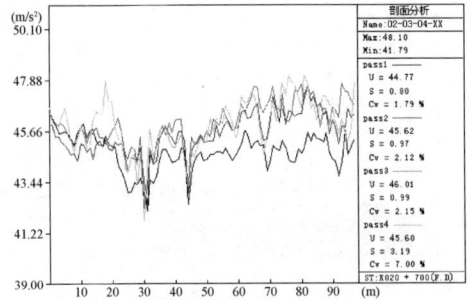

(d)

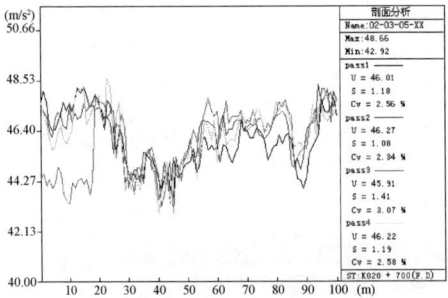

(e)

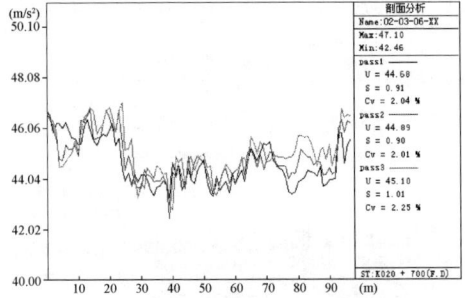

(f)

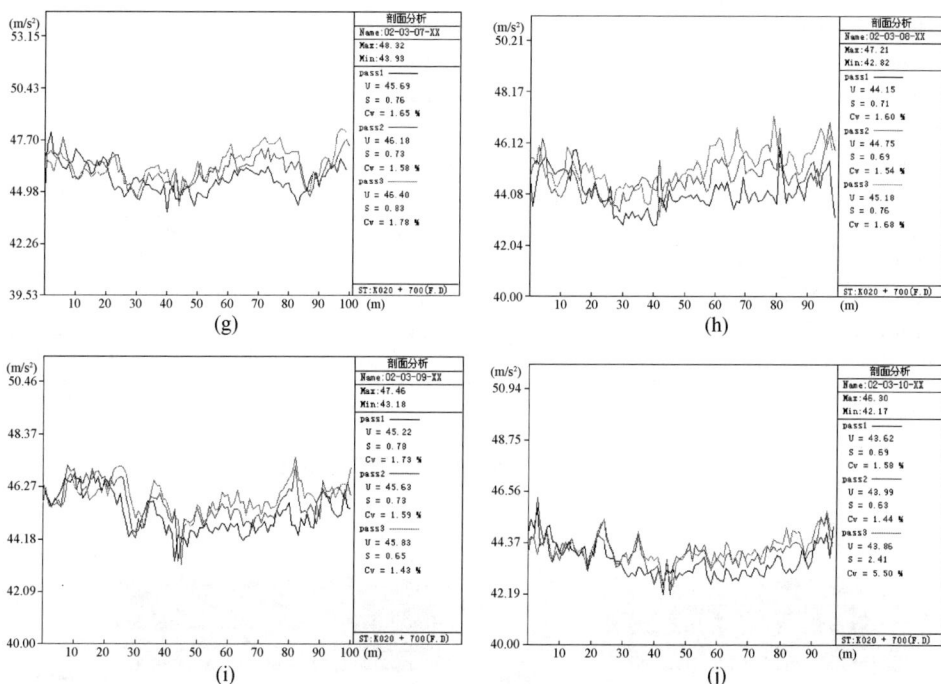

图 7-101 第二层各轮迹的压实状态变化随碾压遍数的变化情况

在 VCV 剖面图中,可以清楚看到 VCV 的变化情况。很多轮迹上的 VCV 已经变化很小了(当然有些区域仍然变化较大),与第一层碎石土的情况有明显的区别,可见改善级配确实是有效果的。

尽管压实相对稳定了,但是与目标值相比,还有一定差距,因此改用拖式振动压实方式再碾压 4 遍,然后用 20t 振动压路机进行连续测试 1 遍。通过对 VCV 的分析,发现已经基本上达到了要求。图 7-102 是对两个测点的 VCV 分析。

在图 7-102 中,第 5 遍和第 6 遍的 VCV 差别很小,稳定性得到满足。采用拖式振动压实后,发现第 11 遍 VCV 明显增大,表明拖式振动处理措施是有效果的,此时结构状态已经变好,并且再增加碾压遍数,其值也是比较稳定的,说明此时形成的路基结构较稳定。改变压实工艺产生效果的前提条件是填料的级配应该相对合理,否则无论怎样改变压实工艺,也都是无效的,如第一层碎石土。

图 7-103 为第二层碾压面压实质量平面图。可以清楚看出,经过 4 遍拖式振动碾压后,压实质量有了提高。结合上面的 VCV 剖面分析图的结果,也可以判定压实状态是稳定的。但图中仍然有一些区域的压实状态没有达到目标值的要求。经分析,大部分为填料不均匀、级配不合理造成的(可能其目标值本来就是不同的),此时只能进行局部有针对性的处理,不能再进行全面碾压,否则容易将已碾压好的路段再次"压松",造成过压现象。

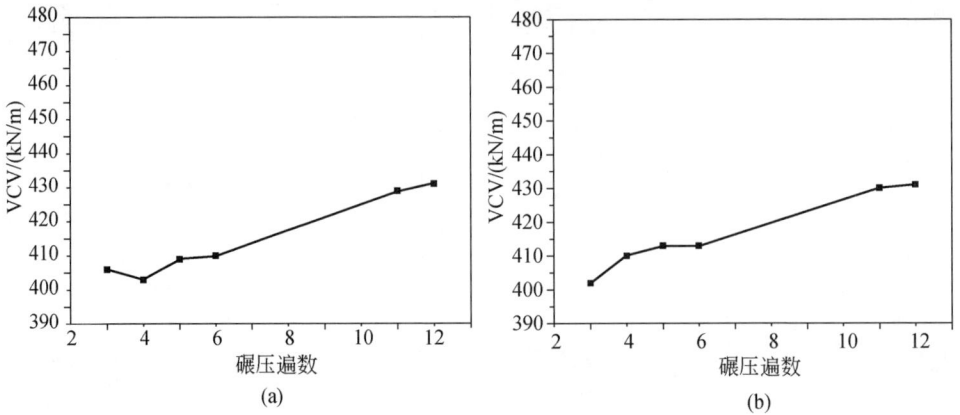

图 7-102　VCV 随碾压遍数的变化情况

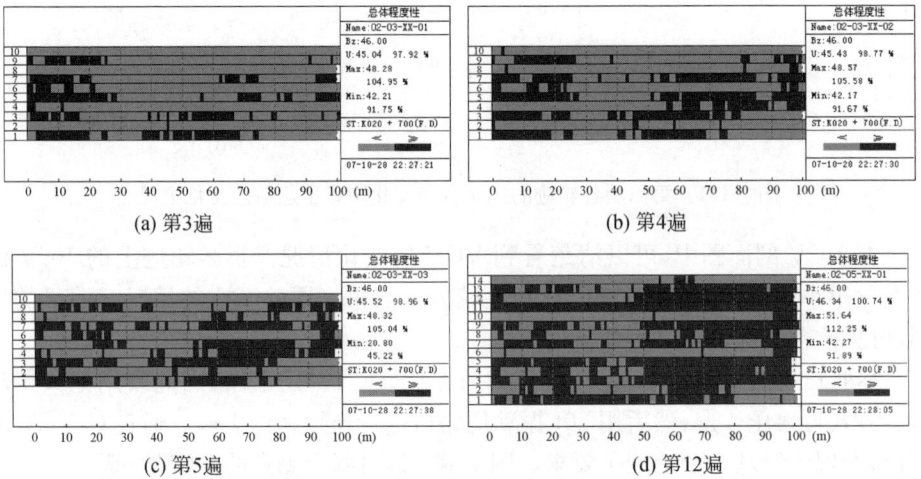

图 7-103　第二层碎石土压实质量平面图

图 7-104 为第二层中的 10 个碾压轮迹的压实均匀性的分布图。随着碾压遍数的增加,其变异系数总体略有增大,但从分布图上看,其均匀性分布相对还是变好的,超出上下限的区域面积,特别是连通部分的面积在减少,这对于保证将来运营后路基不出现大面积的不均匀变形(沉降)是有好处的。

从第 11 遍和 12 遍的结果看,前 50m 的不均匀性主要以 VCV 偏小为主,低于均匀性的取值下限,属于路基结构刚度较差、抵抗变形能力较低的情况,这是需要进行处理的路段;而后 50m 的不均匀性以 VCV 偏大为主,超出均匀性取值上限,属于刚度较大的情况,不需要特别的处理。

另外,变异系数增大的主要原因在于随着碾压遍数的增加,颗粒之间的相互作用

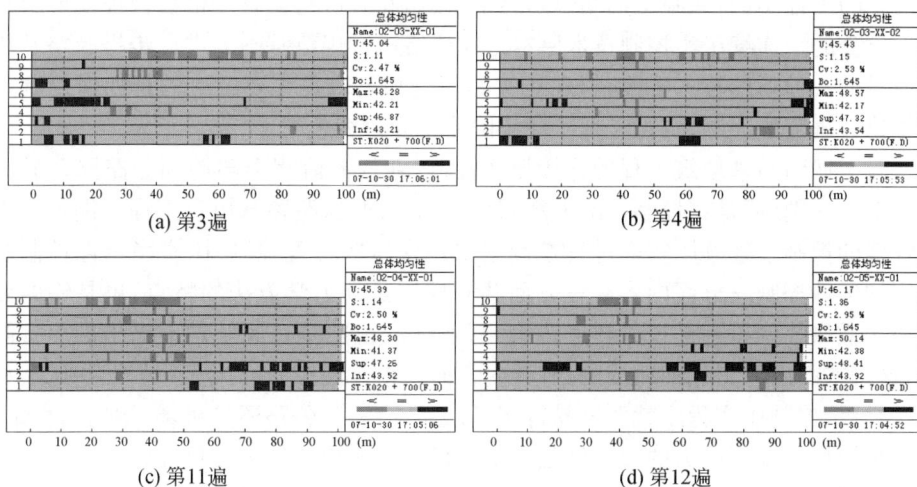

図 7-104 第二层总体均匀性的变化图

得到加强,由于填料不均匀,颗粒之间的相互作用也是不一样的,造成"强的地方更强、弱的地方更弱"这种现象,并且随着外部作用的加强,这种差异会越来越明显。

通过上述碎石土路基的工程实例,受到的一个重要启发是,若想得到一个好的压实效果,仅仅通过改变压实工艺是不行的。首先要改善填料的级配,使之处于合理范围内(如何是合理的,请见第 5 章),其次才有可能通过改变压实工艺来提高压实质量。

7.6 过程控制实例之三 ——铁路路基

从 2008 年起,连续压实控制的动力学方法开始在包括高速铁路和普通铁路在内的铁路建设中进行工程应用。从填筑体压实的角度看,铁路路基和公路路基并无太大的区别,都是由填料经过摊铺碾压而成型的;但站在使用的角度看,二者还是有差异的,主要体现在上部结构对路基结构性能的要求不完全相同,路基结构性能的常规控制指标不同,另外就是高速铁路对于路基压实的均匀性控制更为迫切,这些已在前面有关章节进行了阐述。这里重点论述在铁路建设中如何应用这项新技术。

前面对公路路基的两个工程应用实例的论述比较完整,按照施工顺序和连续压实控制操作步骤进行介绍。为避免重复,这里不再按照详细的操作步骤进行论述,而是有针对性地介绍几个有特点的应用实例,便于初次接触这项技术的人员了解工程中是如何应用的,遇到问题是如何处理的。

7.6.1 一个典型的过程控制实例

在 7.3 节中分几种情况对相关校验试验进行了分析和讨论。尤其是其中几个有问题的工程实例,在施工期间也是经常会遇到的,这与没有严格执行规范要求是密不可分的。连续压实控制技术原本是在严格执行规范基础上进一步提高路基压实质量的一种新的技术手段,但现在实际情况却要求首先要解决的是如何控制不严格执行规范的问题,也算是现阶段我国施工质量特色吧。

对于铁路路基填筑工程的连续压实控制,在控制流程上与前面公路路基并无本质上的区别,但是在控制标准上却有很大的不同,铁路路基填筑工程更侧重于力学性能的控制。连续压实的过程控制主要包含压实程度控制、压实稳定性控制和压实均匀性控制三方面内容。三方面共同控制是动力学方法的特点,也是铁路路基压实质量控制特别重视的核心内容,行业标准也正是在此基础上提出的。实际上,这三方面内容是相辅相成的,有其内在的联系。在控制好压实均匀性和压实稳定性之后,控制压实程度就要容易得多了。无论铁路、公路还是机场,均匀而稳定、具有足够抵抗变形能力的填筑体是压实质量控制所追求的主要目标。

连续压实的过程控制是依据连续测试得到的 VCV 数据和相关信息进行的。在碾压过程中,可以同时对压实程度、压实均匀性和压实稳定性实施控制,但在时间顺序上还是有一些差别的。

(1)压实程度是将实时取得的 VCV 数据与事先设定的目标值[VCV]进行比较,进而发出相应的控制指令,并在相应位置上以不同颜色加以区分不同的压实程度。

(2)压实均匀性是在碾压完一个轮迹(或整个碾压面)后先得到该轮迹(或整个碾压面)的 VCV 的平均值,然后将每一点的 VCV 与之比较而发出相应指令,并在相应位置上以不同颜色加以区分。

(3)压实稳定性是在碾压同一轮迹的下一遍时,将 VCV 与上一遍对应的 VCV 进行比较而发出相应指令,并在相应位置上以不同颜色加以区分。可见压实稳定性至少是从碾压的第 2 遍开始才可以进行的控制项目。

对于一般的碾压过程,实施连续压实控制的操作是比较简单的,压路机操作人员只要经过简单培训都是可以掌握操作的。首先需要进行一些振动压路机和碾压路段的相关参数的设置(有关参数设置请参见 7.2.2 节)。然后按照操作规程在碾压过程中进行连续压实控制。

下面以某高铁路基的碾压过程为例,对如何连续地控制压实程度、压实均匀性和压实稳定性进行说明。为简化篇幅,这里略去了对具体压实工艺、碾压方案等一些内容的介绍,仅对碾压过程的连续压实控制的结果与碾压遍数之间的关系等进行一些结论性的阐述。该处路基填料为碎石土,按照正常施工工序,采用已经经过相关校验的 20t 振动压路机进行碾压作业,同时进行连续压实控制。

1. 压实程度控制

在进行完相关校验工作后,利用获取的连续压实控制目标值便可以在后续施工段中进行压实程度控制了。在碾压过程中,安装在振动压路机驾驶室内的量测系统一般都会实时地在屏幕上显示碾压轮迹的压实曲线变化信息。在碾压完整个碾压面之后,可以对该碾压遍数下的碾压面压实质量分布情况进行显示,以了解压实质量的好坏,以便有针对性地采取反馈控制措施。

一般来讲,整个碾压面各处的压实程度会随着压实遍数的变化而发生变化。图 7-105 为不同碾压遍数(第 2、3、5、6、7 遍)下压实程度的变化情况,其中绿色(浅色)代表该处的 VCV 达到了目标值[VCV],红色(深色)代表未达到[VCV](注意:早期的图示为红色(深色)代表达到目标值,绿色(浅色)代表未达到,正好相反)。

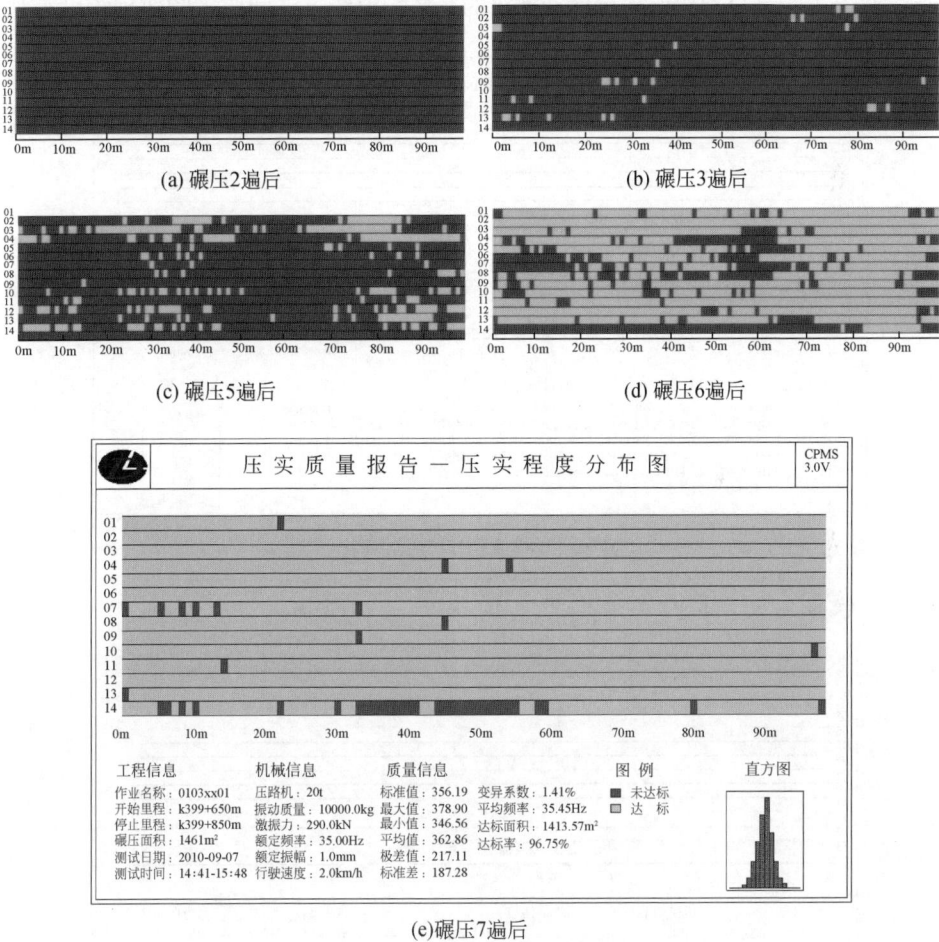

(a) 碾压2遍后

(b) 碾压3遍后

(c) 碾压5遍后

(d) 碾压6遍后

(e)碾压7遍后

图 7-105 某碾压面碾压过程中压实质量变化图

正常情况下,随着碾压遍数的增加,碾压面的压实程度也在提高。在碾压 7 遍之后,达到[VCV]的区域占整个碾压面的 96%,已经达到规定要求。碾压面的压实程度判定为通过,此时可以结束碾压作业,进行后续的连续检测和常规检测。

碾压面剩余的 4％区域的 VCV 未达到规定［VCV］，这是允许的，一般不需要进行工程处理。但是这里需要注意的是，在第 14 轮迹上的红色区域（低值区域）连续分布的面积较大（超过 10m^2），这是需要重点进行控制的区域，必要时需要采取一定的工程措施进行处理。另外，由于该低值区域分布在路基面边缘，相对于分布在路基中间一带，对其上部的影响要小许多。

2. 压实均匀性控制

在碾压完一个碾压轮迹或者整个碾压面之后，可以对其压实均匀性的分布进行查看。图 7-106 是分别按照现行标准规定的 0.8 均值线方法和原来的数理统计方法

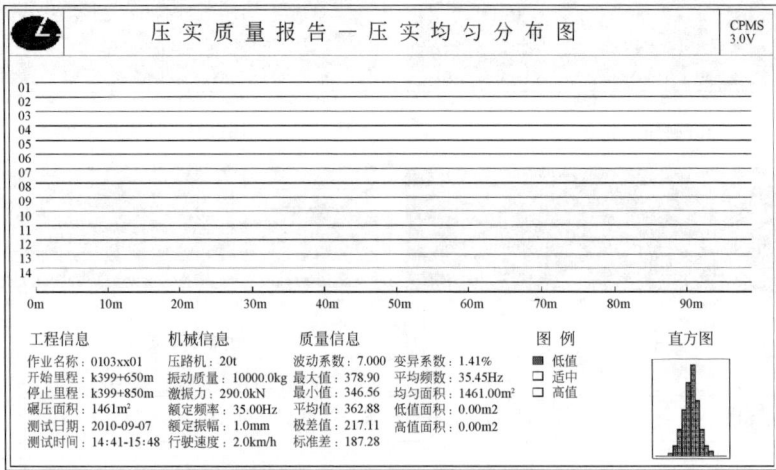

(a) 按照0.8均值线方法控制结果

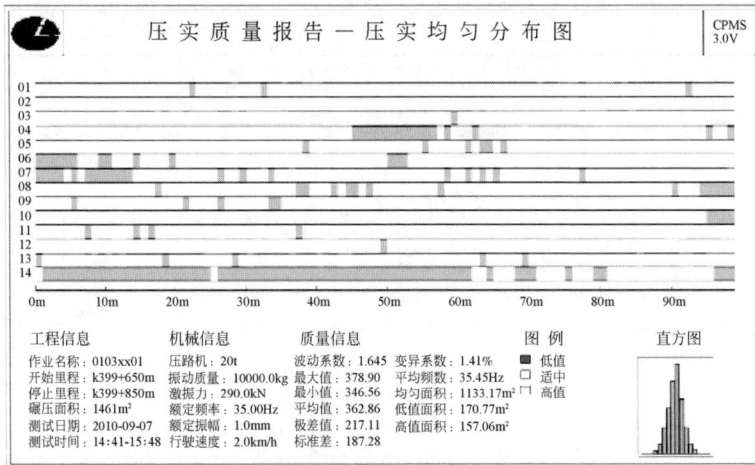

(b) 按照数理统计方法控制结果

图 7-106　某碾压面压实均匀性分布图

生成的碾压面压实均匀性分布图。由图可以看出,二者给出的结果并不完全相同,采用数理统计方法划分地不均匀区域更细一些,并且具有高值区域和低值区域的划分,而 0.8 均值线方法只是将低于碾压面 VCV 平均值 0.8 倍的区域划分出来。

严格地讲,若想将压实区域分得更细一些,采用数理统计方法可能会更好一些,但是对施工和填料要求也就越高。考虑到现阶段实际情况,在制定现行标准时没有列入数理统计方法,只是初步提出了控制压实均匀性的概念,是以按照不要出现过于低值区域为目标而制定的。实际上,压实的均匀与否并没有一个统一的划分标准,主要是依据上部结构以及行车对路基结构性能的要求而提出的。如铁路的有砟与无砟结构、公路的柔性与刚性结构,对路基结构性能要求都不是完全相同的,其均匀性的划分也就会不完全相同。同样,对于行车来讲,高速与重载对路基结构性能要求也是不同的。因此,有关路基结构均匀性问题还是一个值得深入研究的、具有挑战性的课题。

3. 压实稳定性控制

压实稳定性是从碾压第 2 遍开始实施的,主要针对碾压轮迹。在碾压某一个轮迹时,需要与该轮迹前一遍的压实曲线进行不断比较而给出稳定性的判定结果。图 7-107 是部分轮迹碾压 3、4、5、6、7 遍时的稳定性情况。为方便读者查看,将不同碾压遍数的压实曲线分开显示了。而实际在碾压过程控制时,碾压每一遍都会实时地同前一遍进行比较而不断给出相应结果。

在以上各图中,可以看出有些后一遍的 VCV 低于前一遍的,这说明原有形成的结构被破坏,形成了新的、更加稳定的结构,这正是碎石土路基结构的特点。此外,第 7 遍的 VCV 曲线明显高于前几遍的,说明压实是有效果的,并且在第 8 遍进行连续检测时,其 VCV 曲线基本与第 7 遍的重合,说明压实是稳定的。

另外,在前几遍的压实曲线中也出现相邻两遍重合的情况,说明该处压实也处于一种稳定状态,但是由于没有达到目标值,因此是一种低级稳定状态。从系统演化的角度看,也必须打破这种低级稳定,促进路基结构系统向着高级稳定状态进化(参见第 2 章)。这也说明不能单纯依靠控制压实稳定性来判定压实质量是否合格,必须与压实程度控制结合起来使用。

以上给出了一般情况下路基填筑碾压过程中使用连续压实控制技术的实例。如果填料和压实都是符合规范要求的,实施这项技术并不复杂,只要按照操作流程执行便是,一般不会出现大面积的压实问题,局部范围内的一些小的压实问题如局部碾压不合格等,现场人员即可处理解决。但是若遇到一些复杂情况,如填料和压实工艺存在问题,容易造成压实数据的混乱,这就需要仔细分析,弄清楚出现问题的原因。一般需要根据第 6 章介绍的反馈控制原理,从压实工艺和填料两方面入手进行分析和提出反馈控制。下面介绍两个工程上经常遇到但有问题的实例。

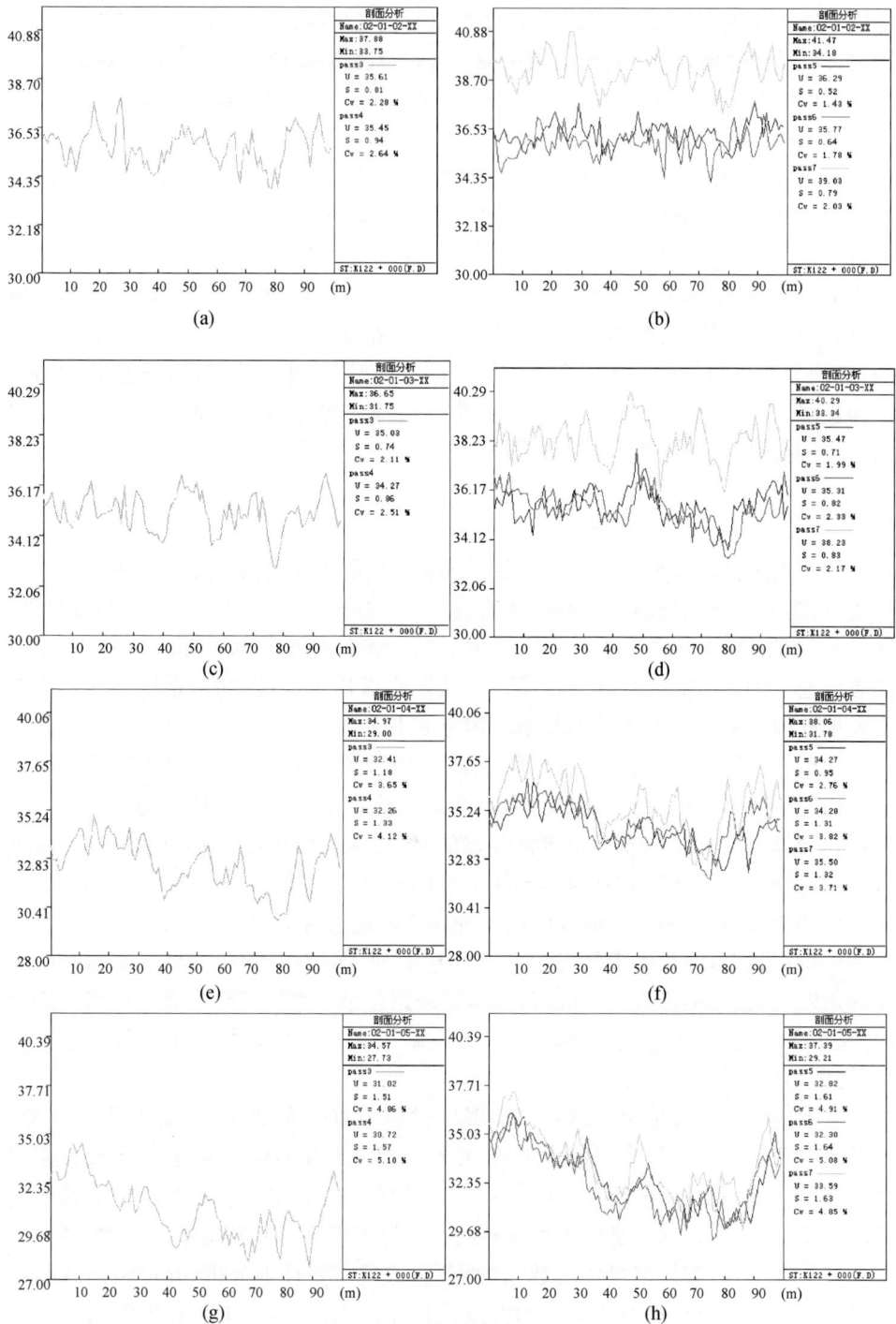

图 7-107　某碾压面碾压过程中压实质量变化图

7.6.2 填料级配不合理实例

无论公路还是铁路,在有关路基规范中关于填料级配问题的规定都是模糊不清的,只是笼统地要求"级配合理"而没有给出具体的级配要求,这种不负责的做法导致施工现场处于一种"无法可依"的状况。目前现状就是有什么料上什么料,毫无级配概念可言,业主和监理也不好管理。这种随意上料的现状比比皆是,而最大的隐患还是级配不合理的填料存在压实效果差的风险。下面的例子就说明了这一点。

在某高铁施工现场,其路基填料系开山得到的、以石块为主的土石混合料,石料约占 80%。在第 1 遍静压以后,采用 20t 振动压路机进行振动碾压作业,同时进行了连续压实测试。测试过程中发现一个奇怪的现象——压实数据 VCV 随碾压遍数的变化不大,直到碾压到 18 遍仍然如此(后期由于石料本身被压碎,反而增加了一定的压实效果),测试结果如图 7-108(a)所示。而 VCV 正常变化是随着碾压遍数的增加而增加的,如图 7-108(b)所示。

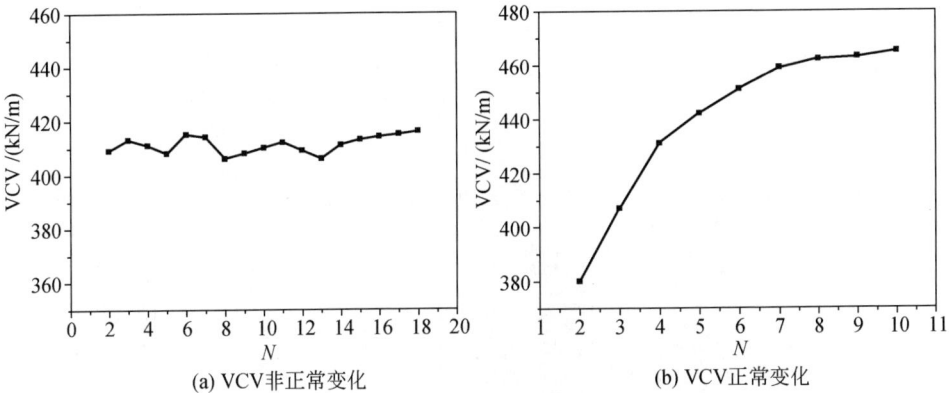

(a) VCV非正常变化   (b) VCV正常变化

图 7-108　VCV 随碾压遍数的变化

为什么会出现这种现象呢?不明白的人认为是这项技术存在局限性所致。但是,同时采用的 K_{30} 跟踪检测同样发现其结果也没有随碾压遍数的增加而增加,这就排除了检测方法的问题。问题还是出现在填料本身上。仔细观察填料发现,其颗粒的粒径比较单一,缺少细料,没有形成合理的级配,如图 7-109 所示。

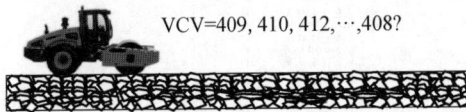

VCV=409,410,412,…,408?

图 7-109　填料级配的单一导致不能形成密实而稳定的路基结构体

我们知道,对于粒料填料,只有粒径大小不等、比例合理并且具有一定棱角的散粒体,在外力(压实力)作用下才有可能碾压成稳定而密实的结构,这就是为什么要求填料应具备优良级配的原因所在。而对于单一粒径的填料,由于缺少中间结合料,很难形成相互嵌挤的结构体,一直处于一种相对松散的状态。因此,其压实稳定性是比较差的,主要表现在 VCV 数据时大时小,前后相邻两遍的差别不大,如图 7-110 所示。

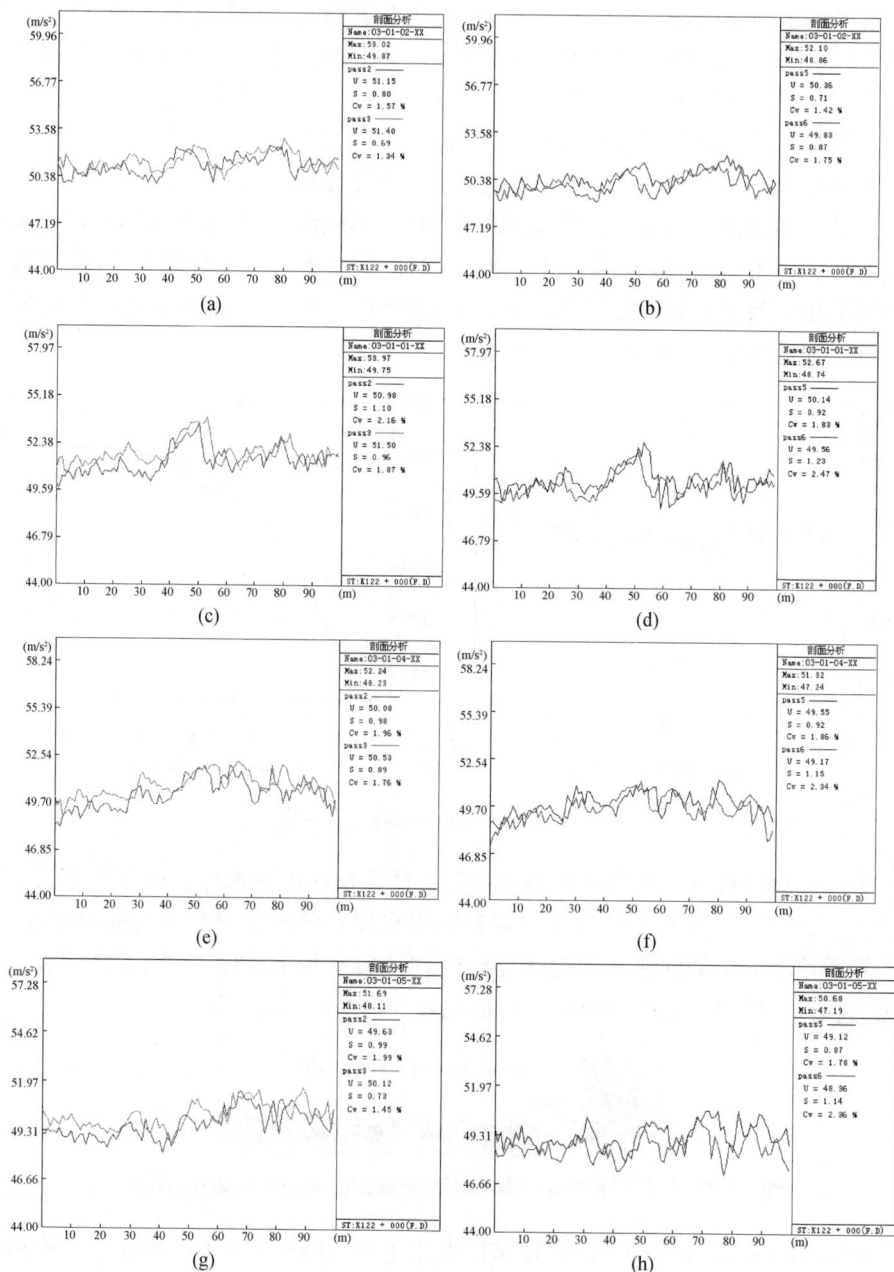

图 7-110 填料级配的压实稳定性控制图

这种情况下即使增加碾压遍数,其填筑体的压实状态也不会有太大的变化,抵抗变形能力同样也不会得到很大的提高。这就是 VCV 和 K_{30} 不随碾压遍数而出现太大变化的根本原因所在。这种情况下进行相关校验也是没有什么意义的。

对于这种填料,由于本身就不符合规范要求,也碾压不成质量优良的结构体,是不应该直接作为填料使用的,必须进行改善方可使用。连续压实控制技术不是不适用这种填料的压实控制,而恰恰是能够发现这种异常现象,通过更加直观的数据说话,更具有说服力。

7.6.3 填料含水量变化过大实例

对于细粒料,特别是对水敏感的细填料(黏性土或亚黏土),正常情况下都应该将含水量控制在最优含水量附近,一般误差控制在 ±2% 之内,但很多情况下做不到。由于含水量不在最优含水量控制范围内而导致压实效果不佳的例子是非常多的。目前除了填料完全是土的情况外,土石混合填料中也存在类似现象,也有一个控制含水量的问题。虽然含水量是一个对压实效果起决定性作用的控制量,但现场控制起来却不是那么容易实施,既有客观原因,也有主观原因。

对于填料为黏性或亚黏性土的情况,根据击实曲线,存在一个最优含水量问题。当含水量超过最优含水量许多时,填料的含水量会很大,容易将其碾压成俗称的"弹簧土或橡皮土"。此时路基结构的抵抗变形能力比较低,一般达不到规定的要求。采用连续压实控制技术时,主要表现在 VCV 随碾压遍数的变化幅度很小,VCV 始终处于一种波动状态,常规检测结果也有类似的规律,与前面所述的填料级配单一的例子有某些相似之处。当含水量较最优含水量小一些时,此时填筑体的力学性能可能是较高的,检测出的指标值一般都较大。表面上看好像压实质量还可以,但是一旦遇到水的侵蚀,其填筑体的力学性能会马上降低,这说明压实状态是不稳定的。当含水量较最优含水量小许多时,一般也是很难压实的,其物理力学性质与过大含水量时的表现有许多类似的地方。只有在最优含水量下,其填筑体的干密度才是最大的,所形成结构的物理力学性能也是最稳定的,如图 7-111 所示。这就是反复强调要控制含水量的根本原因所在。

从图中还可以看出,同样干密度下可以对应着不同的含水量,分别处于最优含水量的两侧,而二者的力学性能会有明显的差异(指偏离最优含水量不大的情况下),连续压实检测时的 VCV 一般也不相同,位于最优含水量左侧的要大于右侧的 VCV。因此,在建立 VCV 与压实度关系时需要特别注意含水量的分布情况(所有力学指标都有类似问题),相同压实度的情况下可能对应着不同的力学指标。

需要注意的是,在粗粒料中并不存在上述这样的关系,也没有最优含水量的说法,最大干密度下的力学性能也不一定最优(参见第 5 章),但在碾压过程中适当增

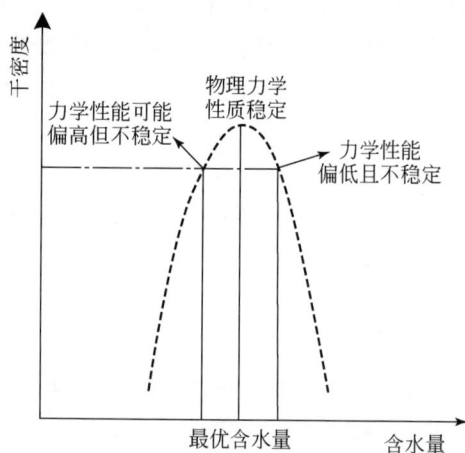

图 7-111　黏性土的含水量与物理力学性质关系示意图

加一些含水量会有利于压实作用。而在土石混合填料中有含水量控制问题,许多现象与上述情况相似。

在对这类填料进行连续压实测试过程中,若发现 VCV 变化很小(可以通过压实稳定性控制来体现),应该马上想到是填料含水量出了问题(表面观察也可发现)。工程上处理这类问题不外乎有两种主要方法:其一是进行晾晒,降低含水量至最优含水量;其二是掺加如石灰类吸水性强的材料,形成复合土。总之,处理的根本目的就是要降低填料的含水量。

通过上述两个例子还可以发现这样一个问题,即单纯地控制压实稳定性是不行的,必须结合压实程度控制综合地判定压实质量。表面上看,上述两个例子的压实稳定性都得到满足,压路机的压实功得到发挥,但却是一种低级稳定状态。对于细粒土,当含水量发生变化后,所形成的结构会发生再压密变形,而处于最优含水量下的稳定才是高级稳定,一般不会再发生变形。对于粗粒料,级配不合理会导致运营期的疲劳损伤(永久变形,即沉降)。

对于上述两个例子,原则上都不符合路基相关规范要求,正常情况下是不允许进行碾压作业的(也就谈不上进行连续压实控制了)。但是,目前在施工现场,这种不按规范要求进行施工的情况却经常发生,其工程质量令人担忧。究其原因,根源在于追求利益最大化,一切向钱看。这是社会道德系统退化的表现。正是"不管什么料,抓到钱就是好料"的真实写照。

7.7　过程控制实例之四 ——其他工程

连续压实控制的动力学方法不但在公路和铁路建设中进行了应用,还在其他填筑工程中开展了一些工程应用,如市政道路、机场工程、填海造地、大型地基处理领域等。在这些领域进行应用时,最基本的要求都是要满足填筑体具有足够而均匀的抗变形能力。因此,在应用时除了具体技术指标要求有一些不一样外,在控制方法和控制操作程序上并没有太大的不同,可以说是一致的。为扩大实例范围,下面给出与上述有一些不同的例子——市政道路强夯后的整体评估和机场高填方,以便看到是如何进行应用的。

7.7.1 市政道路强夯后整体评定

目前随着我国城市化步伐的加快,城市圈也越滚越大,原来的郊区正在逐渐变成新的城市中心。随着城市规模的扩大,这些远在郊外的荒废用地常被作为城市建设的开发用地使用,需要建设新区,修建道路和楼房。其中市政道路工程中经常遇到的问题是在杂填土地基上如何修筑路基路面,而核心之一就是如何进行质量控制。

1. 杂填土特征

杂填土是一类由城市建筑垃圾、工业废弃料和生活垃圾等的混杂物经人工随意堆填、又经自然陈放而形成的,其混合的成分、混杂程度、堆积方式、堆积环境、存放时间的不同,杂填土性质变化很大。其中以建筑垃圾的砖石土类为主的杂填土,一般强度较高,但粒径相差悬殊,压缩性很大。而工业废渣类的杂填土水化性质差异很大,遇水膨胀崩解,强度很快下降。有机质含量较高的生活垃圾土,降解程度的不同,其物理力学性质会有很大的差异,性能变化持续的时间会很长。通常杂填土厚度与原地貌有关,在很小的范围内层厚可能就有很大的变化,可从几米到几十米不等,分布情况具有极大的人为随意性。因此,应用成分复杂且多变的杂填土作为工程结构物的一部分使用,其工程性质很难掌控。此外,杂填土还经常用来填筑地势低洼的沟坑滩地,若杂填土层下混有湿软黏土或淤泥质土,其作为承载的地基基础条件就更差,处理利用的难度也就更大了。

2. 杂填土的工程处理

杂填土之所以表现得较为复杂,主要还是由于杂填土自身问题很复杂。杂填土一般都混合有大量的生活垃圾、建筑垃圾和工业废料。杂填堆土场做建筑地基和道路路基时,常见的工程处理方法是将杂填土挖除—分拣—破碎—重新分层回填(或堆填),再进行碾压或夯实等。对于厚层杂填土,也有直接采用原位强夯技术进行处理的。

处理后的杂填土的质量如何控制是关注的重点。目前主要还是以规定的标准干密度(压实度)作为控制指标,现场采用灌砂法检测干密度从而得到压实度进行质量控制。对于大粒径较多而无法采用灌砂法检测的填料,则采用水准仪观测沉降的办法,以控制碾压或夯实前后沉降差不大于规定的精度,并视其表面无轮迹作为合格标准;也有采用重型动力触探、平板载荷试验及承载板法测土基的承载能力的方法,最后以满足设计承载能力为合格标准。但因为杂填土均匀性比较差,这些方法在使用时都存在一定的局限性。

路基结构最重要的作用是要为上部提供具有足够的抗变形能力,以及在荷载和自然因素的综合作用下能保持长期的均匀和稳定的状态。杂填土应用于路基工程中较难应对的是厚层杂填土原位处理后在抗变形能力、均匀性和稳定性方面是能否满足设计要求的问题。目前比较有效的技术处理措施就是强夯。针对场地杂填土的特点,建设方采取了强夯与振动压实相结合的施工技术方案(图 7-112)。但由于杂填土的混杂特点及强夯作业的不连续性,施工后如何检测路基的抵抗变形能力及其均匀性便成为控制工程。由于常规的抽样点检测方法在全面了解整个路基施工质量方面有一定的局限性,效率也比较低,因此建设方决定采用连续压实控制新技术进行全面检测和质量控制。

(a)   (b)

图 7-112 强夯后经过振动压实的杂填土路基表面

3. 连续压实控制技术应用

与前面的工程应用一样,在杂填土中应用连续压实控制技术时,首先也要选择试验段进行相关校验试验(标定试验),建立连续控制指标 VCV 与常规检验指标(弯沉 L)之间的相关关系,再通过规范规定的弯沉控制值来确定连续压实控制的目标值,然后就可以在后续施工段中进行连续压实控制。这样不但省去了全路段逐点检测的麻烦,而且对整个碾压段的碾压情况有了一个全面的了解,防止出现局部压实不好的区域。

1)由相关校验确定连续压实控制目标值

首先进行设备检查。对 YZ16JC 型振动压路机进行振动性能测试,发现其性能比较稳定,符合要求。因此决定采用此台振动压路机作为该标段的施工碾压作业和连续测试用压路机。

其次选择一段杂填土作为试验路段进行相关性校验。由于杂填土首先采用强夯方法进行了强夯作业,再利用振动压路机进行碾压(找平)作业,所以无法按照碾压成三种压实状态的要求进行试验。鉴于强夯作业是不连续的,中间没有强夯到的区域相对还是比较薄弱的,属于低值区域,因此将其作为轻度和中度压实状态区还是可行的。而连续压实检测能够发现这些区域,并且在轮迹振动压实曲线上可以反映出来,如图 7-113 所示。所以,对于强夯过的杂填土,可以直接采用 YZ16JC 型振动压路机进行了连续测试,再在振动压实曲线上寻找三种压实状态。

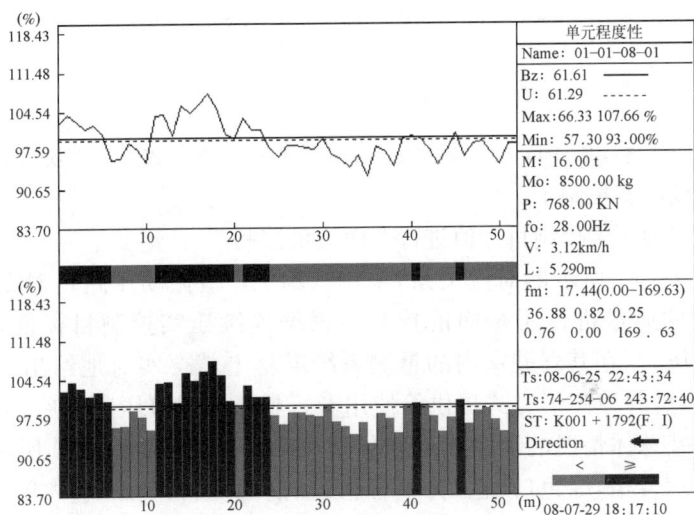

图 7-113 在轮迹振动压实曲线上寻找三种压实状态

因此,在选择常规检测点位时,是按照振动压实曲线上的高、中、低三种状态进行的。实践证明,对于强夯后的路基来讲,这种选点方式是可行的,试验数据范围同样能够变得很宽。这也是对于强夯后的填筑体进行对比试验选点的原则之一。

在选择好常规检测点之后,利用弯沉车进行弯沉检测。将试验数据对进行相关计算,可以得到弯沉 L 与振动压实值 VCV 之间的相关系数为 0.87,符合要求,进而建立二者的相关方程,如图 7-114 所示。此外,从图中还可以发现有 2 个点是可以剔除的,其相关性会变得更好一些。

根据相关规范要求,碾压合格的路基回弹模量应为 30MPa,所对应的弯沉控制值为 310.5(0.01mm),考虑季节修正系数为 1.2,最后得到实际弯沉控制值为 $[L]=258.7(0.01mm)$,相应的连续压实控制目标值为 $[VCV]=429kN/m$。因此

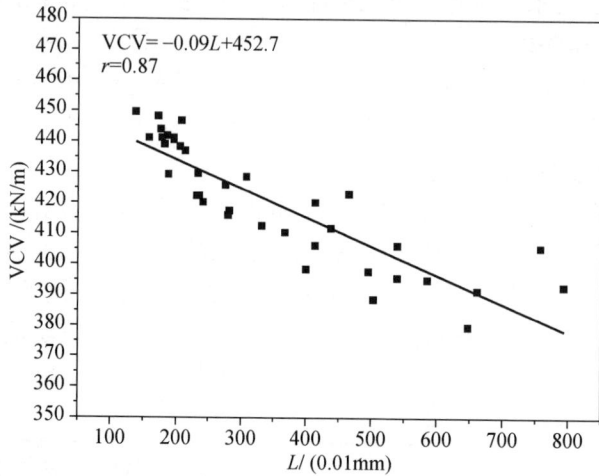

图 7-114　杂填土路基的 VCV 与弯沉 L 之间的相关关系

利用这种对应关系,采用同一台振动压路机、同一振动参数,便可以对整个路基施工段进行连续压实控制了。

　　2)根据连续压实控制目标值进行全面质量控制

　　按照图 7-114 所示的对应关系,采用 YZ16JC 型振动压路机对杂填土路基在强夯之后的质量进行了全面的控制。根据连续压实控制目标值,当振动压路机进行碾压时,在其驾驶室内的量测系统屏幕上就会实时地给出合格与不合格的相关信息,并以图形方式提供给使用者。整个区域碾压完毕后,会给出一张反映该段路基总体情况的压实质量分布图,如图 7-115 和图 7-116 所示。其中红色(深色)表示合格,绿色(浅色)为不合格(以前的资料,与现行要求的颜色正好相反)。

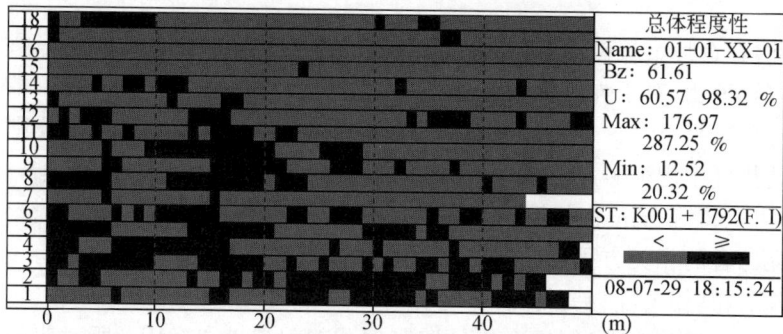

图 7-115　A 段杂填土路基的连续控制结果

采用连续压实控制技术后,碾压完成即可掌握路基压实质量情况。从两段路

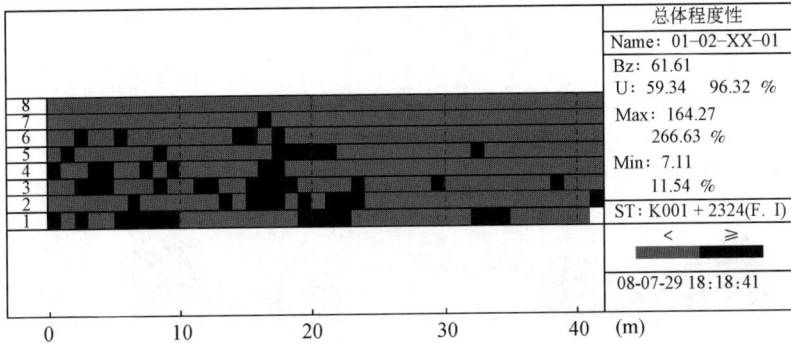

图 7-116　*B* 段杂填土路基的连续控制结果

基连续压实控制结果看,不合格的区域占了整个区域的 50% 以上,同时也反映出压实是不均匀的,这与采用实测弯沉的评价结果是一致的。

选择有代表性的合格区域和不合格区域进行探坑检查,以便进行原因分析。发现导致上述现象发生的原因主要有三点:其一,该路段杂填土填料的分布极不均匀;其二,强夯是采用一定间隔进行,尽管最后又采用振动压路机进行了补充碾压,但是由于强夯造成的不均匀并不会消失;其三,杂填土的含水量偏大,致使压实质量差,导致质量不合格区域的比例增大。

上述压实质量的连续分布图非常形象地给出了质量控制结果,而这种结果是常规检测很难完成的,可见连续控制具有更大的优越性。将这种控制结果及时提供给施工单位和质量管理部门,成为其调整和改进施工工艺的重要依据,也为后续工程提供了有益的指导。根据控制结果,对于压实不合格区域进行了必要的处理。

由于连续压实控制技术的优点和实际效果,得到建设单位的高度认可,对其他标段也采用连续压实控制技术进行了全面的实时控制,确保了杂填土路基的工程质量。下面给出几张典型的杂填土路基连续压实控制图,如图 7-117 所示。

在图 7-117 中,后两幅压实质量平面图是经过工程处理后进行的连续测试结果,全部达到合格标准。图(b)中间合格区域系采用石灰改良后的结果,可见其抗变形能力明显提高,VCV 数据也明显增大。

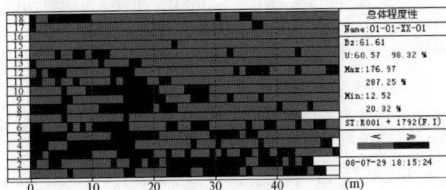

(a)

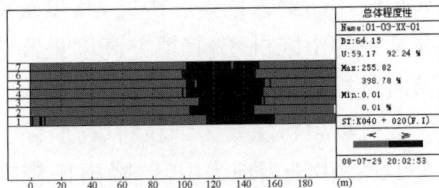

(b)

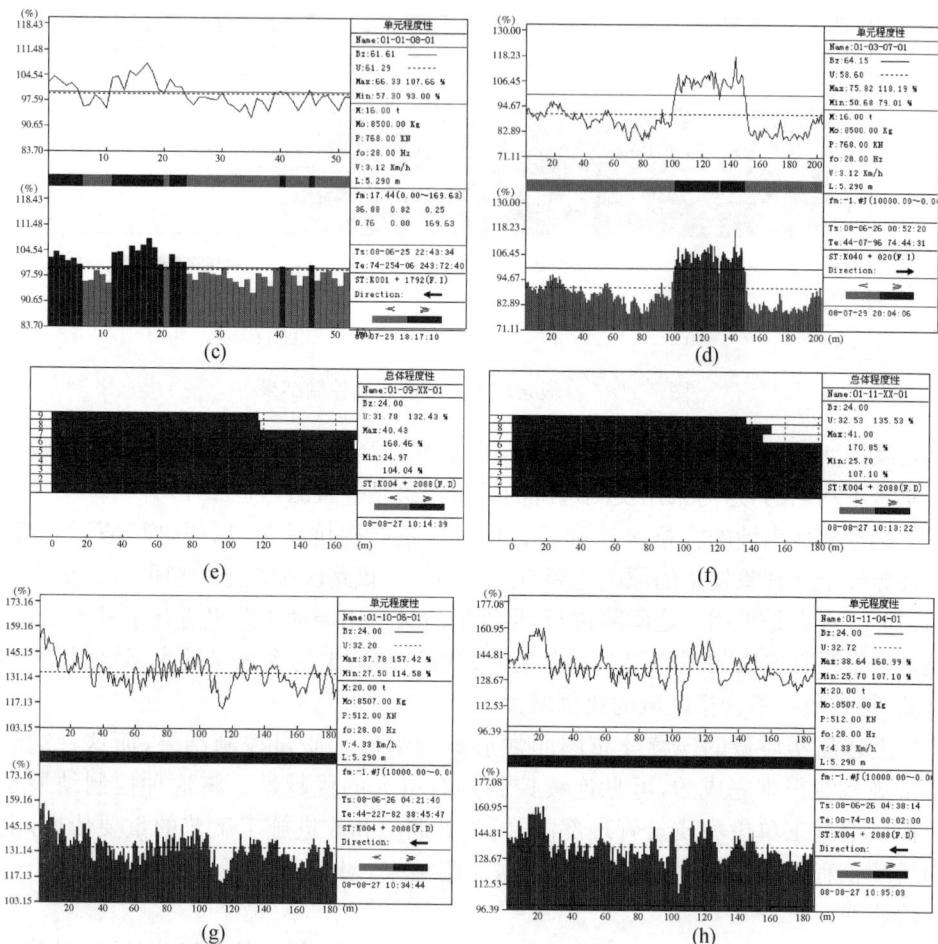

图 7-117 其他标段部分杂填土路基的连续控制结果

7.7.2 机场工程高填方压实

在机场建设中,许多机场场地都是经过填筑而成的,特别是在一些山区。由于机场道面的基本功能是承受来自飞机的冲击荷载的作用,而这种荷载作用比汽车和火车的作用要大许多。因此,其填筑质量要求也比较高。下面的工程实例即为西北某地的山区机场,其填方高度最高为 60m,成为整个机场建设的控制工程,而填筑质量控制又是重中之重。

该机场填料主要为细粒料(粉质黏土、强风化红砂泥岩和弱风化红砂泥岩),见图 7-118。由于当地为山区,降雨比较丰富,所以其含水量偏大是该填料的特点。尽管业主要求施工单位对填料进行晾晒,但是基本做不到(其客观原因是当地阴天较多,无太阳也就无法晾晒)。在填筑碾压过程中,对于压实均匀性以及压实稳定性都是容易满足要求的,其重点是压实程度控制,这也是重点论述的内容。一般存在两种情况:其一是含水量分布处于最优含水量附近;其二是含水量分布较离散。下面分别简述之。

图 7-118 机场高填方与连续压实控制

1. 填料含水量波动较小

根据工程实际经验,对于一个碾压段而言,碾压面上各点的含水量都是不完全相同的,这是客观存在,无法完全控制。如果碾压面上各点的含水量差异不大,都接近于最优含水量,那么相关校验试验是容易进行的,相关系数往往也很大。下面给出的工程实例就是含水量波动较小,其中连续测试用的振动压路机为 21t。经计算得到如图 7-119 所示的结果。

从图 7-119 中可以看到,VCV 与 K 之间的相关性是很好的,压实程度容易控制,这主要是由于弱风化红砂泥岩含水量变化较小,且填料也比较均匀。但是,若填料的含水量波动变化较大,则会影响到二者的相关关系。

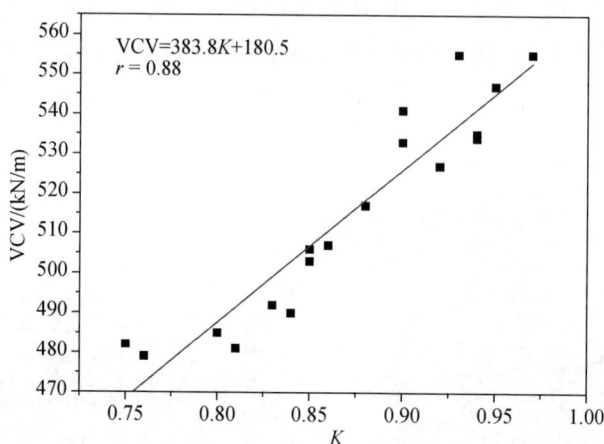

图 7-119　接近最优含水量时 VCV 与压实系数 K 之间的相关关系

2. 填料含水量波动较大

对于一般黏性土或者亚黏土的压实来讲,最重要的要素就是要控制好含水量,这是对压实效果起决定性作用的因素。由于最优含水量是在试验室通过击实试验得出的,而最优含水量的控制,在试验室是可以精确做到的,但是在施工现场却是很难做到的,将含水量控制在最优含水量附近就已经很不错了,有时连这一点也做不到。这里面既有主观原因,更有客观原因(含水量少要掺加一些水相对容易一些,但是含水量大需要晾晒却是不容易做到的,与天气有关)。

1)含水量总体小于最优含水量

实际施工时,细粒土填料的含水量是经常波动的,其分布范围有时是比较大的。下面的工程实例为强风化红砂泥岩,混有粉质黏土。经过标准击实试验,确定强风化红砂泥岩的最优含水量为 11.5%,粉质黏土的最优含水量为 9.3%。填筑碾压后,首先进行了连续压实检测(连续检测用的振动压路机为 20t),然后进行了压实度检测,各检测点含水量的分布范围以小于最优含水量者居多。其常规检测和连续检测结果如表 7-18 和图 7-120 所示。可见其相关系数还是可以超过 0.70 的,符合相应要求,其压实程度相对也比较容易控制。

表 7-18　强风化红砂泥岩含水量分布与相关试验结果统计表

编号	含水量/%	干密度 /(kg/cm³)	最大干密度 /(kg/cm³)	压实系数	振动压实值 /(kN/m)
1	8.98	1.88	2.10	0.89	300
2	12.64	1.54	1.89	0.82	294

编号	含水量/%	干密度 /(kg/cm³)	最大干密度 /(kg/cm³)	压实系数	振动压实值 /(kN/m)
3	20.87	1.62	1.89	0.86	296
4	9.48	1.88	2.10	0.89	294
5	10.66	1.80	2.10	0.86	298
6	8.28	1.86	2.10	0.89	300
7	6.37	1.88	2.10	0.90	298
8	8.64	1.92	2.10	0.92	297
9	8.49	1.86	2.10	0.89	297
10	12.14	1.86	2.10	0.88	301
11	6.21	1.91	2.10	0.91	302
12	6.49	1.80	1.89	0.95	306
13	7.47	1.98	2.10	0.94	305
14	11.37	1.93	2.10	0.92	301
15	7.02	1.96	2.10	0.93	302

注:最大干密度为 1.89 的为粉质黏土,其余为强风化红砂泥岩。

在图 7-120 中,影响其相关性的因素可能有两方面:一方面,有一些超过最优含水量的检测点存在导致数据离散性增大;另一方面,由于下卧层也是这类填料,其压实效果影响到上层 VCV 的数据大小,但并不影响压实度检测(挖坑深度较小),致使二者关系变弱。

此外,由上述结果中可以发现一个有意思的现象:尽管含水量分布有一些变化,但是 VCV 与 K 之间还是存在相关性的(并不像有些国外资料介绍的那样对含水量要求那么严格,国外严格要求可能与其采用的评定指标有关)。分析其原因,可能与含水量总体偏小有关。详细解释可能还需要从微观力学方面入手。

2)含水量明显大于最优含水量

该机场填料含水量偏大是普遍现象,这与当地天气情况密不可分。含水量偏大造成的直接后果就是压实效果差一些。图 7-121 中的粉质黏土(含有强风化红砂泥岩)的含水量分布在 16%~25%,平均为 20% 左右,明显偏大。这种情况下 VCV 与 K 之间相关性非常弱,但总体上还是看出有一定的相关趋势,其原因与上述情况大致相同。此外,含水量偏大是不容易压实的,可见图中各点基本上都是不合格的,压实程度不容易控制。

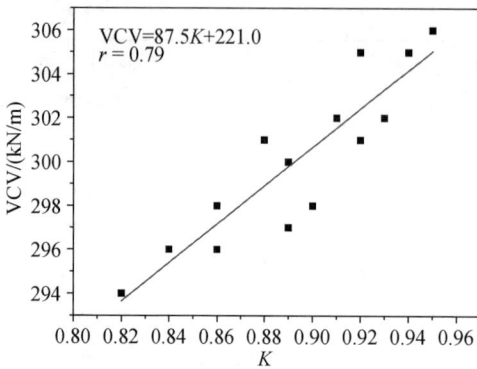

图 7-120　强风化红砂泥岩的 VCV 与
K 之间的相关关系

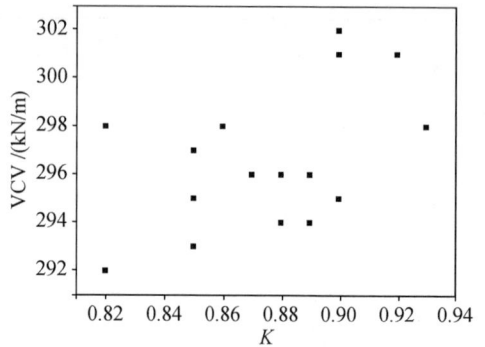

图 7-121　粉质黏土含水量偏大的 VCV 与
K 之间的相关关系

随着含水量的增大,其压实效果会越来越差。当含水量大到一定程度就会出现所谓的"橡皮土或弹簧土"现象。此时压实系数(压实度)处于一种变化不大的状态,并且一般都达不到规定要求,碾压没有什么效果。采用连续压实控制时,检测出 VCV 数据变化不大是其主要特征,并且其值也维持在较低水平,试验数据"拥挤"在一起,如图 7-122 所示,这与前面介绍的情况是一致的。

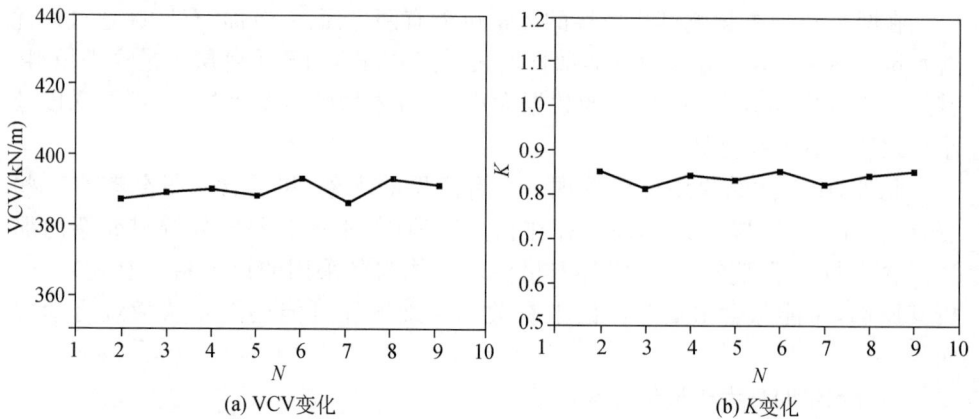

(a) VCV变化

(b) K变化

图 7-122　含水量很大时检测数据随碾压遍数的变化

3)其他情况

除了上述两种情况外,还有一种普遍存在的情况,那就是含水量分布范围更广,从 6%~25%不等。这种情况下 VCV 与 K 之间一般都没有什么相关性,呈散点分布,压实程度也很难控制。其原因一般也是两方面,即含水量大小不一造成的试验数据离散性和同样情况的下卧层对上层 VCV 的影响。

综上所述,对于对含水量敏感的细粒料,若想得到高质量的结构体,必须进行最优含水量的控制,这才是压实质量控制的根本。对于填料(含水量)不合格的情况,采用连续压实控制技术后并不能提高其压实质量。连续压实控制是基于填料合格的基础上帮助提高压实质量的,而不能通过采用这项技术就将不合格的填料控制碾压成合格的结构体,但这项技术可以帮助识别填料的合格与否。填料不合格,无论在碾压环节采取什么技术措施都是徒劳的。

7.8 质量检测

在进行完碾压过程的连续控制后,按照要求需要进行质量检测。这里的质量检测包含两部分内容:其一是利用连续压实控制技术对整个碾压面进行的连续检测;其二是在连续压实控制所确定的压实薄弱区域内进行的常规检测。

7.8.1 连续检测与压实状态

由于在碾压过程中,振动压路机的碾压方式一般为"叠碾"方式,相邻碾压轮迹之间有重叠,因此在碾压过程控制结束后,一般需要采用"平碾"方式再进行一遍连续检测,以便确定碾压面压实程度分布状况和划分压实状态。连续检测既可以在碾压过程控制结束时进行,也可以对已经碾压完毕的碾压面单独进行。

连续检测的操作与碾压过程的连续控制操作基本上是一样的,只是在碾压方式方面有所不同。另外,为防止将已经形成的填筑体结构压坏,一般建议采用振动压路机的弱振工艺进行连续检测为好。有关压实程度问题已经在前面过程控制中进行了分析,这里重点在对压实状态问题进行一些分析。

所谓压实状态,是指路基填筑碾压过程中,路基结构在压路机作用下所呈现出的物理力学性状,这也是压实不均匀的一种表现形式。只有对整个碾压面进行连续测试才能取得各点的压实数据,才能够形成碾压面上各点压实状态的分布图。

如果说压实程度分布图是根据目标值对碾压面的划分,具有一定人为因素的影响(目标值可以调整),那么压实状态分布图则是非常客观地反映了碾压面各点的压实状况,没有任何人为因素的干扰。因此,压实状态分布图更客观地反映了压实的实际情况。关于如何形成压实状态分布图,已经在第 6 章进行了阐述,一般由专用软件自动生成,图 7-123 就是进行连续检测而得到的压实状态分布图。这里我们更关心的是如何使用压实状态分布图。

根据图 7-123 需要进行以下工作。首先,应该从图中下方的"质量信息"中查看 VCV 数据的波动范围(极差),以便大致了解 VCV 数据中的低值情况,这是需要重点掌控的,因为低值 VCV 所在的区域就是压实薄弱区域,代表了压实质量相对较差的状态。一般来讲,碾压面上的 VCV 极差越大,代表数据分布范围更大,相对的低值区域也就越差。其次,当压实薄弱区的压实质量较差时(需要依据压实程

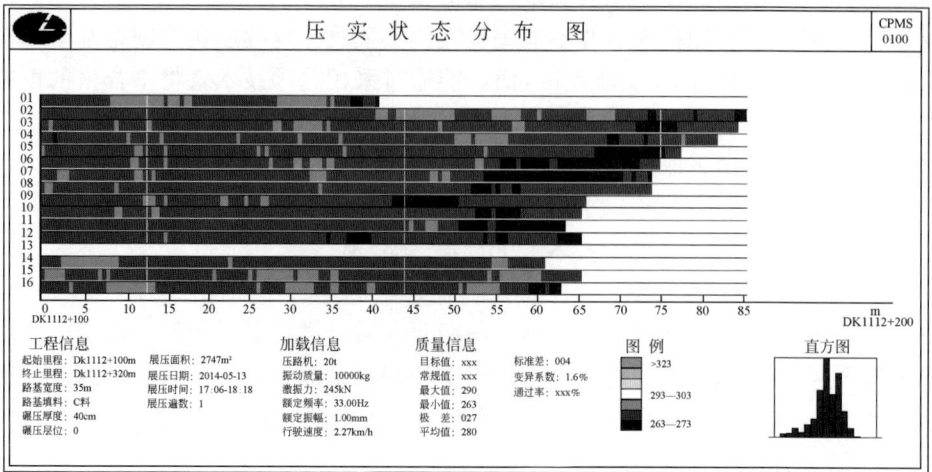

图 7-123　压实状态分布图

度准则进行判定），需要了解压实薄弱区的所形成的"连通面积"，这是对上部结构以及行车有影响的薄弱区域，是关注的重点。目前对压实薄弱区域的连通面积没有统一的要求，只是要求不能太大。因为连通的薄弱面积过大，有可能在行车荷载重复作用下逐渐产生过大变形（沉降），危及上部结构和行车安全。最后，确定压实薄弱区，以便在此区域内进行常规验收检验。

需要注意的是，所谓压实薄弱区是一个相对概念，是相对于高值 VCV 而言的。压实薄弱区的压实质量并不是一定不合格，需要依据目标值和常规检验才能最终确定。按照 VCV 由小到大的顺序，可以分为压实最薄弱区、次薄弱区等。质量控制一般都是从压实最薄弱区开始的。

7.8.2　薄弱区内的常规检测

由于目前填筑体压实质量验收采用的是常规检测方法，因此在碾压面进行完连续检测之后还应进行常规检测，以便进行质量验收控制。其中最主要的是如何选点问题，不能盲目地采用所谓的随机抽样方法。

在连续压实控制过程中，尽管对碾压面的压实均匀性进行了控制，但是并不能保证绝对的均匀，即使控制在 0.8 倍的 VCV 平均值以上，仍然会存在一些性能有一定差异的区域。根据压实状态分布图便可以将这些性能差异的区域识别出来，确定压实薄弱区域，这是压实质量的薄弱环节，也是质量控制的关键所在，常规检测应该在此区域内进行。

一般来讲，在压实薄弱区内进行常规质量验收检测，更能把握住整个碾压面的压实质量，其控制效果是随机抽点检测所无法比拟的，这就是所谓的最小风险控制。采用这种方法的主要依据就是连续检测结果与常规检测结果之间具有正相关关系。一般来讲,压实薄弱区是 VCV 数值最低的区域,是远离目标值的区域,这就能够保证检测结果的可靠性。因为在靠近目标值附近,受统计关系造成的数据离散性影响,并不能保证连续检测结果与常规检测结果一一对应(参见前面的有关论述),会出现常规检测合格而连续检测不合格,或者连续检测合格而常规检测不合格的现象——临界点现象。但需要注意的是,并不能绝对保证压实薄弱区一定是远离目标值区域的,这就要看压实均匀性的大小,主要看高值 VCV 的分布情况。

表 7-19 是某碾压面碾压 6 遍和 8 遍之后进行的连续检测与常规检测结果,是根据压实状态分布图进行的选点。为了有对比性,分别在压实薄弱区(低值区)和压实高值区内进行了常规检测。

表 7-19　不同压实区域内的检测结果

点号	碾压 6 遍		碾压 8 遍	
	K_{30}/(MPa/m)	VCV/(kN/m)	K_{30}/(MPa/m)	VCV/(kN/m)
1	144	425	164	431
2	146	421	162	429
3	133	409	158	427
4	139	418	155	430
5	142	429	162	433
6	128	412	158	427
7	115	401	152	419
8	108	408	149	415
9	110	405	146	421
10	103	395	140	424

注:$[K_{30}]$=130MPa/m ,[VCV]=410kN/m。

为了看得更清楚,根据表 7-19 数据绘制散点图如图 7-124 所示。从图 7-124(a)中可以看出,虽然目标值 VCV=410 与标准控制值 K_{30}=130 原则上是应该对应的,但实际却非如此,在一定范围内(如图中虚线圆区域)具有一定的不确定性,这正是统计关系所带来的离散性所致,是正常现象。但是如何确定这个离散范围仍然需要仔细研究,原则上应该按照数理统计理论进行划分。

从图 7-124(a)中还可以看出,尽管在目标值附近存在一定的不确定性(临界点效应),但是在离开这一区域后,无论高值区还是低值区,其检测结果都是可靠的,数据的离散性并不影响质量控制。例如,从压实薄弱区内的数据分布可以发现,尽管数据分布具有一定的离散性,但是常规检测不通过的点,其连续检测也不通过,总体上具有一致性,可见数据的离散性不影响对压实薄弱区的质量控制,这主要是由于压缩薄弱区内的 VCV 与目标值差异较大的原因所致。

上述结果是在碾压 6 遍之后进行的。在碾压 8 遍之后,原来薄弱区的压实质

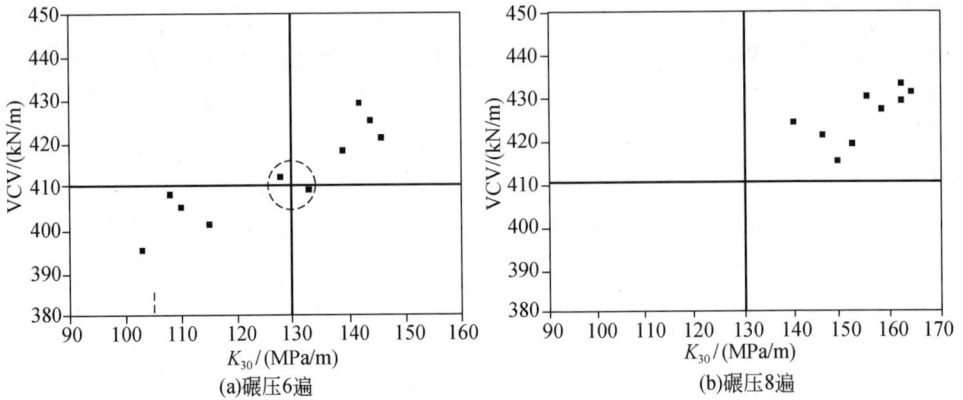

图 7-124　检测结果对比图

量也得到了提高。从最后的检测结果可以看出,无论连续检测还是常规检测,其结果都是高于规定的目标值的,如图 7-124(b)所示。

因此,采用连续压实控制技术后,在压实薄弱区内有针对性地进行质量控制是非常有效的,避免了盲目性,针对性更好,质量更放心。

7.9　压实成果管理

连续压实控制结束后,需要进行压实成果管理工作,这既是资料归档的需要,也是质量控制的需要。这部分工作非常重要,不但是竣工验收的需要,更是为了给运营期提供一套完整的技术资料,以便为预防性养护提供基础资料。

现在已经进入信息时代,压实资料的管理工作也应该抛弃那种传统的做法,充分利用信息技术的优势,进行现代化、信息化的管理。

7.9.1　报告组成与格式

传统的资料管理都是以"纸质"的版本为对象,对于压实质量报告也是如此。但是,在实践中发现两个问题。其一,碾压过程控制的资料数量比较大,随着工程的推进会越来越多,给管理工作增加了负担;其二,由于提交的资料是"纸质"的报告,有些单位就打起了歪主意,不是老老实实的碾压,而是在报告上做文章,明目张胆地弄虚作假。例如,采用图像处理软件对压实不合格区域(如红色区域)进行人工处理成合格的(绿色区域),或者干脆直接编造压实质量图。为了杜绝上述现象的发生,需要改变传统的资料管理模式,采用信息化的手段进行管理和控制。这首先需要对压实质量报告组成与存储格式进行统一规定。

1. 压实质量报告组成

一个完整的压实质量报告应该包括相关校验报告、压实过程归档报告和连续压实质量检测报告三个部分,至少需要由以下资料组成。

(1)相关校验报告,包括对比试验数据、相关系数、回归模型等,样式见表7-20,附有试验段压实状态分布图和碾压轮迹振动压实曲线。

表 7-20 相关校验报告(样式)

试验编号 0011　　　　　　　　　　　工程名称××××

试验里程DK010+120	振动压路机的型号20t
填筑厚度35cm	振动压实工艺参数11000kg
填料类型砂性土	280kN,28Hz,3.2km/h
量测设备CPMS	常规质量检测类型K_{30}

编号	检测数据		编号	检测数据	
	常规质量验收指标	振动压实值		常规质量验收指标	振动压实值
1	84	535	11	70	505
2	86	531	12	74	517
3	80	528	13	65	485
4	83	529	14	60	477
5	85	530	15	67	492
6	90	584	16	64	481
7	76	539	17	61	479
8	72	513	18	66	490
9	75	529			
10	71	506			

相关系数 $r=0.92, n=18$

回归方程:$VCV = a + bx = 309.4 + 2.77K_{30}$。

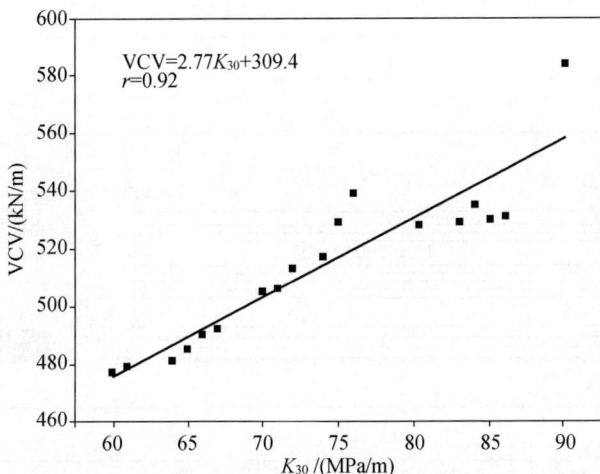

$VCV = 2.77K_{30} + 309.4$
$r = 0.92$

常规质量验收指标合格值$[K_{30}] = 80MPa/m$,对应的$[VCV] = 531kN/m$。

测试操作:	负责人:	日期:	监理:	日期:

（2）压实过程归档报告，包括碾压遍数、轮数、VCV 特征值、时间、地点、压实程度、均匀性、稳定性等，样式见表 7-21。

（3）连续压实质量检测报告，包括压实状态分布图、压实程度分布图、薄弱区域的压实质量验收资料等。

表 7-21 归档报告（样式）

工程信息			
项目名称	××线××标段 DK1120＋456——DK1120＋656　03 层		
起始里程	DK1120＋456	碾压层号	03
终止里程	DK1120＋656	碾压面积	2500 m²
填料类型	碎石	碾压日期	2012-09-11-12
填筑厚度	35 cm	碾压遍数	08
填筑宽度	12.5 m	碾压轮数	13

加载信息			
压路机	22t	额定频率	28.0 Hz
振动质量	11000 kg	额定振幅	1.2 mm
激振力	290 kN	行驶速度	3.30 km/h

质量信息					
目标值	445 kN/m		均匀性		100％≥0.80 $\overline{VCV}$
常规值	130 MPa/m		稳定性		100％≥2.5％
碾压遍数	碾压时间	通过率	最大值	最小值	均值	变异系数
01	11：12-13：20	00％	443	389	421	12.3％
02						
…						

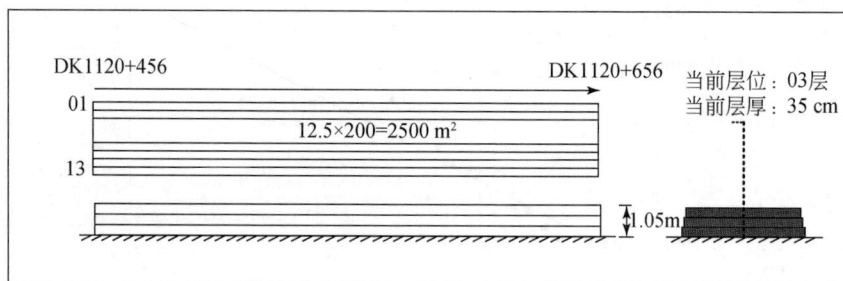

DK1120+456　　　　　　　　　　　　DK1120+656　　当前层位：03 层

01　　　　　　　　　　　　　　　　　　　　　　　　当前层厚：35 cm

12.5×200=2500 m²

13

1.05m

测试：　　负责人：　　日期：　　　　　监理：　　日期：

2. 压实质量报告存储格式

上面给出了连续压实控制质量报告的组成内容。作为全面反映填筑体压实质量信息的技术文件,必须提供直接而形象的压实质量有用信息。因此报告的显示和存储格式应该遵循以下原则:

(1)压实质量报告应该能够以图形和数字等方式显示整个碾压区域的压实质量状况,其相关信息由报告的组成内容决定。

(2)压实质量报告相关信息应该采用易于读取和存储的数据格式,方便二次利用。

(3)压实质量报告除了进行常规存档外,还应该进行二进制的电子数据文件存档。

此外,压实质量报告除了提供图形方式的压实质量状况外,还应该包括下列相关的附加信息:

(1)工程信息,包括工程名称、文件编号、施工段起止里程、填筑宽度、填筑厚度、填筑层位、填料类型、碾压面积、碾压遍数、碾压检测日期与时间等。

(2)加载信息,包括振动压路机自重、振动轮质量、激振力、振动频率、振幅、行驶速度等。

(3)质量信息,包括常规质量验收检测的合格值及对应的目标振动压实值,检测数据的最大值、最小值、极差、平均值、变异系数,振动压路机工作频率的最大值、最小值和平均值,压实程度通过率,压实状态分组数及组间距,统计直方图等。

这里再对上述要求中的电子数据文件存档问题进行一些说明。一般来讲,传统报告格式大都采用打印的纸质形式保存或者采用计算机保存(如 Word、图片等形式的文档)。但是随着信息化程度的提高,需要更新文件存储形式以利于数据交流。同时,传统的文件形式不但浪费纸张,更重要的是受人为干扰较多,容易弄虚作假。例如,如果压实质量程度分布图以图片的形式保存,则可以利用图像处理工具(如 PS)将未通过区域的颜色修改成通过区域的颜色。因此,要求压实质量报告除正常的纸制版外,还应该进行二进制的电子数据文件存档。

需要注意的是,这种电子存档并不是将纸制版保存为电子版(如 Word 文档保存在计算机中即成为电子版),而是通过专用软件,将现场采集到的压实数据直接由专用软件生成电子报告(二进制数据文件,一般人为无法修改),再通过专用软件直接读取。这个过程人为是无法进行直接干预的,因此电子报告更客观,同时也体现了信息化的进步,节约了纸张。

7.9.2 压实信息化监管

所谓信息化,是指在具体工程项目建设过程中,以电子设备等信息技术手段为载体,实时了解和掌握项目进展情况,对施工过程进行有效监控和管理的一种活动。对于填筑工程,压实质量控制是最重要的工作之一。实现信息化的目的就是对其施工全过程进行有效的监控和管理,特别是填筑碾压过程的实时监管。其实施方案已在第4章进行了介绍,这里主要就目前正在实施的压实信息如何监管进行阐述。

1. 路基工程信息化内容与实现途径

路基填筑工程施工主要包括填料运输和摊铺碾压两部分内容。需要进行监控的是施工进度和工程质量。如何做到"以电子设备等信息技术手段为载体,实时了解掌握项目进展情况,对施工过程进行有效监控和管理",这实际上就是监控技术,需要结合施工现场情况进行。

1)填料运输信息化

目前路基施工填料从料场到施工现场都是采用机械化运输。如何采用电子设备掌握运料的进度仍然存在一些问题。目前能做到的是跟踪运料车的行程,但意义不大,因为只能知道运料车是否在行使,而无法确定装没装料、装了多少。稳妥的办法还是需要现场人员定时通过网络上传相关信息。如果能够做到每天定时上传数据,还是可以掌握进度的。

2)碾压过程信息化

碾压进度可通过在压路机上加装电子设备解决。连续压实控制系统可以做到实时记录碾压进度以及碾压质量信息,通过公用信息平台传输给上级部门查看。

3)实现途径

实时传输的目的是要进行实时的质量动态监控,其实质就是其他行业进行的远程监控技术。对于连续压实控制,需要以连续压实控制系统为核心,结合公用信息平台进行。

目前进行压实质量信息传输主要通过公共网络实现(图7-125)。其一,现场实时、连续采集相关压实质量信息的同时,直接通过无线网络上传给上级部门(监管中心),再生成相关报告;其二,现场采集完压实信息后,由后台压实信息管理系统生成符合要求的电子报告,再通过无线或有限网络上传。

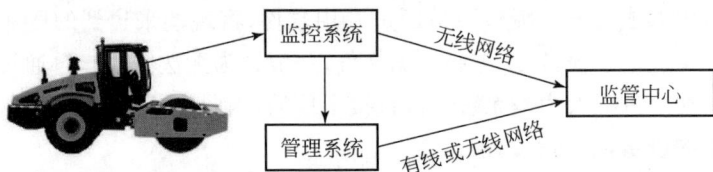

图 7-125　压实控制信息传输途径

需要注意的是,远程数据传输是一种技术手段,重要的还是要掌握路基填筑本体的质量信息。实时传输是好事,但不能只重视传输,而忽视传输的内容,不能为了传输而传输。

2. 连续压实控制信息化实施步骤

连续压实控制信息化的总体目标就是通过物联网技术(有线和无线),对路基填筑工程连续压实控制的压实质量报告相关信息进行传输和管理,实现碾压过程的信息化管理与控制。

根据相关规定,压实质量报告由相关校验报告、压实过程归档报告、质量检测的压实程度分布图、压实状态分布图等文件组成。可以对这些文件信息进行电子化处理,生成人为不可修改的压实质量电子报告。目前实现的定时传输按照如下步骤进行。

1)现场连续压实数据的处理与传输

现场连续压实控制信息由数据采集系统进行实时采集、处理和存储,然后通过数据接口传输到后台计算机中供进一步的分析与处理。

2)连续压实控制数据有用信息的提取

由于路基碾压过程中采集的连续压实数据信息十分巨大,对这种海量数据必须进行必要的处理,才能变为工程可用的有用信息。为此,采用分析处理软件系统可以自动对这些数据进行分析处理,生成符合要求的压实质量报告,可同时生成文本和电子报告。其中文本报告可以作为纸制报告提交相关部门,而电子报告既可以提交相关部门,也可以上传至信息管理平台。

需要说明的是,这种电子报告并不是将纸制版保存为电子版,而是通过专用软件,将现场采集到的压实数据(二进制数据,人为无法修改)直接由专用软件生成电子报告(二进制数据,人为无法修改),再通过专用软件直接读取。这个过程人为无法干预,这样就可以有效地避免人为因素的干扰。采用这种方式进行压实质量控制,不但可以最大限度地减少人为干扰,而且体现了信息化的进步,也节约了纸张。

关于压实过程中的压实过程归档报告,由于碾压遍数较多,没有必要对每一遍都进行详细存档,按照要求可以总结为"归档信息"。它包含从第一遍到最后一遍的所有碾压质量信息(碾压里程、层厚、层宽、长度、填料类型、碾压时间、碾压遍数及轮数、每一遍的 VCV、压路机的工艺参数等)。这个分报告只有记录了施工碾压全过程,在专用处理软件上才能生成。依据提交的"归档报告"便可真实了解碾压的全过程,监控碾压全过程的正确使用。

3)连续压实质量信息(电子报告)传输和读取

考虑到现场实际情况,对于现场压实信息都应先形成电子报告形式,然后再通过网络进行定时传输至信息管理平台,也可以根据需要实现压实数据的实时传输,但处于新技术普及的初级阶段,现场情况复杂,操作起来有一定困难。

在信息管理平台植入读取电子报告的软件,便可以对现场的压实数据信息进行分析、打印等,从而实现碾压过程的信息化管理和控制。

至此,本书关于连续压实控制动力学方法的全部内容已经介绍完毕。书中涉及道路与铁道工程、弹塑性力学、土力学、接触力学、振动力学、信号处理、振动测试、电子技术、计算机技术等相关知识。感兴趣的读者可以按照这一线索深化研究这项技术。这项技术的核心并非是如何形成一套电子量测装置的问题,最大的难点可能在于对散粒体在动态荷载作用下如何形成一个符合要求的结构体问题以及"测不准"问题。目前对散粒体力学的理论研究还是以物理学为主,涉及微观与宏观,其进展缓慢。最新的一些研究成果甚至可能散落在凝聚态物理中,但如何与岩土介质结合起来,还需要深入研究。本书只是从工程学和质量控制的角度对散粒体压实成型问题进行了初步探索,一些工程实测数据有助于进行进一步的理论探讨。"革命尚未成功,吾辈仍需努力"!

参 考 文 献

[1]徐光辉. 路基系统形成过程动态监控技术. 成都:西南交通大学博士学位论文,2005.

[2]课题研究报告. 碎石土路基施工压实标准. 哈尔滨:黑龙江省交通厅,2000.

[3]课题研究报告. 路基压实质量无破损连续检测方法. 哈尔滨:黑龙江省交通厅,2000.

[4]课题研究报告. 沈大高速公路改扩建工程路基压实质量过程控制技术的研究. 沈阳:辽宁省交通厅,2004.

[5]课题研究报告. 碎石土压实工艺及检测方法的研究. 长春:吉林省交通厅,2007.

[6]课题研究报告. 高速铁路路基连续压实检验控制技术与装备研究. 北京:铁道部科技司,2010.

[7]课题研究报告. 铁路路基工程连续压实检测技术规程编制的研究. 北京:铁道部建设司,2011.

[8]中华人民共和国行业标准. 铁路路基填筑工程连续压实控制技术规程(TB 10108—2011 J 1355—2011). 北京:中国铁道出版社,2012.

[9]中国铁路总公司企业标准. 铁路路基填筑工程连续压实控制技术规程(Q/CR 9210—2015). 北京:中国铁道出版社,2015.

附录 问 答 录

第 1～7 章,对连续压实控制技术从理论体系、测试技术和工程实践三方面进行了较为细致的研究和论述。对于一些重要问题感觉还没有说透和说全。因此,特增加一个问答录,以问答的形式对这些重要问题、同时也是在应用这项技术时可能遇到的问题进行进一步的阐述和解释,有些问题就是作者与现场技术人员的交流实录。

1. 路基结构性能指标有哪些? 如何表征?

一般来讲,路基结构性能需要从三个方面来看考虑,即强度、刚度和稳定性。这也就是路基结构的三大指标,都有较为严格的定义。尽管这几个性能指标能够将路基结构的性状表达清楚,但是在实际中,这几个指标的获取并非易事,一般在现场是很难直接获取的。因此人们开始研究这几个指标的替代方案,于是便引出了实际工作中用以表达路基结构性状的多个指标,有的是物理性质方面的,有的是力学性质方面的,如压实度、孔隙率、回弹模量、变形模量、地基反力系数、弯沉(竖向位移)等。尽管指标诸多,但都毫无例外地用来表征路基结构的刚度、强度和稳定性这三大性质。

2. 路基结构性能的复杂性体现在哪些方面?

路基结构性能的复杂性主要体现在非线性和时效性方面。非线性是指路基结构的应力应变关系不是线弹性的,可能还有塑性变形存在。不同的试验方法和同种试验的不同加载方式所得到的指标都不相同。例如,同样采用平板载荷试验方式,由于加载要求不同,就会得到不同的模量值(回弹模量、一次变形模量、二次变形模量等)。

时效性表现在路基结构性能会随时间而发生变化。典型的例子就是路基模量、含水量等参数会随季节的变化而变化。此外,路基碾压后,马上进行平板载荷试验得到的结果与隔几天后做的结果往往不一样(一般后者大于前者),这也是时效性的一种表现。

路基结构的复杂性实质就是岩土结构问题的复杂性。对于填方路基,其非线性程度与压实质量密切相关。一般而言,结构越密实,其线性程度也就越好。而时效性完全避免是不可能的。

3. 普通铁路和高速铁路对路基结构性能要求有何不同？采用何种手段能够达到要求？

在我国，普通铁路为有砟轨道结构，而高速铁路为无砟轨道结构。由于上部结构不同以及行车要求不同，导致对路基结构的要求也不完全相同。对于普通铁路，其路基结构的变形控制量为 5～10cm，而高速铁路则要求路基结构的变形量应控制在 3.5mm。这种要求体现在路基结构性能指标上，主要是物理力学指标如压实系数和地基系数的控制值的不同。

为了达到上述要求，需要从路基填料和碾压质量两方面采取措施。选择优良填料和严格控制压实质量是其主要的技术手段。

4. 刚性路面和柔性路面对路基结构性能要求有何不同？与铁路路基的要求一致吗？

柔性路面一般指沥青路面（俗称黑色路面）。由于其刚度明显低于刚性路面的刚度而得名柔性路面。一般来讲，柔性路面的路基结构应具有足够的整体稳定性和均匀一致的强度和刚度（抵抗变形能力）。目前许多沥青路面的早期损坏都与路基结构性能变异有关，最明显的例子就是由于压实不好而出现的路基结构局部变形过大而引起的路面开裂问题。

刚性路面指水泥混凝土路面（俗称白色路面）。水泥混凝土路面的路基结构除了要满足基本要求外，更要满足均匀支承的要求，要比柔性路面要求的强一些。如果路基结构出现局部不均匀沉降（变形），该处就会失去对水泥混凝土板的支承，在行车荷载长期、反复作用下，混凝土板就会因疲劳而开裂和断裂。

虽然两种路面对路基结构性能要求不完全相同，但具有足够的抵抗变形能力是其根本要求。二者都是采用弯沉指标进行控制的。与铁路路基结构性能要求不一致之处是采用的控制指标以及变形要求不同。

5. 振动压路机的吨位越大压实效果越好吗？

答案是否定的。并非采用大吨位压路机进行碾压的效果就一定好，需要根据填料类型和填层厚度综合考虑。目前，无论是公路路基还是铁路路基，填层厚度一般都不会超过 40cm。对于细粒料，一般选择 14～16t 振动压路机就可以满足要求；对于粗粒料，一般选择 18t 左右的振动压路机压实。此外，振动压实情况下，填料颗粒有一个在振动荷载作用下"就位"的问题，需要反复多次才能找到自己合适的位置。如果压路机吨位过大，就会强迫颗粒改变位置，但不一定是最佳位置，并且还会将颗粒本身压碎，使其破碎率提高，实际上已经破坏了原来的颗粒级配，不一定有利于形成高质量的路基结构。对于填石路基，在进行碾压时需要采用大吨位的压路机进行，否则很难压实。这是因为填石路基本身的填厚要比一般填料的要厚,并且颗粒之间接触面积增大,导致摩阻力也增大,碾压时需要克服这种力的作用,使颗粒之间相互移动就位。

一般来讲,压路机吨位与填料颗粒的粒径大小和填筑厚度是有一定关系的。颗粒粒径越大、填筑层越厚,所需要的压路机吨位也就越大。

6. 决定填筑工程质量的控制要素有哪些?

无论哪种填筑工程(公路、铁路、机场、大坝等),决定其工程质量的关键要素都是填料和碾压。填料是产品的原材料,碾压是生产过程,这与一般产品质量控制是一个道理。质量控制首先要控制原材料即填料,如果填料不合格,那么无论怎样碾压都可能达不到合格要求;其次需要在生产过程(碾压)进行严格的质量控制,否则即使再好的填料也不一定碾压成合格的结构体。所谓"偷工减料"实际上包含两层意思,"偷工"是指生产过程有问题,"减料"则是指原材料有问题。质量监督与控制就是针对填料和碾压进行的。

7. 传统检测填筑工程压实质量的方法有哪些? 有何局限性?

传统的检测方法是以"点式抽样检验控制"为主的,具体可参见表1-1给出的各种方法。其局限性参见1.3.2节。这里需要强调的是,点式控制除了在不均匀性填料压实时遇到问题外,在其他方面如试验时间、物力及数量等方面也存在诸多问题。这些问题的解决仅依靠传统的检测和控制方法较难进行,应该采取"过程控制+结果控制"的双重手段进行。如果能快速获取整个碾压面每个点的压实质量信息,则会解决上述问题。最好的办法是在碾压过程中进行实时的连续检测,这样就避开了事后的"抽样"检验问题,可以获取和掌控碾压面上每个点的压实质量信息,防止局部漏检的可能性。

8. 连续压实控制是指一种方法吗? 具体有哪些?

连续压实控制是指在填筑体填筑碾压过程中,根据土体与振动压路机相互动态作用原理,通过连续量测振动压路机振动轮竖向振动响应信号,建立检测评定与反馈控制体系,实现对整个碾压面压实质量的实时动态监测与控制的一类方法的统称。具体可通过以下几种方法实现连续压实控制。

目前国内外的连续压实控制方法有多种,具体可参见1.4节。其主要差别体现在技术原理、具体评定与控制指标和控制内容方面,大致可以分为两类,即经验性为主的信号分析法和理论较为严谨的力学分析法。尽管每种具体方法所采用的指标都试图反映压实质量信息,但正如常规的评定指标压实度(物理指标)和地基系数(力学指标)那样,有一个适用范围问题。在使用之前务必搞清楚该方法是否适用所要控制的填料类型。

例如,瑞典的压实计法是基于谐波比原理的,其评定控制指标称为压实计值(CMV),是一个无量纲的物理量,是压路机振动轮动态响应信号的谐波比(参见1.4.2节),应用在某些细颗粒填料的压实控制中有时是可行的。但该方法仍存在很大的局限性,特别是应用在粗粒料填料的压实控制之中,这已被多个国家的有关部门所论证过,是一个趋于淘汰的方法。

9. 有人说将压实计法的评定控制指标 CMV 换成我国行业标准中的 VCV 就可以正常使用了,可行吗?

持这种观点的人显然是外行! 一种方法可不可行不在于采用什么符号,要看它到底能不能正确反映填筑体的结构性状。检验的一种量测方法是否可行的有效途径之一就是进行相关校验试验(对比试验),只有与常规检测结果具有一致性(即相关系数达到一定要求)才是可用的。无论将 CMV 换成什么符号,其基本原理决定了它的局限性。目前国内外有些人不了解压实计法的基本原理就盲目乱用,造成了许多负面的影响。这种影响从 20 世纪 80 年代开始就已经有了,直到现在仍然还有许多人在不断地、顽强地进行尝试和仿制。但从水电大坝、高速公路到高速铁路,从国外(日本、美国)到国内成功的案例很少。与其费时费力模仿一种设备,还不如自己研发新的方法。

实际上,真正的瑞典压实计法可能也有一些没有公开的技术,其他所谓的"压实计法"都有"山寨"之嫌,只是掌握了一些皮毛而已。若想真正掌握,还需在基本原理和工程实践方面下工夫,并非随便搞一套量测设备就可以使用。

10. 中国行业标准(TB 10108—2011)规定的连续压实控制指标 VCV 是特指的吗?

VCV 是振动压实值的英文缩写,是指基于振动压路机在碾压过程中振动轮竖向振动响应信号所建立的反映路基结构压实状态的力学指标。广义地讲,在行业标准中它只是一个符号而已,是为了表述方便而建立的,并非特指哪种方法。

在动力学方法中,VCV 主要代表了通过识别填筑体结构抵抗力来评定压实质量的技术体系。当然,采用其他符号来替代也是可行的。

11. 连续压实控制与常规抽样检验控制的区别仅是控制点的多少问题吗?

这两类控制方法不单是"抽样点控制"与"每点都控制"的区别。"点式控制"与"面式控制"的最重要区别是质量控制思维方式的改变,是从"结果控制"到"过程控制"的转变。如同我们装饰房子,如果不对整个装饰过程进行监督,而只是到竣工时才去检查一遍,那么一般都不会十分满意,过个一年半载还会出现许多质量问题。装饰过房子的人恐怕都有同感吧。但由于是自己的房子,没人会愿意这么做的! 都会从原材料开始,每天都会检查质量和进度的。如果把"修路"当成与装饰自己房子那样,恐怕质量也不会太差了吧?也许有人会说,修路过程的监督体制已经很完善了,也都天天在工地监督啊,为什么还出现问题呢?原因是多方面的,既有体制问题,也有技术手段问题。体制问题不在我们讨论范围之内,我们只能帮助从技术手段上解决问题。

连续压实控制既是"面式控制"手段,也是定量的过程控制手段。它可以进行碾压全过程的定量化控制。从碾压开始到结束,可以对碾压层厚、填料性质、碾压时间、碾压遍数、碾压工艺、碾压质量进行连续的、实时的监控,具体内容可参阅本书相关章节的叙述。

12. 传统的压实度指标有何优缺点?

压实度或压实系数在填筑工程中是长期占据统治地位的一个指标。压实度指标(实际是干密度指标)之所以被采用,是有其道理的。除了现场检测操作简单外,在黏性细粒料(指土)中更有其独到之处。对于一般的土体,有一个水稳定性问题。从击实曲线上可知,只有在最优含水量下的干密度才是最大的,此时也是其力学性能最稳定的(但不一定最大,往往偏小含水量的可能更大),这个干密度就是这种填料的压实标准,见附图1。在偏离最优含水量的情况下,尽管有时其力学性能较好(一般是小于最优含水量才出现这种情况),但一旦遇到水的侵蚀之后,其力学性能就会很快降低,是不稳定的。这是采用压实度指标的最大好处。

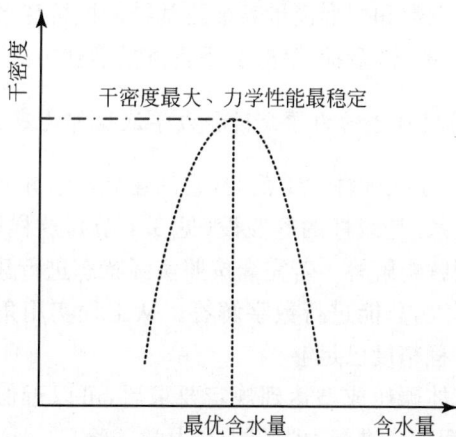

附图1 黏性细粒料最优含水量下的最稳定性质

对于粗粒料,一般情况下,填筑体(注意不是填料本身)结构的干密度越大,其力学性能也越好,但有例外。有时尽管填筑体的干密度不再发生变化(从填筑体表面无塑性变形可以判定),但在振动荷载作用下,填料颗粒之间仍然存在相互作用,有增强相互关联的趋势,使形成的结构性能继续变好。而如何确定粗粒料的压实标准(干密度)的试验方法仍然没有得到很好的解决,主要出现在击实或振动压实工艺参数的确定上,详见 5.3.2 节的论述。此外,即使解决了压实标准确定方法问题,若现场存在填料不均匀(填料级配变异或者材质变异),还会出现压实标准不唯一的现象,导致不清楚按照哪个压实标准进行控制的问题。

总之,在黏性或亚黏性土这种细粒料的压实控制中采用压实度指标,其效果是比较好的,但在粗粒料中存在较多问题,这是铁路有关标准中对粗粒料没有采纳的原因所在(参见表 5-1)。

13. 填筑体的干密度指标与力学指标之间有联系吗?

原则上讲,填筑体的干密度与其力学性能是有联系的,这已在 2.3.2 节进行了理论上的推导。在填料一定的情况下,填筑体碾压过程中的压实度与其塑性变形率之间是正比关系,即填筑体产生的塑性变形越大,所形成的结构的干密度也就越大,抵抗变形能力也就越强。但需要注意的是,对于土质细粒料,有一个最优含水量问题;对于粗粒料,有时干密度不增大,其抵抗变形能力也可能继续提高,见前面的解答。

14. 为什么填筑体的抵抗力能够表征其性能?

表征填筑体抵抗变形能力的指标有多种,如物理类指标、刚度类指标和强度类指标,详见 2.3 节的论述。这里所指的结构体抵抗力就是在振动压路机作用下抵抗变形的能力,与地基系数和变形模量表征路基结构抵抗变形能力是一个道理,只是后者是在平板载荷试验(圆盘荷载作用)下得到的表达方式不完全相同而已。

15. 为什么现在对填筑体的力学分析和力学试验都是基于弹性半空间理论?

弹性半空间理论属于线弹性力学范畴,它的建立基于介质(填筑体)是小变形、本构关系(应力应变关系)是线性的等假设(见 3.1 节),这样可以采用高等数学理论进行近似处理,得到解析解答。若完全按照实际状态进行建模,则一般都是非线性模型,其求解难度很大,只能进行数字解答。从工程实用角度看,其线性解答是可以满足需求的,其工程精度已足够。

一般来讲,在填筑体碾压成型达到规定要求后,可以近似看做线弹性体,这样就可以采用弹性半空间理论进行力学分析和力学试验。

16. 填筑体在振动碾压过程中,可以采用线性振动模型进行分析吗?

根据振动力学理论,线性振动模型(方程)有一个基本假设,那就是其平衡点位置是固定不变的,振动是围绕着这个平衡点展开的。而填筑体在碾压过程中明显发生塑性变形,碾压面的高程也一直在下降,不存在一个固定不变点,并且表征其性质的阻尼系数和刚度系数也在变化。因此,原则上讲,线性振动模型并不适用于填筑体的碾压过程。但在碾压结束后,填筑体变成弹性体、符合弹性半空间的假设后,还是可以采用这类模型进行分析的。

17. 连续测试模式所建立的动力学模型是近似的吗?

动力学方法中的连续测试模型是基于牛顿定律建立的,确切地讲是属于运动学模型,无论存在平衡点与否,都不影响其受力分析和建立动力平衡方程。因此,这个模型不是近似的,而是精确的,是一种冲击模型。

但是,由于在碾压过程中填筑体存在塑性变形,这个模型中的系统抗力的表达式未知或者表达式非常复杂,因此很难直接进行求解(详见 3.4 节),只能寻找其他途径进行。如同时实测得到振动压路机的振动位移、速度和加速度响应,再通过一定的技术手段和工程实际经验参数,可以近似得到填筑体抵抗变形能力的相关信息,而室内外的验证试验结果表明是可行的,对于岩土这种介质,是可以满足质量控制精度要求的(即满足工程精度要求)。

18. 为什么在连续测试时需要将振动传感器垂直安装在压路机振动轮一侧的内支架上?

在碾压过程中,振动压路机的振动轮与填筑体相比,完全可以看成一个刚体。根据理论力学知识,在对振动轮进行受力分析时,是将整个振动轮(刚体)看成一个质点的。因此,原则上讲,将振动传感器安装在振动轮的哪个位置上都应该是一样的。最理想的位置应该是振动轮内部中心点,但安装复杂,因此选择安装在一侧(实际测试结果表明,振动轮两侧的振动响应差别并不大)。至于需要安装在内侧,是考虑到外侧支架(上车)受减振器的影响,其响应较小的缘故。此外,力学分析主要是以振动轮(下车)作为研究对象的,外支架只是考虑其质量影响而已。将传感器垂直安装,主要是用来接收振动轮的垂直振动信号,见附图 2。

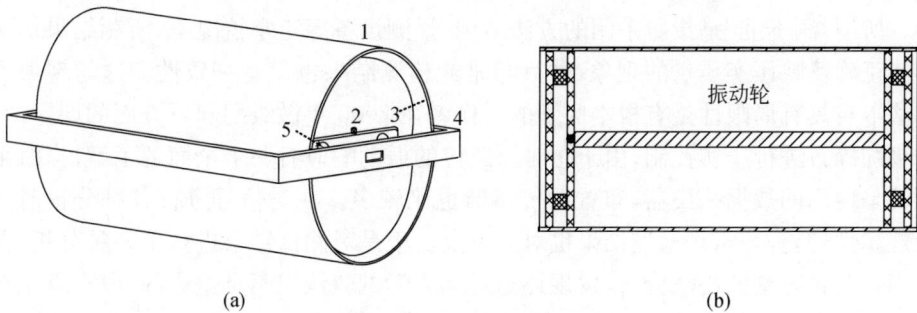

(a) 　　　　　　　　　　　　　　　　　(b)

附图 2　传感器安装示意图

1-振动轮;2-传感器;3-内机架;4-外机架;5-减振器

19. 量测系统为什么需要定期进行校准？如何校准？

量测系统属于电子装置，由电子元器件等组成，其性能会随时间产生漂移现象，影响其输出的精度。因此需要定期对其进行校准，消除这种误差。

完整的校准工作应该在我国规定的、具有计量资格的部门进行。在平常测试工作中，使用者自己可以经常进行自我校准工作，需要准备一台高精度的振动台，其操作可参考4.2.5节进行。

20. 除了定期对量测系统进行校准外，在什么情况下还需要对其进行校准？

量测系统是一个整体，除了正常校准外，更换其中任何一个部件之后，都需要重新进行校准。特别是在使用过程中，由于操作不当造成振动传感器的损坏，在更换传感器后，需要重新进行校准，否则影响其输出的准确性。

21. 振动传感器在使用过程中需要注意哪些问题？

振动传感器不怕振动。在测试过程中随被测对象一起振动，只要不超过其量测范围（量程），无论怎样振动都是可以的。但是，由于传感器属于精密仪器，其本身并不能承受过大的外力作用，对其进行敲击或摔在坚硬地面上都会造成传感器的损坏，这是需要特别注意的地方。另外就是校准问题，已在前面进行了阐述。

22. 使用者自己可以组建量测系统进行连续压实测试吗？何为"测不准"现象？

使用者只要具备相关专业知识，完全可以自己组建量测系统进行连续压实测试工作。但组建的量测系统需要符合相关技术标准规定的要求。实际上，连续压实控制技术的核心并不在量测系统方面，而在于对岩土填料在碾压过程中出现一些复杂现象的正确把握上面。

所谓"测不准"是指所采用的方法适用、量测设备等正常情况下，所测结果仍然不能正确反映压实质量的现象，并且与常规检测结果也没有一致性。这与现象和方法本身具有局限性是有根本区别的。作者在2000年做级配碎石方面的课题时，对级配碎石进行压实控制，由于想对压路机的振动响应有一个全面的了解，当时采用的是通用的数据采集器，布置的传感器也比较多。在对信号进行各种分析时发现规律性较差，与常规检测结果也对应不上。于是对测试结果进行了各种分析，包括当时比较时髦的小波分析，发现还是对动力学试验认识不足造成的，没有真正把握住动力学试验的本质。

在连续压实控制中，对于从事仪器开发者来讲，从测试技术的角度完全杜绝"测不准"现象是很困难的，涉及的影响因素也很多。如何把握这个问题，需要较多的实际经验和理论分析，只有经常在现场从事这项测试工作的人才能体会到这一点。对于连续压实的测试,比一般领域中的测试工作要复杂得多,国内外众多研制过类似仪器的一定会有体会,大部分是以失败而告终的。其原因并不全是仪器本身存在问题,除了控制指标的缺陷外,"测不准"现象是重要因素。

23. 连续压实控制系统包含振动压路机吗? 静力压路机是否也可以进行连续压实控制?

如果把对填筑体实施的连续压实控制过程看成一个振动压实动力学试验过程,那么振动压路机就是其加载设备。因此,严格地讲,一个完整的连续压实控制系统除了量测系统外,还应包括振动压路机。可见从动力学试验的角度看,振动压路机是一个加载设备,确实是连续压实控制系统的重要组成部分。但一般习惯上称谓的连续压实控制系统通常是指量测系统。

目前连续压实控制技术主要适用于振动压路机,是基于振动轮动态反应而建立的,属于动力学试验范畴。由于静力压路机只是对碾压面产生静力作用,不能产生振动,无法测试其响应信号,因此原则上讲,目前的连续压实控制技术并不适用于静力压路机。

但是,采用静力压路机并非完全不能进行连续控制。从物理学以及工程机械理论可知,静力压路机在碾压时,一般将牵引力与重力之比称为滚动阻力系数。在静力碾压过程中,其滚动阻力(系数)是变化的,最后会稳定在某一个值附近,每种填料都会对应一定的数值,滚动阻力系数可以作为一个客观指标来评定压实效果。感兴趣的读者可以沿着这一思路进行深入研究。

24. 目前关于填料的压实标准有哪些?

关于压实标准,实际上就是确定现场碾压达到何种目标的问题,已在 2.2.2 节和 5.1.1 节进行了论述。细料土的压实标准是击实标准,在最优含水量下可以得到最大干密度(物理指标),从而确定压实标准。但对于粗粒料,由于颗粒粒径限制,进行击实试验需要增大试桶直径和改变击实能量等,目前在公路和铁路领域还没有这方面的具体规定,更倾向于进行振动压实标准的制定。但是试验证明,对于粗粒料,不同材料、不同级配所达到最大干密度的振动压实工艺参数都是不相同的,没有统一的工艺可用,给制定工作带来困惑,因此到现在为止也没有一个统一的振动压实标准。在铁路路基中,制定了不同填料应达到的力学控制指标,这实际上就是压实标准,参见表 5-1;在公路路基中,主要是以压实度(物理指标)和弯沉指标(力学指标)为主。至于这些力学指标是如何制定出来的,涉及知识较多,有兴趣的读者可以参考道路与铁道工程方面的专业书籍。

25. 棱角圆滑的填料如何改善其压实效果?

如果填料颗粒的棱角比较圆滑,其相互关联程度就比较弱(微观上),就会影响所形成结构的力学性能(宏观上)。一般可以通过改善填料组成成分、增加一些有棱角的颗粒的方法改善其压实效果。典型的工程实例就是砂砾这种填料,增加一些石渣就可以改善压实效果,其改善原则参见 5.3.3 节。

26. 控制理论对指导压实质量控制有帮助吗? 一般控制类书籍论述的都是与自动化相关的知识,学土木工程的人如何学习?

控制理论源于工业控制,自从 1948 年美国数学家维纳发表了《控制论》一书以后,才从一般的工业控制转向适用于多个领域的通用控制体系,现已经发展成为具有方法论性质的一门横断性科学。其基本概念已经渗透到人类知识的各个部门,横跨基础科学、技术科学、社会科学、生物科学和思维科学等领域,出现了工程控制论、社会控制论、生物控制论、经济控制论、管理控制论等许多新兴的交叉方法。

控制理论完全可以应用到压实质量控制之中,很多术语和思想早已渗透到土木工程领域。本书中的连续压实控制模式就是采用控制理论建立的,可参见 6.1 节和 6.3 节的有关论述。

对于土木工程技术人员,学习自动化类的控制书籍确实有一些困难,但是可以学习一些其他类的控制论书籍,如上面提到的维纳著的《控制论》以及管理类控制论等,那里面并没有涉及过多的非常专业的知识,适合学习。

27. 连续压实的全过程控制都包含哪些内容?

连续压实控制是对碾压全过程的控制,主要包含施工管理控制、压实工艺监控、压实程度控制、压实均匀性控制、压实稳定性控制和最小风险验收控制等内容。具体可参阅第 6 章和第 7 章的有关论述。

连续压实控制与常规抽样检验控制的最大不同之处就在于对碾压全过程、碾压面上每一点进行的控制以及控制内容上的丰富性。

28. 为什么在碾压过程中同时进行压实程度、压实均匀性和压实稳定性的控制?

这主要是针对我国高速铁路轨道结构特点而提出的。在路基填筑碾压过程中同时控制这三方面内容是非常必要的。其中压实程度是控制填筑体物理力学性能达到规定值的程度,解决填筑体是否有足够强度和刚度支承上部结构问题;压实均匀性是控制填筑体物理力学性能的均匀分布程度,解决能否均匀支承上部结构问题;压实稳定性是控制填筑体物理力学性能的稳定程度,解决在列车重复荷载作用下填筑体能否长期、有效地支承上部结构问题(疲劳问题)。

当然,对于其他填筑工程(如公路路基等),在碾压过程中同时对压实程度、压实均匀性和压实稳定性进行控制也是完全必要的。

29. 为什么需要对振动压路机的振动性能进行监控？

连续压实控制过程可以看成一个振动压实试验过程。如同平板载荷试验一样，如果加载过程不稳定，不但会认为造成碾压的不均匀，也会对试验结果造成一定影响。由于振动压路机本身质量（一般设计寿命只有 5 年左右）以及操作等各种原因，其振动性能有时会出现不稳定现象，表现为振动频率明显低于出厂时的额定频率，或者振动频率经常波动，这样就会造成压路机激振力较额定值低很多或者剧烈波动，不但影响测试结果，还会对碾压面施加一个不稳定的压实力，造成压实效果差和不均匀压实，也影响生产效率。因此，应该对碾压过程中的振动压路机振动性能进行监控，使其工作在额定值附近。至于如何监控，请参阅书中有关章节。

30. 为什么在应用连续压实控制技术前需要进行相关校验试验？

进行相关校验试验的主要原因有三个。第一，是为新技术应用找一个"拐杖"来扶持，因为任何一项新技术在开始使用时，人们一般都会将其与既有技术进行比较，本项技术也是如此。尽管连续压实控制指标是独立的，但是在人们的脑海里对已有的常规指标如压实度、模量等已经根深蒂固，二者必须具有一致性才能被人们所接受。第二，通过相关校验试验可以确定连续压实控制所需的目标值问题。第三，目前国外存在许多连续压实控制量测方法和设备（国内也在仿造），但彼此处理方式不同，导致各自有不同的适用范围，因此，相关校验试验是鉴别该方法和设备是否可用的"试金石"，可以防止一些"山寨"技术和设备浑水摸鱼。

31. 连续压实控制技术在使用过程中什么情况下需要进行相关校验？

前面说明了进行相关校验的必要性。那么即使已经确定该方法可用，在进行连续压实控制过程时还需要进行相关校验。一般出现下列情况之一就应该进行这种对比试验。

（1）新开工的项目，或者路基的填料、含水量以及填层厚度等发生变化时，需要进行相关校验试验，这实际上与现行路基施工规范中关于填筑工艺试验的要求是一样的。

（2）当连续检测用振动压路机或其振动压实工艺参数发生变化时，都会引起振动压实值与常规质量验收指标之间相关关系的改变，从而引起目标值的变化，直接影响压实程度的评定和控制，因此需要重新进行相关试验予以确定。

（3）当量测设备发生变化时（如更换传感器），一般也需要再进行相关校验试验，重新确定相关关系和目标值等。但如果是经过校准试验，确认量测系统达到归一化时，也可以不进行这种试验。

32. 如何正确进行相关校验试验？

相关性校验就是要找到振动压实值 VCV 与常规检验指标（如 K、K_{30} 等）之间的相互联系，在此基础上确定连续压实控制的目标值。因此需要在试验路段上进行对比试验，以确定这种对应关系。一般按照书中规定的步骤进行操作即可得到满意的结果（见 7.3.1 节）。此外，在进行对比试验时，需要注意以下三点。

（1）试验段路基应碾压成三种密实状态——轻度密实、中度密实和重度密实，并且重度区域必须达到常规检验的合格要求。

（2）正确的对比试验次序是：在试验段上应先做连续检测，再做常规检测，这样才能更真实地反映实际情况。

（3）常规检测应尽快做完，防止出现因时间过长导致检测结果发生变化，产生时效性问题，影响校验效果。

33. 影响相关系数大小的因素有哪些？

影响相关系数大小的因素是很多的。首先，两类指标的取得本身就存在多种影响因素，如果操作不当就会产生一定误差，再综合叠加起来，无疑会对相关性造成很大影响。其次，还有试验误差、操作误差、检测设备误差、动态与静态试验差异以及数据处理方式等。归纳起来主要有以下几个方面。

（1）两类指标各有其影响因素。无论连续指标还是常规指标，都会受到诸多因素的影响。其中外因多为测试设备本身存在问题或试验操作不当等引起的；而内因一般与被测的路基结构性状有关。详细分析见 6.2.2 节。

（2）试验影响范围不同。振动压路机荷载与平板载荷试验荷载的影响范围具有明显的不同（图 6-14）。在垂直方向上，压路机测深一般较平板载荷试验或者试坑大许多。如果影响范围内的填料存在明显的不均匀，尽管二者都能正确反映各自量测范围内的路基结构性状，但两种试验结果之间的对应关系就会变得很弱。在水平方向上，连续压实检测的每一个数据都代表一个检测单元内压实状态的平均值。而平板载荷试验的量测面积与连续检测单元相比相对小许多。如果填料存在明显的不均匀，那么在一个检测单元的不同点进行常规试验，其结果都是不相同的，这已为实践所证实。此时不同点的常规检测结果与同一个振动压实值数据对比，显然会存在较大的差异。

（3）连续压实控制方法适用性。目前连续控制指标都是基于振动轮振动响应建立起来的，但随着处理与计算方式的不同，得到的具体指标都存在差异（由此形成不同具体方法），其适用条件和范围也各不相同。如早期瑞典的压实计法所采用的谐波比指标 CMV，仅在采用某种型号振动压路机碾压某些填料（如细粒料）时成立，这也是瑞典规范规定相关系数为 0.60 的主要原因。由于适用范围和使用条件引起相关系数达不到要求的问题,仅依靠增加试验数量和范围是不能解决的,应该改换方法和评定控制指标。

此外,需要注意的是,如果确认是由填料变异性引起而非有连续压实控制方法本身适用性引起的相关系数问题,那么即使没有建立相关关系,也可以在碾压中使用。这是由于一些复杂原因,一些填料级配不好或者颗粒粒径较大时就会导致试验数据不能很好地反映真实情况。这种情况下可以不必确定相关性(填料本身存在问题,确定也意义不大),直接进行应用。但是如果是由方法、指标或者量测设备的原因所致,那么是不能使用的,这一点务必需要清楚。

34. 相关系数与数据离散性有何关系?

相关系数大小反映了连续指标与常规指标之间的相关程度,这也是衡量国内外不同连续压实控制方法与指标是否能够真实反映压实效果的一种检验方法。影响相关系数大小的因素很多,前面已经进行了阐述。那么相关系数的大小又与试验数据的离散程度是否有关呢?

在数理统计理论中,在衡量两组数据(可以看成两个变量的观测值)是否有联系时往往采用最小二乘法计算得到相关系数来判定。一般而言,在试验数据一定的情况下,相关系数大小与数据离散程度密切相关。相关系数越大,其数据的离散性也就越小,得到的回归方程的可信度也就越高,反之亦然。附图3就形象地说明了这种对应关系。

35. 如何正确理解相关方程?

按照数理统计方法确定的连续压实控制指标与常规检测指标之间的相关方程也称为回归方程,这是建立在统计概率意义下的方程,是一种统计学方程。与我们习惯中的确定性方程是不一样的,并不是确定性的关系,只具有一定的保证率,绝不能像确定性关系那样看待。这是很多人都常常忽略的地方,也容易引起误解。在使用这类方程时需要正确理解其含义。

(1)首先,这类方程只能根据实测数据进行统计计算而得到,不能进行公式间的推导,这是需要注意的地方,即有

确定性方程:

$$y = a + bx \Leftrightarrow x = (1/b)y - a/b$$

统计学方程:

$$y = a + bx \neq x = (1/b)y - a/b$$

对于统计学回归方程,其自变量和因变量的系数是根据数据统计计算确定的,不能像确定性方程那样进行变换推导,如上式所示。例如,已知回归方程 $y = a + bx$,可以根据 x 求 y,但不能根据此式由 y 求 x,只能根据数据重新计算得到 $x =$

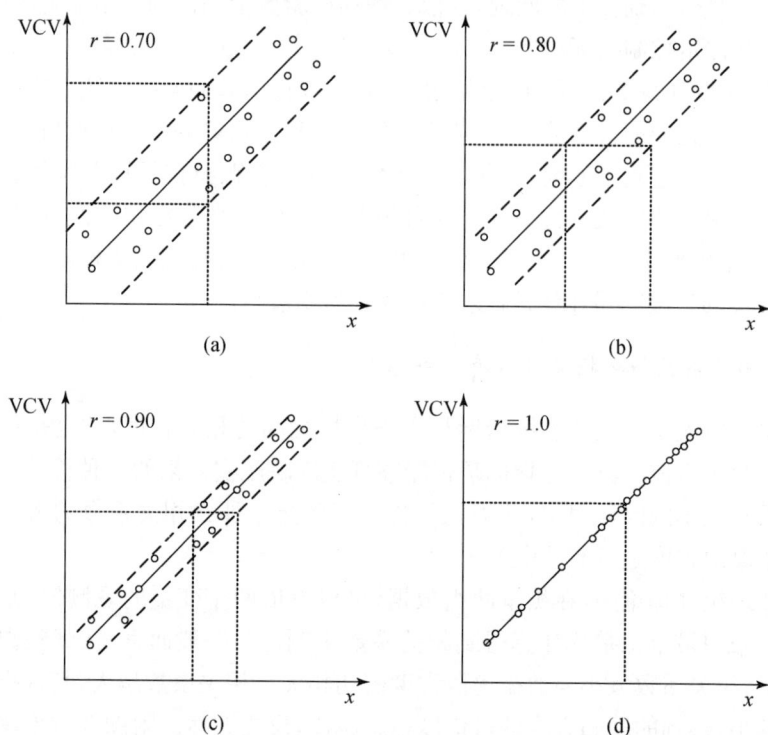

附图3　相关系数大小与数据离散性关系示意图

$c + dy$，据此根据 y 求取 x。

（2）其次，由回归方程确定出的结果（如由 x 得到 y），并不是 100% 精确的，与相关系数大小有关。当相关系数为 1 的时候才是 100% 精确的，否则都会存在一定的误差。一般只有相关系数在 0.70 以上才属于相关性较强，此时确定的相关方程才比较有实际应用价值。尽管相关系数很小（如 0.10）也可以确定出回归方程，但由于没有什么相关性（也可以理解为误差太大），因此毫无使用价值。可见能不能确定回归方程和能不能使用这类方程是不同的概念，需要弄清楚，如附图 4 所示。其中，图（a）的相关性比较好，其相关方程可以使用；而图（b）尽管根据计算也可以得到相关方程，但由于没有什么相关性，其方程是不能使用的。

36. 若已知 E_{vd} 与 K_{30} 之间的回归方程，是否可以根据 VCV 与 E_{vd} 的回归关系得到 VCV 与 K_{30} 之间关系？

答案是否定的。这种观点正是犯了将统计方程看成确定性方程的错误。由于 E_{vd} 检测的速度较 K_{30} 要快捷简便，于是有人就想到了"捷径"，试图根据已有的 E_{vd} 与 K_{30} 之间的回归方程，通过现场检测 E_{vd}（小 FWD，速度快），建立 E_{vd} 与 VCV 之间的回归方程，再通过变量代换，得到 VCV 与 K_{30} 之间关系的回归方程。这条路

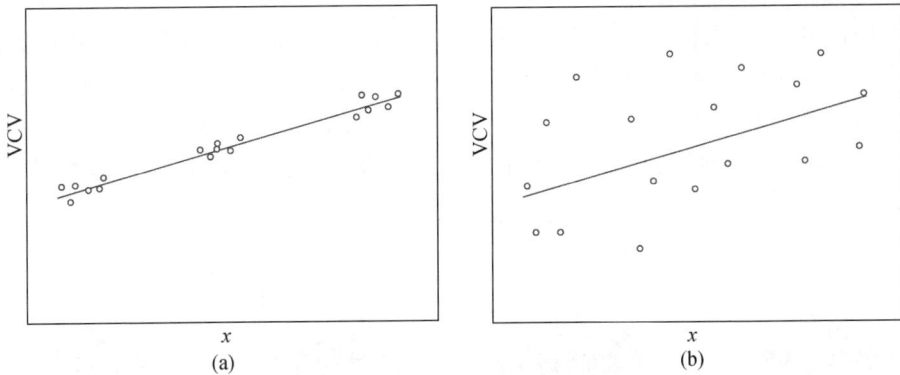

附图4　相关方程的可使用性与相关系数有关

是行不通的。其理由已在前一个问题中进行了回答。确定 VCV 与 K_{30} 之间关系的回归方程,除了老老实实进行试验外,没有其他路可走。下式推导是不成立的。

$$K_{30} = a + bE_{vd}$$
$$VCV = c + dE_{vd} \Rightarrow VCV = c + \frac{1}{a}(K_{30} - b)$$

37. 如何正确使用连续压实控制目标值?

连续压实控制目标值就是进行连续压实控制时所要达到的目标,也可以看成一种压实标准。但这种"标准"会随着振动压路机以及振动工艺的不同而不同,目前还没有一个绝对标准可供使用。为什么会有这种现象呢? 这主要与没有标准压路机有关。

我们知道,连续压实控制可以看做一类振动压实试验,实际上就是一种动力学试验,其中的动态加载设备为振动压路机。如果将这种振动压实试验作为标准试验,那么其加载设备必须有统一的规定(与平板载荷试验的加载有统一要求是一个道理)。但现在各个厂商生产的振动压路机的性能参数都不尽相同,没有一套统一的、标准的参数,导致连续压实控制用的加载设备不能标准化。因此,受振动压路机机械性能差异的影响,在同一试验段上,不同振动压路机所确定的连续压实控制目标值都是不完全相同的。所以,原则上进行压实程度控制的每一台振动压路机都需要经过校验取得目标值后才可以使用。

那么,对于同一厂商生产的同一型号的振动压路机又如何对待呢? 一般来讲,只有在确认同样振动压实工艺参数下的振动响应相同的情况下,一台压路机取得的目标值才可以在另一台上使用。其他情况下都不能将一台振动压路机取得的目标值盲目地应用在其他压路机上。这是因为即使同一厂商、同一型号的压路机,其性能也是有一些差异的,特别是出厂时间不同时。此外,需要注意的是,一般振动压路机都有强振和弱振两种振动压实工艺,这两种情况下取得的目标值也是不相同的,切记不可以盲目套用。

因此,连续压实控制目标值的使用是有原则的。目前存在不同压路机取得的目标值相互使用的现象。实际上,由于各振动压路机的振动参数都完全相同,所取得的目标值一般也是不同的,不存在绝对统一的目标值,每一种压路机、每一种振动工艺参数、每一种填料都对应着不同的目标值,切记不可胡乱套用,如附图 5 所示。

$[VCV_1] \neq [VCV_2]$ 　　　　　　　　$[VCV_1] \neq [VCV_2]$

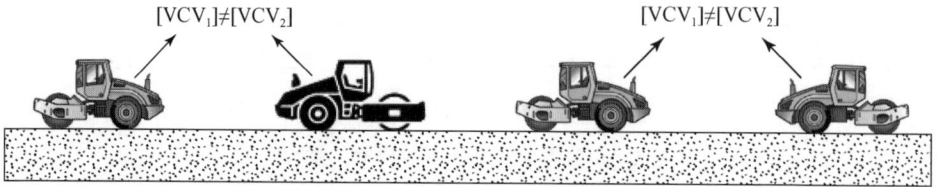

附图 5　不同压路机以及同一压路机不同压实工艺下取得的目标值都不相同

上述只是从动力学试验的角度进行的分析。实际上,在得到连续压实控制目标值之后,也需要根据实际情况灵活应用。因为所确定目标值具有概率意义,并不是一一对应的关系,不可看成确定性的数值,而是一个具有一定保证度的统计值,所以在使用连续压实控制目标值时,可以根据实际情况作出一定的调整,以适应具体情况。因为与试验段完全相同的施工段是很少的,都会存在一定的差异,此时就应该对目标值进行适当的调整,切不可古板地一成不变。正常情况下,目标值调整的幅度不会太大,若太大,不是压路机存在问题就是填料变异过大。

38. 什么是连续压实控制目标值的临界点效应?

连续压实控制目标值是根据回归方程由常规控制指标的控制值代入其中而确定的。表面看来好像是一一对应的关系,但实际上并非如此。因为回归方程不是确定性方程,而是一种概率统计学意义下的回归关系,所以根本就不存在一一对应的问题,这已经在前面进行了阐述,请使用者务必要清楚。如附图 6 所示,表面上看,x 与 VCV 是一一对应关系(根据回归方程),但根据实测数据却不是,与数据离散程度有关。这种现象发生在目标值附近时,就形成了所谓的"临界点效应",实际关系具有一定的不确定性。

由附图 6 可知,目标值 $[VCV]$ 与常规指标控制值 $[x]$ 之间的实际关系并非是一一对应的,都有一个波动范围,其范围大小与数据离散程度有关,相关系数越大,其波动范围越小,精度也就越高。但只要相关系数不是 1.0,就一定存在一个波动范围问题。这种"临界点(值)效应"实际上就是在目标值这个临界点附近存在压实程度判定的不确定性问题。例如,实际测试时,$[x]$ 不但与 $[VCV]$ 是对应的,还可能与比 $[VCV]$ 大的或者小的数据相对应,这就造成小于 $[VCV]$ 的数据(不合格)也

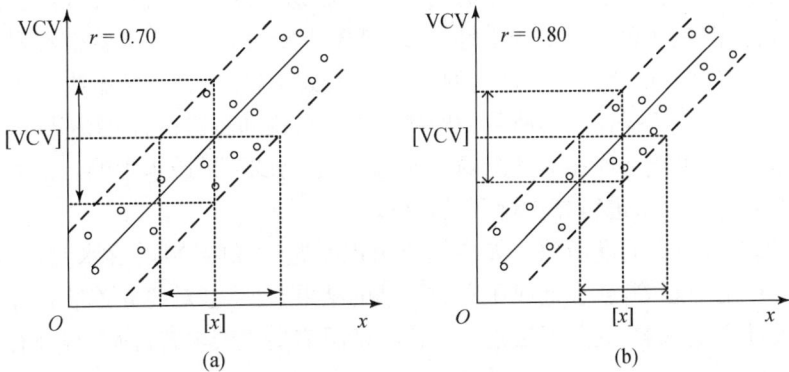

附图 6 连续压实控制目标值与常规控制值对应关系示意图

对应着[x],也就是说低于连续检测数据若低于其目标值时,其常规检测也可能是合格的,同时也存在高于其目标值时常规检测可能是不可合格的问题,这就是临界点附近的不确定性。这是回归方程的统计学特征所引起的现象。

在出现"临界点效应"的情况下,通常还是以常规检测结果为准。但这并不是说常规检测一定是符合要求的,由于这是目前规范规定的最终检验办法,所以目前还是以此作为最终判定的手段。

需要说明的是,"临界点效应"只出现在目标值区域附近。当远离目标值时,检测是准确的。因此,除了临界点区域外,尽管存在一定的离散性,但是检测结果还是可靠的。压实质量控制最根本的目的还是要防止和控制压实状态最低区域的出现,而这种区域一般都是远离目标值区域的。当压实最薄弱区域出现在临界值附近时,此时仍然以常规检测结果为准。若常规检测不合格,则必须增加常规检测数量、扩大范围进行检测,以保证质量控制的可靠性。

39. 试验段确定的连续压实控制目标值在以后的使用过程中是固定不变的吗?

原则上讲,由试验段确定的连续压实控制目标值在后施工段的使用过程中是固定不变的。但是,由于岩土材料的复杂性,很少存在与试验段情况完全相同的段落,或多或少会有一些变化。因此,在实际应用连续压实控制目标值时是可能进行适当调整的。至于如何调整,没有一个统一的模式,需要根据现场实际情况作出合理的选择。这个问题已在前面进行了一些解答。

40. 为什么采用同一台振动压路机在一段路基上可以取得与常规检测指标比较好的相关性,而在另一段路基上却得不到好的相关性?

这种现象在现场时有发生。究其原因,大致有以下几个方面。

(1)连续压实控制方法本身有局限性所致。如果所选择的连续压实控制方法本身存在使用的局限性,那么完全有可能会引起这种现象。如压实计用在细粒料中一般可行,但是在粗粒料中局限性太多,就不一定可行,自然也就很难得到与常规检测指标之间好的相关性了。这种情况只有改换控制方法才能解决。

(2)振动压路机操作不当所致。即使是同一台振动压路机,采用不同的驾驶员进行操作,也有可能造成振动性能的差异,就会对测试结果产生影响。这种情况只要严格按照规定要求进行操作就可以解决。

(3)填料本身有问题所致。如果填料出现问题,如细粒料的含水量控制问题、粗粒料的级配问题等,就会造成压实效果差的结果,自然会对建立连续指标与常规指标相关性产生影响,甚至无法建立。这种情况需要改善填料,使之符合有关规范要求。

(4)下卧层存在明显软硬不均现象所致。如果填筑层下面存在软硬不均的下卧层,由于振动压路机检测深度较常规检测深度要大许多,这样连续测试结果中就会含有下卧层的强度和刚度信息,影响 VCV 数据的大小以及波动情况,而常规检测一般只检测到填筑层本身的深度范围(如灌砂法、平板载荷试验等),因此就会给建立相关关系带来很大的误差,甚至相关性很差。如果确定是这种情况造成的相关性差,可以不必建立相关性而直接进行压实质量控制(除了压实程度控制外还有其他控制项目可做)。此外,需要注意,这种情况只出现在下卧层存在明显软硬不均的情况下,若是均匀的,只是对绝对值有影响,而不影响其相关性。

41. 是否可以随意将常规控制值代入相关方程就可以确定连续压实控制目标值?

在得到一个相关方程后,首先要考虑建立这个方程的试验数据范围。如果常规控制值不在这个数据范围之内,尽管也能得到相应的 VCV,但却是不可靠的(附图 7);如果常规控制值在这个数据范围之内,则可以通过这个相关方程确定[VCV]。因此,随意将常规值代入相关方程计算得到连续压实控制值不一定可靠。一般来讲,相关方程都有其适用范围,超过这个范围的上下限,所得到的结果都是不可靠的。

42. 利用一台振动压路机得到的连续压实控制目标值是否可以应用在同型号的其他振动压路机上?

从连续压实控制动力学基本原理的角度看,只要振动压实工艺参数(加载设备)不变,确定出的目标值具有一定的通用性。因此,对于同一型号的振动压路机,原则上是可以互用目标值的。但是,受机械性能差异以及出厂时间的影响,同一型号的振动压路机的振动性能未必完全相同,此时不同压路机确定出的目标值还是有一定差异的,需要根据实际情况进行一定的修正。这是现场经常出现的一个问题,前面已经对这个问题进行了一些论述。

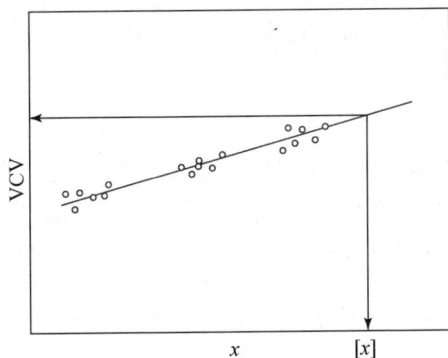

附图 7 相关方程外延得到的目标值不可靠

43. 如何判定同一型号振动压路机之间是否存在性能上的差异？

同一型号的振动压路机是否存在差异，主要体现在振动性能上。一般来讲，只要振动频率保持与出厂时一致，其振动性能就是稳定而符合要求的。因此，在现场判定两台同型号振动压路机是否存在性能上差异的简单办法就是观测它的振动频率，据此进行判定。

44. 为什么在连续压实测试时要求压路机有不同的碾压方式？

根据目前施工现场的实际情况，压路机的碾压方式主要分为平碾与叠碾两种。这两种方式所对应的碾压遍数一般是不相同的，应注意区分。

在进行相关校验和连续质量检测时，要求压路机采用"平碾"方式进行碾压，这主要是由于相邻轮迹间重叠过多会对 VCV 数据产生一定影响。而正常碾压时，一般都按照"叠碾"方式进行，连续压实控制系统的处理程序已经考虑了这种方式的影响，作了相应的处理。

45. 连续压实控制的碾压面压实程度通过率就是合格率吗？

在碾压过程控制中，压实程度的通过率代表了碾压达到连续控制目标值的百分数，并不是最终质量检验的合格率。通过率达到规定要求后即可停止碾压作业，提请常规检验。这样不但可以优化碾压工艺，避免过压和浪费工时，还可以减小常规检验不合格的风险。

46. 压实均匀性控制有哪两方面的含义？

在碾压过程中控制压实的均匀性主要从两方面考虑：一方面是控制填料的均匀性；另一方面是控制压实机具的均匀操作。其中填料均匀性占主导地位。当碾压存在不均匀性时,首先检查振动压路机运行是否平稳,其次考虑填料方面。正常情况下,碾压不均匀大部分都是由填料变异引起的。

47. 根据压实稳定性能够得到什么信息?

压实稳定性主要控制 VCV 随碾压遍数变化的情况。若 VCV 随碾压遍数不发生变化或很小时,可能存在两种情况,得到相关质量信息。其一,压路机压实功已充分发挥,再压已没有明显效果;其二,填料级配存在问题,没有好的压实效果。

48. 在使用连续压实控制技术后如何进行质量验收?

在压实过程结束时,可以采用连续压实控制技术对整个碾压面进行一次连续检测,以确定整个碾压面的压实质量分布情况。从 VCV 最低值开始进行压实状态分类,形成不同的状态分区。质量验收位置应首选在 VCV 最低的压实状态区域内进行,按照最小风险原则进行压实质量的控制。

49. 压实状态分布图与压实程度分布图以及压实均匀性分布图有何关系?

压实状态分布图是根据碾压面上 VCV 的相对大小,按照一定间隔划分为若干组,每一组代表一种压实状态,从而对碾压面进行了分区;压实程度分布图是根据目标值对碾压面的划分,共分为通过与不通过两种分区,具有一定人为因素的影响(目标值可以调整);压实均匀性分布图是以碾压面上 VCV 的某一个阈值(如 0.8 倍 VCV 平均值)为依据进行的划分,也是分为两种分区。

压实状态分布图是客观图,真实地反映了碾压面上各点的压实状况,没有任何人为因素的干扰,与压实合格与否无直接关联。而压实程度分布图和压实均匀性分布图都是主观图,其划分都受人为因素的影响。

50. 在连续测试过程中什么原因会引起振动压实曲线的异常波动?

根据对 VCV 关键影响因素的分析,综合归纳起来,在连续测试过程中引起振动压实曲线异常波动的原因主要有三方面:

(1)填料本身变异引起的路基结构性能变异;

(2)压路机激振力随机波动变化引起压实作用力不均匀;

(3)测量深度范围内下卧层刚度不均匀引起路基结构性能变异。

其中,原因(3)引起的振动压实曲线变异属于正常变异,一般填筑层超过一定厚度后即可消除;原因(2)引起的振动压实曲线变异可以通过控制压路机的振动压实工艺参数予以控制;而原因(1)即填料引起的振动压实曲线变异是关注的重点,也是最需要控制的,但也是最不好掌控的。

需要注意的是,这里是对动力学方法的抗力体系 VCV 指标进行的分析,对其他连续控制指标未必适用。如 CMV,当遇到很坚硬的地面后,其值会马上降低很多,与 VCV 反应不一样。这是由它的基本原理所决定的。

51. 连续压实测试时遇到不均匀下卧层时 VCV 会有什么变化?

连续压实控制是利用振动压路机作为加载设备的,其响应反映了填筑体抵抗变形的能力。由于振动压路机在碾压填筑体时的影响深度比较大,因此,下卧层中的一些力学信息都会在测试数据有所反映,见附图 8。当遇到下卧层中有软弱区域时,其 VCV 会变小;而遇到较坚硬区域时,VCV 会变大。

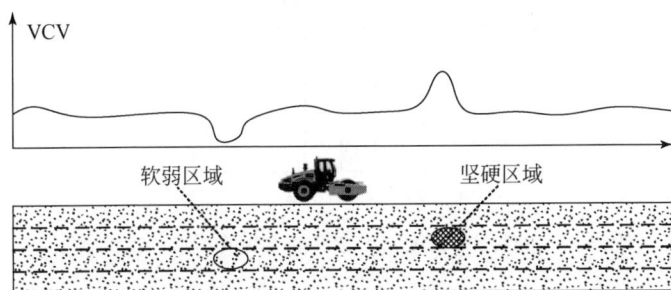

附图 8 下卧层中含不同性能区域时的振动压实曲线特征

实际上,振动压实曲线这种变化特征与填筑层本身含有软硬不均区域的反应是一样的,只是数值上有差异而已。另外,还可以从波动力学的角度来解释这种现象。

52. 连续压实控制技术适用于黏性土吗?

大量研究结果表明,对于非黏性土,振动压实值与常规验收指标之间采用一元线性回归模型处理是可以满足精度要求的,其相关系数也满足要求,这已经被工程实践所证明。但是对于黏性土或亚黏土,尽管在一定含水量条件下可以建立线性回归方程,但当含水量发生显著变化时该回归方程不一定能够适用,主要是由于含水量的变化会对路基结构的力学性质产生显著影响。现场实践证明,如果含水量不发生显著变化,还是可以建立一元线性回归模型的,其相关系数也可以达到 0.70 以上。

但是需要注意,黏性细粒料的性状受含水量的影响较大,振动压实值与不同的常规指标建立联系,其结果是不同的。当振动压实值与力学指标建立联系时,并不受含水量的显著影响,二者变化规律相同,如 VCV 与 K_{30},它们随含水量的变化规律是一样的,因此二者之间可以建立联系。但有时也不一定就能够建立很好的相关关系,如填料含水量很大时就会变成"橡皮土",二种指标的数值都变化不大,很难建立相关性(数据范围太窄)。

对于黏性土,振动压实值与压实度之间的关系,确实比较复杂。因为同样的干密度可能对应着不同的含水量,分别位于最优含水量的两侧,如附图9所示,但其力学性能却有很大不同。

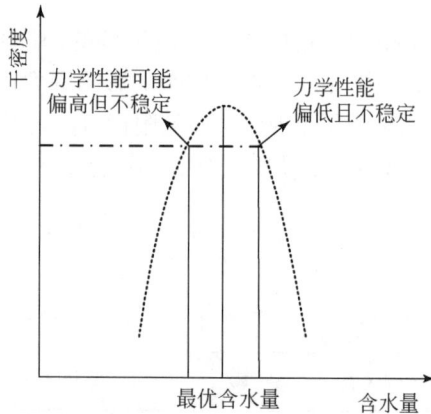

附图9　黏性土干密度与力学性能之间的不唯一性示意图

可见,但填料的含水量分布范围变化较大时,振动压实值与压实度之间很难建立对应关系。当然,这种填料并不符合有关规范要求,压实质量也很少合格,但现场这种情况却经常发生。因此,在建立黏性细粒料的压实度与振动压实值相关关系时,一定不要忘了含水量的影响问题。

53. 在含水量过大的土质填筑体上进行连续压实测试时的 VCV 会有什么特征?

含水量过大的填料,在振动碾压时,一般都会形成所谓"橡皮土或者弹簧土",在进行连续压实测试时,其 VCV 变化特征是很明显的,即变化幅度很小,一般不随碾压遍数而发生过大的变化,总是停留在某一个值附近进行波动,如附图10所示。常规力学检测也有类似特征。

54. 填石路基的压实质量控制能否采用连续压实控制技术? 如何进行控制?

对于填石路基,除了不能进行相关检验试验外(无法进行常规检测),还是可以进行正常连续压实控制的。一般以控制压实稳定性为主来判定压实质量。也可以在已经碾压合格的路段上进行连续压实测试,取得 VCV 平均值作为后续相似施工段的目标值。其他控制项目与一般填筑体的控制相同。

55. 在连续压实量测过程中 VCV 随碾压遍数变化不明显是什么原因造成的?

如果发现在连续压实测试时,其 VCV 不随碾压遍数发生太大的变化,首先需要考虑振动压路机性能和检测设备是否发生变化或者是否稳定,在确定不是压路

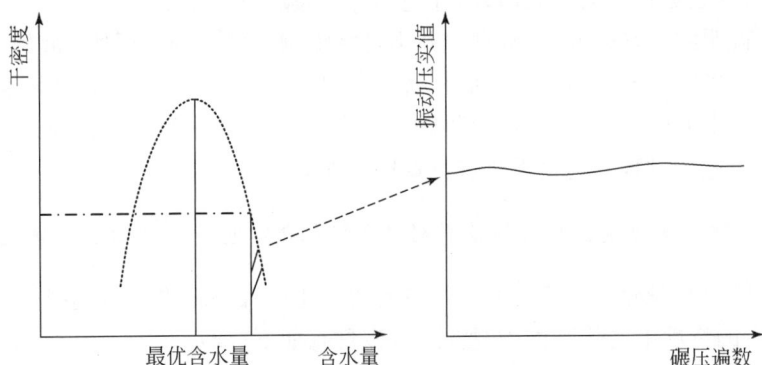

附图 10 黏性土含水量过大时振动压实值变化特征

机和检测设备的原因后,一般都是填料出现问题所致。

对于细粒料,常见的原因就是含水量偏大,出现"橡皮土或者弹簧土"问题,已在前面进行了分析;对于粗粒料,一般以级配不合理为主,由于没有良好级配而不能形成紧密结构,一直是一种散粒体状态或者低密实状态。

56. 为什么碾压过程中有时会出现实测的 VCV 越来越低的现象?

在碾压过程中,随着碾压遍数的增加,如果 VCV 出现降低的趋势,那么一般有两种原因:其一,这是"过压"信息,填筑体原有结构发生破坏,抵抗变形能力低,出现明显塑性变形;其二,量测系统供电电压下降也可能造成 VCV 的持续降低。

57. 采用连续压实控制技术后可以减少常规检测数量吗?

决定常规检测是否有效果不完全是检测数量问题,更重要的是能否检测到关键点问题,参见 6.3.6 节的分析。如果能够在压实比较薄弱的区域针对性地进行常规检测,那么控制水平就会有很大的提高。而连续压实控制能够发现压实薄弱区域,以此来指导常规检测的选点,这样就避免了随机抽样所带来的不确定性。因此,从长远来看,采用连续压实控制技术之后,减少常规检测的数量是没有问题的,技术上是有保证的。

58. 压实质量报告为什么要采用电子数据包的形式?

现在早已进入信息时代,压实质量报告采用电子形式是理所当然的事。具体地讲,采用电子数据包形式的报告有如下好处:

(1)可以长期保存,为以后运营期的养护维修提供"活"的资料;

(2)便于各部门之间交换信息,节约纸张;

（3）电子数据包人为很难修改，杜绝弄虚作假现象的发生。

需要说明的是，这种电子数据包并不是将纸制版保存为电子版（如 Word 文档保存在计算机中即成为电子版），而是通过专用软件将现场采集到的压实数据直接由专用软件生成电子报告（二进制数据文件，一般人为无法修改），再通过专用软件直接读取。这个过程人为是无法进行直接干预的。

59. 连续压实控制系统具备物联网技术特征码？它与智能压实有关联吗？

物联网中的"物品"与我们通常所说的物品还是有一定差异的，主要体现在"物品"所具有的特性上。物联网中"物品"应该具有如下特性：

（1）具有数据传输通路；

（2）具有 CPU 和操作系统以及一定的存储功能；

（3）具有专门的应用程序；

（4）遵循物联网的通信协议并在网络中有可被识别的唯一编号。

可见物联网中"物品"是具有一定"智慧和智能"的，只有满足上述条件的物品才能被纳入"物联网"的范围，如何使普通物品具有"智慧和智能"则是一项庞大的工程，离不开各类传感器的支持。对于路基碾压问题，常规路基结构与压路机都是普通物品，并不具备物联网中关于"物品"的特性。但是对于连续压实控制系统（压实过程监控系统），是以微型计算机为核心的测试系统，在将连续压实控制系统嵌入压路机之后，其中的传感器便可以感知压路机与路基结构相互作用的有关压实信息，经信号调理、采集、记录等过程后，在显示屏幕上就可以知道压实质量信息，此时的振动压路机就具备了一定的"智慧与智能"功能，具有物联网中"物品"的特性。采用无线数据通信网络将其连入相关网络（如互联网）中并经技术处理后，便形成了一种所谓物联网的应用。

目前对路基施工过程进行信息化管理和控制的远程监控技术已经提上日程。这种远程监控与传统意义上的远程监控不同，是利用互联网技术的远程监控。需要注意的是，远程监控只是一种技术手段，不能只重视传输，而忽视传输的内容。掌握工程进度情况的目的是要加强质量监控，保证施工质量。

连续压实控制是智能压实的初级阶段和技术基础。"智能"一词现在已被各行各业广泛提及，但大部分还都处于初级阶段，距离人们心目中的智能想法还相差很远。"智能压实"截止到目前也是一个概念性的提法，没有一个完善的定义。很多人把 GPS 装载在压路机上，再加上一些能够检测压路机振动幅值、频率、行走速度以及碾压遍数和温度（沥青路面）装置统称为智能压实系统，也有人把 GPS＋CCC 称为智能压实。这些提法与真正的智能压实其实还是有很大差距的，都没有体现出"智能"的含义。

智能压实是智能压实控制的简称，其中智能控制应该是关键。所谓智能控制，即设计一个系统(或控制器),使之具有学习、抽象、推理、决策等功能,并能根据环境(包括被控对象或被控过程)信息的变化作出适应性反应,从而实现由人来完成的任务。根据智能控制的含义,智能压实应该具有如下特征和功能:

(1)压实机具具有一定的智慧,能够在碾压过程进行学习、抽象、推理、决策等;

(2)压实机具具有反馈控制能力,能够根据填筑体相关信息进行适应性反应(调整压实工艺参数以及对填料的可压实性作出预报);

(3)压实机具自动对填筑体进行压实作业,满足预设的目标要求;

(4)在整个碾压过程中最大限度地减少人的参与。

未来的智能压实应该是这样的:无人驾驶的压路机按照设定的碾压作业方案进入施工现场,在碾压过程中,根据实时检测到的填料信息,自动改变和优化压实工艺参数,以最小的代价完成压实作业,达到规定的压实质量。

根据目前既有情况,智能压实主要是由美国提出的概念,而在欧洲主要还是称为连续压实控制,因此现在的智能压实基本上等同于连续压实控制。真正的智能压实还需继续努力,其技术基础仍然是连续压实控制。

60. 采用连续压实控制技术后能够保证路基填筑体的压实质量吗?

无论是公路还是铁路,或者是其他填筑工程,其填筑质量控制都是最重要的工作之一。现在压实质量出现问题既有主观原因,也有客观原因。其中主观原因与现行的工程管理制度有关。如"低价中标"会迫使施工单位偷工减料才能赢利;而现行监理制度并不完善,没有起到很好的质量监督作用;有时几方暗地形成利益链,更是给工程质量带来重大隐患。这些都是现实问题,依靠任何技术手段都是难以解决的。

当然,工程质量差也有许多客观原因,监督手段跟不上就是其中一个重要原因。在这种情况下,如果填筑工程采用连续压实控制技术,全方位进行碾压过程的定量控制,是可以有效提高填筑质量的,这已为工程实践所证明。连续压实控制只能解决技术问题而不能解决其他问题。